U0656518

二战日军暴行报刊资料汇编

国家图书馆　选编

2

國家圖書館出版社

第二册目录

沪寇又恣意屠杀我难民，闸北火焰迄未熄，难民数万待收容 《扫荡报》(汉口)，1937年10月29日 …… 1
敌机轰炸无锡妇孺，昨飞苏肆虐八次并放散荒谬传单 《中山日报》(广州)，1937年10月29日 …… 2
闸北真如大火尚在延烧中，敌恣意屠杀平民 《东南日报》(杭州)，1937年10月29日 …… 2
沪郊多处敌机肆虐 《时报》(上海)，1937年10月29日 …… 3
敌用达姆弹射伤我士兵之腿部，其伤口阔大，毒血蔓延(图) 《时报》(上海)，1937年10月29日 …… 4
我某士兵中敌人之毒气毒弹后之惨状(图) 《时报》(上海)，1937年10月29日 …… 4
日寇到处杀人放火，晋北成为一片焦土 《新中华报》(延安)，1937年10月29日 …… 5
闸北难民逃亡之际竟遭敌军扫射，妇孺伤亡者甚多，沿铁路尸骸枕藉 《中央日报》(南京)，1937年10月29日 …… 5
金门惨遭焚掠 《中央日报》(南京)，1937年10月29日 …… 5
敌机枪毙英兵事件 《少年中国晨报》，1937年10月29日 …… 6
敌机炸新会民房后所存之败瓦颓垣(图) 《中山日报》(广州)，1937年10月30日 …… 6
敌机再度滥炸松江闹市，九架飞机投弹多至七八十枚，炸毁房屋数百间，长桥起火延烧，杀伤平民逾二百，学校多所被毁 《时报》(上海)，1937年10月30日 …… 7
极司非而路流弹死伤多人 《时报》(上海)，1937年10月30日 …… 8
(上)嘉兴民营造纸厂图书馆藏书甚多，范围极大，建筑费达数万元，廿六日下午遭敌机投弹一枚，全被炸毁，(下)同日敌机轰炸嘉兴邮政局，投弹四枚，局址全毁(图) 《时报》(上海)，1937 年 10 月 30 日 …………………… 8
敌机炸毁自己阵地，敌军放火焚烧大夏化为灰烬 《时事新报》(上海)，1937 年 10 月 30 日 …………………… 9
敌机轰炸苏常，民房厂栈遭毁，平民死伤达数十人，敌夜窥我太湖阵地 《中山日报》(广州)，1937 年 10 月 31 日 …………………… 9
十月份敌机袭粤统计，前后来犯共四十四次，投下炸弹达六百余枚 《中山日报》(广州)，1937 年 10 月 31 日 …………………… 10
真茹东南医院第一伤兵室全部被炸及附近之鸟瞰(图) 《中山日报》(广州)，1937 年 10 月 31 日 …………………… 10
真茹镇之北大街八月廿一日全街被敌机炸毁(图) 《中山日报》(广州)，1937 年 10 月 31 日 …………………… 11
我无辜民众被敌机炸毙之惨状(图) 《中山日报》(广州)，1937 年 10 月 31 日 … 11
东南医学院后方医院第一轻伤兵室之全部炸毁情形(图) 《中山日报》(广州)，1937 年 10 月 31 日 …………………… 12
上海身困战区之贫民，其子为其老母掘洞沟以避炸弹(图) 《中山日报》(广州)，1937 年 10 月 31 日 …………………… 12
清华燕京两大学被敌军蹂躏，清大校址被敌强占，燕大亦已被迫停办 《中央日报》(南京)，1937 年 10 月 31 日 …………………… 13
太原城郊肉搏：傅作义在弹中指挥抗战，誓在太原洒最后一滴血，敌机狂炸屠杀难民 《东南日报》(杭州)，1937 年 11 月 1 日 …………………… 14
敌机炸不设防城市 《国华报》(广州)，1937 年 11 月 1 日 …………………… 14
敌机两日狂炸松江纪详：西外以及城内十之六七遭蹂躏，居民被害者不下二百余人 《时报》(上海)，1937 年 11 月 1 日 …………………… 15
各地文化界请制止侵略 《中央日报》(南京)，1937 年 11 月 1 日 …………………… 15
日机轰炸太原 《时事新报》(上海)，1937 年 11 月 1 日 …………………… 16
敌机袭并市，肆意轰炸民房，宁波昨亦被投弹 《中央日报》(南京)，1937 年 11 月 1 日 …………………… 16
敌空军在华暴行，美人极愤慨，观银幕新闻片莫不骇绝，咸认非受国际制裁不可

《湖南国民日报》,1937 年 11 月 2 日 …………………………………………………… 17
新闻专科学校职员一家七口遭敌轰毙 《国华报》(广州),1937 年 11 月 2 日 …… 17
敌机肆扰苏湘鲁豫,徐州及昆山均击落敌机一架,汤阴被敌轰炸民房被毁多处
《工商日报》(香港),1937 年 11 月 2 日 ………………………………………………… 18
敌机续窥南市未投弹,浦东方面被炸殊惨烈 《时报》(上海),1937 年 11 月
2 日 ……………………………………………………………………………………………… 18
敌机分飞各地窥探轰炸 《时报》(上海),1937 年 11 月 2 日 ……………………… 19
敌机袭浦东,又轰炸我民房 《中央日报》(南京),1937 年 11 月 2 日 ……………… 19
敌军兽行:夺我民粮,掳我妇女 《中央日报》(南京),1937 年 11 月 2 日 ………… 20
害人终害己,敌用毒气因风骤变毙敌数百,敌方战死军官昨又发表一批
《湖南国民日报》,1937 年 11 月 3 日 …………………………………………………… 20
敌在金门设机场,昨又两袭广九路,汲县苏州车站均有敌机投弹,商邱我军截获
降落敌机两架 《湖南国民日报》,1937 年 11 月 3 日 ………………………………… 21
敌机昨大肆轰沪,南市居民纷纷迁入租界,广九路轨昨被炸毁数丈 《华西
日报》,1937 年 11 月 3 日 ……………………………………………………………… 21
敌机昨两袭广九路,塘头厦附近路轨被毁,图炸该站铁桥投弹多枚未中,林村
石鼓横沥常平均落数弹 《中山日报》(广州),1937 年 11 月 3 日 ………………… 22
敌机各地肆虐:广九路迭被炸,徐西击落一架俘获三机师 《时报》(上海),
1937 年 11 月 3 日 ……………………………………………………………………… 23
敌机在新龙华炸伤平民四人 《时报》(上海),1937 年 11 月 3 日 ………………… 24
敌巨型机十余架滥炸沪西浦东,南市方面码头被炸损失微 《时报》(上海),
1937 年 11 月 3 日 ……………………………………………………………………… 25
第二次苏州河事件:敌兵开枪强夺我米船,在美军防地美军向日提出抗议
《时报》(上海),1937 年 11 月 3 日 …………………………………………………… 26
敌军暴行有目共睹:轰炸我都市惨象毕现于美银幕上 《中央日报》(南京),
1937 年 11 月 3 日 ……………………………………………………………………… 27
各公团电九国会议,请切实制裁暴日,迅采有效办法遏止侵略 《中央日报》
(南京),1937 年 11 月 3 日 ……………………………………………………………… 27
昨在苏肆虐,死旅客数人 《中央日报》(南京),1937 年 11 月 3 日 ……………… 28

敌机昨袭粤湘鄂,广九铁路又被投弹,衡阳一带死伤甚众 《大公报》(汉口),1937年11月4日 …… 28
敌到处掠夺屠杀 《华西日报》,1937年11月4日 …… 29
敌机昨首次袭济,并飞无锡衡阳等处投弹,我民房毁坏颇多 《华西日报》,1937年11月4日 …… 30
敌肆意蹂躏闸北,烧杀掳掠无恶不作,敌舰不时炮轰浦东 《华西日报》,1937年11月4日 …… 30
敌机昨四出肆虐,仍图破坏我交通,两袭广九路路轨稍受损,陇海路沿线均发现敌机 《湖南国民日报》,1937年11月4日 …… 31
敌机肆意轰炸平民 《中山日报》(广州),1937年11月4日 …… 31
广九路一日炸两次 《时报》(上海),1937年11月4日 …… 32
敌舰突驶潮阳,又焚毁我渔船,琼岛沿海敌舰出没靡常 《时事新报》(上海),1937年11月4日 …… 32
敌机昨飞湘东投弹,窥察衡阳耒阳郴州一带,滥肆轰炸死伤平民百余 《时事新报》(上海),1937年11月4日 …… 33
日寇铁蹄下的天津 《新中华报》(延安),1937年11月4日 …… 35
敌机昨又两次炸广九路毁林村小桥及路轨,省港各次车均停开今日恢复,敌驱逐舰在赤湾窥伺攻虎门 《工商日报》(香港),1937年11月5日 …… 36
敌机续炸浦东沪西,飞南市上空未投弹 《时报》(上海),1937年11月5日 …… 37
敌机蓄意破坏交通,再炸广九路,松江西外铁道旁投弹三枚 《时报》(上海),1937年11月5日 …… 38
敌舰炮轰浦东,敌机亦在浦东各处肆虐 《中央日报》(南京),1937年11月5日 …… 38
前日敌机袭湘南,市防护团昨据详细查报,公平墟死贫民六人伤卅余,坏车箱四辆焚毁茅屋两栋 《湖南国民日报》,1937年11月5日 …… 39
敌机昨八次袭苏,两度袭禹城,我稍有损失,并飞济南洛阳等地窥察 《华西日报》,1937年11月6日 …… 39
敌舰又在粤省海面击毁渔船 《湖南国民日报》,1937年11月6日 …… 40
敌机三架飞东莞,窥伺莞太平路图炸太平渡,旋转向广九路塘头夏站投弹,经

白沙路又开机枪扫射乡民 《工商日报》(香港),1937 年 11 月 6 日 …………… 40
敌人残酷手段,难民竟遭割势 《时报》(上海),1937 年 11 月 6 日 …………… 41
敌机侵袭漳河一带,被击落三架,鲁境各县亦遭轰炸 《时报》(上海),1937 年 11 月 6 日 …………… 41
敌机狂炸嘉善投弹五十余枚,死伤百余损害极重 《时报》(上海),1937 年 11 月 6 日 …………… 42
暴日屠杀我平民,我国各铁路工会发表告全世界铁路工友书 《时事新报》(上海),1937 年 11 月 6 日 …………… 42
鲁省各县遭敌机大肆轰炸 《时事新报》(上海),1937 年 11 月 6 日 …………… 43
敌机五次轰炸常熟,县中校舍全毁,城内外毁屋约百数十间,男女居民死伤二十余人 《时事新报》(上海),1937 年 11 月 6 日 …………… 44
我教界巨子蔡元培等发表声明,痛诋日摧毁我教育机关暴行,吁请世界人士协同一致谴责 《中央日报》(南京),1937 年 11 月 6 日 …………… 45
敌机四十多架竟日扰浙省各地,嘉兴等十三处被炸损失待查,乍浦海面敌舰炮轰我军防地 《华西日报》,1937 年 11 月 7 日 …………… 46
惨无人道:敌用火油焚我士兵 《湖南国民日报》,1937 年 11 月 7 日 …………… 46
敌机四十余架昨竟日轰炸浙境,死伤平民甚众,炸毁民房多间,苏州禹城等处均有敌机窥袭 《湖南国民日报》,1937 年 11 月 7 日 …………… 47
沪童军救护队惨遭敌机扫射,苏州嘉善又被轰炸 《中山日报》(广州),1937 年 11 月 7 日 …………… 47
闸北交通路(旱桥东)民房被敌轰击焚烧惨状(图) 《中山日报》(广州),1937 年 11 月 7 日 …………… 48
浦江中被击沉之小轮(图) 《中山日报》(广州),1937 年 11 月 7 日 …………… 48
中央造币厂门前木桥被炸毁(图) 《中山日报》(广州),1937 年 11 月 7 日 …………… 49
敌机多架肆轰炸 《国华报》(广州),1937 年 11 月 7 日 …………… 49
敌机轰炸浙苏鲁,敌机四十余炸浙,民房被毁甚多,苏州被扰,一日间发警报十二次 《工商日报》(香港),1937 年 11 月 7 日 …………… 50
敌机轰炸救护人员,四十男女童军生死不明,驾驶员一人当场被击毙,另一人昏迷二小时始醒 《时报》(上海),1937 年 11 月 7 日 …………… 51

敌虐杀我俘虏，极人世间之惨酷 《中央日报》（南京），1937年11月7日 ……… 51
敌在金门强用伪钞，并拆毁金门公学 《中央日报》（南京），1937年11月7日 … 51
敌舰在广澳击毁我渔船 《中央日报》（南京），1937年11月7日 …………………… 51
敌机昨又轰炸广九路天堂围等站，敌机三架投弹多枚毁路轨卅余丈，午后北风陡起敌机始敛迹 《中山日报》（广州），1937年11月8日 ……………………… 52
敌机炸毁曲江风渡路店户三十余间，消防救护队从事善后工作（图） 《中山日报》（广州），1937年11月8日 ……………………………………………………… 53
曲江漂布塘民房被敌机炸毁十余座情形（图） 《中山日报》（广州），1937年11月8日 ……………………………………………………………………… 53
敌机大肆轰炸 《国华报》（广州），1937年11月8日 ……………………………… 54
闸北未逃难民八十余人焚毙 《时报》（上海），1937年11月8日 ………………… 54
浙境被空袭 《时报》（上海），1937年11月8日 …………………………………… 54
敌机昨结队轰炸南市浦东，苏州被投弹达百枚 《神州日报》（上海），1937年11月9日 ……………………………………………………………………… 55
敌机惨无人道，在南市扫射难民，并在沪西一带滥施轰炸，苏皖鲁境均有敌机肆扰 《湖南国民日报》，1937年11月9日 ……………………………………… 56
寇机滥炸 《扫荡报》（汉口），1937年11月9日 …………………………………… 56
敌机轰炸苏浙鲁各地，竟日在苏州上空肆扰，侦察南市并射击难民 《工商日报》（香港），1937年11月9日 ………………………………………………… 57
敌机纷飞沪郊，恣意杀害难民 《时报》（上海），1937年11月9日 ……………… 58
青浦被炸大火 《时报》（上海），1937年11月9日 ………………………………… 58
敌机扫射难民车，松江老妇受伤 《时报》（上海），1937年11月9日 …………… 59
昨日大批敌机炸松江嘉兴一带，公路线被炸尤烈 《时报》（上海），1937年11月9日 ……………………………………………………………………… 59
津浦南下车被炸，死伤乘客二百余 《时报》（上海），1937年11月9日 ………… 60
敌机袭击沪平车，炸毁客车五节伤客多人，泰安苏州昨均发现敌机 《时事新报》（上海），1937年11月9日 ………………………………………………… 60
松江嘉兴一带惨遭轰炸，难民被屠，伤亡遍地 《中央日报》（南京），1937年11月9日 ……………………………………………………………………… 61

敌在玉环强奸妇女，掳去七八十人 《中央日报》(南京)，1937年11月9日 …… 62
大队敌机在浙省各地滥施轰炸！民房被毁死伤甚众，嘉兴嘉善厥状尤惨，
广九路又遭两度空袭 《中央日报》(南京)，1937年11月9日 …………………… 62
敌机仍不断袭苏，沪龙华枫林桥昨有敌机肆虐 《华西日报》，1937年11月
10日 …………………………………………………………………………………… 63
敌机昨分五批炸浦东南市，先后投卅余弹燃烧颇烈，敌昨又续到援军三千余
《湖南国民日报》，1937年11月10日 …………………………………………… 63
我采取郊战方式，太原仍在激战中，同蒲太汾两路沿线难民惨遭敌机轰炸
《力报》(长沙)，1937年11月10日 …………………………………………… 64
奉贤全境遭海空轰炸，损害奇重，陷于混乱 《时报》(上海)，1937年11月
10日 …………………………………………………………………………………… 65
周浦镇被炸，毁屋百余间，死伤五六十人 《时报》(上海)，1937年11月10日 … 65
敌机日夜袭苏，昨投排弹百枚 《时报》(上海)，1937年11月10日 ……………… 66
死里逃生，亭林一商人被敌队长缚住二小时，同行者饮弹而倒，男女大批遭圈禁
《时报》(上海)，1937年11月10日 …………………………………………… 67
敌兵至张堰枪杀桥上两人，浦南目击敌兵情形 《时报》(上海)，1937年11月
10日 …………………………………………………………………………………… 67
沪市敌机数十架飞翔轰炸，东西南三面大火，难民麇集南市华租交界处哭声
震天，丰田纱厂直至今晨火犹未息 《时报》(上海)，1937年11月10日 ……… 68
冀南民众被敌屠杀甚多，纷起协助我军抗敌 《时事新报》(上海)，1937年
11月10日 ……………………………………………………………………………… 69
敌机昨又袭苏州，沿铁路线投弹达百余枚 《时事新报》(上海)，1937年11月
10日 …………………………………………………………………………………… 69
敌机袭苏州一日间投百余弹，昨续在南市浦东肆虐 《中央日报》(南京)，
1937年11月10日 ……………………………………………………………………… 70
敌机惨无人道，赣童军理事会电请世界童军一致声讨 《中央日报》(南京)，
1937年11月10日 ……………………………………………………………………… 70
敌军续在浦东登陆，纵火焚厂栈架，炮轰南市 《神州日报》(上海)，1937年
11月11日 ……………………………………………………………………………… 71

连云港外敌焚毁我油船一艘　《湖南国民日报》,1937 年 11 月 11 日 ………………… 71
敌机廿余架昨轰炸南市,投弹综达四五十枚之多,黑烟漫空死伤平民甚众,当被我击落两敌机　《湖南国民日报》,1937 年 11 月 11 日 ………………… 72
敌机昨飞袭泺口图破坏黄河铁桥,投弹数枚平民七人受伤,因我射击猛烈分道逸去　《湖南国民日报》,1937 年 11 月 11 日 ………………………… 72
在宿县轰炸客车　《湖南国民日报》,1937 年 11 月 11 日 ……………………… 72
寇机又袭京,并滥炸苏州,掷毒药水用意至为险恶,无锡常州等地亦被投弹　《扫荡报》(汉口),1937 年 11 月 11 日 ………………………………… 73
被蹂躏嘉定民房之一部(图)　《时报》(上海),1937 年 11 月 11 日 ………… 73
南汇城乡被炸,毁商店多家,死伤数十人　《时报》(上海),1937 年 11 月 11 日 … 74
松江难民逃沪,途中遇敌兵,二人被枪击,廿二人被拘十小时　《时报》(上海),1937 年 11 月 11 日 ……………………………………………………………… 74
敌机肆炸南市,敌炮同时向南市猛轰　《时报》(上海),1937 年 11 月 11 日 ……… 75
烂泥渡炸伤多人　《时报》(上海),1937 年 11 月 11 日 ………………………… 76
漕河泾被占　《时报》(上海),1937 年 11 月 11 日 ……………………………… 76
苏州复被狂炸,城厢内外损害极重　《时报》(上海),1937 年 11 月 11 日 ……… 77
敌机敌炮滥轰南市,死伤平民多人,房屋被毁无算　《时事新报》(上海),1937 年 11 月 11 日 ………………………………………………………………… 77
敌机昨又空袭首都,苏州城郊投弹伤平民颇多,图炸津浦线黄河铁桥不逞,青浦我军击落敌机数架　《时事新报》(上海),1937 年 11 月 11 日 ………………… 78
空军再炸鲁省兖州　《泰东日报》,1937 年 11 月 11 日 ………………………… 79
日海军机猛炸,嘉兴嘉善起火　《泰东日报》,1937 年 11 月 11 日 ……………… 79
敌在浦东登陆后即屠杀平民,配置重炮竟日向我南市射击,敌用小汽艇载运敌军赴浦东,敌援军万余昨抵沪　《湖南国民日报》,1937 年 11 月 12 日 ……… 80
沪敌军惨无人道,击毙在沪观战英报记者,强占英商开平煤矿码头　《湖南国民日报》,1937 年 11 月 12 日 ……………………………………………………… 80
我军撤退后浦东大火,东西杨宅一带毁民房数千间　《时报》(上海),1937 年 11 月 12 日 ……………………………………………………………… 81
首都遭空袭,一敌机被击落　《时报》(上海),1937 年 11 月 12 日 ……………… 83

敌轰南市死伤调查　《时报》(上海),1937年11月12日 …………………… 83
流弹入租界死伤者甚多　《时报》(上海),1937年11月12日 ……………… 84
惨遭浩劫之浦东遥望(图)　《时报》(上海),1937年11月12日 ………………… 84
敌机屡次滥炸我内地,我国联同志会电告总会　《时事新报》(上海),1937年11月12日 …………………………………………………………… 84
敌军蹂躏浦东惨状:纵火焚烧,剖腹弃尸,强服苦役　《时事新报》(上海),1937年11月12日 ……………………………………………………… 85
敌机在鲁省肆暴,我无辜平民死伤甚重,敌机四架昨骚扰砀山　《华西日报》,1937年11月13日 ……………………………………………………… 87
敌机肆虐:一日间四度轰炸嘉兴,无锡美国医院亦被毁　《工商日报》(香港),1937年11月13日 ……………………………………………………… 87
扰乱黄河沿岸,掷弹七十余枚　《时报》(上海),1937年11月13日 ……………… 88
无锡美教会医院被轰炸　《时报》(上海),1937年11月13日 ………………… 88
平湖乍浦被炸　《时报》(上海),1937年11月13日 ……………………… 89
南市浦东惨遭浩劫　《时事新报》(上海),1937年11月13日 ………………… 90
敌机惨无人道!在常州轰炸难民,无锡嘉兴投弹多枚,津浦陇海均遭空袭　《中央日报》(南京),1937年11月13日 ……………………………………… 91
Japanese Bomb American Mission in China; Sanctuary for Soochow Refugees Planned　《纽约时报》(The New York Times),1937年11月13日 ………… 92
敌机昨空袭西安,鲁境黄河各渡口均遭轰炸,济南竟日有敌机投弹　《华西日报》,1937年11月14日 ……………………………………………………… 93
沪西南财物完全被敌劫掠,总共约值千万元　《华西日报》,1937年11月14日 … 93
停泊浦江我国轮船被敌劫持　《湖南国民日报》,1937年11月14日 …………… 94
敌机数十架轮流袭浙,毁民房数百死伤平民数十,敌机并飞往西安洛阳窥探　《工商日报》(香港),1937年11月14日 ……………………………………… 94
西安遭空袭,宁波炸三次　《时报》(上海),1937年11月14日 ………………… 95
南市大火继续延烧,浦东民房共被焚毁二千余间　《时事新报》(上海),1937年11月14日 …………………………………………………………… 95
西安昨初次遭空袭,敌机三十架飞鲁黄河沿岸投弹　《时事新报》(上海),

1937 年 11 月 14 日 …… 96
蚌埠民房被毁之一斑(图) 《中央日报》(南京),1937 年 11 月 14 日 …… 97
闸北遭敌机轰炸后一片废墟惨象(图) 《中央日报》(南京),1937 年 11 月 14 日 …… 97
恐怖之上海！暴敌大肆屠戮,难民街头卧,食粮仍恐慌,市府各机关一部将结束 《大公报》(汉口),1937 年 11 月 15 日 …… 98
嗷嗷待哺的民国路上难民(图) 《时报》(上海),1937 年 11 月 15 日 …… 99
无锡投三十弹 《时报》(上海),1937 年 11 月 15 日 …… 99
嘉善附近发生激战,大名东南在鏖战中,寇机昨袭常州无锡,沪南市悉成焦土 《全民日报》(长沙),1937 年 11 月 15 日 …… 100
敌机袭常州,轰炸我平民,穷苦船夫死伤达三十余人 《中央日报》(南京),1937 年 11 月 15 日 …… 101
浙十余县被寇机狂炸,嘉兴被投弹最多 《扫荡报》(汉口),1937 年 11 月 15 日 …… 101
沪敌横行！搜查邮局觊觎海关,搜掠米粮民食严重,南市之火五日未断 《大公报》(汉口),1937 年 11 月 16 日 …… 102
敌机昨四袭嘉兴,首都上空亦有敌机六架掷弹,敌舰续运援军抵沪 《华西日报》,1937 年 11 月 16 日 …… 102
我邮政总局沪敌军非法搜查,沪西南市全城一片焦土,难民逃租界情形极凄惨,敌军司令部已移设南市 《华西日报》,1937 年 11 月 16 日 …… 103
寇机毒行狂炸苏州,投弹竟达七百以上,首都嘉兴昨日亦遭空袭 《扫荡报》(汉口),1937 年 11 月 16 日 …… 104
Japanese Planes Drop 700 Bombs on Soochow. City Suffers Enormous Damage; Red Cross Station Hit. Raid on Nanking Ends in Failure. Kashing, Changchow and Other Cities Also Bombed 《大陆报》(The China Press),1937 年 11 月 16 日 …… 105
敌机轰炸苏州掷弹七百余枚,首都昨又遭空袭 《时事新报》(上海),1937 年 11 月 16 日 …… 106
南市浦东大火仍在延烧,南市东起十六铺西至打浦路,全部民房被围于浓烟

烈火中 《时事新报》(上海),1937 年 11 月 16 日 …………………………… 106
抗日军讯:敌机轰炸苏州惨剧 《少年中国晨报》,1937 年 11 月 16 日 ………… 107
敌机昨六犯嘉善,苏州竟日遭轰炸,城内数处起火入晚未熄,常州扬州昨亦被袭 《华西日报》,1937 年 11 月 17 日 ……………………………… 107
苏州已成荒墟 《时报》(上海),1937 年 11 月 17 日 ……………………………… 108
各地叠遭空袭 《时报》(上海),1937 年 11 月 17 日 ……………………………… 108
驻沪英兵谈寇机残暴轰炸,不炸军事设备专炸平民 《全民日报》(长沙),1937 年 11 月 17 日 ……………………………………………………………… 109
Chinese Casualties Estimated at 800 000, Red Cross Investigator Thinks 425 000 Have Been Killed at Shanghai and in North 《纽约时报》(The New York Times),1937 年 11 月 17 日 ……………………………………………… 109
德领同情我国抗战,中国立国数千年必能继续存在,敌虽有吞中国野心难如愿以偿,日炸不设防城市平民暴行将速食其报 《工商日报》(香港),1937 年 11 月 18 日 ……………………………………………………………… 110
苏州被炸无完土,海宁居民逃一空 《神州日报》(上海),1937 年 11 月 19 日 … 111
敌机窥伺海丰,广九路昨被轰炸,路基路轨电报均小受损失,潮阳南澳海面敌舰已他驶 《华西日报》,1937 年 11 月 19 日 ……………………………… 111
形同□□,敌肆意杀掠,外人住宅亦被敌军劫掠一空,南市难民区常被敌开炮扫射 《工商日报》(香港),1937 年 11 月 19 日 ……………………………… 112
乍浦轰炸惨烈 《时报》(上海),1937 年 11 月 19 日 ……………………………… 112
苏东吴大学被毁,商业区亦遭敌机蹂躏 《时事新报》(上海),1937 年 11 月 19 日 ……………………………………………………………………………… 113
Japan's Shanghai Looting 《工人日报》(Daily Worker),1937 年 11 月 19 日 ……… 113
敌机昨又袭广九路,投弹六枚毁路轨路基数段,港粤间电话电报均被损坏 《华西日报》,1937 年 11 月 20 日 ……………………………………………… 113
王正廷在美讲日军残杀平民 《工商日报》(香港),1937 年 11 月 20 日 ……… 114
北平惨象:政治教育全是亡国风光,人民生命财产毫无保障 《华西日报》,1937 年 11 月 22 日 ……………………………………………………………… 114
上海市民惨遭杀害,英文星期报载"上海见闻" 《工商日报》(香港),1937 年

11月22日 …… 116
敌机肆扰豫省各地 《华西日报》,1937年11月23日 …… 117
晋北游击队配备妥善,将有大规模活动,晋中晋东晋西我阵线部署竣事,我生力军抵晋中各线,士气旺盛,平遥商民多被敌惨杀 《湖南国民日报》,1937年11月23日 …… 117
寇机滥炸,常州投弹最多,平民死伤甚重 《扫荡报》(汉口),1937年11月24日 …… 118
敌机肆虐,轰炸平民!成队在常州等地投弹 《中央日报》(南京),1937年11月24日 …… 118
Japan Plunders in International Settlement 《工人日报》(Daily Worker),1937年11月24日 …… 119
敌机连日袭江阴 《华西日报》,1937年11月25日 …… 120
敌机十七架昨在广州虎门肆暴,投弹多枚,我妇孺伤亡甚多,京市昨又发生空战 《华西日报》,1937年11月25日 …… 120
敌机过鄂扰长沙 《华西日报》,1937年11月25日 …… 121
沪敌机依然活跃 《华西日报》,1937年11月25日 …… 121
敌机昨又四出肆虐,袭南京杭粤等处,在南京投弹十余,焚民房数十间,在杭投弹未中在粤死平民甚多 《湖南国民日报》,1937年11月25日 …… 122
寇机昨日飞袭长沙:投弹六枚炸毁房屋数栋,死伤平民共约二三百人 《湖南国民日报》,1937年11月25日 …… 123
昨日敌机轰炸情形备极凄惨 《湖南国民日报》,1937年11月25日 …… 124
敌在东北征壮丁作先锋队,壮丁被征时暴日实行联三保,若有逃亡倒戈情事全家诛戮——两个逃亡女士在南下轮上辛酸的申诉 《湖南国民日报》,1937年11月25日 …… 125
敌机四架昨袭长沙,死伤平民达两百人,警报迟误市民多避匿不及,我机追击敌机循原途逸去 《力报》(长沙),1937年11月25日 …… 127
敌机昨炸广乐客车,投三弹死伤搭客六十余人 《国华报》(广州),1937年11月25日 …… 129
敌机侵袭各地 《国华报》(广州),1937年11月25日 …… 129

Nanking Again Attacked by Nippon Planes, 20 Bombs Dropped in Center of City; 7 Believed Killed 《大陆报》(The China Press),1937 年 11 月 25 日 ………… 130
Japanese Air Attack Takes Heavy Toll in South China. 162 on Casualty List at Honam Island, Opposite Shameen. Canton Railway Stations Bombed. Foreign Eye - Witness Says 100 Killed on Island 《大陆报》(The China Press),1937 年 11 月 25 日 ………… 131
敌机昨又进袭首都,投十余弹,毁民房数十间,并飞长沙淮阴各地轰炸 《工商日报》(香港),1937 年 11 月 25 日 ………… 132
敌机昨日疯狂轰炸广州市区,十七架分两度来袭,八架入市区投弹,河南大沙头市民住宅区落弹廿余枚,敌机专炸平民死伤四百余,毁屋百余 《工商日报》(香港),1937 年 11 月 25 日 ………… 133
广州昨又遭空袭,一弹中防空壕,死伤难民多人,粤汉南下车被炸乘客伤亡七十余 《时事新报》(上海),1937 年 11 月 25 日 ………… 136
首都又遭轰炸,敌机掷弹廿余死平民甚多 《时事新报》(上海),1937 年 11 月 25 日 ………… 137
敌机昨袭京,我空军飞起迎战,长沙广州均遭轰炸 《中央日报》(南京),1937 年 11 月 25 日 ………… 137
敌人蹂躏下豫北民众极痛苦,奸淫杀掠无所不至,各地奸匪乘机而起 《华西日报》,1937 年 11 月 26 日 ………… 138
敌机昨又袭南京,苏鲁一带敌机多架伺察肆扰,广九路横沥桥昨被敌机毁坏 《湖南国民日报》,1937 年 11 月 26 日 ………… 139
东站路惨遭敌机轰炸详情:死伤六十六人其余正在挖救,炸倒房屋廿一栋毁玻璃甚多,遗存尸骸责令保甲殓埋 《湖南国民日报》,1937 年 11 月 26 日 ………… 140
敌机枪击大良农民 《国华报》(广州),1937 年 11 月 26 日 ………… 141
寇机两度袭京,洛阳昨被炸,广九路遭袭击,粤港交通被阻 《扫荡报》(汉口),1937 年 11 月 26 日 ………… 141
Nippon Planes Bomb Changsha and Hengyang 《大陆报》(The China Press),1937 年 11 月 26 日 ………… 142

常州被炸起大火灾 《泰东日报》,1937 年 11 月 26 日 …………………… 142
轰炸汉口,死伤二百余人 《时报》(上海),1937 年 11 月 26 日 ……………… 143
敌隔河又炮轰济南 《时事新报》(上海),1937 年 11 月 26 日 ……………… 143
汉一对新婚妇夫行礼时被炸 《时事新报》(上海),1937 年 11 月 26 日 ………… 143
敌机昨袭京,并在丹阳宜兴间投弹 《中央日报》(南京),1937 年 11 月 26 日 … 144
敌机轰炸广九铁路 《少年中国晨报》,1937 年 11 月 26 日 ………………… 144
敌机轰炸长沙惨剧 《少年中国晨报》,1937 年 11 月 26 日 ………………… 144
广九粤汉两路敌机昨又肆虐,广九路塘头厦桥全被毁,平阴击落一敌机
《华西日报》,1937 年 11 月 27 日 ……………………………………… 145
上海惨象:粮荒严重难民哀号,外轮纷纷准备复航 《扫荡报》(汉口),1937 年
11 月 27 日 …………………………………………………………… 145
敌机昨晨窥察广九后,午间空群分袭广九粤汉路,广九塘头厦樟木头各站
投弹卅余枚,粤汉路从化军田各处伤毙平民 《工商日报》(香港),
1937 年 11 月 27 日 ……………………………………………………… 146
敌母舰徘徊中山赤溪海面,敌以涠洲岛作军械库,劫掠渔船运载军械先后起卸
五千箱,窥伺台山梐洲岛,敌舰三艘次第他驶,敌机又飞各县窥伺骚扰
《工商日报》(香港),1937 年 11 月 27 日 ……………………………… 147
敌机昨扰西安,在西北郊投弹后仓皇遁去,有三架曾飞咸阳兴平窥察 《华西
日报》,1937 年 11 月 28 日 ……………………………………………… 148
敌机连日轰炸丹阳镇江一带 《华西日报》,1937 年 11 月 28 日 …………… 148
敌机昨又袭击粤汉广九两路 《华西日报》,1937 年 11 月 28 日 …………… 148
敌机一十二架轰炸洛阳机场 《华西日报》,1937 年 11 月 28 日 …………… 148
寇惨屠邯郸民众,居民被杀者二千余人,城郊各村被炸成灰烬 《扫荡报》
(汉口),1937 年 11 月 28 日 …………………………………………… 149
日空军又轰炸津浦线泰安站 《泰东日报》,1937 年 11 月 28 日 …………… 149
敌机昨南北肆虐,临汾宣城遭轰炸,广九粤汉路轨略有毁坏,敌机袭津浦车
未遂 《华西日报》,1937 年 11 月 29 日 ………………………………… 149
晋边我游击队极活动,敌军在榆次大肆烧杀 《湖南国民日报》,1937 年 11 月
29 日 …………………………………………………………………… 150

敌机昨又炸广九粤汉两路,两路路基钢轨稍有损失,宿县宣城亦有敌机投弹
《湖南国民日报》,1937 年 11 月 29 日 …………………………………… 150
顾维钧谈话:欲维持远东和平,各国必须考虑援助中国,法天主教议决谴责日军恣意屠杀,东京又开反英大会 《工商日报》(香港),1937 年 11 月 29 日 …………………………………… 151
青浦来沪者谈:城内三角街马头街成焦土,白鹤江全镇被毁,沿途多尸体
《时报》(上海),1937 年 11 月 29 日 …………………………………… 152
镇江已封锁,被空袭掷弹百四十枚 《时报》(上海),1937 年 11 月 29 日 ……… 152
敌机炸金坛,被击落三架,苏鲁一带被敌肆虐,溧水平民遭敌摧残 《工商日报》(香港),1937 年 11 月 30 日 …………………………………… 153
邮差追述青浦被炸情形 《时报》(上海),1937 年 11 月 30 日 ……………… 153
临汾被炸 《时报》(上海),1937 年 11 月 30 日 …………………………………… 154
日寇铁蹄下的天津 《华西日报》,1937 年 12 月 1 日 …………………………………… 154
敌机暴行愈甚:轰炸除用重弹外并用燃烧弹,炸两路机师进袭日久投弹准确,敌处心积虑谋我可谓无微不至 《工商日报》(香港),1937 年 12 月 1 日 …… 156
敌机骚扰各地汇志 《工商日报》(香港),1937 年 12 月 1 日 …………………… 157
敌机昨袭诸暨,萧山宣城均惨遭轰炸,敌又侦察虎门 《华西日报》,1937 年 12 月 2 日 …………………………………… 158
敌机连日炸宣城 《湖南国民日报》,1937 年 12 月 2 日 …………………………… 158
敌军焚毁光华大学,损失甚重 《湖南国民日报》,1937 年 12 月 2 日 ………… 158
敌狂炸后之萧山 《国华报》(广州),1937 年 12 月 2 日 …………………………… 159
溧水城已成焦土 《国华报》(广州),1937 年 12 月 2 日 …………………………… 159
陷后太原,敌肆意屠戮,路断行人凄惨万状——一脱险警士之谈话
《大公报》(汉口),1937 年 12 月 3 日 …………………………………… 160
Nippon Planes Raid Nanking and Canton, Soviet - Made Aircraft Said Brought Down in Capital 《大陆报》(The China Press),1937 年 12 月 3 日 ………… 161
敌机轰炸从化惨状,死伤县民百余名 《工商日报》(香港),1937 年 12 月 3 日 …………………………………… 162
萧山遭空袭投弹百余枚 《时报》(上海),1937 年 12 月 3 日 …………………… 162

1 000 Reported Killed 《纽约时报》(The New York Times),1937 年 12 月 3 日 … 162
惠阳港口汕尾海面,敌舰又焚劫我渔船,海丰鲘门江牡山海面发现敌舰,敌机不断的飞各属屠杀我乡民 《工商日报》(香港),1937 年 12 月 4 日 ………… 163
朱泾遭火后由维持复业会中人督工掘街道(下塘西市杨家弄东)(图) 《时报》(上海),1937 年 12 月 4 日 ………… 164
朱泾镇失陷后唐代古塔犹存,而其西至西亭桥一带下岸房屋已尽毁矣(图) 《时报》(上海),1937 年 12 月 4 日 ………… 164
金山市乡维持复业会之掩埋队(图) 《时报》(上海),1937 年 12 月 4 日 ……… 165
南市浩劫毁损调查 《时报》(上海),1937 年 12 月 4 日 ………… 165
敌在并对我民众横加惨毒 《国华报》(广州),1937 年 12 月 5 日 ………… 166
敌舰炸下一幕惨剧 《工商日报》(香港),1937 年 12 月 5 日 ………… 166
南市浩劫毁损调查(续) 《时报》(上海),1937 年 12 月 5 日 ………… 167
无锡城区被陷(图) 《时报》(上海),1937 年 12 月 5 日 ………… 168
无锡至常熟间被毁之大石桥(图) 《时报》(上海),1937 年 12 月 5 日 ………… 169
日机昨又猛袭南京,明故宫飞机场格纳库炸毁焚烧,除县宜城华军受损亦重 《新申报》,1937 年 12 月 5 日 ………… 169
敌机惨无人道昨午袭京,投弹轰炸贫民窟,在逸仙桥一带炸死贫民十余,烧毁倒塌房屋共计五十余间 《湖南国民日报》,1937 年 12 月 6 日 ………… 170
敌军在崇明岛开机枪射击英轮,并在芜湖炸毁英轮德和大通,被毁各轮均已漆有英国国旗 《湖南国民日报》,1937 年 12 月 6 日 ………… 171
暴日铁蹄下北平三大学近况:燕大辅仁授课横被干涉,各校图书亦多被迫焚毁 《大公报》(汉口),1937 年 12 月 6 日 ………… 172
敌机昨狂炸京芜:在京逸仙桥投硫磺弹焚毁贫民窟,芜湖英商轮炸毁 《力报》(长沙),1937 年 12 月 6 日 ………… 172
寇机惨炸京贫民区,掷硫磺弹被毁房屋五十余间,粤汉广九两铁路昨数度被袭 《扫荡报》(汉口),1937 年 12 月 6 日 ………… 173
敌在上川登陆后动态:四出逼索粮食银物并毁坏我文化,台山各区壮丁队纷集中准备杀敌 《工商日报》(香港),1937 年 12 月 6 日 ………… 174
宝安农民赶办冬耕,被敌机扫射,敌机连日飞掠各属 《工商日报》(香港),

1937 年 12 月 6 日 …… 176
南市浩劫毁损调查(续) 《时报》(上海),1937 年 12 月 6 日 …… 177
南京复被空袭,掷硫磺弹贫民窟成灰烬,男女老幼死伤惨不忍睹 《时报》(上海),1937 年 12 月 6 日 …… 178
Japan Raids Route of Embassy Train 《工人日报》(Daily Worker),1937 年 12 月 6 日 …… 179
Two Japanese Near Goal in Race to Kill 100 of Foe 《纽约时报》(The New York Times),1937 年 12 月 6 日 …… 179
Captain Is Injured on British Gunboat by Japanese Bomb, Two Other Britons Wounded on British Merchantman in Air Raid at Wuhu, Steamships Set on Fire, Hundreds of Chinese Killed or Hurt—Fliers Are Said to Have Aimed at Fleeing Troops, Nanking Also Attacked, Invaders' Army Only 25 Miles From Capital—Capture by Week - End Predicted 《纽约时报》(The New York Times),1937 年 12 月 6 日 …… 180
敌机炸开封,死伤平民约七十人,粤境昨被两度空袭 《大公报》(汉口),1937 年 12 月 7 日 …… 182
敌机昨轰炸无锡,两英轮一毁一伤,乘客死八人伤廿人,余均获救,英外交界人士不允发表评论 《华西日报》,1937 年 12 月 7 日 …… 182
敌机昨日三度袭京,在浦口投燃烧弹,连日在江阴轰炸封锁线未逞,京附近淳化镇被敌轰炸甚惨 《湖南国民日报》,1937 年 12 月 7 日 …… 183
敌机分头肆扰各地,三度袭京被我空军击退,皖苏浙各地亦被敌肆虐 《工商日报》(香港),1937 年 12 月 7 日 …… 184
敌机扫射顺德乡民 《工商日报》(香港),1937 年 12 月 7 日 …… 185
南市浩劫毁损调查(续) 《时报》(上海),1937 年 12 月 7 日 …… 185
金山各乡镇毁损情形 《时报》(上海),1937 年 12 月 7 日 …… 186
损毁情形尚待调查,敌机昨九十架袭京,敌机袭芜湖我平民死伤达千人,日来芜埠商店居民已迁徙一空 《华西日报》,1937 年 12 月 8 日 …… 187
沿同蒲铁路南犯,大批敌机袭潼关,在西关车站附近投弹廿一枚,开封城前日遭空袭 《力报》(长沙),1937 年 12 月 8 日 …… 188

寇机炸陕境，在潼关投弹多枚，开封前日亦被炸 《扫荡报》(汉口)，1937 年 12 月 8 日 …… 189
敌机暴行 《工商日报》(香港)，1937 年 12 月 8 日 …… 190
难民正在码头候轮，芜湖被炸死伤千人 《时报》(上海)，1937 年 12 月 8 日 …… 191
美人目睹难民惨状 《时报》(上海)，1937 年 12 月 8 日 …… 191
Ninety Planes Bomb Nanking 《工人日报》(Daily Worker)，1937 年 12 月 8 日 … 192
昨午十一时许敌机多架袭西安，午后始逸去，详情正调查中，潼关昨亦遭轰炸 《华西日报》，1937 年 12 月 9 日 …… 193
敌又屠杀新会农民 《工商日报》(香港)，1937 年 12 月 9 日 …… 193
敌机大批袭南昌，敌我在市郊展开激烈战斗，我平民死伤七八十人 《华西日报》，1937 年 12 月 10 日 …… 193
邹韬奋等赴桂过梧谈敌踞沪摧残文化界惨状，任意逮捕枪杀租界难民千万，邹等一行六日离梧专车赴桂 《工商日报》(香港)，1937 年 12 月 10 日 …… 194
敌机袭南昌，在平民地带大肆狂炸，并飞津浦路孝义投弹 《工商日报》(香港)，1937 年 12 月 10 日 …… 195
包头来人谈日寇的铁蹄踏到包头以后 《新中华报》(延安)，1937 年 12 月 10 日 …… 195
One of Japan's Victims(图) 《工人日报》(Daily Worker)，1937 年 12 月 10 日 … 196
敌机轰炸浙赣各地 《国华报》(广州)，1937 年 12 月 12 日 …… 197
敌机轰炸金华衢州，金华东站被炸弹痕累累，衢州民房被炸毁数十间 《工商日报》(香港)，1937 年 12 月 12 日 …… 197
敌舰敌兵轮流在三灶岛登陆，彼去此来但指定一队久驻，大肆劫掠并强掳小孩回舰，敌兵蹂躏高澜岛后已放弃 《工商日报》(香港)，1937 年 12 月 12 日 … 198
敌又屠杀惠阳民众 《工商日报》(香港)，1937 年 12 月 12 日 …… 199
敌机在南海撒毒粉 《工商日报》(香港)，1937 年 12 月 12 日 …… 199
日机昨袭南京，城内炸弹横飞 《新申报》，1937 年 12 月 12 日 …… 199
Invaders Checked by Many Defenses in Nanking's Wall, Escape Is Cut off, Japanese Near Pukow Only Remaining Route for Troops' Flight, Shells Pour Into City, Planes Aid Land Forces but Naval Attack From Yangtze

Has Not Begun 《纽约时报》(The New York Times),1937年12月12日 …… 200
敌机昨又袭西安,我空军起飞迎战,敌机仓皇投弹后逸去,震塌民房共八间 《华西日报》,1937年12月13日 …… 202
粤汉广九路昨又被轰炸 《华西日报》,1937年12月13日 …… 202
敌机昨袭赣 《华西日报》,1937年12月13日 …… 202
敌图久踞上川作南侵根据地,昨再犯下川岛被我击溃,敌舰掩护轰击图在北风湾登陆,经我击退后敌机低空扫射难民 《工商日报》(香港),1937年12月13日 …… 203
敌机扫射海丰渔民 《工商日报》(香港),1937年12月13日 …… 203
金陵大学被毁 《时报》(上海),1937年12月13日 …… 204
敌机昨两度袭赣,在吉安玉山等地投弹多枚,粤汉路又遭空袭 《华西日报》,1937年12月14日 …… 204
敌机首次轰炸胶济路,在泰安车站投二弹我无损,敌进袭洛阳亦只毁屋数间 《工商日报》(香港),1937年12月14日 …… 204
惠阳甲子步区敌机轰炸婚家惨剧:新婚夫妇及宾客同遭浩劫,见禾草疑乡民亦投弹轰击 《工商日报》(香港),1937年12月14日 …… 205
倭机炸美船毙九十六人 《中西日报》,1937年12月14日 …… 205
Japan Sinks U. S. Ships, Floating Embassy Bombed: Many Wounded and Killed 《工人日报》(Daily Worker),1937年12月14日 …… 206
敌机昨又袭南昌杭州等处,在南昌投弹十余伤五人,在衢县投弹甚多落田野 《湖南国民日报》,1937年12月15日 …… 207
敌机昨三袭杭州,投弹卅五枚均落荒郊,衢州玉山昨亦遭空袭 《华西日报》,1937年12月15日 …… 208
世界著名学者指斥日本,敌□兵肆意摧残东方文化,请各国民众自动抵制日货 《工商日报》(香港),1937年12月15日 …… 208
海丰牛牯湾,敌舰焚劫渔船,在遮浪又炮轰渔船 《工商日报》(香港),1937年12月15日 …… 209
敌机扰汤阴 《华西日报》,1937年12月16日 …… 209
敌机廿七架昨午袭广九粤汉路,新街投弹塌民房甚多,四架返经市北遭炮轰

《国华报》(广州),1937 年 12 月 16 日 …………………………………… 210
敌机十八架猛轰蚌埠,投数十弹,平民死伤颇众,诸暨亦遭敌机两度肆虐
《工商日报》(香港),1937 年 12 月 16 日 …………………………………… 212
敌机昨午空群轰炸粤汉广九花县各地,两路枕轨略有损失桥梁无恙,广州安谧
花县平民伤毙甚多 《工商日报》(香港),1937 年 12 月 16 日 ……………… 213
惠阳敌舰派机低飞测量稔海水度,瞥见乡人又开机枪扫射,乡民闪避迅速
未为所伤 《工商日报》(香港),1937 年 12 月 16 日 …………………………… 214
敌肆意轰击我沿海商轮,外轮不受威胁继续航行,敌欲阻断各国对华贸易
《工商日报》(香港),1937 年 12 月 16 日 …………………………………… 214
敌在京任意烧杀,敌舰四艘驶抵下关 《华西日报》,1937 年 12 月 17 日 ………… 215
敌机昨犯五台崞县 《华西日报》,1937 年 12 月 17 日 ……………………………… 215
敌机扰济南 《华西日报》,1937 年 12 月 17 日 ……………………………………… 215
南京寇军大肆焚劫,京难民尚有十五万,沪难民区又被寇占 《扫荡报》
(汉口),1937 年 12 月 17 日 ………………………………………………………… 216
敌机进袭苏浙鲁,在淮阴绍兴各地大肆轰炸,胶济路黄台车站亦几被毁
《工商日报》(香港),1937 年 12 月 17 日 …………………………………… 216
海丰遮浪海面,敌舰炮轰观音岛,敌潜艇一艘突出海面屠杀渔民,捷胜海面
发现敌舰两艘无异动 《工商日报》(香港),1937 年 12 月 17 日 ……………… 217
倭水兵两次抢掠三灶岛,中山七区海面发现敌大小舰十一艘,水兵三百余两次
登陆抢掠各村民物 《中西日报》,1937 年 12 月 17 日 ………………………… 217
敌在南京屠杀惨剧 《少年中国晨报》,1937 年 12 月 17 日 ………………………… 218
敌据南京肆行抢劫 《少年中国晨报》,1937 年 12 月 17 日 ………………………… 218
前上海英文中国日报总编辑夏累尔详述上海陷后见闻:商人饱受榨取已成惯见
之事,外人私产货仓货物亦被抢掠,民众领通过证须缴巨额贿金,去月贿金
计算竟达千五百万 《循环日报》,1937 年 12 月 18 日 ………………………… 219
敌以暴力强管难民区,竟将数万民编入军队,驱之赴前线参加作战 《工商
日报》(香港),1937 年 12 月 18 日 …………………………………………………… 220
枫泾遭焚炸详情:自洙泾沿汽车路到枫一带村落焚十之七八 《时报》(上海),
1937 年 12 月 18 日 …………………………………………………………………… 220

U. S. Naval Display Reported Likely Unless Japan Guarantees Our Rights; Butchery Marked Capture of Nanking. All Captives Slain. Civilians Also Killed as the Japanese Spread Terror in Nanking. U. S. Embassy is Raided. Capital's Fall Laid to Poor Tactics of Chiang Kai - shek and Leaders' Flight 《纽约时报》(The New York Times),1937 年 12 月 18 日 ········· 221
敌占南京肆行屠杀 《少年中国晨报》,1937 年 12 月 18 日 ········· 224
敌机飞往南昌掷炸 《少年中国晨报》,1937 年 12 月 18 日 ········· 224
敌机昨轮流犯粤,在粤汉广九两路投弹,昨夜并袭击广州 《华西日报》,1937 年 12 月 19 日 ········· 224
惠阳虎头门海面,敌巡洋舰徘徊未去,时派水兵乘汽艇扫射我渔船,海丰敌舰水兵拦海截劫海船 《工商日报》(香港),1937 年 12 月 19 日 ········· 225
Foreigners' Role in Nanking Praised. Group Stayed Throughout the Siege, Caring for Wounded and Scores of Refugees. Lives Often in Jeopardy. Committee Also Assumed the Duties of City Government When Officials Had Fled 《纽约时报》(The New York Times),1937 年 12 月 19 日 ········· 226
敌大本营公布敌机袭京五十余次,飞机百余架投弹达百余吨,敌机昨两次袭粤桂交通线 《华西日报》,1937 年 12 月 20 日 ········· 229
涠洲岛海面敌舰射击渔民,渔民梁某一名受伤 《工商日报》(香港),1937 年 12 月 20 日 ········· 229
大小虎口敌舰大肆掠劫,来往船只纷纷停行 《工商日报》(香港),1937 年 12 月 21 日 ········· 229
敌机十一架首次空袭梧市详情 《国华报》(广州),1937 年 12 月 22 日 ········· 230
人间地狱:嘉兴扬州寇肆行抢杀,青年无一幸免 《扫荡报》(汉口),1937 年 12 月 22 日 ········· 230
十八十九两日,敌机炸宁阳路详情,客车两卡被炸毁,死伤甚重,十九日敌机大队轰炸台城 《工商日报》(香港),1937 年 12 月 22 日 ········· 231
敌机击毙番禺农民 《工商日报》(香港),1937 年 12 月 22 日 ········· 232
敌军到处逞凶暴,埭溪镇被焚殆尽,菁山市作战之敌为铃木旅团,莫干山后发现便衣队数百人 《华西日报》,1937 年 12 月 23 日 ········· 232

敌机轰炸梧州续详　《国华报》(广州),1937 年 12 月 23 日 …………………… 232
敌大逞兽性,南京已成地狱,敌军大杀良民四日,积尸五万被逮万人　《华西日报》,1937 年 12 月 24 日 …………………… 234
敌舰派兵洗劫大湾,上川岛居民全家九人惨遭刺毙　《国华报》(广州),1937 年 12 月 24 日 …………………… 234
外报记者批评侵华寇军之残暴,肆意屠杀平民妇女,寇酋无法驾驭　《扫荡报》(汉口),1937 年 12 月 24 日 …………………… 235
敌机袭皖在市郊投弹十余枚,敌机六侵入周家口　《工商日报》(香港),1937 年 12 月 24 日 …………………… 235
敌机十七架昨两犯广三广九粤汉三路,广三罗村站之巨弹声震广州市区,死伤平民多人,容奇石湾亦被扫射　《工商日报》(香港),1937 年 12 月 24 日 …… 236
敌机狂炸台山惨状　《工商日报》(香港),1937 年 12 月 24 日 …………………… 237
外人方面消息证实:敌在南京大屠戮! 难民区内亦满布血腥,上海松江间浩劫尤惨　《大公报》(汉口),1937 年 12 月 25 日 …………………… 238
美报揭露敌军暴行,纽约泰晤士报驻沪访员详电,引起美国人士深刻印象　《大公报》(汉口),1937 年 12 月 25 日 …………………… 239
敌军纪律荡然,残暴有甚于土匪,倭寇在历史上已永留污点,无耻之徒始能与之言合作——美记者视察种种　《华西日报》,1937 年 12 月 25 日 …………………… 240
敌军大屠杀消息证实,南京已呈恐怖状态,侵略史上留下了血腥之一页,列强闻讯甚为骇异　《华西日报》,1937 年 12 月 25 日 …………………… 242
Rape, Looting, Follow Taking of the Capital. Bitter Two Days on Entry of Japanese. Hundreds Massacred. Foreign Property Not Safe From Plundering　《字林西报》(North - China Daily News),1937 年 12 月 25 日 …………………… 243
Wild Acts of Nippon Army Confirmed, Information From Three Foreign Sources Bears out Earlier Reports, Pitiful Sight Seen at Nanking, Wholesale Looting and Murder Related by Eye - Witnesses　《大陆报》(The China Press),1937 年 12 月 25 日 …………………… 244
Defense of Nanking Seen Major Military Blunder by N. Y. Times Correspondents, Japanese Soldiers Declared Not First to Loot in Former Capital; Strategy of

Chinese in Shanghai Area Is Termed Folly; "Scorched Earth" Plan Hit
《大陆报》(The China Press),1937 年 12 月 25 日 …… 246
敌确在京大肆屠杀,炮轰英美舰为敌实行恐怖屠杀之一幕,日皇军声誉被
少壮派军人一扫而尽,外记者将敌暴行揭诸世界 《工商日报》(香港),
1937 年 12 月 25 日 …… 250
敌机袭梧开机枪扫射民船,暴行至此又增铁证,警局牌示临警镇定 《工商
日报》(香港),1937 年 12 月 25 日 …… 251
敌机肆意轰炸津浦北段 《华西日报》,1937 年 12 月 26 日 …… 252
敌机昨袭惠州 《华西日报》,1937 年 12 月 26 日 …… 252
敌机炸新浦海州 《华西日报》,1937 年 12 月 26 日 …… 252
敌机分批袭广九路 《华西日报》,1937 年 12 月 26 日 …… 252
津敌军擅入租界捕人 《华西日报》,1937 年 12 月 26 日 …… 252
敌在京奸淫掳掠大肆屠杀,美报指斥为历史中永远污点 《国华报》(广州),
1937 年 12 月 26 日 …… 253
京寇蹂躏市民,勒令臂刺“大日本”字样,如有不从者则惨遭残杀 《扫荡报》
(汉口),1937 年 12 月 26 日 …… 255
敌机昨日袭徐汴,并窥伺嵩县樊城诸暨,广九粤汉路昨亦被袭 《华西日报》,
1937 年 12 月 27 日 …… 255
我移守桐庐新阵地,富春江昨日激战,余杭沦陷后百余壮丁悉被敌屠杀,诸暨
绍兴又遭空袭 《力报》(长沙),1937 年 12 月 27 日 …… 256
敌机轰炸粤路续详,新民埠落六弹伤毙七人 《国华报》(广州),1937 年 12 月
27 日 …… 257
寇机昨袭徐州,前日一度飞至樊城投弹 《扫荡报》(汉口),1937 年 12 月
27 日 …… 257
敌机分批袭广九路 《华西日报》,1937 年 12 月 27 日 …… 257
暴寇盘据下安阳太原之现状:男子被迫害妇女被奸淫,寇兵肆意抢掠群丑
献媚 《扫荡报》(汉口),1937 年 12 月 28 日 …… 258
澳门西南昨晨炮声:横琴岛敌兵登陆,抢劫粮食残杀岛民,港澳当局注意敌舰
行动 《大公报》(汉口),1937 年 12 月 29 日 …… 259

敌机又向各地狂炸 《少年中国晨报》,1937 年 12 月 29 日 …………………………… 259
倭机三十架炸攻广州 《中西日报》,1937 年 12 月 30 日 …………………………… 259
倭机炸泰安英德教堂 《中西日报》,1937 年 12 月 30 日 …………………………… 260
倭寇声言欲炸灭广州市 《中西日报》,1937 年 12 月 30 日 …………………………… 260
The Loot! Japanese Soldier Returning to Shanghai After the Sacking of Soochow Brings Some Bedding He Has "Found"(图) 《工人日报》(Daily Worker), 1937 年 12 月 31 日 …………………………… 260
各地消息汇报 《新闻报》(上海),1938 年 1 月 1 日 …………………………… 261
倭寇在沪擅捕中外人士,并用暴力图夺交通大学 《南宁民国日报》,1938 年 1 月 1 日 …………………………… 263
寇在杭滁奸淫掠杀,屐痕所至庐舍邱墟 《南宁民国日报》,1938 年 1 月 1 日 …… 263
敌机四十六架昨乘元旦大施轰炸,十八架侵入市空发生陆空剧战,广九粤汉路同时被炸损伤颇重,我高射炮击伤敌机两架 《国华报》(广州),1938 年 1 月 2 日 …………………………… 264
广州附近乡区遭日机轰炸 《大晚报》(上海),1938 年 1 月 2 日 …………………………… 266
敌机昨炸广九粤路,虎门从化黄埔均有落弹,一队经广三路佛山窥伺 《国华报》(广州),1938 年 1 月 3 日 …………………………… 266
石龙上游敌机炸沉电船,伤毙六十余人 《国华报》(广州),1938 年 1 月 3 日 …………………………… 268
倭机凶炸广州毙多人 《中西日报》,1938 年 1 月 3 日 …………………………… 268
大批寇机袭我赣粤肆虐,宝安县城被炸平民死伤甚众,南昌昨空战击落一寇机 《南宁民国日报》,1938 年 1 月 3 日 …………………………… 269
敌机昨袭粤,在东莞博罗轰炸,击沉货船死多人,敌水兵图在闽海岸登陆未逞 《大公报》(汉口),1938 年 1 月 4 日 …………………………… 269
War Damage in China, Universities and Schools, Wholesale Destruction 《泰晤士报》(The Times),1938 年 1 月 4 日 …………………………… 270
倭机炸隧道伤毙百余人 《中西日报》,1938 年 1 月 4 日 …………………………… 271
武汉昨日遭空袭,敌机三十余架由沪飞来,投八十余弹,我稍受损失,粤汉铁路又被轰炸 《大公报》(汉口),1938 年 1 月 5 日 …………………………… 271

寇机三十二架昨午袭击武汉,投弹八十枚死六人伤廿三人,房屋炸倒三十九栋厥状凄恻 《扫荡报》(汉口),1938 年 1 月 5 日 …… 272
敌机炸东江船只续闻 《国华报》(广州),1938 年 1 月 5 日 …… 273
敌机六架昨两度炸粤路黎洞 《国华报》(广州),1938 年 1 月 5 日 …… 273
昨敌机三架枪击广三机车客车 《国华报》(广州),1938 年 1 月 5 日 …… 274
寇机两队飞粤肆虐,百莲湖民船遭殃 《南宁民国日报》,1938 年 1 月 5 日 …… 274
敌摧毁我教育,马尔康爵士著文斥责,英学生募款协助我各大学,设法接济我留英学生经济 《大公报》(汉口),1938 年 1 月 6 日 …… 274
太原安阳两伪组织,韩谦萧瑜臣等汉奸正活动中,寇在晋奸淫掳掠 《扫荡报》(汉口),1938 年 1 月 6 日 …… 275
敌摧残我文化机关,英名流发表宣言,呼吁遏止日侵略,扶持中国自卫 《循环日报》,1938 年 1 月 6 日 …… 275
粤汉路横石站昨被敌机四架投弹轰炸,共投六弹仅伤路轨多丈,敌机沿途开枪扫射平民 《循环日报》,1938 年 1 月 6 日 …… 276
敌机昨炸粤路横石,经广三横滘扫射客车机车 《国华报》(广州),1938 年 1 月 6 日 …… 277
倭寇在杭州肆恶 《中西日报》,1938 年 1 月 6 日 …… 278
粤汉路又遭空袭,出轨列车竟被寇扫射,临淮关被投弹 《扫荡报》(汉口),1938 年 1 月 7 日 …… 278
寇军兽行 《扫荡报》(汉口),1938 年 1 月 7 日 …… 279
图泄我机炸芜之忿,寇机昨日再袭武汉,死五十人伤六十二人 《扫荡报》(汉口),1938 年 1 月 7 日 …… 279
琼海敌舰炮击儋县洋浦港 《国华报》(广州),1938 年 1 月 7 日 …… 281
敌炸惠广轮,续获尸骸廿余具 《国华报》(广州),1938 年 1 月 7 日 …… 281
敌机昨两度炸粤路,横石黎洞连江口间均落弹,掠过佛山沿广三铁路窥伺 《国华报》(广州),1938 年 1 月 7 日 …… 281
日机又袭汉,目标仍为飞机场 《新闻报》(上海),1938 年 1 月 7 日 …… 282
敌机卅架炸击汉口武昌 《三民晨报》,1938 年 1 月 7 日 …… 283
倭机炸汉口之死伤调查 《中西日报》,1938 年 1 月 7 日 …… 283

寇机昨飞武汉肆虐,投弹数十死伤平民百人 《南宁民国日报》,1938 年 1 月 7 日 …… 283
寇在定县虐杀教士 《扫荡报》(汉口),1938 年 1 月 8 日 …… 283
寇在横琴岛大施屠杀 《扫荡报》(汉口),1938 年 1 月 8 日 …… 284
敌机两架昨午再炸粤路横石 《国华报》(广州),1938 年 1 月 8 日 …… 284
武昌遭空袭,伤亡惨重 《时报》(上海),1938 年 1 月 8 日 …… 285
京杭各县惨遭敌军蹂躏,往往数十里内无人烟 《循环日报》,1938 年 1 月 9 日 …… 286
敌机十四架昨分批两袭粤汉路,横石黎洞投弹廿枚,路轨被毁,二架飞莞樟公路大朗墟轰炸 《国华报》(广州),1938 年 1 月 9 日 …… 286
日舰在琼崖岛发炮轰击我货船 《新闻报》(上海),1938 年 1 月 9 日 …… 287
Japanese Atrocities Marked Fall of Nanking After Chinese Command Fled, Nanking Invaders Executed 20 000, Mass Killings by the Japanese Embraced Civilians—Total of Chinese Dead Was 33 000, The Conquerors Ran Wild, Deep - Rooted Hatred Instilled by Barbarities—Burning by Chinese Caused Vast Loss 《纽约时报》(The New York Times),1938 年 1 月 9 日 …… 288
Invaders Menace Shanghai French. Japanese Beat a Policeman in Foreign Concession, Then Threaten to Shoot. Formal Protest Is Likely. American Chairman of Council of International Settlement Acts in Similar Attack 《纽约时报》(The New York Times),1938 年 1 月 9 日 …… 299
敌机十五架昨两度飞南宁轰炸 《国华报》(广州),1938 年 1 月 10 日 …… 300
敌机十三架昨分批袭广三粤路,宝安县公路炸毁民房甚多,在小塘站用机枪扫射列车 《国华报》(广州),1938 年 1 月 10 日 …… 301
敌军暴行有加无已,沪西人目击事实一斑,苏常镇杭亦屠戮甚惨 《大公报》(汉口),1938 年 1 月 11 日 …… 302
南桥八十三人被杀经过,另有二十余人逃出亦均受伤 《时报》(上海),1938 年 1 月 10 日 …… 303
杭垣浩劫:公私财物被席卷一空,民众盐米亦搜括殆尽 《扫荡报》(汉口),1938 年 1 月 11 日 …… 304

沪敌竟认暴行为正当,敌军捣乱百老汇公寓,法租界某宅发现炸药 《新华日报》(汉口),1938 年 1 月 11 日 …… 305
敌机昨袭广九粤路,英德连江口土塘等站均遭轰炸,一队三架飞广三铁路沿线窥伺 《国华报》(广州),1938 年 1 月 11 日 …… 306
敌机暴行,炸毙法人 《国华报》(广州),1938 年 1 月 11 日 …… 307
吉安玉山惨被寇机肆虐,烧民房廿间死农民十余,赣省击落寇机一架 《南宁民国日报》,1938 年 1 月 11 日 …… 308
寇机飞粤铁路公路肆虐,投弹虽多,我方损失甚微 《南宁民国日报》,1938 年 1 月 11 日 …… 308
敌机又袭汉市,在机场附近投弹无大损失,北海及粤汉路亦被炸,柳州击落敌机两架 《中央日报》(长沙),1938 年 1 月 12 日 …… 309
倭寇洗劫杭州,并纵火烧三日全城灰烬,妇女悉被掳去分班奸淫,安阳县妇女亦惨遭寇奸污 《南宁民国日报》,1938 年 1 月 12 日 …… 311
南乐清丰等地惨被寇军蹂躏,民被屠杀地土成焦 《扫荡报》(汉口),1938 年 1 月 13 日 …… 312
敌军暴行一斑:奸淫杀掠无所不为,济宁教堂亦遭炸毁 《新华日报》(汉口),1938 年 1 月 13 日 …… 312
敌机四十余架昨袭南昌,广州昨日竟日警报,粤汉路琼岛合肥均被炸 《中央日报》(长沙),1938 年 1 月 13 日 …… 313
敌机在杭暴行多端,鲁南一带惨遭蹂躏,祁县乡民四十余名被杀 《中央日报》(长沙),1938 年 1 月 13 日 …… 313
敌机连日袭桂经过 《国华报》(广州),1938 年 1 月 13 日 …… 314
敌机炸宁阳路续详 《国华报》(广州),1938 年 1 月 13 日 …… 315
日机炸粤广两路,一架被击伤堕下 《新闻报》(上海),1938 年 1 月 13 日 …… 315
敌机四十余架昨日又轰炸南昌,广州方面昨日竟日警报,敌机昨袭琼,投弹廿余枚 《湖南国民日报》,1938 年 1 月 13 日 …… 316
寇机前昨两日袭粤情形,敌舰二艘潜窜海口港外 《南宁民国日报》,1938 年 1 月 13 日 …… 317
敌蓄意破坏粤省交通,粤汉路昨被狂炸,广州四邑轮渡亦成目标,平民惨被

扫射损害甚重 《大公报》(汉口),1938年1月14日 …… 317
沪敌纵火焚烧申新纱厂,因青岛日纱厂被焚故施报复 《循环日报》,1938年1月14日 …… 318
松江沪滨劫后惨状:荒凉景象令人可怖 《扫荡报》(汉口),1938年1月15日 …… 318
月明如昼,敌机夜袭粤路源潭,毁货车两辆机车亦微受波及 《国华报》(广州),1938年1月15日 …… 319
敌机到处施虐 《新中华报》(延安),1938年1月15日 …… 319
松江已成一死城,由上海至松江几如沙漠,沿途所见惟有废墟荒田 《湖南国民日报》,1938年1月15日 …… 320
敌机炸孝感,死伤十人毁民房数间,另一队图袭武汉未逞,粤汉广九两路又遭轰炸 《中央日报》(长沙),1938年1月16日 …… 321
敌机昨竟日轰炸粤两路,徐州临城亦被投弹 《申报》(汉口),1938年1月16日 …… 321
敌机廿五架昨分批炸广九粤路,江村遭炸损伤惨重消息不通,车陂投弹七枚,车卡均遭扫射,三架犯广州遭我击伤两架 《国华报》(广州),1938年1月16日 …… 322
敌机又扫射龙穴渔船 《国华报》(广州),1938年1月16日 …… 324
敌机犯粤路炸毁列车续详 《国华报》(广州),1938年1月16日 …… 324
敌在临漳肆行抢劫,被我击退 《湖南国民日报》,1938年1月16日 …… 324
寇军暴行:制造伪钞强迫行使,房屋被毁妇孺被劫 《扫荡报》(汉口),1938年1月17日 …… 325
粤汉广九两路又被日机轰炸,南昌亦被投弹四十余 《新闻报》(上海),1938年1月17日 …… 325
敌机廿五架昨又猛袭广九粤路,滘江军田石龙等处投弹七十余枚,一队飞增城投四弹毁塌民房甚多 《国华报》(广州),1938年1月17日 …… 326
Outrages in China, Indiscipline of Japanese 《泰晤士报》(The Times),1938年1月17日 …… 327
敌侵占京沪后屠杀卅万人,英报记者电达本国被扣,沪英领向日领提出抗议

《中央日报》(长沙),1938 年 1 月 18 日 …………………………………………… 328
昨日细雨霏霏,敌机炸粤路郭塘站,经广九路乌涌扫射机车,又飞英德窥察炸毁状况 《国华报》(广州),1938 年 1 月 18 日 …………………………………… 329
倭寇肆行搜劫太原民财,更在朔县村庄强迫征税 《南宁民国日报》,1938 年 1 月 18 日 …………………………………………………………………………… 330
寇机连日向粤铁路肆虐,仍使卑劣惯技胡乱投弹 《南宁民国日报》,1938 年 1 月 18 日 …………………………………………………………………………… 330
日机雨中炸粤汉路 《大晚报》(上海),1938 年 1 月 19 日 ………………………… 331
昨日浓雾蔽天,敌机仍两袭粤汉路,新街投弹廿余枚损失颇重,下午敌机数架盘旋唐家湾 《国华报》(广州),1938 年 1 月 19 日 ……………………………… 331
Japanese "Excesses" at Shanghai, Reply to Request for British Withdrawal 《泰晤士报》(The Times),1938 年 1 月 19 日 ……………………………………… 332
难民返冀惨受虐待 《扫荡报》(汉口),1938 年 1 月 20 日 ………………………… 333
晋北寇军屠杀我平民 《扫荡报》(汉口),1938 年 1 月 20 日 ……………………… 333
不堪回首话姑苏,妇女惨遭寇奸淫,财富亦被寇搜掠一空 《南宁民国日报》,1938 年 1 月 20 日 ………………………………………………………………… 333
日机又轰炸粤汉广九两路 《新闻报》(上海),1938 年 1 月 21 日 ………………… 333
敌机十三架昨袭粤路宝安台山,军田银盏坳投弹多枚损伤甚微,霄边公益被炸,一架到虎门窥伺 《国华报》(广州),1938 年 1 月 21 日 ………………………… 334
敌机连日犯粤路续详 《国华报》(广州),1938 年 1 月 21 日 ……………………… 335
倭寇纵火焚浙江大学 《南宁民国日报》,1938 年 1 月 21 日 ……………………… 335
寇机仍不断犯粤路肆虐,在北江沿河扫射我船夫 《南宁民国日报》,1938 年 1 月 21 日 …………………………………………………………………………… 335
敌在定县乡村肆意烧杀,共屠戮五百余名,民众奋起抗□毙敌廿余 《中央日报》(长沙),1938 年 1 月 22 日 ……………………………………………………… 336
敌机十八架昨仍袭东北交通线,广九粤汉两铁路同日均被炸,惠阳宝安白沙三处亦有投弹 《国华报》(广州),1938 年 1 月 22 日 ………………………… 336
寇在冀晋各县兽行,烧杀奸淫掳掠无恶不作 《南宁民国日报》,1938 年 1 月 22 日 …………………………………………………………………………… 337

浩劫中之首都:一月来大火延烧未息,繁盛商业区尽成废墟,慈善家组南京国际救济会 《中央日报》(长沙),1938 年 1 月 23 日 ………………………… 337
恐怖中之南京:暴敌焚掠未已,拒绝外记者往视察 《大公报》(汉口),1938 年 1 月 23 日 ……………………………………………………………… 338
日机图袭兰不逞,粤广两路续被轰炸,徐州衢州亦遭蹂躏 《新闻报》(上海),1938 年 1 月 23 日 ……………………………………………………… 338
恐怖的南京城:大火卅九日未熄 《新华日报》(汉口),1938 年 1 月 23 日 ……… 339
敌机廿一架昨分袭粤汉广三路,横石黎洞小塘等站均有投弹,两次掠过市郊遭我高炮轰击 《国华报》(广州),1938 年 1 月 23 日 ………………………… 340
敌机犯粤路炸毁民房续详 《国华报》(广州),1938 年 1 月 23 日 ……………… 341
南京已成黑暗地狱,难民区外其他各处已无人迹,寇军骚扰美侨住宅达十五次,美当局极愤恨,德亦将提抗议 《扫荡报》(汉口),1938 年 1 月 24 日 ……………………………………………………………………………… 342
日机昨分七批炸粤铁路公路,共投六七十弹损失甚重 《大晚报》(上海),1938 年 1 月 24 日 ……………………………………………………… 344
日机又炸粤广西路 《新闻报》(上海),1938 年 1 月 24 日 ……………………… 344
敌机轰炸 《新华日报》(汉口),1938 年 1 月 24 日 …………………………… 345
沪英报指责兽行,敌阻碍救济南京同胞,扣留电信遮掩残暴杀戮 《新华日报》(汉口),1938 年 1 月 24 日 ………………………………………………… 345
敌机卅三架昨狂炸粤汉路南段,广九广三及东莞樟木头间均投弹,下午敌机四架循西江到肇庆窥伺 《国华报》(广州),1938 年 1 月 24 日 ……………… 346
Nippon Planes Bomb Ichang for 1st Time, Casualties Said Heavy; Canton, Hsuchow Also Raided 《大陆报》(The China Press),1938 年 1 月 25 日 ……… 348
汉口上游首次空袭 《文汇报》(上海),1938 年 1 月 25 日 ……………………… 348
日机虽每日轰炸,粤汉路客车仍通,粤省各地昨遭空袭 《新闻报》(上海),1938 年 1 月 25 日 ……………………………………………………… 349
空袭宜昌 《时报》(上海),1938 年 1 月 25 日 ………………………………… 349
南京紫金山杀人竞赛,寇军暴行惨绝人寰 《新华日报》(汉口),1938 年 1 月 25 日 ……………………………………………………………………………… 349

敌机廿二架昨分袭广九粤汉路，一队三架侵入广州西北郊投弹，增城外茶平亦遭炸毙平民六人 《国华报》（广州），1938 年 1 月 25 日 …………………… 350
敌机轰炸金溪莲塘石井 《国华报》（广州），1938 年 1 月 25 日 …………………… 351
Japan's Bombers Hit Deep in China. 40 Civilians Reported Killed or Wounded at Ichang, Far in the Interior. Chinese Gird in Shantung. Attackers Admit Withdrawal From Hohsien, but Report Successes in Shansi 《纽约时报》（The New York Times），1938 年 1 月 25 日 …………………… 352
敌在豫北原有毒窟，武装造毒 《湖南国民日报》，1938 年 1 月 25 日 …………… 353
敌机肆虐汇志 《湖南国民日报》，1938 年 1 月 25 日 …………………… 353
倭兽形毕露：杀同胞卅万，我年轻幼女亦不免被奸，无处寻酒即杀老妪数人，南京已变为死城 《南宁民国日报》，1938 年 1 月 25 日 …………………… 353
寇机昨袭厦，寇舰亦发炮轰击，粤汉路连日被轰炸 《扫荡报》（汉口），1938 年 1 月 26 日 …………………… 354
敌机昨炸厦门，敌舰亦发炮轰击，粤汉路连日遭狂炸 《申报》（汉口），1938 年 1 月 26 日 …………………… 355
日机袭宜昌死伤百余人 《上海报》，1938 年 1 月 26 日 …………………… 355
日机空袭各地 《文汇报》（上海），1938 年 1 月 26 日 …………………… 356
日机狂炸粤汉路接连七八小时之久 《新闻报》（上海），1938 年 1 月 26 日 …… 357
宜昌被炸死伤百人，汉口汉阳居民锐减 《时报》（上海），1938 年 1 月 26 日 …… 358
日舰昨日炮轰南头，日机昨亦镇日空袭粤垣 《文汇报》（上海），1938 年 1 月 26 日 …………………… 359
寇机前日分批袭粤肆虐，在金溪射杀我乡民十余 《南宁民国日报》，1938 年 1 月 26 日 …………………… 360
沪饿殍逾万，沪两妇女不受寇污，投掷炸弹与寇同尽 《扫荡报》（汉口），1938 年 1 月 27 日 …………………… 360
日机轰炸广州，义领馆亦遭波及 《新闻报》（上海），1938 年 1 月 27 日 ………… 361
日机炸广州，义领馆亦被炸及 《时报》（上海），1938 年 1 月 27 日 ………… 361
寇机袭粤愈见猖狂，意国领事馆被炸倒 《南宁民国日报》，1938 年 1 月 27 日 … 362
倭寇在晋施用三种毒谋，实行笼络汉奸欺骗民众 《南宁民国日报》，1938 年

1月27日 …………………………………………………………………………………… 362
倭寇暴行狡图欺骗世界,焚烧无锡城屠杀我同胞 《南宁民国日报》,1938年1月27日 …………………………………………………………………………………… 362
敌机炸大冈乡实地调查记 《国华报》(广州),1938年1月27日 ……………… 363
日机廿余架昨晨袭武汉,在机场投弹百余枚,裕华纱厂略有损失 《晶报》(上海),1938年1月28日 …………………………………………………………… 365
日机空袭厦门 《文汇报》(上海),1938年1月28日 ………………………… 365
敌机十七架昨分四批两袭粤路,横石以迄大坑口等处投弹五十余枚,一队四架图闯入市区遭我高炮轰击 《国华报》(广州),1938年1月28日 ……… 366
富阳老人惨遭倭寇屠杀,妇女与儿童亦被掳一空,余杭兽兵极惧我军袭击 《南宁民国日报》,1938年1月28日 ………………………………………………… 366
沪乡女炸倭寇壮烈可钦,敌劫掠焚杀外人难幸免,昔日繁华之扬州今已变成焦土 《南宁民国日报》,1938年1月28日 …………………………………………… 367
敌军野兽化!江南一带仍狂肆淫掠! 《大公报》(汉口),1938年1月29日 … 367
敌军侵略罪恶:沪各地死尸多,死者大都难民及幼童,租界发现遗尸近万具 《新华日报》(汉口),1938年1月29日 ……………………………………………… 368
敌机十架昨轰炸东北交通线,广九南岗粤路新街乐同遭炸,清远龙塘投弹一枚伤三乡人 《国华报》(广州),1938年1月29日 ………………………………… 368
寇机每日循例飞粤肆虐,在厦门炸毙我民众多人,敌舰在粤海出没靡常窥探虚实 《南宁民国日报》,1938年1月29日 ……………………………………………… 370
宣城赤手村民计杀强寇,全村因此惨遭兽兵焚杀 《南宁民国日报》,1938年1月29日 …………………………………………………………………………………… 370
京难民区被寇断绝粮食,兽兵又凶殴美使馆秘书 《南宁民国日报》,1938年1月29日 …………………………………………………………………………………… 370
惨绝人寰:寇在包头之兽行 《扫荡报》(汉口),1938年1月30日 …………… 371
南京敌军之残暴,军队素质发生变化——上海字林西报之评论 《大公报》(汉口),1938年1月31日 ……………………………………………………………… 371
敌机九架昨在黄埔投弹,图犯广州遭击退 《国华报》(广州),1938年1月31日 …………………………………………………………………………………… 373

日机炸海口 《上海报》,1938 年 1 月 31 日 …………………………………… 373
敌向大同运去死尸数百,包头倭寇奸杀惨绝人寰 《南宁民国日报》,1938 年 1 月 31 日 …………………………………… 374
暴寇兽行:沪难妇五百余被寇淫污 《扫荡报》(汉口),1938 年 2 月 1 日 ……… 374
社论:论倭寇暴行 《扫荡报》(汉口),1938 年 2 月 1 日 …………………… 375
敌淫污闵行妇女五百名 《新华日报》(汉口),1938 年 2 月 1 日 ……………… 376
敌屠杀滁州,实行恐怖政策任意残杀,津浦南段敌军实力调查 《武汉日报》(宜昌),1938 年 2 月 1 日 …………………………………… 376
"八一三"以来第一次,宁波昨遭日机轰炸,在沪杭甬车站投重量炸弹多枚,玉山车站亦被炸,浙赣路轨损坏 《晶报》(上海),1938 年 2 月 2 日 ………… 377
废历新年日机袭广州,投重量弹死卅余人,黄埔被炸损失尚微 《晶报》(上海),1938 年 2 月 2 日 …………………………………… 378
日机猛炸广州 《上海报》,1938 年 2 月 2 日 …………………………………… 378
寇军野兽化! 广德陷落期内惨状目不忍睹,蛮夷残暴实亘古以来所未闻 《长沙市民日报》,1938 年 2 月 2 日 …………………………………… 379
寇军禽兽行为:奸淫妇女,激动民众反抗,蒿城高邑烧杀黑无天日 《新华日报》(汉口),1938 年 2 月 3 日 …………………………………… 380
敌机昨袭粤汕,宁波安庆亦遭轰炸 《申报》(汉口),1938 年 2 月 3 日 ………… 380
东大本营一带民众遭敌惨杀 《甘肃民国日报》,1938 年 2 月 3 日 ……………… 381
敌机横飞 《湖南国民日报》,1938 年 2 月 3 日 …………………………………… 381
增城被炸惨状:炸毙九人轻重伤廿余人,血肉模糊见者人人下泪 《新华日报》(汉口),1938 年 2 月 4 日 …………………………………… 382
暴敌洗劫宣城,六十村同胞被焚死,奸淫掳掠无所不为 《新华日报》(汉口),1938 年 2 月 4 日 …………………………………… 382
日机卅九架昨炸广州,华南突趋严重,潮阳饶平等处均惨遭日机投弹,我军事当局劝令外轮限时离粤 《晶报》(上海),1938 年 2 月 4 日 ………………… 383
宣城民众遭焚杀,男女老幼幽禁于一茅屋,喷油纵火后但闻哭骂声 《中央日报》(长沙),1938 年 2 月 4 日 …………………………………… 384
敌机昨竟日扰粤,厦门亦有敌机轰炸,平民死亡二十余人 《中央日报》

（长沙）,1938年2月4日 …………………………………………………………………… 385
惨！济宁之敌荒淫无度 《甘肃民国日报》,1938年2月4日 ………………………… 386
通城附近敌军大肆毒杀,民众群起抗战 《甘肃民国日报》,1938年2月4日 …… 386
寇机八十五架昨飞粤狂炸,唐家湾跌落两寇机 《扫荡报》（汉口）,1938年2月5日 ………………………………………………………………………………………… 386
各地昨遭恣意轰炸 《大晚报》（上海）,1938年2月5日 ………………………… 387
日机猛袭厦门,一日之间进袭七次,日舰亦曾开炮轰击 《新闻报》（上海）,1938年2月5日 …………………………………………………………………………… 387
宁波被炸详查:甬段路基早已自动拆毁,空车站被投巨弹十余枚,车站路一带毁屋数十间,市民男女死伤二十余人 《时报》（上海）,1938年2月5日 …… 388
厦门空袭 《时报》（上海）,1938年2月5日 …………………………………………… 388
四十余敌机扰粤,广九沿线炸毙平民廿余人 《新华日报》（汉口）,1938年2月6日 ………………………………………………………………………………………… 389
因海港封锁后敌感不安,寇机再袭粤垣,并分扰虎门要塞及惠阳城 《甘肃民国日报》,1938年2月6日 ……………………………………………………………… 389
寇机昨扰粤南各地,并袭浙南丽水 《甘肃民国日报》,1938年2月7日 ………… 390
蚌埠临淮沦陷后敌兵大奸杀 《观察日报》,1938年2月8日 ……………………… 390
敌机卅余架袭汉,死二人伤八人,塌空屋数间 《新华日报》（汉口）,1938年2月9日 ………………………………………………………………………………………… 390
敌机昨袭粤,炸毁高要麻疯院,死病人多名,并飞宁波中牟窥察 《申报》（汉口）,1938年2月9日 ……………………………………………………………… 391
敌机昨分袭汉宜,在汉两次投弹死伤平民数人,水厂二路职校被炸 《申报》（汉口）,1938年2月9日 ……………………………………………………………… 391
寇机袭武汉,投弹数十枚死平民数人,职业学校竟亦被投一弹,宜昌亦遭空袭 《扫荡报》（汉口）,1938年2月9日 ………………………………………………… 392
寇机三十余架昨分两路空袭武汉,经猛烈堵击投弹即逃,同日又犯合六宁等地 《甘肃民国日报》,1938年2月9日 ………………………………………………… 392
敌机袭襄樊长沙,长沙被炸死伤平民五十余,粤境各铁道沿线亦遭轰炸 《新华日报》（汉口）,1938年2月10日 ……………………………………………… 393

敌机九架昨袭长沙，在城郊投弹多枚死伤平民五十余人 《观察日报》，1938 年 2 月 10 日 …… 393
寇机九架袭长沙，投弹卅一枚死平民十余人，襄樊昨亦遭空袭，粤赣浙皖境均有寇机踪迹 《扫荡报》（汉口），1938 年 2 月 10 日 …… 394
寇屠杀保定居民，冀南我游击队威力极大，伪组织图收买不为所动 《华西日报》，1938 年 2 月 10 日 …… 394
敌机滥炸渡船 《循环日报》，1938 年 2 月 10 日 …… 395
博罗：敌机枪杀乡民 《循环日报》，1938 年 2 月 10 日 …… 395
日机九架轰炸广州 《上海报》，1938 年 2 月 10 日 …… 395
敌机昨袭安庆，先后三次，我无重大损失，南阳及粤汉等处均遭扰 《甘肃民国日报》，1938 年 2 月 10 日 …… 396
寇在诸城屠杀奸淫 《扫荡报》（汉口），1938 年 2 月 11 日 …… 396
日机炸未设防区，广州市长电国联，敦促国联会加以注意 《大晚报》（上海），1938 年 2 月 11 日 …… 396
寇在芜湖强拉民夫，已捕去千余人 《甘肃民国日报》，1938 年 2 月 11 日 …… 396
世界空前暴举：日本是澈底野蛮国家，非法虐待侨胞手段残酷，无辜被捕学生党员极众，强迫侨胞附逆阴谋恶辣，我领馆人员努力挣扎之经过 《大公报》（汉口），1938 年 2 月 12 日 …… 397
日机多架昨轰炸武昌，两次侵袭投弹多枚，汉口可闻震耳炸声 《晶报》（上海），1938 年 2 月 12 日 …… 398
厦门市区一日七袭，被投掷重弹三十六枚 《时报》（上海），1938 年 2 月 12 日 …… 399
敌机轰炸北郊，损失详情补志，炸毁房屋共计六栋，死伤平民二十余人 《长沙市民日报》，1938 年 2 月 12 日 …… 401
敌不顾国际信义，绝京难民区粮食，马市长函国际救济会交涉，敌机在汴轰炸难民 《长沙市民日报》，1938 年 2 月 12 日 …… 401
武装日渔船在香港海面轰击中国民船 《新闻报》（上海），1938 年 2 月 13 日 …… 401
被压迫华侨痛史：侨民动辄被捕遭受非人待遇，寇警胁迫华侨参加非法组织

《长沙市民日报》,1938 年 2 月 14 日 …………………………………………………………… 402
敌机昨狂炸郑州,毁屋数百间死伤五百余,粤汉广九路轨被炸受损 《新华日报》(汉口),1938 年 2 月 15 日 ………………………………………………………… 403
敌机前袭平凉时以平民为对象,极尽发泄兽性能事 《甘肃民国日报》,1938 年 2 月 15 日 ………………………………………………………………………… 403
敌在正太线强征我壮丁 《甘肃民国日报》,1938 年 2 月 15 日 ………………………… 404
郑州被炸惨状 《大公报》(汉口),1938 年 2 月 15 日 ……………………………………… 404
Nippon Planes Raid Chengchow; Heavy Casualties Reported. Estimates of Dead and Wounded Range Between 500 and 1 200; Three Bombs Fall in Compound of American Baptist Mission. Anxiety Felt Over Few Frenchmen and Hollanders Connected With Railway 《大陆报》(The China Press),1938 年 2 月 16 日 …… 405
寇极端虐待留台侨胞,人被任意拘捕,产业悉数没收 《甘肃民国日报》,1938 年 2 月 16 日 ………………………………………………………………… 406
入皖敌人兽行,爱国四女子化装杀敌 《新华日报》(汉口),1938 年 2 月 16 日 ………………………………………………………………………………… 406
敌军蹂躏沪市难民 《新华日报》(汉口),1938 年 2 月 16 日 …………………………… 406
南京难民粮食恐慌:敌图劫救济难民捐款,敌军在南京屠杀平民万余人,白昼奸淫妇女,抢案二万余起 《新华日报》(汉口),1938 年 2 月 16 日 ………… 407
日机炸郑州,死伤众多受害惨重 《文汇报》(上海),1938 年 2 月 16 日 ………… 408
敌在永修东北大肆焚烧 《甘肃民国日报》,1938 年 2 月 17 日 ………………………… 409
杭州敌寇盗西湖古物,南屏晚钟被运走 《甘肃民国日报》,1938 年 2 月 17 日 … 409
郑州的惨炸 《新华日报》(汉口),1938 年 2 月 17 日 …………………………………… 410
敌掠京难民粮食,沪外报记者向敌责询,敌发言人诿称不知情 《新华日报》(汉口),1938 年 2 月 18 日 ………………………………………………………… 412
日机四十架分队袭击广州 《上海报》,1938 年 2 月 18 日 ……………………………… 412
寇机昨袭洛阳被我掳获一架,再炸广粤两路扰金华萧山 《甘肃民国日报》,1938 年 2 月 20 日 ………………………………………………………………… 413
日机又袭粤汉路 《新闻报》(上海),1938 年 2 月 21 日 ……………………………… 413
浦东广场上七华人被惨杀,一妇人昨晚又被击伤 《文汇报》(上海),1938 年

2月21日 …… 414
敌在皖南兽行 《大公报》(汉口),1938年2月22日 …… 415
暴敌盘据下杭垣惨象:强迫良家妇女供敌淫乐,汉奸公然活动不知羞耻 《大公报》(汉口),1938年2月22日 …… 418
寇在京暴行——南京逃出难民谈(续) 《扫荡报》(汉口),1938年2月22日 … 419
日机昨四次袭击广州 《上海报》,1938年2月22日 …… 420
敌机昨又狂炸宜昌,潼关昨亦被投弹 《甘肃民国日报》,1938年2月22日 …… 421
日军焚烧村镇,惧我游击队隐伏 《新闻报》(上海),1938年2月22日 …… 421
浦东续有多人被杀,日商管理老公茂造船厂 《文汇报》(上海),1938年2月22日 …… 422
敌兽行迭出:五百解除武装军士在京惨遭蹂躏杀害,活埋、淹溺、跌毙、火焚 《大公报》(汉口),1938年2月23日 …… 423
寇在京暴行——南京逃出难民谈(续) 《扫荡报》(汉口),1938年2月23日 … 423
寇在京又一兽行,我五百余军士与司法院同殉 《扫荡报》(汉口),1938年2月23日 …… 424
敌在皖南兽行(续) 《大公报》(汉口),1938年2月23日 …… 425
寇机昨两袭金华 《甘肃民国日报》,1938年2月23日 …… 427
日机两度在金华投弹 《新闻报》(上海),1938年2月23日 …… 427
敌军残杀我平汉路村民 《三民晨报》,1938年2月23日 …… 427
敌军兽行之下南京已成人间地狱,两月内市民前后被杀约八万,妇女被寇兵奸污达一万之众(续) 《长沙市民日报》,1938年2月24日 …… 428
敌在皖南兽行(续) 《大公报》(汉口),1938年2月25日 …… 429
余杭得而复失,日机狂炸桐庐 《新闻报》(上海),1938年2月25日 …… 430
日机沿广九粤汉轰炸 《新闻报》(上海),1938年2月25日 …… 431
日机炸吉安吉水 《新闻报》(上海),1938年2月25日 …… 431
敌机袭兰记(下) 《甘肃民国日报》,1938年2月25日 …… 432
敌军兽行之下南京已成人间地狱,两月内市民前后被杀约八万,妇女被寇兵奸污达一万之众(续) 《长沙市民日报》,1938年2月25日 …… 433
尸山血海的南京,敌在南京之空前暴行 《新中华报》(延安),1938年2月

25 日 …… 434
盘踞湖州敌严密设防，焚毁四郊居民，人民纷纷逃难 《甘肃民国日报》，1938 年 2 月 27 日 …… 435
寇在阳泉车站惨杀美教士，尸具被居民发觉 《甘肃民国日报》，1938 年 2 月 27 日 …… 435
日机分扰各地，平民略有死伤 《新闻报》(上海)，1938 年 2 月 28 日 …… 435
尸山血海的南京，敌在南京之空前暴行(续) 《新中华报》(延安)，1938 年 3 月 1 日 …… 436
敌机袭广州虎门，中山大学竟被投弹，敌逞暴三灶岛居民多逃避 《大公报》(汉口)，1938 年 3 月 2 日 …… 437
日机炸临汾车站，粤从化等地又被空袭 《大美晚报晨刊》，1938 年 3 月 2 日 …… 437
封邱逃出难民谈敌军残暴情形：仇视知识分子，惨杀五百余人，青年妇女多被强奸 《泸县民报》，1938 年 3 月 2 日 …… 438
怀远城内一片焦土 《新闻报》(上海)，1938 年 3 月 2 日 …… 438
日机昨空袭广州，西安两次空袭警报 《新闻报》(上海)，1938 年 3 月 2 日 …… 438
绥敌兵力单薄，强拉我民众，伪装敌兵故示炫惑 《甘肃民国日报》，1938 年 3 月 2 日 …… 439
扬州被敌占据后，掳去妇女六七百 《泸县民报》，1938 年 3 月 4 日 …… 439
京芜敌军暴行：敌掠南京青年妇女运沪，芜湖一带村庄尽成焦土 《新华日报》(汉口)，1938 年 3 月 4 日 …… 439
南京气象凄惨，同胞被敌惨杀者日以百计，京杭敌监视美法牧师行动 《新华日报》(汉口)，1938 年 3 月 5 日 …… 440
据逃出难民谈，南京民众惨遭杀戮，每日死者在百人以上 《泸县民报》，1938 年 3 月 5 日 …… 440
从南京逃到上海——一个难民的口述：日军用票换去了我们许多的东西，有了良民证方准在难民区里逗留，京沪各站都被炮火轰得不成样子 《文汇报》(上海)，1938 年 3 月 5 日 …… 441
济宁日军侮辱回教徒激起众怒，发生大冲突，结果日人被杀者千人 《文汇报》(上海)，1938 年 3 月 5 日 …… 443

Japanese Soldier Slaps U. S. Woman, School Teacher Hit on Face by Sentry in the Shanghai Tokyo - Controlled Area, Consul Makes Protest, Admiral Le Breton Takes Over Command of Yangtze Patrol in Ceremony at Hankow 《纽约时报》(The New York Times),1938 年 3 月 6 日 …… 443
寇军在凤阳焚烧民房 《泸县民报》,1938 年 3 月 7 日 …… 444
西安昨日空袭,郑州又遭狂炸,闹市落弹颇多死伤,铁炉车站难民遇难 《大公报》(汉口),1938 年 3 月 9 日 …… 444
南京陷落后暴敌兽行闻见录:烧杀抢掠穷凶极恶,全城妇女几全被污,敌士气大衰已失斗志 《大公报》(汉口),1938 年 3 月 9 日 …… 445
日寇在南京兽行:屠杀军民已达六七万余人,敌士气消沉惧我空军轰炸 《新华日报》(汉口),1938 年 3 月 9 日 …… 447
粤汉路五月来落弹千余,死伤卅余人 《时报》(上海),1938 年 3 月 10 日 …… 448
日机袭郑州,西安遭遇战 《时报》(上海),1938 年 3 月 10 日 …… 448
日寇在南京兽行:屠杀军民已达六七万余人,敌士气消沉惧我空军轰炸(续) 《新华日报》(汉口),1938 年 3 月 11 日 …… 449
郑州义领署遭轰炸,伤教徒五六人 《时报》(上海),1938 年 3 月 11 日 …… 450
寇军到处奸淫烧杀无所不为 《泸县民报》,1938 年 3 月 12 日 …… 450
寇杀回民教胞奋起 《新华日报》(汉口),1938 年 3 月 12 日 …… 450
敌军暴行,朱总司令来电揭露 《新华日报》(汉口),1938 年 3 月 14 日 …… 451
敌机袭武汉西安,汉罐子潮附近落弹我无损失,西安西郊炸毁民房二十余间 《新华日报》(汉口),1938 年 3 月 15 日 …… 451
敌军屠杀难民,激起武装反抗 《新华日报》(汉口),1938 年 3 月 15 日 …… 452
敌军在沪奸淫兽行 《新华日报》(汉口),1938 年 3 月 15 日 …… 452
寇机昨犯鄂赣粤浙各地,鄂阳新县灾情更为惨重,寇机低飞用机枪扫射平民,死伤三百以上诚空前浩劫 《南宁民国日报》,1938 年 3 月 15 日 …… 453
日机有大事活动,广州被投弹三十余枚,飞行港一带为轰炸目标,华方高射炮曾密集射击,汉口机场昨晚再遭日机空袭 《大美晚报晨刊》,1938 年 3 月 16 日 …… 454
广州自晨至午七批空警,广九粤汉两路投四十余弹 《时报》(上海),1938 年

3 月 16 日 …………………………………………………………………………………… 455
广州市郊遭敌飞机袭击 《三民晨报》,1938 年 3 月 16 日 ……………………… 456
寇在温县大肆屠杀,该地残余老弱逃走一空,青年男子加入民军杀敌 《泸县民报》,1938 年 3 月 17 日 …………………………………………………………… 456
日机到处肆扰 《新闻报》(上海),1938 年 3 月 17 日 ………………………… 457
大批敌机扰粤竟炸难民车,罹难死伤者数十人,南昌吉安均遭空袭 《申报》(汉口),1938 年 3 月 18 日 ……………………………………………………… 458
粤汉路河头车站弹中客车,乘客二十五人立毙 《时报》(上海),1938 年 3 月 18 日 ……………………………………………………………………………… 458
汉口新市场落一小弹 《时报》(上海),1938 年 3 月 18 日 …………………… 458
平陆附近房舍敌纵火焚烧,由陕县北望有多处火光冲天,邻宝□乡对岸之敌向后撤退 《泸县民报》,1938 年 3 月 19 日 …………………………………… 459
广州日机沿路投弹 《时报》(上海),1938 年 3 月 20 日 ……………………… 459
日机十七架昨又犯粤,佛山从化投弹数十枚,粤商轮一律夜间纳税 《晶报》(上海),1938 年 3 月 20 日 ………………………………………………………… 460
临沂德教堂被日机炸毁 《新闻报》(上海),1938 年 3 月 21 日 ……………… 460
崇明东门外激战四小时,火毁学校多所,城中居民避散四乡,维持会传已出现 《时报》(上海),1938 年 3 月 21 日 ………………………………………… 461
日机轰炸临沂德教会,死伤达二百余人之多,虽漆有德国徽号仍不免,传有德人一名被炸身死 《大美晚报晨刊》,1938 年 3 月 22 日 ………………… 462
华北的奴化教育:接收编审局删改教科书,设新民学院教傀儡人才 《大美晚报晨刊》,1938 年 3 月 22 日 ……………………………………………………… 463
诱骗妇女赴杭供日军奸淫,奸徒张宝被捕 《文汇报》(上海),1938 年 3 月 23 日 ………………………………………………………………………………… 464
暴敌铁蹄下苏州惨况,人民不能安居四出逃亡,苏沪航运须三昼夜始达 《大公报》(汉口),1938 年 3 月 25 日 ……………………………………………… 464
一华人胸前刺抗日字样,被日方枪毙 《文汇报》(上海),1938 年 3 月 25 日 …… 465
苏州惨状:暴敌铁蹄下的人民不能安居四出逃亡 《新华日报》(汉口),1938 年 3 月 25 日 ……………………………………………………………………… 465

日机三袭徐州，毁民房二十余间　《文汇报》(上海)，1938年3月27日 ………… 465
日机炸临沂城，德国教堂被毁　《新闻报》(上海)，1938年3月27日 ………… 466
大批敌机袭武汉，徐家棚新村遭惨炸，平民死伤二百余人　《申报》(汉口)，1938年3月28日 ………… 466
南市昼锦牌楼妇科医生陈筱宝被毁后之屋壳(图)　《新闻报》(上海)，1938年3月28日 ………… 467
大批“铁鸟”又飞来，汉口天空炮火密，武昌南湖投弹死伤二百余人　《时报》(上海)，1938年3月28日 ………… 468
敌机昨袭武汉，徐家棚一带惨遭狂炸，平民死伤二百余　《新华日报》(汉口)，1938年3月28日 ………… 469
日机袭武汉，炸死平民百余人　《文汇报》(上海)，1938年3月28日 ………… 469
五十三架日机八批袭粤，汉口英海军官险遭不测　《时报》(上海)，1938年3月29日 ………… 470
敌机六十架昨狂袭粤北，汴郑等处亦往窥察　《申报》(汉口)，1938年3月29日 ………… 471
敌机大批犯粤，和县含山衢县亦遭轰炸　《申报》(汉口)，1938年3月30日 ………… 471
敌机分批袭粤，在惠阳并以机枪射美牧师，合肥亦遭投弹　《申报》(汉口)，1938年3月31日 ………… 472
敌机又轰炸海口，死伤平民十余人，粤汉路亦被投弹　《中央日报》(长沙)，1938年4月1日 ………… 472
敌陷南京后之暴行——刘柔远脱险抵湘谈话　《中央日报》(长沙)，1938年4月1日 ………… 473
富阳日兵伪装为农民，防华方游击队袭击　《大美晚报晨刊》，1938年4月1日 ………… 474
日机昨袭粤汉路，英德各地投弹廿余枚，海口昨午亦被轰炸　《大美晚报晨刊》，1938年4月1日 ………… 474
市中心区被毁建筑物日军又悉数炸平　《文汇报》(上海)，1938年4月1日 ………… 475
广粤路空袭，汽车洞穿，美教士等六人险遭不测　《时报》(上海)，1938年4月1日 ………… 475

合肥毁屋三百余幢 《时报》(上海),1938 年 4 月 1 日 …………………………………… 476
敌陷南京后之暴行——刘柔远脱险抵湘谈话(续) 《中央日报》(长沙),
1938 年 4 月 2 日 ………………………………………………………………………… 477
Japanese Air Raids Round Canton 《泰晤士报》(The Times),1938 年 4 月 2 日 … 478
敌机昨滥炸盐城,死伤平民廿余人,陕粤昨亦遭投弹 《中央日报》(长沙),
1938 年 4 月 3 日 ………………………………………………………………………… 478
敌陷南京后之暴行——刘柔远脱险抵湘谈话(续) 《中央日报》(长沙),
1938 年 4 月 3 日 ………………………………………………………………………… 479
敌机昨袭粤,轰炸北郊乡民 《申报》(汉口),1938 年 4 月 3 日 ……………………… 480
日机袭粤 《时报》(上海),1938 年 4 月 3 日 ……………………………………………… 480
敌机袭郑州,轰毁民房炸死平民,沂河发现击落敌机 《中央日报》(长沙),
1938 年 4 月 4 日 ………………………………………………………………………… 481
北京大学敌占作军营 《中央日报》(长沙),1938 年 4 月 4 日 ………………………… 481
我同胞在敌军暴行下的惨剧 《新华日报》(汉口),1938 年 4 月 5 日 ………………… 482
敌机昨袭粤,驻马店西安均被炸 《申报》(汉口),1938 年 4 月 5 日 ………………… 484
日机廿七架昨袭西安,在西郊投弹数十枚无损失,粤汉广九两路被轰炸
《大美晚报晨刊》,1938 年 4 月 5 日 ……………………………………………………… 484
敌机滥炸,西安粤路又遭袭 《云南日报》(昆明),1938 年 4 月 5 日 ………………… 484
敌机轰杀粤溪乡民惨况:八架敌机冲入投弹乡民死伤四十余,九架分袭广九
粤汉两路我无大损失 《循环日报》,1938 年 4 月 5 日 …………………………………… 485
敌舰炮轰宝安,枪射香洲渔民,敌舰两艘向西乡沿岸轰十余响,敌艇十二艘
掳劫香洲渔船一艘 《循环日报》,1938 年 4 月 5 日 ……………………………………… 487
高要:禄步被炸惨状 《循环日报》,1938 年 4 月 5 日 ……………………………………… 487
港澳沿岸渔船被敌捣毁者在五百以上,渔民失业者达数十万 《循环日报》,
1938 年 4 月 5 日 ………………………………………………………………………… 487
余姚难民被日机轰炸,死伤七十余 《大美晚报晨刊》,1938 年 4 月 6 日 ………… 488
敌罔顾国际公法,竟使用毒瓦斯 《云南日报》(昆明),1938 年 4 月 6 日 ………… 488
浙境曹娥临浦遭敌机肆虐,死伤平民百余人,陕粤等地亦遭空袭 《中央
日报》(长沙),1938 年 4 月 7 日 ………………………………………………………… 489

敌机犯临浦，投弹卅余枚，死伤五十余人，并袭明港车站用机枪扫射　《申报》（汉口），1938 年 4 月 7 日 …… 489
敌机四批袭粤，并在宁波投弹轰炸　《申报》（汉口），1938 年 4 月 7 日 …… 489
我同胞在敌军暴行下的惨剧（续）　《新华日报》（汉口），1938 年 4 月 8 日 …… 490
日军实施文化政策，各地设日语学校　《新闻报》（上海），1938 年 4 月 8 日 …… 491
盗劫行为：搬运红木家具，强拖运客卡车　《文汇报》（上海），1938 年 4 月 8 日 …… 491
敌机扰粤境，平民多人又遭荼毒，敌舰炮击我帆船　《中央日报》（长沙），1938 年 4 月 9 日 …… 492
我同胞在敌军暴行下的惨剧（续）　《新华日报》（汉口），1938 年 4 月 9 日 …… 493
日兵续劫家具，守门印捕无如之何　《文汇报》（上海），1938 年 4 月 9 日 …… 493
马牧集一带空战，我击落敌机七架，敌轰炸广州繁盛市区，平民死伤甚重　《中央日报》（长沙），1938 年 4 月 11 日 …… 494
大批敌机袭长沙，破坏我文化机关，湖大清大校舍被炸毁，死伤男女百余人　《中央日报》（长沙），1938 年 4 月 11 日 …… 495
敌机残暴绝伦！！昨狂炸长沙广州，湖大清华损失惨重，粤垣平民死伤数百　《申报》（汉口），1938 年 4 月 11 日 …… 497
日机侵入广州，在西关住宅区投弹　《新闻报》（上海），1938 年 4 月 11 日 …… 498
虹口魔窟，毁坏了少女贞操　《文汇报》（上海），1938 年 4 月 11 日 …… 499
敌机前午惨炸广州的详情，某缝纫厂女工百数十人罹难　《新华日报》（汉口），1938 年 4 月 12 日 …… 500
社评：湖南大学被毁　《中央日报》（长沙），1938 年 4 月 12 日 …… 500
广州前日被炸，死难达百人以上，受伤者亦达数百人　《中央日报》（长沙），1938 年 4 月 12 日 …… 501
张主席通电暴露敌人罪行，轰炸湖南大学残杀平民，实为文化恶魔人类公敌　《中央日报》（长沙），1938 年 4 月 12 日 …… 502
日蓄意摧毁中国文化机关：长沙城外两大学遭轰炸，湘大清华被投弹达七十余枚，死三十伤七十重要建筑损毁　《大美晚报晨刊》，1938 年 4 月 12 日 …… 503
日机五十八架昨日分批袭粤　《大美晚报晨刊》，1938 年 4 月 12 日 …… 504

空袭下之粤汉路,平均日机投八十五弹,死一人 《上海报》,1938 年 4 月 12 日 …… 504
日车横行,一华人受重伤 《文汇报》(上海),1938 年 4 月 12 日 …… 505
日机昨分批犯粤 《新闻报》(上海),1938 年 4 月 12 日 …… 505
长沙城外两大学掷弹七十余 《时报》(上海),1938 年 4 月 12 日 …… 505
沪战上海中外损失八亿四千四百五十万元,文化机关损失一千余万,华商航业损失约七千万 《时报》(上海),1938 年 4 月 12 日 …… 506
倭飞机空袭长沙各大学 《三民晨报》,1938 年 4 月 12 日 …… 506
敌机袭炸广州毙百余人 《三民晨报》,1938 年 4 月 12 日 …… 507
日机昨晚袭汉,月下发生空战,华方空军应战击退日机 《大美晚报晨刊》,1938 年 4 月 13 日 …… 507
南通闻密炮声,日方严防游击队潜伏,连日焚毁民房千余间 《上海报》,1938 年 4 月 13 日 …… 508
日散播无稽谣言,图掩蔽轰炸文化机关之罪 《新闻报》(上海),1938 年 4 月 13 日 …… 508
杨树浦区内日军又肆兽行,轮奸纱厂女工,十六岁幼女惨遭摧残,昨已向捕房报告一切 《大美晚报晨刊》,1938 年 4 月 14 日 …… 509
湖南大学被炸损失甚巨——毙二十人伤七十人 《三民晨报》,1938 年 4 月 14 日 …… 510
湖南大学被炸详情 《文汇报》(上海),1938 年 4 月 14 日 …… 510
湘大陈报被炸详情,死学生二人工友一人,受伤员生约四十余人 《新闻报》(上海),1938 年 4 月 14 日 …… 511
敌军残酷,活烧其重伤兵,哀号声不忍闻 《申报》(汉口),1938 年 4 月 15 日 …… 511
日酷烈应付,大举焚毁各村庄 《文汇报》(上海),1938 年 4 月 15 日 …… 511
日军在平汉沿线焚毁大批村镇,胜木少将已公然承认,八路军俘获日军甚众 《大美晚报晨刊》,1938 年 4 月 16 日 …… 512
华北日军受游击困扰如此应付:焚毁受游击队阻击之村镇,胜木表示对我游击感头痛 《时报》(上海),1938 年 4 月 16 日 …… 512
劫后之台儿庄:难民四万嗷嗷待哺,急盼国人设法救助 《新蜀报》,1938 年

4月17日 …………………………………………………………………………… 513
广州昨日大空袭,闹市被敌机滥炸,死伤平民数百之众,全城充满硝烟血腥气味,江门中山间渡船亦被炸 《大公报》(汉口),1938年4月18日 ………… 513
广州昨空袭,死伤百余人,日机图袭击新军 《晶报》(上海),1938年4月18日 …………………………………………………………………………… 514
日机分批袭粤 《上海报》,1938年4月18日 ………………………………… 514
江阴日军恐慌,大举焚烧民房 《文汇报》(上海),1938年4月18日 …………… 514
日机昨两袭粤垣,平民死伤约百五十人 《大美晚报晨刊》,1938年4月18日 … 515
寇机昨三次飞广州狂逞兽行,学校区及闹市均被轰炸,永嘉昨首次被袭 《新蜀报》,1938年4月18日 ………………………………………………… 515
汉口明月夜四次空警,广州市中心死伤百余 《时报》(上海),1938年4月18日 …………………………………………………………………………… 516
日机月夜进犯,汉口又遭空袭,中国驱逐机英勇迎战,日机投弹仅伤数平民 《大美晚报晨刊》,1938年4月19日 ……………………………………………… 517
英报重视日机暴行 《大美晚报晨刊》,1938年4月19日 ……………………… 518
三度飞来遭我迎击,汉口第二夜空警,伦敦方面重视广州事件 《时报》(上海),1938年4月19日 ………………………………………………… 518
日兵滥杀乡民,上海中学附近屡次发生惨剧 《文汇报》(上海),1938年4月19日 …………………………………………………………………………… 519
上海附近已成为荒墟,日军举行大规模焚烧,浦东有五百村庄被毁 《文汇报》(上海),1938年4月20日 ………………………………………… 520
如此暴行:两老妇人受重创 《文汇报》(上海),1938年4月23日 ……………… 521
日兵杀人,船户腹部中弹 《文汇报》(上海),1938年4月23日 ………………… 522
台庄以北敌大烧杀,蔡家庄之浩劫 《大公报》(汉口),1938年4月24日 ……… 522
敌机昨袭粤,飞黄埔中正小学投弹,并用机枪向乡民扫射 《申报》(汉口),1938年4月24日 ………………………………………………………………… 522
日机分批袭粤,乡民被轰炸 《新闻报》(上海),1938年4月24日 ……………… 523
小轮驶澳途中遭日机轰炸,死伤百余人 《大美晚报晨刊》,1938年4月25日 …………………………………………………………………………… 523

日机轰炸下的粤汉路 《上海报》,1938 年 4 月 25 日 …………………………………… 524
日机连日犯广州,并在粤汉路投弹十余枚 《文汇报》(上海),1938 年 4 月 25 日 …………………………………………………………………………… 527
无锡杂訊 《文汇报》(上海),1938 年 4 月 26 日 ………………………………… 527
芜湖附近日军穷凶极恶竟放毒气弹,含有砒霜化合物惨无人道,盐酒香烟等亦均含有毒质 《大美晚报晨刊》,1938 年 4 月 27 日 ………………………… 528
敌在海宁一带大肆屠杀,横尸江边,为状极惨 《泸县民报》,1938 年 4 月 27 日 …………………………………………………………………………… 528
大西路铁路桥,一米贩被日军击毙,曹家渡民船船主亦遭毒打 《大美晚报晨刊》,1938 年 4 月 28 日 ……………………………………………………… 529
南京十日记(一) 《时事新报》(重庆),1938 年 4 月 28 日 ……………………… 530
日机卅二架昨袭徐州,投烧夷弹百余枚,焚烧死伤极惨酷 《晶报》(上海),1938 年 4 月 29 日 ……………………………………………………………… 531
日机袭潮梅,毁屋二间伤二人 《大美晚报晨刊》,1938 年 4 月 29 日 ……………… 531
敌在杭州劫去大批幼童 《时事新报》(重庆),1938 年 4 月 29 日 ………………… 531
漫无目标乱投弹,敌机大队袭徐州,烧毁房屋无算,死伤平民数百 《时事新报》(重庆),1938 年 4 月 29 日 ………………………………………………… 532
南京十日记(二) 《时事新报》(重庆),1938 年 4 月 29 日 ……………………… 533
公共租界内沪战工厂损失估计,全毁于火者九百零六家,千余家工厂受重大损毁 《时报》(上海),1938 年 4 月 29 日 …………………………………… 534
日机轰炸集中汉阳 《大美晚报晨刊》,1938 年 4 月 30 日 ………………………… 534
大队日机昨袭广州 《大美晚报晨刊》,1938 年 4 月 30 日 ………………………… 534
南京十日记(三) 《时事新报》(重庆),1938 年 4 月 30 日 ……………………… 535
行不得也弟弟,日兵到处行凶,拾荒童子身受刺刀伤 《文汇报》(上海),1938 年 4 月 30 日 ……………………………………………………………… 536
天空飞下铁皮,日人竟肆意殴辱华人 《文汇报》(上海),1938 年 4 月 30 日 …… 536
日机十八架昨轰炸商邱,粤汉路昨又被炸 《晶报》(上海),1938 年 5 月 1 日 … 537
大批敌机袭粤,商邱昨日亦被轰炸 《时事新报》(重庆),1938 年 5 月 1 日 …… 537
南京十日记(四) 《时事新报》(重庆),1938 年 5 月 1 日 ………………………… 538

敌机袭正阳关,炸死平民百余人 《申报》(汉口),1938 年 5 月 2 日 …………… 539
国联在华事业首次被日人攻击,防疫会所设武汉医院被轰,罗伯森电日内瓦报告经过 《大美报》,1938 年 5 月 2 日 …………………………………… 539
扬州写实 《文汇报》(上海),1938 年 5 月 2 日 …………………………………… 540
War – Made Famine Faces North China, Peiping Regime's Premier Is in Tokyo to Get Help for Destitute Farmers, Japanese Admit Check, Only Meager Gains Are Made in Shantung—Mysterious Bombings in Shanghai 《纽约时报》(The New York Times),1938 年 5 月 2 日 …………………………… 542
敌机猛袭归德狂炸正阳关,死平民百余毁屋五六十间 《东南日报》(金华),1938 年 5 月 2 日 …………………………………………………………………… 544
寇机肆虐:轰炸厦门大学,粤汉路昨又被炸 《新蜀报》,1938 年 5 月 3 日 ……… 544
寇在富阳残酷已极,难民被掳去用机枪扫射 《泸县民报》,1938 年 5 月 3 日 …… 545
南京十日记(五) 《时事新报》(重庆),1938 年 5 月 3 日 ………………………… 545
沪郊形势仍紧,浦东南市交通未复,日军在界沟湾滥捕平民 《文汇报》(上海),1938 年 5 月 3 日 ………………………………………………………… 546

滬寇又恣意

屠殺我難民

閘北火燄迄未熄

難民數萬待收容

【本報上海二十八日下午六時四十分電】閘北迄現延燒，難民數萬待收容，寇俘我兵民婦女均被姦殺。

【中央社上海二十八日電】西區難民由白利南路逃租界者，已較昨日稀少，租界方面，特派救護車，停於該處，有被流彈擊傷之婦孺等，即由車護送，其健於步行者，經駐軍略施盤問，即予放行，又據外人目擊者談，二十七日午後，閘北難民，約十二萬人，擬自蘇州河北岸，沿滬杭路橋進入白利南路時，敵軍竟開放機關槍，向難民數次掃射，婦孺被擊斃者甚多，鐵路橋上，屍骸枕籍，慘不忍睹，公共租界當局，即開放鐵柵數次，難民得以先後避入租界云。

——摘自《扫荡报》（汉口），1937年10月29日

敵機轟炸無錫婦孺

昨飛蘇肆虐八次 並放散荒謬傳單

【中央社南京廿八日電】外交界息、敵機日前轟炸無錫、死傷婦孺廠工甚多、該縣商會特電我出席國聯代表顧維鈞、籲請國聯制裁日本暴行、

【本報蘇州廿八日專電】廿八日敵機由晨至晚、來蘇肆虐、共計八次、午十一時三十分敵並以重轟炸機五架、輪流向我鐵路線共投彈三十餘枚、並以機關槍向市空掃射、下午在上空散放謊謬傳單、

【本報蘇州廿七日電】廿七日午敵機十七架、飛白鶴巷轟炸、並投硫磺彈多枚、致多處起火燃燒甚烈、又崑山連日遭敵機轟炸、尤以廿一日為最、在青陽港被我擊落一架、機師三人受傷、

【中央社南京廿八日電】敵機六架、於廿八日晨九時在丹陽上空發現、旋飛往丹陽東部之奔牛鎮投數彈而去、損失在調查中、

【中央社蘇州廿八日電】上週在南翔先後所擊落之敵機兩架、刻已由前方運抵蘇州、聞即由蘇運京、

——摘自《中山日报》（广州），1937 年 10 月 29 日

閘北眞如大火尚在延燒中

敵恣意屠殺平民

（本報二十八日上海電）我死守閘北四行儲蓄會堆棧之孤軍、敵自二十七日晨起、即以火油遍澆附近房屋、實行火攻、惟該處係鋼骨水泥建築、不易着火、附近南公益里一帶民房、則已全數付諸一炬、大火迄二十八日晨仍在延燒中、

（本報二十八日上海電）閘北大火仍未熄、眞如又因敵機猛投燒夷彈、亦發生大火、火勢之烈、不下於閘北、公共租界居民、如立於二層樓上、即可見閘北眞如兩處、火燄冲霄

（本報二十八日上海電）敵軍進佔閘北後、凡發見我民衆、卽以機關槍掃射、見我士兵、卽以刺刀亂戳、二十七日有我戰區難民二萬餘人、取道滬西白利南路、前往租界、敵機突以機關槍向下射擊、以致死傷纍纍、似此慘無人道之殘酷手段、卽外人亦痛恨不置、

（中央念八日上海電）西區難民由白利南路避入租界、租界方面特派救護車停於該處、有大批婦孺等現已予以安置、據目擊者談、念七日午後、難民沿滬杭路橋進入白利南路時、敵軍竟開放機關槍、向難民數次掃射、婦孺被擊斃者甚多、鐵路橋上、屍骸枕藉、慘不忍睹、公共租界當局、卽開放鐵柵數次、難民得以先後避入租界、（本報二十八日上海電）

閘北梅園路不及逃出之居民數百人、被敵迫任運輸工作、稍違其意、卽被慘殺、

——摘自《东南日报》（杭州），1937年10月29日

滬郊多處 敵機肆虐

昨日上午十一時許、敵機二架、至老墳山西面三官塘附近投二彈、均落田野中、繼低飛開機槍掃射、約十分鐘、旋該機等在七寶南約四五里之王家宅地方投彈二枚、一係燒夷彈、頓時着火燃燒、燬草瓦房各二間、幸無人民死傷、下午一時半、有敵機三架、在七寶鎭盤旋數匝、繼至東大街前後共投炸彈六枚、擊毀民房數十間、所幸該鎭居民早經走避、祇炸斃乞丐二人、及貧苦老弱五六人受傷、

莘莊被炸死傷多

昨（二十八）晨七時十分、敵機三架、至滬杭路莘莊鎭上空、盤旋一週後、投擲炸彈二枚、一落東街典當附近馬阿根茶館內、全部擊毀、彈片四射、致對鄰呂振泰米店主・華興洋貨店主等十餘人受傷、兩面市房屋面門窗震毀頗夥、一彈落北街城隍廟門首、當場炸死五六人、內有平橋頭肉莊主翁關祺之妻及四十五圖地保吳建華、餘係賣菜鄉民、傷十餘人、毀市房十餘間、至十時許復來敵機二架、在西南兩大街熱鬧處擲彈五枚、又死一人、傷五六人、毀屋二十餘間、現該鎭人心恐慌、已遷避一空、

——摘自《时报》（上海），1937年10月29日

敵在東線戰場累戰不利、乃不顧國際公法、使用毒瓦斯及達姆彈、業經外國著名醫師切實證明、圖示㈠敵用達姆彈射傷我士兵之腿部、其傷口濶大、毒血蔓延、（國際社攝）

——摘自《时报》（上海），1937 年 10 月 29 日

㈡我某士兵中敵人之毒氣毒彈後之慘狀、（國際社攝）

——摘自《时报》（上海），1937 年 10 月 29 日

日寇到處殺人放火
晉北成爲一片焦土

據悉：日軍所到的地方，經常有焚燒房屋，屠殺人民的事件發生，如：（一）靈邱到平型關沿途村莊，均被焚燬，人民多被屠殺。敵以在平型關數次失敗，均由當地羣衆報告消息所致，故看見羣衆即加慘殺。（二）靈邱及其附近，被殺死羣衆七八百人，婦女被奸淫，竟有被奸而死者。（三）崞縣、代縣至平型關沿途村莊，被燒多處，正在繼續燒殺中，青年婦女多被捕去用車運走。（四）朔縣寧武兩城被殺的人民達數千人之多，慘狀不忍目覩。現廣靈、靈邱、大營、沙河、繁峙一帶已成一片焦土，所有羣衆財物、牲畜、糧食均被日軍搶掠一空。全國人民奮起爲死者復仇，驅除日寇。

——摘自《新中华报》（延安），1937年10月29日

閘北難民
逃亡之際竟遭敵軍掃射
婦孺傷亡者甚多 沿鐵路屍骸枕藉

▲中央社上海廿八日電 西區難民、由白利南路逃入租界者、已較昨日稀少、租界方面、特派救護車停于該處、有被流彈擊傷者及婦女等、即由車護送、其餘于步行者經駐軍路施盤問、即予放行、又據外人目擊者談：廿七日午後、閘北難民約一二萬人、擬自蘇州河北岸沿滬杭路橋進入白利南路時、敵軍竟數次開放機關槍同難民掃射、婦孺被轟斃者甚多、鐵路橋上屍骸枕藉、慘不忍覩、公共租界當局即開放鐵柵數次、未遭敵軍屠殺之難民、得以先後避入租界云。

——摘自《中央日报》（南京），1937年10月29日

金門慘遭焚掠

▲中央社廈門二十八日電 敵焚掠金門、屠殺壯丁、姦淫婦女、搜劫糧食、現金門海面有敵艦二十三艘、傳敵已占蓮河說、完全不確。

——摘自《中央日报》（南京），1937年10月29日

▲**敵機槍斃英兵事件**

—拒絕暴日參加英兵喪禮　廿五日聯合通訊社上海電。上海公共租界西境之英國防線。是日設備射擊飛機之高射機關槍。如有飛機飛近該處。即開槍射擊。英國軍事當局此舉。係因英兵麥高雲昨日被日軍飛機用機關槍擊斃之故。日軍擬派代表參加英兵麥高雲之喪禮。惟英當局拒絕其所請。謂彼等不能保証制止英兵攻擊日軍之代表團。且日本不能僱派員參加出殯禮。便將此次事件作了。

——摘自《少年中国晨报》，1937年10月29日

敵機炸新會民房後所存之敗瓦頹垣（本報記者攝）

——摘自《中山日报》（广州），1937年10月30日

敵機再度濫炸松江鬧市

九架飛機投彈多至七八十枚

炸燬房屋數百間長橋起火延燒 殺傷平民逾二百學校多所被毀

松江廿九日專電、此間自九月七日十月廿四日兩度遭敵機作慘無人道之轟炸後、市面頓現不安狀態、而廿八日又遭濫轟、損害情形、已詳昨電、詎今晨八時一刻、有敵機兩架、由東北飛越邑城、投彈四五枚、經我防軍還擊、乃倉惶遁去、旋於九時起、東北方先後又發現敵重轟炸機九架、盤旋上空、輪流作漫無目的之轟炸、並開機關槍掃射、歷一小時餘、始向原來方向飛去、事後經記者馳赴出事地點調查、計

城內

×府×局×院及縣立醫院各着彈多枚、略受損害、並毀房屋十餘間、醫院及×局、死傷若干人、正在詳查中、荷池弄三公街轉角毀房屋二三十間、大吳橋艾家橋北倉橋黑橋一帶、中彈甚多、住房坍毀者、不下百餘幢、尤以豐樂橋佛字橋間爲最、西門口行人中機鎗彈受傷者、有五六十人、當場斃命者六人、鬧市東自吊橋起至長橋一段、投中多彈、內渭水台茶樓中燃燒彈、起火延燒、

嶽廟

道房及×所房屋倒坍、壓傷値崗警士三四人、同時莫家弄遇宅炸毀、朱日章綢布號及隔河諸行街朱宅楊宅義仁醬園石灰行海松理髮店、均遭炸毀或震坍、計有三四十間、西至美國樂恩教堂止、此區內美教會設立之慕衛女校、中燃燒彈亦起火、鉦鑿行、（路名）鹽公堂附近民房被毀六七間、該堂房屋遂爲震坍、馬路橋西唐蘊初宅中彈全燬、上松汽車公司總站、亦中彈燃燒、幸該公司車輛、早已他遷、所焚燬者僅小客車二三輛、機件損壞之大客車二輛耳、至

起火

各處、由各區消防隊、分段奮勇灌救、至下午四時許始撲滅、惟渭水台一處、至發電時止、尚在延燒、火勢甚猛、死傷者經松邑紅分會救護隊分別施救掩埋、是役敵機共投彈七八十枚之多、現除繼續探視死傷人數及房屋被毀各詳情、另行詳敘外、敵機之不顧人義、摧殘文化機關、槍擊平民、濫炸非軍事設備之市民、筆墨竟不能形容其殘暴也、

松江廿九日下午八時卅分專電、當上午九時敵機濫肆轟炸時、西門外潤街靈峰庵附近房屋、中彈被燬及震坍者約計二十幢、秀水浜南面中一彈、無大損失、谷水道院除房屋炸燬外、死傷十三人、城內全節堂亦被炸燬、鄰屋震坍、華陽橋投數彈、燬華陽小學及萬恒泰醬園、又附近田中刈稻農民被掃機鎗、死傷十餘人、至吊橋渭水台中彈起火、因風勢關係、雖經竭力撲救、延燒仍烈、至下午八時尚未熄滅、東至西門口之兩旁房屋、皆已波及矣、

——摘自《时报》（上海），1937 年 10 月 30 日

極司非而路
流彈死傷多人

滬西曹家渡極司非而路三角場附近、於昨日下午四時半、突有敵砲彈五六枚飛來、有兩枚擊中一香店、當場有一人被炸斃、同時有敵機開機槍掃射、故流彈傷者頗夥、而香店內除炸斃一人、倘有男女十四名口受傷、計張金榮（年二十二、本地人）炸傷腰部、吳海路（三十七歲、本地人）傷手背、秦金弟（二十二歲）炸傷頭部、生命頗危、周張氏（三十七歲、本地人）彈片傷全身、顧阿囡（二十三歲、寶山人）傷右手、彭陸氏（四十四歲）全身受彈片炸傷、張阿寶（三十七歲）兩手擊傷、陳和尙（二十一歲）全身受彈片傷、陸關林（十三歲）面部受彈片傷、萬蘭祺（二歲、眞如人）頭部受彈片傷、張林生（女性、三十三、虹橋鎮人）傷右腿、萬塔夫（三十歲）頭部受彈片傷、侯順林（二十一歲、眞如人）傷右手、楊楊根（二十三歲）彈片傷左右手、均經上海市紅十字會第九・十兩救護隊載送醫院求治、

——摘自《时报》（上海），1937 年 10 月 30 日

（上）嘉興民營造紙廠圖書館藏書甚多、範圍極大、建築費達數萬元、廿六日下午遭敵機投彈一枚、全被炸燬、（下）同日敵機轟炸嘉興郵政、局投彈四枚、局址全燬、（楊鳳麟攝）

——摘自《时报》（上海），1937 年 10 月 30 日

敵機炸毀自己陣地

敵軍放火焚燒大夏化爲灰燼

本市消息 昨日中午十二時有敵機二十餘架輪流轟炸豐田紗廠及周家橋一帶、英軍與我軍高射機槍、不斷射擊、敵機不敢低飛、投彈不準、有數彈落於蘇州河北岸敵軍自己陣地內、薛家沙蘇家角北一帶、敵軍死傷不少、紛向後退、至二時許敵機見投彈無效、始向眞如方面飛去云、

又訊、我滬西最高學府大夏大學、自屢遭敵機轟炸後、已僅存外殼、而昨日清晨、敵軍竟縱火焚燒、一時火光燭天、附近大夏新村等毗連房屋、盡被波及、故此龐大殘骸、至昨午已全部化爲灰燼、北新涇周家橋申新一廠等處大火、因無法施救、亦向四週蔓延、以上諸地精華、已盡付一炬、損失浩大、昨晚因火勢四延、在周家橋一部受傷民衆、無法居住、昨日由滬西童軍救護隊商准英防軍、移入租界治療、一時斷腿折臂民衆、紛由小車運入、沿途呻吟不絕、厥狀至慘、而遭敵軍槍傷刺傷之民衆、在蘇州河北、尚有百餘人、無法施救云、

——摘自《时事新报》（上海），1937 年 10 月 30 日

敵機轟炸蘇常

民房廠棧遭燬

平民死傷達數十人

敵夜窺我太湖陣地

【中央社鎮江廿九日電】廿八日上午九時、敵機六架、在常州車站附近、投卅餘彈、路軌畧損、電話線全斷、死護路憲兵一名、附近大成紗廠第二工場之鍋爐間刮紗等炸燬、中興煤礦公司棧倉庫均着火、新豐徧燬、民房七十餘間、死平民五人、其他損失待查、敵機旋折至無錫車站附近、亦投四十八彈、雖車站毫無損失、附近中國銀行堆棧廣豐紗廠及民房百餘間、均被炸燬、共死傷三四十人、

【中央社蘇州卅日電】敵機卅日來蘇空襲八次、並於十時半、以重轟炸機三架、向鐵路線及胥門外投擲重量炸彈十餘枚、四此地天雨、且我高射砲密集向之射擊、致慌忙投彈而去、目標不準、我無損失、旋得崑山方面報告、該重轟炸機三架、由蘇轟炸後、即飛崑山、又欲在崑山肆虐、當經崑山我高射砲猛擊、致將一架擊中要害、隨即墜落、聞機師數人已死、該被毀敵機、亦係三發動機之巨型機、

【中央社蘇州卅日電】據由太湖來蘇者談、本月十一日、有敵水上飛機多架、竟於是晚在太湖西南部長興宜興間之湖面降落、窺探軍情、甚久、旋該地水警及保安隊得訊、、正擬包圍繳械、敵機乃飛去、聞蘇浙兩省府據報、刻已嚴飭沿太湖各縣隊警、會同軍憲、嚴密戒備、如再來停留、、即予包圍擊毀云、

——摘自《中山日报》（广州），1937 年 10 月 31 日

十月份 敵機襲粵統計

前後來犯共四十四次 投下炸彈達六百餘枚

【本報專訪】敵自發動擾我華南後、不絕派機飛粵省各處施行轟炸、肆意向我軍政文化經濟交通機關投彈、惟技術低劣，得不償失、就十月份統計、由一日起、至卅日止、敵機來襲共四十四次、投彈達六百枚、計十月一日、敵機廿五架、三次分襲黃埔、魚珠、粵漢路、二日、敵機十一架、三次襲虎門、黃埔、三日、敵機七架、一次襲黃埔、四日、五日、敵機未有來犯、六日、敵機卅二架．兩次襲粵漢路、黃埔、十月七日、敵機四十一架、三次襲黃埔、魚珠、粵漢路、八日、敵機廿四架、三次進犯黃埔、魚珠、粵漢路、九日、敵機卅架、兩次襲虎門、粵漢路、十日、敵機廿架、一次分隊進犯襲粵漢路及黃埔、十一日、敵機廿四架、兩次襲中山大學、黃埔、粵漢路、十二日、敵機十四架、三次襲粵漢路、十三日、未有來犯、十四日、敵機卅八架、兩次襲廣九粵漢兩路、十五日敵機卅四架、三次襲蘆苞、及廣九粵漢兩路、十六、十七、十八三日、敵機未有來犯、十九日、敵機四架、一次襲廣九路、廿日、敵機廿架、四次襲廣九路、廿一日、敵機六架、二次襲廣九路．廿二日敵機卅架、三次襲寧陽及粵漢兩路、廿三日、敵機卅六架、兩次襲寧陽廣九、粵漢三路、廿四日、敵機卅四架、兩次襲寧陽、廣九、粵漢三路、廿五日敵機十六架、兩次襲寧陽路、廿六日至卅日、未有來犯、綜計敵機來犯四十四次、六投彈六百餘枚、平均每枚約值日金三百元、消耗炸彈價值已達日金廿萬、另電油之消耗尙未估計、然其所獲代價、僅能炸毀我民房數百間、死傷平民數百人、且被我空軍及高射炮擊傷多架、擊落重轟炸機及驅逐機各一架、損失亦在四十五萬元日金以上、

——摘自《中山日报》（广州），1937 年 10 月 31 日

眞茹東南醫院第一傷兵室全部被炸及附近之鳥瞰

（圖中之柱即國際無線電台之天柱）【宋達邦攝】

——摘自《中山日报》（广州），1937 年 10 月 31 日

（上）眞茹鎮之北大街，八月廿一日全街被敵機炸毀（圖中人係紅十字會救護隊第二隊隊員）（宋達邦攝）

——摘自《中山日报》（广州），1937年10月31日

我無辜民衆被敵機炸斃之慘狀 【戰影團攝】

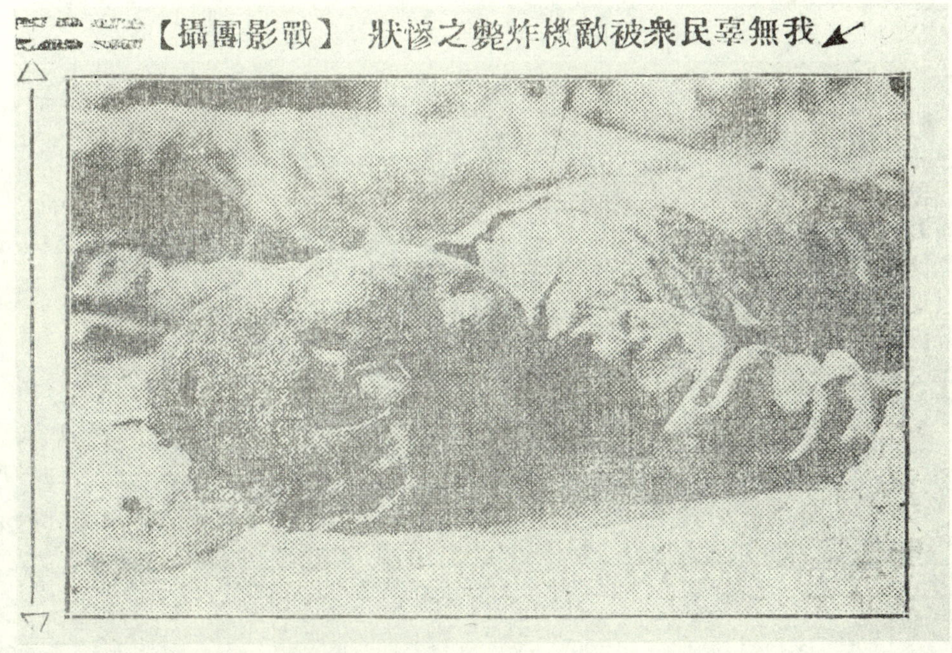

——摘自《中山日报》（广州），1937年10月31日

——摘自《中山日报》（广州），1937 年 10 月 31 日

——摘自《中山日报》（广州），1937 年 10 月 31 日

清華燕京兩大學

被敵軍蹂躪

清大校址被敵强佔

燕大亦已被迫停辦

▲中央社長沙三十日電 關係方面接津電稱、據北平電話、平郊我游擊隊近極活躍、敵疲於奔命、自二十日强佔清華校址駐兵、希圖防範、又此間接司徒雷登由平來函、已證實燕大確已停頓、緣於燕大開學後、迭有學生失踪、十一日復有學生廿餘人在海甸强被敵兵擄去、下落不明、該校迫不得已遂停辦。

——摘自《中央日报》（南京），1937年10月31日

太原城郊肉搏

傅作義在彈中指揮抗戰
誓在太原灑最後一滴血
敵機狂炸屠殺難民

（中央九日臨汾電）我軍此次扼守太原城、係採取郊戰方式、雖固守城垣、有機仍可出擊、據關係方面息、八九兩日、敵向太原東北城郊猛攻、以坦克車衝鋒、我軍沉着應戰、待其接近、即報以手溜彈、炸燬敵坦克車數輛、死敵甚多、我軍亦有犧牲、現仍在激戰中、

（本報九日臨汾急電）太原郊外仍在激戰中、八日晨大北門發生猛烈巷戰、當晚大校場一帶、又有血戰、我軍大部集結太原南郊、太原城垣、截至九日晨九時半止、仍飄揚我青天白日滿地紅之國旗、敵軍因用步兵攻城不逞、自八日晨起、改用飛機重砲夾攻、城內多處起火、黑烟蔽天、傅作義在彈雨中指揮抗戰、宣稱決在太原城中灑其最後一滴血、

（中央九日臨汾電）太原自作守城準備以來、居民為避免敵人砲火之摧殘、陸續遷避者甚多、自一日起、同蒲路及太汾路上、難民不絕於途、敵機竟橫施暴虐、向我非戰鬬員之途中難民、恣意轟炸、僅汾河邊及介休車站兩處、已遭屠殺者、達五六百人之多、據目擊者談、敵機在以上兩處轟炸掃射後、死屍遍地、斷肢殘體、觸目皆是、幸而未遭毒手者、則各尋覓其親屬遺骸、慟哭失聲、與受傷未死者之呼救聲、震動天地、厥狀之慘、不忍睹聞、敵軍之殘酷、已滅絕人性矣、

——摘自《东南日报》（杭州），1937 年 11 月 1 日

▣敵機炸不設防城市

（中央社南昌卅一日電）自滬戰發生以後、敵機迭飛我後方不設防之城市、大肆暴虐、濫施轟炸、江西方面、計九江上饒王山貴溪植樹等縣鎮、均遭空襲、南昌市截至今日止、共遭轟炸八次、被炸死平民八十、傷一百三十八、毀房屋二百四十六棟

（中央社蚌埠卅電）卅日下午三時敵機三架、經蘇北飛待離集宿縣盤旋、折向東北飛去

（中央社東海卅日電）卅日一時十分有敵三架、似從魯境車牛山海面起飛、過東海西飛、四時五十分復由西東去

——摘自《国华报》（广州），1937 年 11 月 1 日

敵機兩日狂炸松江紀詳

西外以及城內十之六七遭蹂躪

居民被害者不下二百餘人

◎松江三十一日電、本月廿八廿九兩日、此間被敵機濫施轟炸、繁盛區域、盡被炸毀等情、曾誌本報、玆記者爲求明瞭被炸之實況、及當地一切詳情計、特赴城鄉實地調查、經查得此間最繁盛之西門大街、除錢涇橋東、包家橋西、及新拓寬之長橋街一帶、於廿四日業被轟炸盡成瓦礫外、所有西城門口（城外）至馬路橋間店房住戶、炸毀殆盡、惟多數燬於裏壞、故門面仍頗完好、查該段中商店、均屬松地較大之字號店、且中國・農民・典業・新華・四銀行及承大・裕康兩錢莊、全大・恒和兩典當、均創設於該段、損失殊屬不貲、至馬路橋西康唐初家、缸甏行姜姓家、秀野橋杜晉泰、及瘟神廟附近、均着彈炸毀、而以杜晉泰爲甚、塔橋西九曲弄美國基督教主辦之

◇◇◇◇◇◇◇◇ 慕衛中學亦着彈燃燒

勢至猛烈、幸四少鄰居、得未殃及、同時馬路橋南上松汽車站及西城門口亦均起火、而以西門口之火勢最烈、是時適逢北風大熾、更難撲滅、其他如黑魚弄・莫家弄・楊家橋・妙嚴寺・石暉橋・諸行街・高家弄・後諸行街・竹竿匯・楊家弄等處、亦被炸毀、嶽廟大殿、新由道房中集資修建、亦毀損無餘、當西城門口着彈時、城門洞下、有數十行人、均隱避在內、被彈片炸死七八人、炸傷數十人、缺首斷足、慘不忍覩、至城內着彈尤多、自西門口起至楊家橋東、上下塘着彈十餘枚、而以大華印刷局毀損最甚、再東白襪子弄口起迄中心弄止、其中自法院門前起至中心弄止一段、因以

◇◇◇◇◇◇◇◇ 所有房屋均毀壞殆盡

前曾一度被炸、故此次再遭轟炸後、房屋盡行倒坍、成爲一片瓦礫場、而縣府南・法院南・察院場南・南內陸家橋・邱家灣・（天主教主辦之正心中學亦被毀）及其他各小街、均分落一二彈、總之、西外及城內之大街小巷、十份之七、均着彈被炸、舉目四顧、一片凄涼、松地之精華、損毀六七、至死傷人數、不下二百餘人、均由松江紅分會、設法救護掩埋、現商店已全部閉歇、貧苦民衆、甚至有錢無處糴米、而忍受飢餓、倭寇之慘無人道、殊足引起世人之共憤、至當地各機關、除專署王專員仍率屬照常在原處辦公、且頗努力外、餘均遷避他處、而各醫院醫生、亦均星散、院務停頓、故此次事出後、一切救護掩埋等工作、經紅分會獨力維持、惟以醫院遷避或停閉、致救護隊

◇◇◇◇◇◇◇ 冒險赴被炸區域救護

出險後、竟以無處送療、深感棘手、幸該會理事長周學文君、率屬努力工作、雖在萬分困難之境遇中、仍百折不回、完成其任務、現松地民衆、十之七八、已逃避他鄉、所留者僅少數之貧民耳、至當地報紙、以錦文・大華兩印刷所被炸盡淨、成章印刷所、亦被震受損、均已停業、致影響報紙之印行、遂一律暫停出版、（又訊）敵機一架於三十日下午二時許飛松偵察、在市空盤旋兩週後、即向西北方飛去、旋在陳坊橋賣花橋一鎮中心點各投兩彈、開炸毀房屋甚多

——摘自《时报》（上海），1937 年 11 月 1 日

各地文化界請制止侵略

【杭州通訊】浙江大學竺校長・頃聯合上海同濟大學翁之龍校長・交通大學黎照寰校長・暨南大學何炳松校長等・致電行在比京開會之九國公約各國代表・請其主持正義・對日實施制裁・該電頃已發出・原電云：「吾人今迫切陳辭・願九國公約會議立採集體方法之強而有效者・以阻止日人之侵略於中國・及對於日本之破壞國際公法與條約・蓄意轟炸大學及其他文化中心・與威脅於世界和平與文化者之種種行爲・加以懲罰・」云云・

——摘自《中央日报》（南京），1937 年 11 月 1 日

日機轟炸太原

國民太原卅日電 日本飛機今日又開始轟炸太原、天明後日機多架在省城上空出現、十時半、又有日機約十三架飛來轟炸、美聯社記者貝爾敦當日機來襲以機關槍向下掃射時、正在華軍隊伍中、街上行人立即一齊躲入防空建築物內、炸彈下墜嚯嚯有聲、然所幸大部均未爆炸、此外日機並投下傳單、太原城內損失爲數極微、惟其中一街全毀、多座房屋塌崩、

中央太原卅一日電 敵機三十一日五次襲幷、上午三次係偵察、下午二時來轟炸機四架由驅逐機三架保護、盤旋一時餘、作無目標之轟炸、計投彈三十餘枚、所毀均係民房、死亡市民八九人、

國民社太原三十日電 據此間官方今日所接軍訊稱、日軍欲重行打通晉北與其後方之交通線、已爲中國之×××軍擊敗、向大同張家口方面潰逃、聞河北山西之農民、受×××軍熱烈之抗日宣傳、愛國情緒油然勃發、於日軍來侵時、莫不自動起而抗日、或則於險峻之山地中、或則於任何地點、襲擊日軍、破壞其輜重汽車、對×××軍之作戰上爲助非少、現綜合旬日來各方戰訊、略述如下、十月十九日日軍大隊進攻廣靈時、×××軍曾被逐至附近山地中、常有日機五架坦克車二十輛、向華軍進擊、激戰三日三夜、至十月二十四日××軍獲大批增援、遂將日軍擊敗、日軍於是退回廣靈、圖將城門緊閉、唯華軍游擊隊已伏於城中、因發生猛烈巷戰、至二十五日、遂將廣靈完全佔領、同時×××軍之另一支隊、南襲靈邱、守城之蒙僞軍略事抵抗、即向渾水逃逸、又××軍佔領廣靈後、以一部留守、另以大隊向東北前進、越晉察邊界而進佔察哈爾之蔚縣、佔領蔚縣時、亦與日軍及蒙僞軍發生猛烈之巷戰、日僞軍不支、即向張家口方面逃逸、華軍另一支隊、則於二十六日佔領保定以南之清風店、現××軍之陣地、已大爲開展、如察哈爾之蔚縣、河北之淶源、石家莊西北二十英里之靈壽、皆爲其防地、自大同通至太原之公路、及由廣靈通至下關鎭之公路、及由晉北咽喉之雁門關現皆由其扼守、

——摘自《时事新报》（上海），1937 年 11 月 1 日

敵機襲幷市

肆意轟炸民房

寧波昨亦被投彈

▲中央社太原三十一日電 敵機三十一日九次襲幷、上午三次係偵察、下午二時來轟炸機四架、由驅逐機三架保護、盤旋一時餘、作無目標之轟炸、計投彈三十餘枚、所毀均係民房、死亡市民八九人。

▲中央社濟南三十一日電 敵機多架、三十一日又在臨邑、商河、濟陽、禹城各地窺察、

【本報三十一日徐州專電】三十日午、敵機二架由連雲飛津浦綫三堡曹村投七彈、傷一人、路軌略損、同時幷有四架由大連飛魯轟炸、損失不詳

▲中央社杭州三十一日電 三十日下午三時十分、敵機三架飛寧波、盤旋約二十分鐘、投彈十二枚、毀民房多間、旋向東南海面飛去。

——摘自《中央日报》（南京），1937 年 11 月 1 日

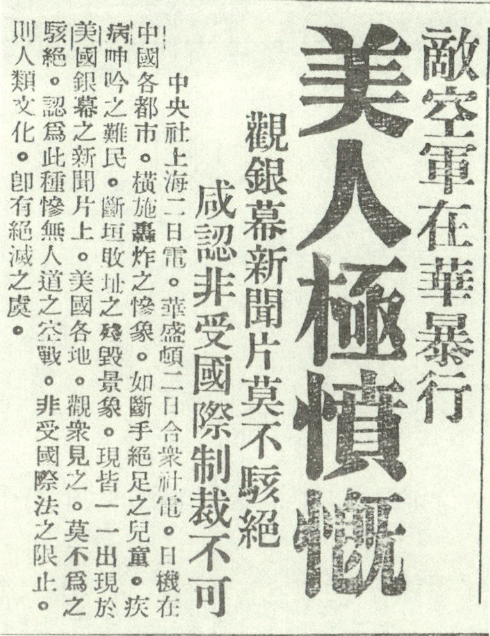

敵空軍在華暴行

美人極憤慨

觀銀幕新聞片莫不駭絕

咸認非受國際制裁不可

中央社上海二日電。華盛頓二日合衆社電。日機在中國各都市。橫施轟炸之慘象。如斷手絕足之兒童。疾病呻吟之難民。斷垣敗址之殘毀景象。現皆一一出現於美國銀幕之新聞片上。美國各地。觀衆見之。莫不爲之駭絕。認爲此種慘無人道之空戰。非受國際法之限止。則人類文化。即有絕滅之虞。

——摘自《湖南国民日报》，1937 年 11 月 2 日

新聞專科學校職員

一家七口遭敵轟斃

（專訪飛）謝英伯所辦之新聞專科學校職員某君、居住本市東華西路、其所居之屋、爲倭機炸燬、一家七口、慘遭轟斃、某君抱痛之餘、乃將慘狀公之社會、其文云、自倭寇縱橫、敵機肆虐、轟炸口口口口口之不已、屠殺及于毫無抵抗之民衆、哀我華胄受此刼磨、而橫禍所被、乃及於吾家、緣九月廿二日下午一時、敵機十餘架、闖入市區、肆向居民恣其兇焰、在東關一帶、投彈十餘枚、燬屋凡百間、死傷平民三百餘人、而吾家人慘遭壓斃於東華西路 李園之地下室中者共七人、庶母一、小弟一、弱妹三、工人二、嗚呼慘矣、余斯時搔首仰天、欲哭無淚、綿綿此恨、痛何已時、然苟念及敵人屠殺手段之慘酷 吾同胞生命財產之遭燬滅者、實不可以數計、則余家人之少數犧牲、又何足異 所恨者諸妹業已長成、曾受相當教育、正擬參加佛教金卍字救護隊、爲社會服務、乃不爲救護衆生而犧牲、竟慘斃於無聲無臭之地窟中、爲可惜耳、余遘此慘禍、蘊恨於心、初不欲宣諸筆墨、然不畧爲披露、則國人或有不知倭 寇之肆虐至如何程度者、玆承自香居士命、（按抱香居士卽謝首席檢察）畧述家族被難經過、以告社會、乃重違長者之意、和淚吮毫、述其事如右、

——摘自《国华报》（广州），1937 年 11 月 2 日

敵機肆擾蘇湘魯豫

徐州及崑山均擊落敵機一架
湯陰被敵轟炸民房被燬多處

××中央社

【蘇】××南京電 路息、敵機四架、一日午後二時、飛往徐州空襲、我防空部隊據報、即嚴密戒備、迨敵機駛至徐州附近時、我方高射炮隊瞄準射擊、敵重轟炸機一架、當被我擊落、機師一人受傷、尚有二人圖逃、均被俘獲、其餘敵機三架、見勢不佳、倉皇遁去、

中央社上海電 卅日 敵三發動式重轟炸機在崑山肆暴時、爲我軍擊落一架、機身完好、並俘獲機員五名、尚有二人、則已逃逸、正搜緝中、

中央社上海電 一日 下午三時許、有敵機六架、分兩隊在浦東陸家渡楊家渡張家濱一帶投彈十餘枚、毀民房十餘間、

××中央社

【湘】××南京電 敵機六架、於一日上午十一時許、經贛南飛湘邊界後、更分兩隊、一往衡陽、一往衡山、旋繞醴陵、攸縣、茶陵、安仁、等縣窺察而去、

××中央社

【魯】××南京電 敵機多架、卅一日又在臨邑、商河、濟陽、禹城各地窺察、

××中央社

【豫】××新鄉電 敵機卅日卅一日兩日飛湯陰轟炸、卅日在車站投彈二枚、無甚損失、卅一日在城內投彈七枚、毀民房多處、又敵機一架、卅一日下午二時在新鄉小冀鎮一帶高空盤旋窺察、旋即飛去、

中央社洛陽電 卅一日下午二時、有敵機一架、來洛窺探、飛行甚高、盤旋一週、即向東南逸去、

——摘自《工商日报》（香港），1937 年 11 月 2 日

敵機續窺南市未投彈

浦東方面被炸殊慘烈

本日（一日）上午十時左右、有敵機一架、飛南市上空、盤旋窺察、旋即逸去、未投彈、下午三時許、有敵機六架、分爲兩隊、在浦東陸家渡・楊家渡・張家浜一帶、盤旋窺察、輪流投彈、達十餘枚之多、毀我民房十餘間、至五時左右、該敵機始逸去、

浦東投彈情形

昨日傍晚四時、敵輕轟炸機兩架、飛至浦東上空、投彈轟炸、計楊家渡擲彈兩枚、沈家弄投彈六枚、倒塌民房十餘間、死傷平民五六人、至四時半、又來重轟炸機兩架、旋由增至五架、分投在楊家宅其昌棧莊家宅一彈、投下重量炸彈十餘枚、時已暮色蒼茫、敵彈漫無標的、並無重大損害、當地紅會十隊救護員出動施救中、

平民死傷衆多

上月間因敵機不斷在浦東各處濫施轟炸、及敵艦歷次炮轟之結果、無辜民衆、頗有死傷、據上海市戰地掩埋隊浦東第十二隊（即洋涇區同善施材會）發表、十月份共計施材掩埋平民屍身三十九具、以性別計算、男性廿九具、女性十具、以籍貫計算、本地籍十三具、客籍十具、不明者十六具、致死原因、死於炸彈者廿八具、死於砲彈者十一具、

閘北敵機受傷

昨日下午五時左右、閘北方面有一敵重轟炸機、在滬西方面受傷逃歸、飛行極低、且機中發出一種怪聲、想係在戰線被我軍擊傷、飛回楊樹浦方面敵機場、

顓橋炸難民船

閔行顓橋鎮、數日前被敵機炸毀難民船一隻、舟中共有七人、係浦東鄉間富有者、一家五口、及舟子二名、因浦東方面砲火猛力、遂僱船一隻、携帶箱籠物件逃難外出、是晨舟至顓橋鎮停泊、囑船老大登岸買辦食品、竟被敵機轟炸、及船老大回來、早已出事、檢查得不完全屍體共有五具、當由地方上張某向善堂領施材五具收殮、昨日由死者之遠房親屬到顓橋鎮領棺運返浦東埋葬、據談、死者頗有積蓄、此次僱舟逃難、將所有悉數携帶出外、現在盡付烏有、亦云慘矣、

敵築臨時機場

梵王渡浜北吳家花園西首、原爲聖約翰大學之廣大運動場、敵軍茲已佔取該處闢作臨時機場、自前日起、敵機已由該場起飛降落、其旁爲該校理化系試驗室、則又佔爲敵空軍辦事之用、昨日敵機一二架輪流盤旋於梵王渡上空、飛度甚低、幾及屋簷、不時向蘇州河南岸以機槍掃射、上午十時許敵機三架在梵王渡英義軍隊警戒線內、散發荒謬傳單、惟落地後中外人士無有拾視者、且多踐之以足、

——摘自《时报》（上海），1937 年 11 月 2 日

敵機分飛各地 窺探轟炸

崑山 中央社本埠訊、上月三十日敵三發動式重轟炸機在崑山肆暴時、爲我軍擊落一架、機身完好、其內並有機鎗兩挺、無線電機一架、及機員五名、約爲我軍俘獲、尚有機員二名、則已逃逸、我軍正搜緝中、

◎蘇州三十一日電、三十日在崑山被我高射砲隊擊落之敵機一架、係九六式兩發動機重轟炸機、聞其價值當在四十萬以上、並獲敵機槍二挺、敵機內載駕駛員轟炸手機槍手等共七人、其駕駛員二人已死、其餘五人均被我俘獲、據供彼等共有重轟炸機九架由九州列隊出發、專來襲崑云、

廣州 廣州一日中央社電、敵機三架、一日上午七時、飛襲廣九路、在塘頭廈站投彈七八枚、損失尚微、◎香港一日電、一日晨六時三刻、三敵機來襲、經虎門、爲我軍擊退、轉趨廣九路、在塘頭廈投八彈、略損路軌、旋修復、下午二時、三敵機再來、有向廣州進襲勢、三時仍未解除警報、◎廣州一日中央社電、敵機三架、一日下午二時十五分、再襲廣九路、向土塘站投彈八枚、當毀路軌三對、

湘贛 長沙一日中央社電、敵機六架、於一日上午十一時許、經贛南飛湘邊草市、更分二隊、一往衡陽、一往衡山、旋繞醴陵・攸縣・茶陵・安仁等縣、窺察而去、◎衡陽一日中央社電、衡陽一日陰雨、敵機三架、於十二時由東北飛來衡陽窺察、在空中盤旋、約十餘分鐘、未投彈、仍由東北逸去、

湯陰 新鄉三十一日中央社電、敵機於三十三十一兩日飛湯陰轟炸、三十日在車站投彈兩枚、無甚損失、三十一日在城內投彈七枚、毀民房數處、又敵機一架、三十一日下午一時在新鄉小冀鎮一帶高空盤旋窺察、旋即飛去、

洛陽 洛陽三十一日中央社電、三十一日下午二時有敵機一架來洛窺探、飛行甚高、盤旋一周即向東南逸去、

徐州 南京一日中央社電、路息、敵機四架、一日午後二時飛往徐州空襲、我防空部隊據報、即嚴密戒備、迨敵機駛至徐附近時、我方高射砲隊瞄準射擊、敵重轟炸機一架、當被我擊落、機師一人受傷、尚有二人圖逃、均被俘獲、其餘敵機三架見勢不佳、倉皇遁去、

魯省 南京三十一日中央社電、敵機多架、三十一日又在臨邑・商河・濟陽・禹城各地窺察、

——摘自《时报》（上海），1937 年 11 月 2 日

敵機襲浦東 又轟炸我民房

▲中央社上海一日電 一日下午三時許・有敵機六架・分兩隊在浦東陸家渡・楊家渡・張家浜一帶投彈十餘枚、燬民房十餘間・

▲中央社上海一日電 一日晨十時敵機一架飛南市窺察・旋即逸去・未投彈・

——摘自《中央日报》（南京），1937 年 11 月 2 日

敵軍獸行

奪我民粮 擄我婦女

（中央社）京中接前方電訊、沙河縣沿鐵道西十餘里、東四十餘里、各村民糧、被敵搜刼無餘、又邢台東二十餘里南[illegible]徐汪一帶村莊、敵擄去我婦女二百餘口、均用汽車運由邢台北上、

——摘自《中央日报》（南京），1937 年 11 月 2 日

害人終害己

敵用毒氣因風驟變斃敵數百

敵方戰死軍官昨又發表一批

中央社上海二日電。軍息。羅店外行之敵。十月二十八日。在葛家頭清水頭之處。竟又施用毒氣瓦斯。但因風向驟變。我軍利用時機。猛烈反攻。斃敵數百。並俘獲多人。奪獲步槍多枝。

中央社。上海二日電。敵海陸軍大尉以上軍官。在上海戰死者。。茲又有一批發表。計十四人。爲陸軍少佐梶佐古嵩行。大尉山道豐吉。田中睦夫。工藤武。野村寬。島平三郎。新川仲藏。同澤本勝。川口廣市。軍醫中佐守谷省三。少佐池田源信。大尉千田西男。工兵大尉唐澤治。及海軍大尉南部德盛。至其士兵戰死。在敵方報端發表者。每日達百人以上。其受創之重可知。

中央社。上海二日電。敵輪銚波丸二日午。載千餘傷兵返日。

中央社。上海二日電。敵續有傷兵六百餘人。定三日由紅十字艦運返日。

——摘自《湖南国民日报》，1937 年 11 月 3 日

敵在金門設機場

昨又兩襲廣九路

汲縣蘇州車站均有敵機投彈

商邱我軍截獲降落敵機兩架

中央社。廈門二日電。敵在金門設機場。並在各險要區域埋地雷。連日派小汽艇至五通澳頭探測水度。廈港外敵艦尚有十一艘。

中央社。廣州二日電。敵機三架二日上午六時五十八分飛襲廣九路。在塘頭廈站投彈七枚。有一彈墮落距橋梁僅約十尺。炸毀路軌數丈。經趕工修復。

中央社。廣州二日電。敵機三架。二日下午一時二十八分。再襲廣九路常平橫瀝兩站。共投彈六枚。毀路軌數段。

中央社。新鄉一日電。敵機一架。一日上午十一時飛汲縣轟炸。在車站附近投彈數枚。均落於荒郊。無何損失。

中央社。蘇州二日電。二日晨八時四十五分。敵機十二架又來蘇空襲一次。仍向我車站及鐵路沿線投十餘彈。死旅客數人及馬一匹。餘無損失。

中央社。鄭州一日電。路息。機四架。日在郝塞投彈十餘枚。死傷數人。中有一架着火焚燬。一日午在商邱轟炸之敵機二架。因汽油用罄。被迫降落。經我軍俘獲。

中央社。青島二日電。二日晨六時許。青市發現敵偵察機一架。向東南飛去。又九時二十五分。薛家島。亦發現敵偵察機一架。向西北飛去。

中央社。南京二日電。敵機數架。於二日晨九時半。在金壇一帶。發見有向京進犯模樣。京中當即發出警報。我空軍急飛往截擊。旋敵機即折回上海。十時許。警報解除。

中央社。東海二日電。敵魚雷艇一艘。一日駛抵連雲港外。尚逗留未去。敵機三架。二日晨。飛新安鎮投彈。又沿公路以機槍掃射長途汽車。十時回襲東海。我高射槍砲齊施射擊。未敢低飛。向郊外投四彈後逃去。

——摘自《湖南国民日报》，1937 年 11 月 3 日

敵機昨大肆轟滬

△南市居民紛紛遷入租界

△廣九路軌昨被炸燬數丈

（中央社）廣州一日電、敵機三架、今下午一時廿八分、再襲廣九路常平橫瀝西站、共投彈六枚、毀路軌數段、

（中央社）廣州二日電、敵機三架今上午六時五十八分飛襲廣九路、在塘頭廈站投彈七枚、有一彈墮落距該橋樑僅約十尺、炸毀路軌數丈、

（中央社）上海二日電、二日黎明起、敵機十餘架、四出轟炸及窺探、計滬西九架、分三隊、計投彈二三枚、至八九枚巨聲震動全滬、浦東六架投卅餘彈、全毀民房十餘間、南市先一架、繼增至六架、盤旋窺察、未投彈、該處居民均遷租界、租界與華界交界處途為之塞、又就龍華亦飛去一架、投六彈、傷我平民四人、

——摘自《华西日报》，1937 年 11 月 3 日

敵機昨兩襲廣九路

塘頭廈附近路軌被燬

圖炸該站鐵橋投彈多枚未中

林村石鼓橫瀝常平均落數彈

【本報專訪】前日敵機兩襲廣九路、向塘頭廈土塘等站投彈十六枚、路軌遭損毀、敵野心未戢、昨（二）日再兩次派機前往轟炸、在是日上午六時五十分、接前哨情報、敵水上轟炸機三架、由唐家灣洋面起飛、自南向北、有襲廣州模樣、本市六時五十三分發出警報、惟敵機不經虎門、改經永平河口、轉向廣九路進襲、廣州以敵機未迫近市空、故未發緊急警報、七時廿五分、敵機三架發現於廣九路石鼓站上空、成品字形、盤旋一匝、轉向平湖天堂圍兩站窺察、復折返北飛、隨在塘頭廈林村兩站附近投下炸彈六枚、當堂爆發、路軌被毀約十餘丈、敵機投彈後、又在石鼓站投彈一枚、亦有破壞、敵機旋即飛遁、七時四十三分本市即解除警報、至下午一時十六分、敵轟炸機三架、再由唐家灣起飛、一時二十七分本市發出警報、敵機再經上述航線向廣九路進襲、一時四十分到達石鼓站上空、在塘頭廈、林村、樟木頭等站盤旋、窺察約半小時、企圖覓取目標、隨在橫瀝常平兩站間、投炸彈六枚、路軌均受損壞、二時四十八分解除警報、其後據廣州警備司令部發表空襲情報如下、本日上午六時四十五分接前哨情報、有敵轟炸機三架、七時廿分到廣九路塘頭廈站、廿五分到林村上空盤旋、隨在樟木頭林村等處投彈六枚、略有損失、至卅五分、南飛出海、四十三分解除警報、下午一時廿七分、敵機三架、在唐家灣發現、由南向北飛、旋即飛往廣九路樟木頭盤旋甚久、乃在常平站投彈四枚、橫瀝站投彈兩枚、損失待查、

【中央社】昨（二）日上午七時、敵機三架由唐家灣海面飛出、向廣九鐵路進襲、在塘頭廈站附近鐵橋投彈七枚、希圖轟毀該段橋樑、卒因投彈技術奇劣、均未命中、墜在路軌兩旁爆炸、僅毀路軌少許、至七時五十分、敵即逃逸、至下午一時四十五分、敵機三架又再飛向廣九鐵路常平橫瀝兩站一帶投彈、在常平站擲下四枚、橫瀝站兩枚、鐵路附近田野均炸成巨洞、路軌亦有損失、並傷斃農民數人、至二時四十五分、敵機旋向唐家灣方面竄去、

——摘自《中山日报》（广州），1937 年 11 月 3 日

敵機各地肆虐

廣九路迭被炸

徐西擊落一架俘獲三機師

◎廣州二日中央社電、敵機三架、二日上午六時五十八分飛襲廣九路、在塘頭車站投彈七枚、有一彈墮落距該橋樑、僅約十尺、炸毀路軌數丈、經趕工修復、

◎廣州二日中央社電、敵機三架、二日下午一時廿八分再襲廣九路常平橫瀝兩站共投彈六枚、毀路軌數段、

◎香港二日電、二日晨六時許、三敵機由唐家灣起飛、七時經虎門襲石龍、被我空軍擊退、旋飛林村投六彈、下午一時半、五敵機復飛林村樟木頭等站投數彈、

◎徐州二日中央社電、徐西一日午後被擊落之敵機駕駛員三人均被俘、當夜解徐專署、予以優待、據供稱、一名山野春二、年四十歲、係海軍少佐、任空軍中隊長、一名西橋莊太郎、爲空曹長、一名清水吉友、爲二空曹、被難民俘獲、二日午解徐、其所駕之機、爲日自造、隸屬第三艦隊、艦名高尾、在連雲港外每日駕機在蘇魯各地轟炸、上有機槍兩挺、可携重炸彈四枚、又稱、其對華侵略、僅政府命令、國民已多厭戰、並認中國人民愛好和平、表示同情、迭致謝當局優待厚意、伊等腰際均繫以千人針刃木牌護身佛、擊落敵機、二日午由楊樓起運到徐、又二日晨七時、敵機四架來徐、在徐西尋覓墮機、意圖營救、在上空盤旋兩小時始去、

閘口機廠被燬停工

京滬滬杭甬鐵路閘口機廠、爲該路重要機廠之一、所有兩路機車車輛、大部份均在該廠修理、自經敵機迭肆轟炸後、廠內機器損壞殆盡、業已無法工作、因之該廠員工亦已星散云

◎新鄉一日中央社電、敵機一架、一日上午十一時

飛汲縣轟炸、在車站附近投彈數枚、均落荒郊、無何損失、

敵機十架 昨襲蘇州

蘇州一日電、兩日陰雨、敵機絕跡蘇空、二日清晨細雨濛濛、敵機十四架、又整隊而來、先後襲擊京滬路各地、七時三十五分在崑山城北投十餘彈後西飛、在唯亭車站投十六枚、毀屋十餘間、斃牛羊各一、旋四架飛滸關、十架則來襲蘇州、盤旋城空、歷時一點二十分、在車站投六彈、死候車難民十二人、傷三十餘人、在胥門內擲下燃燒性白色軟體球三枚、落河中、在虎邱一花園中、投下一巨石、傷一馬、往襲滸關之敵機、在車站投八彈、

敵機飛豫 一燬二俘

鄭州一日中央社電、路息、敵機四架、一日在郝寨投彈十餘枚、死傷數人、中有一架着火焚燬、一日午在商邱轟炸之敵機二架、因汽油用罄、被迫降落、經我軍截獲、

——摘自《时报》（上海），1937 年 11 月 3 日

敵機在新龍華 炸傷平民四人

本日（二日）午刻十二時左右、有敵機一架、飛新龍華投彈六枚、彈落陳家宅、傷四人、內婦女二名、女孩及男子各一名、

——摘自《时报》（上海），1937 年 11 月 3 日

敵巨型機十餘架

濫炸滬西浦東

南市方面碼頭被炸損失微

本日（二日）黎明起、即有敵巨型機十餘架、在本市滬西・南市及浦東一帶盤旋窺察及轟炸、各情如次、

◇◇滬西◇◇ 昨晨拂曉起、敵機九架分三隊在滬西濫肆轟炸、每次投彈少則二三枚、多則七八枚、轟轟之聲、震及全滬、炸至下午一時尚未逸去、損失在調查中、又訊、昨（二日）晨六時後、有敵機數架、分隊盤旋滬西一帶窺探、偵察多時、毫無所獲、遂作漫無目標之轟炸、綜計上午擲彈約三四十枚、落彈最多處爲虹橋附近、大半跌落田野中、除毀傷無辜及房屋外、此外全無損失、又二日上午十二時許、有敵偵察機一架、在新龍華附近盤旋數匝、嗣在南首陳家宅地方投彈六枚、四週玻窗均被震動、事後經該管警所查得有鄉民陳荀弟・陳王氏夫妻二人被炸受傷、當由漕涇區防務團陳學愚・周國昌趨車救護、送中國紅十字會醫治、

又訊、敵機數十架、於昨日侵晨起在滬西中山路北新涇一帶投彈、竟多至二百餘枚、駐防凱旋路・大西路・兆豐花園附近之英國軍隊、遇敵機飛近英軍警戒線、即以高射砲射擊

◇◇浦東◇◇ 昨晨六時起、敵機六架、在浦東陸家渡・楊家渡・張家浜・塘橋・洋涇一帶往來窺察、至八時許、先後在陸家渡・楊家渡投彈廿餘枚、並不時低飛、以機關槍掃射、毀民房十餘間、死傷居民多人、十時許逸去、午後復有三機、前往投彈轟炸、

◇◇南市◇◇ 昨晨五時許、先有一架、繼增至三架、至八時許、增至六架、不斷在南火車站高昌廟城內及十六舖一帶上空盤旋窺察、至九時許、未投彈即逸去、但因日方於二日前即揚言將轟炸南市、故日來居民紛紛遷入租界、華租交界處昨日車輛仍極擁擠、

又訊、昨日上午六時起、敵機在南市活動者達八次、每次有敵機四架、先後在十六號碼頭民生實業公司堆棧及高昌廟沿浦江一帶、投彈七八枚、聞當地民房及碼頭建築物、略受損害、此外無重大損失、

——摘自《时报》（上海），1937年11月3日

第二次蘇州河事件

敵兵開鎗強奪我米船

在美軍防地 美實向日提出抗議

本市字林西報云、日水兵一日午突在烏鎮路橋下渡過蘇州河、強奪正在卸米之米船、查該船停泊地點、在美兵防地內、滬美第二水兵聯隊司令包蒙氏、爰向日海軍當局提出抗議、日海軍陸戰隊司令當向美第二水兵聯隊司令表示誠摯之歉意、按當日水兵強奪米船時、曾向空開槍一響、日軍迄今尚未表示將奪去之米船送還、故此事尚不能認為已告結束云、又本市泰晤士報云、一日正午、此間又發生第二次蘇州河事件、該案發生在美水兵防地區域內、日正午有日

州河南岸強奪正在卸米之米船一艘、卒將該米船押至蘇州河北岸、強令該船船夫、將米在該處卸下、事後美第二水兵聯隊司令包蒙氏、即向日第三艦隊司令長谷川提出正式抗議、長谷川當對此案表示誠摯之歉意、但被日軍奪去之米船及米、則迄未送還

至蘇州河南岸、日雖保證以後不致發生同樣事件、惟因米船及米尚未送還原主、故美當局尚不能認為本案已告結束、目前交涉尚在賡續進行中、又日水兵曾在美兵防地區域內、向正在卸米之船夫開鎗一響、關於此點、美當局亦向日提出抗議、日方則辯稱所放之一槍、並非實彈云、查該案發生之先、有日哨兵一名、向米船船夫開放一鎗、於是即有日水兵渡蘇州河、將該米船強行奪去押至蘇州河北岸、

——摘自《时报》（上海），1937 年 11 月 3 日

敵軍暴行
有目共覩
轟炸我都市慘象
畢現于美銀幕上

▲中央社上海二日電　據華盛頓二日合衆電、日機在中國各都市橫施轟炸之慘象、如斷手絕足之兒童、疾病呻吟之難民、斷垣殘壁之慘象、現皆一一出現於美國銀幕之新聞片上、美國各地觀衆見之、莫不爲之駭絕、認爲此種慘無人道之空戰、非受國際法之限止、則人類文化即有絕滅之虞云。

——摘自《中央日报》（南京），1937年11月3日

各公團電九國會議
請切實制裁暴日
迅採有效辦法遏止侵略

國聯同志會

中國國際聯盟同志會、頃電日內瓦國聯同志會世界總會請促此次九國公約會議採取實際行動、原電略謂、「中國對比京會議、竭誠合作、惟不敢輕信其能有迅速效果、請詳細研究會議後各種實際行動、諸如國聯諮詢委員會所建議積極援助中國等類之辦法、本會深盼各國對日斷絕財政上之來往、蓋此種關係之維持、殊足助長日人之侵略也。

旅蓉外僑電

▲中央社成都二日電　蓉外僑百餘人、由林則博士等發起、二日致九國公約會議電云、布魯捨爾九國公約會議公鑒、日本軍閥、對華橫肆侵略、摧殘各文化機關、蠶阻

止中國之復興，中國數千年之悠久文化，殊有被毀滅之虞，特此籲懇貴會，務希迅予制裁，並請力促日本人民之覺悟。旅蓉四僑團叩。

五大學校長

▲中央社上海二日電 我五國立大學校長，即中央研究院院長蔡元培，同濟大學校長翁之龍，交大校長黎照寰，暨大校長何炳松，浙大校長竺可楨，因華府九國公約會議定三日在比京開會，特聯名致電該會議，籲請採取有效措置，以遏止日本在華之侵略，並膺懲日本違反國際公法及摧毀我國文化及教育機關之暴行云。

▲中央社福州一日電 省會各界代表史家麟等七人，訪英美兩國領事，表示我國抗戰立場，並請電達各該國政府轉出席九國會議代表，主持公道，對日本之侵略，予以制裁。

——摘自《中央日报》（南京），1937 年 11 月 3 日

昨在蘇肆虐 死旅客數人

▲中央社蘇州二日電 二日晨八時四十五分，敵機十二架又來蘇空襲一次，仍向車站及鐵路沿線投十餘彈，死無辜旅客數人及馬一匹，餘無損失。

本京息，敵機數架於昨（二）晨九時半在金壇一帶發見，有向京進犯模樣，京中當即發出警報，我空軍急飛往截擊，旋敵機即折回上海，十時許警報解除。

▲中央社上海二日電 兩路閘口機廠經敵機迭施轟炸後，機器盡毀，刻已停工。

——摘自《中央日报》（南京），1937 年 11 月 3 日

敵機昨襲粵湘鄂 廣九鐵路又被投彈 衡陽一帶死傷甚衆

【中央社廣州三日電】三日上午八時十分，敵機五架飛向廣九路鸞湖站投三彈，毀路軌少許。

【中央社廣州三日電】敵機數架三日下午二時四十分再襲廣九路，在石鼓與天堂圍兩站之間投六彈，傷路軌數段。

【中央社長沙三日電】敵機六架三日午十二時許經贛飛湘東酃縣，旋西竄衡陽、耒陽、永興、郴州一帶，在耒陽小水鋪及永興之高亭司間投彈多枚，歷數十分鐘始逸去。

【中央社衡陽三日電】衡陽以上，三日值陰雨初晴，雲霧滿布天空，敵機多架于下午一時由東南飛來，誤以耒陽小水鋪爲衡陽，在小水鋪與公平墟間投彈二十餘枚，死傷平民二十餘人，毀路軌數丈，仍由東南方逸去。

【中央社衡陽三日電】敵機三架一日午竄衡，去時經東鄉雙王廟，適該地趕集會，鄉民麕集，敵機投彈二枚，傷百餘人死二十一人。

【中央社蘇州三日電】據無錫記者報告，敵機五架，于三日晨九時飛往無錫襲擊，向火車站一帶投彈十餘枚，毀路軌一節，歷半小時方去，又該機離錫飛至周涇巷站，又投彈數枚。

【本市消息】昨日下午三時三十分敵機五架在鄂贛邊境發現，防空部當即發出警報，我空軍大部出動，四出搜索，敵見我戒備嚴密，且因天氣惡劣，飛抵汝洲後，遂分散在武漢西南一帶地區盤旋時許，終以無機可乘，乃相繼向原路高飛逸去。

——摘自《大公报》（汉口），1937 年 11 月 4 日

敵到處掠奪屠殺

（中央社）濟南三日電、軍息、津浦正面之敵尚有盤據黎濟寨一帶者、一日午後約有百餘人、竄至馬家塲附近、掠奪財物、騷擾百姓、我軍聞訊後派兵馳往、乘敵紛亂之際、勇猛進剿、斬殺甚衆、並截獲贓物一批、已悉交原主收回、又陵縣鳳凰店之敵現積極構築工事、該區附近民房多半被折毁將門窗樹木等物構築掩體、并由德縣運到大批鐵絲網、寧津城內之敵二百餘經派隊往剿、已將該敵驅逐至城北廿餘里、惟敵臨退時、竟縱火焚燒、[illegible]狀至慘、

（上海三日電）晉東我軍正面堅守側石驛至壽陽之線、以左右兩翼出擊、右翼在下莊及冶西村賽魚、坡頭一線、左翼在平定、陽泉三部之線、兩面皆山、敵軍突進、我正包圍殲滅中、川軍大部、在壽陽一線、我八路軍大部、亦轉移至右翼、上蔭營、白泉一帶、我軍防務極鞏固、連日大戰、雙方傷亡甚大、（又電）忻口前方之敵、昨今日仍大舉來犯、我正面官村陣地、一度被敵突破、我預備隊增上、奮勇突擊、旋即恢復、右翼盟滕村我軍乘勝反攻、已向前推進三里、左翼永與對方面正激戰中、（又電）我某師由高村反攻、連奪山頭數個、獲步槍三百支、輜重機關槍各數十挺、晉北之敵、先後傷亡在二萬五千人以上、（又電）平綏線之敵、後方空虛、農民全入游擊隊、

——摘自《华西日报》，1937 年 11 月 4 日

敵機昨首次襲濟

并飛無錫衡陽等處投彈

我民房燬壞頗多

（中央社）濟南三日電、敵機三架三日晨在濟市張莊所投之彈、現悉炸燬房屋數間、死一人傷二人、按張莊雖屬市區、但離商埠約十餘里、爲一鄉村、此爲濟市屬境第一次之被敵機轟炸、

（中央社）濟南三日電、三日晨九時廿分、斥陵發現敵機一架經惠民青城、復返惠民、向西北飛去、九時三十五分、高唐發現敵機三架、經秒平東平到濟寧投彈二枚後、復由阜竄祭、過泰安、飛越濟市上空、在張莊附近投彈四枚、向北逸去、

（中央社）蘇州三日電、據無錫肥者報告、敵機五架於三日晨九時、飛往無錫、襲擊、向該處火車站一帶投彈十餘枚、毀路軌一節、歷半小時方去、又該機離錫飛至周涇巷站、又投彈數枚、

（中央社）衡陽日電、敵機三架一日午竄衡、去時經東鄉雙王廟、適該處逢場、鄉民密集、敵機當投彈二枚、傷百餘人、死廿一人、

（中央社）上海三日電、三日晨九時敵機一架飛南市窺探、未投彈、十時許逸去、

（中央社）長沙三日電、敵機六架七日正午十二時許經贛飛湘東醴縣、旋兩架窺衡陽、永興、郴州一帶、在來陽之小水鋪、及永興之高亭司間投彈多枚、歷數十分鐘始逸去、湘省黨部爲九國公約會議開幕之日、印發告全省民衆書、擁護世界和平、尊重公約到底、

（中央社）衡陽三日電、衡陽以上三日值陰雨初晴、雲霧滿布天空、敵機十二架於下午一時由東南飛來、誤來陽小水鋪爲衡陽、在小水鋪與公平墟間、投彈廿餘枚、死傷平民廿餘人、燬路軌數丈、由東南方面逸去、

（中央社）廣州三日電、敵機三架、三日下午二時四十分再襲廣九路在石村與天堂圍西站之間、投六彈傷路軌數段

（中央社）廣州三日電、三日上午八時十分敵機三架、飛向廣九路牛湖站投三彈、毀路軌少許、

——摘自《华西日报》，1937 年 11 月 4 日

敵肆意蹂躪閘北

燒殺擄掠無惡不作

敵艦不時砲轟浦東

（中央社）蘇州三日電、敵人以一等强國地位、用海陸空軍隊近三十萬在滬從事侵略戰、費七十餘日之時間及五六萬人之犧牲、始獲據我閘北一區、故敵人非常憤恨、兹據前方消息、敵軍爲洩忿起見、對我閘北房屋肆意焚燬、尤對於未及逃出之平民、備極蹂躪、凡有氣力者、即驅使其充夫役、爲敵軍作苦力、運送一切、如稍違抗、即予慘斃、且有以火焚燒者、

（中央社）上海三日電、三日午後、起敵艦不時向浦東楊家渡一帶開砲、敵機亦盤旋上空窺察、

——摘自《华西日报》，1937 年 11 月 4 日

敵機昨四出肆虐

仍圖破壞我交通

兩襲廣九路路軌稍受損

隴海路沿線均發現敵機

粵省 中央社。廣州三日電。敵機三架。三日下午二時四十分。再襲廣九路。在石鼓與天堂圍兩站之間。投六彈。毀軌數段。

中央社。廣州三日電。三日上午八時十分。敵機三架飛向廣九路平湖站投三彈。毀路軌少許。

魯境 中央社。濟南三日電。三日晨九時十分。樂陵發現敵機一架。經惠民青城。復返惠民。向西北飛去。九時三十五分。高唐發現敵機三架。經鄒車東平到濟甯投彈二枚後。飛曲阜窺察。過泰安飛越濟市上空。在張莊附近投彈四枚。向北逸去。

中央社。濟南三日電。敵機三架。三日晨在濟市張莊所投之彈。現悉炸毀房屋數間。死二人。傷二人。按張莊雖屬市區。但離商埠約十餘里。爲一鄉村。此爲濟市屬境第一次之敵機轟炸。

中央社。東海三日電。三日下午一時半。有敵轟炸機三架驅逐機二架過此。沿隴海路西襲。五時有兩架始返。另三架由他路逸去。

無錫 中央社。蘇州三日電。據無錫記者報告。敵機九架。於三日晨九時。飛往無錫襲擊。向該處火車站一帶投彈十餘枚。毀路軌一節。歷半小時方。又飛至周涇巷站。又投彈數枚。

——摘自《湖南国民日报》，1937 年 11 月 4 日

敵機肆意

轟炸平民

【中央社衡陽三日電】敵機三架、一日午竄衡、去時經東鄉雙王廟、適該地逢場鄉民、因集會麕集、敵機當投彈二枚、傷百餘人、死二十一人、

【本報蘇州三日專電】據無錫訊、敵機五架、於三日晨九時飛無錫轟擊、向該處火車站一帶投彈十餘枚、毀路軌一節、歷半小時遁去、旋飛周涇巷站亦投彈七枚、

【中央社徐州三日電】敵機五架三日午後二時、由連雲港外飛徐、沿隴海路西駛、過徐稍盤旋即西上、仍在尋覓毀機、並投炸我沿線各小站、意圖報復、一日墮落之敵機、經拆卸後三日晨運徐、該機係九四式水上偵察機、製造番號川西第一三九、係昭和一二年七月株式會社造出、該機發動機侷完好、惟敵機於二日在墮落地點、以機槍射傷數十處、機上之機槍兩挺及燃燒彈四枚均取出、並獲得山野中隊長之偵察要件囊、並照像機地圖際物、所俘三敵、當局頗爲優待、三日午均有詳細供述、據稱敵軍艦停泊日照東之海面、每艦均附有飛機四架、扭任華中各地轟炸、

——摘自《中山日报》（广州），1937 年 11 月 4 日

廣九路 一日炸兩次

◎香港三日電、敵機三日兩襲廣九路、第一次上午七時三十五分、五機飛天堂圍站附近投數彈、傷農民四人、下午二時二十五分、四機飛平湖站、投數彈、

◎廣州三日中央社電、三日上午八時十分、敵機三架、飛向廣九路平湖站投三彈、毀路軌少許、迨下午二時四十分、敵機三架再襲廣九路、在石鼓與天堂圍兩站之間、投六彈、傷路軌數段、

松江

松江於二日敵機兩度往襲、投彈二十七枚、昨日上午十時與下午一時、又有敵機各一架、先後兩次由東北角飛入城廂、並不盤旋、亦未擲彈、逕向西沿鐵路飛去、

無錫

蘇州三日中央社電、據無錫記者報告、敵機五架、於三日晨九時飛往無錫襲擊、向該處火車站一帶投彈十餘枚、毀路軌一節、歷半小時方去、又該機離錫飛至周涇巷站、又投彈數枚、

衡陽

◎衡陽三日中央社電、敵機三架、一日午窺衡、去時經東鄉雙王廟、適該地逢場、鄉民趕集會、鄉民麕集、敵機當投彈二枚、傷百餘人、死二十一人

◎長沙三日中央社電、敵機六架、三日午十二時許經贛飛湘東酃縣、旋西窺衡陽耒陽永興郴州一帶、在耒陽小水舖及永興之高亭司間、投彈多枚、歷數十分鐘始逸去、

◎衡陽三日中央社電、衡陽以上、三日値陰雨初晴、雲霧滿布天空、敵機十二架、於下午一時、由東南飛來、誤耒陽小水舖爲衡陽、在小水舖與公平墟間、投彈二十餘枚、死傷平民二十餘人、毀路軌數丈、仍由東南方逸去、

——摘自《时报》（上海），1937 年 11 月 4 日

敵艦突駛潮陽 又焚燬我漁船

瓊島沿海敵艦出沒靡常

中央汕頭二日電 一日下午二時、兩敵艦突駛潮陽達濠隄、焚燬漁船、殘酷萬狀、二日上午轉泊南山海面、意圖蠢動、防軍嚴予戒備、

中央海口三日電 瓊島沿海敵艦出沒靡常、由海口至江港、現共有敵艦七艘、

——摘自《时事新报》（上海），1937 年 11 月 4 日

敵機昨飛湘東投彈

窺察衡陽耒陽郴州一帶

濫肆轟炸死傷平民百餘

中央長沙三日電　敵機六架、三日午十二時許、經贛飛湘東酃縣、旋西窺衡陽耒陽永興郴州一帶、在耒陽小水鋪及永興之高亭司間、投彈多枚、歷數十分鐘始逸去、

中央衡陽三日電　衡陽以上、三日值陰雨初晴、雲霧滿佈天空、**敵機十二架**、於下午一時由東南飛來、誤耒陽小水鋪爲衡陽、在小水鋪與公平墟間、投彈二十餘枚、**死傷平民廿餘人**、毀路軌數丈、仍由東南方逸去、

中央衡陽三日電　敵機三架、**一日午窺衡**、**去時經東鄉雙王廟**、適該地逢場、鄉民赶集會、**鄉民麕集**、**敵機當投彈二枚**、**傷百餘人**、**死二十一人**、

襲漢被截回

本報漢口四日電　三日下午三時卅分敵機五架、在鄂贛邊境發現、防空部即發出警報、我空軍大部出動、凌空搜索、敵見我戒備嚴密、並天氣惡劣、飛抵洪泗洲後逃散、飛於武漢西南隅一帶盤旋一小時許、終以無隙可乘、向原路逸去、

無錫又被炸

中央蘇州三日電　據無錫記者報告、敵機五架、於三日晨九時飛往無錫襲擊、向該處火車站一帶投彈十餘枚、毀路軌一節、歷半小時方去、又該機離錫飛至周涇巷站、又投彈數枚、

襲魯境各縣

本報濟南三日急電　今早敵機一架、窺樂陵、惠民、青城後北返、又三架窺濟甯機場投二彈北來、至本市西廿里張莊發垣附近投四彈後北返、

本報香港三日專電　三日上午七時許、敵機五架、轟炸

廣九路天堂圍站投彈數枚、傷農民四人、下午四敵機由唐家灣繞虎門襲平湖站、投數彈、

濟首次被炸

中央濟南三日電　敵機三架三日晨在濟市張莊投彈、炸燬房屋數間、死傷各二人、按張莊雖屬市區、但離商埠約十餘里爲一鄉村、此爲濟市屬境第一次之被敵機轟炸、

轟炸廣九路

中央廣州三日電　三日上午八時十分、敵機三架、飛向廣九路平湖站投三彈、毀路軌少許、

中央廣州三日電　敵機三架、三日下午二時四十分、再襲廣九路、在石鼓與天堂圍兩站之間、投六彈、傷路軌數段、

廣州通訊　自敵機於八月中旬開始向粵境進襲起、迄同月三十一日、擾廣州者凡兩次、一次撞不入廣州市區、一次亦只在市區東郊外發生空戰、未得達市中心區肆虐、蓋此兩次來犯敵機、係出發於台灣之重轟炸機、往返道途既遠、運用又不大靈活、且敵機師乃初次之嘗試情形、生心膽怯、是以未能得逞、惟自敵航空母艦兩艘、侵入粵海後、迄今兩月餘、其中只有六天未派機向粵境進襲、其餘時間、則每日來襲至少一次、至多七次、前日（二十五日）上午一連兩次後、下午及昨（二十六）日截至發稿時止、未有發出空襲警報、記者特分向各軍政機關調查、綜合各方消息、敵機來襲粵境、據所得情報、係分期辦理、某期轟炸某種對象、大致可分爲第一期由九月二十一日起至十月一日止爲轟炸廣州市及附近之黃埔虎門、第一期後休息兩三天、第二期由本月初間起至中旬止、爲轟炸廣州市附近區域第二期後又休息三天、由本月十八日起至現在止、爲第三期、集中於轟炸粵省各鐵路由昨廿六日起未有來襲、似又爲結束第三期轟炸後之休息時間、作爲第四期轟炸之準備者、連日來、廣州市面、盛傳敵機日前在粵北散發傳單、定本月卅一日起、再大舉轟炸市中心區、非戰鬥員者宜遷徙等語、惟據粵省政府消息、則謂絕未接到此項報告、想係以訛傳訛、並非事實、蓋此係敵人之軍事行動、未有於事前作公開之宣告者云云、又據某軍事機關消息、謂敵機日前在粵北散發傳單、係恐嚇粵漢鐵路沿線商民、急速離開路線十里內、未見云轟炸廣州、但無論其襲炸何處、是否屬實、我方可以不問、只有無時不準備迎頭痛擊而已、昨日敵機未來襲、或爲母艦移動、及別有陰謀、亦未可定云、（十月廿七日）

——摘自《时事新报》（上海），1937 年 11 月 4 日

日寇鐵蹄下的天津

——天津通訊——

在天津中日軍隊激戰的時候，敵人一方面集中他最強大的空軍，施行慘酷的轟炸，一方面日本浪人到處在市內縱火，我軍無法被迫於七月二十九日完全退出了天津。到現在有三個月了，津市治安秩序，不但不能完全恢復，反而更加混亂了。

日寇佔領海陸交通

天津現在是日寇主要軍事根據地，後方陸上交通工具——北寧綫及津浦綫下段，以及自津到各地公路，均被敵人佔領，作爲軍用。目下平津間及平榆間，每天雖開一次客車，但因沿途兵車擁擠，每次誤點均在十小時以上，北寧路已完全變爲南滿路所有一切機車，電話，電報，車站房屋都被南滿人員佔用。北寧路在日前名義上雖已恢復辦公，然每次客車開行時間及車輛調動，均須聽從南滿路員指揮。據傳日方爲便利運輸計，已決定將北寧路與僞奉山路接軌，改爲平奉鐵路。海上交通事變前即被日軍佔領，除英商船隻不定期航行外，中國船隻因日軍強徵，早已南開。空中航行，更是被敵杭獨佔。在東局子有很大的飛機場及飛機庫，目下停有敵機三十餘架，每日飛津浦前線及魯省各縣偵察轟炸。敵人在津有二大營房，就是海光寺及東局子，能駐二三萬左右的軍隊，每天均有日軍從關外開到，并能儲藏大批軍用品。

搜查行人陷害青年

最痛心的一回事，就是敵軍在街上肆意搜查行人。在搜查時，對中國人民加以百般的侮辱，甚至於無故毒打或屠殺的。同胞被殺害者不計其數。強迫商家住戶門前懸掛日本國旗，如有不掛的，即行抄沒家財。現該市人民爲避免危險起見，不得已購置日本旗，以作通行護身符。因此幾週以前，日韓浪人因製售敵旗而大發其財。

日寇在天津（其他各地也是一樣）爲要肅清反日份子，根絕人民中的反日思想，最近命令該市社會局轉令各學校及各文化機關，實行思想檢舉，凡教員，學生及其他人民中，言行思想有反日傾向者，均加以檢舉。由學校檢舉或官廳拘捕，因而大部教員學生青年，早已自動離校他居。近來有不少的學生教員，常常離開該地，而跑到我們自己的中國去。

利用漢奸組織政府

敵佔領天津後，急謀恢復治安，以減輕後顧之憂，乃利用漢奸，組織「天津地方治安維持會」，下分總務，公安，財政，工務及衛生五局，表面是由華人組織，但實際上完全操縱在日人手裏。維持會各局都有日本顧問，一切大小事件，必須經日人顧問允許後，才可辦理。現在天津市的漢奸組織有：「大亞西亞協會」「東亞協會」「中日親善促進會」「東洋協會」「華北自治協會」「華北青年黨」……等等。

強迫實行奴化教育

那些漢奸們，爲着討好於日本，即組織了什麽「教科書修正委員會」，搜集中小學校教科書，任意删改國語，史地，社會，公民等教科書，如有國恥史料，不平等條件，三民主義，帝國主義侵路中國等部份，都完全除去，認爲「有礙邦交」。此修委會委員是社會局長鈕傳善，教育長陶子欄，專員林紹昌等，都是十足的漢奸，此外還有日顧問多喜等。過去教科書，皆被目爲「反動」。并且現已命令各中學，一律採用經書及日本語。日文由日人教授，每校有二三人的不等。講授時盡量鼓吹日本好，要聽信日本人的話，使大家都變爲日寇的順民。

欺騙民衆地方混亂

在最近以前，維持會把市立圖書館，通俗圖書館，閱報室及其他教育機關盡數檢舉，把所有抗日書籍，一律焚燬，認爲「有礙邦交」。壁上標語，一律洗制，換上「實現華北自治」「促進中日親善」……等一批荒謬絕倫的標語來欺騙同胞。

津市秩序，至今仍然非常混亂。日本浪人横行無忌，勒索錢財，強售毒品，一動手就是辱罵毆打。甚至於有不少的年青婦女，被日人強奸而至於死的，天津已經成爲人間地獄了！

全國同胞共起，聲討此亘古未聞的萬惡強盜！

——摘自《新中华报》（延安），1937年11月4日

敵機昨又兩次

炸廣九路燬林村小橋及路軌

省港各次車均停開今日恢復

敵驅逐艦在赤灣窺伺攻虎門

（昨晚廣州電話）連日來敵艦他移、集中全力侵厦、敵機空襲、亦祇爲循例性質、每日一到、損害於我方者亦極微、故雖迭次轟炸廣九鉄路、亦未能阻碍我省港間交通、昨日上午九時至下午三時、敵機又二次進犯廣九路、計第一次爲上午九時十分、敵機三架由唐家灣敵巡洋艦起飛、經過虎門、直趨廣九路、飛抵樟木頭至林村站時、敵以我此處防衛稍疏、乃低飛投彈、先後擲下多枚、多落路軌附近、一彈幷轟中一小段鐵橋、當即炸燬路軌廿餘丈、小橋亦被燬、第二次爲下午二時四十分、有敵機三架、亦由唐家灣海面起飛、越過虎門東莞、逕飛平湖站附近、盤旋約廿分鐘、以我方有備、未投彈而逃、三時三十五分始解除警報、敵機去後、廣九路局即派出大批工程人員赴廣九路修理、惟以損毁過重、一時未能修復通車、故昨日省港早班車均駛至土塘站附近折回、中午及下午快車、則未開出、至毀路軌、各工程人員之加緊趕修、昨晚已修築竣事、今晨決如期通車云、據由港來客談、昨乘輪來省途中、至赤灣時、見有敵第十六號敵驅逐艦梭巡海面、有俟機進窺虎門企圖、至虎門港口外、約廿里處、則設有燈塔、要塞司令部、以此爲警戒線、苟敵艦越過此線、即發炮猛轟、虎門口內、則有領港隊登輪帶水、港口外亦有某國軍艦保護、故虎門防務極爲鞏固、敵艦雖欲進窺、決難得逞云、厦門港口現僅餘敵艦五艘、形勢稍和緩、黃濤前日出巡、沿途召集所部訓話、勉以誓死守土及領導民衆救亡工作、

四路總部奉軍部令、詳細查明出征軍人家屬、呈部備案、如犧牲殉國者、即由部代爲奉養、

又中央社云、四日上午九時十五分、敵機三架、在唐家灣上空出現、沿北飛經虎門、轉向廣九路、在林村站附近轟炸、毀路軌十四條、並在天堂圍石鼓等處盤旋、至十時四十五分、始遁去、下午二時廿五分、敵機三架、復由唐家灣海面飛出、再飛往東北方面、作第三次襲擊廣九路、歷經平潮、天堂圍、塘頭厦等站空際盤旋、隨在距廣州一百十公尺塘頭厦站投彈六枚、路軌略有損傷、敵機亦于三時十五分逃竄、四日晨由省往港快車、駛抵樟木頭站時、適遇空襲、路軌損壞、不能赴港、隨于下午三時廿分、由樟木頭折回大沙頭站、所有各次來往省港快車、均告停開、俟路軌修復、再行售票、

——摘自《工商日报》（香港），1937年11月5日

敵機續炸浦東滬西

飛南市上空未投彈

昨日下午一時起，有敵機三架，在浦東洋涇鎮、塘橋鎮續肆轟炸，先後投彈達廿餘枚，死居民三人、傷六人，毀民房十餘間、三時許，停泊浦江十四號浮筒之敵砲艦一艘，突又向我浦東發炮轟擊，同時另有敵機三架，在陸家渡・楊家渡・張家浜・洋涇等處往來窺察，除不時投彈轟炸外，並不時低飛以機關鎗掃射，敵艦轟擊至四時許即停止，而敵機則直至夕陽西墜後始逸去、（中央社）

浦東陸家嘴法商永興花衣棧門首，該棧自建之中式樓房五幢，西式樓房十幢、向爲碼頭管理員西人充作住宅之用，昨日午後三時半，突來敵機一架，飛行極低，在該屋頂上擲下五百磅炸彈一枚，落於中部，當有房屋數十幢，完全倒坍，餘屋亦受損甚巨、對門英美烟廠之門窗玻璃，完全震碎，鉛皮棧頂、亦受轟掀起，受損頗重、即遠至張家宅一帶之市房，亦震破玻璃無數，聞永興棧直接損害一萬餘金之鉅，該棧當局將檢集證據，準備請求該國使領，向敵方交涉云、

又訊，浦東方面昨日又遭敵機濫施轟炸，上午八時三刻，即有重轟炸機三架、飛翔於沿浦各鎮，嗣乃在洋涇北面浦東大道上及賈家角等處，分投擲下十餘彈之多，民房被毀十餘間，無辜平民死傷七八人、午後三時，又來敵機二架，在賴義渡新馬路一帶、飛行極低，機中人歷歷可數，至三時半，又來兩架，先後在賈家角其昌棧及楊家渡東首，投擲十餘彈，民房被毀七八間，餘均落入田中，因鄉民均已趨避，並無死傷、

滬西　昨（四日）晨八時許，有敵機一架往來滬西，盤旋偵察，後至虹橋四週濫施轟炸，投彈甚多，至下午二時三刻四時十分，各有敵機二三架，再度往炸、惟其目標欠準，彈均落於田野，同時有二隊（六架）敵機，飛往北新涇周家橋梵皇渡等處我方陣地上偵察投彈、

軍息，昨有敵機數架，結隊低飛，在憶定盤路及凱旋路英軍防地來回偵察兩次，惟未受英軍之射擊，敵機前曾於本月一日在該處飛行，昨係第二次云、（中央社）

昨日午後三時至五時半止、敵機前往滬西周家橋一帶肆虐者，計達二十餘架、且其中更有巨型三發動機重轟炸機六架，所投炸彈達三十餘枚，大公社記者是時曾在極司非而路[illegible]高建築物屋頂觀察，見敵機往來擲彈，均作平行式、不敢低飛，以是標的不準，彈落於田野間，佔十分之七，此外則落於民房中，於我軍事上殊無絲毫影響，同時當敵機擲彈時、我軍曾以高射機關鎗掃射，惜未命中，但已予敵機重大威脅也云、大公社

南市　昨日下午三時許，有敵機兩架，飛南市上空盤旋數匝後，即行低飛在高昌廟・董家渡・十六舖，城內及南火車站一帶往來窺察，飛行之低，爲前所僅有，機徽及機中人皆歷歷可覩，至四時許始逸去，惟未投彈、（中央社）

——摘自《时报》（上海），1937 年 11 月 5 日

敵機蓄意破壞交通

再炸廣九路

松江西外鐵道旁投彈三枚

◎香港四日電、廣九路林村站四日晨九時被敵機來襲、土塘站旁中一彈、路軌無損、林村站軌中四彈、斷二百餘碼、由省下行車折回、由港赴省車安抵、下午車停、

◎廣州四日中央社電、敵機三架、四日下午二時二十分襲廣九路、在塘頭廈站投彈六枚、路軌略有損壞、

隴海路 東海二日中央社電、三日下午一時半、有敵轟炸機三架、驅逐機二架、過此沿隴海路西襲、五時有兩架東返、另三架由他路逸去、

福州 福州三日中央社電、三日下午三時許、敵機三架由贛閩邊境侵入省垣上空、盤旋一週、向台灣逸去、

寶蓮寺 新鄉三日中央社電、三日敵機三架、飛安陽以南之寶蓮寺車站轟炸、傷路員數人、

松江 松江於昨晨九時十五分、又有敵機數架、先在城廂一帶淩空向下偵察、旋即飛往西門外蔣家浜南面鐵道傍、投下鉅量炸彈三枚、爆炸甚烈、泥土飛起、達半天之高、松江紅分會即派救護隊前往救護、又該會於昨日舉行臨時會議、出席者爲理事長周學文等數十人、議決急速籌設松江救傷醫院、擴大救護受傷兵民、並盼各界捐助經費云、

——摘自《时报》（上海），1937 年 11 月 5 日

敵艦砲轟浦東

敵機亦在浦東各處肆虐

▲中央社上海四日電　四日晨八時・敵艦一艘向浦東開砲・至九時停止・燬我民房十餘間・同時敵機三架飛該處投彈

▲中央社上海四日電　四日午後一時起・有敵機三架在浦東洋涇鎮塘橋鎮投彈廿餘枚・死人民三人・傷六人・燬民房十餘間・三時許敵艦亦開砲・同時敵機亦在陸家渡・楊家渡・張家浜・洋涇鎮投彈並掃射・至四時始止。

▲中央社上海四日電　敵機一架・四日下午三時許・低飛高昌廟・董家渡・十六舖・城內南火車站一帶往來窺察・四時許始逸去。

——摘自《中央日报》（南京），1937 年 11 月 5 日

前日敵機襲湘

市防護團昨據詳細查報

公平墟死貧民六人傷卅餘 壞車箱四輛焚燬茅房兩棟

長沙市防護團。以前（三）日敵機襲湘。在小水舖高亭司等處投彈。爲明瞭損失情形起見。特飭長沙防空情報分所詳電查詢。後據回報。謂小水舖附近之公平墟。炸死貧民六人。傷三十餘人。損壞車箱四輛。焚燬茅房兩棟。破壞鐵軌一段。餘皆無恙云。（日日）

——摘自《湖南国民日报》，1937年11月5日

敵機昨八次襲蘇

兩度襲禹城我稍有損失 并飛濟南洛陽等地窺察

（中央社）蘇州五日電 敵機五日晨八時半至傍晚、來蘇空襲共八次、尤以八時許之一次敵機盤旋窺視時間最長、幾已兩小時、適天氣陰暗、敵機潛入雲端、投彈共五枚、其餘各次、僅事窺探、

（中央社）濟南五日電 五日午九時廿五分臨邑發現敵機一架、經禹城西北南來十時十分、發現於黨家莊上空、經白馬山齊北河去、在桑梓店南六七里之邱庵、向民衆掃射、九時五十分禹城又發現敵機五架、其一向北飛去、三架在城內投彈三枚、燬民房三間、傷平民二人、又飛濟陽投四彈、傷平民三人、燬民房二十間、下午一時半敵機一架又飛臨邑、濟陽、商城、鄒平、周村等處窺伺、并在濟陽投彈六枚、燬民船三支、傷二人、

（中央社）上海五日電 敵巨型機一架、五日晨又飛南市窺察未投彈、

（中央社）洛陽四日電 肆日敵機又到洛窺察、飛行甚速、旋向東北方飛去、

——摘自《华西日报》，1937年11月6日

敵艦又在粵省海面擊燬漁船

中央社。汕頭五日電。敵艦四日午。又在湖陽廣澳。向漁船肆虐。走避不及者。悉遭擊燬。

——摘自《湖南国民日报》，1937 年 11 月 6 日

敵機三架飛東莞窺伺莞太平路圖炸太平渡

旋轉向廣九路塘頭夏站投彈

經白沙路又開機槍掃射鄉民

前三日晨七時卅五分、敵機三架來襲、於七時四十八分飛至虎門太平上空盤旋一匝、即在太平渡上空稍停、意圖投彈、迨見太平渡船上人員、異常鎮定、該三架敵機即沿莞太公路（東莞至太平）而去、在空中窺伺全路、遂轉向廣九路塘頭廈站投彈、昨四日上午四時太平渡自鄉返省、滿搭客輛、當敵機經過白沙公路上空時、、開機槍掃射我田間鄉民、幸未命中、被擊斃鷄鴨數頭而已、

——摘自《工商日报》（香港），1937 年 11 月 6 日

敵人殘酷手段

難民竟遭割勢

華東社訊、敵人殘酷手段、無微不至、除肆意轟炸我非戰鬬區域、及非戰鬬人員外、在戰區未及逃生之壯丁難民、老弱婦孺、均被非人道的蹂躪、頃本市某團體又收得一難民、其下部生殖器已割去、記者曾往探詢、見該病人傷勢頗重、已不能言語、入昏迷狀態、聞該難民乃在閘北未及逃避而被荼毒者云、

——摘自《时报》（上海），1937 年 11 月 6 日

敵機侵襲漳河一帶

被擊落三架

魯境各縣亦遭轟炸

◎新鄉五日中央社電、敵機十餘架、四日下午一時侵入漳河一帶上空、當經我高射部隊擊落三架、計驅逐機一轟炸機二、其中一架落寶蓮寺、二架落安陽附近、又敵機一架五日午後飛新鄉窺察、盤繞一週後向北飛去、

◎濟南五日中央社電、五日上午九時二十五分、臨邑發現敵機一架、經禹城宴城南來、十時十分發現於七家莊上空、經白馬山齊河北去、在桑梓店南六里黨之邱家庵、向民衆掃射、九時五十分、禹城又發現敵機五架、其二向北飛去、三架在城內投彈三枚、毁民房三間、傷平民二人、又飛濟陽投四彈、傷平民三人、毁民房二十餘間、下午一時半敵機一架、又飛臨邑濟陽青城鄒平周村等處窺伺、並在濟陽擲彈六枚、毁民船二隻、傷二人、

——摘自《时报》（上海），1937 年 11 月 6 日

敵機狂炸嘉善

投彈五十餘枚 死傷百餘損害極重

◎嘉善五日電、五日七時三十分、九時二十分、敵機兩度炸嘉善、投彈五十餘枚、燬車三輛、死六十、傷百餘、善善校全毀、縣西寺弄口熱鬧地段、毀屋四十餘間、損害奇重、

◎嘉興五日電、五日上午七時半、敵機三架在七星橋車站外擲彈十餘枚、死傷百餘人、嘉善西門外亦遭敵機擲彈、亦有毀損、

——摘自《时报》（上海），1937 年 11 月 6 日

暴日屠殺我平民

我國各鐵路工會發表 告全世界鐵路工友書

中央南京五日電 我國各鐵路工會、爲暴日轟炸我非軍事區域、殘殺我平民、特聯合發表告全世界鐵路工友書、略謂暴日因我國英勇抵抗而遭挫折之後、爲洩憤計、專事破壞我鐵路交通、如運載非武裝人員之機車客車及難民車、均難逃其毒手、九月廿八日、日機在上海南站轟炸死傷難民六七百人、各站被炸而死之平民共達萬人以上、鐵路員工慘遭非命者計二百九十三人、傷者千人以上、望全世界鐵路工友、一致抵制日貨、拒絕運輸軍火及原料至日本、以制止日本帝國主義殺人放火之暴行云、

——摘自《时事新报》（上海），1937 年 11 月 6 日

魯省各縣

遭敵機大肆轟炸

中央濟南五日電　五日上午九時二十五分、臨邑發現敵機一架、經禹城宴城南來、十時十分發現於黨家莊上空、經白馬山齊河北去、在桑梓店南六七里之邱家庵、向民衆掃射、九時五十分、禹城又發現敵機五架、其二向北飛去、三架在城內投彈三枚、毀民房三間、傷平民二人、又飛濟陽投四彈、傷平民三人、毀民房廿餘間、下午一時半敵機一架、又飛臨邑濟陽青城鄒平周村等處窺伺、並在濟陽擲彈六枚、毀民船三隻、傷二人、

濟南通信、自冀省淪陷、敵騎南侵、山東已成國防最前線、屆指迄今已達四十餘日、在此期間、軍事當局苦力支撐、周密佈置、敵人不得長驅直入、津浦線上現雙方仍扼守在平原禹城間、敵人後方迭受我游擊部隊攻擊、截成數段、給養亦告斷絕、殲滅非難、惟敵人飛機仍橫飛無忌、到處窺伺轟炸、破壞交通、慘殺平民、受害甚鉅、茲綜計自上月念一日起至月底止敵機來魯次數擾害情形如次、一篇血債將向敵人索取相當代價也、

九月　的二十一日、敵機一架來濟南、投彈三枚、傷商民九人、廿二日、敵機二架至濟寗投五彈、又十一架在滋陽車站投廿七彈、死四人、傷四人、被我軍擊落一架、又有二架在桑園站投七彈、傷商民路警各一人、廿三日、敵機十架、在滋陽站投十餘彈、廿四日、德平德縣鄒縣、有敵機數架南北飛行窺察、未投彈、廿六日、德縣、德平、禹城、敵機數架窺察、未投彈、廿八日、敵機八架先後過郯城飛徐州轟炸、泊頭一架飛魯北各縣窺察、廿九日、敵機四架、在濟寗站投五彈、傷一人、

十月　一日、敵機十二架、在棗莊中興煤鑛公司投十數彈、死五人、傷三人、又七架在德縣投彈、傷六人、並開機槍掃射難民、死十數人、另一架來濟南窺伺、二日、敵機六架、在滋陽窺察、又四架在德縣附近投十數彈、又一架炸壞津浦路德縣黨部、在城內投彈

、傷數人、三日、敵機八架在韓莊站投三十彈、又一架來濟南掃射、四日、敵機一架來濟南掃射、又二架在孫氏店站東北堡站大汶口站投彈、五日、敵機十架、在鄒縣北太安南各站投彈旅客傷多人、六日、敵機八架、仍在鄒縣北太安南各站轟炸、又二架來濟南窺察、又一架在平原禹城間投彈、七日、敵機八架、在太安站投十數彈、死四人、八日、敵機先四架後二架、在太安站轟炸、並在濟甯轟炸、又一架來濟窺察、九日、敵機六架、在太安投五彈、十日、敵機一架在恩縣聊城窺察、一架在惠民蒲台窺察、又一架在壽張投七彈、傷平民五人、在東阿投一彈、傷一人、十二日、敵機二架、來濟南窺察、另有六架窺武城、、一架窺平原、十三日、敵機二架在濟甯教場投四彈、二架窺濟南、又一架在平原投四彈、二架在禹城投彈、傷男女各一人、十四日、敵機三架、在東北堡投一彈、大汶口投七彈、死一人、傷八人、又六架在滕莊投四彈、鄒縣投二彈、又七架窺張莊宴城、三架窺濟南、在禹城投彈、並掃射難民、死三四十人、十六日、敵機一架在禹城投彈、又二架窺掖縣、十七日、敵機四架在東北堡投彈、並在大汶口投五彈、又四架在兩下店投彈、又二架在禹城投彈、十九日、敵機四架、在孫氏店投七彈、又四架在大汶口、東北堡鄒縣轟炸、又二架窺濟南禹城、二十日、敵機四架在滋陽投八彈、並在孫氏店轟炸、廿一日、敵機二架炸韓莊、又一架窺濟南、又四架在滋陽投七彈、另三架窺禹城、廿二日、敵機二架在滋陽投三彈、又三架炸界河北大橋、鄒縣投三彈、又二架炸太安、廿四日、敵機二架炸鄒縣、傷二人、又二架在太安投四彈、廿五日、敵機三架、在滕縣投二彈、鄒縣投三彈、廿六日、敵機七架飛各站、炸太安汶口吳村臨城、死二人、傷二人、廿八日、敵機四架、兩下店投五彈、台莊投八彈、又五架在德平掃射、三十日、敵機來濟南散荒謬傳單、在商河投彈、死民衆十六人、並轟炸滋陽鄒縣臨城、破壞交通、三十一日、敵機二架炸濟陽臨邑、（十一月二日）

——摘自《时事新报》（上海），1937 年 11 月 6 日

敵機五次轟炸常熟

縣中校舍全燬

城內外毀屋約百數十間

男女居民死傷二十餘人

本報常熟通訊 昨念八日午後二時三十分、城區又遭敵機第五次轟炸、投彈達二十餘枚、均落於西門城內外、西倉前自縣立初中以西、迄城牆爲止、對河兩岸房屋、俱遭炸毀、其上岸大部爲炸彈震毀、城外落彈於水關橋以西之竹王祠堂中、結果共死四人、傷二十餘人、此次損失、以縣立中學最爲慘重、玆將被炸情形、詳紀如次、

敵機六架

是日午後二時三十分許、城區即放緊急警報、移時即見敵機六架、由西南方面而來、機係舊式之雙翼者、測其方向與時間、似係由無錫暴行後而來者、當抵城區上空時、即由北而西、先行繞城一匝、旋即開始投彈、計自二時三十五分鐘起、至五十七分始向東南而去、爲時共達二十二分鐘之久、投彈共達二十餘枚、此輩敵無的放矢、均落於西倉前一帶民家、毀屋約百數十間、至五時十五分始解除警報、

縣中被毀

此次敵機暴行、該校共着四彈、三枚落於大操場隊地、成三大窟窿、周圍約如方桌、深及三尺許、禮堂上着一彈、致其後半部之女生宿舍、女生教室、禮堂、教員辦公室、校長室、書記室、圖書館、及一部分教室、凡沿大操場之半面門窗、俱告搗毀、凌亂不堪、該處拾得彈片甚多、上面有「爆炸彈六〇瓦千」字樣、其前半部房屋、如男宿舍、教師臥室、教室、及童子軍辦公室等一帶門窗、亦爲震毀、玻璃碎屑、散落滿地、此次損失當以該校及西首之上海觀音堂最爲重大、死傷二十餘人、十、二九、

——摘自《时事新报》（上海），1937 年 11 月 6 日

我教界鉅子蔡元培等

發表聲明

痛詆日摧毀我教育機關暴行
籲請世界人士協同一致譴責

自盧溝橋事變後三月以來・日本軍隊在我中國各地・利用飛機大砲・毀滅我各級教育機關・業已不勝枚舉・此實爲日方最惡之暴行・且亦爲世界文明史上之最大汚點・頃我教育界鉅子如中央研究院院長蔡元培・南開大學校長張伯苓・北京大學教授胡適・北平研究院院長李煜瀛・同濟大學校長翁之龍・中山大學校長鄒魯・北京大學校長蔣夢麟・中央大學校長羅家倫・滬江大學校長劉湛恩・清華大學校長梅貽琦等一百零二人・聯名發表長篇之英文事實聲明・歷敍日本破壞我國教育機關之經過・計首段爲序論・次段則敍述日方破壞之廣泛・略稱北自北平・南迄廣州・東起上海・西迄江西・我國教育機關被日方破壞者・大學專門學校有二十三處・中學小學則不可勝數・僅以大學而論・其物質上之損失・按照一九三五年之估計・在六千七百萬元以上・至文化上之損失・則無法計算・誠所謂中國三十年建設之不足・而日本一旦燬之有餘也・再次則敍述日方此種舉動・係有計劃有系統・故如中央大學即爲日本空軍所圈定之轟炸目標・嗣果陸續被轟炸四次・又如南開大學則轟炸不足・繼以焚燒・全成焦土・日方此種舉動・每以軍事必要爲藉口・殊不知此種種教育機關・分佈各地・往往距軍事區域非常遼遠・且絕與軍事無關・日人之蓄意破壞・殆即以其爲教育機關而毀壞之・且毀壞之使其不能復興・此外皆屬遁辭耳・最後則鄭重向世界人士提出籲請・以爲「日本此種舉動・實爲對于文明之大威脅・應請世界開明人士・協同吾國・一致譴責・如果此種威脅不能制止・則世界將無進步與和平之可言」・且以爲「遲疑不決・即不啻與侵略者以鼓勵・惟有舉世決心實施有效制裁・始爲保障文明最簡便最迅速之唯一方法」等語・全文甚[illegible]敍述翔實・聞即將印訂成

——摘自《中央日报》（南京），1937 年 11 月 6 日

敵機四十多架竟日擾浙省各地

嘉興等十二處被炸損失待查 乍浦海面敵艦砲轟我軍陣地

（中央社）杭州六日電 敵機四十餘架，六日晨七時至晚七時，全日轟炸浙省各地，民房被燬甚多，死傷均屬平民。嘉興嘉善兩遭數次轟炸，狀尤慘，據此間現所得之報告如下：一、嘉興被炸三次，火車站附近落一二彈，東柵口落一彈，傷十餘人。二、嘉善被炸一三次，車站一帶落九餘彈之多，載運傷兵之救護車亦被投彈十餘枚，死傷人，損失詳情待查。三、長安車站附近落五彈，燬民房十數間，死一人，傷五六人。四、臨平落重量炸彈，死十人，傷十七人，燬民房一數間。五、硤山車站落彈，死一人，傷四人，內婦孺各一。六、閘鄉落八彈，死傷各十五人，燬民房六。七、崇德落彈三，死一人，傷二人，燬民房二間。六、硤石落三彈，死四人，傷一人，燬民房十數間。九、杭縣屬塘棲鎮落彈八，死十一人，燬民房四十餘間。十、良山門車站附近落數彈，燬民房八間，死三人，傷十二人。十一、閘口車站附近白塔嶺落十餘彈，燬民房數十間。十二、浙贛路杭州江邊站附近落三彈，死四人，傷三十人。十三、杭市城隍山落小炸彈數枚，無死傷，此外尚有平房亦被轟炸，損失未詳。

（中央社）杭州五日電 五日一時五十分，敵艦廿餘艘駛乍浦海面，向我防地發砲猛烈轟擊，企圖登陸，我已嚴陣以待，敵決難得逞。五日十一時許，敵機多架飛嘉善投彈廿餘枚，民房多間被毀，死傷在調查中。

——摘自《华西日报》，1937 年 11 月 7 日

慘無人道

敵用火油焚我士兵

中央社。蘇州六日電 軍息。據一等兵由陳家宅逃回報告。日軍在該處將我方士兵二十餘人。每三人分別綑綁。蓋以棉花。澆以火油。以火燒後。揚長而去。慘酷極矣。

——摘自《湖南国民日报》，1937 年 11 月 7 日

敵機四十餘架
昨竟日轟炸浙境
死傷平民甚衆炸燬民房多間
蘇州禹城等處均有敵機窺襲

中央社。杭州六日電。敵機四十餘架。六日晨七時。至晚七時。全日轟炸浙省各地。民房被燬甚多。死傷均屬平民。嘉興嘉善。均遭數次轟炸。爲狀尤慘。據此間現所得之報告如下。(一)嘉興被炸三次。火車站附近。落十二彈。東刪口落一彈。死二人。傷十餘人。(二)嘉善被炸二次。車站一帶。落九十餘彈之多。載運傷兵之救護車。亦被投彈十餘枚。死傷多人。損失詳情待查。(三)長安車站附近落五彈。燬民房十數間。死一人。傷五六十人。(四)臨平落重炸彈一。死十人。傷十七人。燬民房十數間。(五)蕭山車站落三彈。死一人。傷四人。(內有婦孺各一)。(六)桐縣落八彈。死傷各十五人。燬民房六間。(七)崇德落彈三枚。死一人。傷一人。燬民房二間。(八)硤石落三彈。死四人。傷一人。燬民房十數間。(九)杭縣屬塘樓鎮落彈八枚死

十一人。燬民房四十餘間。(十)艮山門車站附近。落數彈。毀民房八間。死三人。傷十二人。(十一)閘口車站附近。白塔嶺落十餘彈。燬民房十數間。(十二)浙贛路杭州江邊站附近。落三彈。死四人。傷三十餘人。(十三)杭市城門山落炸彈數枚。無死傷。此外乍浦平湖亦被轟炸。損失未詳。

中央社。河南六日電。連日敵機。侵擾魯北各縣。濫施轟炸。六日午又三度襲禹城。我方當發炮射擊。又敵機一架。六日午飛晏城。盤旋三過。並在站東南里許。投彈五枚。死該處小學校長一人。推車小孩子一人。另一平民受重傷。

中央社。蘇州六日電。敵機六日自晨七時三十分至晚四日餘。竟日在蘇天空盤旋肆擾。此地共發出警報達十二次之多。敵機乘天氣陰雨。均隱飛於雲內。會在蘇嘉鐵路附近投彈數枚。

中央社。廣州六日電。敵機三架。六日兩次襲廣九路。在漳木頭與塘頭廈間。共投十一彈。毀壞路軌數段。早快車誤點。

——摘自《湖南国民日报》，1937年11月7日

滬童軍救護隊
慘遭敵機掃射
蘇州嘉善又被轟炸

【中央社上海六日電】四日晚有男子童軍四十名、赴崑山担任救護工作、中途遭敵機三架掃射並投彈、死汽車駕駛員一人、其餘均生死不明。

【中央社蘇州六日電】敵機六日自晨七時卅分至晚四時餘、竟日在蘇天空桓盤肆擾、此地共發出警報達十二次之多、敵機乘天氣陰雨、均隱飛於雲內、曾在蘇嘉鐵路附近投彈數枚、

【本報杭州五日專電】五日上午十二時起、敵機多架飛嘉善投彈廿餘枚、民房多間被毀、死傷在調查中、

——摘自《中山日报》（广州），1937年11月7日

——摘自《中山日报》（广州），1937 年 11 月 7 日

——摘自《中山日报》（广州），1937 年 11 月 7 日

中央造幣廠門前木橋被炸毀

——摘自《中山日报》（广州），1937 年 11 月 7 日

敵機多架肆轟炸

(中央社上海六日電)六日晨敵機十餘架飛滬西虹橋鎮北新涇濫肆轟炸、先後投彈百餘枚、又敵機二架在浦東投十餘彈

(中央社上海六日電)四日晚有男子童軍四十名赴崑山担任救護工作、中途遭敵機三架掃射、並投彈、死汽車駕駛員一人、其餘均生死不明

(中央社上海六日電)六日下午四時許有敵機九架、分三隊在南市上空窺探、五時始去

(中央社上海六日電)敵機三架六日午、又在南市低飛窺探、未投彈即遁去

(中央社蘇州六日電)敵機六日自晨七時卅分至晚四時餘竟日在蘇天空旋盤肆擾、此地共發出警報達十二次之多、敵機乘天氣陰雨、均隱飛於雲內、曾在蘇嘉鐵路附近投彈數枚

——摘自《国华报》（广州），1937 年 11 月 7 日

敵機轟炸浙蘇魯

敵機四十餘炸浙民房被燬甚多

蘇州被擾一日間發警報十二次

中央社杭州電　敵機四十餘架、六日晨七時至晚七時、全日轟炸浙省各地、民房被燬甚多、死傷均屬平民、嘉興、嘉善、均連遭數次轟炸、爲狀尤慘、據此間現所得之報告如下、（一）嘉興被炸三次、大車站附近落十二彈、東柵口落一彈、死二人、傷十餘人、（二）嘉善被炸二次、車站一帶落九十餘彈之多、載運傷兵之救護車、亦被投彈十餘枚、死傷多人、損失詳情待查、（三）長安車站附近落五彈、燬民房十數間、死二人、傷五六十人、（四）臨平落重量炸彈一、死十人、傷十七人、燬民房十數間、（五）蕭山車站落三彈、死一人、傷四人、　內有婦孺各一、（六）桐鄉落八彈、死傷各十五人、燬民房六間、（七）崇德落彈三、死一人、傷二人、燬民房二間、（八）硤石落三彈、死四人、傷一人、燬民房十數間、（九）杭縣屬塘武鎮落彈八、死十一人、燬民房四十餘間、（十）銀山門車站附近落數彈、燬民房八間、死三人、傷十二人、（十一）閘口車站附近白塔嶺落十餘彈、燬民房十數間、（十弍）浙贛路杭州江邊站附近落二彈、死四人、傷卅人、（十三）杭市城隍山落小炸彈數枚、無死傷、此外乍浦平湖亦被轟炸、損失未詳、

中央社蘇州電　敵機六日自晨七時卅分至晚四時餘、竟日在蘇天空盤旋肆擾、此地共發出警報達十二次之多、敵機乘天氣陰雨、均隱飛于雲內、曾在蘇嘉鐵路附近投彈數枚、

中央社濟南電　連日敵機侵擾魯北各縣、濫施轟炸、六日午又三度襲禹城、我方當發炮射擊、又敵機一架、六日午飛晏城盤旋三週、並在站東南里許、投彈五枚、死該處小學校長一人、推車小孩一人、另一平民受重傷、

——摘自《工商日报》（香港），1937 年 11 月 7 日

敵·機·轟·炸·救·護·人·員

四十男女童軍生死不明

駕駛員一人當場被擊斃
另一人昏迷二小時始醒

中央社訊、中國童子軍戰時服務第一團（即上海市童軍）、前組織崑山辦事處、有隊員二隊、担任救護等工作、四日晚九時、續有男女童子軍四十名、由隊長顧飛率領、乘市聯會四十九號救護車開赴崑山、當行經××地時、忽被敵機三架發覺、即低飛偵察、汽車亦因而停駛、全體童軍均下車四散、埋伏田野、敵機盤旋良久、復以機關槍頻頻向下掃射、並投下炸彈二枚、致救護車被槍彈打穿、破洞歷歷、車身前部已毀、後部僅坐位而已、全體四十名男女童子軍現生死不明、駕駛員一人當場擊死、一人則昏迷達二小時始清醒云、

——摘自《时报》（上海），1937年11月7日

敵虐殺我俘虜

極人世間之慘酷

▲中央社蘇州六日電 軍息據一等兵由陳家宅逃回報告、日軍在該處將我方士兵二十餘人、每三人分別捆綁、盡以棉花、以火焚燒後、揚長而去、慘酷極矣。

——摘自《中央日报》（南京），1937年11月7日

敵在金門强用僞鈔

幷拆毁金門公學

▲中央社福州五日電 敵在金門强迫米商、將存米悉數賤賣。每十六斤給價七角、迫用僞鈔台票。市秤改制、一斤只作數兩計值、並將金門公學拆建軍用電台、人民恨之刺骨。

——摘自《中央日报》（南京），1937年11月7日

敵艦在廣澳擊燬我漁船

▲中央社汕頭五日電 敵艦四日午又在潮陽廣澳、向漁船肆虐、走避不及者悉遭擊燬。

——摘自《中央日报》（南京），1937年11月7日

敵機昨又轟炸

廣九路天堂圍等站

敵機三架投彈多枚毀路軌卅餘丈

△△△

午後北風陡起敵機始斂跡

【本報專訪】連日敵機專向廣九路施行轟炸、每日二次、習以爲常、惟敵技術低劣、雖每日來犯、師勞無功、昨（七）日上午又有敵水機三架、飛廣九路天堂圍附近投落炸彈六枚、炸毀路軌、至下午、因狂風吹襲、不便飛航、敵機始暫斂跡、茲將昨日空襲情形誌下、

昨晨七時卅一分、廣州防空處接前哨情報、敵水上轟炸機兩架、驅逐機一架、起自唐家灣洋面、由南至北、有向廣州進襲模樣、本市于七時四十二分、發出空襲警報、敵機起航後、經中山縣屬掠過萬頃沙、七時五十五分到達虎門上空、盤旋一匝、轉向東北飛、循莞太公路、向廣九路進襲、八時五分、敵機三架經橫灑、樟木頭、平湖各站上空、窺伺約五分鐘、隨向北沿鐵路飛航、八時十分到達距省一一四公里之天堂圍附近、盤旋八千公尺高空、繼而低飛、向天堂圍石鼓塘頭廈三站間、共投炸彈六枚、當堂爆炸、落于兩旁田間、陷地成巨穴、路軌被毀去約卅餘丈、敵機投彈後、復在上空環繞良久、始向南飛、經深圳、掠過寶安縣屬、出海逸去、本市旋于八時四十三分解除警報、是日上午六時四十分由省開港之早快車、于七時五十分到達石灘站、適開警報、遂暫停避、候解除後繼續開行、卽午二時許平安抵港、

——摘自《中山日报》（广州），1937 年 11 月 8 日

敵機炸燬曲江風渡路店戶三十餘間
消防救護隊從事善後工作

——摘自《中山日报》（广州），1937 年 11 月 8 日

曲江漂布塘民房被敵機炸毀十餘座情形

——摘自《中山日报》（广州），1937 年 11 月 8 日

敵機大肆轟炸

敵機六十餘 昨今兩日繼續慘炸松江、全鎮盡成焦土

（上海七日專電）

（中央社杭州電）敵機四十餘架、六日晨七時至晚七時、全日轟炸浙省各地、民房被燬甚多、死傷均屬平民、嘉興嘉善均連遭數次轟炸 爲狀尤慘、據此間現所得之報告如下、㈠嘉興被炸三次、火車站附近落十二彈、東柵口落一彈、死二人傷十餘人、㈡嘉善被炸二次、車站一帶落九十餘彈之多、載運傷兵之救護車、亦被投彈十餘枚、死傷多人、損失詳情待査㈢長安車站附近、落五彈毀民房十數間、死二人傷五六十人 ㈣臨平落重量炸彈一、死十八人傷十七人、燬民房十數間㈤蕭山車站落三彈、死一人傷四人（內有婦孺各一）㈥桐鄉落六彈、死傷各十五人、燬民房六間㈦崇德落彈三、死一人傷二人、燬民房二間㈧硤石落三彈、死四人傷一人、燬民房十數間㈨杭縣屬塘棲鎮落彈八、死十一人、燬民房四十餘間㈩銀山門車站附近、落數彈、燬民房八間、死三人、傷十二人⑪閘口車站附近白塔嶺落十餘彈、燬民房十數間⑫浙贛路杭州江邊站附近落三彈、死四人傷卅人 ⑬杭市城隍山落小炸彈數枚、無死傷、此外乍浦平湖亦被轟炸、損失未詳

——摘自《国华报》（广州），1937 年 11 月 8 日

閘北未逃難民
八十餘人焚斃

閘北姚家石橋七號車卡器之談金奎家、有妻子女五人、頗有資財、此次戰起、家人勸其他遷不從、其左右鄰惟談是瞻、敵軍佔閘北後、於數日前至姚家石橋一帶用火油焚燒、幷將逃出居民無論男婦大小、以鉛絲紮縛、談金奎與敵兵語、詎被敵拋入火中、其餘除壯丁少婦擄去服役外、遭焚斃者八十餘人、談妻張氏漏網未死、後見其十三歲女玉妹掛於木柱上、遂救下轉輾行乞逃滬、逢人涕泣述暴日之慘酷天將不容云、

——摘自《时报》（上海），1937 年 11 月 8 日

浙境被空襲

◎杭州六日電、（遲到）六日晨八時至下午五時、杭市全日在敵機盤擾中、初敵機二架、由乍浦方面抵杭飛嘉興、嗣又有二架、由崇德過杭飛乍浦、續有二架、由乍浦沿海窺探、另有十二架、分飛海寧・硤石・長安・臨平・筧橋・七堡・艮山門外等處投彈轟炸、杭市空亦有重轟炸機二架、在閘口美人住宅投彈數枚、傷一人、餘十二架、亦分隊在城隍山投手溜彈五六枚、死一傷一、旋飛蕭山西興投彈甚多、毀飯店一、死傷平民甚多、下午五時始去盡、

◎寧波六日電、（遲到）路息、六日下午二時、敵機二架飛蕭山車站投彈二枚、傷路工數名、死旅客四人

——摘自《时报》（上海），1937 年 11 月 8 日

敵機昨結隊 轟炸南市浦東

蘇州被投彈達百枚

昨日（九日）黎明起，即有敵機飛往南市及浦東上空，每次少則一二架，多則五六架，輪流往來，盤旋窺察。迄下午三時半後，有敵機十二架，分作五批，首二批各三架，後三批各二架，陸續飛赴南市及浦東上空濫肆轟炸，在浦東楊家渡張家浜一帶投彈廿餘枚，損失未詳。在南市高昌廟江南造船所附近，先後投彈竟達廿二枚之多，彈落火起，燃燒頗烈，迄晚尚未息滅。在製造局路伯特利醫院投二彈，落於空地，無損失，在南火車站附近投二彈，有路軌一段被毀。

【蘇州九日中央社電】敵機九日仍不斷來蘇空襲，自晨六時四十分起至傍晚止，警報頻傳，且敵每次均以重轟炸機三架或六架，攜帶重量炸彈，向我鐵路沿線往復投擲，共計全日所投炸彈約近百枚，但因我高射砲射擊，敵機所投之彈大半渺無目標，我損失極微。

【清江浦八日中央社電】敵機六架，八日晨由連雲港外起飛，四架於八時飛，達淮陰高空，在北郊盤旋一週未投彈，即向西北逸去。

【濟南九日中央社電】九日晨七時，敵機七架飛津浦路滋陽車站附近投八彈，毀鉄路一小段。八時許臨邑亦被敵機轟炸，損失不詳。下午二時，又有敵機三架飛桑梓店投十二彈，毀民房八間，炸死婦女一，兒童二。

——摘自《神州日报》（上海），1937年11月9日

敵機慘無人道 在南市掃射難民

並在滬西一帶濫施轟炸

蘇皖魯境均有敵機肆擾

中央社。上海八日電。八日天氣晴朗。敵機竟日在**南市**盤旋窺察。午有敵機六架。在南市外馬路一帶。沿浦低飛窺探。見有由浦東逃來之大批難民。竟低空以機槍恣意掃射。被擊斃一人。重傷十餘人。旋該批敵機。復分隊越浦江東飛。在陸家嘴。爛泥渡。**浦東**。張家浜。投彈多枚。損失未詳。

中央社。上海八日電。敵機多架。每三架為一隊。八日在**滬西**羅別根路虹橋路一帶。濫肆轟炸。又敵機三架。飛浦東張家浜等處投彈。

中央社。蘇州八日電。敵機八日。竟日飛蘇肆擾。自晨七時三十分起。至下午四時三十分止。共發出警報十五次。

蘇州 全體市民。對於敵機此種騷擾。只覺可恨。並無絲毫懼怕。敵機每次來時。僅有一二架。但盤桓窺探時間則甚長。並有一二次在鐵路線附近。投彈數枚。

中央社。上海八日電。軍息。敵機多架。八日在**松江**嘉興一帶轟炸。尤集中於公路線。凡過往汽車。經敵機發見。即不免受其襲擊。松江居民。因不願受敵軍之蹂躪。現已全部向他處暫避。

中央社。蚌埠八日電。八日晨九時。敵機四架。經**泗縣**飛至津浦線西寺坡宿縣間七五五公里地方。襲擊南下三〇一次過平車。炸燬客車五節。傷乘客數人。旋向北逸去。蚌站派三〇二次快車。開往救護。迎乘客南下。

中央社。濟南八日電。八日早八時許。**禹城**發現敵機架。由北向南。經晏城齊河。至泰安上空。盤旋窺察。復沿鐵路線折回。過桑梓店時。曾用機槍。向附近村莊掃射。旋向北逃。十時許。**樂陵**發現敵機三架。由北向南。轉東北飛去。

中央社。東海八日電。連雲港外。約九十里海面。八日晨。發現敵潛水艇一艘。八日晨十一時許。敵機四架。由西東去。過**大浦**時。投彈四枚。燬塌房屋甚多。並以機槍掃射。傷平民數人。

中央社。上海八日電。下午十二時二十五分報告。敵機數十架。在青浦松江各處活動。自清晨起至深夜未停。**青浦**城內。投彈甚多。有數處起火。自午前十時半起延燒至下午四時未熄。全城盡遭焚如。對往來車輛。則以機槍射擊。逃難者。都遭慘殺。傷亡遍地。厥狀甚慘。

中央社。杭州八日電。八日上午六時三十分。至下午九時四十分。敵機數來。至十數架。分至浙省各地轟炸。此間已得之報告如下。（一）**相鄉**上午八時三十八分。有敵機三架。向鄉村用機槍掃射。下午二時四十八分。又有一架。在城區投彈三枚。一落武廟街。炸毀民房四十餘間。民毀十數間。一落廟橋街。毀民房二間。傷五人。餘一彈未爆。（二）**硤石**下午一時四十分。敵機二架。在車站投七彈。二落月台。炸兩洞。五落辦公室。除票房行李房外全燬。下午四時二十五分。又有三架。在硤石倉丞役一彈。燬商四五家。死一人。（三）**崇德**上午九時五十分。在北門外十餘里處。投七彈。二落河中。適有兩嘉興之小輪駛過。被炸燬一部。死乘客二人。傷一人。另有十數人。跳入水中失蹤。此外九店嘉善。嘉興臨平等地。亦均被轟炸。尤以**嘉興**損失為重。詳情未悉。

——摘自《湖南国民日报》，1937年11月9日

寇機濫炸

【中央社上海八日電】軍息，敵機多架，八日在松江嘉興一帶轟炸，尤集中于公路線，凡過往汽車，經敵機發見，即不免受其襲擊，松江居民，因不願受敵軍之蹂躪，現已全部向他處暫避。

【中央社上海八日電】下午十二時二十五分電告，敵機數十架，在青浦淞江各處活動，自清晨起至深夜未停，青浦城內投彈甚多，有數處起火，自午前十時半起，延燒至午四時未熄，全城盡遭焚如，對往來車輛，則以機槍射擊，傷亡遍地，逃難者都遭慘殺，厥狀甚慘。

【中央社蘇州八日電】敵機八日竟日飛蘇肆擾，自晨七時三十分起至下午四時三十分止，共發出警報十五次，全體市民對於敵機此種騷擾，只覺可恨並無絲毫懼怕，敵機每次來時僅有一二架、但盤桓窺探時間則甚長，並有一二次在鐵路綫附近投彈數枚。

——摘自《扫荡报》（汉口），1937年11月9日

敵機轟炸蘇浙魯各地

竟日在蘇州上空肆擾 偵察南市并射擊難民

敵機竟日在蘇騷擾

中央社蘇州電　敵機八日竟日飛蘇肆擾、日晨七時廿分起、至下午四時廿分止、其發出警報十五次、全體市民對於敵機此種騷擾、只覺可恨、并無絲毫懼怕、敵機每次來時僅有一二架、但盤桓窺探、時間則甚長、并有一二次在鐵路線附近投彈數枚、

松江嘉興被敵肆虐

中央社上海電　軍息、敵機多架、八日在松江嘉興一帶轟炸、尤集中於公路綫、凡過往汽車、經敵機發現、即不免受其襲擊、松江居民、因不願受敵軍之蹂躪、現已全部向他處暫避、

敵機肆意射擊難民

中央社上海八日電　天氣晴朗、敵機竟日在南市盤旋窺察、午有敵機六架、在南市外馬路一帶沿浦低飛窺探、見有由浦東逃來之大批難民、竟低空以機槍恣意掃射、被擊斃一人、重傷十餘人、旋該批敵機復分隊越浦江東飛、在浦東陸家咀、爛泥渡、張家濱投彈多枚、損失未詳、

浙省各地慘被轟炸

中央社杭州八電　日上午六時卅分至下午四時四十分、敵機數架、至十數架、分至浙省各地轟炸、此間已得之報告如下、(一)桐鄉上午八時卅八分、有敵機三架、向鄉村用機槍掃射、下午二時四十八分、又有三架、在城區投三彈、一落武遷街、炸燬民房四十餘間、震燬十數間、一落廟橋街、燬民房二間、傷五人、餘一彈未爆、(二)硤石下午一時四十分、敵機二架、在車站投七彈、二落月台、炸兩洞、五落辦公室、除票房行李房外、全燬、下午四時二十五分、又有三架、在硤石倉丞投一彈、燬商店四十五家、死一人、(三)崇德上午九時五十分、在北門外十餘里處投七彈、一落河中、適有開嘉興之小輪駛過、被炸燬一部、死乘客二傷一、另有十數人跳入水中失踪、此外王店、嘉善、嘉興、臨平等地、亦均被轟炸、尤以嘉興損失為重、詳情未悉、

敵機頻飛魯境偵察

中央社濟南八電　日早八時許、禹城發現敵機一架、由北向南、經晏城魯河至泰安、上空盤旋窺察、復沿鐵路線折回、進桑梓店時、曾用機槍向附近村莊掃射、旋向北逃去、十時許樂陵發現敵機三架、由北向南、轉東北飛去、

津浦路車被敵炸燬

南京八日路透社電　據鐵道部所得消息、南下之津浦路快車一列、號數三〇一、今晨經徐州附近、被日機六架投彈轟炸、該列車一共有十卡、其中有七卡被炸燬、死傷人數達二百以上、

——摘自《工商日报》（香港），1937年11月9日

敵機紛飛滬郊
恣意殺害難民

昨日天氣晴朗、敵機復見活躍、計在南市方面竟日常有敵機一二架或二三架不等輪流盤旋窺察、午刻十二時左右、並有敵機六架、在南市外馬路一帶、沿浦低飛窺探、其時南碼頭適有我浦東逃來之難民大批、敵機見此毫無軍事防禦之難民、竟低空以機關鎗恣意掃射、當時被擊斃者一人、重傷者十餘人、旋該批敵機分隊越浦江東飛、在浦東陸家嘴爛泥渡楊家渡張家浜投彈多枚、迄晚始陸續逸去、

浦東方面、昨日全線甚爲沉寂、各地秩序亦極安謐、惟午後一時許、有敵機九架、在沿浦邊濫施轟炸、計其昌棧賈家角十八間洋涇港一帶、投擲炸彈達三十餘枚、民房被毀二十餘間、至三時許又來兩架、在楊家宅・莊家宅・定家宅等處、擲彈七八枚、炸毀民房五六間、

——摘自《时报》（上海），1937 年 11 月 9 日

青浦被炸大火

中央社隨軍記者八日晚十二時廿五分電告、敵機數十架在青浦松江各處活動、自清晨起至深夜未停、青浦城內投彈甚多、有數處起火、自午前十時半起延燒至午後四時未熄、全城盡遭焚如、對往來車輛、則以機槍射擊、逃難者都遭慘殺、傷亡遍地、厥狀甚爲慘烈、

青浦於七日晨八時飛來敵機數架、投下炸彈十一枚、被炸毀者計有北門大街石作弄南面徐梅生家、炸去房屋數間、城心最熱鬧之馬頭街新華旅館全部炸毀、新街弄中炸去浴堂等民房十餘間、聖殿地炸去民房近十間、平民死亡現尚未知、又相離青浦十二里之朱家角、日前亦遭敵機轟炸、城隍廟被炸毀、廟前街丁義盛醬園炸後大火、全部焚燬、

——摘自《时报》（上海），1937 年 11 月 9 日

敵機掃射難民車
松江老婦受傷

松江自滬戰爆發後，迭遭敵機投彈轟炸，全城精華，幾盡成焦土，五日敵在金山嘴張堰等處登陸進犯，致松邑形勢更爲吃緊，六七兩日，居民扶老携幼，紛紛步行來滬，婦孺老幼，不堪其苦，松邑紅分會特雇卡車數輛，連日沿途載送，昨日（八日）下午一時，又由周總隊長孫副隊長王組長等率領隊員多人，護送難民百餘人來申，行經漕河涇匯橋之間，突來敵機三架，以機槍掃射，幸各隊員機警，避匿得宜，故祇有難民姚老太（年六十一歲松江人）腿部中二彈，及市照一三一三三該會救護難民車一輛中十餘彈，頭部車胎受損傷外，餘無損害，聞仍由該會救護隊員設法運申，傷者送由上海中山醫院醫治，

——摘自《时报》（上海），1937 年 11 月 9 日

昨日大批敵機
炸松江嘉興一帶
公路線被炸尤烈

軍息，敵機多架，昨在松江嘉興一帶轟炸，尤集中於公路線，凡過往汽車，不論軍用或非軍用，經敵機發見，即不免受其襲擊，（中央社）

松江 松江昨日（八日）上午四時許，來有敵機十餘架，往旋窺探，旋在中山路東西兩市梢投擲炸彈十餘枚，毀住房三十餘間，居民十餘人被炸受傷，當由松邑紅分會救護隊予以包紮，傷勢尚輕，可無生命之虞，敵機嗣又在上松路匯橋站投擲燃燒彈多枚，停泊於該處之郵政車一輛，卡車一輛，轎車一輛，均遭焚燬，並斃女客一口，聞泗涇亦有被轟炸說，

◎杭州八日電，八日上午六時卅分至下午四時四十分敵機數架至十數架，分至浙省各地轟炸，此間已得之報告如下，

桐鄉 上午八時卅分，有敵機三架向鄉村用機槍掃射，下午二時四十八分，又有三架，在城區投三彈，一落武廟街炸毀民房四十餘間震毀十數間，一落廟橋街，毀民房二間，傷五人，餘一彈未爆，

硤石 下午一時四十分，敵機二架在車站投七彈，二落月台，炸兩洞，五落辦公室，除廁所行李房外全燬，下午四時廿五分，又有三架在硤石倉丞投一彈，燬商店四五家，死一人，

崇德 上午九時五十分，在北門外十餘里處投七彈，二落河中，適有開嘉興之小輪駛過，被炸燬一部，死乘客二，傷一，另有十數人跳入水中失踪，此外，王店嘉善嘉興臨平等地，亦均被轟炸，尤以嘉興損失爲重，詳情未悉，

◎蘇州八日電，敵機八日竟日飛蘇肆擾，自晨七時三十分起至下午四時卅分止，共發出警報十五次，敵機每次來時，僅有一二架，但盤桓窺探時間卽甚長，並有一二次在鐵路線附近投彈數枚，

——摘自《时报》（上海），1937 年 11 月 9 日

津浦南下車被炸 死傷乘客二百餘

◎南京八日路透電、鐵道部接訊、津浦鐵路三〇一號南駛快早、今晨十時三十分在徐州與南宿州間西寺坡車站、爲日飛機炸彈擊中、參加攻擊者、共飛機六架、火車十節、毀者七、死傷乘客二百餘人、現正待詳報云、

◎蚌埠八日電、八日晨九時、敵機四架、經泗縣飛至津浦線西寺坡宿縣間七五五公里地方、襲擊南下三零一次滬平車、炸毀客車五節、傷客數人、旋向北逸去、蚌站派三零二次快車開往救護、迎乘客南下、

——摘自《时报》（上海），1937年11月9日

敵機襲擊滬平車

炸毀客車五節傷客多人

泰安蘇州昨均發現敵機

中央蚌埠八日電　八日晨九時敵機四架、經泗縣飛至津浦線西寺坡宿縣間七五五公里地方、襲擊南下三零一次滬平車、炸毀客車五節、傷客數人、旋向北逸去、蚌站派三零二次快車開往救護、迎乘客南下、

中央南京路透八日電　鐵道部接訊、津浦鐵路三〇一號南駛快車、今晨十時三十分在徐州與南宿州間西寺坡車站爲日飛機炸彈擊中、參加攻擊者、共飛機六架、火車十節、毀者七、死傷乘客二百餘人、現正待詳報云、

中央濟南八日電　八日晨八時許、禹城發現敵機二架、由北向南、經晏城齊河至泰安上空盤旋窺察、復沿鐵路線折回、過桑梓店時、曾用機槍向陌廂村莊掃射、旋向北逃去、十時許樂陵發現敵機三架、由北向南轉東北飛去、

中央蘇州八日電　敵機八日竟日飛蘇肆擾、自晨七時三十分起至下午四時三十分止、共發出警報十五次、全體市民、對於敵機此種騷擾、只覺可恨、並無絲毫懼怕、敵機每次來時、僅有一二架、但盤桓窺探時間則甚長、並有一二次在鐵路線附近投彈數枚、

本報香港八日專電　敵兩巡洋艦八日已駛入唐家灣避風、未派機來襲、

——摘自《时事新报》（上海），1937年11月9日

松江嘉興一帶慘遭轟炸

難民被屠傷亡遍地

▲中央社上海八日電　軍息、敵機多架、八日在松江嘉興一帶轟炸、尤集中於公路線、凡過往汽車經敵機發見、即不免受其襲擊、松江居民因不願受敵軍之蹂躪、現已全部向他處暫避。

▲中央社上海八日下午十二時廿五分電　敵機數十架在青浦松江各處活動、自清晨起至深夜未停、青浦城內投彈甚多、有數處起火、自午前十時半起、延燒至午後四時未熄、全城盡遭焚如、對往來車輛、則以機槍射擊、逃難者均遭慘殺、傷亡遍地、厥狀甚慘。

▲中央社杭州八日電　八日上午六時卅分至下午四時四十分、敵機數架至十數架、分至浙省各地轟炸、此間已得之報告如下：（一）桐鄉、上午八時三十八分、有敵機三架、向鄉村用機槍掃射、下午二時四十八分、又有三架在城區投三彈、一落武廟街、炸燬民房四十餘間、震燬十數間、一落廟橋街、燬民房二間、傷五人、餘一彈未爆、（二）硤石、下午一時四十分、敵機二架在車站投七彈、一落月台、炸兩洞、五落辦公室、除票房行李房外全燬、下午四時二十五分、又有三架在硤石倉基投一彈、燬商店四五家、死一人、（三）崇德、上午九時五十分、在北門外十數里處投七彈、二落河中、適有開嘉興之小輪駛過、被炸燬一部、死乘客二、傷一、另有十數人跳入水中失蹤、此外王店、嘉善、嘉興、臨平等地、亦均被轟炸、尤以嘉興損失為重、詳情未悉。

——摘自《中央日报》（南京），1937 年 11 月 9 日

敵在玉環
強奸婦女
擄去七八十人

軍息・此次敵艦在玉環鹿西均口登岸・佔住民房・強奸婦女・擄去七八十人・（中央社）

——摘自《中央日报》（南京），1937年11月9日

大隊敵機
在浙省各地 濫施轟炸！
民房被燬死傷甚衆
嘉興嘉善厥狀尤慘
❖廣九路又遭兩度空襲

▲中央社杭州六日電　敵機四十餘架・六日晨七時至晚七時・全日轟炸浙省各地・民房被燬甚多・死傷均屬平民・嘉興嘉善均連遭數次轟炸・爲狀尤慘・據此間現所得之報告如下：（一）嘉興被炸三次・火車站附近落十二彈・東柵口落一彈・死二人・傷十餘人・（二）嘉善被炸一次・車站一帶落九十餘彈之多・載運傷兵之救護車・亦被投彈十餘枚・死傷多人・損失詳情待查・（三）長安車站附近落五彈・燬民房十數間・死二人・傷五六十人・（四）臨平落重量炸彈一・死十人・傷十七人・燬民房十數間・（五）蕭山車站落三彈・死一人・傷四人（內有婦孺各一）・（六）桐鄉落八彈・死傷各十五人・燬民房六間、（七）崇德落彈三・死一人・傷二人・燬民房二間・（八）硤石落三彈・死四人・傷一人・燬民房十數間・（九）杭縣屬塘棲鎮落彈八・死十一人・燬民房四十餘間・（十）艮山門車站附近落數彈・燬民房八間・死三人・傷十二人・（十一）閘口車站附近白塔嶺落十餘彈・燬民房十數間・（十一）浙贛路杭州江邊站附近落三彈・死四人・傷三十人・（十三）杭市城隍山落小炸彈數枚・無死傷・此外乍浦平湖亦被轟炸・損失未詳・

▲中央社杭州五日電　五日上午十二時許、敵機多架飛嘉善・投彈二十餘枚・民房多間被毀、死傷在調查中・

▲中央社蘇州六日電　敵機六日自晨七時三十分至晚四時涂・竟日在蘇天空盤旋肆擾・共發出警報達十二次之多・彼乘天氣陰雨・均險飛於曾在蘇嘉鐵路附近投彈

中央社廣州六日電　敵機六日兩次襲廣九路、在頭與塘頭廈間共投十一彈・毀壞路軌數段・早快車均誤點・

——摘自《中央日报》（南京），1937年11月9日

敵機仍不斷襲蘇

滬龍華楓林橋昨有敵機肆虐

（本報上海九日午後十二時卅分專電）敵飛機多架九日晨飛龍華日暉港楓林橋等處轟炸、火光迄晚未熄滅

（中央社）蘇州九日電、敵機乃不斷來蘇空襲、自晨六時四十分起、至傍晚止、警報頻傳、且敵每次均以重轟炸機三架或六架不等、攜帶重量炸彈向我鐵路沿綫投擲、共計全日所投炸彈，約近百[illegible]、但因我高射砲射擊、敵機所投之彈、渺無目標、我損失甚微

（中央社）濟南九日電、九日晨七時、敵機七架飛津浦路滋陽車站附近、投八彈、毀鐵軌一小段、八時許臨已亦被敵機轟炸、損失不詳、下午二時又有敵機三架飛桑梓、投十二彈、毀民房八間、炸死婦女一兒童二、

（中央社）清江浦八日電・敵機六架、八日晨由連雲港外起飛、四架於八時飛達淮陰高空、在北郊盤旋一週、未投彈、即向西北逃去、

——摘自《华西日报》，1937年11月10日

敵機昨分五批

炸浦東南市

先後投卅餘彈燃燒頗烈

敵昨又續到援軍三千餘

中央社。上海九日電。九日晨起。即有敵機飛往南市及浦東。盤旋窺察。午三時半後。有敵機十一架。分作五批。續飛往兩處。濫肆轟炸。在浦東楊家渡張家濱一帶。及南市高昌廟江南造船所附近。各先後投三十餘彈。燃燒頗烈。迄晚未熄滅。製造局路。伯特利醫院。投二彈。落於空地。無損失。南火車站附近。投二彈。有路軌一段被毁。

中央社。上海九日電。敵輪瑞德丸長崎丸。九日先後駛滬。載來敵援兵二千餘人。

中央社。上海九日電。九日午三時許。復有敵運輸艦三艘抵滬。載來敵援軍三千餘人。並小汽艇數十艘。

——摘自《湖南国民日报》，1937年11月10日

我採取郊戰方式

太原仍在激戰中

同蒲太汾兩路沿線難民

慘遭敵機轟炸

臨汾九日電：我軍此次扼守太原城、係採取郊戰方式、雖固守城垣、有機仍可出擊、據關係方面息、八九兩日、敵向太原東北城郊猛攻、以坦克車衝鋒、我軍沉着應戰、待其接近、即投以手溜彈、炸燬敵坦克車數輛、死敵甚多、我軍亦有犧牲、現仍在激戰中、（中央社）

臨汾九日電：太原自作守城準備以來、居民爲避免敵人砲火之摧殘、陸續遷避者甚多、自一日起、同蒲路及太汾路上、難民不絕於途、敵機竟橫施暴虐、向我非戰鬥員之途中難民、恣意轟炸、聞汾河邊及介休車站兩處慘遭屠殺者、已達五六百人之多、據目擊者談、敵機在以上兩處轟炸掃射後、死屍遍地、屍肢殘體、觸目皆是、幸而未遭毒手者、則各尋覓其親屬遺骸、慟哭聲與受傷未死者之呼救聲、震動天地、厥狀之慘、不忍睹聞、敵軍之殘酷、均已滅絕人性矣、（中央社）

——摘自《力报》（长沙），1937 年 11 月 10 日

奉賢全境
遭海空轟炸
損害奇重陷於混亂

奉賢訊、自本月五日拂曉、敵在金山嘴金山衛漕涇等處登陸內犯、奉賢沿海一帶、同時被敵艦以排砲濫轟、致柘林道院西灣錢家橋等處沿海人民廬舍牲口、慘遭轟毀、而奉城（舊治地點）五日上午並被敵機轟炸掃射、所有該城公私機關學校民房、半被轟毀、死傷逾百、六日沿海一帶被擾更甚、而縣治南橋鎮、及奉城蕭塘等處、終日遭敵機濫施轟炸並加掃射、縣政府食糧會振南廠及公共場所等各重要處所、全被轟炸毀損、死傷纍纍、居民紛紛逃難、七日八日敵機更沿滬杭公路大小市鎮轟炸、全鎮人民逃避一空、而敵機更沿途以機槍掃射、難民死傷遍野、浩劫空前、慘不忍睹、當記者逃出時、全縣已陷入混亂不堪狀態中、

——摘自《时报》（上海），1937 年 11 月 10 日

周浦鎮被炸
毀屋百餘間
死傷五六十人

浦東周浦鎮、爲南匯縣屬毗連上海之唯一重鎮、市廛繁盛、故有小浦東之稱、昨據該鎮來人談、六七兩日、同遭敵機狂炸、擲彈二三十枚、該鎮將軍橋純陽殿陶家弄一帶、被毀市房一百餘間、且均在全鎮之中心點、火車站與育嬰堂悉遭炸毀、且鎮民向未遷走、故死傷五六十人、悽慘萬狀、全鎮精華、三分之一已成瓦礫場云、

——摘自《时报》（上海），1937 年 11 月 10 日

敵機日夜襲蘇
昨投排彈百枚

◎蘇州九日電、此間八日晨起、警報連連、空襲日夜不停、九日上午二時至四時、在東匯等投四彈、上午八時餘、敵機七架、在城郊及沿車站投排彈六七十枚、聲如連珠、損失待查、

◎蘇州九日中央社電、敵機九日仍不斷來蘇空襲、自晨六時四十分起至傍晚止、警報頻傳、且敵每次均以重轟炸機三架或六架携帶重量炸彈、向我鐵路沿線往復投擲、共計全日所投炸彈約近百枚、但因我高射砲射擊、敵機所投之彈、大半渺無目標、我損失極微、

◎蘇州八日電、八日晨至夕、遭十一次空襲、七時三刻、敵機兩架、在寶帶橋附近投三彈、一落湖中、一落公路、九時半、兩架在火車站附近投一彈、十一時復投一彈、同時在城內臨頓路投一手溜彈、婁門外投一彈、並掃射機槍、傷婦孺各一、至下午四時半、一架在車站復投兩彈

——摘自《时报》（上海），1937年11月10日

死裏逃生亭林一商人
被敵隊長縛住二小時同行者飲彈而倒
男女大批遭圈禁

亭林於九日深夜、爲敵軍侵入、茲有死裏逃生之該鎮某米行小主人源、述遇險情形、據云、渠家於五日得悉敵軍已過朱家行、傍晚、亟乘自備之米船、載眷屬夥友男女三十餘人離鎮、距鎮既遠、暫行停泊、靜聽消息、翌晨約七時、無所聞見、該小主人携一學徒、思回家携取衣物、上岸步行前進、同時有一消防隊員某適來、爰合同行、將近鎮、忽見西街紳士某姓宅後土山附近有一軍人、向之招手、操英語呼「來」、同時朝天開槍一響、渠始知敵人果已到鎮、自分前進難危、後退亦死、不得已、姑與學徒走上、（消防隊員某見機已先溜去）即被遍體搜索、時在學徒身上搜出消防隊關於戰時工作之通知一紙、（因該學徒亦係消防隊員）於是即將兩人雙手縛住、出槍擬機擊學徒、中股、痛倒於地、渠略諳日語、惟但能聽而不能言、受敵人盤詰、何業•何名•家在幾人、絮絮不休、渠遂以英語有時雜以國語胡亂答之、當盤詰時、敵人以鋼盔加渠頭上、復以長槍令掛於肩、鋼盔奇重、但不敢動、因問何時可釋其歸、敵視腕上表、謂待二小時釋汝、當此時、見數十步外有婦女數十、爲敵監視、聚立一處頗有相熟之閨秀、亦雜於其中、狀殊觳觫、另有一叢被監視者爲男性、此外尚有少數男子、則由許多日兵監視、似較嚴重、意者、或亦如學徒之有戰時工作通知單之類爲彼搜見乎、時忽飛來一敵機、低飛及頂、地上敵人出旗一揚、機上即擲與一白色包裹、不知內藏何物、二小時既屆、敵人始出一紙、書「此男濟二付直二放口甚夏」十一字、下署「第二小隊隊長士青」、遂付與釋縛令行、渠以既得此一紙、當不致再受窘、乃大膽復前進、行至竹行橋頭、回頭但見土山（俗呼寺山、因其地即燬於洪楊有名之寶雲禪寺舊址）上、滿駐敵兵、約二百人、其下亭林小校等處、遍樹太陽旗、街上絕無行人、至此不禁心餒、遂匆匆由來路行數里而至船上、急行過黃浦、設法到滬、當其行時、已將午刻、敵機正投硫磺彈縱火、而此不幸之學徒、結果如何、無由知之矣、又據渠言、前日某報所載亭林焚死一郵差、實爲南橋郵差之誤、致死原因、亦以搜得認爲可疑一紙云、

——摘自《时报》（上海），1937 年 11 月 10 日

鎗殺橋上兩人
浦南目擊敵兵情形

敵軍自別徑迎面而來、我逆料相逢、必無生理、途側有河、一泓橫瀠、遂投身中流、泳泅回渡、當時有一孕婦、倉皇逃難、步履爲難、由另一同行者仗義負之渡河、沿河灘同行、灘側堤岸、地勢較高、敵人不易瞥見、至一小村落、此間堆有稻蓬、一敵人依立蓬側、當時誤以爲我軍兵士、行近其側呼問該敵兵突出利刃、向我猛刺、幸閃躲迅疾、未曾遇害、然手臂因格禦、致遭創傷、奔避得脫、敵兵手中固有槍械、諒其子彈已告罄盡、故未發射、否則殆矣、走至朱家行、見有一輛汽車、載有敵軍六七名、徐行而來、適經竹林側、突有槍聲一響、從叢篁間發出子彈、諒係在後之我軍匿諸竹林中、見敵軍之至、而效博浪椎之一擊、惜未命中、敵即下車、四出搜索、亦無所獲、時敵機二架、高空繞飛、敵兵揮手示意、機上擲下敵方之太陽小旗數面、敵軍拾得、隨地插下、仍復上車、歡騰而去、吾人伏稻田間、未被敵見、乃得獲免、遙望亭林、但見片火光、高燭天空、諒敵軍在亭林放火、

敵兵至張堰

有自張堰方面逃出之公安人員某君、據談、敵軍抵達張堰之時、在六日之午後二時半許、敵軍衣橙黃色之軍服、頭戴鋼盔、其裝束與我軍彷彿、驟然視之、幾難認辨、是以敵兵之來、此間人民、朦然無覺、敵軍之來、數僅十餘、時有一江北人及一本地人之侯姓男子行於板橋上、該橋名圯橋、相傳爲張子房向黃石公老人納履處、俗呼爲板橋也、此兩人爲敵軍遙擊命中、倒斃橋端、是爲張堰鎮上犧牲之最早者、敵軍既入張堰、未曾停留、向前而去、鎮人於咸知敵軍已至、各急避逃、張堰附近另有十餘名

——摘自《时报》（上海），1937 年 11 月 10 日

滬市敵機數十架飛翔轟炸

東西南三面大火

難民麕集南市華租交界處哭聲震天

豐田紗廠直至今晨火猶未熄

敵機昨日不斷飛翔於南市及浦東等處盤旋偵察轟炸、並以機槍低飛掃射、故昨日下午各處受彈傷者頗多、龍華方面有二人、許保根十歲、傷面部、陸文景十七歲、傷右肩、浦東東方面炸彈傷難民王妙生（四十八歲）面部、並斷左足、顧慶祥、傷足部、均經設法由紅十字第十救護隊運來浦西求治、

昨日黎明起、楊樹浦・吳淞各處敵飛機約共五十餘架、今日輪流飛往浦東・滬東・滬西及沿滬杭路一帶肆意轟炸、下午四時後、在滬北遙望滬南、滬西等三面、半天煙焰、各處難民扶老携幼、麕集於華法交界處、哭聲振天、令人傷心慘目、直至傍晚五時左右、敵機始各飛返敵機場而去、

大公社云、昨日午後四時許、有敵機十餘架、分三架一隊、由楊樹浦方面飛至南市高昌廟、江南造船廠、及南火車站一帶、投下大量燃燒彈、當地民房頓即起火焚燒、一時火光燭天、煙霧瀰漫、狀至慘烈、直至深夜仍在猛烈燃燒中、此外浦東方面、是時亦有大批敵機前往亂行投彈轟炸、聞民房被毀者頗多、而難民亦有少數受傷云、又虹口吳淞路方面、昨日午後三時半、突然起火延燒、直至傍晚、仍未熄滅、又訊、中山路橋畔之豐田紗廠、自昨晨起火燃燒後、至今日猶在烈焰飛騰中、救火會方面因無法馳往施救、故迄今晨三時猶在燃燒、

——摘自《时报》（上海），1937 年 11 月 10 日

冀南民衆 被敵屠殺甚多

紛起協助我軍抗敵

中央鄭州八日電 敵軍陷成安時、城內居民多被屠殺、因激起冀南各縣民衆之義憤、紛起協助我軍抗敵、

——摘自《时事新报》（上海），1937年11月10日

敵機昨又襲蘇州

沿鐵路線投彈達百餘枚

中央蘇州九日電 敵機九日仍不斷來蘇空襲、自晨六時四十分起、至傍晚上、警報頻傳、且敵每次均以重轟炸機三架或六架携帶重量炸彈、向我鐵路沿線往復投擲、共計全日所投炸彈約近百枚、但因我高射砲射擊、敵機所投之彈、大半渉無目標、我損失極微、

中央清江浦八日電 敵機六架、八日晨由連雲港外起飛、四架於八時飛達淮陰高空、在北郊盤旋一週未投彈、即向西北逸去、

中央濟南九日電 九日晨七時、敵機七架、飛津浦路滋陽車站附近投八彈、毀鐵路一小段、八時許臨邑亦被機轟炸、損失不詳、下午二時、又有敵機三架飛桑梓店、投十二彈、毀民房八間、炸死婦女一、兒童二、

本報開封九日電 敵機兩架八日晨十時許沿平漢線南飛、至輝縣百泉投彈三枚、二落水中、一落鄉師學校、旋飛至新鄉西北李家屯投彈四枚、毀民房數間、並無重大損失、旋向道口清豐飛去、

——摘自《时事新报》（上海），1937年11月10日

敵機襲蘇州

一日間投百餘彈

昨續在南市浦東肆虐

▲中央社蘇州九日電 敵機九日仍不斷來蘇空襲、自晨六時四十分起至傍晚止、警報頻傳、敵每次均以重轟炸機三架或六架不等、攜帶重量炸彈、向我鐵路沿線往復投擲、共計全日所投炸彈約近百餘枚、但因我高射砲射擊、敵機所投之彈、大半渺無目標、我損失極微

▲中央社上海九日電 九日晨起、即有敵機飛往南市及浦東盤旋窺察、下午三時半後、有敵機十二架、分作五批、續飛往兩處濫肆轟炸、在浦東楊家渡、張家浜一帶、及南市高昌廟江南造船所附近、各先後投二十餘彈、燃燒頗烈、迄晚未息滅、製造局路伯特利醫院投二彈、落於空地、無損失、南火車站附近投二彈、有路軌一段被毁、

▲中央社清江浦八日電 敵機六架、八日晨由連雲港外起飛、四架於八時飛達淮陰高空、在北郊盤旋一週、未投彈、即向西北逸去。

——摘自《中央日报》（南京），1937 年 11 月 10 日

敵機慘無人道

贛童軍理事會電請 世界童軍一致聲討

▲中央社南昌九日電 南昌市童子軍理事會暨戰時服務團長龔伯循等、以敵機不顧人道、竟在崑山掃射童軍、至爲憤慨、特電童軍分會轉達世界童軍、一致聲援、制裁暴行。

——摘自《中央日报》（南京），1937 年 11 月 10 日

敵軍續在浦東登陸

縱火焚廠棧架砲轟南市

我軍自浦東撤退後，敵於昨日始行登陸，先於黎明前二時許，有二十名乘小汽艇一艘，在新三井碼頭上岸窺察，見無動靜，乃於五時許，又續有一批登陸，至七時左右，已分散至陸家嘴爛泥渡等地，除檢查行人外，並縱火焚燒，沿浦廠棧均付一炬，迄晚尚未熄滅，並聞塘橋方面，亦有敵蹤云。又敵在浦東登陸後，已配置重砲多門，而在滬西謹記路斜土路附近亦設重炮三門，楓林橋中山醫院東南角樓上，設重炮一門，於昨日聯合火力，不斷向我南市方面作竟日轟擊。同時敵機廿餘架，亦於昨日更番前往，濫肆轟炸，故昨日南市被炸之烈，損毀之鉅，實爲空前所未有。各處被擊，因而起火者，不下數十起，一時烈焰騰空，火光燭天，迄記者發稿時，尚在延燒中。

——摘自《神州日报》（上海），1937 年 11 月 11 日

連雲港外

敵焚燬我油船一艘

中央社。東海十日電。敵艦屢在蘇魯沿海。擄殺我來往帆船及漁民。九日黎明。又有敵水兵十二名。由連雲港外敵艦。乘汽艇一艘。駛至臨洪口北十一里奶奶山小島附近。適有大帆船一艘。滿載油貨。停泊該處。敵兵即登船縱火。全船焚燬。損失數萬。船員二十四人。當時乘小划逃至青口鎮登岸。並携回敵兵交予之書函一紙。送交當地機關。

——摘自《湖南国民日报》，1937 年 11 月 11 日

敵機廿餘架
昨轟炸南市
投彈綜達四五十枚之多
黑煙漫空死傷平民甚衆
當被我擊落兩敵機

中央社。上海十日電。敵軍於十日午后一時。開始同南市總攻。轟炸機二十餘架低飛投彈。自一時一刻至二時半。僅十五分鐘內。投彈綜達四五十枚之多。黑烟冲天。聲震屋字。租界居民。多趨高樓之頂觀戰。目擊此無人道劊子手大肆屠殺工作。無不怒髮冲冠。悲慣欲絕。奉命死守之某師一旅忠勇將士。及全市警察在蔡勁軍指揮之卜。浴血苦門。情緒之壯烈。令人感憤墜淚。

中央社。上海十日電。十日下午二時起。右敵機十餘架。在南市肆行轟炸。同時敵方砲兵陣地。亦猛烈發砲轟擊。十六鋪。洞庭山街。大碼頭街。老白渡街。豆市街。張家街。施家街。西倉路。曹祠路。蓬萊路。夢花街。望雲路。皆被敵機投彈。死傷平民甚衆。潮惠會館

被炸燬。王家碼頭天主堂救火會。亦中彈多枚。

中央社上海十日電。敵機十餘架。於十日下午一時。至五時間。成隊飛至南市轟炸。投彈數十枚。燬民房多間。擊敵機肆虐時。我軍以高射炮轟擊。當擊中兩架。墜落於南火車站附近。機燬人斃。我孤軍在如此艱困環境中。發揮如此驚人威力。其英勇神武。彌足敬畏。

——摘自《湖南国民日报》，1937 年 11 月 11 日

敵機昨飛襲濼口
圖破壞黃河鐵橋
投彈數枚平民七人受傷
因我射擊猛烈分道逸去

中央社濟南十日電。敵機三架。十日晨八時許由平原方面飛襲濼口。意圖破壞我黃河鐵橋。在該地及北岸各投數彈。濼口街上有平民七人受傷。旋因我防空部隊射擊猛烈。敵機分道逸去。一折回北飛。二向西南。當敵機襲濼口時。濟市發出警報。至九時半解除。

——摘自《湖南国民日报》，1937 年 11 月 11 日

在宿縣轟炸客車

中央社徐州九日電。敵機四架。八日晨由連雲港外起飛。向津浦南段肆擾。在宿縣南投彈轟炸客車。炸斃旅客四名。傷十餘名。旋又到徐在陸軍醫院投兩彈。毀房屋數十間。附近民房震倒數十間。幸未傷人。敵機過大浦時。又投四彈。損失未詳。

——摘自《湖南国民日报》，1937 年 11 月 11 日

寇機又襲京
幷濫炸蘇州
擲毒藥水用意至爲險惡
無錫常州等地亦被投彈

【中央社南京十日電】敵重轟炸機三架，驅逐機九架，十日午十二時二十分，沿京滬路向首都進發，企圖襲擊，一時許，在京上空四周發現，飛行甚高，經我高射槍砲慎重射擊，一敵機旋飛至光華門外機場附近，投數彈逸去，事後調查，我方幷無損失。

【中央社洛陽九日電】九日上午十時許，敵機一架侵入洛市上空窺探，經我發砲射擊，即倉皇高飛，向東北逸去。

【本報濟南十日下午一時二十五分電】寇機三架，蒸（十日）晨飛濟，在洛口投十餘彈，毀民房多間，傷平民十餘。

【中央社蘇州十日電】十日敵以重轟炸機十餘架，自午夜零時許起至正午十二時許，輪流飛蘇，在城廂內外及沿鐵路線，肆行轟炸，半日內先後投彈達百餘枚，炸毀城廂內外便橋多座，死傷行人甚多，並在葑門外覓渡橋河內，投擲毒藥水，又蘇倫紗廠，亦被炸毀一部，山塘街西首，炸毀民房七十餘間，死傷平民多名，各處電燈綫路，亦有損壞，敵機對於不設防之城市，如此狂肆轟炸，其不顧國際公法與人道，益爲顯著，下午敵復以偵察機時飛蘇空盤旋，並散發荒謬傳單，敵機雖竟日擾亂不已，但我一般人民非常鎮靜，惟對敵人益深憤恨而已

【中央社鎮江十日電】十日午九時半有敵重轟炸機六架偵察機兩架先後飛錫轟炸工廠區域，共投六十餘彈之多，計宏裕廣勤慶豐等六廠被炸甚重，損失待查，敵機並至常州戚墅堰投數彈後，始折回，經江陰常熟再投彈多枚方行逸去，又上午十一時下午二時敵機十餘架又飛錫常兩車站投彈，損失不詳。

——摘自《扫荡报》（汉口），1937 年 11 月 11 日

前日敵機携重量炸彈向嘉定投擲數十枚、炸燬民房數處、圖示被蹂躪嘉定民房之一部、（國際社攝）

——摘自《时报》（上海），1937 年 11 月 11 日

南滙城鄉被炸

毀商店多家死傷數十人

南滙公立醫院醫師瞿君人昨由南滙來滬、據談、南滙於（七日）上午十時許來敵機三架、在城廂上空盤旋數匝、即投下巨量炸彈四枚、一落於城中縣立初級女子中學花園內、未爆炸、一落於該校之校舍後埭、炸毀鐘樓一座、校舍未波及、幸該校早經停課、學生均散歸、故無受傷者、尚有二彈、落於城內東大街中段最熱鬧之區、該處一帶商店被炸甚多、黃長裕糖食店、敘賓園菜館、萬寶園醬園、品棃南貨店、馨潔菜館、全大肉莊、德裕鹹貨店、榮華照相館等大小商店數十家、均全燬、附近房屋被震坍者亦不少、人民被炸死者十餘人、傷者約三十餘人、其中有榮華照相館係汪鴻章所開設、鴻章適因事在外、未遭難、而家中其妻及子女等五人、均被炸斃、情殊悲慘、由當地救護隊分別將傷者送公立醫院救治、死者除由家屬殮埋外、其無家屬者、由慈善會設法殮埋、現南滙居民、大半已遷徙逃走、留居者僅少數貧苦之輩、南滙附近較大之鎮市、於七八兩日亦均被炸、周浦鎮被投彈十餘枚、鎮之西段炸毀房屋數十幢、人民死傷未詳、新場鎮亦被投彈數枚、炸毀房屋十餘幢、死傷人數未詳、大團鎮亦被投彈二枚、落於該鎮大團小學操場上、故房屋及人民均無損傷、

——摘自《时报》（上海），1937年11月11日

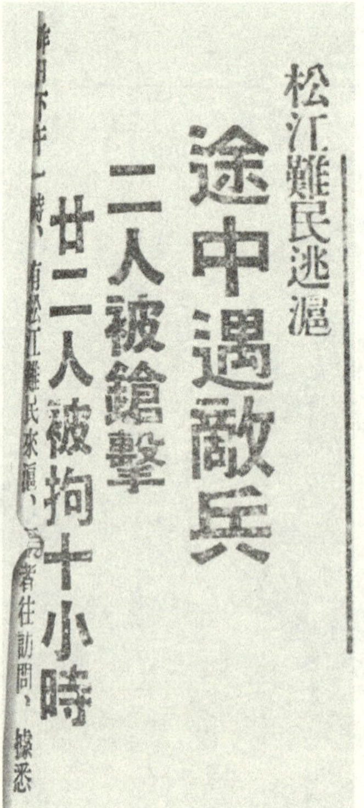

松江難民逃滬

途中遇敵兵

二人被鎗擊

廿二人被拘十小時

昨日下午一時、有松江難民來滬、記者往訪問、據悉此難民住松江西鄉史家村、因悉松江城南米[illegible]波及石湖蕩等處有敵軍竄入、特結伴二十四人僱一艙頭船、繞道駛往莘莊、來滬避難、抵莘莊時在昨晨一時後、為急圖脫離危險地帶、故自莘莊步行、星夜趕路來滬、在新龐華以西惠靈學校附近、遇我軍多人、勸令速返、告以前進危險、敵軍已在該處發現、但彼等猶未深信、仍繼續前進、迨至三時半、到達惠靈學校、果遇敵軍持鎗衝至、同伴中有二人、因畏懼返身圖逃、當被敵兵開鎗擊倒、生死莫能知悉、尚有二十二人（婦孺居大半）、均被驅至一室看守、經膽壯者與敵軍反覆聲明、未置答、直至昨日下午一時半始獲釋出

——摘自《时报》（上海），1937年11月11日

敵機肆炸南市

敵砲同時向南市猛轟

敵軍於昨午一時開始向南市總攻、轟炸機二十餘架、在租界上空低飛、更番飛南市投彈、記者目擊自二時一刻至二時半僅十五分鐘之內投彈竟達四五十枚之多、同時敵艦亦以重砲轟擊、一時黑煙沖天、聲震屋宇、情況之悲慘、爲滬戰以來所未見、奉命死守之五十五師一旅忠勇將士及全市警察、在總動軍指揮之下、不屈不撓、浴血苦鬭、情緒之壯烈、尤令人感憤墜淚、（中央社）

昨日下午二時起、有敵機十餘架、在南市肆行轟炸、同特敵方砲兵陣地、亦猛烈發炮、向我南市轟擊、各處損毀之業經查明者、計十六舖洞庭山弄、大碼頭街、老白渡街、豆市街、張家弄、皆被敵機投彈轟炸、業經查明者、死一人、重傷二人、潮惠會館被炸毀、王家碼頭天主堂救火會亦被投彈、王家碼頭合順里十二號被炸燬、梅家弄之二十四號全被炸燬、夢花街二十五號二十七號破毀房屋二間、夢花樓迎聖坊被砲彈擊毀民房一間、文廟路五七號被毀一間、二十七號被毀屋頂二、六六號被毀屋頂一、崇孝里十四號被毀二間、雲德里被毀一間、死傷共五人、西倉路江夏里被毀一間、曹祠路二十八號被毀一間、蓬萊路一四一號、一四三號、被毀三間、裕厚里二號被毀二間、傷居民二人、望雲路唐家弄口被投一彈、死六人、淘沙場被敵砲彈擊中、附近房屋被毀起火、燃燒頗烈、南市江海分關亦被敵彈所毀、黃家渡南倉街明德女校被中一彈、死女孩一、此外在文廟路夢花街一帶、被敵砲擊在數十發以上、而上列各處、皆屬民房、並無駐軍、敵機竟濫肆轟炸、同時在浦東亦肆行轟炸、實屬慘無人道云、（中央社）

又昨日午後敵機在大達碼頭投彈六枚、致大達碼頭房屋及碼頭多被炸燬、

又訊、敵機在毛家弄至太平碼頭之間、共投十餘彈、共炸毀房屋十餘間、炸傷碼頭上難民數十人、

又訊、昨晨十時許、敵機三架、在外馬路沿浦一帶飛行時、用機槍掃射、其時三泰碼頭旁停有米船二艘、被機槍彈擊斃船夥三人、傷船夥十餘人、路人有否死傷未詳、至十一時許、又有敵重轟炸機八架、飛至高昌廟等處投彈、一時餘又有敵機八架、飛往日暉港一帶投彈、二時餘、又有敵機十餘架、分數隊在南市大碼頭南會館王家碼頭董家渡等處、投彈十餘枚、有數處房屋被炸、有落浦中、

——摘自《时报》（上海），1937年11月11日

爛泥渡炸傷多人

昨日上午二時、敵機濫肆轟炸、在浦東爛泥渡碼頭投下炸彈三枚、傷我平民多人、重傷者八、爲俞友梅四歲女孩、傷面部、黃榮奎、四十三歲、傷足面、顧蘭生、三十三歲、傷胸、朱又方、傷頭、楊朱氏、二十五歲、傷肩、張又林、十五歲、斷足、董炳宜、六十六歲、斷足、黃燮弟、十二歲、斷左臂、輕傷者五、陳炳元、四十七歲、傷頭、金定希、十七歲、傷頭、陳白東、七十歲、傷頭、劉少成、二十一歲、傷腿、王理生、五歲男孩、傷頭、

昨下午二時許、當敵機多架、在南市大施轟炸時、各機時常轉赴浦東、並在陸家渡楊家渡等處、擲下炸彈七八枚、炸毀民房多間、無死傷、

——摘自《时报》（上海），1937 年 11 月 11 日

漕河涇被佔

昨日有自滬西漕河涇鎮逃出者談、前（九日）日上午、敵機十餘架至鎮轟炸、毀損房屋甚多、萬壽庵隔壁公安局房屋中一彈、金榮橋亦被炸斷、迨至下午、該鎮與龍華同時發現敵軍、即被燒殺、港南楊家港楊小毛住宅着火燃燒、鎮上店戶門窗悉已洞開、內部損失不貲、附近鄉民不及逃避、慘被殺戮者約十餘人、內有張金香與張秋林之妻均被槍殺、棄屍途中、該鎮楊宅已駐敵軍部、所幸居民已十九走避、

——摘自《时报》（上海），1937 年 11 月 11 日

蘇州復被狂炸

城廂內外損害極重

◎蘇州十日中央社電、十日敵以重轟炸機十餘架、自午夜零時許起、至正午十二時許、輪流飛蘇、在城廂內外及沿鐵路線肆行轟炸、半日內先後投彈百餘枚、炸燬城廂內外僟橋多座、死傷行人甚多、並在葑門外覓渡橋河內投擲毒藥水、又蘇綸紗廠亦被炸毀一部、山塘街西首炸毀民房七十餘間、死傷平民多名、各處電燈線路亦有破壞、下午敵復以偵察機時飛蘇空盤桓、並散發荒謬傳單、

——摘自《时报》（上海），1937 年 11 月 11 日

敵機敵砲濫轟南市

死傷平民多人房屋被燬無算

本報特訊　昨日下午一時起、迄四時許止、敵以大批巨型轟炸機二三十架、飛赴南市難民區域以南上空盤旋、投彈轟炸、下午三時左右、敵軍砲兵發砲濫轟、計前後落下開花炸彈百餘枚、均行爆裂、一時響聲震動全滬、烟霧直上雲霄、　本報記者冒險趨往各處調查、被炸損害詳情誌下、㈠毛家弄十六浦警察分局三樓、全部房屋、並傷警士一人、行人二名、保衛團員二人、㈡西隔壁上海市禁烟委員會全部房屋、㈢十六浦分局大厦棧房全部、㈣西隔壁偵緝隊第五分隊辦公屋、㈤外馬路潮惠會館、㈥裏馬路振業里源裕棧房、㈦裏馬路吉慶里公記汽車行、㈧裏馬路吉慶里朱勤昌糧食棧房、㈨裏馬路德新里全部房屋十餘幢、㈩外馬路外萃豐弄中山里全部房屋十餘幢、⑪裏馬路萬興菜館、⑫裏馬路永和里全部房屋十餘幢、⑬外萃豐弄四十七號房屋一幢又菜市街炸死行人兩名、⑭外萃豐弄三四五號傷浦東婦人王氏頭部、張氏手部、（以上均炸彈）⑮文廟路西成小學⑯逐萊路市警察總局大門前佈告處、及內部第一科辦公室、偵緝總隊樓梯上下處、均被大砲損燬、⑰梅家弄廿四號樓房一幢、⑱董家渡天主堂救火會全部房屋、⑲該會後面民房八幢、⑳王家碼頭合順里十六號房屋兩幢、㉑董家渡和盛里房屋數幢、㉒董家渡秀水浜房屋一幢㉓羅園路某織布廠全部房屋、㉔魯班路談家宅房屋、㉕打浦路大批草屋、㉖老西門內夢花街廿五號廿七號房屋兩間、㉗夢花樓迎聖坊被砲擊燬一間、㉘文廟路五七號房屋、㉙又廿七號被燬盡㉚二六六號被毀屋頂、㉛崇孝里十四號、全部房屋、㉜雲德里房屋一間、死傷共五人、㉝西倉路江夏里房屋一間、㉞蓬萊路一四一號一四三號房屋、㉟裕厚里二號房屋二間、傷居民二人、㊱望雲路唐家弄口炸死六人、㊲淘沙場中彈附近居屋起火燃燒頗烈、㊳七）董家渡南倉街明德女校被中一彈、死一女孩、㊴外馬路民生實業公司全部被燬、此外在文廟路夢花街一帶、被敵砲彈轟擊十餘發、以上所列各處、皆係民房、並無駐軍、

本市消息　昨日午二時許、當敵機多架、在南市大施轟炸時、各機時常轉赴浦東、並在陸家渡楊家渡等處、擲下炸彈七八枚、炸毀民房多間、

——摘自《时事新报》（上海），1937 年 11 月 11 日

敵機昨又空襲首都

蘇州城郊投彈傷平民頗多
圖炸津浦線黃河鐵橋不逞

中央南京十日電　敵重轟炸機三架、驅逐機九架、十日午十二時二十分、沿京滬路向首都進發、企圖襲擊、一時許在京市上空四周發現、飛行甚高、經我高射槍砲慎重射擊、一敵機旋飛至光華門外機場附近投數彈逸去、事後調査、我方幷無損失、

中央南京路透十日電　日飛機已一星期未至首都、今日下午復來襲擊、十二時三十分警報突作、半小時後、日重轟炸機九架、以三架爲一組、環飛天空、現信尙有驅逐機六架、飛於轟炸機之上、高射砲聲、頓時大作、但因日機飛行甚高、不能命中、日機旋在光華門外飛行場擲下炸彈四五枚、據某外人聲稱、曾見中國驅逐機數架、與日機交戰、是時機關槍聲甚急、但未知是否發自飛機、抑由地面向空高射、

中央蘇州十日電　十日敵以重轟炸機十餘架、自午夜零時許起、至正午十二時許、輪流飛蘇、在城廂內外及沿鐵路線肆行轟炸、半日內先後投彈達百餘枚、炸燬城廂內外便橋多座、死傷行人甚多、並在葑門外覓渡橋河內投擲毒藥水、又蘇倫紗廠亦被炸毀一部、山塘街西首炸毀民房七十餘間、死傷平民多名、各處電燈線路亦有破壞、敵機對於不設防之城市、如此狂肆轟炸、其不顧國際公法與人道、益爲顯著、下午敵復以偵察機時飛蘇空盤桓、並散發荒謬傳單、敵機雖竟日擾亂不已、但我一般人民非常鎭靜、惟對敵人益深憤恨而已、

中央濟南十日電　敵機三架、十日晨八時許、由平原方面飛襲濼口、意圖破壞我黃河鐵橋、在該地及北岸各投數彈、濼口街上有平民七人受傷、旋因我防空部隊射擊猛烈、敵機分道逸去、一折回北飛、二向西南、當敵機襲濼時、濟市發出警報、至九時半解除、

中央杭州九日電　九日晨七時至下午二時、杭市發五次警報、敵機二架飛桐鄉以機槍掃射、幷到硤石站投彈廿餘枚、

中央洛陽九日電　九日晨十時許、敵機一架侵入洛市上空窺探、經我發砲射擊、即倉皇高飛向東北逸去、

青浦我軍擊落敵機數架

中央徐州九日電　敵機四架、八日晨由連雲港外起飛、向津浦南段肆擾、在宿縣投彈轟炸客車、炸斃旅客四名、傷十餘名、旋又到徐、在陸軍醫院投兩彈、毀房屋數十間、附近民房震倒數十間、幸未傷人、敵機過大浦時、又投四彈、損失未詳、

申時社云　據前線歸來之救護員談、八日大批敵機在青浦濫施轟炸、當被我軍擊下七架、均係重轟炸機、機師均墮斃、就中有三屍身、二人爲男子、一人爲女子、軍事當局、已將詳情連同焚毀之機身等、呈報中央、

——摘自《时事新报》（上海），1937 年 11 月 11 日

空軍再炸魯省兗州

【旅順十日國通電】旅順要港部午後五時發表、第〇〇艦隊航空隊、繼續八日於九日對津浦線兗州投數彈、車站附近軍用建築物數個轟壞、日軍無損害、對棗庄、韓庄市內亦行投彈轟炸、

——摘自《泰东日报》，1937年11月11日

日海軍機猛炸
嘉興嘉善起火

【上海十日國通電】嘉善、嘉興因遭日本海軍航空隊轟炸、均起大火、目下仍在炎燒、

——摘自《泰东日报》，1937年11月11日

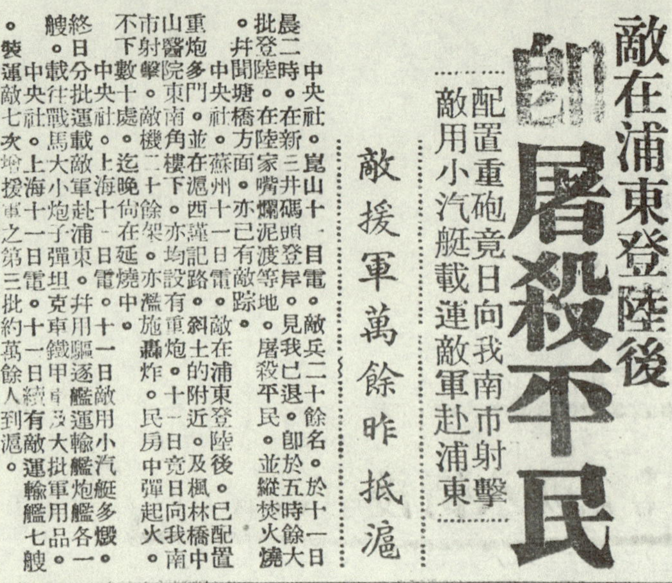

敵在浦東登陸後 亂屠殺平民

配置重砲竟日向我南市射擊
敵用小汽艇載運敵軍赴浦東

敵援軍萬餘昨抵滬

中央社。崑山十一日電。敵兵二十餘名。於十一日晨二時。在新三井碼頭登岸。見我已退。即於五時餘大批登陸。在陸家嘴爛泥渡等地。屠殺平民。並縱焚火燒。幷聞塘橋方面。亦已有敵踪。

中央社。蘇州十一日電。敵在浦東登陸後。已配置重炮多門。並在滬西謹記路。斜土的附近。及楓林橋中山醫院東南角樓下。亦均設有重炮。十一日竟日向我南市射擊。敵機二十餘架。亦濫施轟炸。民房中彈起火。不下數十處。迄晚尙在延燒中。

中央社。上海十一日電。十一日敵用小汽艇多艘。終日分批運載敵軍赴浦東。幷用驅逐艦運輸艦炮艦各一艘。載往戰馬大小炮子彈坦克車鐵甲車及大批軍用品。

中央社。上海十一日電。十一日續有敵運輸艦七艘。裝運敵七次增援軍之第三批約萬餘人到滬。

——摘自《湖南国民日报》，1937年11月12日

滬敵軍慘無人道

擊斃在滬觀戰英報記者
强佔英商開平煤礦碼頭

中央社。上海十一日電。倫敦每日電聞報記者史蒂芬司。十一日下午二時許。在法租界呂班路。法商自來水公司水塔上。瞭望南市作戰情形、不幸被敵軍。以機槍射擊斃命。當時在該處瞭望者。共有西人九人。史因職務關係。立于最前。正攝影時。被敵軍以機槍集中射擊至數分鐘之久。頭胸腹部。中彈數十處。立即斃命。尙有兩人重傷。兩人輕傷。史係英人。年三十三歲。前在西班牙採訪戰訊。頗著勞績・奉調來滬時。僅二月。

中央社。上海十一日電。南市日暉港西。英商經營之開平煤礦碼頭。我在該處並未設有防禦工事。敵竟不顧國際信義。十一日晨一時許。八十餘人。將該碼頭强佔。我爲自衛計。起而出擊。傷敵十餘人。餘敵逃入碼頭大樓中。我軍受傷者四五人。

——摘自《湖南国民日报》，1937年11月12日

我軍撤退後

浦東大火

東西楊宅一帶燬民房數千間

我軍自浦東撤退後、敵於昨日始行登陸、先於黎明前二時許、有二十名乘小汽艇一艘、在新三井碼碼上岸窺察、見無動靜、乃於五時許、又續有一批登陸、至七時左右、已分散至陸家嘴爛泥渡等地、除檢查行人外、並縱火焚燒、沿浦廠棧均付一炬、迄晚尚未熄滅、並聞塘橋方面、亦有敵蹤云、

六日晚間放棄

浦邊陣地

淞滬抗戰發動後、浦東以地勢關係、淪入戰區、我在沿浦邊配備相當兵力、輔以強力砲隊、與敵抗戰三月、迭予重創、將敵人登陸迷夢、擊成粉碎、敵無計可圖、不得不改變策略、直至最近、始在金山嘴口偷渡登陸、進窺松江、浦東駐軍奉令調赴浦南殺敵、遂於六日晚間將原守浦邊陣地、作戰略上之放棄、所遺防務、由某部隊五百名、協上當地警察與保衛團員嚴密駐守、因此翌日引起一度紛亂、即係此故、惟敵方正在全力注重滬西與浦南之際、對我浦東情勢變動、絕未知悉、故在八·九·十·三天、繼續派機前往投彈轟炸、而浦江敵艦、亦仍頻頻發砲轟擊、以防我軍襲擊、其心虛膽怯、一如往日無異、自滬西戰局後移、我軍警當局表示決心保守南市後、敵軍鑒於我軍往日偉大戰績、未敢輕易進攻、

敵於昨晨黎明

五路登陸

故於前日下令調動海陸空三軍、全力來犯、前晚五時許、並調「二見」砲艦直駛浦江封鎖線相近、隨來小汽艇數艘、企圖進犯寧紹碼頭、當經我守軍以機鎗掃射、無法前進、並以浦東東昌碼頭未有動靜、至七時半、遂有敵艇一艘駛至該碼頭窺探、當有敵兵數名、爬行登陸、我警隊處以沉着、敵兵蛇行至賴義渡大街、始知係一空陣、乃返艦復命、昨晨天甫黎明、抽調大部身穿黃色制服之海軍陸戰隊、分在其昌棧泰同棧塡山碼頭春江碼頭東昌碼頭五路

登岸、其時我警隊據報後、已於事先安全撤退、故敵兵登陸後、未濟若何抵抗、即深入浦東大道、在各要口架起機槍、並於各十字街頭、佈置崗位、而便衣隊與漢奸等、均四出活動、

有一保衛團員

臨急智生

時有一留守未走之保衛團員、被一敵兵執住、强迫領路、該團員身藏手鎗一枝、敵兵覺未計及、當正欲拘捕第二人時、團員臨急智生、即出鎗將敵擊倒、拔足逃脫、於是遠近敵兵大怒、遇有身穿銅匠裝學生裝者、一律鎗殺、甚至下穿黃褲或脚着跑鞋者、亦無能倖免、小洋涇廟前伏尸頗多、一時未及逃出之居民、引起極度紛亂、敵兵四面攔阻、進退不能、陸續被認爲便衣隊而拘捕者、約有二三百人之衆、分別綑縛於各街電桿木上、三萬昌地方扣留最多、當時因大隊敵軍紛紛向南開拔、故未加害、

二三百人被捕

押市範里

直至中午、始由上海通之敵便衣隊員作主、將所捕之人、一併帶至東昌路市範里內收押、少敵幸得釋放、餘均嚴刑逼令說出當地各機關團體領袖之住宅、以便縱火焚燒、陸家渡路有數男子見敵兵後欲圖奔逃、致被執住、脫去衣服、破開肚腹、迨腸臟流出後、即懸於電桿木上示衆、至敵軍登陸後第二種破壞手續、即爲放火、昨日自晨至暮、各地濃煙蔽天、被縱火者有廿餘處之多、據記者所知、洋涇鎮最受敵人仇恨、敵機轟炸數十次、尚嫌不足、餘屋昨亦一併焚燬、其昌棧市房、東西兩楊家宅・陸家宅、及三萬昌以南、至花園石橋浦東大戲院爲止、民房數千間、悉化焦土、東昌路南首亦焚燬數百間、東楊家宅富戶陳廷章之住宅、因屋宇華麗、被敵闢作司令部、屋頂懸日旗大小二面、故未被焚燬、所有各街道上、現敵兵崗位密佈、連留居未走之老弱居民、亦自由盡失云、

敵調大批部隊

運赴浦東

昨日敵用小汽艇多艘、終日往來於匯山碼頭及新三井碼頭間、將滬東區之敵軍分批運往浦東、此外並有敵驅逐艦Tquga號、運輸艦Shiretoko號及砲艦Ataka號共三艘、分別往來於滬東區及浦東之招商華棧・新匯山碼頭及新三井碼頭、卸下戰馬・大小砲子彈・坦克車・鐵甲車及其他大砲軍用品、下午四時後、該砲艦一艘、始駛三菱碼頭停泊、運輸艦一艘、駛招商局北棧停泊、驅逐艦一艘、則依然停鎮於浦東之招商華棧、再昨日並續有敵運輸艦納及馬號、駛靠招商局中棧、載來數甲車・坦克車等重兵器甚夥、

集結浦東大道

向南開拔

自敵兵在浦東登陸後、現圖全力夾擊南市、所有未及逃出之男子、均被强迫充當伕役、在浦江封鎖線以上自陸家渡起、經楊家渡老白渡張家浜塘橋南碼頭周家渡止、沿浦十餘里各渡口處、幫敵堆置沙袋、安置鋼炮機槍、猛烈向南市方面攻擊、守備之敵兵、約有千人、另有大部敵軍、昨日午後、雲集浦東大道上、向南開拔、由漢奸領導、分投向川沙南匯縣進發、將入奉賢縣、會合浦南敵軍、向閔行方面進犯、又賴義渡英商太古華通棧房、昨日午後、已被敵兵佔據、備作進攻南市根據、聞太古當局、以破壞第三國權益、將向敵方交涉云、

——摘自《时报》（上海），1937 年 11 月 12 日

首都遭空襲

一敵機被擊落

◎南京十一日中央社電、敵重轟炸機九架、驅逐機九架、十一日下午一時、有來京襲擊、於一時半、有敵機十七架在京空四週發現、飛行甚高、經我高射砲慎重射擊、有數重轟炸機倉皇飛至光華門外、投數十彈而去、餘機在京空盤旋窺探、其中六架旋向西飛去、另有三架由北向東南飛行、迨至光華門外一帶、飛度漸高、我高射砲描準射擊、當有敵重轟機一架中彈、該機仍掙扎高飛、企圖逃逸、惟機身業已起火、力難支持、漸自高空下墮、紅光二道濃煙一縷、一時蔚爲奇觀、佇望者無不稱快、餘機見勢不佳、均倉皇遁去、事後調查、該機殘骸落於大校場附近、機身全燬、戰鬬員駕駛員均已斃命、

◎南京十一日中央社路透電、今日日機復襲擊首都、下午一時四十分、發出警報、十五分鐘後、重轟炸機九架、驅逐機六架、由東飛來、重轟炸機三架直赴南城、猛轟光華門之飛行場、及南門外數哩之某點、其地發生大火、濃煙騰起、另有重轟炸機三架、轟炸南城外各處、同時驅逐機六架、環飛西北天空、以保衛轟炸機、高射砲雖發炮甚烈、未能毀重威脅敵機、未幾諸機飛去、而又有轟炸機一架、自南面直飛城心、該機爲參加轟炸光華門外飛行場者之一、顯因機中尚餘炸彈、故北回飛行場、將彈卸去、於是四面高射炮咸以該機爲目標、向之射擊、當該機未抵目的地、復同向南飛之際、有一高射炮彈、在其兩翼之間、直貫而過、該機立即發出橘色之火焰、向下墜落、在天空爆炸、裂成三段、落地處射起濃煙三道、地面觀者皆鼓掌歡呼、

◎蚌埠十一日中央社電、十一日晨九時許、隴海路碭莊站上空、發現敵機十架、內四架轉津浦線、在宿縣站北投彈八枚、轟炸下行煤車未中、旋飛經符離集三鋪窺察、後向北逸去、

◎常州十日電、十日晨八時、有敵機二架來常襲擊、在車站投彈二枚、同時又有敵機九架、飛戚林投彈五枚、當時適有由滬開京客車一列停靠路軌、死傷三人、戚墅堰機廠鍛爐間亦中一彈、稍有損失、午後一時五十分、又有敵機六架、二架飛常站、投重量炸彈七枚、稍有損失、旋該機飛戚車站、投二彈、一落站北、震倒平房三間、該機又復飛至橫林投彈六枚、

——摘自《时报》（上海），1937 年 11 月 12 日

敵轟南市

死傷調查

昨日下午四時至六時半、敵機在陸家浜海潮寺等處濫肆轟炸、傷我無辜甚夥、計朱虎虎二歲傷頭、朱文奎十二歲傷手、朱吳氏三十四歲傷足、朱三四十八歲傷手、（以上係全家）田小奎十三歲傷面、劉小山十八歲傷頭、姜小民二十九歲傷頭、許阿煥五十一歲傷面、周永富二十八歲傷手、葛壽富三十歲傷足、陳紀堂二十四歲傷足、兪金堂四十五歲傷左足、王林弟八歲傷手、殷林氏二十六歲傷足、董王氏二十四歲傷足、裴英仁十七歲傷頭、卞佩章四十二歲傷面、陳阿四四十三歲傷手及足、小沈二十歲傷頭、沈廣義二十八歲傷頭、黃仁福二十八歲傷手足、另有輕傷十二人及一無名氏重傷身死、又浦東人孟陶陶亦被敵機炸傷右足

昨日午後城內侯家浜路口、被敵機擲炸彈一枚、傷警察及民衆五六人、死二人、松雪街亦有炸彈二枚、死傷數人

敵機於昨日午刻在南市壹市街轟炸、一彈投在裕泰壹米行門前、炸倒對門某理髮店房屋二間、附近房屋玻璃及門板均被震碎、並傷及行人四五名、

——摘自《时报》（上海），1937 年 11 月 12 日

流彈入租界 死傷者甚多

昨日日暉港一帶激戰時、敵方砲彈竟有飛入法租界徐家匯路一帶、死傷甚衆、傷者由法捕房送往廣慈・仁濟兩醫院醫治外、當場被彈片擊傷身死者、計貝勒路恆慶里內六十七號三樓死婦人張氏（卅五歲甬人）、徐家匯路同福里廿一號門口死一無名男子、貝勒路恆慶里內死無名小孩一男二女、馬浪路六七七號後門弄內死男子尤根年卅餘歲、徐家匯路安臨里十九號前樓死王阿東（卅四歲黃岩人）下午小東門大街被流彈擊死一婦人、幼女孩、各尸均送驗尸所、聽候報請法院檢驗、

——摘自《时报》（上海），1937 年 11 月 12 日

慘遭浩刦之浦東遙望、（王開・啓昌）

——摘自《时报》（上海），1937 年 11 月 12 日

敵機屢次

濫炸我內地

我國聯同志會電告總會

中央社南京十一日電 中國國聯同志會、鑒於邇來敵機濫炸內地、藉以逃避國際耳目、十一日特致電日內瓦世界總會、請轉告各國同志會及輿論界注意、原電云、日本飛機之轟炸、現已蔓延至中國內地並無軍事設備之城鎮及鄉村、十月六日僅浙江一省、被炸者計十五處之多、平民之生命財產蒙受損失、毫無止境、請將此項暴行、向全世界公佈、俾輿論予以申斥、

——摘自《时事新报》（上海），1937 年 11 月 12 日

敵軍蹂躪浦東慘狀

縱火焚燒剖腹棄屍强服苦役

本報消息　淞滬抗戰發動後、我在浦東沿浦邊、配備相當兵力、輔以强力砲隊、與敵抗戰三月、迭予重創、將敵人登陸迷夢、擊成粉碎、敵無計可圖、不得不改變策略、直至最近、始在金山嘴口偷渡登陸、進窺松江、浦東駐軍、奉令馳赴浦南殺敵、遂於二日晚間、將原守浦邊陣地、作戰略上之放棄、所遺防務、由某部隊五百名、協同當地警察與保衛團員、嚴密駐守、時敵方正在全力注重滬西與浦南之際、對我浦東情勢變動、絕未知悉、故在八九十三天、繼續派機前往投炸轟炸、而浦江敵艦、亦仍頻頻發砲轟擊、以防我軍襲擊、其心虛胆怯、一如往日無異、自滬西戰局後移、我軍警當局、表示決心保守南市後、敵軍鑒於我軍往日偉大戰績、未敢輕易進攻、故於前日下令動員海陸空軍、全力來犯、前晚五時許、並調「一見」砲艦、直抵浦江封鎖線相近、隨來小汽艇數艘、企圖進犯寗紹碼頭、　當經我守軍以機槍掃射、無法前進、並以浦東東昌碼頭、未有動靜、至七時許、遂有敵艇一艘、駛至該碼頭窺探、當有敵兵數名、爬行登陸、我警隊處以沉着、敵兵蛇行至賴義渡大街、始知係一空陣、乃返艦復命、昨晨天甫黎明、抽調大部海軍陸戰隊、分在其昌棧、泰同棧、坟山碼頭、春江碼頭、東昌碼頭、五路登岸、其時我警隊已於事先安全撤退、故敵兵登陸後、未遭若何抵抗、即深入浦東大道、在各要口架起機槍、並於各十字街頭、佈置崗位、而便衣隊與漢奸等、均四出活動、時有一留守未走之保衛團員、被一敵兵執住、强迫領路、該團員身藏手槍一枝、敵兵竟未計及、當正欲拘捕第二人時、團員臨急智生、即出槍將敵擊倒、拔足逃脫、於是遠近敵兵大怒、遇有身穿銅匠裝學生裝者、一律槍殺、甚至下穿黃褲或脚着跑鞋者、亦無能倖免、小洋涇廟前、伏尸頗多、一時未及逃出之居民、引起極度紛亂、敵兵四面攔阻、進退不能、陸續被認爲便衣隊而被捕者、約有二三百人之衆、分別綑縛於各街電杆木上、三萬昌地方、扣留最多、當時因大隊敵軍、紛紛向南開拔、故未加害、直至中午、始由上海通之敵便衣隊員作主、將所捕之人、一併帶至東昌路市範里內收押、均嚴刑逼令說出當地各機關團體領袖之住宅、以便縱火焚燒、陸家渡路、有數男子見敵兵後、欲圖奔逃、致被執住、脫去衣服、破開肚腹、迨腸臍流出後、即懸於電杆木上示衆、至敵軍登陸後、第二種破壞手段、即爲放火、昨日自晨至暮、各地濃烟蔽天、被縱火者、有念餘處之多、據記者所知、洋涇鎭最受敵人仇恨、敵機轟炸數十次、尚嫌不足、餘屋昨亦一併焚燬、其昌棧市房、東西兩楊家宅、陸家宅、及三萬昌以南、至花園石橋、浦東大戲院爲止、民房數千間、悉化焦土、東昌路南首亦焚燬數百間、東楊家宅富戶陳廷 章之住宅、因厚宇華麗、被敵闢作司令部、屋頂縣日旗大小二面、故未被焚燬、所有各街道上、現敵兵崗位密佈、連留居未走之老弱居民、亦盡失自由又自敵兵在浦東登陸後、所有未及逃出之男子、均被强迫充當伕役、在浦江封鎖線以南自陸家渡起、經楊家渡、老白渡、張家浜、塘橋、南碼頭、周家渡止、沿浦十餘里各渡口處、幫敵堆置沙袋、安置鋼砲機槍、猛烈向南市方面攻擊、守備之敵兵、約有千人、另有大部敵軍、昨日午後、雲集浦東大道上、向南開拔、由漢奸領導、分投向川沙南匯縣境進發、將入奉賢縣、會合浦南敵軍、向閔行方面進犯、又額義渡英商太古華通棧房、昨日午後、已被敵兵佔據、備作進攻南市根據、聞太古當局、以破壞第三國權益、將向敵方交涉云。

——摘自《时事新报》（上海），
1937年11月12日

敵機在魯省肆暴

我無辜平民死傷甚重

敵機四架昨騷擾碭山

（中央社）濟南十二日電：十二日敵機在魯境大肆轟炸無辜平民，死傷甚眾，計晨九時敵機四架經由照濟膠路至濟市北十二里之洛口，並北附近邢家黃河渡口投五六彈，毀民船一，死三人，傷十餘人，十一時許敵機五架飛濟陽晏城窺察，下午一時敵機四架由齊城經歷城至洛口，在迤西投七彈，毀柵欄數根，扁擔一區，濟市晨九時許即連發警報三次，至下午四時許始解除。

（中央社）徐州十二日電：敵機四架十一日晨沿魯北抵徐，并到碭山東李莊投兩彈，路軌稍損，敵機旋掠徐空未返。

——摘自《华西日报》，1937年11月13日

敵機肆虐

一日間四度轟炸嘉興

無錫美國醫院亦被毀

中央社杭州電　十一日晨七時、敵機二架、由乍浦竄杭、盤旋窺伺、十一時敵機一架又竄杭、在閘口盤旋良久、旋即逸去、十一日、嘉興被炸四次、敵機先後共十架、投彈廿二枚、毀民房七間、硤石被炸二次、敵機共四架、在車站投八彈、

中央社鎮江電　十一日上午八時半、敵機六架、進襲戚墅堰、投八彈而去、又下午二時、敵機八架襲錫、轟炸振興紗廠、投廿餘彈、損失不詳、

中央社洛陽電　十一日上午十一時半、敵機廿二架、來洛空襲、盤旋五十餘分鐘、投彈十八枚、僅傷牲畜兩頭、農夫一人、其他無甚損失、

中央社徐州電　敵機四架、十一日晨沿魯北抵徐、並到碭山東李莊投兩彈、路軌稍損、敵機旋掠徐空東返、

十二日南京路透社電　據使館得接無錫電訊、該處美教會所辦之聖安德烈醫院、爲日飛機所炸、華人被炸斃者兩名、受傷者數名、該醫院當時已懸掛美國旗者、

——摘自《工商日报》（香港），1937年11月13日

擾亂黃河沿岸 擲彈七十餘枚

◎濟南十二日電、十二日飛來十機、分在黃河沿岸擾亂、在馬家渡口投十一彈、毀民船六、汽車二、死平民九、傷六、死驢十七匹、邢家渡口投九彈、毀民船一、死平民三、傷十餘人、在洛口投四彈、毀民船三、汽車一、傷平民一、在長清徐家寺投九彈、死傷平民各一、在齊河投十彈、毀民船二、死平民、傷三、在商河投六彈、石家屋投二彈、損失未詳、在洛陽臨清鎮投十一彈、毀民船四、未傷人、在宴城投四彈、在擇東衛投六彈、只傷一牛、濟南自晨至晚共警報三次、爲前所未有、

——摘自《时报》（上海），1937 年 11 月 13 日

無錫美教會醫院被轟炸

◎南京中央社十二日路透電、美大使署今日接訊、美教會在無錫所設之聖安德魯斯醫院、今晨爲日飛機擲彈擊中、死華人二、美人無死傷者、該醫院與教會不在一處、雖皆懸有美旗、但皆爲炸彈轟炸、

——摘自《时报》（上海），1937 年 11 月 13 日

平湖乍浦被炸

昨據平湖同鄉會負責人戴桐秋君報告平湖及乍浦被炸消息如下、（該項消息由平湖逃來之同鄉口述）本月三日接金山衛・新倉等處警報、一部份商店停業、四日、敵飛機九六架、自晨至晚、竟日偵察、城區民衆、紛向西門及北門以外逃避、敵機未投彈、五日下午三時起、敵機開始自南門外及城區轟炸、共投彈三十餘枚、郵政局・電話局・五公昌・王祥和及大小街弄、均被炸燬、其他各區、未目睹不詳、乍浦方面、據自乍浦逃來之潤餘社社員述稱、乍浦南門外車站・大王廟・迎龍橋及附近民房均被炸、城內三山會館・中心小學・徐宅祠堂及西門大街・北門外吊橋・亦於四日被炸、死傷頗多、又該會昨得可靠報告、平湖乍浦、仍在我軍堅守中、惟離乍浦東九里之獨山附近有激戰、獨山有九個山峰、矗立海濱、敵圖越山侵乍浦、甚難有進展也、（華東社）

——摘自《时报》（上海），1937 年 11 月 13 日

南市浦東慘遭浩劫

本市消息　昨日南市全部淪陷後、在南市方面、慘遭浩劫、據設法逃來租界之南市難民謂、在南市沿黃浦各行棧、並老馬路之各商店、因軍警之撤退、遂被悉數破門入內搜刮、同時城廂中、亦被劫甚多、即難民區之近邊處所、亦有同樣事件發生、

本市消息　南市斜橋以西、自昨日起、因燒夷彈亂擲、已一片焦土、斜橋以東陸家浜、直至海潮寺一帶、昨日下午二時至四時、被日機十餘架濫炸、故房屋均不完全、南火車站一帶、亦半數如焦土、地方法院西首家庭工業社、即無敵牌牙粉廠被毀、地院前殘疾院亦毀、地院後面徽甯路懷仁里、房屋全毀、麗園路一帶、房屋被毀者不少、甚且滬西會館丙舍、亦有殃及、而陸家浜與南車站間房屋、已無完好者、南碼頭董家渡大碼頭以內、大東門鹹瓜街一帶、房屋亦被炸不少、而城內太平街兩邊藥業公會、及福興園菜館一帶、房屋數十間着火、此處幸由法租界救火會、通水澆救、藉免波及難民區域、故自太平街全街、至登雲橋相近焚燬外、即告熄滅、大南門小南門一帶、流彈波及、毀屋亦多、其外灘一帶、則幾半成瓦礫之堆、沿警戒線以南碼頭、完全被焚、浦邊船隻米船在內、亦全毀沉、

本市消息　浦東登陸敵軍、現據調查、爲數已在八九千以上、且有多數輜重軍器携往、惟大部敵軍、已分向西南面開去、而留守浦東者、則分據於日華紗廠、及爛泥渡、白蓮涇及浦東中學校址等地、專以焚屋强奪、慘殺無辜難民爲能事、故浦東全區、現已成爲人間地獄、

——摘自《时事新报》（上海），1937 年 11 月 13 日

敵機慘無人道！

在常州轟炸難民

無錫嘉興投彈多枚

津浦隴海均遭空襲

【本報十二日常州專電】十一日上午八時半、敵機六架飛襲邑屬戚墅堰鎮、在該鎮車站附近投彈八枚、有難民車一輛略受損毀、受傷難民達十餘人、並在橫林鎮投下數彈、無多損失。

▲中央社鎮江十二日電 十二日晨八時半有敵機十四架、飛無錫轟炸、計投二十餘彈、並有六架竄至常州窺探。

▲中央社鎮江十一日電 十一日上午八時半、敵機六架進襲戚墅堰、投八彈而去、又下午二時、敵機八架襲無錫、轟炸振興紗廠、投二十餘彈、損失不詳。

▲中央社杭州十一日電 十一日上午七時、敵機二架由乍浦竄杭、盤旋窺伺、十一時、敵機一架又竄杭、在閘口盤旋良久、旋即逸去、十一日嘉興被炸四次、敵機先後共十架、投彈二十二枚、毀民房七間、硤石被炸二次、敵機共四架、在車站投八彈。

▲中央社洛陽十一日電 十一日上午十一時半、敵機廿二架來洛空襲、盤旋九十餘分鐘、投彈十八枚、僅傷牲畜二頭、農夫一人、其他無甚損失。

▲中央社徐州十二日電 日照東海面敵艦四艘、每日派機飛翔蘇魯一帶、向我津隴兩路轟炸列車、破壞橋樑、十一日晨又來四架、沿魯北抵徐、並到碭山東李莊投兩彈、路軌稍損、敵機旋掠徐空東逃。

▲中央社濟南十二日電 十二日敵機在魯境大肆轟炸、我無辜平民、死傷甚衆、計晨九時敵機四架、經由日照沿膠濟路至濟市北十二里之洛口華山附近邢家黃河渡口投五六彈、燬民船一、死三人、傷十餘人、十一時許、敵機九架、飛濟陽、晏城窺察、下午一時、敵機四架、由青城經歷城至洛口、在迤西投七彈、毀柵欄數根、崗樓一座、濟市晨九時許起連發警報三次、至下午四時許始解除。

——摘自《中央日报》（南京），1937 年 11 月 13 日

Japanese Bomb American Mission in China; Sanctuary for Soochow Refugees Planned

Special Cable to THE NEW YORK TIMES.

NANKING, China, Nov. 12.—St. Andrew's Hospital and Church, the Episcopalian American Church mission properties in the town of Wusih, 95 miles southeast of here, were both bombed by Japanese planes this morning with extensive damage, according to news telephoned from Wusih to the United States Embassy here. Two Chinese were killed and seven were wounded, but five Americans remaining at the mission were unharmed.

The hospital and church are two separate compounds. American flags were prominently displayed on both buildings, Dr. C. M. Lee, head of the hospital, informs the embassy.

Describing the bombing of St. Andrew's Hospital and church to a correspondent, who telephoned to Wusih from Nanking, the Reverend E. R. Dyer said one bomb landed in each compound when a squadron of Japanese planes flew over Wusih in a straight line, apparently unloading indiscriminately.

The bombs did not hit the buildings, but the end of St. Mark's Middle School in the church compound was wrecked by the concussion. All buildings were slightly damaged in both compounds by the force of the explosions and by flying fragments. The American residents were all indoors and escaped unscathed.

The Rev. Mr. Dyer says no military objectives are near the mission properties. He believes the bombs were not specifically directed at the American establishment, however.

The mission's St. Andrew's Hospital, accommodating wounded soldiers, is being cared for by Dr. Lee and Dr. John Roberts, Virginians. The nurses are the Misses Laura Lenhart and Gertrude Seltzer, both of New York.

Following the bombing the Chinese staff deserted the hospital. The Americans will follow suit when the approximately 200 patients have been evacuated. This is now going on, the patients being taken over by the army medical authorities and transported mostly to Nanking. The Americans intend to come to Nanking and weigh the possibilities of continuing efforts elsewhere in China or possibly returning to America.

United States Ambassador Nelson T. Johnson says he reported the mission bombing to Shanghai, Washington and Tokyo, leaving the question of representations up to his government.

Ambassador Johnson acted here today to assist the establishment of a sanctuary for war refugees now in Soochow on Tungshan, a small, hilly, woody peninsula extending into Tai Lake, approximately thirty miles west of Soochow. The area is separated from the lake shore by a wide canal and is easily identified from airplanes.

The Rev. H. A. McNulty, American chairman of the Soochow International Relief Committee, arrived here today, presenting to Mr. Johnson information regarding the refugee center. The Ambassador telegraphed details to Consul General Clarence F. Gauss at Shanghai, asking him to communicate with the Japanese, suggesting that Tungshan be immune from Japanese attacks.

The committee at present is caring for a thousand refugees in six Soochow centers and one hospital, all using American mission buildings.

——摘自《纽约时报》（The New York Times），1937 年 11 月 13 日

敵機昨空襲西安

魯境黃河各渡口均遭轟炸

濟南竟日有敵機投彈

（中央社）西安十三日電，敵機兩架、十三日上午十一時、飛西安空襲、經我高射砲射擊、在郊外投擲彈、倉皇逸去。

（中央社）西安十三日電、敵單翼轟炸機兩架、十三日下午一時、由晉侵陝、經韓城一帶、竄入西安上空、防空部當發出警報、實行交通管制、憲警壯丁出發維持秩序、敵飛行達二千五百公尺高空、盤旋約廿分鐘、在郊外投彈九枚、我毫無損失、經我機驅逐、及高射砲高射機關槍射擊後、敵機倉皇向東北逃去、下午一時解除警報、恢復常態、

（中央社）濟南十三日電、敵機三十架、十三日在黃河各渡口及洛口附近往返盤旋、幷投彈轟炸、濟市自晨九時起警報一次、下午四時許始解除、軋軋之聲、竟日未斷、聞敵機所投之彈、多落水中、又禹城齊殷等地十三日亦被敵機投彈轟炸、損失不詳、

——摘自《华西日报》，1937年11月14日

滬西南財物

完全被敵刼掠

總共約值千萬元

（上海十三日電）滬西南被毀損失、估計在萬萬元以上、其未毀之工廠機關財物、共值數千萬、自敵入境後、完全被刼掠、逐日運送回國、此間各界、認爲敵此種強盜行爲、係最無聊舉動、

——摘自《华西日报》，1937年11月14日

停泊浦江 我國輪船 被敵刼持

中央社。蘇州十三日電。浦東南市卅陷敵手。十六鋪寧紹碼頭前之封鎖線。已爲破壞。浦江原泊有市輪渡兩艘及沙船拖輪駁船等多艘。均爲敵刼持。有中和商輪一艘。巳爲拖駛而去。敵艦一艘。即前昨砲聲南市者。及淺水艦小艇等多艘。十三日晨六時許。滿載水兵軍械。溯江上駛。沿浦江之甯紹棧房。爲敵砲轟達百餘發。創痕纍纍。破壞甚重。熱鬧之區。已成死市。但見鷹鳥成羣。飛翔水面而已。

——摘自《湖南国民日报》，1937 年 11 月 14 日

敵機數十架 輪流襲浙

燬民房數百死傷平民數十 敵機并飛往西安洛陽窺探

中央社杭州電　十二日晨六時五十分至下午三時半、敵機先後共廿八架、輪流襲浙、計寧波被炸三次、投彈共十二枚、毀民房約九十間、死卅餘人、傷約七十餘人、距寧波六八里之孔浦地方、亦落四彈、毀民房廿餘間、死傷未詳、海鹽投彈十餘、毀民房二百餘間、死一人、傷四人、嘉興投彈六枚、毀民房十餘間、無死傷、慈谿車站投三彈、死一人、

中央社西安電　敵機兩架、十三日上午十一時、飛西安空襲、經我高射槍砲射擊、在郊外亂投數彈、倉皇逸去、

中央社洛陽電　敵機一架、十二日晨九時飛洛窺探、旋即逸去、

中央社杭州電　軍息、敵機十二日在寧波白沙等處肆炸、軍民遭難者甚多、

中央社西安電　敵單翼轟炸機兩架、十三日上午十一時、由晉侵陝、經韓城一帶竄入西安市上空、防空部當發出警告、實行交通管制、憲警壯丁出發維持秩序、敵機飛行達二千五百公尺高空、盤旋約廿分鐘、在郊外投彈九枚、我毫無損失、經我驅逐機及高射炮機關槍射擊後、敵機倉皇向東逃、下午一時解除警報、恢復常態、

中央社濟南電　敵機卅架、十三日在黃河各渡口及洛口附近往返盤旋、并投彈轟炸、濟市自晨九時起、發警報二次、下午四時許始解除、軋軋之聲、竟日未斷、聞敵機所投之彈、多落水中、又禹城等地、十三日亦被敵機投彈轟炸、損失不詳、

中央社崑山電　敵機連日飛蘇州窺察轟炸、聞十三日尤爲猖獗、敵重轟炸機及戰鬥機多架、竟日在蘇市上空分批盤旋、肆意轟炸、投彈之多、難以計算、平民罹難及受傷者極衆、因電訊阻隔、損害詳情、尚未悉云、

中央社杭州電　十三日午十二時許、敵機二飛嘉興、向車站投六彈、毀車三輛、下午四時十分、敵機三再飛嘉、在蘇嘉滬杭兩路交叉點地方投彈二、平湖十三日亦遭敵機轟炸、損失未詳、又十三日下午一時、澉浦長州壩距岸五華里海面、發現敵艦二、停留窺探、

——摘自《工商日报》（香港），1937 年 11 月 14 日

西安遭空襲 寧波炸三次

◎西安十三日中央社電、敵單翼輕轟炸機兩架、十三日上午十一時由晉侵陜、一架竄入西安市上空、防空部當發出警報、實行交通管制、憲警壯丁出發維持秩序、敵機飛行達千五百公尺高空、盤旋約二十分鐘、在郊外投彈九枚、我毫無損失、經我機驅逐、及高射砲高射機關槍射擊後、敵機倉皇向東北逃去、下午一時解除警報、恢復常態、

◎杭州十二日中央社電、十二日上午六時五十分至下午三時半、敵機先後共廿八架、輪流襲浙、計寧波被炸三次、投彈共十二枚、毀民房約九十間、死卅餘人、傷約七十餘人、距寧波七八里之孔浦地方、亦落四彈、毀民房二十餘間、死傷未詳、海鹽投彈十餘、毀民房二百餘間、死一人、傷四人、嘉興投彈六枚、毀民房十餘間、無死傷、慈谿車站投三彈、死一人、

本埠訊、據大通社記者昨向本埠某輪公司探悉、該公司於昨晨接寧波負責方面來電報告、敵機五六架、於十二日中午十二時三十分起、慘施轟炸、至一時五十分始去、投彈重量炸彈達二十餘枚、被炸地點、㊀江北岸火車站材料庫、㊁附近之華安旅館一帶房屋、㊂通運汽車站、㊃甬曹段之孔浦車站機車房、死亡四五十人、受傷亦四五十人、

(中央社)軍息、敵機前日在甬江一帶肆虐、寧波孔浦白沙等處、均被轟炸、平民遭難者甚多、敵如企圖在該處登陸、我軍已有嚴密戒備云、

◎蘇州十日電(遲到)、十日蘇州遭空襲、較前尤慘烈、自晨一時迄午後四時、敵機三五至二十餘、分批連續在城廂內外肆虐濫炸民房及文化生產機關、投彈二三百枚、被炸地點、計有平門車站、齊門內帶城橋顏姓蔣姓民房、振華女校、齊門外宴春橋南馬路上下塘房屋、閶外胥五團農校、西園、蓮花庵全家弄、胥門外接官廳、胥內來遠橋三多橋附馬府堂、盤門蘇綸紗廠及蘇州電氣廠附近葑外 場等十餘處、電廠內線路損壞、今起暫停發電、各被炸地點多全街、悉成瓦礫場、一片焦土、滿目淒涼、炸斃平民、一時尚難統計、但至少在百名以上、

——摘自《时报》（上海），1937 年 11 月 14 日

南市大火繼續延燒

浦東民房共被焚燬二千餘間

本市消息　昨日南市仍在大火、入晚十六舖一帶、延燒更烈、濃烟滾滾、火光沖天、截止今晨三時、火勢益高、十六舖周圍、及東門路一帶、均在燃燒中、法租界救火車、皆出動灌救、

本市消息　南市方面大火、迄昨未熄、南市車站路之殘疾院、一度曾由警察大隊暫住、當被燒去、家庭工業社、因實業範圍、而曾駐公民訓練所、當亦燒去、在黃家闕路之學校、與中華路之巨大空屋、均遭放火焚燒、在滬軍營、至南碼頭街一帶房屋、在日軍佔領後、已全被燒去、至昨日敵人以南市外鹹瓜街泉漳會館、曾爲保衛團第一隊假住、於是放火焚燒、迄晚猶烈焰甚熾、並波及鄰近民房繁盛之區、恐又將成爲焦土云、至於城內之美輪美奐之蓬萊路、市警察局、則未被毀而爲敵人佔踞作司令部式之機關、法院之房屋、亦供敵人之機關、而未毀之民房、均被破門入內搜索、遇有可疑以縱火焚去、惟所有廟宇、則均未遭其毀、據難民言、僧尼未逃出者、尚能保持生命、

本市消息　南市淪陷後、已宣布戒嚴、於是形成恐怖局面、貧窮之市民不能逃出、或以爲戰爭已停、急欲回家者、在途反遭殺害、記者於上午在小東門目覩一形似行號老司務者、在小東門中華路、被日軍以刺刀將左肩及腿部刺傷兩處、經民國路口之法國軍士勸告、由法捕房帶入租界、復有一青年、在小東門難民區口觀望、則被日軍執去、不知下落、而昨日有一劉姓之九歲女孩、抱其三歲之幼弟、在老北門鐵門前啼哭、詢其父名劉振山、在日暉港開設店舖、當敵人侵入時、乃父及母、俱遭槍殺、彼見之以徒哭無益、乃抱其三歲之幼弟、奔逃至此、已兩日無食、自云有堂姊嫁夫在法租界大自鳴鐘開鞋店、幸自己身畔有在新年中積下壓歲錢七元、故不致餓斃、並云倘能堂姊扶養三年、彼可以作工撫育幼弟、俾存嗣續、令人聞之無不酸鼻、旋聞此女已經放入租界、

本市消息　自敵軍在浦東登陸後、前昨兩日、曾被縱火焚燬民房無數、茲查得東昌路南首、季某華麗住宅、造價萬餘金、已全部焚燬、桃園宅外面、亦燬去民房數十間、花園石橋路、在海興路以西、被燬市房三十餘間、塘橋鎮自三官堂起、西至董家渡渡口止、爲最熱鬧之區域、市房二百餘間、悉化焦土、南碼頭一帶、亦焚燬民房一百餘間、昨日午後四時、海興路附近民房、又起火延燒、至晚未熄、損害情形未明、總計三日來所燬民房、已達二千間以上、誠浩劫也、

——摘自《时事新报》（上海），1937 年 11 月 14 日

西安昨初次遭空襲

敵機三十架飛魯黃河沿岸投彈

中央西安十三日電 敵單翼轟炸機兩架、十三日上午十一時由晉侵陝、一架竄入西安市上空、防空部當發出警報、實行交通管制、憲警壯丁出發維持秩序、敵機飛行達千五百公尺高空、盤旋約二十分鐘、在郊外投彈九枚、我毫無損失、經我機驅逐、及高射砲高射機關槍射擊後、敵機倉皇向東北逃去、下午一時解除警報恢復常態、

中央西安十三日電 敵機兩架十三日上午十一時飛西安空襲、經我高射砲射擊在郊外亂投數彈、倉皇逸去、

中央濟南十三日電 敵機三十架、十三日在黃河各渡口及洛口附近往返盤旋、並投彈轟炸、濟市自晨九時起發警報二次、下午九時許始解除、軋軋之聲、竟日未斷、聞敵機所投各彈、多落水中、又禹城齊殷等地、十三日被敵機投彈轟炸、損失不詳、

中央洛陽十二日電 敵機一架、十二日上午九時飛洛陽窺探、旋即逸去、

中央杭州十二日電 十二日上午六時五十分至下午三時半、敵機先後共二十八架、輪流襲浙、計甯波被炸三次、投彈共十二枚、毀民房九十間、死三十餘人、傷約七十餘人、距甯波七八里之孔浦地方、亦落四彈、毀民房二十餘間、死傷未詳、海鹽投彈十餘、毀民房二百餘間、死一人傷四人、嘉興投彈六枚、毀民房十餘間、無死傷、慈谿車站投三彈、死一人、

軍息、敵機前日在甬江一帶肆虐、甯波孔浦白沙等處、均被轟炸、平民遭難者甚多、敵如企圖在該處登陸、我軍已有嚴密戒備云、

中央廈門十三日電 十三日午後敵機四架襲廈、在胡里山投八彈、我無損失、

——摘自《时事新报》（上海），1937 年 11 月 14 日

——摘自《中央日报》（南京），1937 年 11 月 14 日

——摘自《中央日报》（南京），1937 年 11 月 14 日

恐怖之上海！

暴敵大肆屠戮

◇難民街頭臥食糧仍恐慌

市府各機關一部將結束◇

【上海十四日下午十一時發專電】滬市人心依然緊張，食糧來源雖漸開，但套購者多，米店門外仍極擁擠，巡捕在門外維持秩序甚費力，難民露宿街頭者人數增加，敵在南市佈告，如有入其警戒區者，一律處死，南市各街道中被慘殺者極多，西門橫屍尤衆，據四鄉設法逃出者報告，沿途受敵軍一再裸體盤查，隨時中途發現被殺屍身，被盤查若一語不合，即被以刺刀戳殺，漕河涇曾有年逾七旬之老婦，因室內有制服一套，被敵以刀由眼部戳入，傷重未死，慘痛萬分，莫敢顧問，市府及所屬機關一部將結束，正請示中。

【中央社南京十四日電】軍息，我軍由上海南市撤退後，敵連日縱火焚燒，大火熊熊，迄未停熄，十四日晚又焚燒警察局舊址，烈燄騰空，倍極淒慘，南市勢將悉成焦土。

——摘自《大公报》（汉口），1937年11月15日

嗷嗷待哺的民國路上難民　（王開攝）

——摘自《时报》（上海），1937年11月15日

無錫投三十彈

無錫十三日電、十三日上午、敵機二十架三次來襲、投彈三十枚、被炸者計平民習藝所・聖公會・美人李克樂醫師住宅・歷史博物館・縣立中學・孔子廟・省立錫師附小及民房六十餘間、死傷甚衆、各方損失、均甚重大、

◎鎮江十四日中央社電、十四日下午二時半、敵機六架飛常州轟炸、投十一彈、落火車站附近、一彈落西門外、又敵機九架、在無錫車站投四彈後東去、

——摘自《时报》（上海），1937年11月15日

嘉善附近發生激戰
大名東南在鏖戰中

△寇機昨襲常州無錫滬南市悉成焦土▽

杭州十三日二十四時電：敵我在嘉善附近四公里處激戰，新倉方面戰事沉寂，我軍某總指揮現在前綫督戰，士氣極旺。新鄉十四日電：敵軍近向大名猛犯，我守軍連日與敵血戰，傷亡極衆，敵方傷亡，數倍於我，現我軍集大名東南一帶，與敵鏖戰。

鎮江十四日電：十四日下午二時半，敵機六架飛常州轟炸，投十一彈，落於東站附近，二彈落西門外，又敵機九架在無錫車站投四彈後東去。

常州十四日電：常州十四日共發空襲警報五次，下午二時三刻，敵機六架竄入邑空，在車站附近投十餘彈，旋在二千尺以上無的投彈，竟落於西門外荳市河擺渡口，炸沉荳船及民船十餘艘，船夫死二十餘人，傷十餘人，內有婦孺九人，屍體均在河中撈起，血肉模糊，情況慘極，河邊民房三間，亦震毀。

南京十四日電：軍息，我軍由上海南市撤退後，敵連日縱火焚燒，大火熊熊，迄未停熄，十四日晚又焚燒警察局舊址，烈燄騰空，倍極淒慘，南市勢將悉成焦土。

上海十四日電：南市難民區警察被迫撤退，由饒神父商請留居區內商民自動組織商團維持，自來水派工修理，糧食則由中國紅十字會國際委員會會同國際救濟會辦理。

崐山十四日電：十六舖封鎖綫被敵破壞後已有敵艦三艘駛入南黃埔，泊高昌廟附近。又敵艦昂日丸載大批屍灰及傷兵千餘人返日。

上海十四日電：此間英國官員，今日重復聲稱，滬英軍爲防禦租界，確實奉有命令，惟此等命令，惟此等命令之執行，則由滬英軍司令相機判斷云。

——摘自《全民日报》（长沙），1937 年 11 月 15 日

敵機襲常州
轟炸我平民
窮苦船夫死傷達三十餘人

▲中央社鎮江十四日電 十四日下午二時半、敵機六架飛常州轟炸・投十一彈・落火車站附近、二彈落西門外・又敵機九架・在無錫車站投四彈後東去・

▲中央社常州十四日電 常州十四日共發空襲警報五次、下午二時三刻・敵機六架竄入邑空・在車站附近投十餘彈・旋在二千尺以上無的投彈・竟落於西門外荳市河擺渡口、炸沉荳船及民船十餘艘、船夫死二十餘人、傷十餘人、內有婦孺九人・屍體均在河撈起・血肉糢糊・情況慘極・河邊民房三間亦震毀。

▲中央社濟南十四日電 敵機十四日又在黃河各渡口濟河・洛口・濟陽各處轟炸、自上午九時至下午四時・敵機往返不絕・在桑梓店車站亦投彈多枚。

——摘自《中央日报》（南京），1937 年 11 月 15 日

浙十餘縣被寇機狂炸
嘉興被投彈最多

【本報杭州十四日下午九時電】今晨九時五十九分至下午一時五十分寇機八九架，不斷在玉環，溫嶺海，寗波，奉化，寗海，龍山，觀海街，海寗，桐鄉，硤石，嘉興，嘉善，百官，上虞，嵊縣，新昌，天台，臨海，黃岩，樂淸，南田，定海等處盤旋轟炸，又寇機六架，分四次轟炸嘉興，共投爆炸彈九枚，燒夷彈一枚，焚燬房屋三十餘間，人無死傷。

【中央社濟南十四日電】敵機十四日又在黃河各渡口齊河洛口濟陽各處轟炸，自上午九時至下午四時，敵機往返不絕，在桑梓店車站亦投彈多枚。

【中央社常州十四日電】常州十四日共發空襲警報五次，下午二時三刻敵機六架竄人邑空，在車站附近投十餘彈，旋在二千尺以上無的投彈，竟落於西門外荳市河擺渡口，炸沉荳船及民船十餘艘，船夫死廿餘人，傷十餘人，內有婦孺九人，屍體在河中撈起，血肉糢糊，情況慘極，河邊民房三間，亦震毀。

——摘自《扫荡报》（汉口），1937 年 11 月 15 日

滬敵橫行！搜查郵局覬覦海關

搜掠米糧民食嚴重

南市之火五日未斷

【上海十五日下午九時發專電】南市外灘之火已五日未斷，一處未息，他處又燒，不見有人縱火，未燒之處，亦已十室九空，浦東及南市所存米糧煤炭及鐵器之類大部多被敵運走，米船被扣去不少，因之糧食恐慌，非但未能減輕，反而加甚，米店門前所聚集之市民，較昨前數更加多，共晨擁擠處，捕房派鐵甲車維持秩序，公共租界沿邊所派之崗位已撤去數日，至今反轉派雙崗，外灘碼頭泊有海關巡輪十二艘，今晨爲敵兵佔取，輪上中西員役被驅逐，郵政總局今晨九時被敵搜查。

【中央社上海十五日電】敵十五日派便衣探警數人赴海關，對內部組織，詢問甚詳，又該關大小巡艦十二艘均被强據，水手及中外職員則被驅逐上岸，尚有濬浦局所有之最大挖泥船亦被劫持，惟員工未被逐走。

——摘自《大公报》（汉口），1937 年 11 月 16 日

敵機昨四襲嘉興

首都上空亦有敵機六架擲彈

敵艦續運援軍抵滬

（中央社）杭州十四日電、十四日敵機先後共六架，分四次襲嘉興、計北大街投彈八枚，民房廿餘間、天主堂投一彈、燬房六間、燒夷彈一、毀房四五間、兒童遊戲場投一彈無損失。

（中央社）南京十五日電、敵機廿餘架、下午一時三刻沿京滬路來首都轟擊、飛至丹陽一帶、除十餘敵機飛往揚州肆虐外、中有六架經轟炸機向京進發、三時許在上空發現、飛行甚高、經我高射槍砲猛烈轟擊。敵機倉皇竄至光華門外大較場附近，投廿餘彈而去、後調查炸彈、均落郊野、我方無何損失。

（中央社）崐山十五日電、十五日續有敵援軍五千人，及其他軍需品由運輸艦七艘裝運抵滬、總計旬日來到滬敵援軍、已在四萬五千人以上、

（中央社）崐山十五日電、敵運輸艦十一艘、十四日十五日先後駛滬、除續到敵援兵千餘人外、并有鐵甲車坦克車重砲車等品起卸上岸

——摘自《华西日报》，1937 年 11 月 16 日

我郵政總局
滬敵軍非法搜查
滬西南市全城一片焦土
難民逃租界情形極悽慘
敵軍司令部已移設南市

本報上海十五日午後十一時三十五分專電　滬我郵政總局十五日晨突遭日軍二十餘名、會同工部局警員三人、作詳搜查，事後無非法要求及非法意見表示

（中央社）蘇州十五日電、敵軍十日懸商團二十餘人、十五日晨九時突至郵政總局聲明郵政總局聲明訪郵務長午配林適午他出、即在各室巡視一週、約半小時始法郵局公文未翻動、

（上海十五日電）南市暨滬西民房幾燒盡、全成一片焦土，難民逃往租界、情形極慘、

（又電）滬電報局暨新聞之檢查、仍由原機關負責、無變動，

（又電）敵軍司令部移南市、總指揮松井駐該址、難民區之我警察隊、晨完撤盡，由敵經理、

（又電）南市暨浦東、仍有我忠勇愛國志士抗戰、各多組義軍援敵

（又電）近日滬西浦東南市、槍聲時發、界偽漢奸夥同敵軍槍殺人民、

——摘自《华西日报》，1937 年 11 月 16 日

寇機毒行狂炸蘇州
投彈竟達七百以上
首都嘉興昨日亦遭空襲

【本報南京十五日下午九時電】在最近三十小時內，寇機連續飛炸蘇州，投彈城區在七百枚以上，幾成焦土，慘絕人寰，居民扶老攜幼，奔向四鄉，大部趨避於河濱，希望乘船逃命，惟公務人員及機關，仍未動移，絕不畏寇機之殘暴燒殺。

【本報南京十五日下午九時電】寇機六架今日下午一時五十分由滬犯京，經我高射砲密集掃射，在郊外投彈數枚即遁去。

【本報江陰十五日下午九時電】本日寇機先後共十五架在嘉興投彈十七枚，民房被燬三十餘間，天主堂兒童遊戲場均被炸燬，人無死傷。

【中央社南京十五日電】敵機廿餘架，十五日下午一時三刻沿京滬路來首都襲擊，飛至丹陽一帶，除十餘敵機飛往揚州肆虐外，中有六架轟炸機，向京進發，三時許，在上空發現飛行甚高，經我高射槍砲慎重射擊，敵機倉皇竄至光華門外大校場附近，濫投二十餘彈而去，事後調查，炸彈均落郊野，我方無何損失。

——摘自《扫荡报》（汉口），1937 年 11 月 16 日

Japanese Planes Drop 700 Bombs On Soochow

City Suffers Enormous Damage; Red Cross Station Hit

RAID ON NANKING ENDS IN FAILURE

Kashing, Changchow And Other Cities Also Bombed

NANKING, Nov. 15.—(Reuters).—Japanese 'planes have rained more than 700 bombs on Soochow since yesterday, according to Chinese reports received here this afternoon.

The city, known as the Venice of China, is stated to have suffered enormous damage.

Dr. Ettinger, the Austrian superintendent of the Red Cross hospital there, says that one Red Cross dressing station "completely disappeared when it was struck by a 500-kilogram bomb. Only a huge crater in the ground and one leg marked the spot."

Telephonic and telegraphic communications between Soochow and Nanking have been interrupted.

Since the Chinese Government has avowed its determination to defend Nanking at any cost, a very heavy exodus is in progress, chiefly for points up-river. Steamers and 'buses are all crowded to capacity.

Early this morning orders were issued to remove all wounded in the capital to the interior, and, within five hours, they were all on their way. Doctors and nurses will leave tomorrow morning.

Government officials, however, are remaining in Nanking.

Nanking Raided

NANKING, Nov. 15.—(Central).—A squadron of six Japanese planes made an unsuccessful raid on Nanking at three o'clock this afternoon. Threatened by anti-aircraft guns the Japanese birdmen had to fly at a high altitude and did not reach the heart of the city.

About twenty bombs were hurriedly dropped by the invaders, all of which landed at various points on the outskirts of the city, wide of their intended marks. No damage of military value was inflicted.

Earlier in the afternoon, more than a dozen Japanese planes raided Tanyang and later Yangchow. Several bombs were dropped and the damage done has so far not yet been ascertained.

Kashing Bombed Four Times

HANGCHOW, Nov. 15.—(Reuters).—Kashing, important junction point on the Shanghai-Hangchow Railway in Chekiang, was bombed by Japanese planes four times yesterday.

A total of 13 explosive bombs and one incendiary bomb were dropped in the course of the air raids, demolishing over 30 houses.

Two of the bombs hit the local Cathedral, destroying the building partially, while three other missiles landed on the children's playground, causing, however, no casualties.

Several Other Cities Bombed

Bombing raids were carried out over several other cities west of Shanghai yesterday and the day previous. According to Japanese reports, the raids were conducted to 'create panic" among the Chinese troops. Other reports, however, indicate large losses of civilian lives and property.

The prosperous city of Wusih was raided three times Sunday morning by 20 Japanese planes operating in relays. Changchow, a station west of Wusih on the Nanking-Shanghai Railway, was raided five times by Japanese planes.

——摘自《大陆报》（The China Press），1937 年 11 月 16 日

敵機轟炸蘇州

擲彈七百餘枚

首都昨又遭空襲

中央南京路透十五日電 據今日午後此間 所接華人消息、自昨日起、日機在蘇州共已擲下炸彈七百餘枚、以中國威尼斯城著聞世界之蘇垣、聞已慘遭極大損毀、該處紅十字醫院主任與人艾丁格醫士謂紅會裏紮創傷所一處、爲重五百公斤之炸彈擊中、致完全毀滅、僅地上留一大穴與一人腿、以表示該療傷所之遺址而已、蘇州與南京間之電話與電報交通、皆已中斷、

中央南京十五日電 敵機十餘架、十五日下午一時三刻沿京滬路來首都襲擊、飛至丹陽一帶、除十餘敵機飛往揚州肆虐外、中有六架輕轟炸機向京進發、三時許在上空發現、飛行甚高、經我高射槍砲愼重射擊、敵機倉皇竄至光華門外大校場附近、濫投廿餘彈而去、事後調查、炸彈均落郊野、我方無何損失、

中央南京路透十五日電 日轟炸機三架、偕驅逐機三架、今日午後襲攻南京、轟炸機飛過首都兩次、在光華門外擲落炸彈、 南京附近各城如揚州等有日機二十架從事轟炸、

中央杭州十四日電 十四日敵機先後共六架、分四次襲嘉興、計北大街投彈八枚毀民房念餘間、燒夷彈一枚燬房四五間、天主堂投二彈、毀屋六間、兒童遊戲場落三彈、無損失、

——摘自《时事新报》（上海），1937 年 11 月 16 日

南市浦東

大火仍在延燒

南市東起十六舖西至打浦路

全部民房被圍於濃煙烈火中

神州社云 昨日南市火勢仍熾、東起十六舖、西至打浦路、全部民房彼圍於濃烟烈火中、霞嘉路一帶房屋、因接近難民區、由租界救火員灌救、得免此浩劫、而已熄滅之浦東大火、昨日又復燃燒、火勢殊烈、據來自浦東之鄉民談、起火地點在洋涇鎮北面之火柴片廠、而鄰近之煤棧亦遭焚燒、故火勢更盛云、

神州社云 昨據確息、我南市市立文廟圖書館、於敵軍進佔時即被焚毀、文廟大殿亦遭波及、我上海古代文獻、已全成灰燼、

——摘自《时事新报》（上海），1937 年 11 月 16 日

緊要新聞

抗日軍訊

▲敵機轟炸蘇州慘劇

十五日國際通訊社訪員賓加卜加氏上海電。中國古時文化中心之蘇州。是日被日軍飛機轟炸甚烈。一切名勝古蹟。均已盡付一炬。此爲自中日戰事爆發以來。日軍飛機向中國城市舉行空襲之最慘酷者。在過去之二十四小時內。日軍飛機隊向蘇州投擲引火及爆裂之炸彈。共達七百餘枚。日軍將蘇州炸燬後。將直向中國首都南京推進。

同時日本步兵及炮兵。已將華軍之北翼擊敗。而在華北之日軍。亦已開始向山東省進攻。以期將山東劃入華北「獨立政府」範圍之內。

查蘇州共有人口約五十萬名。近日日軍飛機屢向蘇州擲炸。且正式向城內居民發出「哀的美敦書」。限時離境。故蘇州居民多已逃往別處。惟日機向該城大舉轟炸時。城內尚有居民共二十萬名。未及遷徙。故料死傷人數必甚衆。所有美國教會醫院助手。均已於上星期離境。

現瀏河方面華軍之左翼軍。被日軍擊退。瀏河西南方之太倉及外岡兩地。亦入於日軍手中。日軍當局謂彼等將於四十八小時內。將華軍新防線完全擊破。據外國觀察家預測。南京或於耶誕節以前。被日軍攻陷。料華軍如發覺其現時之防綫不能支持。或在無錫與江陰之間。設立新防綫云。

——摘自《少年中国晨报》，1937 年 11 月 16 日

敵機昨六犯嘉善

蘇州竟日遭轟炸

城內數處起火入晚未熄

常州揚州昨亦被襲

（中央社）杭州十六日電、十五日敵機十五架、分六次飛嘉善投彈共十六個、毀民房二十餘間、

（中央社）蘇州十五日電、敵機十四日、在蘇州整日轟炸、較十三日尤烈、在城廂內外投彈不可數計、井向鬧市投燃燒彈致有數處起火、入晚未熄、現前街底銀行房屋、亦被炸、受損害者多係民房與平民、敵機對不設防城市濫施轟炸、殊堪痛恨、

（中央社）常州十五日電、敵機三架、十五日午十二時來常州上空盤桓、并在城郊外及鐵路綫附近投彈數枚而去、

（中央社）鎮江十五日電、十五日下午二時、敵機十五架、飛揚州投彈四枚、在句容西門外投彈一枚、

——摘自《华西日报》，1937 年 11 月 17 日

各地疊遭空襲

廣州十六日中央社電、十六日下午一時卅五分、一敵機由海外敵艦起飛、進窺汕市、五十分侵入角石上空、防空指揮部當發警報、嚴密戒備、敵機略事盤旋、即向潮陽廚澳頭方面逸去、二時廿分解除警報、（鎮江電）十五日下午二時，敵機十五架飛揚州、投彈四枚、在句容西門外投彈一枚、（揚州電）十五日未刻來敵機十五架、飛西郊投十彈、死農民一名、傷二名、（常州電）敵機三架、十五日午十二時來常州上空盤桓、並在城郊外及鐵路線附近投彈數枚面去、（杭州電）十五日敵機十五架、分六次襲嘉興、共投彈十六枚、毀民房廿餘間、（海口電）十六日上午十時許、澄邁（縣名）馬裊港有敵機一架、由西掠過、

——摘自《时报》（上海），1937年11月17日

蘇州已成荒墟

南京十六日中央社路透電、蘇州南部監理會醫院代理主任伍格倫女士、昨晚避陸到京、偕來者有索魯曼醫士・亨利教士・與中國女護士一人、索魯曼與亨利、曾作儀徵小作勾留、指揮中國醫士等二十人遷回事宜、目前縣州尚有外僑九人、計南部浸禮會二人、美教會一人、皆從事於救濟難民之工作、除二人為美國長老會醫院之醫生、現方辦理將病人一百〇八名運往洞庭西山事、上星期中蘇州大遭轟炸、惟外人無死傷者、電力廠被毀、水電俱斷、外人產業未損、據格倫女士言、蘇州已成荒墟、途中盡是難民、紛向南京方面而行、有徒步者、有乘小車者、有乘人力車者、亦有乘馬車、或汽車者、形形色色、見者為之傷心云、

◎蘇州十五日中央社電、敵機十四日在蘇州整日轟炸、較十三日尤烈、在城廂內外投彈、不可數計、并向鬧市投燃燒彈、致有數處起火、入晚未熄、觀前街某銀行房屋亦被炸、受損害者多係民房與平民、

——摘自《时报》（上海），1937年11月17日

駐滬英兵

談寇機殘暴轟炸

不炸軍事設備專炸平民

倫敦十五日哈瓦斯電：英王家威爾斯團官兵，頃自滬返抵蘇桑普敦港，多就日機轟炸情事，發表個人印象，某軍官談稱，某次日機轟炸時，華方僅有高射炮一架予以還擊，上海所受損失，極爲重大，必須若干年後，始可復原，某士兵則謂一言

以蔽之，日軍屠戮華人是也。以吾人所獲之明切印象而論，日本乃欲強令中國屈服，日機似以中國平民爲目標，而不以軍事設備爲目標，余曾數次見中國平民避入火車站，日機則待人滿後，始投彈轟炸，殘酷情形如何，自可想像而知云。

——摘自《全民日报》（长沙），1937 年 11 月 17 日

CHINESE CASUALTIES ESTIMATED AT 800,000

Red Cross Investigator Thinks 425,000 Have Been Killed at Shanghai and in North

Wireless to THE NEW YORK TIMES.

SHANGHAI, Nov. 16.—The Chinese armies on the Shanghai and North China fronts have suffered more than 800,000 casualties, according to Colonel C. E. De Watteville, representative of the International Red Cross, who has returned to Shanghai following an extensive tour of important Yangtze Valley cities.

"If the fighting continues another month the casualties are likely to top the million mark," he declared.

About half of the Chinese casualties in the Shanghai area resulted in death. The percentage of fatalities on the North China fronts was greater.

Colonel De Watteville placed the Chinese dead at Shanghai at about 175,000. He estimated the North China deaths at 250,000.

The Chinese are shifting their wounded from the Shanghai area to escape the Japanese advance. Plans are being made to accommodate thousands of wounded in towns along the Yangtze above Hankow. Colonel De Watteville said there was not adequate transportation for the wounded on battlefields.

"It is still a common sight," he said, "to see hundreds of badly wounded from the Shanghai front walking the roads, requiring a week to arrive at railway stations or river ports. However, these men are exceptionally sturdy and can withstand untold hardships on the road if given only the barest emergency treatment on the battlefield before taking up their journeys."

Unless hostilities continue for many months the medical supplies and equipment that have arrived or are en route to China probably will be sufficient to meet the needs of the wounded, he said, investigations having demonstrated that Chinese wounded can be fed and housed in hospitals for less than $2 a month.

——摘自《纽约时报》（The New York Times），1937 年 11 月 17 日

德領同情我國抗戰

中國立國數千年必能繼續存在
敵雖有吞中國野心難如願以償

日炸不設防城市平民暴行將速食其報

中央社西安電　李儀祉前曾致函駐渝德領佘福來、論中日戰事、頃佘接覆函、對我國抗戰、極表同情、對日軍暴行、深惡痛絕、原函略謂、日軍之侵略、適足以助成中國之統一、中國之抗戰、可以獲得最寶貴之經驗、有益于中國前途、蓋莫大焉、日軍雖挾其最新武器來侵、然謂其能遂併吞中國之野心、任何人不能信也、此次中國軍人爲民族存在、奮勇抗戰、壯烈犧牲、在日本當亦深爲震驚、佘深悉日軍之大舉侵華、蓋由於中國年來日趨於自强之路也、至於中德邦交、素極友善、試讀德國各日報、可知德人對中國一般之同情、我人深望中國經此大難人民奮興、在蔣委員長領導之下、築成强健之新中國、正如吾國領袖希特勒、能使積弱十五年之德國、統一其國民意志、而成一新德國、請君毋憂、中國立國數千年矣、必能繼續存在、所要者、在能聯合全民族之力、以求全民族之出路耳、關於德日協定、含防共外、毫無他旨、任何政治軍事之聯合、或反對中國之陣線計劃、皆爲此約所未有、日本決不能以反共爲理由、在德國喚起對於侵略中國之援助、德國亦決不與日本以在中國自起私圖之權、反之、德國實深望中國之復興、而尤切盼和平之速現、佘個人深惡日軍對華之橫暴、而尤以轟炸不設防城市及平民爲甚、此種行爲、必將速食其報、蓋今日中國之所受者、他國亦恐將不免焉、佘腦中始終不忘可愛之中國云云、

——摘自《工商日报》（香港），1937年11月18日

蘇州被炸無完土

海甯居民逃一空

蘇州附近戰況，近日至爲激烈，該處人民紛紛走避，惟現仍有英美僑民數人，不畏危險，繼續救護傷兵難民。昨有美僑一名，由南通改道來滬，據其語人，上星期六以來，日機即大批赴蘇州轟炸，每次恆三四十架，漫無目標，濫肆轟炸，炸聲震耳，鎮日不息。東吳大學附近之傷兵醫院，亦被炸毀，留院之傷兵慘遭炸斃，該處並非軍事區域，附近亦無軍事設施。現在蘇州水源缺乏，報紙亦多停刊，非戰鬥人員，泰半離境，四鄉難民流離失所，到處爲一幅流亡圖，慘狀一時難以罄述。又記者昨晤恩德輪抵滬之海甯同鄉某君，據談海甯所屬硤石長安斜橋等處，因沿滬杭路關係，自滬戰發生後，即爲敵機轟炸，至於海甯縣城戰後敵機過境者，日有多次，從未遭轟。至本月九日晨八時敵機三架，突向該縣大東門外下河頭，投下炸彈三枚，毀去益壽堂藥店等平房四五間，死一人，傷十餘人，現在該縣城內居民，均已遷避一空。

——摘自《神州日报》（上海），1937 年 11 月 19 日

敵機窺伺海豐

廣九路昨被轟炸

路基路軌電報均小受損失

湖陽南澳海面敵艦已他駛

（中央社）汕頭十八日電、潮陽南澳海面敵艦悉已他駛、沿岸亦甚寧謐、

（中央社）汕頭十八日電、海豐電話、今上午九時四十五分敵機突入縣境、幹線低飛窺察、至十時向海外飛去、

（中央社）廣州十八日電、十八日上午八時二十分、敵機三架飛炸廣九路、天塘圍、平湖兩站、投彈六枚、路基路軌電報均受損失、

——摘自《华西日报》，1937 年 11 月 19 日

形同□□ 敵肆意殺掠

外人住宅亦被敵軍劫掠一空
南市難民區常被敵開砲掃射

十八日上海路透社電 虹橋區之外人住宅門外、雖有日軍司令所標貼之佈告、禁軍人闖入、但今晨有一部英美住宅主人返回其舊居視察、見其屋內所存之傢具等物、已被竊掠一空、

中央社上海電 南市難民區秩序漸次恢復、各難民均已有住宿食粮飲料、醫衛消防亦有辦法、惟連日慈善團體組視察團前往、竟爲敵在區外射擊、幸未發生意外、該區辦事處、爲維持安全起見、已婉辭前往參觀、

十八日大連路透電 大連汽船會社定于十二月六日恢復大連上海間之航線、將先派一輪大連丸往上海、其後則加派兩輪行走此線、

——摘自《工商日报》（香港），1937年11月19日

乍浦轟炸慘烈

我軍西移後、連日敵軍、分路猛攻乍浦嘉興、該處居民紛紛逃避、據甫由甬乘恩德輪抵滬之乍浦難民談、敵軍自在杭州灣登陸後、敵機即每日前往轟炸、十日後轟炸尤見劇烈、城廂繁盛街市、盡被炸毀、無辜居民死傷無數、慘酷情形、幾難罄述、城廂居民本尚甚多、白天恐敵機轟炸不敢出逃、均於夜間成行、十一日晚、因逃避者過於擁擠、吊橋一座、竟爲坍墮、老弱婦孺、死者甚多、由杭渡錢塘江後、紹興餘姚百官一帶、雖亦常有敵機前往肆虐、但社會秩序尚見安定、並不如外間謠傳之甚、

——摘自《时报》（上海），1937年11月19日

蘇東吳大學被毀

商業區亦遭敵機蹂躪

中央南京路透十八日電、蘇州監理會醫院索魯曼醫士與亨利敎士、今晨由儀徵到京、謂聞諸東吳大學醫院之華人工程師、該大學醫院之林樂知廳與健身房皆在本週初爲日機所轟炸、蘇州醫院診斷所亦被擊中、當轟炸時、大學醫院中、尙有若干傷兵、蘇城該部份、並無軍事機關、僅醫院與敎會、房屋耳、診斷所屋頂且有甚大美國旗一面、據該工程師言、蘇城大受飛機空襲之損毀、尤以商業區域爲甚、死傷幾何、無從估計、但必不少、索魯曼語人、在離蘇前之一星期中、外人備受驚惶、消息不通水電俱無、惟聞飛機聲與炸彈爆裂聲終日不絕而已、

——摘自《时事新报》（上海），1937年11月19日

JAPAN'S SHANGHAI LOOTING

LOOTING in British and American homes by Japanese soldiers is reported from Shanghai.

Most of the looting has taken place in the Hungjao Road district. One Englishman returned to his home yesterday and found that it had been completely plundered.

The looting took place in spite of the fact that the houses were flying British or American flags, and two watchmen who went to one of the houses were forcibly turned out by the Japanese and forced to return to the International Settlement.

The Shanghai residential area is still closed by the Japanese, although Chinese troops are 30 miles away.

——摘自《工人日报》（Daily Worker），1937年11月19日

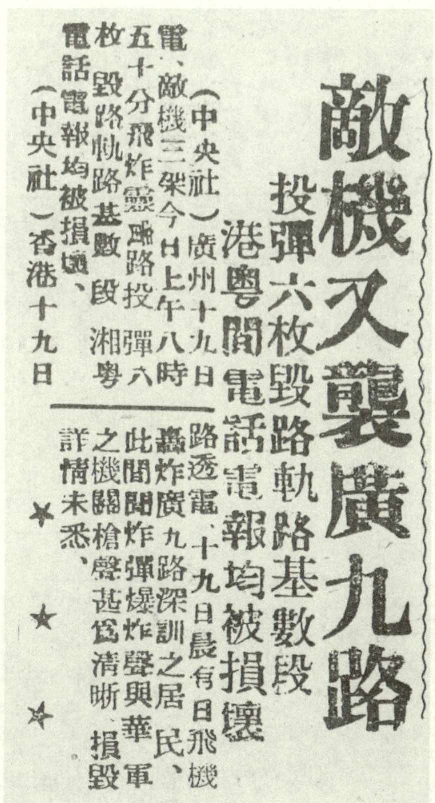

敵機又襲廣九路

投彈六枚毀路軌路基數段

港粵間電話電報均被損壞

（中央社）廣州十九日電、敵機三架今日上午八時五十分飛炸靈[illegible]路投彈六枚毀路軌路基數段、湘粵電話電報均被損壞、

（中央社）香港十九日路透電、十九日晨有日飛機轟炸廣九路深訓之居民、此間聞炸彈爆炸聲與華軍之機關槍聲甚爲清晰、損毀詳情未悉、

★ ★ ★

——摘自《华西日报》，1937年11月20日

王正廷在美
講日軍殘殺平民

中央社華盛頓十八日電　王正廷今在美總商會年會席上演說、略謂日本殘殺無數中國平民與婦孺、炸毀中國無數工廠與生活工具、其目的無非在摧毀中國之進步、王氏對於羅斯福總統在芝加哥主張國際合作確保和平之演說、譽爲足以轉變國際局勢之樞紐、

★　★　★

——摘自《工商日报》（香港），1937 年 11 月 20 日

北平慘象

政治教育全是亡國風光
人民生命財產毫無保障

某某地方當局背自治、所反對者僅最高當局、惟不足顧也」、其

本報上海特約航訊、客有新自北平逃滬者、來談北平近況、正是亡國慘象、一語一淚、可爲人深省、我亟一書之如次、以告淪偏安於一隅者、亟應猛省覺悟、速共抗救國難、保衛國土、勉既佔平津、亟應於比京會議前、完成華北五省區其附庸之迷夢、其對滬浦綫、則巧施一幕政治騙局、俾可移滬浦之退兵、傾力攻山西、一旦山西得手、再對魯事政治威脅兼施、庶可於比京會議前、實現「華北五省自治」、最近敵外務省、對外已暗示接受國際調停之條件、爲恢復淞滬臨定戰區、與華北五省自治、其報記者有謂華北地方人民與當局、苟不顧離中央而自治、則又將奈何外省發言人竟公然聲指」

厚認
吾人

之語氣、足證其野心之所在、來客又談、敵深知江朝宗齊燮元發、其聲望絕不足以號召五省人民、而華北五省僞當局亦未必盡心作傀儡、故上月許多與日本等在平、擬抬曹三爺」（曹錕）出來做五省傀儡、蓋曹現爲北京時代之豬仔議員所選總統、敵可在幕後策動、假借民意、強令各地舉行僞選舉、選曹錕出任總統、恢復用五色旗之中華民國、倘九國公約國在比京開會、出而干涉鯨吞華北、則日本可強詞奪理、否認鯨吞、謂九國公約之成立、在北京政府時代、其時中國用五色旗、稱中華民國、并非黨國、現在華北民衆、推曹錕出山、恢復北京政府之舊時代、各國何以置喙」、吾人多從用心殊毒、特撰此篇論調、以備

各國干涉時之招牌、同時又強將北平名稱、恢復「北京」舊名、雖偽

抬出傀儡

而與南京對立、但曹錕之作傀儡、必以吳佩孚之意旨爲斷，倘吳佩孚不出山、於曹錕出來、仍不够號召、豈料吳佩孚秉性堅強忠烈、決非敵威脅利誘所可就範"、現在北京會議已開幕、北平亦已改名、內蒙又已假借民意、成立以德王爲傀儡之僞自治政府、獨華之五省、因吳佩孚還未肯就範、山西山東未到手、尙未能抬出曹錕、完成華北五省自治之迷夢、其計難逞、其用心亦苦矣、

敵軍入北平後、傀儡潘毓桂輩、先廢黨義教科書、由所謂萬國道德學會、印就「四書」、令各校作課本、欲以孔孟尊主之說、埋沒青年血性、使終生甘作亡國之國民、又迫令增日文一科、

使漸同化

又有某日人特設外國語學校、（名爲外國語、實祗有日語、）內分「留學」「大學」一科、「大學」科以研究日本文化爲中心、留學科則爲留學日本之階梯、此外又播音日語、私人教日文、均一貫的亡國後同化政策、論政治則日顧問充塞於各機關、一切之核准、一字之收支、均由其監視、最近還設一牲畜管理所、亦請日人爲顧問、敵軍入北平後、市場關閉、商業蕭條、現敵強令各戲院商店開市、但門庭仍冷落、最近又新設一大市場、名爲「日華商品聯合販賣所」、實際盡屬日貨、而大市場開幕之日、傀儡會長局長、以及日方當局、均來

參加盛典

說中日親善鬼話、勸人民多買日貨、來客又慨然而曰、今日上海的水果市場如香蕉蘋菓、來自臺灣、已被方操縱、將來天津的梨良鄉的栗、多成敵佔領地之產物、產於中國、不能指爲日貨、但被敵商控制、安得不算是日本商品、總之多失一塊土、多產幾樣日本商品、瞻念經濟絕交前途、正令人萬分痛心、

二十九軍前在北平時、軍人所領日餉、多河北省銀行鈔票、自知該行前途不可恃、偶有積蓄、紛紛在北平買地產住宅、所以二十九軍人的財產、大半在北平、當時自以爲萬分安穩、安料今日完全送於敵人、現北平成立一公私產業管理委員會、和特別犯人審判法庭、同是不公開的私設機關、前者充公財產、後者捕殺無辜、亡國後人民的生命財產、

全無保障

有產者應向該會登記、以便清丈檢核、一人擁產超過限度、即應充公、前在機關服務或有黨的嫌疑者、共產沒收、嚇得有產者不敢往登記、個成無產界級、而該會每天將沒收地產、登報召人承買、不過誰敢去買、敵人是號召防止共產者、而其行爲比共產更壞、北平無數中上產界級、立成無產者、縱幸而房產未被沒收、但空屋無人召租、苟被日韓浪人看見、即強盤入、不但不付房租、日久據作自有、無法與爭、此是北平來客所談亡國後實情、句句血淚、字字椎心、最後記者願奉勸有產者、趕快出你財產十分之三或四、多買救國公債、搶救將亡的祖國、你若不醒、到現在還吝嗇、將來你的家鄉、不幸成爲北平之續、則財產儘送敵人、妻女姊妹、被敵蹂躪、子子孫孫、永成奴隸、你將噬臍莫及、二十九軍人之殷鑒不遠也。（十一月五日發）

——摘自《华西日报》，1937 年 11 月 22 日

上海市民慘遭殺害

英文星期報載「上海見聞」

本港英文星期日報、昨登上海米爾靈登公司經理米爾靈登所作「上海見聞」一文、米氏日前由港乘法輪杜美總統號返滬、該文乃其返滬時所見所聞之紀述、原文甚長、以誠實的筆調、報告滬地之現狀、對於日軍在上海造成之種種恐怖悲劇、亦有坦白的紀述、茲譯錄原文一段如下、以見日軍殘暴行為之一斑「……警察們可真值得讚許啊、白天和晚上、他們都要跑出街上値勤、他們真累啦、而恐怖的狀態、往往擺在他們的目前、他們每每要嘆出口氣來、我訪問了一位警察長官、他告訴我、馬却街的屠殺故事、那屠殺的根源、就因一個中國士兵、在虹口市場附近、靜悄悄地射死一個日本哨兵、結果、惹起了一場大屠殺、許多男人女人和兒童、就給犧牲了、第二天的早晨、馬却街上零亂地擺着一百五十具屍首、男的、女的、老的、少的、肥的、瘦的、懷慘的狀態、就算最有經驗的警察看見、也不免驚喊起來、這位警察長官告訴我「一個中國婦人的可憐故事、她在江灣被困了三個星期、粮食早已吃個清光了、她再不能夠在那裡抵受饑餓、於是冒險的奔逃到租界來、她初時是和其他六個婦女一起蹲伏士牢裡逃難的、曾經有一顆子彈在她的身旁飛過、幸得她及早伏在地上、沒有遭這顆無情的槍彈殺死、從來他們避難的地方發生火警、她的同伴都葬身火堆裡、只有她能够在大火的包圍裡徼倖地逃脫、在黑夜之前、跑到一堆木料的旁邊、略為憩息、她身上已受了微傷、然而她顧不到身上的創傷了、只是繼續地爬進租界、她費了四日四夜的時間、才安全地踏入租界、被租界警察送到醫院療治、一個男子、是李德迪爾貨倉的看倉人、雙手給鋼綫反縛着、雜處在一羣華工裏、被驅迫向碼頭前進、刺刀指着他們的背後、他們沒有反抗的可能、只得向前跑、結果跑到碼頭、被推下黃浦江裏、然而、這一個看倉人却是命不該絕、當他被推下江裡的時候、縛着他雙手的鋼綫却鬆了、他於是抓着碼頭的柱子、從一柱扳到別柱、這樣地費了三整天、才能够扳上岸來、在一個清裡晨、給電力公司的小輪發覺了他、才被救回來、送到醫院去、他的背部、已給刺刀刺傷了、然而、尚幸不致死呢、他的同伴都淹死在黃浦江裡、他們的屍體、背面都有刺刀傷痕的、在黃浦江浮起來、怪難看的、有些還被冲到蘇州河裡呢」。

——摘自《工商日报》（香港），1937 年 11 月 22 日

敵機肆擾豫省各地

（中央社）開封廿二日電、十二時許敵機十五架、分兩路經[illegible]東明南飛、其中五架、經開封禹王臺東南上空向西南飛行、以作掩護、餘十架經考城內黃集南飛、至太康淮陽周家口三處、各投彈十餘枚、一部民房被燃起火、敵機投彈後、仍由原路飛去、

（中央社）鄭州廿二日電、敵機十一架廿一日晚十時、經汴空轉赴淮陽、投彈十餘枚、在淮轟炸后、轉荷澤沿黃河向東遁去、又老城濮陽、廿一日均發現敵機在高空偵察、

——摘自《华西日报》，1937年11月23日

晉北游擊隊配備妥善
將有大規模活動
晉中晉東晉西我陣線部署竣事
我生力軍抵晉中各線士氣旺盛
平遥商民多被敵慘殺

中央社。臨汾二十二日電。晉中敵軍。經旬餘日之補充。現復積極活動。謀大舉南犯。**其主力部隊已集中榆次大谷一帶**。計共有十個聯隊之衆。歸坂垣統率指揮。另在太原方面。尚有七個聯隊。由川岸統率。急向汾陽離石等地方面移動。**揆敵之企圖。似以聲擊晉東晉西爲掩護。而其主力。仍沿同蒲線南進**。由介休以北之同蒲路。敵方現已修復通車。二十一日晨。有敵之騎兵四百餘人。在介休城郊活動試探。向南推進。當被我預伏之部隊。猛力襲擊。敵死亡甚衆。旋即北竄。如敵來犯。決即嚴予痛擊。又**晉中晉東晉西。我各路陣線。現均已部署竣事。太原以北。我之游擊部隊。現亦另加配備安善。將有大規模之活動**。而予寇軍後方以重大打擊。

中央社。臨汾二十二日電。**我大批生力軍。連日開達晉中各線**。精神奮發異常。因之各縣士氣。大爲旺盛。自二十一日晨。敵部一度在介休附近活動。被我軍擊潰後。二十二日未有何動作。

中央社。臨汾二十二日電。據報**平遥城內**。現有敵軍約千餘人。敵之司令。尚駐該城商會內。迫令商民。懸掛日旗。**我商民被敵慘殺。並投井自殺者。連日達一百餘人**。該縣義安鎮。十八日被敵軍拉去少婦五人。敵並以大車。將全村婦女首飾衣服等。運向北去。

——摘自《湖南国民日报》，1937年11月23日

寇機濫炸

常州投彈最多

平民死傷甚衆

【中央社鎭江二十三日電】二十二日晨七時半，敵機二架，由常州至丹陽陵口車站投彈六枚，至開機槍向列車掃射，死傷平民甚多，九時四十分，敵機十餘架，分批飛常州丹陽宜興金壇一帶轟炸，計常州數十彈，丹陽站十餘彈，陵口站五彈，宜興公路五彈，金壇西門外三彈，損失均不詳。

【中央社南京二十三日電】敵機數架，二十三日晨十一時及下午二時半，分兩次至丹陽轟炸，並有襲京企圖，我防空部當即發出警報，惟敵機當在丹陽近郊投彈數枚後，即逸去。

【中央社開封廿二日電】廿二日晨十時許，敵機十一架經濮陽南飛，經東明考城民權向淮陽周口等處飛擾，十一時許在淮陽周口各投彈十餘枚，經我空軍起而應戰，約廿餘分鐘，敵重轟炸機兩架先後被擊落於周口西南廿里之鄉間，機身焚燬，駕駛員十餘人均殞命，餘機狼狽逃去，至十二時許，敵機八架經東明先後向北飛去。

——摘自《扫荡报》（汉口），1937 年 11 月 24 日

敵機肆虐

轟炸平民！

成隊在常州等地投彈

▲中央社鎭江二十二日電 二十二日晨七時半•敵機二架由常州至丹陵口車站投彈六枚•並開機槍向列車掃射•死傷平民甚多•九時四十分•敵機十餘架分批飛常州•丹陽•宜興•金壇一帶轟擊••計常州數十彈••丹陽站十餘彈••陵口站五彈•宜興公路五彈•金壇西門外三彈•損失均不詳•

【本報廿二日上海專電】廿二日晨大隊敵機分批飛無錫江陰轟炸•湖州常州亦被投彈••常鎭間路軌橋樑有數處被炸•難民被炸斃無數•

▲中央社鎭江廿三日電 敵機二十三日分批在無錫丹陽間轟炸五五次•在錫擲燒夷彈甚多•丹陽常州兩車站損傷頗重

【本京消息】敵機數架昨（二十三）晨十一時及下午二時半分兩次至丹陽轟炸•並有襲京企圖•我防空部當即發出警報•惟敵機當在丹陽近郊投彈數枚後•即逸去•

——摘自《中央日报》（南京），1937 年 11 月 24 日

Japan Plunders In International Settlement

(From Our Own Correspondent)

SHANGHAI, Tuesday.

THE Japanese in Shanghai are about to begin wholesale plunder of all Chinese property and the suppression of Chinese institutions not merely in the Chinese part of the city, but in the International Settlement itself.

Ignoring all international agreements, they have placed a number of completely illegal demands before the authorities of the International Settlement and the French Concession, and have also declared, without even consulting the Settlement authorities, that they intend to confiscate Chinese property.

The Japanese Embassy, which has so frequently announced that Japan only wishes to "be friends" with China, has issued an official statement that—

the Japanese authorities intend to take into their hands the management of all Chinese administrative and other official institutions which continue to function on the territory of the International Settlement and the French concession in Shanghai.

By Chinese official institutions the Japanese imply the marine customs house, postal and telegraph service, law courts, police services and other administrative apparatus.

JAPAN'S DEMANDS

Demands placed before the International Settlement and French Concession authorities include:—

Suppression of anti-Japanese activity.

Disbandment of all Chinese organisations.

Eviction of local and central representatives of the Chinese Government.

Abolition of Chinese censorship on newspapers and Press agencies.

Prohibition of the use of radio by Chinese.

The suppression of anti-Japanese activity includes prohibition of anti-Japanese literature, posters, plays, films and broadcasts.

The plundering has already begun. On Sunday a detachment of Japanese marines seized 30 Chinese ships of various sizes belonging to the Chinese marine customs house, the Shanghai river police and the port fire brigade. The Japanese flag is now flying on the confiscated ships.

——摘自《工人日报》(Daily Worker)，1937年11月24日

敵機連日襲江陰

（中央社）江陰二十四日電，的對江陰覬覦已久，週來圖破壞我封鎖線，在江陰下游七十里之劉聞沙一帶，派艦巡弋，一面探我實力，一面暗運浮筒，惟均經發覺，故未得逞，近則屢派飛機轟炸，自十一日以來，每日均有十餘架在江陰上空盤旋，過要塞地帶時，因我高射砲射擊猛烈，始終不敢低飛，遂犯二十三日在城內亂投二十餘彈，旅館戲院各毀一處，民房倒塌幾棟，死傷平民五十餘名，二十四日上下午四度來犯，在縣城南西互里閘等地方擲彈多枚，死傷難民二十餘人，其中多婦孺，斷脛殘肢，慘不忍睹，惟一般壯丁，則因恨敵人骨，尤不忍離棄，鄉民均自動協助軍隊，構築工事，防護交通，目前敵雖有自陸上逐步侵犯之趨勢，但我野戰力量，猶為雄厚，守土將士咸抱與要塞共存亡之決心，敵如進犯必遭痛擊，

——摘自《华西日报》，
1937年11月25日

敵機十七架 昨在廣州虎門肆暴

投彈多枚我婦孺傷亡甚多

京市昨又發生空戰

（中央社）廣州廿四日電，敵機十七架今上午十時分批襲粵，一批在虎門及白沙投數十彈，另一批闖入市區上空，在大沙頭河南南石頭等地投彈十餘枚，炸毀民房約百餘間，死傷平民婦孺一百餘人，慘狀較前尤烈，另一批飛襲粵漢路，在曲山投彈廿餘枚，沙河河頭南站間路軌均有損壞，民房炸毀十餘所，農民及婦孺死傷數十。

（中央社）南京廿四日電，敵機十四架廿四日下午一時半襲京市，防空部當即發出警報，市空軍亦飛起迎戰，混戰中敵機被我擊落五架，殘隊竄入，當在光華門外投彈數枚，並在二郎廟府西街碑亭巷投彈十餘枚，倉皇而去，炸毀民房數十間，死傷平民十餘人。

——摘自《华西日报》，
1937年11月25日

敵機過鄂擾長沙

（中央社）長沙廿四日電、敵機四架廿四日晨由閩經贛南襲湘、下午二時四十分在長沙東站附近投六彈一枚未爆炸、燬民房商店廿餘間、死傷平民百餘人、旋敵機於三時零五分向南逸去、我機聞報起飛、跟蹤追擊、

（中央社）漢口二十四日電、二十四日下午一時五十分敵機四架經由南豐、高安、修水、向武漢進、防空部當即發出警報、旋據報敵機復北向西南、經瀏陽轉往長沙上空、至三時許乃解除警報、

（中央社）南昌二十四日電、敵機四架今午由贛閩邊境推至南昌附近、見我已有戒備、乃分往贛省宜豐上高、修水、銅鼓各縣盤旋窺察甚久、旋經贛西竄入湘境、

——摘自《华西日报》，1937年11月25日

滬敵機依然活躍

（中央社）南京二十四日電、航空界息、二十四日上午六時半、有大批敵機由南市起飛越租界上空向西北飛去、又九時許南市市外灘一帶有敵機數架飛行甚低、南市方面二十四日又有數處起火迄晚未熄、

（中央社）浦口二十四日午後二時敵機二架襲浦江浦盤旋上空約半小時、嗣在北郊投二彈、并在北門附近投二彈、一彈落城內馬路上燬房屋十餘間、死平民四人傷八人、

（中央社）南京二十三日十時電、敵機一架、飛入市空在南星橋車站飛降至三百米投彈一枚、圖炸車輛、彈落田隴間、

——摘自《华西日报》，1937年11月25日

敵機昨又四出肆虐

襲南京杭粵等處

在南京投彈十餘焚民房數十間

在杭投彈未中在粵死平民甚多

昨日天氣晴朗。敵機又四出轟炸。慘殺我平民。茲將各地被害情形。彙誌於次。

南京 中央社。南京二十四日電。敵機廿四架。二十四日下午一時半襲京。我防空部。當即發出警報。我空軍亦飛起迎戰。混戰中。敵轟炸機五架。乘隙侵入。當在光華門外投彈數枚。並在二郎廟遊府西街碑亭巷等處。投彈十餘枚、倉皇而去。火燒民房數十間。死傷平民十餘人。

杭州 中央社。杭州二十三日電。二十三日晨十時。敵機一架。飛入市空。在南星橋車站。飛降至三百米。投彈一枚。圖炸車輛。彈落田隴間。

廣州 中央社。廣州二十四日電。敵機十七架。今上午十時。分批襲粵。一批在虎門及白沙投數十彈。另一批闖入市區上空。在大沙頭河南南石頭等地。投彈十餘枚。炸毀民房逾百間。死傷平民婦孺二百餘人。慘狀較前尤烈。另一批飛襲粵漢路。在曲江投彈二十餘枚。沙口河頭兩站間路軌。均有損壞。民房炸毀十餘所。農民及婦孺死傷數十。

漢口 中央社。漢口二十四日電。二十四日下午一時五十分。敵機四架。經由南豐。高安。修水。向武漢飛進。防空部。當即發出警報。旋據報。敵機復折向西南。經瀏陽。轉往長沙上空。至三時許。乃解除警報。

南昌 中央社。南昌二十四日電。敵機四架。今午由贛閩邊境。飛至南昌附近。見我已有戒備。乃折往贛西宜豐上高修水。銅鼓各縣。盤旋視察甚久。旋經贛西。竄入湘境。

淮陰 中央社。清江浦廿三日電。二十三日午後二時。敵機二架襲淮。盤旋上空。約半小時。嗣在北郊投二彈。並在北門附近投二彈。一彈落城內馬路上。毀房屋十餘間。死平民四人。傷八人。

洛陽 中央社。新鄉二十四日電。敵機十餘架。二十四日下午七時許。經林縣焦作。飛洛陽附近肆擾。

——摘自《湖南国民日报》，1937 年 11 月 25 日

寇機昨日飛襲長沙

投彈六枚炸燬房屋數棟
死傷平民共約二三百人

長沙市防護團。昨（二十四）日下午一時許。據長沙防空情報分所報稱。謂接南昌防空情報所電告。有本國驅逐機數架。由南昌向長沙飛行。等語。旋於下午兩點六分。接萬載電話。謂上高發現飛機兩架。由東向西。飛行太高。不明敵我。復據瀏陽徐縣長報告。該縣東門市上空亦有同樣發現。時適接到本市飛機場電話。有測量機即在本市上空飛行測量。該所正向瀏平方面詢詢中。炸彈聲音霹然忽起。情報所總機比時震倒。玻璃皆碎。以致警報不能發出。數分鐘後始修復鳴放。蓋處此敵我不明之際。而本國飛機同一方向飛來。紛雜情形。實難辨別。事後調查。敵機在本市共投六彈。死傷約二三百人。校廠坪投彈一枚，震毀民房一棟。旁落男子人頭一個。講武堂後投彈一枚。漏斗孔極大。側有女髮一束。講武堂投彈兩枚。炸斃老婦一人。婦女一人。士兵六人。東站路投彈一枚。炸斃婦女二人。小孩一人。炸燬嘉賓。兩湖兩旅社全部。湘稅客棧及荒貨店炸死人數。約百餘人。已搬出者有十四人。震毀民房六棟。落星田新如春茶館已倒。鐵路沿落一彈。但未爆發云。（中日）

又敵機投彈時。除少數市民倉皇走避。秩序紊亂。幸經保安二十八團第一營陳營長丹書親率士兵維護得力。故[illegible]人心極爲安定云。

又昨日下午三時。敵機[illegible]炸車站時。建設廳全體職員。均在辦公。[illegible]一聲。房屋震動。灰塵滿天。全體男女職員。均避[illegible]辦公桌下。多數女職員。臥地哭泣。廳長室及一二三四科辦公室。因距離投彈地點相隔僅二三丈。故全廳玻璃門片。多被震毀。油印室工人譚蔭龍。正在走樓遞送公文。被流彈擊斃。彈由胸入背出。查譚蔭龍。於十五年入廳。勤慎從事。此次炸死。情極可慘。現由建廳發給棺木費六十元。於本日運往橋頭驛安葬。余廳長於昨晚召集科長總會會議。照常辦公。另覓安全地點遷移云。

——摘自《湖南国民日报》，1937年11月25日

昨日敵機

轟炸情形

備極悽慘

昨（二十四）日下午二時半。突有敵機數架。襲犯長沙。經過情形。已詳本報本省欄。茲有瑣聞二則。補誌於此。以飼閱者（一）敵機來襲。目的似在破壞交通運輸。連發四彈。均落東站附近。惟東站長聞耗。事前即帶知往來車輛。半途停駛。故機房站宅軌道。除被震動稍有玻璃壞碎。板壁傾斜外。餘無恙。[illegible]彈投下後。其機被我機驅逐。循原道遁去。（二）敵機所投之彈。約爲二三百公斤轟炸彈。計一彈投兩湖旅館後進中心嘉賓旅館一帶。南自落心田口新森茶社。德茂齋起。沿東站路一帶至三十六號稅務管理所第二檢察處止。所有房屋。均成頹垣。其中死負傷員兵約四十餘名。百姓男女尚無明確統計。其悽慘者身首成泥。落星田。劉忠壯祠坪一帶玻璃。全被震破。又含光女校。比自[illegible]生在空坪瞭望。被彈片燒其頭髮。房板之被頹毀者尤多。事[illegible]消防。警衛。醫藥。擔架等班紛紛服務努力。秩序極好。一彈投入小吳門講武堂舊址陳盛芳新住宅中。該宅現爲新兵所駐。正下棟間。雖全屋成焦土。新兵毫無損失。惟附近居民以事前未聞警報。不及防範。已死男女七人。傷若干。均已送醫院。一彈投東站側新建防空洞口。深一丈。闊三丈餘。泥土飛滿附近車輛之頂。毀損中國銀行堆棧前棚。人貨均無損壞。一彈投於東站之東方郊中。除將地面炸成凹形外。無他波及。容探續誌。（神州）

——摘自《湖南国民日报》，1937年11月25日

敵在東北

徵壯丁作先鋒隊

壯丁被徵時暴日實行聯三保

若有逃亡倒戈情事全家誅戮

兩個逃亡女士在南下輪上辛酸的申訴

自從九一八事件爆發後。我們的東北四省。相繼淪於倭奴統治之下。到現在計已六個年頭了。在這六年的過程中。我們可以想像到東北同胞是如何地度着亡省的生活。尤其最近兩年來的局勢。我們的東北同胞。在雙重壓迫之下。沒奈何的喘息着。掙扎着。遂日夜演着家破人亡妻離子散的慘劇。一切一切誠。非我們。關內的人們所能領略到的。但經驗告訴我們。「壓力愈大。反抗力愈大」。因此。他們都潛伏着反抗報復的決心。熱狂地期待着。鵠候着那不可避免的大時代的到來。當七月七日蘆溝橋的烽火既燃。全民族對日抗戰。不得不揭開序幕。此時有許多

東北同胞燃燒着很熱烈的抗戰火焰。爲着抵抗暴敵的侵凌。爭取民族的光榮。解脫數年來的痛苦。於是他們紛紛地逃回關內。參加抗戰。但自戰爭揭幕以來。敵人更嚴密地監視他們的行動。逃亡萬分困難。而且暴日早已在東北實行徵兵制度。壯丁青年做他們的牛馬。他們的慘痛。實不可言喻。華北戰事既僵。平津相繼失陷。渤海的海面上。飄着一批一批流亡的老幼男女。尤以學生和智識份子佔大多數。更有嚮從東北逃來的同胞。都熙熙攘攘的擠集在輪上。各人相訴着各人的苦遇和逃出的遭遇。我也是其中一份子。大家都是同病相

——摘自《湖南国民日报》，1937年11月25日

敵機四架昨襲長沙 死傷平民達兩百人

警報遲誤市民多避匿不及 我機追擊敵機循原途逸去

（本報專訪）昨日下午二時半、長沙上空忽發現銀色飛機四架、因徽號不明、敵我難辨、市民均未注意、忽轟然數聲、小吳門外、濃烟上冲、市民始於驚慌中惴知定係敵機、四處奔跑、全市緊張、逾數分鐘始聞防空緊急警報、敵機擲彈後、盤旋數週、至三時零五分、始向原路逸去、南昌方面派兩機追擊、敵機早已逃逸無蹤、事後調查、敵機在火車東站附近擲彈六七枚、燬房屋三十餘棟、死傷平民達兩百人、東站路一帶、一片瓦礫、死傷纍纍、慘不忍睹、爰將詳情、探誌如次、

情報疏忽

昨日上午開情報所即接得粵方電話、有敵機數架向湘贛方向進襲、情報所比即分飭各監視哨注意、據情報所消息、下午一時接上高電話、有飛機數架同湘方前進、敵我不明、旋劉陽電告、東門市亦發現飛機四架、情況不明、情報所此際即應發放警報、準備應付、乃至敵機至長沙上空盤旋、投彈數枚後始放警報、事後竟以是日有我機向湘方飛行、無法辦別爲詞、殊難自飾、疏忽之罪、當難辭咎、某君昨下午在東南渡汽車站回省、親見站上職員接得劉陽電話、謂劉陽發現敵機、已致警報、比即轉報長沙情報所、情報所竟以懷疑口吻回答、指爲造謠、此事某君可以質證、果非虛謡、則情報所更難輕輕脫卸罪責也、

被炸慘狀

敵機所投六七彈、均落車站附近、一落東站路嘉賓旅社後、該路自三十九號起、兩湖嘉賓兩旅社、湘益客棧、湘春茶館、及荒貨店雜貨店一連十八家、均遭波及、全部倒塌、炸斃壓斃與受傷人數據附近居民估計、當在百餘人以上、無一倖免、兩湖嘉賓兩旅社、駐有負傷戰士甚多、均慘遭炸斃、行人亦傷二十餘人、東站路東岸亦震倒客棧房屋數棟、死亡十餘人、一彈落車站後第四月台、中國銀行堆棧後、堆棧燬一角、棧內死三人、驚倒附近茅屋兩棟、死五人、一婦僅存一足、一小孩僅存半身血肉、模糊、慘不忍睹、車站狼藉不堪、辦公室天花板亦震落、一彈落劉城橋附近鐵路旁、未炸、已派人挖掘、以防危險、一彈落校廠坪橫街、毀屋十餘棟、死一人僅存頭顱、傷七八人、空坪內有女髮一撮、女腿一隻、一彈落浙江鄭寓、夫妻二人、妻受傷夫外出得免、樓上周姓二女二孩被房屋壓倒、二女被炸死、屋外炸死兵士四、講武堂亦被波及、該處駐有第四六兩保安團與傳令排第二大隊、傷士兵五名、死一人、據拾得彈壳著察知爲二百五十磅炸彈云、

救護情形

事後曾有少數救火隊從事發掘工作掘出死傷十餘人、傍晚均已散去、附近電燈熄滅、防護團救護班並未出動、僅警察斷絕兩端行人、維持交通、旋男女青年會率戰地救護團員、一師、明憲、廣益、益葉、育萃、民生工廠學生弟二中心小學教員等共約四十餘人、本報記者譚天萍亦自動參加、青年會並攜去粥水及饅頭五百隻、分送難民、到時卽救出傷者二人直送仁術醫院、該院竟拒不收留、只得改送湘雅、是時長沙縣政府羅縣長與會主任亦趕到、卽協同設法、將汽車輪送難民赴難民收容所收容、（在劉陽門外）一時火把齊明、無不奮勇從事、在碎磚頹牆中救出壓在磚柱之下者數人、卽趕送醫院、有一龔姓小兒送公醫院、憲兵營長袁兆瑾亦率憲兵十餘人到場幫助工作、又拖出死屍約十具、內中有一人只賸下半段、至將近十一時始各自列隊散去、沿途歐聲振耳、高呼拚死抵抗之聲不絕、青年會戰地救護團員、正行至中途、有一巡長乘車追至、告以倒牆之下有呻吟聲、卽又跑步趕回、在落星田口、再從事挖掘約一刻鐘、、於新如春茶社牆下、磚堆之下救出約十齡之一小兒、尙能做聲啼哭、當卽以担架牀、趕送仁術醫院、着防護團長負責、請求收留、十二時記者送社發稿、工作尚未完畢、熱心救護、令人感動、當工作時有一處忽然冒煙、當卽召救火車到、雖在未到前、卽已撲減、但救火車仍留在場中、以防不測、至於當地難民、均可查對戶籍至收容所避難、今日清晨各工作人員仍將繼續努力從事爬尋救護、昨晚以工作人員過少、力有未逮、倘防護團救護班能參加工作、相信可多救活若干性命也、

（又保安處發出消息）、長沙市防護團、昨（二十四）日下午一時許、據長沙防空情報分所報稱、謂接南昌防空情報所電告、有本國驅逐機數架、由南昌向長沙飛行、等語、旋於下午兩點[illegible]分、接萬載電話、謂上高發現飛機西架[illegible]由東向西[illegible]飛行太高、不明敵我、復據劉陽徐縣長報告、該縣東門市上空亦有同樣發現、時適接到本市飛機場電話、有測量機卽在本市上空飛行測量、該所正向劉半方面詳詢中、炸彈聲音盛然忽起、情報所總機比時震倒、玻璃皆碎、以致警報不能發出、數分鐘後始修復鳴放、當處此敵我不明之際、而本國飛機同一方向飛來、紛雜情形、實難辯別、事後調査、敵機在本市共投六彈、死傷約二三百人、校廠坪投彈一枚、震毁民房一棟、旁落男子人頭一個、講武堂後投彈一枚、漏斗孔極大、側有女髮一束、講武堂投彈兩枚、炸斃老婦一人、婦女一人、士兵六人、東站路投彈一枚、炸斃婦女二人、小孩一人、炸燬嘉賓、兩湖兩旅社全部、湘益客棧及荒貨店炸死人數、約百餘人、已撤出者有十四人、震毁民房六棟、落星田新如春茶館已倒、鉄路邊落一彈、但未爆發云、（日日）

——摘自《力报》（长沙），1937 年 11 月 25 日

敵機昨炸廣樂客車

投三彈死傷搭客六十餘人

昨廿四日上午敵機大隊分襲廣州粵漢路虎門等處，其襲粵漢之敵機共十七架、分兩隊飛航，是晨由樂昌開廣州客車、于十時卅分駛經河頭站附近、突遭敵機轟炸、一彈命中車卡，當堂死傷搭客六十餘人、茲將情形誌下、查昨日上午六時卅分、粵漢路第廿三次廣樂快車、由樂昌開往廣州、共載客三百餘人、八時經韶關、繼續開行，十時卅分駛經沙口與河頭兩站間、距離廣州約一百六十公里之處、突聞敵機進襲、祇得慢行暫避，車上搭客即紛紛落車逃避，斯時約有敵機九架由南飛至、瞥見有客車駛行、竟不顧人道、投落重量炸彈（約二百磅）三枚、兩落附近田間、當堂爆炸、一彈則命中車卡、隆然一聲，响澈遐邇、車頭出軌，客車當堂被炸燬、該次客車共有車卡三輛、其中兩車卡、竟被炸至翻飛、卡內搭客、有如滾地胡蘆，左右倒仆、時搭客正在落車逃避不及者、亦遭轟炸、計被炸斃者有十餘人、受輕重傷者四十餘人、有等更炸成數段、血肉模糊、厥狀極慘、敵機投彈後、繼向北飛，事後路局得訊，立派員工馳往救護、將傷者倆往英德醫院救治、死者仍陳屍肇事地點聽候屍親認領云、（年）（又訊）昨（廿四）日上午敵機九架往炸粵漢鐵路時、目的在摧毀由武昌開來之，第四十三次客車、該處客車，此時適到沙口至河頭站間停避、敵機搜索得後、竟向列車投彈及開機關槍掃射、當堂炸燬列車客車卡三個，貨卡兩個、死傷達七十餘人、河頭車站亦炸燬、路軌被損害尤多、昨晚北上武昌通車停開、

——摘自《国华报》（广州），1937 年 11 月 25 日

口敵機侵襲各地

湘（中央社長沙廿四日電）敵機[illegible]架、廿四日晨由閩經贛南襲湘、下午二時四十分在長沙東站附近投六彈、一枚未爆炸燬民房商店廿餘間、死傷平民百餘人、旋于三時零五分向南逸去、我機聞報起飛跟踪追擊

蘇（中央社清江浦廿三日電）廿三日午後二時敵機二架襲淮、盤旋上空約半小時、嗣在北郊投二彈，並在北門附近投二彈、二彈落城內馬路上、毀房屋十餘間、死平民四人、傷八人、

——摘自《国华报》（广州），1937 年 11 月 25 日

Nanking Again Attacked By Nippon Planes

20 Bombs Dropped In Center Of City; 7 Believed Killed

NANKING, Nov. 24.—(Reuters).—The capital was again raided today when about 20 light bombs fell near the center of the City and on both sides of East Chungshan Road.

The official casualty figures are not yet available, but it is believed that about seven were killed and 12 seriously injured.

The alarm, which sounded at 1.30 this afternoon, was the third during the day, although previously no Japanese airplanes visited the capital.

At 2 o'clock two heavy Japanese bombers, flying very fast, appeared over the City followed by two pursuit 'planes.

After crossing the City, they returned in a south-easterly direction under heavy anti-aircraft fire. The machines released their bombs almost simultaneously.

One of the missiles fell in the southeast corner of the grounds of the National Assembly building, knocking down a wall and blowing out most of the windows. A second bomb struck the roadway of East Chungshan Road, the main eastern artery of Nanking. A wall collapsed and several shops were damaged.

A third bomb struck the college of the Ricci Middle School, badly damaging the building. The School, which is named after the famous Chinese Jesuit, is under French and American control.

The rest of the bombs fell in a crowded residential poor quarter from where most of the casualties were reported.

One theory is that the attackers were hard-pressed by the accurate anti-aircraft fire and released their bombs without a target in order to aid their escape.

——摘自《大陆报》（The China Press），1937 年 11 月 25 日

Japanese Air Attack Takes Heavy Toll In South China

162 On Casualty List At Honam Island, Opposite Shameen

CANTON RAILWAY STATIONS BOMBED

Foreign Eye - Witness Says 100 Killed On Island

CANTON, Nov. 24.—(Reuters).—At least 162 persons are reported to be dead, injured or missing today as the result of a Japanese air attack on Honam Island, opposite Shameen, where 30 houses were demolished by bombs.

Canton was also visited by the raiders this morning when Japanese airplanes headed for various points along the Canton-Hankow and Canton-Kowloon Railways, where they dropped a number of bombs. So far, however, reports on the damage have not been correlated.

Thunderous fire from anti-aircraft guns greeted the appearance of five giant Japanese 'planes as they flew over the City at 10.45.

Many anti-aircraft shells were seen to have burst close to the machines, but a cloudy sky favored the raiders and no hits appear to have been registered.

Four Bombs Dropped

Four bombs were dropped at the Canton-Kowloon Railway station, where two Chinese were killed and two wounded, while several bombs fell in the vicinity of Tungshan, one landing close to the Italian Consulate and shaking the building.

After a brief stay, the raiders disappeared to the south, but at 11.45 a.m. eight more Japanese planes flew past Shameen, heading for the Canton-Hankow railway line. No bombs were dropped in this section of the city, though it is believed that the raiders were active further up the line.

The "all-clear" was sounded at 12.35 p.m.

A graphic eye-witness account of the bombing of Honam Island was given to Reuter by Mr. L. F. Newman, a British employee of the Salt Revenue Department.

Visiting the scene a few minutes after the bombing, Mr. Newman estimated that 100 persons had been killed.

Four bombs, which he thought were 500 lb. ones, were dropped in this district, Mr. Newman said.

Praises Chinese Nurses

Many Red Cross ambulances and lorries laden with coffins rushed to the scene, where consternation reigned.

Mr. Newman offered high praise for the scores of young Chinese nurses who did their utmost to cope with the situation.

Dr. R. L. Lancaster, a Briton, was motoring to Honam with a friend when a bomb fell only 50 yards in front of their car.

Neither of them was injured, but they were compelled to turn back.

——摘自《大陆报》（The China Press），1937 年 11 月 25 日

敵機昨又進襲首都

投十餘彈燬民房數十間

幷飛長沙淮陰各地轟炸

中央社南京電 敵機十四架、廿四日下午一時半襲京、我防空部當即發出警報、我空軍亦飛起迎戰混戰中、敵轟炸機五架、乘隙侵入、當在光華門外投彈數枚、幷在二郎廟、遊府西街、碑亭巷等處投彈十餘枚、倉皇而去、炸燬民房數十間、死傷平民十餘人、

廿四日南京路透社電 今日下午有日轟炸機數架、飛入南京城、投下炸彈數枚、中央美術館被燬、後敵機續飛南京燕子間轟炸一臨時機場、

中央社漢口電 廿四日下午一時五十分、敵機四架、經由南豐、高安、修水、向武漢飛進、防空部當即發出警報、旋據報、敵機復折向西南經瀏陽轉往長沙、乃解除警報、

中央社杭州電 廿三日上午十時、敵機一架、飛入市空、在南星橋車站飛降至三白米投彈一枚、圖炸車輛、彈落田隴間、

中央社南昌電 敵機四架、今午由贛閩邊境飛至南昌附近、見我已有戒備、乃折往贛西、宜豐上高、修水、銅鼓、盤旋窺察甚久、旋經贛西竄入湘境、

中央社淸江浦電 廿二日午後二時、敵機兩架襲淮、盤旋上空、約半小時、嗣在北郊投二彈、並在北門附近投二彈、一彈落城內馬路上、毀房屋十餘間、死平民四人、傷八人、

中央社長沙電 敵機四架、廿四日晨、由閩經贛南襲湘、下午二時四十分、在長沙東站附近投六彈、一枚未爆炸、燬民房商店廿餘間、死傷平民百餘人、旋敵機於三時零五分、向南逸去、我機聞報起飛、跟踪追擊、

中央社新鄉電 敵機十餘架、廿四日下午七時許、經林縣無作飛洛陽附近肆擾、

——摘自《工商日报》（香港），1937 年 11 月 25 日

敵機昨日瘋狂轟炸廣州市區

十七架分兩度來襲八架入市區投彈

河南大沙頭市民住宅區落彈廿餘枚

敵機專炸平民死傷四百餘毀屋百餘

（廣州專訊）廣州市昨二十四日上午九時五十分至十一時中、受暴敵機瘋狂無目的投彈於東南各部平民區住宅、以及廣九鐵路附近、共二十餘枚、毀屋百餘間、禾田多畝、死傷約四百人、記者分道踏查災區情形、慘狀目不忍睹、爲本市第二次 第一次係九月二十日至二十三日）受敵轟炸、死傷最多者、先是本市防空情報處於九時九十分、得前方防空監視哨報告、敵機十七架、在蓮石灣（中山縣屬、月前爲敵強佔、乃一小孤島）上空發現、十時二十分、八架經黃埔向廣州飛來、九架則繞道跨過廣九向北江各地空襲、本市於二十分鐘內、先後發出空襲警報、及緊急警報、表示情勢緊張、而防護團、軍警憲救護隊、亦分別出動分防配備、時北風虎虎、空際黑雲層佈、日色無光、似預知人間慘狀之將現、而故佈愁雲者、十時二十五分、微聞機聲軋軋、起自市之東南方、自遠而近、三分鐘後、敵機八架、皆已闖入市東南近郊邊境、四架在廣九路大沙頭車站附近盤旋、四架圖在高空衝入市區中部、我防空部隊知敵機逼近、高射炮及機關槍齊向迎擊、一時槍炮隆隆、密如連珠、約十分鐘、聲始沉寂、當槍砲聲中、聞巨响多度、以及繼續在天空機關槍聲數百發、皆在市之東南部、其四架欲衝入市區中部者、機聲不絕、係繞道東北而來、我防空部隊、即加以猛勇火力之威脅、敵機不敢深入、又折回竄至河南投彈多枚、然後在二沙頭間會合、飛離市區、記者於機聲已止、尚未解除警報時、出發調查、首至河南、海珠橋仍屹然不[illegible]、嗣查悉落彈在蒙墾分局段內、計馬涌橋朱屎地一枚、毀屋三十餘間、傷斃八十餘人、當堂斃命者十二人、保安卡六間、保安外街毀屋二十二間、安定里六間、貞吉里二間、泰安里六間、均全毀、被波及半毀者、共約二十餘間、災區遍及街道五處、死傷居民約六十人、其中最慘者、則保安卡之東華布廠、正開工未幾、聞警已在收工中、走避不及、全廠工人男女數十、均被難、店東亦身死、該廠竟成瓦礫、蒙墾里大同小學附近一彈毀南陽里十二間、觀晉嶺直街三間、下坑直街十二間、半塌者十九間、死傷約百餘人、當記者到達災區巡視之時、消防隊、防護團救護隊、均已在場工作、紛紛發掘死傷者爲狀至形忙碌、而附近劫後餘生之居民盈千、男女老幼、均在左右憑弔災場、其有父母兄弟罹不幸慘死、或不知踪跡者、正高呼尋覓、哭聲震天、慘不忍聞、記者目睹所掘獲之屍骸、四肢不全或頭顱已沒者、不知凡幾、可知敵之兇殘暴行、固欲盡殺我同胞也、各災區以塌屋既多、發掘較難、至下午二時許、仍未竣事、防護工作人員之精神、殊足欽佩、記者於巡視一過、即離開河南轉往廣九路大沙頭站、再觀大勢、敵機落在河南之彈、皆係平民區住宅、與海珠橋頗遠、益証敵係專殺民衆、至大沙頭間、首至車站、則安然如平時、祇站長前玻璃窗如蜂巢狀、全已破壞、諒係震動太大及碎片所致、投彈處係前鑒分局段內瑞祥街第十五號木屋一彈、附近禾田四彈、北平街第二號協平安舖一彈、共塌屋十餘間、傷斃者、計傷男子梁林、何灶、丘超、老婦范民、女子黃嬌、小童岑蘭培等、死何其、何黎笑、另禾田四彈、在大沙頭河涌間、炸毀竹排及艇數艘傷四五人、此處空地較多、居民慘死者較河南少、惟死狀之慘則一、 當記者在河涌間巡視之時、突聞機聲又起、隨而槍炮聲續發、繼遙見敵機六架、二架一隊、分三行自市西北角出現、爲我防空隊所逼、不敢衝入、而向南飛逸、十分鐘後始止、是晨警報、至十二時三十分解除、各災區死傷居民姓名、以未發掘清楚、極難詳悉、而就可知者、計男子譚昌、八歲、女林郭氏、廿九歲、梁黃氏、廿六歲、李郭氏、三十五歲、(以上番禺人)、男子、李寶祥、十二歲、蕭受好、十九歲、女李貞、六歲、李黃氏、五十八歲、杜郭氏、二十九歲、梁譚氏、六十一歲、(以上新會人)、男羅偵、廿五歲、女謝陳氏、 三十七歲、(以上南海縣人)、 男子黃朴容、十六歲、東莞人、蔡貴泉、廿二歲、清遠人、陳錢、廿四歲、三水人、女吳陳氏、六十歲、龍潭人、均重傷、留醫於方便醫院、此外、河南紅十字會救出者、郭李氏、三十歲、郭黎氏、五十三歲、紀兆芬、廿四歲、盧世妹、二十歲、盧基、四十九歲、均重傷、至輕傷者則敷藥多出院、而死者刻尚未查得確數、查市民以防空經驗日增、處空襲已極鎮定、惟昨聞緊張之空襲戰事、初時不免驚惶、但不久便恢復原有秩序、市面治安極好、下午三時十五分、敵機二架、發現於唐家灣向市區飛來、本市即發空襲及緊急警報、截稿時尚未解除、又據最後確息、是日上午、漢口至沙口站間一段、由武昌南下之第四十三次客車、在此祇有三客卡、兩貨卡被轟炸、死傷七十餘人、沙口車站全被炸毀、乃粵路空前未有慘劇、

(又一專訊)敵航空母艦于日前駛回粵海、下泊大鵬灣海面避風情報、曾誌本報專訊、查該艦廿二日由大鵬灣續駛來唐家灣方面之、石灣一帶、日昨(廿三)日以颶風吹離粵海、已曾一度派機一架偵察虎門、昨(廿四)日上午乃復大鵬來襲粵市、查敵機共十七架、係于上午九時四十五分、在 石灣之航空母艦起飛、分襲韶關廣州、向我無抵抗之市區民房肆虐、慘遭炸塌之屋宇及死傷于敵機所投炸彈者極多、第二次復于下午三時三十五分、又來空襲、計有敵機二架、下午三時四十分敵機復迫近市郊、故續發出緊急警報、茲將昨日敵機兩次空襲被災慘況詳錄如次、

圖爲河南下坑被敵機炸毀民房之一部

敵機分隊轟擊廣韶

昨（廿四）日晨九時五十分、敵機十七架、從蓮石灣航空母艦起飛後、聯航來襲、係分兩大行、一行八架、一行九架、分數小隊、此間防空當局據報、即發出警報、僅隔五分鐘左右、即繼發出第二次緊急警報、其來襲形勢、第一隊係似驅逐機先行、轟炸機五架繼後、第二隊轟炸機在中部、前後驅逐及戰鬥機六架掩護、均成品字形、向西北飛來、從高空達八千尺左右越過虎門、直抵魚珠、其中第一行之敵機八架、即直冲入本市東郊、其第二行之敵機、則轉道向北繞飛、直向粵漢路北進韶關肆虐、當時我市空警戒線高射砲隊、即以高射砲及高射機關槍向之密集射擊、惟敵機仍繼續北飛、有人曾目擊敵機有兩架被我高射炮擊傷、是時雲層甚厚、敵機繞我虎門寶安各處高射炮密集射擊、已覺膽寒、其冲入市區之八架敵機、因愴惶之故、一抵市區、即胡亂投彈、漫無標的、有謂其目的欲破壞我海珠橋及廣九站交通建設者、而証諸所投各彈、均足見其漫無標的也、計敵機在小港、大沙頭各處投彈共約卅餘枚、大沙頭投彈九枚、均落路傍荒郊、小港及其他各處投彈約十餘枚、

災區難民慘狀一角

又定安里口有一仵戶、其子適放學返家早餐、其母親則正在廚房炊飯、該屋幸而上部及外部倒塌、祇餘房間、尚未塌下、其父親適由外返、覩此情形、竟奮不顧身、躍上已倒塌之瓦面、意圖將其妻子拯出、但該處危牆異常危險、俟救護隊及消防隊發覺、即搶前制止、乃由消防隊設法由鄰屋挖洞而入、但已救出之小孩、則已遍體鱗傷、僅尚留小小呼吸、但該小孩之母親、則尚未發現、據一般之推測、該小孩之母親、係在廚房弄膳、因該廚房已倒塌、諒難倖免矣、

蒙聖臨時救治場所

蒙聖防護團以受傷人數衆多、當即指定澤民醫舍、市南醫院為臨時收容傷者治療所、至被炸死之屍體、蒙聖市者則暫行在同福東路尾、保安卡則在保安新街空曠地、只待地方法院檢驗、衛生局派出之薄棺數十具收殮、一時屍體橫陳地上、血肉淋漓、蓋以白布、家人環繞痛哭、覩者均洒同情之淚、

兩李親出指揮救護

當敵機竄入市區肆虐時、我防空部隊經密集高射炮向市射擊、在炮聲隆隆中、市民以敵機來襲、已司空見慣、視若平常、絕無若何驚惶狀態、而廣東憲兵區司令李卓元、因身負治安之責、特於敵機空襲時、偕隨員乘車巡視市面、指揮部屬維持治安、故市面情形、益為鎮靜、省會警察局長李潔之、亦以本市治安關係重要、於空襲時亦親出巡視各分局

、對維持治安方面、多所指示、敵機投彈後、急赴消防所、指揮消防隊出發被災區、從事救護工作、

市面安定 營業照常

敵機空襲警報、由九月起至現在、頻有發出、惟去月迄今、敵機空襲目標均在破壞我鐵路交通線、未有竄入市區、昨(廿四)日晨敵機來襲發出警報時、一般市民均甚靜、以爲敵機殆又只向廣九路騷擾而已、旋緊急警報發出、亦覺安然、及至聞有機聲軋軋、(初仍以爲我機也)、繼即聞槍炮聲、乃相率走入避難所、惟市民深知本市空防力量鞏固、均從容行走、絕無若何驚惶狀態、當炮火緊張時、各馬路商店爲安全計、均閉門歇業、惟解除警報後即復開門照常營業、市民在各馬路街道來往、一如平時、市面甚爲安定也、

省港早車 昨晨遲到

是日省港早車均照常往來、但由港開省上午車行至中途因聞敵機空襲廣州發生劇戰、暫停前進、故至下午一時五十分始抵達大沙頭、中午車及末次快車則照常開行云、

——摘自《工商日报》（香港），1937 年 11 月 25 日

廣州昨又遭空襲

一彈中防空壕死傷難民多人

粵漢南下車被炸乘客傷亡七十餘

本報香港二十四日專電　二十四日晨十時敵機十七架由唐家灣航空母艦九架由赤灣起飛、先襲虎門、在白沙機場投數彈、被我高射砲轟擊、即轉襲廣州、八架侵入市空、在大沙頭投一彈、適中防空壕、死傷難民五十餘、河南小港安定里、貞吉里、保安卡、塹口等落七彈、內有燃燒彈、塌毀房屋數百幢、旋復飛至粵漢路琶江至韶關段轟炸、路軌略損又聞在河頭沙口間投彈七彈、第四三次南下車被炸、死傷乘客七十餘、

路透廣州二十四日電　今晨十時四十五分日本飛機五架、飛臨本城天空、一時高射砲聲、如雷怒吼、許多砲彈在飛機四周爆炸、但似無一命中、是時密雲佈空、殊利於空襲、日機在本城東北部擲彈多枚、未幾、即向南飛去、據香港消息、日機曾在沙面對面之河南擲彈多枚、聞死傷或失蹤者至少一百六十二人、並毀屋三十間、又日機轟炸廣州城九廣鐵路粵漢鐵路時、各處死者約百餘人、

路透廣州廿四日電　今晨十一時四十五分復有日機八架飛過沙面、向粵漢路線方面前進、但未擲下炸彈、衆信諸機必在較遠之處活動、下午十二時三十五分、解除警報、晨間日機在東山附近擲彈數枚、內有一彈、落於義領事署附近、該署房屋、曾覺震動、鹽稅處英職員鈕曼以目覩日機轟炸河南情形語路透訪員、謂渠於轟炸數分鐘後、曾視察受難之地、估計死者共有百人、日機共擲彈四枚、渠意每枚約五百磅、紅十字會擔架與運貨汽車滿載棺木、一時麕集、鈕曼極讚中國青年看護婦數十人不避危險、竭力拯救傷者、又稱、英人藍加斯等偕一友同乘汽車至河南、炸彈一枚落其車前、相距僅五十碼、兩人均未受傷、但急折回、亦云險已、

——摘自《时事新报》（上海），1937 年 11 月 25 日

首都又遭轟炸

敵機擲彈廿餘死平民甚多

路透南京念四日電 今日首都復遭日機襲擊、城心附近與東中山路兩面共落下輕炸彈約二十枚、死傷人數尚未由當局查明、現信死者約七人、重傷者十二人、午後一時二十分、警報復作、此爲本日第三次警報、前兩次則無日機飛臨、鐘鳴兩句、日重轟炸機兩架飛行甚速、出現天空、後隨驅逐機兩架、日機越城後、回向東南面前進、維時高射砲聲、隆隆震耳、日機亦同時擲彈、一彈落於國民大會巨廈廣場之東南隅、震倒一牆、震碎許多玻璃窗、第二彈落於東中山路之中、亦震倒一牆、並損商店數家、第三彈擊中李西(譯音)中學房屋而重損之、該校依中國著名耶教徒取名、由美法人管理、餘彈落於貧民住區、死傷者多在該處、或謂日機爲甚有準力之高射砲所迫、故無目標擲彈逃去、

路透南京二十四日電 據華人方面消息、昨夜日飛機襲丹陽附近車站之火車一列、擲下炸彈六枚、並以機關槍掃射、旋有轟炸機十二架攻擊常州丹陽宜興金壇、共擲彈三十枚、

——摘自《时事新报》（上海），1937 年 11 月 25 日

敵機昨襲京

我空軍飛起迎戰

長沙廣州均遭轟炸

本京息・敵機十四架昨(二十四)日下午一時半襲京、我防空部當卽發出警報、我空軍亦飛起迎戰・正混戰中・敵轟炸機九架乘隙侵入・當在光華門外投彈數枚・並在二郎廟・遊府西街・碑亭巷等處投彈十餘枚・倉皇而去・炸燬民房數十間・死傷平民十餘人・

▲中央社淸江浦二十三日電 二十三日午後二時・敵機二架襲淮・盤旋上空約半小時・嗣在北郊投二彈・並在北門附近投二彈・一彈落城內馬路上・毀房屋十餘間・死平民四人傷八人・

【本報二十四日蚌埠專電】寇機連日在津浦暨淮南兩路擾亂・二十四日懷遠境內現多架・蚌發警報・

▲中央社杭州二十三日電 二十三日上午十時・敵機一架飛入市空・在南星橋車站・飛降至三百米投彈一枚・圖炸車輛・彈落田隴間・

▲中央社漢口二十四日電 二十四日下午一時五十分・敵機四架・經由南豐・高安・修水向武漢飛襲・防空部當卽發出警報・旋據報・敵機復折向西南・經瀏陽轉往長沙・至二時許乃解除警報・

▲中央社長沙二十四日電 敵機四架・二十四日晨由閩經贛南襲湘・下午二時四十分在長沙東站附近投六彈・內一枚未爆炸・燬民房商店二十餘間・死傷平民百餘人・旋于三時零五分向南逸去・我機聞報起飛・跟蹤追擊・

▲中央社廣州二十四日電 敵機十七架・二十四日上午十時分批襲粵・一批在虎門及白沙投數十彈・另一批闖入市區上空・在大沙頭河南之石頭等地投彈十餘枚・炸燬民房逾百間・死傷平民婦孺二百餘人・慘狀較前尤烈・另一批飛襲粵漢路・在曲江投彈二十餘枚・沙河頭兩站間路軌均有損壞・民房炸燬十餘所・農民及婦孺死傷數十人・

——摘自《中央日报》（南京），1937 年 11 月 25 日

敵人蹂躪下
豫北民衆極痛苦
姦淫殺掠無所不至
各地奸匪乘機而起

（開封航訊）豫北安陽臨漳等縣一部村落淪陷後、敵人橫行、聞之切齒、惟彼等以部隊不敷分配、其蹤跡未到之處、如臨漳南部及安陽東部、均尚未受其蹂躪、該處鄉民爲防範奸匪抵禦外侮、業已大加團結、至於敵兵到處、則悽慘情形、有難令人置信者、此間某方面接近湯陰方面之報告稱、敵人在城及經過之村莊、姦淫擄掠、繼以殺人、慘不堪言、如到某一村、即先捉婦女、如村民藏匿婦女以應、即吊打男人、迫令尋求、據北城受害村人逃到東鄉者、不忍聞之報告、情形之慘、實難以形容、故該地人人憤慨、皆抱拚殺決心、而各地奸匪、乘機而起、人人惶懼、勢夜數十驚、殺人放火、其柳兇猛、如柳辛莊被殺七八人、園被殺十餘人、漳河北黃村被殺三十人、當時有奸匪千餘人、各鄉民衆每日商討無策、無法抵禦、乃商請縣保安隊長王自全出面維持、組織安臨聯防、結成大團體、現有二百村關係人槍二千支、因而湯陰一帶、奸匪尚未敢前來、現在柳園東馬湘洲、中村左右盤據之奸匪、槍約有二千餘、匪約四千、所到之村無人敢抗、鄉逃走空地方情況、頗爲紊亂、各鄉地方紳爲王有全、楊壽先等、今日爲地方治安事、同到湯陰面謁□專員及□主席、陳述一切、請求予以援助云、（十九日）

——摘自《华西日报》，1937 年 11 月 26 日

敵機昨又襲南京

蘇魯一帶敵機多架伺察肆擾

廣九路橫瀝橋昨被敵機毀壞

中央社。南京二十五日電。二十五日晨十一時半。敵機七架。在句容天王寺一帶窺察。約半小時。見我有備。未投彈而去。下午一時半。敵機約二十架來犯。在我高射砲威力監視之下。不敢久停。倉皇向光華門外投下十餘彈而去。

中央社。徐州二十四日電。敵機七架。二十三日午。由日照境海而發現。到蘇魯一帶。伺察肆擾。在大汶口兗州及黃河口津浦隴海路沿線。投彈多枚。

中央社。廣州二十五日電。敵機十六架。今午分批襲粵。一在粵漢路銀盞坳軍田兩站間。投彈七枚。略損路軌。又一隊在廣九路橫瀝站投七彈。橫瀝橋中六彈。全橋被燬。至下午二時敵機六架。再作第二次襲廣九路。在石龍投七彈。炸燬路軌。電報電話線桿亦受損甚巨。當日午後各次車均停開。

中央社。鎮江二十五日電。敵機二十五日上午下午。四度飛丹陽宜興間肆擾。下午二次。曾投彈多枚。

中央社。洛陽二十四日電。二十四日敵重轟炸機十一架。二十四日下午二時襲洛。共投彈五十六枚。死十三人。傷二十八。旋飛鞏縣孝義投彈。詳情未悉。

中央社。泰安二十五日電。敵機五架。今晨十一時。在濟市北商埠一帶盤旋。旋飛臨城。投十餘彈。死傷平民十餘人。燬民房數間。又在大汶口。曹家莊投彈九枚。惟無損傷。

中央社。新鄉二十五日電。二十五日下午三時許。此間據報。有敵機干餘架。自北飛來。當即發出警報。約一小時。始行解除。聞係經輝縣西飛永陽一帶肆擾。

——摘自《湖南国民日报》，1937年11月26日

社會新聞

東站路 慘遭敵機轟炸詳情

死傷六十六人其餘正在挖救

炸倒房屋廿一棟毀玻璃甚多

遺存屍骸責令保甲殮埋

本市前日（二十四）下午三時許。被敵機轟炸。投彈六枚。慘絕人寰。各情略詳昨報。[illegible]炸毀死傷統計。及挖救工作。至今尚無明確細數。實仍在工作中。茲就昨日探訪所得。續詳於次

一。據警察一分局急報稱。據各分所報稱。敵共投彈六枚。損燬以東站路為最大。截至昨早止。在該地倒屋中挖出受傷男女共二十六名口。死亡男女老小共二十七名。炸燬市站路房屋。由三十七號至四十三號止。計七棟。正附十一戶。又落八里一號至五號。計五棟十戶。又落心田八十三號起至八十六號止。計四棟七戶。又震燬二四五至二六九號。計二十五棟。又震燬劉忠壯祠坪十一號至十九號一帶。玻窗全部。房壁一部份。又含光女校。二中附小均炸燬一部份。炸燬之處。尚在挖救中。各種損失。正在調查統計中。

二。含光女生某當敵機投彈時。在該校後坪翹首東望。有彈中破片落下。擦其頭髮。幸無他傷。建設廳有公丁龍某。當時在該廳樓上經過。有彈片穿過胸口。從背部出。登時倒斃。又有某處職員王某。住在新如春茶樓隔壁。派丁收拾。將以昨日喬遷。轟然一聲。公丁不知下落。事後僅在街心。由某某拾得該公丁一帽耳。又前日兩湖旅館某某結婚。嘉賓旅館有某某做壽。新如春茶樓。有某傷兵邀茶。此三處損失。當為驚人。至今尚無人可供諮詢。末由筆記。又有湘鄉蔣市街人丁某為逃避抽募來省。寓兩湖旅館。旋於招募處介紹新兵得介紹費洋二元五角。上午猶以逃臉來省。及賺得二元五角各情形。詡語其鄰近。今則不知下落。

三。東站旁投彈一枚。炸燬該地防空壕口。震壞中國銀行地棧倉庫一部份。又東站路東側房屋三十六棟。同被震壞。陳姓新宅。全部炸燬。死七人。傷四人云。（神州）

又訊：市政府昨（二十五）令各區公所及籮業工會云。查敵機肆行轟炸。昨已殃及本市。情形至為慘酷。當時遭遇死亡者。雖經各機關及保甲長等共同負責料理。然以事無規劃。未能及時處置。茲經非常時期難民救濟委員會湖南分會組長會議。決定辦法。（一）從區死亡者。歸當地保甲長負責收殮。收殮費每具五角。（二）收殮後由保甲長協同各籮碼頭負責人指派籮夫抬往南門外碟子塘公葬處掩埋。抬埋費每具一元。（三）上項用費由當地保甲長轉請非常時期難民救濟委員會湖南分會發給。各該區保甲長及籮碼頭負責人自應切實照辦。以資救濟。除分令外。合行令仰該區即便遵照轉飭所屬一體遵照為要。此令云。（予）

——摘自《湖南国民日报》，1937 年 11 月 26 日

敵機槍擊大良農民

昨廿五日據大良鄉民搭良省成發渡來省稱、昨廿四日正午十二時有敵機八架、自九江而飛過大良外卅餘里之田野間、以機槍向我農民掃射、幸已逃避、敵槍掃射後、即向南飛去、係向中山縣逃去模樣、至於有無投彈未見鄉公所公告、及鄉民談述、而下午二時客聞機聲、亦未見有敵機云、(合)

——摘自《国华报》（广州），1937年11月26日

寇機兩度襲京

洛陽昨被炸

廣九路遭襲擊

粵港交通被阻

【本報洛陽二十五日下午四時電】今日寇機三次襲洛，計雙發動轟炸機十二架，驅逐機三架，於午後二時五十分飛臨西工上空約投彈四十餘枚，大概係六十公斤者，并有數枚夷燒彈除某某營[illegible]處空房略有炸燬外，無他損失，寇機于三時十分逸去。

【本報徐州二十五日晨十二時電】宿雨乍晴，寇機又襲津隴各站，徐昨今過往寇機多起。

【本報鄭州二十五日下午九時四十分電】有（二十五日）下午一時寇機二十一架由豫北獲嘉修武等縣向洛陽航進，至二時三十分在洛投彈四十餘枚，旋逕向北遁去。

【中央社南京廿五日電】廿五日晨十一時半敵機七架，在句容天王寺一帶窺察，約半小時，見我有備，未投彈而去，下午一時半，敵機約廿架來犯，在我高射炮威力監視之下，不敢久停，倉皇向光華門外投下十餘彈而去

【中央社廣州廿五日電】敵機十六架，今午分批襲粵，一在粵漢路銀盞坳軍田兩站間，投彈七枚，留損路軌，又一隊在廣九路樟灘站投七彈，又樟灘橋六彈，全橋被毀，至下午二時，敵機六架，再作第二次襲廣九路在石龍投七彈，炸毀路軌，電報電話線竿，均受損甚巨，當日午後各次車，均停開。

【中央社鎮江二十五日電】敵機二十五日上下午四度飛丹陽宜興間肆擾，下午二次曾投彈多枚。

【本報廈門二十四日下午七時二十八分電】（遲到）寇機一架梗（二十三日）晨八時起至午後三時先後襲廈共四次，皆由金門飛出，共投七彈，寇艦同時發砲四十餘響，我各要塞，均無損失，僅毀廁所一。

【中央社徐州廿四日電】敵機七架，廿三午由日照境海[illegible]發現，到蘇魯一帶窺察

肆擾，在大汶口兗州及黃河津隴兩路沿線，投彈多枚。

【中央社濟南二十五日電】敵機五架，今晨十一時在濟市北商埠一帶盤旋，旋飛臨城投十餘彈，死傷平民十餘，毀民房數間，又在大汶口曹家莊投彈九枚，惟無損傷。

——摘自《扫荡报》（汉口），1937 年 11 月 26 日

Nippon Planes Bomb Changsha And Hengyang

HANKOW, Nov. 24.—(Reuters).—Closely following on the heels of the westward transfer of the Chinese Government offices, Japanese airplanes this afternoon bombed Changsha, the capital of Hunan Province, and also Hengyang, an important city in southern Hunan.

Air-raid sirens were sounded here at 1.50 p.m. today when four Japanese planes were sighted on the Kiangsi-Hupeh border, flying over Nanfeng and Hsiushui, in the direction of Hankow and Changsha.

Chinese planes immediately took to the air to patrol the sky, but the raiders, instead of visiting Hankow, went to Changsha and Hengyang, bombing both cities.

Meanwhile, a steady stream of reinforcements from the southwestern provinces is passing through Hankow daily on their way to points down-river to reinforce the Chinese forces on the Yangtse-Hangchow Bay front.

——摘自《大陆报》（The China Press），1937 年 11 月 26 日

常州被炸起大火災

【蘇州廿五日國通電】本日午前十時華軍特爲守南京據點之常州市內、因日航空隊爆擊起大火災、目下延燒中、

【上海廿五日國通電】天無雲絲爲絕好飛行日之本日、在常州、江陰上空、日陸海兩空軍、連翼向華各陣營投○○瓩巨彈、致華軍心胆寒顫、爆彈炸裂之音轟動山野、

——摘自《泰东日报》，1937 年 11 月 26 日

轟炸漢口

死傷二百餘人

◎漢口二十四日國民新聞社電、此間三星期來、未有日本飛機襲擊、唯至今日午後三時三刻、警報又傳、日機多架、隨即出現於上空、但未幾、即有一高速度之中國戰鬬機騰空應戰、據觀者言、此機速度之高及駕駛技術之純熟敏捷、可謂自中日戰爭爆發以來所僅見云、

◎漢口二十五日國民新聞社電、日本飛機昨日轟炸時、聞有某姓正在交通旅館舉行婚禮、賓客到者數百人、適有彈擊中該旅館、新夫婦及賀客多人均罹難、喜宴一剎那間竟變成一大悲劇、昨日轟炸間共死傷二百餘人、

——摘自《时报》（上海），1937 年 11 月 26 日

敵隔河又砲轟濟南

本報濟南二十四日專電　敵二十四日午後一時至二時、三時至四時、由黃河北岸兩度砲擊濟南 共發百餘砲、彈多落膠濟津浦兩路附近及北商埠、聲震全市、但人心安定如恆、膠濟路十關站附近落四彈、黃台站落十餘彈、電報電話線均被擊壞、毀飯舖一、津浦路一橋洞落二彈、死二人、毀小車十二、後陳家樓落八彈、死男女各一人、仁豐紗廠及茂新麵粉廠東源盛染織廠及擯閣莊落彈甚多、損失甚小、傷者無算、

本報濟南二十四日專電　敵二十四日下午一時又由黃河北岸鵲山砲轟濟南、共六十餘發、彈均落北商埠、仁豐紗廠房屋多損壞、該地津浦路軌及橋樑涵洞、略有損壞、我正趕修、涵洞下避難人民被擊斃六人、傷十餘人、二時始停、虎頭崖敵艦、俘二日人、八鮮人、四漢奸、已解抵濟南、

——摘自《时事新报》（上海），1937 年 11 月 26 日

漢一對新婚夫婦

行禮時被炸

國民新聞漢口廿五日電　日本飛機昨日轟炸時、聞有某姓正在交通旅館舉行婚禮、賓客到者數百人、適有一彈擊中該旅館、新夫婦及賀客多人均罹難、喜宴一剎那間竟變成一大悲劇、昨日轟炸間共死傷二百餘人、

——摘自《时事新报》（上海），1937 年 11 月 26 日

敵機昨襲京

并在丹陽宜興間投彈

京息，昨（二十五）晨十一時半，敵機七架在句容天王寺一帶覘察約半小時，見我有備，未投彈而去，下午一時半，敵機約二十架來犯，在我高射砲威力監視之下，不敢久停，倉皇向光華門外投下十餘彈而去。

▲中央社鎮江二十五日電 敵機二十五日上下午四度飛丹陽宜興間肆擾，下午二次曾投彈多枚。

廣九粵漢被炸受損

▲中央社廣州廿五日電 敵機十六架，昨午分隊襲粵，一隊在粵漢路投彈七枚，路損路軌，又一隊在廣九路投七彈，橫瀝橋中六彈，全橋被毀，全下午二時，敵機六架再襲廣九路，在石龍投七彈，炸毀路軌，電報，電話線竿均受損甚巨，當日午後各次車均停開。

津浦隴海肆擾情形

▲中央社徐州廿四日電 敵機七架廿三日午由日照境海面發現，到蘇魯一帶伺察肆擾，在大汶口、兗州、及賈口、津隴兩路沿線，投彈多枚。

▲中央社洛陽二十四日電 敵重轟炸機十一架，二十四日下午二時襲洛，共投彈五十六枚，死十三人，傷二十人，旋飛鞏縣孝義投彈，詳情未悉。

贛省各縣到處窺伺

▲中央社南昌廿五日電 敵機四架，二十四日午由贛閩邊境飛至南昌附近，旋折往贛西宜豐、上高、修水、銅鼓窺察甚久，經贛西飛入湘境。

——摘自《中央日报》（南京），1937 年 11 月 26 日

▲敵機轟炸廣九鐵路

廿五日共同通訊社香港電。。是日有日軍飛機六架，向廣九鐵路擲炸，欲將四處橋梁炸毀。但無甚損失。。石龍昨今兩日，均被日軍飛機轟炸，據華人報告。。昨有一客車。被日機所擲炸彈一枚擊中。。傷斃平民甚衆，湖南長沙，昨日第一次被日軍飛機擲炸。。

——摘自《少年中国晨报》，1937 年 11 月 26 日

▲敵機轟炸長沙慘劇

廿五日聯合通訊社上海電，據漢口消息，日軍飛機向長沙擲炸。。炸彈擊中該處之交通旅館，住客被炸傷或炸斃者共二百餘名。多爲參觀婚禮之來賓。。新娘新郎均慘遭斃命云。。

——摘自《少年中国晨报》，1937 年 11 月 26 日

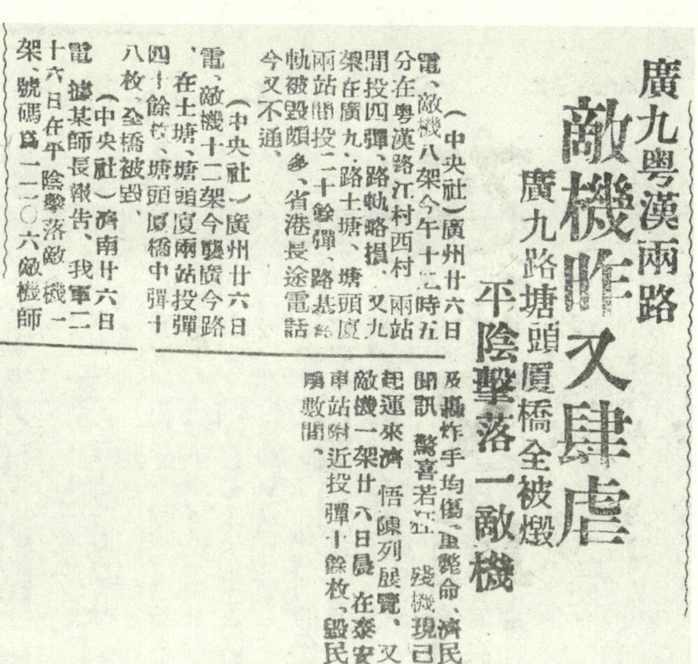

廣九粵漢兩路

敵機昨又肆虐

廣九路塘頭廈橋全被燬

平陰擊落一敵機

（中央社）廣州廿六日電、敵機八架今午十二時五分在粵漢路江村西村兩站間投四彈、路軌略損、又九架在廣九路土塘、塘頭廈兩站間投二十餘彈、路基給軌被毀頗多、省港長途電話今又不通、

（中央社）廣州廿六日電、敵機十二架今襲廣九路、在土塘、塘頭廈兩站投彈四十餘枚、塘頭廈橋中彈十八枚、全橋被毀、

（中央社）濟南廿六日電、據某師長報告、我軍二十六日在平陰擊落敵機一架、號碼為一一〇六、敵機師及轟炸手均傷重斃命、濟民聞訊、驚喜若狂、殘機現已起運來濟、俾陳列展覽、又敵機一架廿六日晨在泰安車站附近投彈十餘枚、毀民房數間、

——摘自《华西日报》，1937 年 11 月 27 日

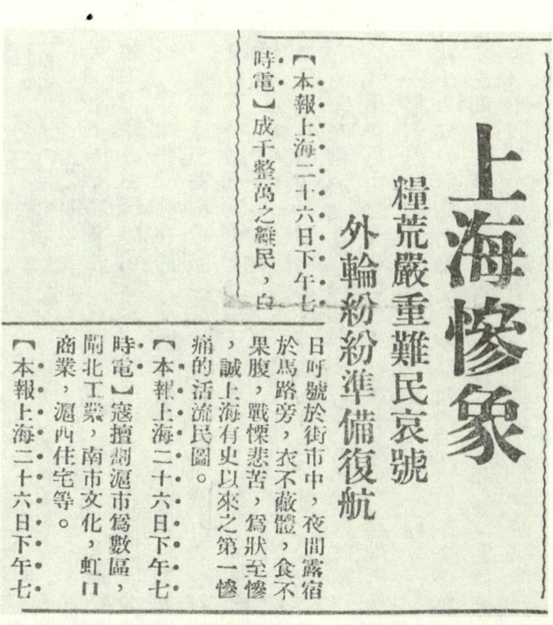

上海慘象

糧荒嚴重難民哀號

外輪紛紛準備復航

【本報上海二十六日下午七時電】成千盈萬之難民，白日呼號於街市中，夜間露宿於馬路旁，衣不蔽體，食不果腹，戰慄悲苦，為狀至慘，誠上海有史以來之第一慘痛的活流民圖。

【本報上海二十六日下午七時電】寇擅劃滬市為數區，閘北工業，南市文化，虹口商業，滬西住宅等。

【本報上海二十六日下午七時電】滬上糧荒嚴重，據工部局某高級職員談稱，現在所存食物原料，僅敷數星期之用，惟賴英船由外埠輸入，所幸來源尚無缺絕之憂慮，現在一般米店，幾為市民所包圍，爭相乞購，不易到手，米船每次抵滬，須由保安團中之白俄兵持槍監守起御。

【本報上海二十六日下午五時電】據字林西報載稱，英當局認為滬戰已遠離公共租界，英僑不回上海之理由，已不存在，但上海情形，不能視為已復常態，在公共租界之蘇州河以北及虹橋路一帶，人民尚不能安居樂業云。

【本報上海二十六日下午六時電】英國各郵船公司，如古林藍煙筒及昌興等數家，不久即將恢復至滬航務。

——摘自《扫荡报》（汉口），1937 年 11 月 27 日

敵機昨晨窺察廣九後

午間空群分襲廣九粵漢路

廣九塘頭廈樟木頭各站投彈卅餘枚

粵漢路從化軍田各處傷斃平民

(廣州專訊)敵機繼續來粵肆虐、目標又集向廣九粵漢兩路、廿五日炸毀情形、已誌前訊、敵以兩路損失尚微、於昨(廿六)日上午八時半、派兩偵察機飛赴平湖樟木頭上空窺察、廣九路即晚已修復、仍可通車、八時四十分該兩偵察機即飛返唐家灣母艦報告、旋於下午十二時十五分、敵機繼續大舉來襲、分在廣九粵漢兩路狂炸、此間最初據前哨報告、有敵機六架、從唐家灣起飛向北飛來、有關襲廣州模樣、當即發出警報、同時二十分又接唐家灣方面監視哨報告、敵機十四架繼續北飛、此間以敵機又再空羣而來、乃將緊急警報發出、惟于十二時三十五分許、再據大良方面報告、由唐家灣飛來敵機十四架、已抵大良上空、但未有盤旋、經向北飛、十二時四十分許迫近本市、但只六架、因全隊十四架飛抵容奇時、即分頭而飛也、其六架迫近市區、擬從河南方面襲入我駐河南某高射砲陣地、首先發現、即向之射擊、敵機乃繞出河南以南河道上空、由西而東、及抵琶洲時始轉向北飛、當時我小港及石牌之高射炮部隊、乃猛烈向敵機射擊、故市區亦微聞炮聲斷發、敵機乃繞道白雲山上空轉出粵秀山之後北飛、十二時五十分、該部敵機即抵粵漢路之軍田站、開始瘋狂之肆虐、就在軍田糊亂投彈多枚、而一時五分由容奇分途進襲之敵機、于一時十分經過深圳出海、同時一部亦經琶江北飛、一時十三分敵機又分途集合共十二架、向從化進襲、在從化投彈達十二枚、當地空防部隊、曾以猛烈之高射炮予以痛擊、惟敵機藉濃雲遮掩、在高空糊亂投彈、射擊頗爲窒礙、而敵機轟炸之目標亦全失、故結果非武裝區域之民房慘遭炸燬數十間、平民死傷者極衆、此間即去電調查中、一部救護隊、均於下午二時源源出發馳救、又查敵機投彈後、于一時二十分、即向南飛、至一時三十五分、該隊敵機抵小坪站、又在上空盤旋、一時四十分敵機九架于抵江村時、又在江村附近投下炸彈三枚、路軌略受損傷、其餘敵機仍在小坪盤旋、至二時許敵機乃向西南角而遁、據粵路局消息、粵路是日被炸頗受損失、極爲慘重、故今後對于通車問題、暫難確定、至查由容奇分途經深圳窺伺廣九路之敵機、初只三四架、旋又與北江各處之敵機數架會合、計共九架、于十二時五十五分、分襲廣九路樟木頭、土塘、塘頭廈各站盤旋、我當地高射炮機隊即向敵機猛烈射擊、敵機頗呈倉惶之狀、糊亂向各站投彈、計共卅餘枚、多落荒野、惟一〇三至一一三公里間路軌、被炸燬鋼軌四條、枕木數十根、至一時〇五分、敵機投彈後、即向東飛出海遁去、我機搜索無敵踪、故于下午二時四十五分解除警報、查廣九路是次損傷亦頗重、省港長途電話及電報線已被炸斷、實情如何、因消息不通未悉、但已派員工趕修中、路軌亦在加緊修理、赴港之中午快車、延至下午四時仍未開行、尾次快車暫停開云、

——摘自《工商日报》(香港),1937 年 11 月 27 日

敵母艦徘徊中山赤溪海面

敵以澶洲島作軍械庫

刼掠漁船運載軍械先後起卸五千箱

窺伺台山㮾洲島敵艦三艘次第他駛

敵機又飛各縣窺伺騷擾

中山赤溪縣屬海面發現龐然大物之敵、航空母艦一艘、但仍未明爲何號母艦，料該母艦非能登呂號、因能登呂號僅載機廿架左右、其狀態似巡洋艦、現發現之敵艦則係陸機母艦、日間泊於唐家灣、夜間則駛往赤溪、查兩日來轟炸廣九粵漢兩路之敵機、係陸上重轟炸機、故料犯粵之敵航空母艦必爲龍驤號云、又敵自再度佔踞北海對海之澶洲島後、由廿一日起至廿五日止、島傍均泊有敵艦、刼掠漁船爲之載運大批軍械囤存該島、先後起卸達五千箱、其中軍械米糧食水均有、以軍械爲多、佔三千餘箱、敵軍防範居民逃遁甚嚴、日夜警戒、如臨大敵、又敵艦三艘、先後於廿三四兩日駛泊台山縣屬對開海面之㮾洲島窺伺地形、那琴墟南竇各地駐防保安隊經會同防軍嚴密監視、以防登[illegible]軌外行動、現復聞該敵艦已於廿五日上午七時廿五分次第駛去、

敵炸江村站傷人畜

番禺七區高塘鎮公所、廿六午接空襲消息、隨電江村警隊部鳴鑼告警、各防護團員均出勤、見敵機九架由東飛抵江村譚姓上空、向從化花縣飛去、未幾復回、抵江村車站附近金字嶺盤旋良久、隨投下炸彈六枚、路軌被炸少許、炸斃耕牛一頭、農人江均及男婦一人均受傷、由防護團員送往普惠醫院救治、下午三時始解除警報、又廿四日上午九時五十分、番禺第一區市橋沙灣等處天空、有敵機十六架、由西南方飛至、盤旋數分鐘、即向東北方面飛去、當時該處即發出空襲警報、并指導路上人往安全地方暫避、迨敵機去後、乃解除警報、

敵機掃射花縣鄉民

廿五晨當敵機結隊分襲廣九粵漢兩鐵路之際、適爲花縣新街墟期、由花縣及附近各鄉前往新街趁墟之鄉民、正絡繹于途、異常擠擁、其時敵機八架方由南北飛至、瞥見公路來往行人如鯽、認爲屠殺我民衆之唯一機會、乃立以三機低飛開機關槍向鄉民掃射、盤旋追逐約一分鐘許、始轉向鐵路方面投彈轟炸、當敵機低飛開槍掃射時、鄉民紛紛四散奔逃、惟尚未傷斃人命、又敵機廿五日飛經黃埔魚珠時、低飛以機槍向我地面掃射、附近操作之農民因猝不及防、慘遭殺斃者十餘人、敵機盤旋掃射達十餘分鐘之久、始高飛出海竄返母艦、

敵機偵察西江輪渡

上西江連灘利源蓆莊、有草蓆一大幫、僱船三艘載運、用火輪拖 來省、廿五日下午 時、當駛經順德屬麥涌河面時、此時江門渡亦從鄉開駛來省、航經是處、恰遇敵機數架、從江門方面飛航而來、敵機低飛至千尺左右、向草蓆船及江門渡偵察、兩拖帶火輪司舵人睹狀、急停泊岸邊、以便必要時俾各人登岸暫避、敵機偵察良久、知該渡船係屬商船、始向北翱翔而去、但渡中搭客夥伴、深恐暴敵再演轟炸輪渡慘劇、莫不大驚失色、迨敵機去遠、各人驚魂始定、乃相率開駛來廣州云、

敵機八架飛經佛山

佛山廿五下午一時許、有深灰色敵機八架、分作四隊、由東北飛入市區、飛行甚低、向南方而去、當時市民一見敵機飛至、紛紛逃往避難所、秩序甚好、查各敵機身甚長、與前月之銀灰色敵機不同云、

——摘自《工商日报》（香港），1937 年 11 月 27 日

敵機昨擾西安

在西北郊投彈後倉皇遁去 有三架曾飛咸陽興平窺察

（中央社）西安廿七日電、敵機十二架廿七日第二次襲陝、上午七時、由晉方竄陝境、七時廿分經咸陽、蒲城向西南飛、防空部據報、發出警報、實行交通管制、市民均避入雖密及防空壕、秩序井然、七時五十分、敵機侵入西安上空、我高射槍砲瞄準射擊、敵機倉皇、存西北郊外投彈十餘枚後、九架向東飛去、經灞橋時投彈一枚、落鐵道旁、並未爆炸、餘三架西飛、在咸陽興平盤旋後、亦向東北逸去、至九時十五分解除警報、事後調查敵機在西北郊所投之彈、均落空地、僅傷一人、亦甚輕微、其他毫無損失、

——摘自《华西日报》，1937 年 11 月 28 日

敵機連日轟炸丹陽鎮江一帶

（中央社）南京二十七日電、交通部息、連日敵在鎮江丹陽一帶轟炸、先後投彈不下百枚、鎮江大華飯店全部被燬、炸死平民數十人、江邊亦投彈多枚、傷及一士兵、丹陽損失較輕、除死傷平民數人外、被燬民房十數間而已、

——摘自《华西日报》，
1937 年 11 月 28 日

敵機昨又襲擊粵漢廣九兩路

（中央社）廣州二十七日電、敵機今襲廣九路石龍橋中彈、全橋被毀、又在粵漢橫石鼓洞、連江口各站投多彈、

（中央社）青島二十六日電、二十六日午一時四十分、敵機兩架、由海陽口西飛行、旋經過青市惜福鎮王哥莊等處、向西南飛去、至十二時半解除警報

——摘自《华西日报》，
1937 年 11 月 28 日

敵機一十二架轟炸洛陽機場

（中央社）洛陽廿五日電、敵重轟炸機十二架、二十五日午後二時二十餘分襲洛、盤旋約三十餘分鐘、向機場投彈百餘枚、我無大損失、

（中央社）洛陽二十五日電、敵偵察機二架、二十五日午後二時三十分、飛洛陽上空窺察、盤旋數匝、旋即逸去、又二十四二十五兩日先後來敵機一十餘架、大肆恐嚇、因我方準備嚴密、損失尚屬輕微、但城廂民衆均已紛紛赴鄉避難、

——摘自《华西日报》，1937 年 11 月 28 日

寇慘屠邯鄲民衆

居民被殺者一二千餘人

城郊各村被炸成灰燼

【中央社新鄉廿七日電】自邯鄲逃出者談，月中我軍襲擊邯鄲時，先後焚燬敵機十餘架，幷殲滅敵兵一中隊，敵方以我民衆熱烈協助國軍行動，極爲恐懼，事後派飛機多架轟炸各村莊，幷肆意屠殺居民達二千餘人之衆，現邯城附各村成灰燼，民衆除慘遭殺戮者外，餘則悉數逃出，現正積極組織伺機大舉，驅逐暴敵云。

——摘自《扫荡报》（汉口），
1937 年 11 月 28 日

日空軍又轟炸

津浦線泰安站

【〇〇二十七日國通電】島（濟南南方六十啓羅）、爆彈
谷部隊〇〇機、二十六日午前中於該站待機中之四個列車、
十時二十分、炸津浦線泰安驛及鐵軌，受多大効果。

——摘自《泰东日报》，
1937 年 11 月 28 日

敵機昨南北肆虐

臨汾宣城遭轟炸

廣九粵漢路軌略有毀壞

（中央社）廣州二十六日電，敵機六架今上午十時四十分、向廣九路塘頭廈站投彈，炸毀鐵橋路基鋼軌、電話線桿亦壞甚多，另敵機十三架、經市上空、赴粵漢路在源潭茶崗站、及黃浦支線投彈，轟炸路基鋼軌、死傷路工多名，其中九架、並向市東北郊、天河白雲等處投八九彈、我無損失

（中央社）臨汾二十八日電，二十八日十二時許，敵轟炸機兩架來本城盤旋半小時餘，投彈十六枚、共毀民房四十餘間，死約廿人傷三十餘人

敵機襲津浦車未遂

（中央社）南京廿八日電，交通界息，敵機數架、二十七日午飛宣城轟炸、投彈多枚，炸毀客車二輛、死四十餘人，傷百餘人、

（中央社）蚌埠二十六日電，敵機一架，二十六日下午二時零五分，經泗縣至宿縣，投彈四枚，襲擊津浦路列車未遂，北關民房被炸起火，旋向北飛去。

——摘自《华西日报》，1937 年 11 月 29 日

晉邊我游擊隊極活動

敵軍在榆次大肆燒殺

中央社。漢口二十八日電。某路軍電漢口報告晉邊游擊戰况。（一）十九日進攻渾源之敵。六七百人。與該支隊一部激戰。約二小時。我以衆寡不敵。退至望孤。敵我傷亡十餘人。敵進渾源後。即閉門不出。甚爲恐慌。二十日敵又來汽車二十餘輛。備載步炮兵馬。敵步炮兵一部。乘汽車返回應縣。現渾源有敵七八百人。均僞滿軍。我退出渾源之部隊。仍在望孤向渾源敵騷擾中。（二）進攻易縣之敵。步炮兵約千人。與該支隊一部對戰半日。我部即轉移至金垌附近。我傷亡三十餘人。二十二日敵復由易縣。以汽車十餘輛。唐克車五輛。向大小龍華攻擊。該部當即配合義勇軍猛擊。擊狼狽脫逃。正當敵退之際。我軍已截至敵之退路。并拆壞橋樑一處。敵最後掩護之唐克車一輛。駛抵橋處。不能繼續前進。當即被我俘獲。我兵傷亡二十餘人。（三）榆次城駐敵約二千人。並正在榆次附近。修理飛機場。敵際太谷之騎兵。傷亡頗大。現退回壽陽。聞係整理。並有大車數十輛。搬運傷兵。（四）我部二十一日在榆次附近。擊潰敵機械化部隊。毀十。斃敵五名。敵大肆燒燬。該地村莊。慘殺民衆百餘人。（五）我部二十一日在唐元鎮附近。擊潰敵之騎兵偵察隊。二十餘人。斃敵人馬各八。繳步槍三支。

——摘自《湖南国民日报》，1937年11月29日

敵機昨又

炸廣九粵漢兩路

兩路路基鋼軌稍有損失

宿縣宣城亦有敵機投彈

中央社廣州二十八日電。敵機六架。二十八日上午十時四十分。向廣九路塘頭廈站投彈。炸燬鐵橋。路基鋼軌。電話線桿。亦壞甚多。另敵機十三架。經市上空。赴粵漢路。在源潭茶崗站。及黃埔支線。投彈轟燬路基鋼軌。死傷路工多名。其中九架。並向市東北郊天河白雲等村。投八九彈。我無損失。

中央社蚌埠二十六日電。敵機兩架。二十六日下午二時零五分。經泗縣至宿縣投彈四枚。襲擊津浦路列車未遂。北關民房被炸起火。旋向北飛去。

中央社南京二十八日電。交通界息。敵機數架。二十七日午飛宣城轟炸。投彈多枚。炸燬客車二輛。死四十餘人。傷百餘人。

——摘自《湖南国民日报》，1937年11月29日

顧維鈞談話

欲維持遠東和平

各國必須考慮援助中國

法天主教議决譴責日軍恣意屠殺

東京又開反英大會□□□□□□

海通社廿八日比京電　星期五日中國代表團首席顧維鈞博士、未離此間前、對記者稱、謂倘世界欲維持遠東和平、必須考慮物質援助中國之問題、中國仍信賴九國公約各國、能盡其責任、或各國自有其困難障碍進行、又大會結果、雖無切實成績、惟相信此次大會、不無效果、因能証明中國爲正義合法而抵抗、由此便可解决物質援助中國之問題、又謂渠希望在此休會期間、各國可藉此交換意見、蓋此重要問題、萬不能漠視、又答記者詢及第三國出而調協之問題、謂調協方法、祇可交九國會議磋商、又謂國聯會應會商辦法、蓋中國亦會員國、顧博士且直率表示、謂中國亦贊成將此次糾紛在日內瓦開會討論、最後又謂、倘一國如中國上下團結、以正義作戰、永不失敗、又中國現目作戰、仍盡其天職、維護遠東和平、彼甚盼別國亦如中國一致負起其責任云、

中央社里昂廿七日電　此間天主教會所創立之精神協會、其會員大多爲智識階級人士、頃開會通過決議案、反對日侵略中國、并對於日本摧殘中國醫院、學校、教會、屠殺非戰鬥員等、種種暴行、備加譴責、決議案內并稱、對於此種不顧一切的戰爭行爲、吾人無保留的加以反對、至於中國人民爲自由而戰鬥、此正與吾人意志相同云、

路透社廿八日東京電　此間又舉行民衆大會、市民參加者五萬餘人、議決電勸英國、停止援助中國、及與蘇俄斷絕關係、英國對于中日戰爭、須嚴守中立云、

——摘自《工商日报》（香港），1937 年 11 月 29 日

青浦來滬者談

城內三角街馬頭街成焦土

白鶴江全鎮被燬沿途多屍體

青浦方面情形、自我軍西移後、極少消息、昨日有青浦逃出之潘君來滬、據談、青浦於我軍未撤前、已被轟炸、我軍於本月九日開始撤退、至十一日、大部份軍隊撤退完竣、彼即於十一日步行逃出、一行共三男一女、向東直行、沿途 見、多是屍體、或倒斃在田畝之中、或浮於河浜之上、獨多貧民、極少軍士、過白鶴江、全鎮房屋盡變焦土、抵紀王廟、爲日軍扣留、迫充夫役、終日扛運彈藥、達八日之久、於最後一日、得到一通行證、始繞道來滬、又訊、青浦自我軍西移後、逃來上海、僅五十餘人、金神父路四二四弄四號潘世義君處、設有同鄉問訊處、其最遲逃來者、爲本月二十一日抵滬之某某兩君、談及青浦已無雙方軍隊、泗涇情況尚佳、至於青浦城內火燒之處、三角街及馬頭街盡成焦土、南門民房燒至黃福如家爲止、小西門大西門尚無重大損失、北門三元橋一帶房屋、大半保存、昨報載主持青浦維持會之楊滌凡、別名世華、爲上海某校畢業生、乃父在青浦設營造廠、楊向居青浦、能說流利之法語、善寫字、又能丹青、目下在青浦者、皆爲老弱婦女云、

——摘自《时报》（上海），1937年11月29日

鎮江已封鎖

被空襲擲彈百四十枚

◎南京二十八日電、鎮江封鎖線已完成、較江陰封鎖線尤爲鞏固、

◎南京廿八日路透社電、今日當局發表文告、命各輪船悉於十一月三十日以前駛往首都上游、以免陷於鎮江附近封鎖點之下、

◎南京廿八日路透社電、昨有日飛機多架、猛轟鎮江、擲彈約一百四十枚、此次轟炸、大約志在妨礙華軍增固封鎖之努力、現有苦力數百人、運石裝滿民船而將沉諸江中、昨日之襲擊、死傷幾何、尚未接有消息、鎮江現仍寓有英僑四五人、英砲船阿菲斯號、將留泊該處以保護之、縱出路爲封鎖堵塞、亦不駛離也、

——摘自《时报》（上海），1937年11月29日

敵機炸金壇 被擊落三架

蘇魯一帶被敵肆虐

溧水平民遭敵摧殘

中央社南京電 據溧水確報、廿七日上午十時、有敵水上機五架、輕轟炸機三架、重轟炸機三架、在金壇縣城附近上空施行轟炸、經我高射砲部隊梅映球、王倫平兩部共同猛烈射擊、當擊落敵九六二巨型轟炸機三架、一落于金壇北門外獅子山、一落于金壇城夫子廟、一落於金壇城南、餘機狼狽逃逸、落金壇城郊兩架、人機俱焚、并檢獲無綫電機槍等件及敵第十二航空隊海軍中尉田中民、至之日記護身符等、足見其迷信怕死、殊爲可笑、再敵機經此重創後、對我高射部隊頗極恐懼、

中央社徐州電 徐埠廿六日四次警報、敵機多架到蘇魯一帶窺察投彈、在津浦隴海兩路、破壞交通、符離集投彈數枚、毀路軌一部、機車稍損、旋即修復、午前敵機到徐時、曾散荒謬傳單、

中央社蚌埠電 廿七日午前敵機兩架、在靈璧兩次投彈多枚、城廂被炸、損失未詳、

中央社南京電 敵空軍因廿七日遭我高射炮在溧水東六十餘公里之金壇附近擊落轟炸機三架、亟圖報復、廿九日下午一時許、又有重轟炸機九架、飛溧水轟炸、在城內投彈達百餘枚、死傷平民甚多、被燬房屋無數、歷一小時始去、損失詳情在調查中、

中央社杭州電 廿九日晨十時、敵機一、竄入杭市上空盤旋、窺視甚久、下午二時許又有敵機六架、由吳興方面經杭飛龕山、諸暨、仙居、黃巖、一帶窺探、旋向溫嶺樂淸方面逸去、

△ △ △

——摘自《工商日报》（香港），1937年11月30日

青浦被炸情形

郵差追述

自青浦我軍撤退後、青滬交通阻斷、音訊不通者達十餘日、近聞有楊滌凡者出而組織維持會、會所設中山公園、查楊係青浦縣黨部幹事、據十四日撤退來滬之青浦郵局某郵差談該地情形、自八日遭日機轟炸後、頓形紊亂、除一部份人民先已避難四鄉外、所留住者遭日機炸斃不少、滿街屍體慘不忍覩、城廂除三角街碼頭街悉遭焚燬外、北門外郭鼎順茶食店被擊中炸彈一枚。西門一帶損失較小、該郵差又談、當日機八日前往轟炸時、彼匿居城脚下達一晝夜之久。於滿天泥灰中、能望見城中房屋正起火焚燒、至下午六時。始出外往視、目覩被房屋壓斃者累累、次日郵局撤至李灩村辦公。十一日起程來滬、當時青滬交通已斷、青浦一帶正在激戰中、該郵差由李灩村步行至西岑、章練塘、再由水道抵蘇州、搭車北上至鎮江、換小輪至揚州泰州而達南通州。十六日搭外輪來滬、此行共五日、足跡過千餘里、沿途未遇日兵、惟中途有郵差二名失蹤、至今生死不明、

——摘自《时报》（上海），1937年11月30日

日寇鐵蹄下的天津

天津通訊

在天津中日軍隊激殺的時候、敵人一方面集中他最強大的空軍、施行慘酷的轟炸、一方面日本浪人到處在市內縱火、我軍無法破逵、於七月二十九日完全退出了天津、到現在有三個月了、天津市治安秩序不但不能完全恢復、反而更加混亂了、

日寇佔領海陸交通

天津現在是日寇主軍、軍事根據地後方陸上交通工具——北寧線及津浦線手段以及自津及各地公路、均被敵人佔領作為軍用、目下平津間及平榆間、每天雖開一次客車．但因沿途兵車擁擠、每次誤點均在十小時以上、北寧路已完全變為、南滿路所有一切機車、電話、電報、車站房屋都被南滿人員佔用、北寧路在目前名義上雖已恢復、辦公、然每次客車開行時間、及車輛調動、均須聽從南滿路員指揮、據傳日方為便利運輸計、已決定將北寧路與偽奉山路接軌、改為平奉鐵路、海上交通事變前即被日軍佔領、除英商船隻不定期航行外、中國船隻因日軍强征、早已南開、空中航行、更是被敵機獨佔、在東局子有很大的飛機場及飛機庫、目下停有敵機三十餘架、每日飛津浦前綫及綏省各縣偵察轟炸、敵人在津有二大營房、就是海光寺及東局子、能駐二三萬左右的軍隊、每天均有日軍從關外開到、并能儲藏大批軍用品

搜查行人、陷害青年

最痛心的一囘事、就是敵軍在街上肆意搜查行人、在搜查時、對中國人民加以百般的侮辱、甚至於無故毆打或屠殺的、同胞被殺害者不計其數、強迫商家住戶門前懸掛日本國旗、如有不掛、即行抄沒家財、現該市人民為避免危險起見、不得已購買日本旗、以作通行護身符、因此幾週以前、日韓浪人因製售敵旗、大發其財、（日寇在天津、其他各地也是一樣）為要肅清反日

臨汾被炸

◎北平廿九日快訊社電、昨日晉省方面依然沉寂、僅日機轟炸同蒲路華軍集結地及山西省政府所在地臨汾、聞日機昨日在臨汾所投炸彈共達念餘枚、毀民房數十間、死無辜人民約五十餘人、

——摘自《时报》(上海)，1937 年 11 月 30 日

分子、根絕人民中的反日思想、最近命令該市社會局轉令各學校及各文化機關實行思想檢舉、凡教員、學生及其他人民中、言行思想有反日傾向者、均加以檢舉、、由學校檢舉或官廳拘捕、因而大部學生青年早已自動離校、他居近來有不少的學生教員、常常離開該地而跑到我們自己的中國去、

利用漢奸組織政府

敵佔領天津後、為謀恢復治安、以減輕後顧之憂、乃利用漢奸、組織天津地方治安維持會、職權等於市政府、下分總務、公安、財政、工務及衛生五局、表面是由華人組織、但實際上完全操縱在日人手裏、維持會各局都有日本顧問、一切大小事件、必須經日人顧問允許後、才可辦理、現在天津市的漢奸組織有「大亞西亞協會」「東亞協會」「中日親善促進會」「東洋協會」「華北自治協會」「華北青年黨」……等等、

強迫實行奴化教育

那些漢奸們、為着討好於日本組織了什麼「教科書修正委員會」、搜集中小學校教科書、任意删改國語、史地、社會公民等教科書、如有國恥史料、不平等條件、三民主義、帝國主義侵略中國等部份都完全除去、認為「有礙邦交」的、修正委員會委員是社會局長鈕傳善教育局長陶子禮、專員林紹昌等、都是十足的漢奸、此外還有日顧問多喜等、過去教科書、皆被目為「反動」、並且現已命令各中學一律採用經書及日本語日文由日人教授、每校有二三人的不等、講授、將盡量鼓吹日本好、要聽日本人的話、使大家都變為日寇的順民、

欺騙民衆地方混亂

在最近以前維持會曾把市立圖書館通俗圖書館、閱報室及其他教育機關、逐一檢舉、把所有抗日書報、一律焚燬、認為「有礙邦交」上壁上標語一律洗刷、換上「實現華北自治」「促進中日親善」……等一批荒謬絕倫的標語來欺騙同胞、津市秩序、至今仍然非常紊亂、日本浪人橫行無忌、勒索錢財強賣毒品、一動手就是辱罵毆打、甚至於有不少的青年婦女、被日人強姦而至於死的、天津已經成為人間地獄了、全國同胞共起聲討此亙古未聞的萬惡強盜、

——摘自《华西日报》，1937 年 12 月 1 日

敵機暴行愈甚

轟炸除用重彈外幷用燃燒彈

炸兩路機師進襲日久投彈準確

敵處心積慮謀我可謂無微不至

（廣州專訊）根據數日來敵機瘋狂轟炸後、調查研究所得、判定此次來襲之敵機、係來自敵人之陸機母艦、所載炸彈、每枚有重至一千磅者、五百磅者則常用、轟炸廣九鐵路之塘頭廈、石鼓兩橋鐵者、據親往視察之軍界人員稱、謂炸彈之重量、總在一千磅左右、故燬滅力甚强、橋身粉碎、橋身整個拋出數十丈外下墮、其決心摧毀廣九粵漢兩路、可以想見、查在十月間、敵巡洋艦之水機、進襲廣九鐵路者不下二十餘次、然擲彈極少轟中鐵路、是以敵機一面進襲、我一面照常通車、甚少間斷、即有、亦至多不過一二日、便可修復、照常開行、距此次敵機來襲後、每次投彈、往往非中鐵橋、即中路軌、損傷之重大、非十月間可及其萬一、據某方消息、謂此次來襲者、雖爲敵母艦之陸機、但駕駛者則仍爲十月間駕水機進襲廣九路之機師、蓋在十月下旬及本月初間、敵水機每日兩次三架來襲廣九、不啻爲練習投彈、積久而方位既熟、投彈自必準確。此次敵機之大舉進襲、乃用此進襲日久純熟之機師爲之駕駛投彈、便獲如是効果、敵人處心積慮之謀我、可謂無微不至矣、又查敵機此次開始進襲以來、除用重量炸彈外、幷多用燃燒彈、於摧燬我之堅固建設後、復以燃燒彈而以焚燬之、其目的係掃蕩我整個生命財產、手段至爲狠毒、本月廿四日之第一次空襲廣州、河南生命財產損失之重大、實因其全用重量炸彈及燃燒彈、故中彈而炸毀之舖屋雖不多、但被震塌及燃燒彈焚燬者極衆、於此、足見敵人侵略華南之暴行、已進一步殘酷矣、

——摘自《工商日报》（香港），1937 年 12 月 1 日

敵機騷擾各地彙誌

槍擊江村農民

廿九日上午七時卅分、有敵機十三架、分作兩隊、由西北角侵入江村上空、高塘江村兩墟壯丁隊、分頭嚴密警戒、旋敵機由新街折回、飛抵茅山附近盤旋窺伺、繼低飛用機槍掃射在田工作農民、幸各農民均伏地躲避、得免於難、至十時許解除警報、

掠過石井上空

廿九日七時卅分、敵機十八架、圖襲韶州、至八時左右、敵機[illegible]架、即沿粵路北飛、經石井上空、事先該處防空處已發出警報、各商民多有暫時將店門關閉、避往安全地點、一時甚爲寂靜、該處之高射槍炮隊亦嚴陣以對、但敵機未敢低飛、盤旋約五分鐘、即向北飛去、至十時乃解除警報、

轟炸中山帆船

廿八日午敵機大隊飛過中山縣境、當敵機飛經該縣四區濠子鄉外、茅島海面、見有大帆船一艘、竟盤旋一匝、即低飛投下一彈、落岸邊爆炸、聲震遐邇、但無甚損失、祗島上之瘋人院略受驚恐、又石岐市廿七日發出警報三次、廿八日發出警報四次、均係敵機過境、並未投彈云、

掃射小欖農民

小欖鎮蔬沙鄉、廿七日下午壹時許、有敵機兩架、掠空而過、飛度極低、僅距地面六百餘尺、敵見當地農民麕集、即在空際盤旋數匝、並開機關槍向農民掃射、各農民紛紛奔避、有躍入河中泅水而逃、狀極狼狽、暴敵殘殺我無辜民衆、於此可見一斑、

槍擊黃埔鄉民

廿九日上午九時許、黃埔上空發現敵機六架、分成兩隊、一隊三架、該敵機係由西北方飛來者、在黃埔低飛盤旋、附近農民六人正在田間工作、瞥見敵機飛至、急倉皇向叢林奔避、詎敵機竟用機關槍向該農民掃射、僅傷陳姓農民一人、至敵機肆虐後、盤旋一匝始去云、又昨廿八日上午十一時、敵機侵入市郊燕塘大河村及夏茅石井等處上空投彈時、有住大北外直馬路六十四號農人黃秉、適在北郊外田間工作、被敵機開機關槍向下掃射、伊因走避不及、被流彈擊傷左腿、鮮血淋漓、後其妻陸氏聆耗馳至、將之扶返延醫敷治、查黃四十二歲、南海人、[illegible]

十三架昨過禪

廿九日上午七時四十分鐘、佛山南海防空會接報有敵機六架、在中山唐家灣起航、即發出警報、七時五十分、即有敵機十三架、分作四隊、自南方飛過市郊、轉向北方飛去、當時市內汽車、即行停駛、廣三車由石圍塘西上、適至橫滘站上鐵橋、亦即停開、九時廿分、又有深灰色敵機七架由北方掠過西方市郊、轉南飛去、至九時卅五分、復有敵機三架、由東方飛入市內、轉南而回、十時九分鐘即解除警報、交通回復原狀、

——摘自《工商日报》（香港），1937 年 12 月 1 日

敵機昨襲諸暨

蕭山宣城均慘遭轟炸　敵又偵察虎門

（中央社）金華一日電、上午九時十五分、敵轟炸機二架、窺諸暨、投彈二枚、均落河中、一彈炸中民船一艘、死二傷三、同時江東鄉源昌木行、亦落二彈、死五傷二、燬民房二十餘間

（中央社）杭州一日二時電、敵機三十日狂炸蕭山、大火午夜始熄、搜出死傷民衆五百餘人、其葬身瓦礫中者、未知多少、民房被燬千餘、難民哭聲載道、爭從垣燼中尋覓親屬屍骸、悲天憫人、酷極人間、朱家驊等夜赴災場督率救護、慰問難民、睹狀淚零同往官員莫不垂淚、

（中央社）蕪湖廿九日電（遲到）敵機連日飛宣城轟炸、城東北二門及車站均遭轟炸、

（中央社）廣州一日電、今日上午八時半敵機三架襲廣九路、在塘頭廈站附近投六彈、毀路軌頗多、敵機連日飛虎門偵察我要塞、惟未投彈、

——摘自《华西日报》，1937 年 12 月 2 日

敵機連日炸宣城

中央社蕪湖二十九日電。（遲到）敵機連日飛宣城轟炸。城東北及車站。均受相當損失。

——摘自《湖南国民日报》，1937 年 12 月 2 日

敵軍焚毀光華大學

損失甚重

中央社。教育部頃接光華大學校長張壽鏞電稱。該校於十一月十二三兩日。相繼被敵軍肆意焚毀。損失甚重云。

——摘自《湖南国民日报》，1937 年 12 月 2 日

敵狂炸後之蕭山

(中央社杭州一日二時電)敵機卅日狂炸蕭山、大火午夜始戢

搜出死傷民衆五百餘人其葬身瓦礫中者未知多少民房被燬千餘

難民哭聲載道、爭從垣燼中尋覓親屬屍骸、悲天憫人、慘極人間、朱家驊等夜赴災塲督率救護、慰問難民、睹狀涕零。同往官員、莫不垂淚

(中央社杭州一日電)浙東蕭山卅日晨遭空前浩刼、敵轟炸機十二架、卅日上午十一時、沿滬杭路飛蕭山狂炸、投爆炸燒夷彈百餘枚、車站縣府法院公園均全燬、大街屋宇由十一時起大火、迄晚十時未熄、民衆血肉橫飛、慘遭焚斃及葬身瓦礫中者不可勝數、同時蕭山隔運河之江寺前縣黨部及附近民房亦多被震毀、損失情形、無法統計、敵殘殺我無辜民衆之猙獰面目、已暴露無遺

——摘自《国华报》（广州），1937 年 12 月 2 日

溧水城已成焦土

(中央社南京電)敵機八架、於廿九日晨十時許、在溧水投彈卅餘枚、午後二時許、又有廿餘架輪流投彈五六十枚、並擲燒夷彈甚多、且以機槍掃射、據目睹者談、綜計全日共炸四次、投彈不下百枚、溧水城廂及附近村莊已成焦土、公路上之傷兵難民、因遭敵機槍密集掃射、死者極衆、遺屍遍野、途爲之塞、斷脛殘肩、慘不忍覩、即河中通行之難民船舶、亦多遭炸沉、河水爲之變色、

——摘自《国华报》（广州），1937 年 12 月 2 日

陷後太原

敵肆意屠戮

路斷行人淒慘萬狀

一脫險警士之談話

【中央社臨汾通訊】頃有太原省會公安局一警士，歸敵人俘虜後，脫逃來臨汾，敘述太原失陷後敵軍對我民衆慘殺之酷毒情形，特誌如下：十一月八日晚，我軍由

幷垣退却

時，有警士六七十人，因一再衝透出城，均未如願，遂復聚集公安局內，至九日有爲敵軍逼迫而被俘虜，當即施以捆縛，並嚴加搜查，遇有財物，均被取去，嗣于當日下午，驅至城南狄村，同時並有被擄之我民衆數十人，步兵二百餘人，均押至該村農場中，迫令全體蹲坐于地，不問情由。

橫加屠殺

計共死民衆十餘人，步兵六七十人，警士十四人，因天時已晏，敵乃停止殺戮，復驅迫所餘二百餘人，共同驅押于一廣室中，因室小人衆，皆俯伏相壓，敵並以木板將室外窗戶鎖閉，致室內空氣窒塞不通，監視之敵，遂在院中打火取暖，火光燭天，室內被驅押者，疑係敵將以火燒殺，衆皆大恐，因密議與其

待敵燒斃

，何弗衝出，與敵拚一死活，衆議既定，遂用互解縛，正當此際，被敵發覺，有敵多人，乃啓門而入，對羣衆腳踢拳擊，橫施毒打，頭破血流，無一倖免，嗣敵復提出被驅押者十餘人，至院中以燒紅之火炬等慘打一番，其怒始息，如此一再慘酷拷打三日，

斷絕飲食

，至十一日下午，敵復押解羣衆至城內太原小學，共驅于一假禮內，每日僅遣一人，挑冷水數桶，每人限喝一口，並發給餅包一個，有敵之軍官時往訓話，令羣衆不准偷跑，至十七日晚，始將所押之民衆釋放，所有軍警，分配于敵軍充當伕夫，計每連分配二人，當晚即遣送至各連部，洎至十八日晨，城內敵軍向石家莊開拔，彼分配至敵軍各連之我軍警，亦被迫隨敵出發，當晚軍行寄宿某村，該警士遂

乘機脫逃

，輾轉跋涉，行十餘日，始於日昨抵臨汾云；復據該警士稱，幷市景況，迄至彼等十八日晨出城時，尚極淒涼蕭條，路無行人，敵之司令部設于城內大袁家巷南桂馨宅內，其他情況，未曾聞悉云。（十一月二十五日發）

——摘自《大公报》（汉口），1937年12月3日

Nippon Planes Raid Nanking And Canton

Soviet-Made Aircraft Said Brought Down In Capital

Another Japanese air raid over Nanking was reported yesterday by the Japanese naval spokesman at the daily afternoon press conference.

The spokesman said that six Japanese pursuit planes, carrying bombs, visited the capital city with the idea of raiding the Tahsiochang Airdrome.

He continued that 30 Chinese warplanes of Soviet manufacture took the air and engaged the Japanese pursuiters in combat.

During the dogfights that followed he claimed that 10 Chinese pursuit ships were shot down. Three Chinese bombers, also reported to be of Soviet manufacture, were shot down by the Japanese, he said.

The spokesman declared that all six Japanese planes returned safely to their base.

Canton Again Bombed

Japanese planes bombed Canton shortly before 9 a.m. yesterday, according to reports received in Shanghai from Hongkong.

It was stated that a large fire was started in the northern part of the city.

The Canton-Kowloon Railway was bombed Wednesday on the first day of the resumption of its service. One passenger coach and two freight wagons were reported to have been damaged, when a bomb scored a direct hit on a train.

All passengers escaped injury as they left the coach when the Japanese planes approached, it was reported. One railway worker was reported to have been wounded.

Chinese reports reaching here yesterday were to the effect that 1,500 persons were either killed or wounded during two air raids carried out on Shaoshan, a Chekiang city opposite Hangchow, Tuesday and yesterday.

This city is said to have been more densely populated than in normal times because of the large influx of refugees from the country.

——摘自《大陆报》（The China Press），1937 年 12 月 3 日

敵機轟炸從化慘狀

死傷縣民百餘名

敵機每次轟炸粵路各站、均經從化各區上空、去月廿七日敵機十二架、經從化時竟在縣城附近投下炸彈十二枚、屠殺民衆、致縣外荒山曠地均遭慘炸、死傷縣民達百廿餘名、情形殊爲慘酷、而西北曠地、該處有建築物數座亦被炸毁云、」

——摘自《工商日报》（香港），1937年12月3日

蕭山遭空襲

投彈百餘枚

◎南京一日快訊社電、據華人方面消息、日機多架、昨日飛往浙江省杭州灣南岸蕭山地方大舉轟炸、所擲下之炸彈、約共達百餘枚、居民慘遭炸斃者約在一千五百人以上、並毁民房千餘幢、

——摘自《时报》（上海），1937年12月3日

1,000 Reported Killed

SHANGHAI, Dec. 2.—Chinese dispatches from Hangchow, capital of Chekiang Province, reported more than 1,000 Chinese civilians were killed or wounded in a Japanese air raid on Hsiaoshan, twelve miles southeast of Hangchow. The Chinese said 1,000 buildings were destroyed and that 500 dead or injured persons already had been taken from the debris.

A Japanese story of an air victory at Nanking tended to support reports from other sources that Soviet-made war planes were reaching China in considerable numbers. Responsible foreigners in Hankow said at least twenty Russian twin-engined 800-horsepower bombers, capable of 250 miles an hour, had reached Hankow.

These sources said it was understood 300 such planes had been bought from Russia and most of them were now at Sian, capital of Shensi Province, or en route.

——摘自《纽约时报》（The New York Times），1937年12月3日

惠陽港口汕尾海面

敵艦又焚刦我漁船

海豐鮎門江牡山海面發現敵艦

敵機不斷的飛各屬屠殺我鄉民

惠陽港口與汕尾間海面、三十午突有敵艦一艘駛至、似有覬伺意、時有我國漁船多艘在此下網捕魚，猝覩敵艦、恐遭不測，正擬揚帆逃避、詎敵艦已駛至、即放下橡皮船數艘載敵兵廿餘人蜂湧而來、中有四艘因起網不及走避、卒被敵兵擄去漁民男婦四十餘人、并放火將四漁船焚燬、一時火光燭天、附近海濱居民均可遙見、另一漁船中某少婦覩敵勢兇悍、急由船尾拖木板躍海逃生、詎爲敵機發覺用機關槍連續轟擊、幸未命中、旋由別漁船救起、得慶生還、再查漁民被擄至敵艦後、備受凌辱，男子則强迫在艦中充當役兵、其餘少婦則調別處充當苦工、中有漁民林某與某因忤敵命、被敵肢解、棄諸海中、又距離海豐縣屬鮎門二十餘里許之江牡山海面、昨上午九時、突發現敵艦一艘、同時並由艦上越飛水機一架、翱翔附近空際、盤旋數匝後、仍降落該艦、又是日上午十時有敵機一架、自西北方飛來、從門天空掠過、我防空哨接電後、即發出空襲警報、十分鐘後、見無敵機、即解除警報、查該敵機飛往省道第一幹線廣汕路圓墩墟天空窺伺一週而去、

增城農民遭敵屠殺

昨（一）日上午九時、敵機三架襲擊廣九路、在樟木頭投彈後、九時半掠過增城塘美天空、敵機飛成品字形、離地約千餘尺、時有塘美鄉民十餘人、在車站附近田間工作、飛機低飛開機槍向各人掃射、當堂擊斃農民伍恭盛，卅四歲、傷伍啓鴻、廿歲、陳敬、四十九歲、（以上三人均增城人）、敵機逞兇後、隨飛往新塘、在新塘墟南角盤旋一週、始行遁去、

敵機搶擊清遠農民

去月廿九日上午九時，敵機飛襲粵路清遠源潭站後、有敵機三架，續向北飛、追飛至清遠江口沙塘鄉之東溪口上空時，該處有農民十餘人、肩挑花生芋頭等物、運赴江口墟發賣，中有敵機兩架、突然低飛、放機槍向農民等掃射、幸該農民等機警、即相繼散開奔避、結果祇擊傷農民溫勝王永等二名、以溫勝受傷較重、子彈由左臂穿過，王永股部亦擊傷頗重、旋由同行之鄉民扶溫王等二人往江口墟覓醫敷藥、敵人獸性可見一斑、

敵機轟炸花縣牧童

花縣炭步茶山、廿九晨八時、有牧童五六人牽牛往山上吃草、牧童等因二人寒聯聚園坐山上、集禾草燃燒取暖、適有敵機十三架進襲粵路銀盞坳、在山上空經過、發覺山下火光熊熊、一機即低飛投彈一枚、炸斃耕牛一頭、各牧童幸未命中、□□暴行可見一斑、

——摘自《工商日报》（香港），1937年12月4日

朱涇遭火後由維持復業會中人督工掘
街道，（下塘西市楊家弄東）

——摘自《时报》（上海），1937 年 12 月 4 日

朱涇鎮失陷後唐代古塔猶存而其西至西亭橋一帶下岸房屋已盡燬矣

——摘自《时报》（上海），1937 年 12 月 4 日

金山市鄉維持復業會之掩理隊，

——摘自《时报》（上海），1937年12月4日

南市浩刦毀損調查

南市方面之大火、現在査明者、由斜徐路一直至日暉港老營盤等處、已無一間完整房屋、麗園路方面梨園坊沿街房屋、斜橋民立里房屋、五十餘間、僅餘十餘間、麗園路來安坊亦全毀、利涉西坊南角嘴同發朱店一帶至仁壽里徽寧路懷仁里、全部房屋四十餘間、地方法院西首廳西路一帶房屋家庭工業社、則炸毀、滬閔路即西煤屑路靠北一帶房屋、由剪刀橋延燒至車站路、將殘疾院亦燬去、再延燒至地方法院門口角嘴上、集賢茶館一併燒去、地方法院大門西面毀去一隻角、地方法院鐵門西地方廳路兩邊房屋全燬、地方法院後門普益里後埭、有十餘間房屋被燬、門前則尚好、滬閔長途汽車站東之國貨路、至南得勝里爲止、如街面房子及鴻福里均燬（此係被炸者在馬路上有一巨穴）、大興街和涉來陽被燬、利涉東坊之房屋、燒往大順轉角新興池浴堂被毀、錫昌里房屋亦燬、一直向北燒至江陰街、直至黃家闕路安瀾路寧康里一帶房屋、如務本女學平安郵恕再里等處均被焚、惟未全燬、大吉路與林蔭路口、有民房數十間被燬、陸家浜迎勳路中華職業學校及中華鐵工廠全部被燬、迎勳路至中華路房屋、有數十間被毀、民立中學有一半被焚、小西門內尚文路由派出所起焚至前縣教育局弄爲止、但至廳公祠路之東邊房屋、除龍門郵華屋、現由軍官居住未動外、過此則房屋即一直燒經何家弄而達薛家橋凝河路一帶、房屋外並將也是園焚去、該園本爲土地局舊址、現則有市農會及公用局路燈管理處並地政局測量隊第一二三隊辦事處暨財政局田賦征稅處等機關、已盡付一炬、而蓬萊市場亦被焚去、市警察局之蓬萊路房屋燒去尚少、兩倉路信誠里之房屋沿馬路者有多間被

——摘自《时报》（上海），1937年12月4日

敵在并對我民衆橫加慘毒

（中央社臨汾通訊）頃有太原省會公安局一警士經敵人俘擄後脫逃來臨汾，詳說太原失陷後敵軍對我民衆慘殺之酷毒，特誌如下。八日晚我軍由并垣退却時，有警士六七十人，因一再血戰未能退出城外，遂復聚集公安局內，至九日有爲敵軍逼迫而被俘擄，當即施以綑縛，並嚴加搜查，遇有財物均被取去，嗣於當日下午驅至城南狄村，同時並有被擄之我民衆數十人、步兵二百餘人，均押至該村曠場中，迫令全體蹲坐于地上，不問情由，橫加屠殺，計共死民衆十餘人，步兵六七十人，警士十四人，因天時已晚，敵乃停止殺戮，復驅迫所餘二百餘人共同羈押於一廠室中，因室小人衆，皆俯伏相壓，敵並以木板將室外窗戶鎖閉，致室內空氣窒塞不通，監視之敵遂在院中打火取暖，火光燭天，室內被羈押者疑係敵將火殺燒，衆皆大恐，因密議與其待敵燒斃，莫若衝出與敵拚一死活，衆議既定，遂相互解縛，正當此際，被敵發覺，有敵多人啓門而入，對羣衆腳踢拳擊，橫施毒打，頭破血流，幾無一幸免，嗣敵復提出被羈押者十餘人至院中以燒紅之火炬等慘打一番，其怒始息，如此一再慘酷拷打，二日斷絕飲食，至十一日下午敵復押解羣衆至城內太原中學北羈於一飯廳內，每日僅遣一人挑冷水數桶，每人限渴一口，發給麵包一個，有敵之軍官時往訓話，令羣衆不准喧嘩，至十七日晚始將所押之民衆釋放，所有軍警分配於敵軍充當伙伕，計每連分配二人，當晚即遣送至各連部，洎至十八日晨城內敵軍向石庄開拔，被分配至敵軍各連之我軍警亦被迫隨敵出發，當晚敵軍宿壽陽某村，該警士遂乘機脫逃，輾轉跋涉行十餘日，始於日昨抵臨汾云，復據該警士稱并市景况迄至彼等十八日晨出城時，尚極淒涼蕭條，路無行人，敵之司令退出於城內大袁家巷南桂馨私邸內，其他情况未曾聞悉云。

——摘自《国华报》（广州），1937年12月5日

敵艦炸下一幕慘劇

番禺七區旻茅鄉、劉田卅九歲、以耕種爲業、有老母梁氏六十歲、妻陳氏卅六歲，生二子，長阿偉九歲，次阿添方週歲，一家數口、僅堪溫飽、詎去月廿六日敵機多架，侵襲粵路、駛經旻茅鄉，忽連擲三彈屠殺旻茅鄉民、時劉田正在田中工作，當場被炸彈炸斃，其母梁氏妻陳氏及二子均在家中，該屋亦爲亂彈震塌，陳氏携二子從瓦礫中逃出，得免于難，梁氏因年老，走避不及，當場壓至重傷，由救護隊送入某醫院，翌日因傷斃命，陳氏以姑死夫亡，無資殯殮，由鄉人捐資數！元收殮、劉田及梁氏，陳氏以家庭慘變，無人撫養，乃於卅日携同兩子來省河南同福路龍興里十七號尋其族姊周陳氏設法安置兩子，俾己往傭工、詎抵步時，周陳氏舉家遷居，不知去向，陳氏至是遂淪爲乞丐，在河南乞食，一號晚睡于騎樓底，二號夜六時陳氏携同二子行經海珠橋腳，其子阿偉因不食[illegible]日，肚飢難抵，乃睡于地上大哭，堅要母買飯食方肯行，陳氏以身上無資，亦掩面而泣，致引途人圍觀如堵，有憐而予以一角數仙者，段警馳至，詢悉前情，乃將帶返分局留候轉送救濟院安置、

——摘自《工商日报》（香港），1937年12月5日

南市浩刧毀損調查（續）

南市方面大火被燬房屋、一部份已紀昨報、在西門一帶、計中華路被焚者、黃家闕路口板木行轉灣西區救火會文廟路文廟之兩旁房屋、舊道前街市立動物院一部份被炸毀、文廟路警察所亦毀壞、民立女中亦燬、春暉里泰安里泰安街被焚、泰亨里亦有一部分被燬、西門內之老大房茶食店丹鳳樓菜館一帶、進而關帝廟大全福菜館一帶、翁家弄金家坊、則燒燬有一百餘家、關帝廟尙完好、而穿心河橋左近兩邊之房屋被焚者、亦有數十間、紅欄杆橋地毀已全燬、肇嘉路登雲橋進內、則梭子弄一直至西倉橋街、房屋僅存十分之二三、肇嘉路之虹橋頭北至三牌樓底、南至唐家弄望雲路接連至蓬萊路與凝河路也是園方面、成一直線、半燬於火、半毀於炸、已無一完整房屋、其東由三牌樓虹橋口經福興園菜館藥行公會對面之一層樓茶館、一直燒過縣基橋至錦裕押當為止、向西則三牌樓虹橋兩邊、如第一樓菜館永和祥洋布店等、直至登雲橋薛弄底口、差不多肇嘉路一帶之火線、能直貫二三里路、橫貫馬路五六條・至四牌樓曲尺灣起、北至近難民區、並折東入大小東門之一條東街、折西入學院路、達光啓路止向東則彩衣街大富貴榮館福泰衣莊蠶笠橋魚行橋一帶、亦可嚮柱至東街方面、而舊市公安局原址之巡道街、從中華路入內大天坊、侵至水仙宮附近、亦半成焦土、東唐家弄而達喬家浜永興橋一帶、房屋亦十去其六、沿東中華路者、則在巡道街口起首、七零八落達到於小南門一帶、則其中尚有數段獨存、喬家浜口之保衛團部亦毀去、附近聾啞學校等一部分破壞、至小南門口、則城內方面尚未動、但對過大街上自賈合隆米店起首、兩邊房屋誠糖坊弄佛閣街一直經過馬家廳之南方書場・馬德記傢粧店・潮陽樓・滌茶記傢粧店・俞長順傢粧店・

沈南昌傢粧店・王源興傢粧店・黃源隆傢粧店・直至姜衍澤藥店爲止、大南門方面、則民立中學焚去一半、後面一條江陰街燒完、直至高昌廟止、交通部電話局被炸、後面糖坊弄全部房屋、復善堂街鄉關街向以南接小南門之火亦燒光

——摘自《时报》（上海），1937 年 12 月 5 日

無錫城區被陷

——摘自《时报》（上海），1937 年 12 月 5 日

——摘自《时报》（上海），1937 年 12 月 5 日

日機昨又猛襲南京

明故宮飛機場格納庫炸燬焚燒

除縣宜城華軍受損亦重

△日艦隊報道部四日下午六時發表　日海軍航空隊于今晨十一時許，空襲南京及除縣飛機場，在南京轟擊明故宮飛機場格納庫，起火焚燒，在除縣向放哨警戒中之華機兩架挑戰，將該兩機擊落後，又以機關槍掃射在地上待機中之華機十一架，與以破壞，

△日海軍航空隊　千田，三木，野元各部隊，于四日清晨，向頑强華軍之據點宜城，實施猛烈之轟炸，

——摘自《新申报》，1937 年 12 月 5 日

敵機慘無人道昨午襲京

投彈轟炸貧民窟

在逸仙橋一帶炸死貧民十餘 燒燬倒塌房屋共計五十餘間

中央社•南京五日電。五日上午十一時許。敵機十餘架襲京。我機飛起迎擊。高射炮協同作戰。敵機數架乘隙侵入。在逸仙橋附近。投彈十餘枚。江南公司舊址•中數彈。敵機旋即逸去。

投彈數目

中央社•南京五日電。五日上午十一時十分。敵機大隊襲京。逸仙橋東右手方河岸一帶貧民窟。擲硫磺彈及爆炸彈二十餘枚。記者適行過該橋。見敵機六架。迎面自紫金山上空飛來。過中山門時。突然降低。實行一俯衝投彈。敵機兩架自低空擲下形如皮球之琉璜彈十餘枚。如流星下降。在陽光中反光刺目。彈丸落處。砰然數響。右前方約三十碼外民房數棟。登時起火。轉瞬間復見長形而聽數個。除爆炸彈踹踹隨下。於是爆炸聲窗墻倒壁攝然齊響。有如迅雷貫耳。同時火舌烟柱。衝入天空。

災區慘狀

如是一二分鐘後。則聞婦孺痛哭嘶叫之聲。陣陣襲來。記者見敵機遠去。乃進至火場探視。但見西華門墻外至西華門大街間。貧民住屋塌拼不堪。慄寒臘起之中。有一十四五歲之孩。攔腰炸斷。一形似其母之中年貧婦。衣髮俱焦。尤傍其愛兒啼哭。不能成聲。越鎗步則有一五十許老嫗觸入眼簾。左臂右臉均被炸去。血流如注。正在磚堆上掙扎戰慄。其傍有一七八歲幼童。形體雖整。然已[illegible]斃。右側復有一男子。自磚堆中爬出。已失理智。猶復以手濡[illegible]指示堆中。似謂其中尚有其骨肉親在者。

損失調查

所有該處房屋二十餘棟。本甚破舊。經此一炸。悉已變爲灰堆。而爲火最濃之處。因立有爲防[illegible]趕至。已不準行人通過。而一片哭聲。則較前更爲淒嘶哀慟。據記者事後調查。該區今日共死貧民十四人。傷二十餘。燒燬塌拼房屋五十餘間。火焰至一時許始熄。

暴行彙誌

中央社•徐州四日電。敵機五架。三日由連雲港青口。分飛蘇魯一帶。三機到徐盤旋一週偵察後。又飛至臨城。向津浦路列車投彈七八枚。損失輕微。兩機到大汶口南驛一帶窺察。旋逸去。

中央社•廣州五日電。敵機十八架。今日上午下午。兩次襲擊廣九粵漢兩鐵路。並在市東郊天河黃埔等地。投彈甚多。廣九路樟木頭平湖天堂圍各站多被炸燬。路工農民死傷甚[illegible]。粵漢源潭等站附近民房。被燬亦多。

中央社•南京五日電。五日上午十一時。敵機數架。飛蕪湖轟炸。德和輪中彈。大通[illegible]遭波及起火。太古躉船。亦被燬。詳情該公司在調查中。

中央社•鄭州四日電。冀南東明縣。三日發現敵機二架。投彈四枚。落場。新鄉等[illegible]。同時有敵機窺伺。

中央社•新鄉五日電。五日午十一時半。有敵機十一架。自正北方向。經新鄉向西南飛去。此間當即發出警報。約一小時許。始解除。事後據聞。敵機在新鄉城西數十里之某村。及修武縣境。各投二彈。并在廣武縣附近[illegible]投彈數枚。但均落荒野。我方毫無損失。

中央社•西安五日電。此間五日接蘭州電話稱。敵機十一架。四日上午十一時三十分。（蘭州時間）襲入蘭州市空。在東門外投彈十餘枚。炸斃二人。電話電線。稍被炸斷。他無損失。下午一時許。解除警報。電線經派工趕修。五日晨七時。完全修復。陝蘭電訊照常暢通。

——摘自《湖南国民日报》，1937 年 12 月 6 日

敵軍在崇明島

開機槍射擊英輪

並在蕪湖炸燬英輪德和大通

被燬各輪均已漆有英國國旗

中央社。上海五日路透電。太古輪船公司之小輪驪山號（譯音）。今晨於駛近崇明島時。突遭岸上之機關槍射擊。中國大副被擊中頭部。受傷頗重。中國水手一名。背中一彈。惟傷勢尚輕。輪中之乘客。有上海英國副領事波斯搭。及珊蘇賽神父。彼等。係赴崇明島調查三月來消息不明之法國及加拿大女僑之下落者。計島上之機槍共發彈二百餘發。船身中彈如蜂房。船長馬克任蘭冒彈險。蛇行至機房。將輪舵板轉。疾離海岸。始得脫離危險。該輪返滬後。即將受傷者送入醫院。該輪大副於入院後。即因傷身死。驪山號此次由滬開往崇明。共載中國旅客數百人。中有武裝英水手隨輪保護。當機槍開始射擊時。旅客中有數人受傷。該輪之側面均有油漆之英國旗。戰後該輪之開往崇明。此尚為第一次。至射擊之責任者。尚未查明云。

中央社上海五日路透電。日本重轟炸機。驅逐機各二架。五日晨十一時。轟炸蕪湖。並直對英商怡和公司之德和輪投彈。該輪起火焚燬。另有一彈。擊中英商太古公司之大通輪。及其停靠之躉船。德和大通兩輪。共有英籍船員三四名。各懸有紅色旗幟。並與航行長江及沿海。其一英船。同樣於甲板及船艦。其漆繪英國國旗。極易辨識。兩輪均係駛漢。適在蕪停泊。日機五日共襲蕪湖兩次。第一次由北飛來。第二次由下游飛來。各投彈六枚。德和輪被擊中後。即飄流至蕪躉船。該輪及躉船均焚燬。大通輪被炸後。機器間浸水。太古躉船被擊穿數洞。該輪旋即擱淺。當轟炸時。英艦女島號落下炸彈碎片甚多。事後該艦將太古躉船。拖至上游平里處。日機第一次轟炸。似以火車站為主要目標。有一彈落于距亞細亞車油公司一輪船一百二十碼之處。江水被激起甚高。另一彈洞穿江邊懸有英國旗之某貨棧屋頂。

——摘自《湖南国民日报》，1937年12月6日

暴日鐵蹄下

北平三大學近況

燕大輔仁授課橫被干涉　各校圖書亦多被迫焚燬

【本市消息】北平某大學職員□昨自北平逃難抵漢，對記者談及在暴日鐵蹄下北平各大學所受壓迫情形甚詳，據稱：北平現尚能勉強開學之大學，有燕京輔仁及協和醫學院三校。其中只有協和一校所受壓迫比較輕微，因該校係由美人主持，同時其課程內容，亦與其他大學不同。至於燕京及輔仁兩校，其情則大不相同。該兩校於本年開學之初，各院系所講授之課程，均須經日本當局之審查後，始能開班，經日本當局審查結果，甚至對於政治學系之中日外交史，政治思想史，中外關係，經濟學系之經濟思想史；社會學係之社會運動，社會主義思想等課程均禁止開班。至於理學校方面之課程，如關於工業化學部門中之各種軍事化學課程，均禁止開班。校內之圖書，日本方面亦於本年開學時，派員到校檢查，各校均有大批書籍被日方沒收或勒令焚燬。日本人爲嚴密監視各校學生活動，竟暗派大批擅長我國言語之朝鮮或日本學生，潛入校內，以入學爲名，暗將各校情形隨時報告於日本當局云。

——摘自《大公报》（汉口），1937 年 12 月 6 日

敵機昨狂炸京蕪

在京逸仙橋投硫磺彈焚燬貧民窟

蕪湖英商輪炸燬

上海五日路透電：日本重轟炸機驅逐機各二架、五日晨十一時轟炸蕪湖、並直對英商怡和公司之德和輪投彈、該輪起火焚燬、另有一彈擊中英商太古公司之大通輪、及其停靠之躉船、德和大通兩輪、共有英籍船員三四名、各縣有紅色旗艘、並與航行長江及沿海其一英船同樣於甲板及船舷均漆繪英國國旗、極易辨識、兩輪均係駛漢、適在蕪停泊、日機五日共襲蕪湖兩次、第一次由北飛來、第二次由下游飛來、各投彈六枚、德和輪擊中後、即飄流至怡和躉船、該輪及躉船均焚燬、大通輪被炸後、機器間浸水、太古躉船破擊穿數洞、該輪旋即擱淺、當轟炸時、英艦船女島號落下炸彈碎片甚多、事後該艦將太古躉船拖至上游半里處、日機第一次轟炸、似以火車站爲主要目標、有一彈落於距亞細亞火油公司輪船一百二十碼之處、江水被激起甚高、另一彈洞穿江邊有英國旗之某貨棧屋頂、

南京五日電：五日上午十一時十分、敵機大隊襲京、在逸仙橋東右手方河岸一帶貧民窟擲硫磺彈、及爆炸彈二十餘枚、記者適行過該橋、見敵機六架、迎面自紫金山上空飛來、過中山門時、突然降低、實行「俯衝投彈」、敵機兩架、自低空擲下形如皮球之硫磺彈十餘枚、如殞星下降、在陽光中反光亘目、彈丸落處、[illegible]然數響、有前方約三十碼外、民房數棟、登時起火、轉瞬間復見長形汽聽數個、隨爆炸彈蹣跚墮下、於是爆炸聲與牆倒聲轟然齊響、有如迅雷貫耳、同時火舌煙柱衝入天空、如是一二分鐘後、則聞婦孺痛哭嘶叫之聲、陣陣襲來、記者見敵機遠去、乃進至火場探視、但見西華門牆外至西華門大街間、貧民低屋、塌圮不堪、煙塵騰起之中、有一十四五歲男孩攔腰炸斷、一形似其母之中年貧婦、衣髮俱焦、尤傍其愛兒啼哭、不能成聲、越數步、則有一五十許老嫗、觸入眼簾左臂右臉、均被炸去、血流如注、正在磚堆上掙扎、戰慄、其傍一七八歲幼童、形體雖整、然已震斃、右側、復有一男子自磚堆中爬出、已失理智、猶復以手茫然指示堆中、似謂其中尚有其骨肉親族在者、所有該處房屋二十餘棟、本甚破舊、經此一炸、悉已變爲灰堆而爲火最濃之處、因立有消防隊趕至、已不准行人通過、而一片哭聲、則較前更爲清晰哀慟、據記者事後調查、該區今日共死貧民十四人、傷二十餘、燒燬塌坍房屋五十餘間、火焰至一時許始息、

——摘自《力报》（长沙），1937 年 12 月 6 日

寇機慘炸京貧民區

擲硫磺彈被燬房屋五十餘間

粵漢廣九兩鐵路昨數度被襲

【本報廣州五日下午七時電】今晨寇機九架襲粵漢，三襲廣九，在粵漢路黎洞站，投彈七枚，鋼軌被燬百餘尺，枕木六十餘根，並在源潭站投三彈，路軌略損，琶江亦投三枚，但損失甚微，廣九路在天堂圍站及平湖站間投彈三枚，聞破壞該處橋樑，惟未命中，旋即遁去，十時許襲粵漢路之寇機七架，飛入本市東北郊，經我高射砲猛射，倉皇向南而逸，十一時解除警報，又有五架向本市進襲，下午二時許，到達市郊，我高射砲密集射擊，砲聲隆隆，至發電時，尚未解除警報。

【中央社南京五日電】五日上午十一時十分，敵機大隊襲京，在逸仙橋東右手方河岸一帶貧民窟擲硫磺彈及爆炸彈廿餘枚，記者適行過該橋，見敵機六架迎面自紫金山上空飛來，過中山門時，突然降低，實行「俯衝投彈」，敵機兩架自低空擲下形如皮球之硫磺彈十餘枚，如殞星下降，在陽光中反光刺目，彈丸落處，砰然數響，在前方約三十碼外民房數棟起火，轉瞬間忽見長形汽聽數個隨爆炸彈蹣跚墮下，於是爆炸聲與牆倒聲轟然齊響，有如迅雷貫耳，同時火舌烟柱衝入天空，如是一二分鐘後，則聞婦孺痛哭嘶叫之聲，陣陣襲來，記者見敵機遠去，方進至火場探視，但見西華門牆外至西華門大街間，貧民住屋塌坍不堪，煙塵騰起之中，有一十四五歲男孩，攔腰炸斷，一形似其母之中年貧婦，衣髮俱焦，尤傍其愛兒啼哭，不能成聲，越數步則有一五十許老嫗，觸入眼簾，左右臂均被炸去，血流如注，正在磚堆上掙扎戰慄，其傍一七八歲幼童，形體雖整，然已震斃，右側復有一男子自磚中爬出，已失理智；猶復以手茫然指示堆中，似謂其中尚有其骨肉親族在者，所有該處房屋二十餘棟，本甚破舊，經此一炸，悉已變為灰堆，而起火最濃之處，因即有消防隊趕至，已不准行人通過，而一片哭聲，則較前更為清晰哀慟，據記者事後調查，該區今日共死貧民十四人；傷二十餘，燒燬塌坍房屋五十餘間，火焰至一時許始熄。

——摘自《扫荡报》（汉口），1937 年 12 月 6 日

各屬通訊

敵在上川登陸後動態

四出逼索糧食銀物幷毀壞我文化
台山各區壯丁隊紛集中準備殺敵

（台城專訊）敵陸戰隊、去月廿八日在上川企頭沙登岸情形、已誌昨報、記者昨一日適遇有新由上川逃難歸來之友人、述及此事經過甚詳、茲分錄如次、

登陸情形

上月二十六晚、上川人瞥海面、有一敵艦駛到企頭沙、市民知非好意、即赴三洲市各機關、報告一切、是晚該艦尚無異動、至翌日（廿七）上午又有敵艦三艘開到、幷由艦上放下雷艇多艘、四出游弋、是時企頭沙及三洲市民仍極鎮靜、及至是日下午、再有巨艦二艘、繼續開到、是時大灣海面共有敵艦五艘停泊、幷由艦上先派飛機 架起航、分在上川各地上空偵察、當時上川民衆、知敵兵確有登陸企圖、始紛紛逃往各大山躲避、查駐上川之我方軍隊、因距敵兵登陸之處尚遠、壯丁隊一時未能集中、未及痛擊、致被登陸、廿八晨七時、敵艦先派陸戰隊三十名

在企頭沙及北豆村登陸、同時派出敵機起航掩護、至上午九時許、續有敵兵百餘人登陸、截至現在、登陸敵水兵約有 百餘人、

島民現狀

敵兵登陸後、所有各墟市、及鄉村男女、均携男帶女逃往入山躲避、因此之故、糧食問題、無從解決、其胆大者、朝去晚歸、以運糧食、聞敵兵常向各鄉民逼索猪鷄及白銀等物、因此之故、村民更形恐慌、不敢回村、

騷擾學校

當敵兵抵三洲市時、各人逃走一空、各敵兵乃分向各機關舖戶學校、破門騷擾、查縣立上川小學校、係設在三洲市、亦被敵兵破門入內、因見校內滿陳抗日書籍、及黨義掛圖、抗戰畫報等物、甚為憤激、乃將上開書籍盡搜携去、又在校務處見各生所作抗日論說、及募捐救國公債等簿據、當即將校中各物、搗毀一空、其蠻兇情形、可見一斑、

四出窺伺

敵登陸後、即由所謂海軍指揮官、督率一部分敵兵、分三隊向三洲市及四鄉、北豆村、和寧村、新地村、朱家莊等處窺伺、并到天主堂碼頭探視水線、當敵抵三洲市時、市民走避、祇有該市售吸所職員鄧某（冲□人）走避不及、致被執獲、盤問上川情形、先問巡官、區長鄉長、學校教員在何處、鄧某答以來此經商、爲時不久、各事不能明白、祇云駐此地、有軍隊數百名、敵以該市商民閉門逃避、乃將各舖毀壞、又所到各村、找鄉人不着、亦將村屋門戶破毀、惟無重大騷擾、所到各地、均貼荒謬之油印佈告、下署「昭和十二年十一月廿八日大日本帝國指揮官」字樣、

敵兵服裝

查敵艦五艘、每艘配備敵機兩架、不時起航偵察、所有敵兵服裝、爲草綠布帽、皮靴槍枝均用七九步槍、並有機關槍五枝、當敵兵登陸時、上川民衆、目擊敵軍之行動、甚爲清楚、

最近消息

上川一區、因僻處海隅又無電線通話、消息甚爲隔閡、最近上川海面各帆船、均皆躲避交通爲之梗塞、去月卅日下午二時許、泊大灣之敵艦、竟將二千噸之孖烟通之敵巨艦、駛往三洲市對開海面、不知作何用意、我駐上川之軍隊、因距離敵登陸之地約三四十里、刻仍遷險抗敵、昨月卅日聞上川地方有砲聲、想係我軍砲擊敵兵所致、聞我上峯得報後、即已準備重兵、分途前往迎頭痛擊、務達殲滅目的、又本邑各區壯丁隊、以敵兵佔我土地、無不髮指、紛紛集中、準備殺敵、保衛國土、

——摘自《工商日报》（香港），1937 年 12 月 6 日

寶安農民趕辦冬耕

被敵機掃射

敵機連日飛掠各屬

敵機二日來襲廣九路時、從東莞折入寶安縣上空、該處南平鄉民、因不知敵機來襲、仍在田隴趕辦冬耕、時敵機闖至、見各農民在田工作、遂低飛數百尺、用機關向下掃射、各農民紛紛奔避、敵機仍不捨、在該處盤旋追擊、鄉民姜某、竟爲擊傷肩膊、倒臥田中、敵機約數分鐘後、始向深圳方面飛去、事後該受傷者舁回鄉公所、幸非要害、現已痊愈、敵機之蠻橫無理、竟加害無抵抗之農民、其兇橫可想見、

南海　九江三日上午十時五十分、有敵機四架由西飛至、盤繞市區一匝、向東飛去、至十時五十五分、又有敵機四架由西飛至、旋向東飛去、又三區逢涌鄉、四日上午九時、有敵機十架分三隊掠過、飛行甚低、鄉民誤其擲彈、紛紛躲避、狀甚惶恐、至十時許始飛去、

番禺　四日上午九時許、敵機六架圖炸我粵路交通線、高塘鎮公所得接消息、即電江村警隊部鳴鑼報警、并令保安壯丁隊嚴密警戒、未幾敵機由西北角沿河侵入高塘上空、至郭塘附近、有三架折向江村緩緩行駛、似有所覓、盤旋約拾餘分鐘、始向北飛、拾時五拾分解除警報、

花縣　三日晨九時四十分、敵機十一架從銀盞坳飛至、在新街上空環繞數週、向江村飛去、又四日晨九時、有敵機八架從三水方面飛至白泥、盤旋一匝、向北沿粵路而去、

順德　大良、四日上午九時許、有敵水機拾二架、由中山唐家灣方面經小欖容奇、沿順中公路而到大良市空、高度約三千餘尺、飛行頗慢、似係窺伺模樣、警報台即發出緊急警報、旋敵機向東北方面飛去、乃解除警報、迨解除未幾、又發生警報、隨見敵機多架藉浮雲掩護、雖聞機聲軋軋、不能看望清楚、後機聲遠去、即解除警報、詎至十時廿分、又聞機聲、發出警報、因天有浮雲、敵機數目未詳、直至拾時五十分始解除警報、

惠陽　三日午八時三十分、空發第一次空襲警報、當時市內商民聞警、紛紛避往安全區內、但秩序井然、民衆態度異常鎮靜、至八時五十分近郊鄉民、即聞隆然巨響、發現于西南角方面、連續有二十餘聲之多、清晰可聞、至九時許、見無敵機發現、遂解除警報、事後調查有敵轟炸機數架、掠過惠陽屬淡水澳頭埔仔入廣九路、在石龍常平等站共投彈二十餘枚、肆虐畢、即循鐵路遁返海外敵艦云、

——摘自《工商日报》（香港），1937 年 12 月 6 日

南市浩刦毀損調查（續）

南市方面之火、在城廂以外者、自小東門東門路福安公司起、在西邊計全部東門路福安公司・皁昌參號・永安襪廠・申成昌茶食店並各個洋貨店而至源康水果行轉灣、裏馬路西廊之水果行區域、大達里之房屋全燬、並侵及寧紹棧（係炸毀）、裏馬路之衣莊區域全燬、東西恆興里一帶房屋、會館弄兩邊之街房、（係藥材拆分店區）全區、其鹹瓜街北起東門路經鐵錨弄三官堂弄而達泉漳會館之裏外鹹瓜街兩條馬路之藥行參行區、一直燒過太平弄、東起外灘太平里東成里一帶、西至中華路一帶、朝南直到大碼頭街、已成一片瓦礫、燬屋在千間以上、經有鋼骨水泥之屋、外表尚好、而內中已成焦炭、在老白渡一帶並郎家橋揖基一帶、房屋尚存、所燬者亦不過沿浦等處、被炸毀者尚可居住、現時且有駐防軍居住在內、過老白渡街、後房屋已少完整者、再至王家碼頭萬豫碼頭萬裕街而達董家渡一帶、毀損最烈、房屋全部倒坍、如行至該處、已難明道途之名稱及方向、斷壁殘垣、如荒坵一般、計王家碼頭竹行碼頭之裏馬路與朝裏之花衣街・新街・王家碼頭街・萬裕街・大吉里・永貞里・祥和里・硝皮弄一帶及萬豫醬園之兩旁、（萬豫醬園未燬）至董家渡天主堂為止、（該堂未燬、惟天主堂救火會被炸去一半）向外則竹行碼頭王家碼頭至董家渡之裏馬路暨外灘各街道均燬、董家渡口一枝春茶館、亦燬一石櫃台南貨店、其石被焚如灰、過董家渡街後、在內面者未燬、在外之一帶行號房屋、半燬於炸、半燬於火、直到米碼頭之米廠米棧為止、房屋三四千間之多、中間木行亦有數家被焚、而沿黃浦輪船碼頭棧房等如太平碼頭等、

——摘自《时报》（上海），1937 年 12 月 6 日

南京復被空襲

擲硫磺彈貧民窟成灰燼

男女老幼死傷慘不忍睹

南京五日晨十一時十分、日機大隊來襲、在逸仙橋東右手方河岸一帶貧民窟擲硫磺彈及爆炸彈二十餘枚、在該橋畔先見日機六架、迎面自紫金山上空飛來、過中山門時、突然降低、實行投彈、日機兩架、自低空擲下形如皮球之硫磺彈十餘枚、如隕星下降、在陽光中反光刺目、彈丸落處、碰然數響、前方約三十碼外民房數棟起火、轉瞬間復見長形汽聽數個、隨爆炸彈墮下、於是爆炸聲與牆倒聲轟然齊響、有如迅雷貫耳、同時火舌煙柱沖入天空、如是一分鐘後、聞婦孺痛哭嘶叫之聲、陣陣襲來、日機遠去後、至火場探視、但見西華門牆外至西華門大街間貧民住屋、坍倒不堪、煙塵騰起之中、有一十四五歲男孩、腰部炸斷、一形似其母之中年貧婦、衣髮俱焦、猶傍其愛兒哭不成聲、越數步、則有一五十餘老嫗觸入眼簾、左臂右臉均被炸去、血流如注、正在磚堆上掙扎、其旁一七八歲幼童、形體雖整、然已震斃、右側復有一男子、自磚堆中爬出、已失神智、猶復以手茫然指示堆中、似謂其中尚有其骨肉在焉、該處房屋二十餘棟、本甚破舊、經此一炸、悉已變爲灰堆、而火最濃處、因有消防隊趕至、已不准行人通過、一般哭聲、則較前更爲清楚、據事後調查、該處共死貧民十四人、傷二十餘、燒燬坍塌房屋十餘間、燒至一時許始熄、

◎南京五日路透社電、近兩日中、首都受空襲兩次、今晨日機六架、出現天空、以輕炸彈若干枚轟炸民用飛行場、及附近華人房屋、有數屋起火焚燬、大約參加此役者尚有他機、昨日日飛機亦以民用飛行場爲其轟炸目的、昨晨十一時、警號發作後、即有日機六架飛於城上、從事轟炸、飛行場中五彈、餘彈落於附近空地中、並有一屋略受損、惟無死傷

——摘自《时报》（上海），1937 年 12 月 6 日

Japan Raids Route Of Embassy Train

JAPANESE Army authorities again showed their contempt for Britain's official representatives in China when they yesterday allowed their airmen to bomb the railway line to Hongkong at a time when the Embassy staff was travelling over it from Hankow.

The line was bombed only 15 miles from the frontier of British territory.

In Hongkong the British Charge d'Affaires, Mr. R. G. Howe, said:—

"We saw two aeroplanes flying over the train, and one bomb dropped ahead. We did not stop. The Japanese guaranteed the safety of the train, but not the safety of the track."

Only a few hours earlier a British steamer carrying Mr. E. B. Boothby, British Vice-Consul in Shanghai, had been raked by heavy machine-gun fire while approaching a Japanese-controlled island near the city.

The Vice-Consul dropped to the deck and thus escaped injury, while the Scottish captain crawled to the controls and directed the ship back to Shanghai. Japanese had been informed of the route of the ship, which bore the Red Ensign and had Union Jacks painted on both sides.

——摘自《工人日报》（Daily Worker），1937 年 12 月 6 日

Two Japanese Near Goal In Race to Kill 100 of Foe

Wireless to THE NEW YORK TIMES.

TOKYO, Monday, Dec. 6.—A dispatch from the Shanghai front gives details of a race between two Japanese officers to see who will be the first to slay 100 Chinese with the Japanese sword.

Sub-Lieutenants Toshaiku Mukai, 26 years old, and Takeshi Noda, 25 years old, laid a wager on this accomplishment and have since been trying hard to win the bet.

At last accounts they were approaching the end of the contest, for as the result of the fighting for the capture of Kuyung, in the advance on Changchow, Mukai claimed eighty-nine victims and Noda seventy-eight. Mukai's best day was set down as fifty-five slain in a raid between Wusih and Changchow.

A condition of the match is that no victims shall be counted unless they were resisting when killed.

——摘自《纽约时报》（The New York Times），1937 年 12 月 6 日

CAPTAIN IS INJURED ON BRITISH GUNBOAT BY JAPANESE BOMB

Two Other Britons Wounded on British Merchantman in Air Raid at Wuhu

STEAMSHIPS SET ON FIRE

Hundreds of Chinese Killed or Hurt—Fliers Are Said to Have Aimed at Fleeing Troops

NANKING ALSO ATTACKED

Invaders' Army Only 25 Miles From Capital—Capture by Week-End Predicted

A British gunboat and two British merchantmen were struck by bombs in a Japanese air raid on Wuhu, above Nanking, yesterday. All three vessels plainly displayed British colors. The commander of the gunboat was wounded. One of the other vessels was burned and the second was beached. Hundreds of refugees on the vessels were reported killed or wounded. Nanking also was raided. [Page 1.]

Japanese predicted the capture of Nanking by the end of this week as their forces advanced to within twenty-five miles of the capital. A Japanese naval landing party captured a Chinese cruiser above the Kiangyin boom in the Yangtze River. The boom, barring the invaders' fleet from the upper river, is expected to be broken today or tomorrow. [Page 10.]

Tokyo officials held the recent march through Shanghai had been made with the consent of the Settlement authorities and was not intended to change the status there. They said all issues had been settled and the affair had been exaggerated. [Page 11.]

Bombs Strike British Ships

By F. TILLMAN DURDIN

Special Cable to THE NEW YORK TIMES.

NANKING, Monday, Dec. 6.—Lieut. Comdr. Harry Douglas Barlow of the British gunboat Ladybird was wounded yesterday when Japanese airplanes bombed two British steamships at Wuhu, sixty miles up the Yangtze River from Nanking.

Two other Britons, the captain of the British steamship Tatung and his wife, also were injured. The Chinese dead and injured were estimated at 200.

The bombed steamships, which were badly damaged by fire, were the Tuck-Wo and Tatung of Cardine, Matheson & Co. They were among the newest and fastest on the river.

Five Japanese planes dropped bombs that might have been aimed at the near-by Wuhu railway station. The two ships received direct hits and immediately caught fire, trapping scores of Chinese below decks. The Tuck-Wo drifted against the hulk of an old ship, setting it afire.

Barlow Remains at Post

Despite his wound, Commander Barlow moved the Ladybird toward the burning ship and directed the dragging away of another British hulk, preventing it from being set ablaze.

Bombs also struck the docks, adding to the casualties. A number of persons were injured in a British Asiatic Petroleum Company launch.

Telephoning to the United States Embassy last night, Dr. Robert Brown, superintendent of the American Mission Hospital, the only hospital remaining open in Wuhu, said more than a hundred mutilated, burned and half-drowned Chinese had been brought to the hospital. Chinese students and foreign volunteers were assisting in the rescue work. Scores were instantly killed.

Shortly before the Wuhu bombing three Japanese planes unloaded incendiary explosives inside Nanking's walls. Six bombs fell in a line 100 yards from the borders of the Ming tombs commercial airdrome, wrecking and firing a garage and dozens of huts of poor Chinese. Fourteen civilians were killed.

A couple and their two children, seeking safety under an arch of the massive remains of the ancient Ming palace gate, were badly mangled when a bomb fell at the entrance of the archway. The father, despite his wounds, clutched his wife's mutilated body and watched her and the children die.

The American University Hospital, with only three doctors—all Americans—now is virtually the only hospital in the city besides the emergency military institutions. Dr. Frank Wilson accompanied the single ambulance that

Continued on Page Ten

CAPTAIN IS INJURED ON BRITISH VESSEL

Continued From Page One

went to the scene of the bombing and treated the injured.

The Ming Airdrome also was bombed Saturday with better aim. Two hangars and four old planes were destroyed. Chinese planes engaged part of the raiding fleet some distance from Nanking, but there were no losses on either side, according to military leaders here.

SHANGHAI, Monday, Dec. 6.—A Japanese communiqué said the attack on Wuhu yesterday was aimed at between 30,000 and 50,000 Chinese troops retreating across the Yangtze River in junks and other craft.

Officials of the company that owns the Tuck-Wo said they believed she had between 2,000 and 3,000 Chinese refugees aboard.

Japanese naval officers said thirteen Chinese planes, including one of Russian make, were shot down during Saturday's air raids on Nanking. They said eleven more Chinese planes were destroyed in a raid on an airfield at Chuhsien, twenty-five miles from Nanking.

Twenty-four Americans in Wuhu

Latest consular reports said twenty-four Americans, fourteen women, four children and six men, still were at Wuhu. Those at the American Hospital included Dr. and Mrs. Robert E. Brown of Ann Arbor, Mich., and Dr. and Mrs. Lorenzo Morgan of Galva, Ill. Apparently none of the Americans was hurt.

Other Americans believed to have stayed at Wuhu are:

Cora Rahe and Margaret Lawrence, Indianapolis, Ind.; Florence Sayles, Spokane, Wash.; Mr. and Mrs. Howard Van Dyck, Brooklyn, N. Y.; Mr. and Mrs. E. A. Kohfield and one child, Bend, Ore.; Mr. and Mrs. C. O. Springer and one child, Evanston, Ill.; Frances Culley, Rochester, N. Y.; Sister Anna Hayes, Bethany Home, Glendale, Ohio; B. W. Lanphear, Worcester, Mass.; Beth Okey, Cassville, Wis.; Miss E. R. Lewis, Lansdowne, Pa.; Miss E. B. O'Hanlon, Detroit, Mich.; Mrs. Wesley May and two children, address not given.

Wuhu, in Anhwei Province, is one of the busiest ports of the middle Yangtze, being opened by treaty to foreign trade. It apparently is the objective of strong Japanese columns reported engaged in heavy fighting along the Anhwei-Kiangsu border, eighty miles east. The capture of Wuhu would cut off all chance for the 300,000 defenders of Nanking to retreat up the river.

NANKING'S SITUATION

Two British vessels were bombed at Wuhu (1) by Japanese raiders. Japanese crossed the Yangtse River at Kiangyin but the boom closing the river (2) was still unbreached. The black line shows how close to the Chinese capital the battle line is.

——摘自《纽约时报》（The New York Times），1937年12月6日

敵機炸開封

死傷平民約七十人

粤境昨被兩度空襲

【開封六日下午六時發加急專電】六日下午二時半敵機二架到汴轟炸，死傷平民約七十人左右，毀房屋在二百間以上，以無量廟街爲最慘，該處之基督教附屬小學生二十餘人正在上課，全數罹難。

【中央社廣州六日路透電】今晨九時半日機三架飛向塘頭厦站投彈六枚，鐵軌略受損害，下午一時許又在飛機場鄰近投彈數枚。

【中央社徐州六日電】敵機八架五日午由日照連雲港起飛，三機到皖北蘇北各地視察，五機到津浦線南沙河、官橋兩站投彈十餘枚，炸燬我客貨車兩列，機車一節亦稍損，幸未傷人，敵機旋經徐北窺視即東去。

【中央社蚌埠五日電】五日上午十一時敵機兩架經靈璧襲津浦線，在符離集投彈二枚，無甚損失。

——摘自《大公报》（汉口），1937 年 12 月 7 日

敵機昨轟炸無錫

兩英輪一燬一傷

乘客死八人傷廿人餘均獲救

英外交界人士不允發表評論

（中央社）南京六日電、昨日敵機轟投無湖、共投十二彈、七彈落城內、六彈落於江邊、自滬航下之怡和公司德和輪全被炸燬、乘客死八人、傷廿人、餘均撈起、該輪技師英人受傷、已送醫院診治、太古輪大通號之機器間與汽爐間被炸爲水沖入、已大半沉于水中、太古碼頭躉船上部全燬、艙被炸數孔、英軍艦留狄德號被彈片擊傷、艦長巴爾羅氏亦受傷、兩公司許查損失、請使館向日要求賠償、

（中央社）南京六日路透電據由無湖傳來之外人消息、昨日無湖被轟炸時、和大通兩輪乘客僅死華人八名、傷者廿名、其數之少殊出意外、無湖現有外僑一一七名、內有西班牙女尼四十人、英人二十人云、

（中央社）倫敦六日哈瓦斯電、航行中國長江之英國商輪德和號與大通號、日昨在無湖江面遭日轟炸之後、英國外交界人士不允發表評論、僅謂此事是否向日本當局提出抗議、須俟當地英國當局調查完畢、始可加以決定云、

——摘自《华西日报》，1937 年 12 月 7 日

敵機昨日三度襲京

在浦口投燃燒彈

連日在江陰轟炸封鎖線未逞

京附近淳化鎮被敵轟炸甚慘

中央社。南京六日電。敵機二十餘架。今日分批三度襲京。下午一時半在浦口車站附近。共投燃燒彈及炸彈十餘枚。並投下荒謬傳單。當有數處起火。津浦路局第八號第十號貨棧被燬。死傷平民二十餘人。我機飛起迎擊。敵不支退去。經消防隊努力灌救。三時許。火即熄滅。

中央社。南京六日電。江陰要塞已失守數日。而我封鎖線。則安如磐石。敵三四日來。每日均派轟炸機二三架。輪流轟炸。迄未成功。敵艦至今午。仍在我封鎖線下數公里停泊。此間預料。敵如遲遲不能突破此線。或將在北岸。企圖登陸亦未可知也。

中央社。南京六日電。大批敵機。今繼日轟炸南京東南十五公里淳化鎮。前後七八次。每次均有二十餘架之多。晚間六七時。天色已黑。尚有三架。不斷轟炸。共投彈約三百餘枚。鎮內民房殆成一片瓦礫。平民死傷。粗計不下二百人。實為近二三星期來。敵機轟炸我無防禦村鎮。及殘殺非戰鬥員之最大規模者。

中央社。南京六日路透電。浦口今日下午一時半。被日機大肆轟炸。至少有重轟炸機九架。驅逐機五架。在浦口天空盤旋。有數彈落於鐵路貨棧附近。有兩處大火。

——摘自《湖南国民日报》，1937 年 12 月 7 日

敵機分頭肆擾各地

三度襲京被我空軍擊退
皖蘇浙各地亦被敵肆虐

中央社南京（京）電 敵機卅餘架、今分批三度襲京、下午一時半在浦口車站附近共投燃燒彈及炸彈十餘枚、并撒下荒謬傳單、當有數處起火、津浦路局第八號第十號貨棧被燬、死傷平民廿餘人、敵不支退去、我機飛起迎擊、經消防隊努力灌救、三時許火即熄滅、

中央社南京電 大批敵機今整日轟炸南京東南十五公里之淳化鎮、前後七八次、每次均有二十餘架之多、晚間六七時、天色已黑、尚有三架、不斷轟炸、共投彈約三百餘枚、鎮內民所、殆成一片瓦礫、平民死傷、約計不下二百人、實爲近二三星期來敵機轟炸我無防禦村鎮及殘殺非戰鬥員之最大規模者、

中央社南京電 外訊、浦口今日下午一時半、被日機大肆轟炸、至少有日轟炸機九架、驅逐機五架、在浦口大空發現、有數彈落於鐵路貨棧附近、有兩處大火、

中央社金華（浙）電 上午八時半、敵機四架、由海寧方面飛杭、三架在南星橋第一碼頭投彈六枚、四落水中、傷挑夫一人、一架經餘杭、武康、富陽、臨浦窺紹興、在火車站投二彈、無何損失、又上午十一時卅六分、敵機二架、由海寧方面飛經杭州至蕭山、在江邊車站投彈三枚、鐵軌路損、同時飛至錢江南岸碼頭投四彈、均落水中、又在汽車站附近投三彈、毫無標的、均落空地、後倉皇向杭州灣逸去、

中央社徐州（蘇）電 敵機八架、五日午由日照連雲港間起飛、三機到皖北蘇北各地窺察、五機到津浦綫南沙河官橋兩站投彈十餘枚、炸燬我客貨車兩列、機車一節亦稍損、幸未傷人、敵機旋經徐北窺視即東去

中央社清江浦電 五日晨十時、敵機兩架、由東北飛淮、於淮垣上空盤旋、窺察一週即向西逸去

六日漢口路（皖）透社電 昨日蕪湖被日機轟炸結果、華人傷八名、死三名、英艦黎地畢號之一軍官名巴路士亦受輕傷、蕪湖城當時無華軍駐守、僅有難民聚于江邊、候搭船離境、故日機飛到投彈時、難民爭相走避、有溺於水中者、德和輪延燒終夜、今晨火勢始熄、大通輪被彈穿數處、幸未有傷害人命、

中央社南京電 昨日敵機轟炸蕪湖、共投十三彈、七彈落城內、六彈落於江邊、自漢開下之怡和公司德和輪、全被炸毀、乘客死八人、傷廿人、餘均撈起、該輪技師英人受傷、已入醫院診治、太古輪大通號之機器間與汽爐間被炸、爲水冲入、已大半沉於水中、太古碼頭躉船、上部全毀、艙被炸數孔、英軍艦雷狄德號、被彈片觸傷、艦長巴爾羅氏亦受傷、兩公司詳查損失、請使館向日要求賠償、

中央社南京電 外訊、據由蕪湖傳來之外人消息、昨日蕪湖被轟炸時、德和大通兩輪乘客僅死華人八名、傷者二十名、其數之少、殊出意外、蕪湖現有外僑一一七名、內有西班牙女尼四十、英人卅云、

中央社鄭州（豫）電 敵機十一架、五日在孝義投彈四十餘枚、毀民房數間、死傷平民數名、鄭縣京水鎮與黃河北岸亦遭敵機空襲、惟彈落荒野、無損毀、

——摘自《工商日报》（香港），1937 年 12 月 7 日

敵機掃射 順德鄉民

順德四日上午敵機數架飛大良龍山等地窺伺、時江佛公路長途車爲避免危險計、已暫行停駛、惟江佛路小沛附近之新洲墟有鄉民二百餘正在趁墟、詎敵機師即開機槍向趁墟鄉民掃射、各鄉民壯丁隊立即散開走入樹林躲避、得免于難、時有牧童二人、正驅牛上山食草、兩童走避得免、祇一耕牛被擊斃、及一耕牛受傷、

——摘自《工商日报》（香港），1937年12月7日

南市浩刦毀損調查

（續）

南市大火、由董家渡以南、在裏馬路之賴義碼頭經三泰碼頭裏面以及青龍橋一帶房屋被焚者係靠外面一帶、所毀者尚屬不多、但亦有數十間房屋被毀、朝南至三角街後、薛家浜豬棧及宰猪作等、均被炸毀、三角街裏馬路自大同昌南貨店起經李正豐百貨商店・三陽潤南貨店・周洽興麵館・馮天保堂藥店、過馬路橋一帶市房直至將近滬軍營日升里全部房屋燬去、而後面平安橋梅寄里等處房屋亦燬、在混堂橋地方之一帶市房、及泰安里（即前會庭里）全燬、南京街王家宅東興里之六十間頭（爲南區救火會朱良材業產）全燬、滬軍營大穰里房屋數十間亦全燬、南碼頭達昌里（爲王一亭之業產）亦全燬、滬軍營親賢里・信賢里房屋亦全燬、又對過王道生之業產蘭芷里新房屋三十餘幢亦全燬、國貨路顧姓業產弄堂房屋二十餘間全燬、普育東路三民坊百餘幢房屋全燬、陸家浜新陸邨（即舊圖書公司）一部份房屋被燬、寧夏里房屋全燬、而全滬聞名之海潮寺（即留雲蘭若）、共有佛殿僧房藏經樓等並後面之留雲學校二百餘間房屋、於一星期前亦被全部焚去、（查該寺經第一代住持觀月募化成此、蔚爲大觀者、凡五十餘年、自請得藏經後、遂成上海有名叢林、其留雲蘭若匾額、係前清兩江

總督魏光甍手書、經第二代住持應乾手中、最爲發達、至第三代德亳手中、至近年德亳將寺權交與其徒、當南市失陷後、四處大火、此寺獨能保持原狀、且寺中僅住持走避、其司帳僧及各執事僧香伙等亦頗受日軍官之優待、詎料至上月廿七日夜被焚、據住持僧猜其原因、則該寺之後埭房屋、在屢次內戰時、曾經駐兵、不無遺漏軍火、但當時軍隊去後、即將後埭房屋封閉、該寺共有房屋計十三埭、而所有佛像與古玩藏經書畫及動產不動產、共計損失百餘萬元、現在僅存柴間一埭、而全寺既廢、故德亳僧於前日借得現款一萬元、將香火等全部解散、）過海潮寺後、清心男中學被燬、女中則保全、南火車站已全燬、前面之陳家橋三山會館一帶民房亦全燬、南區救火會則被炸完、惟機廠街求新廠及久記木行並自來水公司華商電車公司則均能保全、至於斜橋方面則徽寧會館與紹興會館被全燬、棺木燒去千具以上、方斜路白雲觀一部份並前市黨部舊址後改衛生局醫院全燬、兩旁之房屋西林路林蔭路大林路等二百餘間之多、在漕河涇鎮則僅聽落鄉三四間房屋、其餘一概全燬、至於南市尚有小街被焚者、當再調查、（完）

——摘自《时报》（上海），1937 年 12 月 7 日

金山各鄉鎮毀損情形

金山縣第二區泖一鄉鄉長唐某、於本月一日離金、繞道浦南張澤葉榭鄔家橋周浦橫渡、歷三日、由高橋渡浦到申、對於金山北部被難情形所知較爲詳實、

朱涇（金山縣治）自六日失陷後、日軍設司令部於縣府東孫似初洋房內、陳孔懷宅設難民收容所、由其弟步青主持之、上下塘下岸房屋毀壞殆盡、市河爲之阻塞、經雇用民伕數十人整理終日、纔通船隻（已見時報四日附圖）上岸損害較少、西市橫街及三角街爲烈、

松隱鎮全市房屋、毀去其半、蔡恕一楊瑞清等住宅、均已全毀、西市爲日軍紮處、受害較輕、又潘思明住宅無恙、泖港鎮河東市房除楊永昌米行外、均毀於火、河西沈壽松市房及莊姓住宅全毀、

朱涇在日軍憲兵監視之下、已有市鄉維持復業會之組織、泖港維持會由蘇州人徐某及本地商界主持之、維持地方、辦理供應、殊感困難、

張涇兩岸泖港南北鄉民受累不堪、被殺戮者如朱涇之顧伯超、松隱之吳仙槎屠光裕何公芳、泖港之戴炳銓等、均屬當地知名之士、其餘未明者不知其數、尤以公路兩旁遺屍纍纍、慘不忍睹、

據說朱涇之顧伯超、死得最爲寃枉、因年逾七十、素有目疾、不能正視、遭遇盤問時、誤爲怒目相向、驟以槍刺戳死、亦云慘矣、

——摘自《时报》（上海），1937 年 12 月 7 日

損燬情形尙待調查
敵機昨九十架襲京

（中央社）上海七日路透電　據日方聲稱、今晨九時半至十一時半之間約有日機九十架飛往南京轟炸、至損毀情形、迄未獲悉、據悉滬外國海軍方面所接南京今晨九時消息、則情形甚爲平靜云、

敵機襲蕪湖我平民死傷達千人
日來蕪埠商店居民已遷徙一空

（中央社）南京七日電　據今日自蕪來人談稱、敵機九日十轟炸蕪湖時、蕪人死傷共約千人當時一般難民方聚集蕪湖碼頭、候輪西上適値太古之大通輪抵蕪、衆乃擁至太古躉船該躉船及大通輪上均漆有大型英國旗幟、難民以爲敵機必能一望而知係英國船支、至爲安全、詎敵機於蕪湖車站上投擲二彈後、即在碼頭續擲三彈、第一彈適落於太古躉船船上、難民被炸死焚死、及企圖躍入大通號而被斃者、有三四百人、未幾泊於日碼外之德和輪亦中一彈、全船被炸、死傷又有四五百人第三彈落於大通號前部、船雖未毀、難民死傷者亦甚衆、英國軍艦女烏號內被彈片波及昨今當日機復在蕪湖飛行時、該艦皆發高射砲鎮壓、日來蕪湖經此巨災故舖店居民遷徙一空云

——摘自《华西日报》，1937 年 12 月 8 日

沿同蒲鐵路南犯

大批敵機襲潼關

在西關車站附近投彈廿一枚

開封城前日遭空襲

西安七日電：敵機十二架飛潼關朝邑轟炸、據事後調查、潼關西關車站附近落彈二十一枚、西北實業公司機器一部被毀、炸斃附近商民及難民三十餘人、傷十餘人、並炸毀民房十餘間、餘無損失、朝邑縣東南城郊空野落彈兩枚、毫無損傷、

西安七日電：敵機十二架七日上午十一時二十分沿同蒲路南飛五十分竄入潼關上空、在西關車站附近投彈九枚、三架南飛窺視後東去、九架於十二時飛華陰窺視、盤旋數週、折北至三河口、六架經朝邑、韓城邊境、向東北逸去、在朝邑投彈二枚、餘三架仍飛經潼關、向晉方逃去、損失詳情未悉、西安防空當局、深恐敵機有襲犯省垣企圖、於十一時五十分發出警報、嚴密戒備、迄十二時四十分始解除、

開封六日電：敵機兩架、六日下午二時半侵入汴上空、計共投炸彈五枚、一枚落無量廟後街未炸外、一落爐坊胡同、炸毀四至八號房屋、炸塌傷一人、一落紅學後街、毀房屋二十餘間、二落無量廟街、四五至四九七十至七五三至八號、房屋炸塌、約一百五十間、死傷平民五十左右、（中央社）

青島六日電：六日晨九時半、敵偵察機過膠州、向西北飛、午十二時過青市大公島、向西飛去、青市戒嚴司令部分設市區及鄉區、軍警督察處、每區組巡邏隊、實行巡邏、維持地方治安、（中央社）

——摘自《力报》（长沙），1937年12月8日

寇機炸陝境

在潼關投彈多枚

開封前日亦被炸

【本報西安七日下午六時電】銀色寇機十二架七日上午十一時半，由太原沿同蒲路南飛，襲入潼關上空，在車站投彈二十一枚，斃難民商人三十餘，傷平民十餘人，燬民房十餘所，西北實業公司機器一部份被燬，約盤旋二十分鐘，三架向南飛窺視後，向東飛去，九架於十二時飛華陰窺視，即折三河口六架往朝邑韓城，向東逃去，在朝邑投彈二枚於東南城郊外空地，毫無損失，餘三架復往潼關，飛返晉境，西安防空部，同時發出警報戒備甚嚴，我機六架飛往迎擊，迄下午一時解除警報。

【中央社西安七日電】敵機十二架，七日飛潼關朝邑轟炸，據事後調查，潼關西關車站附近，落彈二十一枚，炸斃附近商民及難民三十餘人，傷十餘人，并炸燬民房十餘間，朝邑縣東南城郊空野，落彈兩枚。

【中央社開封六日電】敵機兩架，六日下午二時半，侵入汴市上空，計共投炸彈五枚，一枚落無量廟後街汴炸外，一落爐坊胡同，炸毀房屋四幢，傷一人，一落蠡學後街，毀房二十餘間，二落無量廟街，炸塌房屋約十五間，死傷平民五十人左右。

【本報南昌七日下午五時卅分電】本日下午三時四十分，寇機五架，由滬飛贛，我防空部隊，當即發出警報，寇機在鄱陽湖上空盤旋甚久，見難得逞，於四時三十分即向東逸去。

【中央社廣州七日電】七日上下午，敵機共十七架，兩次轟炸廣九粵漢兩路，廣九路樟木頭南村塘頭廈等站路軌鐵橋，均被炸毀，粵漢路亦略受損失，廣港廣韶電話電報不通，現正趕修中。

——摘自《扫荡报》（汉口），1937年12月8日

敵機暴行

轟炸汴垣

中央社開封電 敵機兩架、六日下午二時半侵入汴上空、計共投炸彈五枚、一枚落無量廟後街未炸外、一落爐坊胡同、炸毀四至八號房屋、傷一人、一落紅學後街、毀民房廿餘間、二落無量廟街四十五至四十九至七十五、三至八號房屋、炸塌約一百五十間、死傷平民五十左右、二

肆虐潼關

中央社西安電 敵機十二架、七日上午十一時廿分、沿同蒲路南飛、五十分竄入潼關上空、在西關車站附近投彈九枚、三架南飛窺視後東去、九架于十二時飛華陰窺視、盤旋數週、折北至三河口、六架經朝邑韓城邊境向東北逸去、在朝邑投彈二枚、餘三架仍飛經潼關、一向晉方逃去、損失詳情未悉、西安防空當局、深恐敵機有襲犯省垣企圖、于十一時五十分發出警報、嚴密戒備、迄十二時四十分始解除、

中央社西安電 敵機十二架、七日飛潼關朝邑轟炸、據事後調查、潼關西關車站附近落彈廿一枚、西北實業公司機器一部被毀、炸斃附近商民及難民卅餘人、傷十餘人、並炸燬民房十餘間、餘無損失、朝邑縣東南城郊空野落彈兩枚、毫無損傷、

慘炸蕪湖

中央社南京電 據今日自蕪湖來人談稱、敵機五日午轟炸蕪湖時、華人死傷共約千人、當時一般難民麕集蕪湖碼頭候輪西上、適値太古之大通輪抵蕪、衆乃擁至太古躉船、該躉船及大通輪上、均漆有大型英國旗幟、難民以爲敵機必能一望而知係英國船隻、至爲安妥、詎敵機於蕪車站上投擲三彈後、即在碼頭擲三彈、第一彈適落於太古躉船船上、難民被炸死焚死及企圖躍入大通號而淹斃者有三四百之衆、未幾泊於廿碼外之瑞和輪亦中一彈、全船被燬、死傷又有四五百人、第三彈落於大通前部、船雖未沉、難民死傷者亦甚衆、英國軍艦女鳥號、因被彈片波及、昨今當日機復在蕪湖飛行時、該艦曾以高射砲射擊鎮壓、日來蕪湖經此巨災、故商店居民遷徙一空云、

——摘自《工商日报》（香港），1937 年 12 月 8 日

難民正在碼頭候輪
蕪湖被炸死傷千人

南京快訊自蕪來人談、日機五日午轟炸蕪湖時、華人死傷共約千人、當時一般難民、方嚮集蕪湖碼頭、候輪西上、適値太古之大通輪抵蕪、衆乃擁至太古躉船、該躉船及大通輪上、均漆有大型英國旗幟、難民以爲日機必能一望而知、英國船隻至爲安妥、詎日機於蕪車站上投擲三彈後、卽在碼頭續擲三彈、第一彈適落於太古之躉船、船上難民被炸死焚死及企圖躍入大通號而淹斃者、有三四百之衆、未幾、泊於二十碼外之德和輪亦中一彈、全船被燬、死傷又有四五百人、蕪湖經此巨災、故商店居民日來遷徙一空、

——摘自《时报》（上海），1937 年 12 月 8 日

美人目覩難民慘狀

◎南京六日國民新社電、今日此間空襲警報、幾有八次之多、某次日機來此空襲時、美聯社記者曾目擊之、其時轟炸下關與浦口車站之日機、共有十七架之多、一時投下之彈、在十數枚以上、死傷難民甚多、此時美船潘南號正停泊於浦口沿江一帶、因中國方面之高射砲對日機作猛烈之射擊、故美人在船上者皆戴起鋼盔、以防流彈、於日機轟炸時、沿江船隻早已遠避一空、所餘小船汽船民船皆避至外國砲艦之旁、藉作掩蔽、二千餘難民事前紛紛集於車站之空地中、至日機投彈後、鐵軌四週屍身纍纍、慘不忍睹、有一苦力蹈於其間、勉力舉起其無力之手臂、欲圖撲滅燒及其衣服之烈火、但終於失敗焚死、轟炸餘生之人、多呼號哭泣、進出於死屍堆中、尋找其父母子女親戚朋友、記者更見一手抱小孩之婦人、冀圖拖曳其已死於旁之丈夫、但毫無效果、此種慘狀、記者僅見其一斑、其餘蓋已無此勇氣遍觀矣、

——摘自《时报》（上海），1937 年 12 月 8 日

NINETY PLANES BOMB NANKING

NINETY Japanese airplanes bombed Nanking, capital of the Chinese Republic, for two hours yesterday, causing enormous damage.

Two thousand refugees were sheltering near the Pukow station, terminus of the railway line from Tientsin when about a dozen bombs fell on the station. Scores are reported to have been killed or wounded.

In the warehouses near the river, and in other big buildings throughout the city great fires have been caused by this latest example of Japanese terrorism.

Chiang Kai-Shek, Chinese Premier and army commander-in-chief, has left the city for Nanchang, capital of the Kiangsi Province, 300 miles south-west of Nanking.

The next move of the Chinese troops is not clear. Many thousands of soldiers are stated to be in or around the city, but up to yesterday there had been no great resistance to the Japanese.

About 200,000 Japanese soldiers are approaching the capital. Japan hopes to capture Nanking and then break off diplomatic relations with China on the grounds that the Government has become a local administration.

SHANGHAI PROTESTS

In Shanghai, Admiral Sir Charles Little, British Commander, has protested against the bombing of Wuhu, in which two British steamers were seriously damaged, and the Commander of the British gunboat, Ladybird, was wounded.

The Municipal Council has protested against the action of the Japanese in arresting four foreigners in the International Settlement. But immediately after the protest the Japanese again defied the authorities by arresting a Korean in the Settlement and taking him to the Japanese part of Shanghai.

——摘自《工人日报》（Daily Worker），1937 年 12 月 8 日

昨午十一時許
敵機多架襲西安
午後始逸去詳情正調查中
潼關昨亦遭轟炸

（川康社西安八日午後一點十分電）今（八）日午前十一時二十分許，忽有敵機多架飛入市空，向各處投彈，直至午後一鐘始飛去。

（中央社）鄭州七日電、敵機十二架七日午在潼關投彈十餘枚、多落車站貨廠，炸毀車皮二輛，死傷十餘人、

——摘自《华西日报》，1937 年 12 月 9 日

敵又屠殺
新會農民

新會三村田邊兩鄉、地近崖門海之較貝石、人口約數千、多屬貧家、向業耕種、四日晨忽有敵機兩架由南飛至、盤旋窺探、鄉民十餘人竚聚高岡觀望、爲敵瞥見、突低飛開機槍掃射、鄉人狼狽而逃、查擊傷三人、

——摘自《工商日报》（香港），1937 年 12 月 9 日

敵機大批襲南昌
敵我在市郊展開激烈戰鬥
我平民死傷七八十人

（中央社）南昌九日電、九日午時天氣晴朗市民多在途經之際突聞空襲緊急警報是時敵機十九架由皖贛邊境、鄱陽湖、向西南飛來，至□時十九分敵機分三批作輪流式侵入南昌市、投彈轟炸我機紛紛凌空迎擊在市郊展開激烈戰鬥、敵機漸行不支，由東南方面毀□鄉光澤、向贛閩邊境逸去、事後調查王安石路等處落彈二十餘枚、東派中堤一段烈壞，死傷平民三十餘人正在救護掩埋中、

（中央社）南昌九日電 敵機今午空襲南昌時、乃竟在醫專附屬醫院、婦女醫院及平民地帶狂肆投彈、大逞兇行、事後據當局統計、是日被炸死傷貧民七十九人、毀塌房屋六十六棟

——摘自《华西日报》，1937 年 12 月 10 日

鄒韜奮等赴桂過梧談

敵踞滬摧殘文化界慘狀

任[illegible]逮捕鎗[illegible]租界難民千萬

鄒等一行六日離梧專車赴桂

（梧州專訊）文化界及滬上聞人鄒韜奮、金仲華、史良、章乃器、郭沫若、及錢新之、杜月笙、王曉籟等、因滬市淪陷敵手、不堪無理壓迫、相繼南下抵港、桂省當局聞得鄒等南下機會、特電港歡迎各聞人入桂遊覽、並電派廣西銀行香港分行秘書閔志遠陪同沿途招待、查鄒等一行十四人、於二日由港乘江寧輪船西上、已於四日上午九時許抵達梧埠、船泊裕興碼頭時、梧埠文化界人士廣西大學理工學院廣東勷勤大學教育學院、均派員到碼頭歡迎、廣西綏靖主任公署駐梧辦事處亦派李主任偉詩、陳副官鉞乘新廣西電輪迎接招待、各人乃轉乘該輪在信孚碼頭登陸、由當局招待在大南酒店下榻、行裝甫卸、陳主任良佐、袁特派員祖寅、李院長運華、即聯袂到訪暢談良久、始辭去、文化界人士亦紛紛到候、綏靖公署駐梧辦事處主任陳良佐、爲盡地主之誼、乃於是日下午假座洞天酒家、設筵歡宴各聞人、席間賓主甚歡、是晚七時鄒韜奮金仲華兩先生、應梧埠文化救國會之請、出席該會歡迎會、對衆演講、今（五）日上午九時復應西大勷大女中聯請、在女中禮堂演講、記者以鄒等在梧逗留期間無多、特於今（五）晨走訪鄒先生於旅邸、當蒙鄒先生接見、並暢談一切、茲將鄒先生談話撮誌如下、（以下鄒氏談）我軍因戰略關係、退守上海第一防線後、日軍即肆意蠻行、干涉租界行政、摧殘文化界、我們不願意接受無理壓迫、不願作無價值犧牲、乃於去月廿七日相率南下、抵達香港、逗留數天、二日由港動程來梧、準備赴桂轉漢、此次同來各同志、有幾位是同行、有幾位是中途相遇、到達此間、除本人外、有下列男女共十三人、金仲華（世界知識及抵抗三日刊編輯）、金端苓（女）、沈茲九（女）、沈綠（女）、（均婦女生活編輯）、楊東蓴（前良風師專校長）、楊夫人馮曼瑩、楊秀英（女）、（楊虎城將軍之妹）、錢俊瑞、嚴士瓊、張仲實、（世界知識及抵抗什誌編輯）、陳桂天（留法電機科新由西班牙回國）、謝國楨（北平圖書館金石部主任）、及閔秘書志遠等、其餘史良先生、仍暫留港、沙千里先生在漢口、李公樸先生在武昌、鈞儒王造時在漢或在京、章乃器赴廣州、各人由因工作關係、未暇同行、錢新之杜月笙等先生、亦未有同行、回憶我們在未離上海時、敵兵敵艦、無日不在市面梭巡、及在黃浦江滸游弋、對我們知識界及無知識民衆同樣任意逮捕肆意槍殺、情形異常慘痛、租界麕集之難民、足有整千整萬、當地雖有慈善機關救濟、但杯水車薪、尚慮無濟於事、敵人雖施强暴、惟我們對抗戰並不因此銷沉、敵壓迫力愈强、我們抵抗力也加厚、這次抗戰、雖然是國際戰爭、敵人軍火、比諸我們犀利、而我政府有鞏固的組織、軍人肯犧牲、民衆能團結、苟能堅苦抵抗、勝利終有希望、在數月抗戰中、足以給予我們相當教訓、在向稱散漫的中國民衆、現在能夠於此時精誠團結、一致抗日、誠開我國有史以來光明一頁、是難能可貴、倘我們能將優良之點加强、敗弱之點改進、注意充實軍事力量、積極組織廣大民衆、不悲觀、不後退、以廣西窮幹若幹之精神、苦幹下去、相信最後勝利必屬於我、在本人等此次來梧原定逗留一天、即趕程赴桂、茲因應文化界友人之請求、故特在梧多留兩天、決定明（六）日即離梧首途、今後離桂入漢工作、須視其地方情形如何、始能決定云云、查總部爲利便鄒等行程、已準備專輪專車、以爲鄒等乘坐赴桂之用云、

——摘自《工商日报》（香港），1937年12月10日

敵機襲南昌

在平民地帶大肆狂炸 并飛津浦路孝義投彈

中央社南昌電 九日午時、天氣晴朗、市民多在進餐之際、突聞空襲緊急警報、是時敵機十五架、由皖贛邊境經鄱陽湖向西進發、至一時十五分、敵機分隊作輪流式侵入南昌市、投彈轟炸、我機紛紛淩空迎擊、在市郊展開激烈戰鬥、敵機漸形不支、由東南方面經東鄉光澤向贛閩邊境逸去、事後調查、干安臧路等處落彈二十餘枚、東湖中堤一段損壞、死傷平民卅餘人、正在救護掩埋中、

中央社南昌電 敵機今午空襲南昌時、竟在醫專附屬醫院、婦平醫院、及小民地帶、狂肆投彈、大逞暴行、事後據警局統計、是日被炸死傷貧民七十九人、毀塌房屋六十六棟、

中央社泰安電 敵機三架、八日晨十時許、飛泰濟窺察、並在泰燕附近低飛、用機槍掃射、我無損傷、又敵機二架、八日晨由諸方面飛襲津浦路、在南沙河站投四彈、燬煤車一輛、路軌兩節、

中央社洛陽電 寇機十架、八日上午十一時許、自安陽方面向豫洛飛來、十一時四十分侵入孝義上空、投彈數十枚、均落田野、我方無損失、洛防空部於十一時許當發出警報、居民安然躲避、寇機離豫後、未敢來洛、即他逸、

——摘自《工商日报》（香港），1937年12月10日

包頭來人談

日寇的鉄蹄踏到包頭以後

（定邊通訊）萬惡的日本帝國主義的殘酷，是人人共知的。最近他的鉄蹄，踏到了綏遠包頭之後，當地人民，因不堪其蹂躪，男女老幼，均紛紛逃亡。頃有由包頭來定邊商人某（與堡人）親自看見許多慘酷的事情，現在選擇最重要的三件記述如下：

——槍殺掌櫃——沒收財產——聚盛號是在市資本最雄厚的商店之一，日寇早已調查清楚。此次強佔包市後，即暴露強盜行為，宣佈沒收該商全部財產，並且為預防報復起見，還把掌櫃槍斃掉了。

——強姦其妻 燒死其夫——包市三義店，店主何義山的媳婦，被兇惡的日寇強姦過甚而斃命，其夫當請求日寇司令部查辦，不料日賊的首領非但不講理，並且下令將煤油倒在他身上，結果活生生的被放火燒死了。

——沒收貨物——萬盛奎雖是回人開的商店，但也不能例外的免遭強盜的搶劫，店中所剩羊毛九萬餘斤，羊皮廿捆，煙土[illegible]千餘兩，悉數被其沒收，然後並將店主捉去，現在還不知下落呢！

特區的同胞們！包頭是我們的屏障，離我們的門戶（定邊榆林等地）僅有數天路程。我們現在看到了包頭人民的痛苦，應該如何的警覺呀！我們知道不論工農商學，不論漢人回人，都必定要受到日寇的踐踏或槍殺，決不能幸免的，所以我們應該一致動員起來，準備迎擊日寇，為保衛特區而奮鬥到底！（文山）

——摘自《新中华报》（延安），1937年12月10日

ONE OF JAPAN'S VICTIMS

A Chinese mother, despair on her face, rests by the wayside in Shanghai with a child in her arms, after a Japanese bombing raid that destroyed her home.

——摘自《工人日报》（Daily Worker），1937 年 12 月 10 日

□敵機轟炸浙贛各地

(中央社金華十日電)敵九三式輕炸機五架十日上午九時許在玉環發現、經杭州灣折南至東陽上空、其中二架忽轉東北向龍山飛去、同時十一時半平陽上空亦發現同式敵機三架、向西北駛進、經青田時與杭州灣方面飛來之敵機會合、於十二時一刻先後竄入金華上空、盤旋．週、向車站投彈三次、共計投輕磅彈廿五枚．毀貨所四五間、附近民房三四間、死三人傷六人、站屋雖未中彈 但四壁俱被彈片擊毀 痕跡纍纍．敵機投彈後 於十二時三刻向紹興方面逸去、

(中央社金華十一日電)衢州電話、十日下午一時許、敵機十二架、由東北方來襲、在官堂投七彈 炸毀平民房屋二四十間、繼在飛行塲投彈十七枚、又至該塲附近鄉五彈、計死農民一人、毀廚房一間．嗣後在石頭堆地方投彈三枚、民房四間被毀．及擊沉民船一艘

(中央社南昌十一日電)敵機三架十日午由浙侵入贛東邊境、在上饒弋陽盤旋窺察、幷在上饒投彈數枚均落田野敵機旋向原路逸去

(開封十一日電)今晨敵機一架在本市上空散下大批荒謬傳單．市民咸知爲敵人慣技、卽隨手撕毀

——摘自《国华报》（广州），1937 年 12 月 12 日

敵機轟炸金華衢州

金華東站被炸彈痕纍纍

衢州民房被炸毀數十間

中央社金華電 敵九三式輕炸機五架十日晨九時許、在玉環發現、經杭州灣折南至東陽上空、其中二架、忽轉東北、向龍山飛去、同時十一數半、平陽上空亦發現同式敵機三架、向西北駛進、經韓田時、與杭州灣方面敵機會合、於十二時一刻、先後竄入金華上空盤旋一週、向車站投彈三次、共計投輕磅彈廿三枚、毀貨房四五間、附近民房三四間、死三人、傷六人、站屋雖未中彈、但四壁俱被彈片擊毀、痕跡累累、敵機投彈後、于十二時三刻、向紹興方面逸去、

中央社金華電 衢州電話、十日下午一時許、敵機十二架、由東北方來衢、在三官堂投七彈、炸毀平民房屋三四十間、計死農民一人、毀廚房一間、又復在石頭堆地方投彈三枚、民房四間被毀、並炸沉民船一艘、

中央社南昌電、敵機二架、十日午由浙侵入贛東邊境、在上饒弋陽盤旋窺察、幷在上饒投彈數枚、均落田野、敵機旋向原路逸去、

中央社開封電 敵機一架、十一日上午十時許、到汴上空、盤旋數週、散下荒謬傳單、○○○

——摘自《工商日报》（香港），1937 年 12 月 12 日

敵艦敵兵

輪流在三灶島登陸

彼去此來但指定一隊久駐
大肆刼掠并強擄小孩回艦
敵兵蹂躪高瀾島後已放棄

中山七區三灶島在高瀾荷包兩島附近、有鄉村廿餘、乃七區分局所在地、敵自佔高瀾荷包後、因該兩島較荒僻、敵兵為山嵐瘴氣所困、不服水土、染病不治者頗衆、遂進一步圖侵入烟戶較衆之海島間、以作敵兵休養地點、故於去月廿八日先向三灶之沙欄登陸、但祇架幕沙灘間、翌晨即去、至本月四五兩日先後有數百人登陸、前去後來、凡學校鄉公所等咸被滋擾、見我愛國標語皆毀去、粮食六畜銅鐵錫器槍械等、沿各鄉店戶搜刦無遺、並分踞學校內、各鄉當局及富家紛移內地、七分局長員均暫往南水辦公、截至九日敵仍作非固定式之盤踞、滋擾如前、但此去彼來、並非指定一隊久駐、似係各敵艦敵兵輪流登陸者、惟連日來令人最痛心之事、惟敵兵每見各鄉幼童、即強擄回艦、現被擄去小孩甚多、各鄉人至是無論貧富均遷入內地以避、

連日澳門南水斗門前山石岐一帶、難民日多、縣當局及澳商會已設法救濟、又訊、中山欖鎮西區積厚祠街何大宗、係在七區三灶沖塘鄉充教席、日昨因事旋欖、據稱敵艦侵入中山領海後、先佔據七區萬山、復佔荷包及高瀾兩島、該兩島孤懸海中、居民多屬以農漁為業、抵抗力薄弱、壯丁少婦當敵人上陸時、多遷移三灶島暫避、留居島上者祇老弱而已、前星期敵人駕小艇到三灶黑沙灣上陸、先驅漢奸作嚮導、搜刦居民槍械鐵器粮食搬運回艦、復按戶勒驗食井汲水化驗、無人居住之屋、則毀門入內搜掠、復由黑沙灣沿海旁前進、再到下表鄉田心鄉上表鄉、彼之學校在蓮塘鄉、在田心上表兩鄉之山後約距數里、敵於五日上午八時越山而到蓮塘單塘等鄉、彼與鄉人逃至後山魚弄鄉、步行五區搭岐關車返岐回欖、查敵兵已於五日上午十時佔據三灶墟、即七區公安分局所在地、當地鄉人多徙居五六區一帶暫避、又七區大小共七十餘鄉、現被敵人佔據者約有半數、又據確息、敵艦自於日前派水兵百數十名在中山縣屬之三灶島高瀾島登陸後、即肆行掠奪糧食、姦淫燒殺、無所不至、現仍提築工事、茲查高瀾島登陸之敵兵、已於十日晨全數退回艦、但該島居民所有糧食財物等已被洗刦一空、此間當局已於十日接到該縣長來電報告矣、

——摘自《工商日报》（香港），1937年12月12日

敵又屠殺惠陽民衆

惠陽縣屬甲子步區境內、每日發現人蹤滅、敵繼派機轟炸廣九路而經過該區領空者、日必數起、區內居民已司空見慣、均照常農作、九日據該區農民來惠談、八日上午十時許、有敵機五架、經過該區雷公坑石圳上空、當時該鄉有農民黃勝爲子娶媳、新夫婦正在祠內各拜、因沿習慣在祠外連放十炮之響、敵機以爲我方防軍向之襲擊、即投下炸彈兩枚、當堂炸傷新郎新婦幷有來賓男女卅餘人、走避不及同遭浩刦、事後鄉民紛紛出而救援、祇見死傷遍地、慘不忍睹云、又九日下午三時許敵機八架復經該區、見禾堆成行、又疑有防軍伏內、即發機槍向禾堆掃射、幸當時附近無人在此農作、故無傷斃人命情事、暴敵之兇殘手段、誠爲有史以來所少見、

——摘自《工商日报》（香港），1937年12月12日

敵機在南海撒毒粉

昨八日上午十時許、有敵機六架、由西南方、飛往東北方、似圖粵漢路、當經過南海屬之大沙村時、紛紛撒下之黃色粉末於田野間、查該黃粉含有重量毒質、極碍種植、若撒在塘中、塘魚立死、

——摘自《工商日报》（香港），1937年12月12日

日機昨襲南京城內炸彈橫飛

△本報特訊　日軍砲兵在紫金山第一峯與第二峯設砲兵陣地，昨晨十一時接到總進擊命令後，即時向城內開火，海軍航空隊亦與陸軍飛機協力，飛舞南京空際，在華高射砲猛烈反攻之，施下轟炸，

——摘自《新申报》，1937年12月12日

INVADERS CHECKED BY MANY DEFENSES IN NANKING'S WALL

ESCAPE IS CUT OFF

Japanese Near Pukow Only Remaining Route for Troops' Flight

SHELLS POUR INTO CITY

Planes Aid Land Forces but Naval Attack From Yangtze Has Not Begun

By HALLETT ABEND

Special Cable to The New York Times.

SHANGHAI, Sunday, Dec. 12.—The Japanese assault on Nanking is continuing without decisive results because the city's ancient wall, forty-five feet high and thirty feet thick, is dotted with pillboxes, shelters and gun emplacements made of reinforced concrete.

"We are fighting against metal with merely our flesh and blood," said a dramatic report from Nanking to Hankow in which General Tang Sheng-chi, the Nanking commander, declared the Chinese losses were exceedingly heavy but that the morale of the troops continues high. However, foreign sources said the Japanese were able to capture Kwanghwa gate easily because Chinese forces ordered there as reinforcements mutinied and refused to proceed to the post.

The invaders' air force is conducting raids on all Chinese positions. Their navy apparently has not yet reached Nanking for it was announced that Japanese gunboats and destroyers were busy yesterday bombarding forts on the North Bank of the Yangtze River opposite Chinkiang and other forts and gun emplacements on three picturesque rocky islands near by which for centuries were used as Buddhist temples.

Safety Zone Still Sought

Nanking's Safety Zone Commission sent on Friday a pitifully futile proposal to the Chinese and Japanese authorities urging a three-day truce to give the committee time to complete arranging shelters for 300,000 civilians and to complete the removal from the zone of all Chinese military supplies. As far as is known neither the Chinese nor Japanese replied, nor did Generalissimo Chiang Kai-shek, to whom the truce proposal was radioed.

The Bridge House Hotel in Hsiakwan, the oldest foreign hotel in the Nanking district, was struck by a shell and destroyed by fire. Martial law has been declared in Hankow and Wuchang. Twenty offenses punishable by death are listed.

More North China Secession

Seventy-two more counties in Southern Hopei, Northern Honan and Northern Shantung have denounced Nanking and the Kuomintang (Nationalist party) and adopted resolutions favoring independence.

The safety zone in Nantao, adjoining the French Concession in Shanghai, which shelters about 200,000 Chinese, passed under Japanese military control yesterday. An unidentified Chinese fired a revolver at a Japanese sentry, so the Japanese took over the policing of all streets and began a house-to-house search for concealed weapons and grenades.

Considerable speculation has been aroused by the fact that the word "China" has been heavily crossed out on letters addressed "Shanghai, China," that arrived on Japanese ships. The Japanese Embassy spokesman was silent when questioned about the significance of this.

Trap Tightens on Nanking

SHANGHAI, Sunday, Dec. 12 (AP).—Three Japanese columns, heavy field guns and aerial bombers attacked Nanking today as other Japanese forces threatened complete encirclement of the city. A Japanese thrust downstream along the Yangtze imperiled the last avenue of escape from Nanking, where sixteen Americans remained inside the walls.

Chinese early today said the Japanese onslaught was being intensified, "literally pouring steel" into battered Nanking.

One invading column was reported only ten miles from Pukow, the railhead opposite Nanking. The capture of Pukow would close the trap. Wuhu, strategic Yangtze River port sixty miles above Nanking, already was in Japanese

Continued on Page Forty-eight

INVADERS CHECKED BY NANKING WALL

Continued From Page One

hands, as was Taiping, between Wuhu and the capital.

As the Japanese military machine tightened its grip, stubborn Chinese resistance apparently prevented the Japanese from extending the foothold gained within the city walls Friday.

British dispatches from Hankow reported General Tang Sheng-chi, commander of Nanking's defense, admitted loss of the southeastern Kwanghwa gate, but declared the invaders were unable to push farther inside the walls. He reiterated his determination to defend the city "to the last man."

As Japanese shells poured into Nanking's defenses several large fires started. A large part of Hsiakwan, the waterfront area outside the walls, was in flames. The British-owned Bridge House, the oldest foreign hotel in Nanking, was destroyed.

Just across the river, in Pukow, the waterfront was alight with burning wharves and warehouses.

Tanks led the Japanese assault on Nanking's walls as attacks converged from all land sides of the city. Chinese sources said the defenders still were putting up stiff resistance near Purple Mountain, east of the city. Japanese said they captured the mountain stronghold Friday.

Shanghai residents speculated on the next Japanese move once Nanking is captured. Some foresaw a push further into the interior aiming at Hankow, one of the three cities where the Chinese Government has fled. Others believed Canton and Amoy would be attacked.

Chinese sources said artillery north of Amoy, southern port across from Japanese Formosa, sank a Japanese destroyer while it was covering an unsuccessful attempt to land Japanese marines.

Balloons Guide Attackers

NANKING, Dec. 10 (Delayed) (AP).—Japanese shells crashed near Nanking's main eastern gate today but the city's ancient defense walls remained intact against the Japanese invaders. A thousand feet above the abandoned capital two observation balloons attempted to get the range for Japan's heavy artillery.

Chinese field guns, trench mortars and machine-guns replied to the Japanese onslaught, which concentrated on the south and east approaches to the city.

Meanwhile tens of thousands of Chinese, using every type of vehicle from baby carriages to hearses, streamed into the Nanking refugees' area, which they hoped would be spared. The Japanese have not agreed to recognize the area unconditionally as a safety zone, but have indicated the district would escape attack as far as military conditions permit.

Fourteen American missionaries worked with three German business men to care for the refugees. The missionaries and two American newspaper men will remain in Nanking.

Approximately 200,000 persons still are in the city. To care for the poorest, twenty tons of rice flour were contributed by the Chinese military commander. Medical attention was increasingly difficult, because only two overworked American mission doctors were available.

Though every effort was made to save the civilians, 1,000 coffins were provided for those who will not survive the siege.

——摘自《纽约时报》（The New York Times），1937年12月12日

敵機昨又襲西安

我空軍起飛迎戰

敵機倉皇投彈後逸去

震塌民房共八間

（中央社）西安十二日電、敵軍用轟炸機十三架、十二日下午四時五十分由太原飛抵陝北之同官、耀縣、三原、高陵、臨潼、迄五時廿分襲入西安市高空、西安防空司令部事先得訊發出警報、市民皆避入地下室、實行交通管制、我機起飛迎擊、高射砲機關槍瞄準頻頻發射、敵機在西郊投彈卅餘枚、均落空地、其中九竄倉皇向東北飛去、三架向北逃去、經高陵、渭南、蒲城、韓城等地向晉方遁去、於六時廿分解除警報、事後調查、除震塌民房八間外、其他無損失

（中央社）西安十二日電、敵重轟炸機十二架、十二日下午五時廿分侵入西安市空、我防空當局事前得訊發出警報、我空軍起飛迎擊、高射砲同時射發、敵機在西郊投彈數十枚、倉皇遁去、警報於六時廿分解除、

——摘自《华西日报》，1937 年 12 月 13 日

粵漢廣九路昨又被轟炸

（中央社）廣州十二日電、敵機三十四架、十二日分批轟炸廣九路、石龍、林村、平湖、樟木頭等站、投彈三十餘枚、毀壞鐵軌電綫等甚多、又北粵漢路連江口、黎洞、報關一帶投數十彈、

——摘自《华西日报》，1937 年 12 月 13 日

敵機昨襲贛

（中央社）南昌十二日電、敵機十架、十二日下午一時四十分由皖贛邊境竄贛、在南嶽廟附近投燒夷彈廿餘枚、起火延燒甚烈、已成一片瓦礫場、屍骸狼藉、並震燬房屋甚多、死十餘人、省立醫院一部被炸、損失尚微

——摘自《华西日报》，1937 年 12 月 13 日

敵圖久踞上川作南侵根據地

昨再犯下川島被我擊潰

敵艦掩護轟擊圖在北風灣登陸

經我擊退後敵機低空掃射難民

(廣州專訊)敵艦自開抵台屬之廣海、即派水兵在上川島登陸、經我當地保安隊壯丁隊抵抗、敵人曾以海空軍猛犯肆虐、同時并派陸戰隊乘小汽艇在下川島南船灣登陸、企圖盤踞兩島、作南侵準備、旋敵水兵又放棄下川南船灣、各情已迭誌本報、昨(十二)日下午、此間續接到台山方面情報、略謂下川南船灣自被我駐島保安隊等收復後、敵兵遂退返上川、十日晚及十一日晨復時派汽輪到下川島之槃柴及白石角咀弋游、試探水量、企圖在該島之西南角再度偷渡登陸、但迭遭我保安隊等以機關機射擊、傷斃敵兵三十餘人、停泊漭洲附近之敵艦、乃發砲向島任意轟擊、我保安隊亦略有損傷、至十二日晨十時許、敵人再派艦上飛機三架、到下川低空盤旋、窺察我下川保安隊狀態、旋在山林中投三彈、企圖威脅我保安隊退出前綫、惟我保安隊刻仍堅守要隘、據險繼續防範敵兵偷渡登陸、查敵機并到界尾北及扶灣渡河大道等處窺伺、以機槍向下掃射、圖殘害我渡海難民、而敵機之威脅殘害者、緣是日(十二)晨九時、敵淺水砲艦曾以一艘由三洲墟對開海面掩護汽輪四艘、駛至黃慶洲附近、密以槍砲向下川島射擊、企圖改在下川北風灣登陸、我保安隊埋伏山林、俟敵汽輪迫近、始發槍還擊、互戰約一小時許、敵死亡甚衆、即告不支潰退、現我下川保安隊等仍在戒備中、敵如再犯、定予重大痛擊、至查上川方面、已準備大量反攻、務將敵寇驅出島外、現上川敵兵在佔領區域內大事經營臨時倉庫營房帳幕等工事、實又有圖作久踞模樣、其未逃出之難民、即被其强迫工作、如稍有忤、即慘遭殺戮、聞被敵兵慘殺棄屍海中者甚多云、

——摘自《工商日报》（香港），1937 年 12 月 13 日

敵機掃射海豐漁民

記者據海豐漁商談、昨日下午三時許、鮜門天空發現敵機兩架、沿海岸低飛盤旋、附近海面漁民、正撒網捕魚工作、瞥見敵機飛至、急掉艇逃避、詎敵機竟用機槍向漁民掃射、幸未命中云、」

——摘自《工商日报》(香港)，1937 年 12 月 13 日

金陵大學被毀

南京十一日美聯社電、日本軍隊今日以重砲及最猛烈之火力、向南京圍攻、華軍亦以重砲迎擊、響聲震天、不絕於耳、日方平均每分點內計發百砲、多數子彈、均落於城南及中區一帶、日軍射擊目標、意在轟破南門以及炸毀該處之城垣、但因華軍抵抗甚力、及城垣意外雄厚堅强、致使日軍徒勞無功、留居城內之外籍人士、昨夜竟夕未能成寐、因日軍不時來此轟炸中國防空隊伍、落於美使館六百碼附近之炸彈甚多、昨日轟炸之結果、美人所經營之金陵大學神學院大門及美國長老會之房屋、皆已被毀、院內受傷者頗多、有兩中國人已被擊斃云、

——摘自《时报》（上海），1937 年 12 月 13 日

敵機昨兩度襲贛

在吉安玉山等地投彈多枚

粵漢路又遭空襲

（中央社）南昌十三日電、十三日上午十時四十分敵機六架由皖贛邊境飛至貴溪上空後、繼向西南經宜春在吉安投輕磅炸彈廿餘枚、僅燒燬民房十餘間、十二時又有敵機六架飛六架飛入贛境、在玉山投彈十八枚、均落空地、至下午二時、敵機先後逸去、

（中央社）廣州十三日電、敵機六架、今上午飛向粵漢路連江口黎洞各地投彈十餘枚、路軌略有損失、

（中央社）洛陽十一日電、敵機十一日襲洛、投彈多落空地、金谷園及健村亦落數彈、健村震燬房屋六七間、此外無損失

——摘自《华西日报》，1937 年 12 月 14 日

敵機首次轟炸膠濟路

在泰安車站投二彈我無損

敵進襲洛陽亦祇毀屋數間

中央社濟南電　黃河下游之蒲台、十二日有少數敵軍、企圖渡河、正由我某部截擊中、不難全部殲滅、十二日上午十時、敵機三架、在泰安車站附近投二彈、城內投五彈、我無損失、又上午十一時、敵機一架、在膠濟路大臨池堅北四里許某地、投二彈、死三傷六、敵轟炸膠路、此爲第一次、

中央社洛陽電　十一日敵機襲洛、投彈十餘枚、均落空地、金谷園及健村亦落數彈、健村震毀房屋六七間、此外無損失、

中央社南昌電　十三日上午十時四十分、敵機六架、由皖贛邊境飛至貴溪上空後、繼向西南經宜春、在吉安投輕磅炸彈廿餘枚、僅燒燬民房十餘間、十二時、又有敵機六架、飛入贛境、在玉山投彈十八枚、均落空地、至下午二時、敵機先後逸去、

——摘自《工商日报》（香港），1937 年 12 月 14 日

惠陽甲子步區

敵機轟炸婚家慘劇

新婚夫婦及賓客同遭浩刼

見禾草疑鄉民亦投彈轟擊

惠陽縣屬甲子步區境內天空、爲大亞灣敵艦遣機轟炸我粵九路航綫、每日均由該區天空掠過、惟區民司空見慣、如常農作、八日十時許、有敵機五架、掠過該區雷公坑石圳村上空、有村民黃姓、爲子娶媳、新郎新婦、正在祖祠交拜後、因循舊習、在祠外連燃鐵製土砲三響、敵機聞聲、誤爲鄉民用砲向其射擊、即擲下巨彈兩枚、隆然一聲、當場爆炸、新郎新娘及在祠外曠地男女賓客三十餘人飲宴時、卒不及避、同遭浩刼、死傷遍地、情形極慘、迨敵機逸後、鄉民始紛紛齊出施救、又九日下午三時敵機經過時、因見田中禾草堆積成行排列、誤爲民衆、除投彈轟炸外、并開機槍掃射、是時幸無鄉民在田工作、未遭損害、敵機之兇狠殘暴、聞者莫不切齒云、

——摘自《工商日报》（香港），1937 年 12 月 14 日

◎倭機炸美船斃九十六人

十三日上海電云。是日之報告。謂倭機炸沉揚子江上之美船四艘。斃命者九十六人。據士貢尼域琴煤油公司當道謂 砲艦鐵尼號獲救生還之五十四人。現均在和縣附近之教堂 煤油公司船之人員 除管駕加路臣外 餘均安全云。

——摘自《中西日报》，1937 年 12 月 14 日

JAPAN SINKS U.S. SHIPS

Floating Embassy Bombed: Many Wounded And Killed

THE American gunboat Panay and three U.S. lighters carrying refugees from Nanking were bombed and sunk in the River Yangtze yesterday by Japanese warplanes, which have wounded many people and are believed to have killed 18.

The Panay, carrying the Stars and Stripes very prominently, had on board four U.S. Embassy officials from Nanking, and it was being used as a floating Embassy.

The attack on the Panay is very significant in view of the fact that it had on board a number of newspaper correspondents and was being used as a wireless station for Press messages. If the Japanese wished to stop descriptions of events in Nanking they could hardly do better than bomb the Panay.

MANY CASUALTIES

The Panay carried 72 people. The Commander has been wounded as well as between 15 and 20 other members of the crew. Eighteen people are missing, believed dead. The full casualty list among passengers in the three lighters is still unknown, but is believed to be heavy.

Among the passengers of the Panay was a correspondent of The Times, Mr. Malcolm MacDonald, while Mr. D. S. Goldie, another Englishman, was on one of the lighters.

The vessels were attacked three times by Japanese planes. The Panay opened fire, but sank almost immediately.

SECOND ATTACK

The British gunboat Bee went to pick up survivors immediately the news reached her, and the U.S. gunboat Oahu was also sent to the scene. It is stated that the British authorities demanded that six Japanese officers be placed on board the Bee as a pledge of good faith.

Admiral Hasegawa, the Japanese naval commander, has officially apologised and offered "full reparation" for the bombing.

This episode follows an attack only the day before on the British gunboats Ladybird and Bee in the Yangtze River. Four direct hits were scored on the Ladybird and a British seaman was killed. The Japanese "apologised" and said it was a mistake.

——摘自《工人日报》（Daily Worker），1937 年 12 月 14 日

敵機昨又襲南昌杭州等處

在南昌投彈十餘傷五人

在衢縣投彈甚多落田野

中央社南昌十四日電。十四日上午十時。至下午三時。南昌市兩次警報。第一次上下十時許。粤贛邊境。發現敵機三架。向北飛來。在吉安樟樹高安等地窺察良久。始南旋。第二次敵機十二架。於十二時由贛皖邊境向西南。經過浮梁鄱陽湖竄入本布王安石路。及傷兵收容所等處落彈十數枚。僅傷五人。

中央社杭州十三日電。敵重轟炸機六架十三日上午八時四十五分。由杭州灣方面。經海岸臨平竄杭。竄向廣德方面飛去。又上午九時五十五分。敵重轟炸機六架。由海寧方面飛經杭州富陽竄衢縣。投彈三十五枚。均落田野。毫無損失。又上午十一時二十分。敵機三架。再由海甯方面竄杭。盤旋窺探一週。旋向原路逸去。

中央社金華十四日電

。衢州電話。十三日上午十時四十分。敵機六架。侵入本縣上空。在郊外投彈三十五枚。旋飛往玉山投彈十餘枚損失未詳。

中央社廣州十四日電。敵機兩架。今日上午。乘天雨暝曚之際。又向廣九路樟木頭土塘兩站。投彈四枚。鋼軌被炸數丈。又有敵機十二架。自台山附近海面。航空母艦飛出。歷中山上空。旋繞數匝。即行出海。

中央社蚌埠十日電。（遲到）敵機連日在皖北竄擾。九日晚九時三架。侵定遠池河鎮時。我施行燈火管制。旋向西北飛去。企圖不明。

——摘自《湖南国民日报》，1937年12月15日

敵機昨三襲杭州

投彈卅五枚均落荒郊
衢州玉山昨亦遭空襲

（中央社）杭州十三日電、敵重轟炸機六架、十三日上午八時四十五分由杭州灣方面經海寧臨平竄杭、旋向廣德飛去、又上午九時五十五分敵重轟炸機六架、由海甯方面飛經杭州富陽、竄衢縣、投彈三十五枚、均落田野、毫無損失、又十一日廿分、敵機三架再由海甯竄杭、盤旋鎮探一週、旋向原路逸去、（中央社）金華十四日電、衢州電話、十三日十時四十分敵機八架侵入本縣上空、在郊外投彈三十五枚、無損失、旋飛玉山、投彈十餘枚、損失未詳、

——摘自《华西日报》，1937 年 12 月 15 日

世界著名學者指斥日本

敵□兵肆意摧殘東方文化
請各國民衆自動抵制日貨

中央社漢口電 日帝國主義者、窮兵黷武、對於我國恣意侵略、其軍行所至、更燒殺擄掠、殘暴情、罄竹難書、早經舉世震憤、爲人類所共棄、十四日世界著名學者教育家杜威、物理學家愛因斯坦、哲學家羅素、文學家羅蘭、又聯名發表宣言、指斥暴日、聲援我國、請世人自動抵制日貨、竭力援助中國、亟譯錄其原文如左「同人等鑒于日本恣意摧殘東方文化、并爲人道和平及民主制度計、謹籲請各國人民、自動組織抵制日貨、拒絕發售及裝運戰用材料赴日、並對于一切足以助長日本侵略政策之事、停止合作、同時并須給予中國以一切可能的援助、以資救濟及自衛、直至日本自中國撤退其軍隊及放棄其征服政策時爲止、

——摘自《工商日报》（香港），1937 年 12 月 15 日

海豐牛牯灣

敵艦焚刦漁船

在遮浪又砲轟漁船

記者頃據海豐屬汕尾來客談、十二日午、距離鮜門二十餘里許海外牛牯灣海面、突灣泊有敵驅逐艦一艘、重約二三千噸左右、駛潛水艇一艘、肆行焚燒漁船、强擄蛋民七人、又遮浪海面、十一日午炮聲隆隆、約一時始息、聞係驅逐艦炮擊漁船、詳情未悉云、

——摘自《工商日报》（香港），1937 年 12 月 15 日

敵機擾湯陰

（中央社）新鄉十五日電、敵機數架十五日午前分飛湯陰浚縣肆擾、各投十餘彈、燬民房數間、

——摘自《华西日报》，1937 年 12 月 16 日

敵機廿七架

昨午襲廣九粵漢路

新街投彈塲民房甚多

四架返經市北遭炮轟

前兩日天氣惡劣、航行不便、敵機兇燄稍戢、僅派三四架轟炸廣九粵漢兩路、昨十五日天氣轉佳、敵機兇性又發、廿七架于是午分由唐家灣亦溪海面起航、分襲兩鐵路、向英德花縣新街樟木頭塘頭廈天堂園李朗布吉等處亂投炸彈、畧情已誌是日本報晚刋、茲將詳情誌下、

昨日下午十二時四十六分、敵水上轟炸機五架、由唐家灣洋面起航、自南至北、向廣州方面進襲、本市防空指揮部得接情報、十二時五十分遂發出空襲警報、逾時十五分鐘、敵機經中山縣境飛抵萬頃沙、續向北飛、乃即發出緊急警報、一時十五分、敵機五架由萬頃沙到達黃埔上空、隨掠過本市東部、繞道飛到軍田、進襲

粵漢鐵路 當敵機經過市東時、我防空部隊以其距離炮彈射程之外、未向之轟擊、一時五十五分、敵機八架發現於台山廣海上空、盤旋一匝、隨向廣州方面進襲、同時敵機四架續由唐家灣飛出、經中山石歧飛往順德、二時廿三分、九江遂發現敵機四架、其在廣海發現之八架敵機、亦于此時經都斛崖門飛抵江門、隨沿江而上、二時廿五分廣九路深圳上空又發現敵機十架、綜計是日來襲敵機、總達廿七架之多、二時卅九分、敵機十二架已由九江江門會合于廣三路小塘站、不事盤旋、疾

向粵漢路北飛、其先起之敵機五架，此時已由軍田經源潭過滃江、到達英德上空、盤旋窺伺數匝，即相繼低飛投彈、落于某處荒地、路軌畧受波及、餘無損傷、敵機投彈後、即相率南飛、經連江口滃江、在源潭上空盤旋、俄而敵機十二架亦由小塘飛到新街、循公路轉往花縣、向某處投彈多枚、然後循原路飛回粵漢路、在新街窺察二時五十三分、敵機向新街投彈十枚、落于附近某墟場、毀塌民房極多、鄉民死傷亦衆、當炸彈爆發時、隆隆之聲、本市亦隱約可聞、敵機投彈後、十二架相率經赤白坭過佛山出海遁去、二時五十九分、敵機一架由粵漢路返經本市東北方、疾向東南逃去、未幾、敵機四架隨後飛到、兩架先行、兩架繼後、斯時我防空部隊發高射炮兩响向之轟擊、炮彈在先行之兩敵機前爆發、敵機突遭炮擊、異常恐懼、立折向東方飛逃、而繼後之兩敵機、亦倉皇跟之飛遁、三時廿四分四架到黃埔出海逃逸、至護

廣九鐵路之敵機十架

在深圳上空盤旋良久、隨分三隊向塘頭廈各站轟炸、計一隊兩架在樟木頭林村間投彈四枚、一隊六架則李朗布吉上空盤旋、隨投彈三枚、而天堂圍站附近亦有投彈、毀路軌甚多、路基亦有多處陷落、鬆裂不堪、當敵機投彈時、隆隆之聲、不絕於耳、土石翻飛、烟塵四起、肆虐後、始相率出海遁去、三時四十四分解除警報、（堅）

又（中央社）昨（十五）日正午十二時五十分、敵機七架在唐家灣出現、經萬頃沙北飛、其中五架繞過白雲山向粵漢路進犯、向軍田英德滃江廊塘花縣等地、投彈十餘枚、有兩架轉犯廣九路、投數彈而去、至下午二時赤灣及中山乾霧兩次各發現敵機八架、分向廣九路之李朗布吉天堂圍樟木頭等站、及粵漢路各站投彈卅餘枚、至下午三時四十七分、各敵機遂兇後、即向南出海逃遁、廣九粵漢兩路各站鋼軌電線及民房被毀甚多、

——摘自《国华报》（广州），1937年12月16日

敵機十八架猛轟蚌埠

投數十彈平民死傷頗衆
諸暨亦遭敵機兩度肆虐

中央社蚌埠電 十五日午敵機十八架、分兩批、由蕪湖方面北飛、沿淮南路窺察、旋到蚌埠上空、略事盤旋、即在西郊投彈五六十枚、經我高射砲猛烈射擊、敵機倉惶向東逸去、事後調查、有民房多所被炸燬、死傷平民甚衆、

中央社新鄉電 敵機數架、十五日午前、分飛湯陰波縣肆擾、各投十餘彈、毀民房數間、

中央社濟南電 十四日午敵機四、飛魯南各縣窺察、在臨沂城內投六彈、死一傷二、毀房數間、又二架在膠路城陽路盤旋後東去、

中央社杭州電 諸暨十五日電話、十五日、此間遭敵機兩度轟擊、第一次在上午十時一刻、敵機三架、由杭飛來、在車站盤旋多時、并投三枚、一未炸、旋向蕭山杭州方面逸去、二次在下午二時廿分、又來敵機二架、仍由蕭山方面而來、於車站附近盤旋十五分鐘後、投八彈、仍向原路竄去、因我軍事前有備、且敵機投彈不準、故損失甚微、

——摘自《工商日报》（香港），1937 年 12 月 16 日

敵機昨午

空群轟炸粵漢廣九花縣各地

兩路枕軌畧有損失橋樑無恙

廣州安謐花縣平民傷斃甚多

（廣州專訊）昨十五日下午一時、本市空襲警報又起、不五分鐘、緊急警報隨至、敵機廿九架、分二路襲粵漢鐵路、一路襲廣九鐵路、據防空情報處息、前方監視哨報告、十二時五十五分在唐家灣上空發現敵機五架、由南向北飛、經萬頃沙、虎門等地、向粵路方面飛行、經過黃埔、掠市區附近之白雲山北上、市區微聞機聲、防空隊已加戒備、敵機似知我防衛、不敢衝進警戒線、而在高空闖至粵路源潭上空、飛繞數匝、續向北飛、二時許、廣九路上空、發現敵機兩架、從海外飛入、在樟木頭站附近盤旋、圖擇目標、五分鐘後、向樟木頭車站附近、投彈五枚飛逸、同時監視哨續報、敵機八架、在赤溪上空發現、分兩隊由南向北飛、在樟木頭投彈後之敵機兩架、在海外復與八架會合、共十架返襲粵、向平湖、塘頭厦、橫瀝、南社各站窺伺投彈二十餘枚、路軌頗有損失、二時五十分、敵機續有發現、愈來愈多、十二架又在廣海發現、北飛進襲粵路、三時許、進至英德縣段內各站投彈、不下三十枚、路軌亦有損失、民房波及毀去亦有十餘間、至一時許飛源潭之敵機五架、在源潭花縣境內、投彈十餘枚、毀民房甚多、傷斃民衆數十、情形甚慘、刻在施救中、隨後又續發現兩架飛至花縣、飛繞良久始他飛、敵機愈來愈多、共有二十九架、當敵機在花縣投彈後、相繼出海、又經白雲山、圖偷入市空、我高射砲即發炮迎擊、甫二發、敵機愴惶逃逸、至三時四十五分解除警報、兩路受襲、聞頗有損失、但橋樑無損壞、仍可趕工修復通車云、

又本港消息、敵機謀破壞我廣九鐵路、迄無已時、該路華英兩段路局、有鑑於此、爲使省港間行車安全起見、日前業將早午上下行快車暫行停開、而尾次快車則照常來往、敵機因此、曾停止轟炸該路兩日、于此足証敵之野心、匪獨謀破壞該路而已暴行、實尙欲轟炸該兩次快車也、昨日下午三時、敵機一隊、共七架、由赤灣起飛、進襲廣九路我防空處即發出警報、數分鐘後、敵機已飛抵深圳附近之布吉上空、環繞一匝、隨作低飛、投下炸彈七枚、其中一彈落近路基、路軌微受損毀、餘彈悉落田野、敵機投彈後、仍向赤灣方面逃遁、當敵機投彈時、深圳與新界上水方面、均得聞爆炸聲、斯際上水鄉民得聆此隆然巨响、、而上水警署、亦電向本港總警署報告、謂得聞炸彈爆發聲甚巨、事後始悉被炸地點實爲布吉、查布吉與深圳之距離爲六公里•四三、行車時間（火車）約八九分鐘即可抵達、又布吉與新界上水之距離路程亦僅約七公里、火車行程、亦僅約需廿分鐘而已、噫、敵機殘酷行爲、日益加甚、而其目標與本港英界之距離、亦愈形接近、無辜平民受其塗毒者亦日衆、其罔顧國際公法蔑視人道有如此者、誠不知其何所恃而恣施暴行也、又查廣九路局、今日上下行尾次快車、仍照常往來云、

——摘自《工商日报》（香港），1937 年 12 月 16 日

惠陽敵艦派機

低飛測量稔海水度

曾見鄉人又開機槍掃射

鄉民閃避迅速未爲所傷

惠陽縣屬平海港口小星山海面、敵艦行蹤飄忽、已誌前訊、十二日午、敵艦一艘去而復來、遣派敵機三兩架、低空飛繞、偵察沿海形勢、幷以水準尺、向稔山港外海面測量水度、該區鄉民百餘人、是午正在海邊築塡保護鹽田堤壆、遽敵機飛至、目覩多人、乃開槍掃射、幸各鄉民閃避迅速、未爲所傷、故各鄉民對敵暴行、更恨之切骨云、

——摘自《工商日报》（香港），1937 年 12 月 16 日

敵肆意轟擊我沿海商輪

外輪不受威脅繼續航行

敵欲阻斷各國對華貿易

敵不顧國際公法、肆意炸燬行走我沿海岸之外國商輪、其狂妄行爲、神人共憤、天地爲悲、以是外國商輪之安全問題、近更愈趨嚴重、近日外傳現行走我沿海岸之外國輪船公司、因鑒於敵軍之橫行、有將一部輪船停航之說、記者頃調查所得、太古及怡和兩輪船公司、現無此意思、且因我國招商局輪船公司之完全停頓、及日清公司不派輪行走、故貨運由兩公司經營、業務反增進、故非但無意停航一部輪船、且隨時體察需要、增輪行走、此係指沿海岸線而言、若長江一線、則早因戰事影响、始得停頓、廣州一線雖無直接班期、但輪船仍駛至虎門口接駁貨物、據太古輪船公司華人經理莫慶鏘稱、沿海線貨運、戰事爆發後、較前增加百份之五十、但因長江一線停頓、得不償失、且戰事延長、是亦曇花一現者而已、至謂本公司被擊之商輪、均係因戰事久經停航者、現行走沿海線各輪、尚見安全云、又據航業界稱、敵肆意轟炸外國商輪、其目的在恐嚇各國商輪使不敢繼續航行、以遂其破壞外國對華之利益、並阻斷其對華貿易、但各國輪船、似不墮其彀中云、

——摘自《工商日报》（香港），1937 年 12 月 16 日

敵在京任意燒殺

敵艦四艘駛抵下關

（中央社）徐州十六日電、敵軍於進佔南京後、連日大肆搜索、任意殺戮、城內外各種建築被其縱火焚燬者、現仍團火未熄、劫後殘痕、悽慘萬分

（中央社）徐州十五日電、軍訊、江陰陷落後、敵極力破壞我封鎖線、由台灣開來水鬼多名、入江向障礙物以火焚燬、水下沉船亦被炸毀、茲封鎖航線已被其局部分衝破、十三日晨有敵小型艦四艘、已駛至下關江面、向城內發砲、我岸上亦以重砲向敵艦射擊、并悉敵一股敵百名、由江陰竄抵靖江、進犯泰興、我軍已在江北築有堅固工事、予敵誓死抵抗、此股頑敵不難殲滅、

——摘自《华西日报》，1937 年 12 月 17 日

敵機昨犯五台崞縣

（中央社）臨汾十六日電、十二日晨敵機在五台縣散放荒謬傳單、下午三時又有敵機在縣城投彈十餘枚、并有燃燒彈數枚、致城內起火數處、十三日敵機又往投彈十餘枚、共傷亡十餘人、又敵機十三日在崞縣投彈廿餘枚、傷亡十餘人、十四日又投彈九枚、我損失甚微

——摘自《华西日报》，1937 年 12 月 17 日

敵機擾濟南

（中央社）濟南十五日電、十五日敵機三架侵入濟市、在東關外膠濟路貨台車站北百餘碼處投二彈、落空地、無損失、又敵機四架擾鄒縣車站、投四彈、僅貨倉略受損、

——摘自《华西日报》，1937 年 12 月 17 日

南京寇軍 大肆焚刼

京難民尚有十五萬

滬難民區又被寇佔

【中央社徐州十六日電】敵軍于進佔南京後，連日大肆搜索，任意殺戮，城內外各種建築，被其縱火焚燬者甚多，現仍煙火未熄，刼後殘痕悽慘萬分

……………

【本報上海十六日下午五時電】留京外僑共二十七八，計美僑十八、德僑六，蘇僑二，英僑一，均尚安全，我國難民之在安全區域者，約十五萬人，聞寇決用威迫利誘手段，引其返家營業，敷衍市面。

【中央社香港十六日電】外息：滬敵軍頃以哨兵一名，昨晚受傷爲名，又復佔據南市難民區，並架去難民多人。

——摘自《扫荡报》（汉口），1937 年 12 月 17 日

敵機進襲蘇浙魯

在淮陰紹興各地大肆轟炸

膠濟路黃台車站亦幾被燬

中央社青江浦電　十五日晨九時十分、敵機四架、由東北襲淮、於淮垣上空、盤旋三十餘分鐘、在南郊投彈二枚、傷一人、北郊投彈九枚、嗣卽向北逸去、十時十分解警、

中央社杭州電　十五日晨九時五十五分、敵重轟機三、發現於紹興上空、在火車站附近投彈十一枚、死三人、傷六人、又十五日晨九時五十一分、敵重轟機二架、由海甯過杭飛諸暨、向車站投四彈、水塔一座被燬、蓬車一輛受損、無死傷、敵機旋向杭州灣飛去、下午一時半、敵重轟機二架、由紹興方面再竄諸暨、向車站投彈十一枚、路軌月台被燬各一段、

中央社濟南電　十五日晨、敵機二架、侵入濟市、在東關外膠濟路黃台車站北百餘米突處、投二彈、落空地、無損失、又敵機四架、在鄭縣車站投四彈、僅貨房略受損、

中央社徐州電　敵偵察機多架、十五日夜沿淮南路在合肥蚌埠各地盤旋窺察、擲下照明彈及散放荒謬傳單、幷悉淮陰十五日夜亦有敵機到達窺察、十六日江北各陣線無敵機空襲、

中央社臨汾電　十二日晨敵機在五台縣散放荒謬傳單、下午三時、又有敵機在縣城投彈十餘枚、幷有燃燒彈數枚、致城內起火數處、十三日敵機又往投彈十餘枚、共傷亡十餘人、又敵機十三日在滹縣宏道北社投彈二十餘枚、傷亡十餘人、十四日又投彈九枚、我損失甚微、

中央社金華電　諸暨電話、十六日上午十時、敵機三架、由杭州方面飛至齋山、投彈六枚後、卽向諸暨進襲、在火車站附近投彈數枚、

——摘自《工商日报》（香港），1937 年 12 月 17 日

海豐遮浪海面

敵艦炮轟觀音島

敵潛艇一艘突出海面屠殺漁民

捷勝海面發現敵艦兩艘無異動

敵艦自實施封鎖我東南海岸、連日來在大鵬灣及大亞灣、出海捕魚之漁船已多駛入港內、一般漁民、奈因生活驅使、迫得冒險出海捕魚、十三日下午、海豐縣屬之遮浪對開海面、有漁船十餘艘、在該海面捕魚、詎海面突浮出敵潛水艇一艘、竟開機槍向之掃射、彈如雨下、逃避不及之漁民、慘遭擊傷斃者、有五六人、至十四日下午、遮浪對海、又灣泊有敵驅逐艦一艘、往來徘徊、行踪飄忽、該敵艦昨午突向觀音島發炮轟擊、約四五發、均落該島山野間、聞敵艦炮擊係屬騷擾性質、我方絕無損傷云云、又據捷勝墟來客談、昨日午對海海面突灣泊有敵巡洋艦兩艘、一但無若何異動、聞係一種封鎖沿海性質云、

——摘自《工商日报》（香港），1937 年 12 月 17 日

○倭水兵兩次搶掠三灶島

▲中山七區海面發現敵大小艦十一艘

▲水兵三百餘兩次登陸搶掠各村民物

本報飛鄒中山快訊（十一月廿八日晨）中山縣第七區海面。。發現有敵大艦四艘淺水艦八艘。。由海外陸續駛到。游弋窺伺。各艦到達水幾。。派出[illegible]船小艇十餘艘。滿載水兵三百餘名。向三灶島方面進發。當時三灶島各村壯丁數百。亦集中警戒。敵兵直向該島麻步地方進發。企圖登陸。我方民眾。即行抵抗。相持約數小時。卒因人數懸殊。爲其蜂擁登陸。。敵兵登陸後。即分往該島田心莆塱各村鄉搜索槍械。殺戮壯丁。搶掠糧食。及各種民物。經過半日時間。各村被掠一空。于下午始收隊返敵艦。廿九日晨復兩次登該島。繼續掠殺。至下午六時仍離去返艦。查該島爲中山第七區所轄孤島之一。平時除有漁民居留外。亦有人民聚居於麻步田心莆塱各村。現遭敵兵侵擾搶掠。該島民衆。紛逃往澳門或內地。現已逃避一空。（以上消息先誌本月一日本報專電。）

——摘自《中西日报》，1937 年 12 月 17 日

▲敵在南京屠殺慘劇 十六

日國際通訊社倫敦電。。英京每日郵報是日登載駐南京通訊員由上海發來電訊。日軍進佔南京後。。即將手無寸鐵之華人軍隊。。舉行有系統之屠戮。。當余（該英報訪員自稱）離南京赴上海時。目擊日軍將華人共三百餘名。執行槍決。。行刑地點。係在於江濱。該處所堆積之屍骸。經已盈膝。此爲余在南京最後所見者。日軍進入南京後。。因日人賦性兇暴。。毫無惻隱之心。竟實行有系統之屠殺云。

——摘自《少年中国晨报》，1937 年 12 月 17 日

▲敵據南京肆行搶劫 十六

日美國巴納孟新聞攝影員緬近氏。。由南京附近炮艦奧湖號發來無線電訊。。南京是日已完全由日軍佔據。。經過連日來之劇戰。及日軍飛機轟炸。。全城各處。均有軍士及平民之死屍。華軍棄去之軍衣約數百件。南京防衛被日軍攻破後。華軍多將軍衣脫卸。。改扮平民。。以免爲日軍所殺。日軍入城後。。曾向各處肆行搶劫。外人在南京設立之安全區。。共有華人難民十萬名。日軍未有向之轟炸。但亦有流彈射入。傷斃數人。南京戰事之最後數日。被日軍包圍。不見有中國飛機出動。城內雖有高射炮轟擊。但無法阻止日軍飛機擾炸。數日內祗見有日機一架被擊中墜地。美國教會開辦之金陵大學。。現有華人難民數千名。該校舍亦均獲保全。

——摘自《少年中国晨报》，1937 年 12 月 17 日

前上海英文中國日報總編輯

……夏累爾詳述……

上海陷後見聞

商人飽受搾取已成慣見之事

外人私產貨倉貨物亦被搶掠

民衆領通過証須繳巨額賄金

去月賄金計算竟達千五百萬

前上海英文中國日報(China Daily Herald)總編輯夏累爾，昨在本港孖剌西報，發表通訊一篇，詳紀大上海淪陷後種種見聞，文係敘事體材，不尚鋪張，而日人暴行，歷歷如繪，爰爲摘譯如左、

上海區戰事休止後、此遭封鎖都市之中立居民、遂得有其首次機會、以估計其財產之損失、當日本侵畧軍隊、屢由其官方發言人聲明日本尊重中立財產之際、而其所動作、經吾人初步之檢討、已顯示日人此種諾言、絕少遵守、當中國軍隊退出後、日軍會邀請一部份選擇過的外籍新聞記者、到兩區視察、西區包括虹橋各區、有不少殷富外人之私人產業、許多重要英美人士、於戰事發生時、暫行避往安全地點者、此時正顧慮其物產、不知變到若何田地也、負責領導視察之日本軍官、早已知之、故特引到日軍禁止搶掠最嚴密之區參觀、並准攝影、蓋欲藉此告慰於英美人士、詎知曾領得通過証、入區視察其私人物業者、莫不帶有驚人消息回來、一間七層大貨倉之貨物、悉數失去、所有離戰區甚遠之貨倉、亦被毀門闖進、搶掠一空、

在日人侵佔下之上海、商人飽受搾取、輸運生絲一批至公共租界、亦須經過考慮、則可通過、而所謂考慮者、即搾取金錢之考慮耳、某華商烟草公司、欲救回其一部份已遭損之貨物、結果須先繳貨值四成、而該批貨物、則值五十萬元者、此種搾取事實、殆成立上海目前司空見慣之事、又民衆之欲返被侵佔地帶者、須領取通過証、始得通行無阻、而日方發給通過証之辦事人、又復乘機勒搾金錢、民衆須繳巨額賄金、始能獲領通過証、據說此項賄金、只以十一月份計算、亦達一千五百萬元、其數之巨、至足驚人、或有向日本領署投訴者、則其答覆又將此責推諸華軍身上、被搾取之民衆、遂告有苦難伸、據持正之外國觀察家批評、則沒收私人財產及搾取民衆金錢之事、實由日人主動、而日方須負其責、此種行動、實出於一決定之計劃者、蓋即「先行征服繼則侵佔」也、一九三二年滬戰結束之日、即爲此項計劃草擬之時、而今日所造之局勢、亦即此計劃之實施也、在一九三二以至現在之五年期中、不獨日本軍部從事軍事行動之準備、即商業及經濟方面、亦有詳細之計劃、日本固欲攫取中國之富庶都市、藉以補償其軍事行動之費用也、然而此項計劃、僅能稱爲半部成功、日本希望、三星期內佔領上海、結果大失所望、費時三月、損失奇重、然後始能佔領上海彈丸之地、據可靠之統計、日本此次侵滬耗費龐大、不可數計、軍隊死亡逾十萬人、而所征佔之上海、泰半已遭焚燬、殆成瓦礫之場、實屬得不償失、日本於失望之餘、固不惜採取「全部充公」政府、雖引起國際複雜糾紛、亦在所不恤、外僑之受影响者、首爲英美法三國僑民、惟一希望、則彼等政府能注意此事、採取聯合行動、以制止日本之任意橫行、否則外僑之利益、將被剝奪淨盡矣、英美法三國政府、爲保護其本國利益起見、對於日本行動、實不能漠然視之、而不採取集體有效行動、以資應付也云云、(中央社)

——摘自《循环日报》，1937年12月18日

敵以暴力强管難民區

竟將數萬民編入軍隊 驅之赴前綫參加作戰

中央社漢口電 確息、日方在滬設市政參事會、視虹口區儼似佔領區、十五日起開放、惟前往者不多、聞日正籌備改訂門牌、定明年元旦實行、

本報特約上海專電 日軍以武力接管滬難民區、將數萬難民、編入軍隊、赴前綫作戰、

中央社漢口電 外人方面十五日接滬訊、日軍連日由南市難民區接去難民已達萬人、其中並有該區辦事員數十人、收容於半淞園文廟等處、蓋日軍在强壓居民歸返住所也、饒神父曾往晤其負責人、已允將職員放回、但迄未踐言、聞饒神父曾提議將其所辦收容所一併歸渠辦理、但殊難得其同意、刻區內秩序已復一切照常、如無意外挫折、饒神父决不消極、

○ ○ ○

——摘自《工商日报》（香港），1937 年 12 月 18 日

楓涇遭焚炸詳情

自洙涇沿汽車路到楓一帶村落焚十之七八

楓涇同鄉某君、最近自楓來滬、據談楓地情形甚詳、茲照錄如下、楓涇於十一月六八九三日被炸甚烈、九日在東柵汽車路旁烏王村開戰、十日陷落、自洙涇沿汽車路到楓、一帶村落、焚燒約十之七八、人民死傷約五六千、北鎭晉業里沈峻範新宅程雅南宅陳少蘭宅沈家大廳及頭埭平屋均焚燬已盡、沈景超新屋被炸、已爲平地、太平坊莊宅許宅郁宅全節堂等均被炸、缸甏麗徐景芳宅被焚、印家橋北姚潤民宅被焚、打鐵橋下塘吳企雲住宅前埭被焚、界河橋下塘沈肯杞宅頭埭被焚、下西街上塘從王廳起、燒至同善會館止、一片平地、下西街下塘、棣華典當及隔壁醬園被焚、南寺裏橋西房和尙庵被焚、南豐橋上塘至聖堂橋一帶、約有三成損壞、聖堂橋上塘、從丁義興起、直至竹行橋北首萬春醬園止、一帶房屋、或燒或炸、全變平地、北豐橋北首姚湘佩宅被炸、思古弄附近房屋受炸彈震壞、再當楓地陷落前後、曾遭搶刦、現全鎭門戶均大開、惟搶風已止、現南北鎭均已成立復業維持會、現日軍常駐有五百人左右云、

——摘自《时报》（上海），1937 年 12 月 18 日

U. S. NAVAL DISPLAY REPORTED LIKELY UNLESS JAPAN GUARANTEES OUR RIGHTS; BUTCHERY MARKED CAPTURE OF NANKING

ALL CAPTIVES SLAIN

Civilians Also Killed as the Japanese Spread Terror in Nanking

U. S. EMBASSY IS RAIDED

Capital's Fall Laid to Poor Tactics of Chiang Kai-shek and Leaders' Flight

By F. TILLMAN DURDIN

Special Cable to THE NEW YORK TIMES.

ABOARD THE U. S. S. OAHU at Shanghai, Dec. 17.—Through wholesale atrocities and vandalism at Nanking the Japanese Army has thrown away a rare opportunity to gain the respect and confidence of the Chinese inhabitants and of foreign opinion there.

The collapse of Chinese authority and the break-up of the Chinese Army left many Chinese in Nanking ready to respond to order and organization, which seemed in prospect with the entry of the Japanese troops. A tremendous sense of relief over the outlook for a cessation of the fearful bombardment and the elimination of the threat of serious disorders by the Chinese troops pervaded the Chinese populace when the Japanese took over control within the walls.

It was felt Japanese rule might be severe, at least until war conditions were over. Two days of Japanese occupation changed the whole outlook. Wholesale looting, the violation of women, the murder of civilians, the eviction of Chinese from their homes, mass executions of war prisoners and the impressing of able-bodied men turned Nanking into a city of terror.

Many Civilians Slain

The killing of civilians was widespread. Foreigners who traveled widely through the city Wednesday found civilian dead on every street. Some of the victims were aged men, women and children.

Policemen and firemen were special objects of attack. Many victims were bayoneted and some of the wounds were barbarously cruel.

Any person who ran because of fear or excitement was likely to be killed on the spot as was any one caught by roving patrols in streets or alleys after dusk. Many slayings were witnessed by foreigners.

The Japanese looting amounted almost to plundering of the entire city. Nearly every building was entered by Japanese soldiers, often under the eyes of their officers, and the men took whatever they wanted. The Japanese soldiers often impressed Chinese to carry their loot.

Food apparently was in first demand. Everything else that was useful or valuable had its turn. Peculiarly disgraceful was the robbing of refugees by soldiers who conducted mass searches in the

Continued on Page Ten

NANKING BUTCHERY MARKED ITS FALL

Continued From Page One

refugee centers and took money and valuables, often the entire possessions of the unfortunates.

The staff of the American Mission University Hospital was stripped of cash and watches. Other possessions were taken from the nurses' dormitory. The faculty houses of American Ginling College were invaded by soldiers who took food and valuables.

The hospital and the Ginling College buildings were flying American flags and bore on the doors official proclamations in Chinese from the United States Embassy denoting American ownership.

U. S. Envoy's Home Raided

Even the home of the United States Ambassador was invaded. When informed by excited embassy servants of this incursion, Arthur Menken, Paramount newsreel cameraman, and the writer confronted five soldiers in the Ambassador's kitchen and demanded that they leave. The men departed sullenly and sheepishly. Their only loot was a flashlight.

Many Chinese men reported to foreigners the abduction and rape of wives and daughters. These Chinese appealed for aid, which the foreigners usually were powerless to give.

The mass executions of war prisoners added to the horrors the Japanese brought to Nanking. After killing the Chinese soldiers who threw down their arms and surrendered, the Japanese combed the city for men in civilian garb who were suspected of being former soldiers.

In one building in the refugee zone 400 men were seized. They were marched off, tied in batches of fifty, between lines of riflemen and machine gunners, to the execution ground.

Just before boarding the ship for Shanghai the writer watched the execution of 200 men on the Bund. The killings took ten minutes. The men were lined against a wall and shot. Then a number of Japanese, armed with pistols, trod nonchalantly around the crumpled bodies, pumping bullets into any that were still kicking.

The army men performing the gruesome job had invited navy men from the warships anchored off the Bund to view the scene. A large group of military spectators apparently greatly enjoyed the spectacle.

When the first column of Japanese troops marched from the South Gate up Chungshan Road toward the city's Big Circle, small knots of Chinese civilians broke into scattering cheers, so great was their relief that the siege was over and so high were their hopes that the Japanese would restore peace and order. There are no cheers in Nanking now for the Japanese.

By despoiling the city and population the Japanese have driven deeper into the Chinese a repressed hatred that will smolder through years as forms of the anti-Japanism that Tokyo professes to be fighting to eradicate from China.

Disaster in Nanking's Fall

The capture of Nanking was the most overwhelming defeat suffered by the Chinese and one of the most tragic military debacles in the history of modern warfare. In attempting to defend Nanking the Chinese allowed themselves to be surrounded and then systematically slaughtered.

The defeat caused the loss of tens of thousands of trained soldiers and millions of dollars worth of equipment and the demoralization of the Chinese forces in the Yangtze Valley whose courage and spirit in the early phases of the warfare enabled the Chinese troops to hold up the Japanese advance around Shanghai nearly two months. Generalissimo Chiang Kai-shek was responsible to a great degree because against the unanimous counsel of his German military advisers and the opinions of his chief of staff, General Pai Chung-hsi, he permitted the futile defense of the city.

More immediately responsible was General Tang Sheng-chih and associated division commanders who deserted their troops and fled, not even attempting to make the most of a desperate situation following the entry of the first Japanese troops inside the city's walls.

The flight of the many Chinese soldiers was possible by only a few exits. Instead of sticking by their men to hold the invaders at bay with a few strategically placed units while the others withdrew, many army leaders deserted, causing panic among the rank and file.

Those who failed to escape through the gate leading to Hsiakwan and from there across the Yangtze were caught and executed.

The fall of Nanking was predicted in most details two weeks before the Japanese entered. Overwhelming the ill-equipped Chinese troops pitted against them around Kwangteh and northward, the Japanese broke through and captured Wuhu and other points above Nanking on the Yangtze some days before entering the capital. They thus blocked the Chinese Army's chance to retire upriver.

Defense Strong at First

The superficial Chinese defenses some miles around Nanking were passed without great difficulty. By Dec. 9 the Japanese had reached the wall outside Kwanghwa gate. Driven back within the wall, 50,000 Chinese at first put up a stiff resistance. Japanese casualties were heavy as Chinese units on the wall and for miles outside contested the Japanese infiltration.

However, Japanese big guns and airplanes soon wiped out the Chinese near the wall, both outside and inside, shrapnel taking a particularly heavy toll. Meanwhile, the Japanese pushed around the wall, first threatening the Hsiakwan gate from the west.

When the invaders scaled the wall near the west gate Sunday noon behind a heavy barrage they started the Chinese collapse. Raw recruits of the Eighty-eighth Division bolted first and others soon followed. By evening masses of troops were streaming toward Hsiakwan gate, which was still in Chinese hands.

Officers gave up their attempt to handle the situation. Their men threw away their guns, shed their uniforms and donned civilian garb.

Driving through the city Sunday evening, I witnessed the wholesale undressing of an army that was almost comic. Many men shed their uniforms as they marched in formation toward Hsiakwan. Others ran into alleys to transform themselves into civilians. Some soldiers disrobed completely and then robbed civilians fo their garments.

While some stubborn regiments continued on Monday to hold up the Japanese, the flight of most of the defenders continued. Hundreds surrendered to foreigners. Dozens of guns were thrust upon me by cowed men who only wanted to know what they could do to be saved from the approaching Japanese.

Hordes surrounded the safety-zone headquarters, turning in their guns, and even throwing them over the gate of the compound in their haste to shed military arms. The foreign committeemen at the safety zone accepted their surrender and interned them in buildings in the zone.

Third of Army Trapped

When the Japanese captured Hsiakwan gate they cut off all exit from the city while at least a third of the Chinese Army still was within the walls.

Because of the disorganization of the Chinese a number of units continued fighting Tuesday noon, many of these not realizing the Japanese had surrounded them and that their cause was hopeless. Japanese tank patrols systematically eliminated these.

Tuesday morning, while attempting to motor to Hsiakwan, I encountered a desperate group of about twenty-five Chinese soldiers who were still holding the Ningpo Guild Building in Chungshan Road. They later surrendered.

Thousands of prisoners were executed by the Japanese. Most of the Chinese soldiers who had been interned in the safety zone were shot en masse. The city was combed in a systematic house-to-house search for men having knapsack marks on their shoulders or other signs of having been soldiers. They were herded together and executed.

Many were killed where they were found, including men innocent of any army connection and many wounded soldiers and civilians. I witnessed three mass executions of prisoners within a few hours Wednesday. In one slaughter a tank gun was turned on a group of more than 300 soldiers at a bomb shelter near the Ministry of Communications.

A favorite method of execution was to herd groups of a dozen men at entrances of dugouts and to shoot them so the bodies toppled inside. Dirt then was shoveled in and the men buried.

Since the beginning of the Japanese assault on Nanking the city presented a frightful appearance. The Chinese facilities for the care of army wounded were tragically inadequate, so as early as a week ago injured men were seen often on the streets, some hobbling, others crawling along seeking treatment.

Civilian Casualties Heavy

Civilian casualties also were heavy, amounting to thousands. The only hospital open was the American-managed University Hospital and its facilities were inadequate for even a fraction of those hurt.

Nanking's streets were littered with dead. Sometimes bodies had to be moved before automobiles could pass.

The capture of Hsiakwan Gate by the Japanese was accompanied by the mass killing of the defenders, who were piled up among the sandbags, forming a mound six feet high. Late Wednesday the Japanese had not removed the dead, and two days of heavy military traffic had been passing through, grinding over the remains of men, dogs and horses.

The Japanese appear to want the horrors to remain as long as possible, to impress on the Chinese the terrible results of resisting Japan.

Chungshan Road was a long avenue of filth and discarded uniforms, rifles, pistols, machine guns, fieldpieces, knives and knapsacks. In some places the Japanese had to hitch tanks to debris to clear the road.

The Chinese burned nearly all suburbs, including fine buildings and homes in Mausoleum Park. Hsiakwan is a mass of charred ruins. The Japanese seemingly avoided wrecking good buildings. The scarcity of air bombardments in the capture indicated their intention to avoid the destruction of buildings.

The Japanese even avoided bombing Chinese troop concentrations in built-up areas, apparently to preserve the buildings. The fine Ministry of Communications building was the only big government structure destroyed inside the city. It was fired by Chinese.

Nanking today is housing a terrorized population who, under alien domination, live in fear of death, torture and robbery. The graveyard of tens of thousands of Chinese soldiers may also be the graveyard of all Chinese hopes of resisting conquest by Japan.

——摘自《纽约时报》（The New York Times），1937 年 12 月 18 日

▲敵佔南京肆行屠殺

十七日國際通訊社倫敦電　據英京每日郵報接到南京訪員施的路氏電訊　日軍佔據南京後　殘殺華人甚多　凡疑爲當兵抗日之男子　均一律繫於一隅實行槍決　余最後離去南京時　目睹日軍槍斃華人三百名　華人向西門逃出甚爲擁擠　城門爲之充塞　日軍則開槍將華人殘殺　死屍堆積地面約有五尺之高　日軍則駕駛載重汽車由死屍上駛過　余離南京時亦駕駛汽車由此城門經過云

——摘自《少年中国晨报》，1937年12月18日

▲敵機飛往南昌轟炸

十七日國際通訊社上海電　日軍飛機隊是日飛往江西南昌轟炸　付擲下傳單甚多　要求立即投降「否則全城毀滅」等語　南昌居民因是出城還避者甚多

——摘自《少年中国晨报》，1937年12月18日

敵機昨輪流犯粵

在粵漢廣九兩路投彈

昨夜並襲擊廣州

（中央社）廣州十八日電、敵機未夜襲粵垣、行將三月、八時敵機一架突乘月華澈夜經虎門竄入市空、在東北機投數彈即逸去、

（中央社）廣州十八日電、敵機共二十六架、今輪流犯粵、在粵漢路英德及廣九路土塘投彈十枚、毀路軌等物、又在三水西南及市北郊用機槍掃射民衆、死傷十餘人、

——摘自《华西日报》，1937年12月19日

惠陽虎頭門海面

敵巡洋艦徘徊未去

時派水兵乘汽艇掃射我漁船

海豐敵艦水兵攔海截劫海船

自敵艦駛犯大鵬灣、大亞灣後、行踪異常飄忽、記者現據惠陽澳頭港漁商談、昨十五日午、距離澳頭港外虎頭門海面、仍泊有敵巡洋艦一艘徘徊未去，且時派敵汽艇裝載水兵用機槍掃射我漁船、聞海豐屬遮浪海面之敵艦、刻又駛回大鵬灣云、昨日晚有海豐志盛號 魚船一艘、由龜齡開駛汕尾、中途突遇敵艦、敵兵即招手命其駛近、該魚船恐遭殺害、揚帆遠避、敵艦當即放下電輪追逐、時適有廣隆魚船駛過、敵艇喝令停駛、敵水兵擁登船上、强搶去鮮魚數十斤、招呼嘯而去、

——摘自《工商日报》（香港），1937 年 12 月 19 日

FOREIGNERS' ROLE IN NANKING PRAISED

Group Stayed Throughout the Siege, Caring for Wounded and Scores of Refugees

LIVES OFTEN IN JEOPARDY

Committee Also Assumed the Duties of City Government When Officials Had Fled

By F. TILLMAN DURDIN

Wireless to THE NEW YORK TIMES.

SHANGHAI, Dec. 18.—Their lives often jeopardized by the shelling and bombing and by unruly soldiers, a small group of foreigners who stayed throughout the Japanese siege of Nanking within the walls of the city occupied unique roles of great humanitarian and political importance.

The majority of these foreigners, among whom Americans predominated, were members of the safety zone committee, the prime object of which was to maintain and manage the demilitarized area in which noncombatants could congregate, reasonably free from the danger of the battle for the city. The more immediate concern of the other foreigners was the caring for the wounded and succoring thousands of civilian war refugees.

The zone committee, by the time the hostilities had ceased and the Japanese had consolidated control of the committee, not only had assumed practically all the functions of a municipal government within a restricted area but had become for a time the only civil agency of law and order in the city, Mayor Ma Chao-chun and the regular municipal administrators having fled days before the Japanese reached the walls.

The committee also entered the field of international relations and followed up negotiations with the Chinese and Japanese regarding the safety zone by attempting to arrange a three-day armistice to facilitate peaceful Chinese withdrawal from the city. Aside from the 40,000 Chinese dollars donated by General Tang Sheng-chih, which for the most part was spent in feeding the refugees, the committee depended on donated time, efforts, supplies and facilities.

Group Headed by German

The chairman of the safety zone committee was John H. D. Rabe, a German importer, and the secretary was Dr. Lewis S. C. Smythe, American Professor of Sociology at the University of Nanking. Dr. M. S. Bates, American Professor of History at the university; the Rev. W. P. Mills, an American northern Presbyterian missionary, and Charles Riggs, an American engineering professor at the university,

Continued on Page Thirty-eight

FOREIGNERS' ROLE IN NANKING PRAISED

Continued From Page One

were especially prominent in the safety work. George Fitch, a China-born American, was director of the zone.

The war-wounded committee was headed by the Rev. John Magee, an American Episcopalian missionary. The foreigners of the safety zone committee were rewarded for their humanitarian project by the achievement of a considerable measure of success.

The Japanese military had promised not to attack the Nanking areas where there were no Chinese troops or military establishments, and the Chinese, in turn, pledged to remove from the safety zone all soldiers and army facilities, General Tang, however, reserving for himself the right to decide the time for the completion of the demilitarization. As a matter of fact the degree of Chinese demilitarization was never regarded as sufficient by the committee to allow the formal declaration of the establishment of the zone.

Nevertheless the district did, for a time, become to a great extent a non-military section, and the Japanese never found it necessary to shell and bomb the area consistently. The result was that upward of 100,000 non-combatants, up until the Japanese entry into the city and despite a constant state of terror created by the shelling over the zone, were able to live in comparative safety.

Stray Shells Cause Damage

Japanese shells fell in one corner near Hsinchiehkow, killing and injuring upward of 100. Stray shells elsewhere probably accounted for 100 other casualties. Meanwhile civilian casualties among the residents, numbering upward of 50,000, who sought no sanctuary in the zone were enormous, particularly in the southern part of the city, where many hundreds were killed. Non-military provisions in the zone broke down completely with the collapse of the Chinese army.

Retreating Chinese troops fled pell-mell through the district, many congregating in zone headquarters in order to disarm themselves and seek civilian clothing. Japanese troops, in turn, disregarded the zone upon their entry into the city. Street fighting within the area, however, was unnecessary, since the leaderless and cowed Chinese troops did not offer any resistance to the Japanese anywhere in the district.

Members of the committee had a multiplicity of other tasks besides trying to keep the area demilitarized. They transported huge supplies of rice and other foods to feed the refugees, many of whom were penniless; requisitioned buildings to house the homeless and supervised the policing of the zone. As the only existing civil authorities in Nanking, the committee even acted as a court of justice and tried petty culprits, assessing penalties such as a few days' labor in the zone transport department.

General Tang Sought Truce

The committee's attempt to make all Nanking a safety zone by negotiating for the peaceful occupation of the city failed. The Japanese military never replied to the proposal and Generalissimo Chiang Kai-shek's reply was little more than an acknowledgment. General Tang, the committeemen frankly revealed, in the final days was almost frantic in his effort to obtain a truce, but the Chinese collapse came too quickly to permit the formulation of arrangements from the Chinese side.

All in all the safety zone was a unique experiment, achieving much success. Foreigners handling the other great problem in the Nanking siege, that of the war wounded, encountered almost insurmountable obstacles. Nevertheless they were able to relieve much suffering. Few Chinese military hospitals existed in Nanking at the time of the siege, but the wholesale flight of doctors left them with hopelessly inadequate staffs. Moreover some hospitals operated only for certain divisions, while the wounded of other divisions were barred.

Generally field ambulances and first-aid facilities were of the scantiest with the result that thousands of injured never left the areas of battle unless by their own efforts. Foreign relief workers concentrated their efforts in picking up wounded in the few available trucks, taking them to hospitals and organizing volunteer medical units.

With the Japanese occupation of the city permitting more organized endeavors, the foreign group organized a Red Cross committee, took over the operation of a hospital in the Foreign Ministry building and sent trucks and cars throughout the city to bring in the injured.

Throughout the siege an effort had been made to reserve the American Mission University Hospital for civilian casualties. Nevertheless, many soldiers were taken in. Once a wounded group was brought in by uninjured comrades who demanded at the point of rifles that the wounded be treated. Working day and night with the aid of only a few Chinese soldiers, one newsreel camera man, six Germans, two Russians and one British correspondent, these foreigners cared for 150 patients.

The danger and suspense were great, particularly following the departure of the foreign gunboats up the river Saturday. At the same time the uncertain commercial radio and telephone to Hankow failed and news with the world was suspended.

Foreigners in Nanking did not learn of the Panay bombing until Tuesday afternoon, two days after the event, when the news of the incident was obtained from Japanese warships at Hsiakwan. Almost miraculously the foreigners survived the siege without injury to any one save minor cuts.

——摘自《纽约时报》（The New York Times），1937 年 12 月 19 日

敵大本營公布

敵機襲京五十餘次

飛機百餘架投彈達百餘噸

敵機昨兩次襲粵桂交通線

（中央社）東京十八日路透電、大本營十八日發表公報稱、自中日開戰後至南京陷落日止、日海軍飛機隊共飛至南京五十餘次、所用炸彈共一百六十餘噸、又稱、襲擊南京之飛機總數共逾百架云、

（中央社）廣州十九日電、敵機二十一架今分兩次進襲粵桂交通線、一、至西江三水、肇慶、逕抵梧州沿途均以機槍掃射、民船車輛、二、廣九路南段各站均有投彈、毀樟木頭圩八安學校課室一所、死傷數人、三、粵漢路石井等架少各彈數十枚、

（中央社）廣州十九日電、據關係方面確息、今日上午九時許敵機架襲梧州、在對河投燬彈逸、

（中央社）鄞縣十七日電、路訊十七日晨十一時杭甬路錢清站有敵機三架投三彈、民屋被炸塌甚多、人民因十五日投彈後、歸避一空、無死傷、後飛龕山站投一彈、中間台尾被震塌、無死傷、又飛玲瓏汽車站一彈、路面被毀、無他損害、杭甬電話線斷、均修理中、

——摘自《华西日报》，1937 年 12 月 20 日

圍洲島海面

敵艦射擊漁民

漁民梁某一名受傷

頃據北海來客談、上週間圍洲島漁民又被敵艦射擊、當時有該島漁民梁某等數名、聯同在島南數里間、正在捕魚之際、突發現敵艦一艘駛來、艦上水兵、竟獸性暴發、開槍掃射、凡數十發之多、當堂被擊傷漁民梁某一名、尚幸走避迅速、不致全船遭難、現查該艦仍在圍洲島之南、不時出沒、但未有若何異動云、

——摘自《工商日报》（香港），1937 年 12 月 20 日

大小虎口

敵艦大肆掠劫

來往船隻紛紛停行

頃據軍訊、敵艦自在本省海騷擾後、日來竟有敵艦數艘在崖門之大虎口小虎口掠劫來往船隻、甚于海盜、來往江門陽江之船隻、因須從該地經過、為免遭敵艦之掠劫、特暫停行、改就陸道、

——摘自《工商日报》（香港），1937 年 12 月 21 日

敵機十一架

首次空襲梧市詳情

（梧州專訊）昨十九日上午八時卅五分敵機十一架分隊由廣東循西江德慶直飛、向本市空襲、發出空襲警報、五分鐘後、緊急警報續繼發出、敵機十一架分三隊飛入市區、在對河方面徘徊、我高射炮卽密集向敵機射擊、敵機迨不敢低飛、先後糊亂投彈、第一次投彈九枚、落戎墟高旺村曠地、第二次投彈三枚、落富民坊附近、第三次投十三枚、仍落高旺曠地、計前後共投彈廿五枚、高旺曠地附近木屋、多有波及、幸無傷人、至富民坊附近三彈、一落陳榮興屋角、炸力甚大、一落五十八號禤伯良屋角、損傷甚重、一落利成梘廠山前、場泥丈許、至九時卅五分、敵機向東飛去、乃卽解除警報、查得被炸斃命者三人、傷者十五人、被炸彈震坍屋宇第六甲與第十甲之間木屋八家、死傷者如下（死者）富民街七十二號男子郭永楷、十八歲、被機槍射中頸部斃命曾姓男小孩一名、被砲片炸至重傷斃命、老翁何木、七十歲、因耳聾年老、走避不及、在門前被炸斃命（傷者）蔡賢秀、男、傷頭部、曾姓、女童、傷胸部 黎氏 女、傷膝部、曾又卿、女、傷右手、蔡十壽 女 傷額部及手指、梁亞細、男、傷眼部、禤陳氏、女、傷頭頂、黃三、男 傷手、陳水 男、傷頭部、陳亞六、男、傷膝部、陳蔡氏、女、傷眼角、李家浪 男 傷鼻、郭石九、男、傷手部、曾亞牛、男、傷頭部、周十、男、傷膝部、據防空司令部負責人談、此次空襲雖屬初次、但各項秩序均佳、桂林方面、爲警戒起見、亦同時施放空襲警報、惟敵機未有飛向桂林犯擾云。（杰）

——摘自《国华报》（广州），1937年12月22日

人間地獄

嘉興揚州寇肆行搶殺

青年無一倖免

【本報餘杭十九日上午十時電】（遲到）敵在嘉興，殘酷萬狀，凡屬青年，倭寇卽視之如仇敵，每一見及，卽開槍射殺，現在嘉興青年被殺者甚多，到處尸體橫陳，慘不忍覩，又四鄉牲畜，亦被倭寇，宰殺殆盡，農民賴以爲生之耕牛，現已搜殺無餘，倭寇之殘酷野蠻，實無所不用其極。

【中央社清江浦十九日電】揚州逃出難民談，敵自進佔揚州後，卽姦淫搶掠，無所不爲，未及逃出之壯丁及青年學生，被日軍屠殺殆盡，現整個揚州，完全陷于恐怖闇中。

【中央社海寧廿一日電】敵强佔斜橋後，卽唆使漢奸組織維持會，業已宣告成立，並以「布告」「安民」，强迫開市，否則將店燒燬，下午在斜橋西縱火燬民房甚多，居民死傷頗重，又有農民二人，搖船經過斜橋，爲敵槍殺。

——摘自《扫荡报》（汉口），1937年12月22日

十八十九兩日

敵機炸寧陽路詳情

客車兩卡被炸燬死傷甚衆

十九日敵機大隊轟炸台城

敵機炸寧陽車已誌前報、續查十八日上午十時左右、有敵水上轟炸機兩架、由牛灣海面飛去、直向新寧鐵路飛進、新會防空指揮部即轉知各防空警報處發出空襲警報、移時敵機飛抵該路汾水江車站上空、即在該處盤旋隨即低飛、在該站投彈乙枚、當堂炸斃路人一名、傷五名、肆虐後再飛蓮塘會城沙堤橋投彈、在蓮塘下彈一枚、炸傷該站碉樓少許、沙堤橋下彈二枚、炸斃七人、傷二十餘人、當敵機炸沙堤橋時、適從北街啓往台城之頭車駛抵該處、司機瞥見敵機在上空盤旋、着搭客下車、逃入路旁竹林躲避、詎料敵機有意屠殺無辜民衆、竟向竹林下彈、故該站死傷最夥、客車被炸兩卡、查此次敵機來勢猛兇、肇事時走避不及、被炸傷共有廿餘人、死者六名、計有男子許發、、陳發枝、陳耀雲、陳奠義四人、及年約五十婦女兩名、在沙堤橋當堂被炸斃命、另男子黃派、三十三歲、新會蟠龍鄉人、女子雷李氏、卅七歲台山雙橋鄉人、均因重傷在醫院斃命、合共死八人、傷者計有男子鄭廣芝、卅一歲、台山車站職員、梁榮、四四十八歲、新寧路汾水江車站職員、馮明、卅四歲、新會柴竹里苦力工人、謝植卿、四十歲新寧路路警欽州人、盧志超、四十三歲興寧人、省保三十三大隊中尉軍需、陳錫棠、二十七歲興寧人、同上隊部書記、黃傳馨、卅四歲新會蟠龍鄉人、女子梁群、廿二歲江門梁家莊人、陳吳氏、四十九歲台山六村尾墩里人、丈夫陳鎖棟、伍鄧氏卅四歲、台山官田鄉人、丈夫伍有灼、一另微傷敷藥自行醫理十一二人、共傷廿餘人云、又查是日上午九時左右、有敵機八架、飛向公益車站肆虐、投彈十餘枚、損失奇重、十八日上午九時廿五分該兩敵機飛經新會縣屬第十五區大園鄉浚溪里上空時、竟向該里砲樓投一彈、在離砲樓丈餘空地爆炸、祗砲樓墻磚爲彈片微傷、三十分兩敵機飛向汾水江車站進迫、時適有有軌汽車一輛、從蓮塘站開抵該處、車中搭客數十人、先後奔往附近圍基躲避、敵機擬向該車投一彈、惟在路基側之田隴爆發、坭水飛花、炸處深約五尺、闊有六七尺云、

（又訊）十九日上午九時許、有敵機十二架突從廣海方面飛到台山縣城、在五千公尺上空盤旋、當時縣城即發出警報、縣民見敵機到襲、驚惶異常、紛紛奔避、敵機在縣城盤旋未幾、竟有四架相繼低飛、向縣城投下數枚、一時隆隆之聲、全城震盪、敵機投彈後、即相率飛去、事後計寧陽車站消防警察所軍醫聯合處側均中彈、兆平天香港昌店舊瑞昌均被燬、死四人、傷五人、而岑邊村亦落兩彈、燬屋五間、又有一彈落板岡、新學校側、警察所各機關被燬後、即行遷址繼續辦公、現人心略見安貼、

——摘自《工商日报》（香港），1937年12月22日

敵機轟斃番禺農民

又敵機夜襲廣九、有番禺新洲農民鍾麥適在田間、聞機聲、伏田間以避、後以燃火吸烟、詎爲敵機瞥見、低飛開機槍向鍾掃射、鍾身中一彈、當堂倒地斃命、至昨晨始爲鄉人發覺、隨通知其家族到場收殮、

——摘自《工商日报》（香港），1937 年 12 月 22 日

敵軍到處逞兇暴
埭溪鎮被焚殆盡
菁山市作戰之敵爲鈴木旅團
莫干山後發現便衣隊數百人

（中央社）杭州廿二日電、（一）二十一日晚敵侵埭溪後、即大肆焚燒、該鎮房屋破毀殆盡、敵有大砲數門、駐迫埭溪車站防我反攻、又莫干山後[illegible]莊（在埭溪之南）地方、發現便衣隊敵百人、我已派隊堵截、妙西方面、雙方仍在隔山混戰中、（二）我某營二十日在菁斃敵中隊長、致斃敵兵一名、並在敵屍體上搜獲軍刀地圖等多幅、得悉敵軍在菁山市等處、作戰者爲鈴木旅團、

——摘自《华西日报》，1937 年 12 月 23 日

敵機轟炸梧州續詳

（梧函）敵機轟炸梧州情形已誌前報、查敵機此次來梧空襲、係屬初次、初到高空時、以驅逐機數架、掩護轟炸機數架、先後飛入本市上空、盤繞一週、因我高射機關槍炮密集掃射、敵機不敢低飛、轟炸機數架、即轉向高旺、第一次投彈數枚、落在空地、我高射炮及高射機槍向之猛力掃射、敵機掠過三角咀到富民街上空時、適有新民村李大新屍棺出殯、送殯者約有二百人、魚貫而行、到達富民街入三雲村之路口時、敵機乃作第二次的投彈、並用機關槍向下掃射、共投下炸彈四枚、計富民街五十七號前（即福伯良屋右角）落一彈、第二監獄園牆側陳榮興屋角落一彈有一大樹被炸折、菜塘落一彈、利成梘廠側落一彈、均當堂爆炸、敵機第二次投彈後、仍飛返高旺續投彈十餘枚、敵機因被我高射機關槍砲密集掃射、乃於九時二十分鐘相率狼狽向東逃去、上午九時三十分、解除警報、當敵機進襲本市時、在富民街兩處投彈共二十餘枚之

多、除高旺方面彈多落空地、無死傷外、富民街民被炸死者計有七十二號住戶男子郭承佳（十八歲）在木屋內被敵機以機關槍射中背部、負傷走出、復被射中頭頸部、卽在屋前倒地斃命

何成記擺攤店之老板何木（七十歲）前時在門看攤、因年老耳聾走避不及、當被敵機機關槍射中斃命、無門牌之曾性男童一名被彈片射中要害斃命、計斃命者共有三人、至爲彈片或泥石擊中受傷者、有一百一十號住戶男子蔡實秀、被彈片炸傷頭部、陳氏彼炸起之泥擊傷胸部、當堂吐血、至輕傷者、有黎氏婦被彈片射傷膝部、曾文卿女傷右手、蔡十壽（女）傷手指及額部、梁亞細（男童）傷眼角、黃三（男）傷手、陳水（男）傷頭部、陳亞六傷膝部、陳蔡氏（女）傷眼角、李家恨（男）傷鼻部、石九（男）跌傷手部、曾亞牛

（男）傷頭頂、周十（男）跌傷膝部、（又訊）記者以敵機是晨投彈之多、首推對河高旺飛機場、爲詳悉其情形起見、特親赴機場調查、據當地某農民談、是晨敵機飛抵梧市天空後、機場天空連續發現三架一隊或兩架一隊之敵機、循環往來者約數分鐘之久、卽投下炸彈六枚、當各彈爆炸時、震耳欲聾、附近房屋爲各彈碎片橫飛、破毀瓦面者亦有五六家、至人畜方面、幸無損害、詎不十分鐘、有敵機三架、飛繞一週後、復行投彈達十數枚、隆隆之聲、山鳴谷應、各彈着地之處、均距離機庫不遠、不久遂起火焚燒、又是晨各機飛至機場上空時、除投彈外、幷以機槍掃射達數十响之多、但均無命中云、記者於取錄農民口述消息後、復親赴各被炸處視察、查各被炸地點、機場中心有數處、機庫附近亦有數處、有一彈落於田畝內、查各被炸之穴、深約二公尺、闊可三公尺許、黃土橫飛數丈外、惟落田畝內之一彈、則深達四公尺以上、闊亦達五公尺以上、惟其泥土則呈黑色、料此一彈、必爲燃燒彈、

——摘自《国华报》（广州），1937年12月23日

敵大逞獸性

南京已成地獄

敵軍大殺良民四日 積屍五萬被逮萬人

（漢口二十三日電）敵在南京焚燒民房不止、近四日來、不斷大殺良民、積屍五萬、被逮遭非刑拷打者、亦有萬人、情形極慘、又京附郊仍有我游擊隊、城內常聞槍聲、敵感應付困難、又敵浪人、在京公開販毒品、

——摘自《华西日报》，1937 年 12 月 24 日

敵艦派兵洗刦大灣

上川島居民全家九人慘遭刺斃

廣海方面之敵艦水兵、自佔上川企頭沙等處後、屢圖再犯下川 均被我保安隊擊退、已誌前訊、頃查此間當局昨復接台山縣梗（廿三）日電 報告上下川兩島近情、略謂敵兵於哿（廿一）日再犯下川不逞後、梗（廿三）晨廣海方面來有敵艦三艘、隨在上川三洲對開海面停泊、移時派出敵兵二百餘名、分乘汽輪兩艘駛至上川東部大灣登陸、隨在大灣及大沉市一帶大肆搶掠糧食、附近村舍均被洗刦一空 始行携贓逃返敵艦 現該三敵艦尚未離去、並常派汽輪弋游附近窺察、監視下川渡海要道、 又頃據由上川逃出難民陳枝岐談稱、 敵自強佔上川島後）近日續開到淺水艦及武裝電船漁船等十餘艘、分載敵兵及仇貨、敵兵強迫居民以現金或糧食購易仇貨使用、島上糧食、已告恐慌 居民絕糧 掘取樹根喫食者頗多 敵兵佔住民房 調戲婦女、擄架小孩、種種惡態、令人髮指、昨十八日有敵兵三十餘人、到冲蔞村勒令村民交出糧食、 村民鍾敬昌抗不就範、舉家被敵兵用刺刀殺斃、 計鍾敬昌本人及子媳孫合共九人云、（立）

——摘自《国华报》（广州），1937 年 12 月 24 日

外報記者批評
侵華寇軍之殘暴
肆意屠殺平民婦女
寇會無法駕馭

【中央社香港廿二日電】滬大美晚報云，據紐約泰晤士報駐滬通訊員霍立脫亞朋報告，日軍在華紀律，大見墮落，日軍在華之最高當局，似已無法駕馭，據謂砲轟蕪湖英艦之橋本少將原爲一九三六年東京二二六事件主動人物之一，其後曾被免職，自日本對華用兵後，始再予以起用，此次擊沉美艦巴納號等之舉，皆係此輩少壯軍人有計劃之行動，又據該訪員稱，日軍入南京時，曾將城內華人大事屠殺，如業已解除武裝之俘虜及平民婦孺等，皆在殺却之列，此種殘暴行動，與日人之武士道精神全不相符，既墮日軍人之聲譽，復增華人戰之决心，因此據中立方面之外人觀察，此事與日軍今後之行動大爲不利。

——摘自《扫荡报》（汉口），1937 年 12 月 24 日

敵機襲皖
在市郊投彈十餘枚
敵機六侵入周家口

中央社安慶電 敵機十二架、廿日午后一時過此、窺伺半小時、在城郊頻以機槍掃射、並在玉虹門外投一彈、炸死平民一人、傷數人、毀民房數間、續向東飛去、

中央社開封電 敵重轟炸機六架、廿二日上午十時許、沿平漢路南來、經汴侵入周家口、在近郊投彈十餘枚、

——摘自《工商日报》（香港），1937 年 12 月 24 日

敵機十七架

昨兩犯廣三廣九粤漢三路

廣三羅村站之巨彈聲震廣州市區

死傷平民多人容奇石灣亦被掃射

(廣州專訊)廣州市昨晨爲敵機窺伺進襲、爲我高射炮所擊退、廣州無事、安定如恒、惟九時許曾一度聞高射炮聲、及炸彈聲耳、詳情於下、上午八時三十分、防空情報處據前方監視哨報告、敵機四架、在中山唐家灣上空發現、由南向北飛、經過萬頃沙犯廣九路、隨又續在上柵發現敵機七架、先後共十一架、先在萬頃沙間會合、向北飛、九時、敵機分路進襲內地、六架經虎門襲廣九路、五架橫過順德、襲廣三路、查敵機六架、經虎門之後、四架侵入廣九路上空、在塘頭厦、平湖、天堂圍投彈六枚、均落於空地、故無大損失、但有二彈在路軌附近爆炸、被波及毀有數丈、電訊交通器材無恙、橋樑更爲安全、旋飛出海、另兩架則留虎門上空窺伺、飛繞數匝、虎門防空隊事前已加警戒、敵機不敢低飛、旋飛至白沙附近投彈兩枚、一落村內空地、毀樹多株、一落沙灘、毫無損失、未幾亦續飛出海、至在萬頃沙轉襲廣三路之敵機、兩架圖入市空繞道進襲、一度廹近市東、橫過向西前往、但遭我部隊强烈迎擊、炮聲隆隆十餘响、敵機不敢再進、復又繞道飛至西南上空窺伺、移時出海、另三架經順德九江等地、飛至廣三路上空盤旋、在佛山附近各站飛繞、先後在奇槎、上柏兩站、投彈三枚、圖炸奇槎橋樑、但均落空地、路軌橋樑亦無損失、但適有鄉民避經該處、致波及斃命二人、亦云慘矣、十時、敵機向石灣各村掃射機關槍、又傷平民多人、始出海、本市八時許發空襲緊急警報後、歷兩小時許、至十時三十分解除云、下午一時七分、廣州警報又起、據報在唐家灣上空、先後發現敵機六架來襲、向北飛行、一時廿分、四架經過北山(順德縣)至廣三路上空徘徊、二時七分、在羅村站附近投彈兩枚、聲極沉重、本市亦可聞及、旋分兩隊、二架竄廣州沿市南郊邊經魚珠黃埔偵察、兩架則由佛山飛出海外、另兩架、由萬傾沙分路經九江、在該地飛繞多時、復飛至新會、順德各內河道上空盤旋偵察不已、旋續飛粤路在花縣樂從站投彈多枚、至在黃埔偵察之敵機兩架、又飛廣九路、在樟木頭、橫瀝間窺伺投彈數枚、始分飛出海、本市於三時半後、解除警報云、

——摘自《工商日报》（香港），1937 年 12 月 24 日

敵機狂炸台山慘狀

十九晨八時五十分、台山縣府據報有敵機多架向台城進發、即發出第一次警報、隨見敵機八架經過台城向西北飛去、繼又有敵轟炸機五架由南飛來、在台城飛繞數匝後、即投彈十六枚、至上午十時始解除警報、又隔三十分後、警報台操閣仍有敵機在附近飛繞、乃發出第二次警報、移時未見機踪、即又解除警報、略情已首誌本報、查是日敵機所投十六彈、一落寧站貨倉、倉內貨物全被炸燬、附近舖戶之玻璃鏡全被震破、寧路前總辦陳宜禧銅像附近落二彈、站北園基落 彈、園基一段被毀、又寧市市務議事所附近落二彈、右便源昌米舖馨香醬園騎樓前壁均倒塌、兆豐米舖騎樓二樓牆壁及騎樓及中座瓦面均崩陷、又環城西路黃文祖祠左右譚屋民房落彈二枚、燬屋十三間、又離城 里許、溫牛坑地方落一彈寧路車站後岑邊村落彈二枚、一落岑公恩岑公明屋角、一落岑傳珍岑傳衍屋角、全座倒塌、新河路瑞昌米行門前落一彈、廣馨和信益盛記福馨齋等舖瓦面均被震陷、又瑞昌米行後池塘邊落二彈、有一乞丐適在附近棚寮躲避、被彈片射斃、又離城三里東坑日新學校前空地落一彈、台西路尚實職業學校後座圖書館落一彈、後半座全塌、當敵機在寧站上空時、適有汽車由公益駛至台城、停車後各搭客紛紛走避、有城西白水鄉人譚深由上海携眷回家避難、適乘此汽車由公益回城、抵站時知敵機已到、即偕同伊妻及兩子就近逃往站北牆邊、譚深手携二幼子在園牆側、伊妻則已遠走岑邊村邊、距有一彈適中園牆、牆中山石被炸四射、該二童適當其衝、被炸而死、譚深頭部亦被傷及、譚妻以二子被炸、放聲號哭、後由寧路職員將譚在車上之行李十餘件、搬回寧路公司代爲保管、并將譚及伊妻扶往縣立醫院救治、又譚屋內有一男子名卤灼南被炸斃命、又縣城警察所警兵、簡卓球郎勝標陳得勝三人走避不及、均受重傷、又寧市一竹器店店伴譚實盛、亦被炸傷、鄉人岑某因在兆豐米店門前避匿、爲玻璃碎片割傷、各傷者均由救護隊抬回振漢醫院及縣立醫院救治、當敵機轟炸時、防軍發見舉動可疑之人兩名、均經逮捕 現時正在訊究之中、

——摘自《工商日报》（香港），1937 年 12 月 24 日

外人方面消息証實
敵在南京大屠戮！
難民區內亦滿佈血腥
上海松江間浩劫尤慘

【中央社南昌二十四日電】据確外人方面消息，敵軍佔據南京後，姦淫擄掠，無所不爲，我國難民中四十歲以下男子被慘殺者達五萬人之多。

【中央社訊】上海所傳敵軍在南京大肆屠殺之報告，已由此間私人方面所得之南京消息予以證實，可見巴納號之被炸及英艦之被砲擊，均爲敵軍實行恐怖及屠殺之一幕，非僅中國軍民之所震驚，亦足使各列强爲之震異也，我政界人士對于此事之感想，略如下述，由外人及私人方面所得南京報告，可見日本軍人中之少壯派現控制一切，不顧其長官之訓誡及命令，恣意橫行，造成恐怖，此等少壯派，誤以爲外國記者及外交界均已離京，無人目擊其暴行，故對中國民衆，益肆其荼毒，又聞南京難民區亦遭屠殺，難民區爲日方允諾保護之地，其中多爲貧苦無告不能退走之非戰鬥員，竟亦不能免于劫運，尤堪痛憤，因有少數外交家及外僑重返南京，始將上項恐怖狀態之消息洩露於外，日軍入城後，殘暴行爲之經過，係由中外可靠方面所得悉，據一般觀察，此等暴行，將於日本對中華人民之侵略史上永留暗澹及血腥之一頁，又據日軍佔領下其他城市之官方報告，此等城市亦均遭同樣屠殺，此等城市中之平民，或因惑於日軍領袖不傷害非戰鬪員之迭次聲明，而未退走，此等平民遭日軍屠殺者，不勝枚擧，另據外人目擊者證實，上海松江間之各鄉村遭日軍屠殺，其狀尤慘，農民除先期逃出者外，幾於無一倖免，日政府于此次戰役中，屢次聲明，日本非與中國人民爲敵，但爲推翻中國現政府以樹立東亞和平而戰云云，苟爲贏得中國之友誼及合作，必須藉助于殘殺中國萬千無辜之民衆，則全世界對于此一國家欲與中國人民携手，而先屠殺其同胞之倒行逆施，將爲之震異不置矣。

——摘自《大公报》（汉口），1937年12月25日

美報揭露

敵軍暴行

紐約泰晤士報駐滬訪員詳電 引起美國人士深刻印象

【中央社香港二十四日電】外息，據上海英文大美晚報二十二日紐約電，紐約泰晤士報日來刊載該報駐滬訪員亞朋氏來電訊數則，頗具驚人性質，據稱，中國境內一部份日軍幾已毫無紀律，其種種暴行，較之中國從前之土匪有過之而無不及，此項電訊，已在美國輿論方面及華盛頓官場方面引起深刻印象，關於日軍在南京種種暴行，據稱，日軍入城之後，恣意奸淫擄掠，實乃日本國家之國恥，美國砲艦巴納號被擊沉，與英國軍艦商船被轟炸，實乃橋本上校直接命令所致，橋本其人，即係去年二二六日本少壯派軍人在東京叛變時首領之一，該訪員並稱，現在發行研究之問題，共有三項，即㈠日軍在南京之暴行，是否該國軍部某一部份所策縱指使，㈡如屬非是，則日本軍隊是否無法加以控制，㈢日軍紀律敗壞之後，是否尚可恢復，英美兩國軍艦商船被擊炸及南京恐怖行爲之發蹤者與默許者是否將受懲罰，該訪員對於橋本上校身分特別加以敘述，據稱，二二六事變後，橋本上校即爲軍事當局予以黜革，并削其兵柄，迄至本年秋初，日當局徵集大軍五十餘萬，以對華作戰，橋本乃復編入現役，目前日本較爲穩健之軍人及政府中人均深致慮，以爲在此種局勢下，橋本如竟不處罰，至少倘不能如海軍航空處長三波少將之被撤回，則各國政府即將效法美國總統羅斯福所爲，而直接向日本天皇提出抗議矣，此外橋本利用某種特殊政治出力，以鞏固其地位，對於該國軍隊全體業已發生極可恐懼之影響，即在下級士兵亦均蠢蠢思動，以爲上級軍官可以違犯法外，則若輩又何樂而不奸淫擄掠乎，日軍侵入南京時，紀律蕩然，暴行迭出，其最後原因，即在於此，擁護松井將軍之穩健派軍官現均深切了解務當恢復軍紀，若驟承認日第三艦隊司令長谷川中將所部海軍現正竭力謀巴納號事件得以圓滿解決，但陸軍方面，則事隔七日，（此電係十二月十九日所發）除透過責任與殊無事實外，仍一無表示云，同日該報訪員亞朋專電內復稱，此間凡與松井大將及長谷川司令相識者，對於彼等統率下之部隊竟有此種行爲，幾令人不能置信，抑當松井大將正式進入南京城之前，是否完全明瞭城內日軍行動，亦甚可懷疑，凡在中國之外人，不論其爲日本之友或日本之敵，至少有一點係屬同意，即日本帝國之對華政策，倘欲求其成功，則必令中國人民感覺其生活較諸數年來在軍閥及國民黨統治下更佳而後可，茲近三年以來，蔣委員長之軍隊對於中國人民一切待遇，甚較民國以來一切軍閥爲佳，反之，日軍佔領南京時，當地所發生之慘劇擄掠行爲，則日本實當認爲一種國恥，聞松井大將部下曾想盡種種方法，務求掩蓋日軍種種暴行，如屠殺解除武裝之俘虜及平民擄掠等，不使松井有所聞知，無如穩德影響，日軍一部份下級軍官暗中行爲，松井雖未詳悉，然亦不能不加以懷疑，佐巴納號一案，已足使日軍正式進佔南京之「光榮」爲之掃地以盡，彼日本者，無論個人或民族，向以崇俠武士道精神自誇於全世界者也，今日本在南京之所作爲，已使此種聲譽完全掃地，查日軍在南京之行動，雖往時中國盜匪佔領城鎮時之奸淫殺掠，亦無以過之，然日本當局雖亦承認，謂欲取締此種暴行，亦無從着手，凡此種種，均爲英德兩國留居南京人士之所目覩，自十二月十四日外國記者離開南京之後，城內恐怖情形，當必有不堪設想者矣，自本月十四日夜間以至次日，城內日軍種種暴行能爲，有非筆墨所形容者，經兩日之屠殺，至十六日，日軍當局始乃開始加以注意，目前日本軍隊決不願任何外國人士前往南京，在最短時期之內，必不許可外人赴京，然彼已在南京之外人則必將設法將此種恐怖事實向全世界宣佈，此種事實，一旦獲得充分證明，則日本軍隊此次攻城克地，迫令中國放棄首都，不惟不能獲得光榮，抑且在歷史中永留污點，日本人民其將悔之不及矣云，嗣述及長江英美砲艦被轟炸事件，該訪員則稱，轟炸各該砲艦之日本飛機，其根據地不在上海，亦不在日本航空母艦，而在鄰近之太湖水面，此種飛機，就一般而言，當與陸軍密切合作，當本月十二日清晨日機自將奉到命令，對於蕪湖與南京二城之間所有船隻悉予以擊毀，此後來造成轟動全世界事件之由來也，該訪員之結論，則謂，日本在遠東原以法律秩序與正義之主持者自任，其言雖不無過分之處，其在中國之種種行動，或亦可見諒於世，然自日軍進佔南京，出以獸性暴行之後，聲譽乃一落千丈，即向來贊成日本大陸政策者，聞之亦無不爲之變色矣，抑南京城內此種事變消息傳至日本本國之後，日本對於中國之預定計劃，亦不免受嚴重影響，蓋任何國政府此後倘欲與日本言和，將益無可能矣，中國負有聲望之士欲與日本合作者，此後亦將聞而卻步矣，職是之故，中國人士此後倘欲與日本合作，顯將惟有冒叛亂之從而已，且日本所佔領之多數城市中，中國人民紛紛離去者，無慮數百萬人，日本此種暴行，徒使此等離去之中國人民不敢重返其故土，因之日軍恐怖行動之結果，徒使其城市成爲不生產之廢墟云。

——摘自《大公报》（汉口），1937年12月25日

敵軍紀律蕩然 殘暴有甚於土匪

倭寇在歷史上已永留汚點 無恥之徒始能與之言合作

美記者視察種種

（中央社）香港二十四日電、外息、據上海英文大美晚報二十二日紐約電、紐約泰晤士報日來刊載該報駐滬訪員亞朋發表電訊數則、頗異驚人性質、據稱中國境內一部分日軍幾已毫無紀律、其**種種暴行**、較之中國從前之土匪有過之而無不及、此項電訊已在美國輿論方面暨華盛頓官場方面引起深刻印象、關於日軍在南京種種暴行、據稱日軍入城後、恣意奸淫擄掠、實乃日本國家之國恥、美國砲艦巴納號橫遭轟沉、與英國軍艦商船橫遭轟炸、實乃橋本上校直接命令所致、橋本其人即係去年二二六日本少壯派軍人在東京叛變時首領之一、該訪員並稱現在**應行研究**之問題、共有三項（一）日軍在南京之暴行、是否該國軍部某一部分所發縱指使、（二）如屬非是、則日本軍隊是否無法加以控制（三）日軍紀律敗壞之後是否尚可恢復、英美兩國軍艦商船被擊案及南京恐佈行爲之發縱者與默許者是否將受懲罰、該訪員對於橋本上校身分加以特別敘述、據稱二二六事變後、橋本上校即爲軍事當局予以黜革並削其兵柄、迄至本年初、日當局徵集大軍五十餘萬以**對華作戰**、橋本乃復編入現役、目前日本較爲穩健之軍人及政府中人均深處慮日爲在此種勢局下、橋本如竟不罷去、至少倘不能如海軍航空處長、波少將之被撤職、則各國政府必將效法美國總統羅斯福所爲、而直接向日本天皇提出抗議矣、此外橋本利用某派特殊政治勢力以鞏固其地位、對於該國軍隊全體幾已發生極可驚人之影響、即在下級士兵、亦均**蠢蠢思動**、以及上級軍官可以逍遙法外、則若輩又何樂而不爲奸淫擄掠乎、日軍侵入南京後、紀律蕩然、暴行迭出、直接原因即在於此、擁護松井將軍之穩健、促派軍官現均深切了解、亟當恢復舊紀、若輩承認日第三艦隊司令、長谷川大將所部海軍現正竭力謀巴納號事件得以圓滿解決、但陸軍方面則事隔七日（此電係十二月十九日發出）除逃避責任與抹煞事實、仍**無一表示**云、同時、該報訪員亞朋專電內復稱、此間凡與松井大將、長谷川司令相識者對於彼等統率下之部隊、竟有此種行爲、凡令人不能置信、抑松井大將正式進入南京城之前、是否完全明瞭城內日兵行動、亦極可懷疑、凡在中國之外人、不論其爲日本之友、日本之敵、自少有一點係屬同意、卽日本帝國之對華政策、倘欲求其成功、則必令中國人民感覺其生活、投諸數年來在軍閥反國民黨統治下、更往而復乃、當近三年以來、

蔣委員長

之軍隊、對于中國人民、一切並過、較民國以來、個軍閥爲佳、反之日軍佔領南京時、當地所發生慘酷逾規行爲、則日本當局爲一種國恥、聞松井大將部下、曾想盡種種方法、設求掩蓋日軍種種敗行、如屠殺解除武裝之俘虜、及平民婦孺等、不使松井有所聞知、無如穢德彰聞、日軍一部份下級軍官暗中行爲、松井雖未詳悉、然亦不能不加以懷疑、僅巴納號案、已足使日軍正式進佔南京之光榮、爲之掃地以盡、彼日本者、無論個人或民族、向以豪俠武士道精神自詡於全世界者也、南京之所作爲、已使

此種[illegible]響

完全掃地、在日軍在南京之行動、雖往時中國盜匪佔領城鎮時之姦淫殺掠、亦無以過之、然日本當局雖亦承認[illegible]欲取締此種暴行、亦無從着手、凡此種種均爲美德兩國留居南京人士之所目睹、自十二月十四日外國記者離開南京之後、城內恐怖情形、當有不堪設想者矣、自本月十四日夜間以至次日、城內

日軍殘暴

行爲有非筆墨所能形容者、綜兩日屠殺、至十六日日軍當局始乃開始加以注意、目前日本軍隊決不願仍何外國人士前往南京、然彼已在南京之外人、則必將設法將此種恐怖事實向全世界宣佈、此種事實、一日盛傳充分證明、則日本軍隊此次攻城克地、追令中國放棄首都、不僅不能獲得光榮、抑且在歷史中永留汚點、日本人民將悔之不及矣云、嗣述及長江英美炮艦被

轟炸事件

該訪員則稱轟炸各該砲艦之日本飛機、其根據地不在上海、亦不在日本航空母艦、而在極近之太湖方面、此種飛機一般而言、當與陸軍密切合作、到本月十二日清晨、日機自當稱奉命令、對於蕪湖與南京一城之間、所有船隻悉予以轟毀、此後來造成轟動全世界之事由來也、該訪員之結論、則謂日本在遠東原以法律秩序與正義之主持者自任、其意雖不無過分之處、其在中國之種種行動、恆亦可見諒於世、然自日軍進佔南京、出以種種暴行之餘、聲譽遂爲一落於丈、卽向來贊成日本大陸政策者聞之、亦無不

矣、抑南京城內、此種事態消息傳至日本國之後、日本對於中國之預定計

爲之變色

劃亦不免受嚴重之影響、蓋任何國政府、此後倘欲與日本言和、將亦無可能矣、中國負有聲望之士欲與日本合作者、此後亦將聞而却步矣、職是之故、中國人紳此後倘欲日本合作、則亦惟有寡廉鮮恥之徒而已、且日本所佔領之多數城市中、中國人民紛紛撤退者、無慮數百萬人、日本此種暴行、已使此等撤退之吾國人民不敢返其故土、因之日軍

恐怖行動

之結果、徒使其城市成爲不生產之丘墟云、

——摘自《华西日报》，1937 年 12 月 25 日

敵軍大屠殺消息證實

南京已呈恐怖狀態

侵略史上留下了血腥之一頁

列强聞訊甚爲駭異

（中央社）漢口二十四日電、上海所傳敵軍在南京大肆屠殺之報告已由此間私人方面所得之南京消息、予以證實、可見巴納號之被炸及英艦之被砲擊、均爲敵軍蠻行恐怖及屠殺之一幕、非僅中國軍民之所震驚、亦足使各列强爲之駭異也、我政界人士、對於此事之感想、略如下述、由外人及私人方面所得南京報告、可見日本軍人中之少壯派現轄制一切、不顧其長官之訓誡及命令、恣意横行、遂成恐怖、此種少壯派輩以爲外國記者及外交界均已離京、無人目擊其暴行、故對中國民衆肆其荼毒、又聚南京難民區亦遭荼殺、難民區爲日方允諾保護之地、其中多爲貧苦無告、不能退走之非戰鬥員、竟亦不能免於厄運、尤堪痛憤、因有少數外交家及外僑重返南京、始將上項恐怖狀態之消息洩露於外、日軍入城後、殘暴行爲之經過、係由中外可靠方面所得悉、據一般觀察、此等暴行、將爲日本對中華人民之侵略史上永留暗淡及血腥之一頁、又據日軍佔領下其他城市之官方報告、此等城市亦均遭同樣之屠殺、此等城市中之平民、或因惑於日軍領袖不傷害非戰鬥之迭次聲明而未退走、此等平民遭日軍屠殺者、不勝枚舉、據外人目擊者謂、上海松江間之各鄉民、遭日軍屠殺其狀尤慘、農民除先期逃出者外、人幾於無人倖免、日政府於此次戰役中、屢次聲明日本非與中國人民爲敵、但爲推翻中國現政府以確立東亞和平而戰云云、苟若誠得中國之友誼及合作、必須藉助於殘殺中國幾千無辜之民衆、則全世界對於此一國家、欲與人民攜手而先屠殺其同胞之倒逆施、將爲之駭異不置云、

（中央社）南昌二十四日電、牯嶺外人方面消息、敵軍强佔南京後、姦淫擄掠、無所不爲、我國難民中四十歲以下男子被慘殺者達五萬人之多、

——摘自《华西日报》，1937 年 12 月 25 日

RAPE, LOOTING FOLLOW TAKING OF THE CAPITAL

Bitter Two Days on Entry of Japanese

HUNDREDS MASSACRED

Foreign Property Not Safe from Plundering

Grim tales of massacre, looting and rape during Nanking's capture, were received yesterday by the "North-China Daily News" from an independent, reliable source. The report reads:

"At Nanking the Japanese Army has lost much of its reputation, and has thrown away a remarkable opportunity to gain the respect of the Chinese inhabitants and of foreign opinion. The collapse of Chinese authority and the break-up of the Chinese armies in this region left vast numbers of persons ready to respond to the order and organization of which Japan boasts. Many local people freely expressed their relief when the entry of Japanese troops apparently brought an end to the strains of war conditions and the immediate perils of bombardment. At least they were rid of their fears of disorderly Chinese troops, who indeed passed out without doing severe damage to most parts of the city.

"But in two days the whole outlook has been ruined by frequent murder, wholesale and semi-regular looting, and uncontrolled disturbance of private homes, including offences against the security of women. Foreigners who have travelled over the city report many civilian bodies lying in the streets. In the central portion of Nanking they were counted yesterday as about one to the city block. A considerable percentage of the dead civilians were the victims of shooting or bayoneting in the afternoon and evening of December 13, which was the time of the Japanese entry into the city. Persons who ran in fear or excitement, and any one who was caught in streets or alleys after dusk by roving patrols was likely to be killed on the spot. Most of this severity was beyond even theoretical excuse. It proceeded in the Safety Zone as well as elsewhere, and many cases were plainly witnessed by foreigners and by reputable Chinese. Some bayonet wounds were barbarously cruel.

Led Off and Shot

"Squads of men picked out by Japanese troops as former Chinese soldiers have been tied together and shot. These soldiers had discarded their arms, and in some cases their military clothing. Thus far we have found no trace of prisoners in Japanese hands other than such squads actually or apparently on the way to execution, save for men picked up anywhere to serve as temporary carriers of loot and equipment. From one building in the refugee zone, 400 men were selected by the local police under compulsion from Japanese soldiers, and were marched off tied in batches of fifty between lines of riflemen and machine-gunners. The explanation given to observers left no doubt as to their fate.

"In the main streets, the petty looting of the Chinese soldiers, mostly of food shops and of unprotected windows, was turned into systematic destruction of shop-front after shop-front under the eyes of officers of rank. Japanese soldiers required private carriers to help them struggle along under great loads. Food was apparently in first demand, but everything else useful or valuable had its turn. Thousands upon thousands of private houses all through the city, occupied and unoccupied, large and small, Chinese and foreign, have been impartially plundered. Peculiarly disgraceful cases of robbery by soldiers included the follows: scores of refugees in camps and shelters had money and valuables removed from their slight possessions during mass searches; the staff of a hospital were stripped of cash and watches from their persons, and of other possessions from the nurses' dormitory (their building are foreign, and like a number of others that were plundered, were flying foreign flags and carrying official proclamations from their respective Embassies); the seizure of motor cars and other property after tearing down the flags upon them.

Rape and Insults'

"There were reported many cases of rape and insult to women, which we have not yet had time to investigate (the report was written on December 15), but cases like the following are sufficient to show the situation. From a house close to one of our foreign friends, four girls were yesterday abducted by soldiers. Foreigners saw in the quarters of a newly arrived officer, in a part of the city practically deserted by ordinary people, eight young women.

"In these conditions, the terror is indescribable, and lectures by suave officers on their 'sole purpose of making war on the oppressive Chinese Government for the sake of the Chinese people,' leave an impression that nauseates.

"Surely this horrible exhibition in Nanking does not represent the best achievement of the Japanese Empire, and there must be responsible Japanese statesmen, military and civilian, who for their own national interests will promptly and adequately remedy the harm that these days have done to Japanese standing in China. There are individual soldiers and officers who conduct themselves as gentlemen worthy of their profession and worthy of their Empire. But the total action has been a sad blow."

——摘自《字林西报》（North-China Daily News），1937 年 12 月 25 日

Wild Acts Of Nippon Army Confirmed

Information From Three Foreign Sources Bears Out Earlier Reports

PITIFUL SIGHT SEEN AT NANKING

Wholesale Looting And Murder Related By Eye-Witnesses

Recent reports of the wholesale massacre and rape of Chinese civilians and the systematic destruction and looting of property at Nanking by Japanese soldiers who ran amok upon their entrance to the recent capital have been fully substantiated by information from foreign sources which trickled through to Shanghai yesterday and was later reported to THE CHINA PRESS.

Obviously fearing the consequences of their reports being intercepted, two of those who sent information from Nanking couched their letters in carefully selected words. One stated that although the suburbs had been almost wholly destroyed, property within the city had not been greatly damaged "thus far—I say thus far because those who came in are not above looting." The other in referring to specific property, said that it "has been untouched, at least by fire."

Straightforward Condemnation

The third report, however, which comes from a thoroughly reliable and unbiased source, was straightforward in its condemnation of the Japanese forces for their actions up to that date which was December 15, inclusive.

At Nanking, the report starts, the Japanese Army has thrown away a remarkable opportunity to gain the respect of the Chinese inhabitants and foreign opinion. The collapse of Chinese authority and the break-up of the Chinese armies in this region "left vast numbers of persons ready to respond to the order and organization of which Japan boasts," the report declares.

Numbers of Nanking people freely expressed relief when the entry of Japanse troops occurred, thinking that it would bring a close to the strain of war conditions and the immediate perils of bombardment. Also they expressed relief at being rid of fears of a number of disorderly Chinese troops, "who indeed passed out without doing severe damage to most parts of the city."

Whole Outlook Changed

But in two days, the report continues, "the whole outlook has been ruined by frequent murder, wholesale looting, and uncontrolled disturbance of private homes including offenses against the security of women. Foreigners who have been allowed to travel over the city reported at least one civilian body in every city block.

A great number of the dead civilians were the victims of shooting or bayoneting during the afternoon and evening of December 13, the time of the Japanese entry into the city. People who ran in fear and excitement and many caught in streets or alleys after dusk by roving patrols were killed on the spot. Most of this severity was beyond even theoretical excuse, the report states.

Shooting and bayoneting went on in the safety zone as well as elsewhere, many cases being plainly witnessed by foreigners and reputable Chinese. Some of the bayonet wounds were barbarously cruel. In one of the reports previously cited, it was stated that the safety zone has not been "fully recognized" but it has served to a good purpose.

Chinese Soldiers Executed

Squads of men picked out by Japanese troops as being former Chinese soldiers have been tied together and shot, the latter report adds. These soldiers had discarded

(Continued on Page 3, Col. 2.)

Wild Acts Of Nippon Army Confirmed

(Continued from Page 1, Col. 5.)

their arms, and in some cases, their military clothing. Thus far there has been no trace of prisoners in Japanese hands other than such squads actually or apparently on the way to execution, except for men forced to serve as temporary carriers of loot and equipment by Japanese looters.

From one building in the refugee zone, 400 men were singled out by local policemen under compulsion from Japanese soldiers, and were tied in batches of 50 and marched off between lines of riflemen and machine-gunners. "The explanation given to observers left no doubt as to their fate," the report continues.

On the main streets of the city, the petty looting of the Chinese soldiers, mostly of food shops and of unprotected windows, was turned into systematic destruction of shop front after shop front by Japanese soldiers under the eyes of officers of rank.

The looting soldiers required private carriers to help them struggle under their great loads. Great amounts of foods were taken at first, but everything else useful or valuable had its turn. "Thousands upon thousands of privates homes, large and small, Chinese and foreign, have been impartially plundered."

Peculiarly Disgraceful Cases

Peculiarly "disgraceful cases of robbery by soldiers" include the following: "Scores of refugees in camps and shelters had money and valuables removed from their slight possessions during mass searches; members of the staff of the University Hospital were stripped of cash and watches, and other possessions were taken from the nurses' dormitory, an American building which, was entered in a similar manner to a number of others that were plundered, despite the fact that they were flying foreign flags and carrying official proclamations from their respective embassies; the seizure of motor cars and other property after tearing down the flags upon them."

Brief reference was made to the cases of rape which the correspondent stated he had not investigated, but "one case of the abduction of four girls was seen, and at another time eight young women were seen in the quarters of a newly arrived Japanese officer which were set up in a part of the city deserted by civilians."

Terror Indescribable

The report continues tersely, "under these conditions the terror is indescribable, and lectures by suave officers that their 'sole purpose of making war on the oppressive Chinese Government for the sake of the Chinese people,' leave an impression that nauseates."

"There must be responsible Japanese statesmen, military and civilian, who for their own national interests will promptly and adequately remedy the harm that these days have done to Japanese standing in China. There are individual cases of soldiers and officers who conduct themselves as gentlemen worthy of their profession and worthy of their Empire, but the total action has been a sad blow," the report concludes.

——摘自《大陆报》（The China Press），1937 年 12 月 25 日

Defense Of Nanking Seen Major Military Blunder By N. Y. Times Correspondents

Japanese Soldiers Declared Not First To Loot In Former Capital; Strategy Of Chinese In Shanghai Area Is Termed Folly; "Scorched Earth" Plan Hit

(At the request of Mr. Hallett Abend, Chief Correspondent in the Far East for The New York Times, THE CHINA PRESS *is reprinting "the other side of the story" on the situation in China as reported in The Times from its Shanghai and Nanking correspondents and reprinted as a compilation of these special dispatches cabled from New York to The Shanghai Evening Post and Mercury. On Thursday the Evening Post published a compilation of New York Times dispatches which revealed Japanese atrocities and lack of army discipline in the Nanking area following their entry of the former capital.* THE CHINA PRESS, *in reprinting the latest Evening Post cable, accepts no responsibility for any opinions or reports contained therein.—Editor.)*

NEW YORK, Dec. 23.—In conformity with the slogan of that newspaper, "All The News That's Fit To Print," the New York Times, concurrently with its outspoken articles about the bombing of the Panay, and the lack of discipline in a portion of the Japanese Army, has been publishing articles from its Shanghai and Nanking correspondents which are equally revealing about China.

To make the balance even, after yesterday's despatch made up of excerpts from a long series of cables from Shanghai about Japanese faults of omission and commission, here are some of the revelations which the New York Times has printed which reveal Chinese ineptitude, and strip away some of the pretence of Chinese government propaganda.

Looting Told

In the first place, says the Times, the Chinese defense of Nanking, besides having been a military blunder of the first magnitude, was not the valorous action it has been supposed to be. Many of the Chinese forces broke badly, the Japanese captured one of the city gates easily as a result of a Chinese mutiny, and after General Tang Sheng-chi fled in secret, discipline and order collapsed.

The Japanese troops were not the first to loot the buildings of China's abandoned capital. The Chinese troops did as thorough a job of it as time permitted. And the Chinese soldiers, when panic had once seized upon them, killed civilians ruthlessly in order to rob the corpses of their civilian clothes. The soldiers then shed their uniforms, often changing in the streets in broad daylight, and donned the bloody garments of their victims.

Expected Better

This news, however, did not shock the American public as did the subsequent news of the conduct of Japanese troops after they took the city. For a decade American newspapers have carried accounts of Chinese soldiers looting Chinese cities, and running wantonly amok, but the American public had expected better things of the Japanese army, and was shocked and disappointed at the reports brought out by the newspaper correspondents who remained in Nanking during the siege.

The New York Times has also dealt extensively with the folly of the Chinese strategy which threw

Looting Told

In the first place, says the Times, the Chinese defense of Nanking, besides having been a military blunder of the first magnitude, was not the valorous action it has been supposed to be. Many of the Chinese forces broke badly, the Japanese captured one of the city gates easily as a result of a Chinese mutiny, and after General Tang Sheng-chi fled in secret, discipline and order collapsed.

The Japanese troops were not the first to loot the buildings of China's abandoned capital. The Chinese troops did as thorough a job of it as time permitted. And the Chinese soldiers, when panic had once seized upon them, killed civilians ruthlessly in order to rob the corpses of their civilian clothes. The soldiers then shed their uniforms, often changing in the streets in broad daylight, and donned the bloody garments of their victims.

Expected Better

This news, however, did not shock the American public as did the subsequent news of the conduct of Japanese troops after they took the city. For a decade American newspapers have carried accounts of Chinese soldiers looting Chinese cities, and running wantonly amok, but the American public had expected better things of the Japanese army, and was shocked and disappointed at the reports brought out by the newspaper correspondents who remained in Nanking during the siege.

The New York Times has also dealt extensively with the folly of the Chinese strategy which threw

more than 80 divisions into the Shanghai hostilities. This action, it was pointed out, accomplished just what the Japanese Army high command most wanted — a heavy massing of forces that could be destroyed. Had Chinese forces been more thinly distributed in the hills where roads are few, and where mechanical transport and tanks would be of little use, Japan's present gains could have been made much more costly, and would have been longer in the winning.

Wounded Uncared-For

Cables from Shanghai to the times have contained scathing exposes of China's almost utter lack of preparedness to care for sick

(Continued on Page 3, Col. 4.)

Defense Of Nanking Seen Major Military Blunder By N. Y. Times Correspondents

(Continued from Page 1, Col. 7.)

and wounded soldiers. The callous inhumanity of this policy has done China's cause in the United States much harm, especially when contrasted with her lavish and often ill-advised purchases of airplanes and other war supplies. The corruption entailed in some of these purchases has also been unsparingly revealed.

One cable, under a Nanking dateline, told of about 4000 wounded being left untended for four days and four nights on the platform of the railway station at Nanking. The heads of the Chinese war hospital service, and most Chinese doctors and nurses, had by that time made a hasty exit toward Hankow. The sickening situation was not remedied until American mission doctors argued Generalissimo and Madame Chiang Kai-shek into visiting the station, and seeing the horror for themselves. General Chiang then gave the Americans $30,000 in cash, and said, in effect:—"You do the job." And they did.

Destruction Rapped

The so-called "scorched earth" policy of the Chinese is also flayed in several long cables from Shanghai. The Chinese policy of destroying property with dynamite and the torch on the eve of many retreats is unsparingly condemned.

"This is merely an angry wanton destruction of wealth which it has taken generations of patient toil to amass," says one despatch, "and will further alienate the Chinese people from its present leaders. In most cases this destruction serves no military purpose. In this regard the Chinese armies behave as though they were retreating from the soil of a foreign foe—from soil to which they expect never to return. Whatever government China has in future will rue the day that this taxable wealth was sent up in smoke and flame."

Bonds Unsold

Another article in the Times reveals the utter collapse and failure of the attempt to sell $500,000,000 worth of "Liberty Bonds", and points out that after two months of ballyhoo actual cash payments for these bonds were less than $70,000,000 in American money, and that much of this was forcibly taken from the salaries and wages of public employees. The wealthy Chinese classes, says the article, have failed to support their government, while the entire sum raised is considerably less than the equivalent to 25 cents American money per capita.

One particularly stinging article, cabled before the fall of Nanking, says that any long-range view of history made it evident years ago that Nanking, as a city and as a capital, must be destroyed because it was built not upon durable and honest national nor economic policy, but upon a pretense of following the teachings of Dr. Sun Yat-sen—teachings which were rarely honored by more than lip service.

Unity Doubted

This cable quotes an American long resident in China as having said, in effect, several years ago that "he hoped the Chinese people would rise up against hypocrisy and conceit, and tear Nanking brick from brick, just as the French people destroyed the Bastille. If they don't do it themselves, the Japanese will do it for them."

The much vaunted new-found Chinese unity has always been held suspect in cables from the Shanghai office of the New York Times. These cables have pointed out that less than a year ago General Chiang was held a prisoner in Sian, while a certain section of the government at Nanking actually threatened to use aerial bombers "and wipe Sian from the face of the earth" while the

Generalissimo was still there. The long years of civil war in China, and the demonstrated venality and treasons of various Chinese generals were recounted, and the forecast was made that the new-found unity would not endure long after a few crushing defeats. Then followed a list of mutinies and "sell outs"—Tsangchow, Paoting, and Soochow among others—offered to clinch the argument.

When Madame Chiang Kai-shek and other Nanking leaders were making radio broadcasts to America, denouncing Japan for creating conditions which forced the evacuation of American missionaries and educators, and for bombing mission buildings and hospitals, the Shanghai office cabled reminders to the New York Times that only 10 years ago the Nationalist armies, and these commanded personally by General Chiang, forced more than 6,000 Americans to flee from the interior—and that some of them did not get away in time to save their lives. The

sacking and burning of mission properties, and the wave of anti-foreignism of 1926-27 were also vividly recalled.

——摘自《大陆报》（The China Press），1937年12月25日

敵確在京大肆屠殺

砲轟英美艦爲敵實行恐怖屠殺之一幕
日皇軍一聲譽被少壯派軍人一掃而盡
外記者將敵暴行揭諸世界

中央社南昌電　粘嶺外人方面消息、敵軍强佔南京後、姦淫擄掠、無所不爲、我國難民中四十歲以下男子、被慘殺者達五萬人之多、

中央社漢口電　上海最近所傳敵軍在南京大肆屠殺之報告、已由此間私人方面所得之南京消息、予以證實、可見巴納號之被炸、及英艦之被砲擊、均爲敵軍實行恐怖及屠殺之一幕、非僅中國軍民之所震驚、亦足使各列强爲之駭異也、我政界人士對於此事之感想、略如下述、由外人及私人方面所得南京報告、可見日本軍人中之少壯派、現控制一切、不顧其長官之訓示、及命令、恣意橫行、造成恐怖、此等少壯派、覷以爲外國記者及外交界、均已離京、無人目擊其暴行、故對中國民衆、谿肆其荼毒、又聞南京難民區亦遭屠殺、難民區爲日方允諾保護之貧苦無告、不能退走之非戰鬥員、竟亦不能免于刦運、尤堪痛憤、因有少數外交家及外僑、重返南京、始將上項恐怖狀態之消息、洩露於外、日軍入城後、殘暴行爲之經過、係由中外可靠方面所得悉、據一般觀察、此等暴行、將於日本對華人民之侵略史上、永留暗澹及血腥之一頁、又據日軍佔領下其他城市之官方報告、此等城市、亦均遭同樣之屠殺、此等城市中之平民、或因惑於日軍領袖不傷害非戰鬥員之迭次聲明、而未退走、此等平民、遭日軍屠殺者、不勝枚舉、另據外人目擊者談稱、上海松江間之各鄉村、遭日軍屠殺、其狀尤慘、農民除先期遁出者外、幾於無一倖免、日政府於此欲聲明日本非與中國人民爲敵、但爲推翻中國現政府、以樹立東亞和平而戰云云、苟爲其得中國之友誼及合作、必須藉助於殘殺中國萬千無辜之民衆、則全世界對於此一國家、欲與中國人民携手、而先屠殺其同胞之倒行逆施、將爲之駭異不置矣、

外記者紀述敵暴行種種

中央社漢口電　外息、據上海英文大美晚報廿二日紐約電、紐約泰晤時報日來刊載該報駐滬訪員亞朋發來電訊數則、頗具驚人性質、據稱、中國境內一部分日軍、幾已毫無紀律、其種種暴行、較之中國從前之土匪、有過之而無不及、此項電訊已在美國言論方面及華盛頓官場方面、引起深刻印象、關於日軍在南京種種暴行、據稱、日軍入城之後、恣意奸淫擄掠、實乃日本國家之國恥、美國砲艦巴納號橫遭擊沉、與英國軍艦商船橫遭轟炸、實乃橋本上校直接命令所致、橋本其人、即係去年二二六日本少壯派軍人、在東京叛變時首領之一、該訪員幷稱、現在應行研究之問題、共有三項、即(一)日軍在南京之暴行、是否該國軍部某一部份所發縱指使、(二)如屬非是、則日本軍隊、是否無法加以控制、(三)日軍紀律敗壞之後、是否尚可恢復、英美兩國軍艦商船被擊案、及南京恐怖行爲之發縱者與默許者、是否將受懲罰、該訪員對於橋本上校身分

、特別加以敘述、據稱、二二六事變後、橋本上校卽爲軍事當局予以革除、并削其兵柄、迄至本年秋初、日當局徵集大軍五十餘萬、以對華作戰、橋本乃復編入現役，目前日本較爲穩健之軍人及政府中人、均深致慮、以爲在此時局勢下、橋本如竟不處罰，至少倘不能如海軍航空處長三波少將之被撤回，則各國政府，卽將效法美國總統羅斯福所爲，而直接向日本天皇提出抗議矣，此外橋本利用某種特殊政治勢力，以鞏固其地位，對於該國軍隊，全體業已發生極可恐懼之影響，卽在下級士兵，亦均蠢蠢思動，以爲上級軍官，可以逍遙法外，則若輩又何樂而不奸淫擄掠乎，日軍侵入南京後、紀律蕩然、暴行迭出、直接原因、卽在于此、擁松井將軍之穩健派軍官、現均深切了解、務當恢復軍紀、若輩承認日第三艦隊司令長谷川大將所部海軍、現正竭力謀巴納號事件得以圓滿解決、但陸軍方面、則事隔七日、（此電係十二月十九日所發）除逃避責任與抹煞事實外、仍一無表示云、同日該報訪員亞朋專電內復稱、此間凡與松井大將及長谷川司令相識者、對於彼等統率下之部隊、竟有此種行爲、幾令人不能置信、抑當松井大將正式進入南京城之前、是否完全明瞭城內日兵行動、亦甚可懷疑、凡在中國之外人、不論其爲日本之友，或日本之敵，至少有一點，係屬同意、卽日本帝國之對華政策，倘欲求其成功，則必令中國人民，感覺其生活較諸數年來在軍閥及國民黨統治下更佳而後可、玆近三年以來、蔣委員長之軍隊，對於中國人民一切待遇、遠較民國以來一切軍閥者爲佳，反之、日軍佔領南京時，當地所發生之慘酷搶刦行爲、則日本實當認爲一種國恥，聞松井大將部下曾想盡種種方法、務求掩蓋日軍種種敗行，如屠殺解除武裝之俘虜及平民婦孺等，不使松井有所聞知、無如穢德彰聞、日軍一部份下級軍官，暗中行爲，松井雖未詳悉，然亦不能不加以懷疑，俾巴納號一案，已足使日軍進佔南京之「光榮」爲之掃地以盡，彼日本者、無論個人或民族，向以豪俠武士道精神自誇于全世界者也，今日本在南京之所作爲，已使此種聲譽、完全掃地」（未完）

——摘自《工商日报》（香港），1937年12月25日

敵機襲梧開機鎗

掃射民船

暴行至此又增鐵証

警局牌示臨警鎮定

（梧州專訊）敵機十一架十九日襲梧肆虐、各情經誌前報、查敵機當日除在各地投彈外、復曾飛至火山文塔及下關一帶上空盤旋、用機槍向河面船隻掃射、連續百數十發、又當飛掠廣西大學上空、亦開機槍向下掃射、幸均未傷斃人命、敵人暴行、至此又增一鐵証、又查梧州警察局以梧市首次遭受空襲、市民間有未能臨警鎮定、自相驚擾者、昨特牌示全市云、一市民注意、非聞警報聲音、切勿亂跑、以免擾亂秩序、妨碍治安爲要云、

——摘自《工商日报》（香港），1937年12月25日

敵機肆意
轟炸津浦北段

××× ……
徐州二十五日電（中央社）連日敵機在津浦北段肆意轟炸、廿五日午又有敵機一架、沿津浦綫經滕縣向南偵察、過大汶口、（泰安）南一帶投彈數十枚、市街民房多被炸毀、死傷平民甚衆
×××……

——摘自《华西日报》，1937年12月26日

敵機昨襲惠州

×××……
惠州二十五日電（中央社）敵機十架今日七午飛惠、在南郊數十里投彈數枚、

——摘自《华西日报》，1937年12月26日

敵機炸新浦海州

×××……
徐州二十五日電（中央社）敵機六架二十五日晨在墟溝新浦海各處投彈數十枚、盤旋約一刻鐘、路軌頗有相當損失、

——摘自《华西日报》，1937年12月26日

×× ……
敵機分批
襲廣九路

……××
廣州二十五日電（中央社）敵機共二十四架、今分五批、輪流向廣九路、茶山、常戾格頭及粵漢英德、軍田等站投彈數十枚、路軌略有損毀、

——摘自《华西日报》，1937年12月26日

津敵軍
擅入租界捕人

（中央社）濟南廿四日電、津日軍特務工作、近來活動、亦趨積極、逮捕人之事、幾時有所聞、其範圍實於達於英法租界、英日過去與黨政機關稍有關係者、均為日方目標、用種種方法、或追隨於華界、擅予逮捕、或於租界用車綁架、無辜平民慘遭陷害者不知凡幾、日前韓籍奸細德武被捕後、尚有數人遭乾憲捕、其中之一、係於租界被綁架、據聞日軍部曾向英法租界當局要求准由日方指定地點施行檢查、尚未得兩租界之同意、但英租界碼頭輪船旅客近已可由派員任意檢查塘沽旅客下船所受檢查尤苛云

——摘自《华西日报》，1937年12月26日

敵在京姦淫擄掠大肆屠殺

美報指斥爲歷史中永遠污點

（上海廿四日電）外息、此間一美僑接得南京外人來函、述及日軍攻陷南京及大肆焚刼慘殺、淫戲婦女、無惡不作、函內大意謂自本月十五日以後、南京已成恐怖之區、殺戮焚刼、視如常事、街道堆積被殺之平民屍首無數、平均每層樓住客被殺一人、十三日南京初被日軍攻入時、市民豕突狼奔、驚惶萬狀、日軍遇見華人、卽不分皂白、持刺刃將之殺害、其手段之殘酷、誠不忍目覩、但日軍竟坦然在外人目光睽睽下爲之、日軍每拘獲華人、卽指爲敗兵、一律押赴曠場、實行集團槍斃、每次五十人、行刑武器爲機關槍、日軍復挨次向各商店搜刼、凡有糧食搜刼存儲、卽行沒收、其他應用物品、亦莫不在之例、甚至大學或醫院之教職員、亦有不少被其奪去所佩之手錶及其他衣物者、統率之日人指揮官、對此種卑劣手段、竟熟視無睹、難民區亦被搜索、難民所有值錢衣物、無一倖免、其苦況實難以形容、日軍姦淫之事、屈指難數、該外人曾目覩一日軍司令部中拘留美艷華人少女八名、個中情形、不言可喻、日軍雖亦有不少知禮者、但大位而言、此種情形、足爲皇軍羞、日軍曾在一外人住宅右鄰、向四華人少女施行強暴、其公然暴露自己醜行、殊足令人齒冷云

（中央社香港廿四日電）外息、據上海英文大美晚報廿二日紐約電、紐約泰晤士報、日來刊載該報駐滬訪員亞朋發來電訊數則、頗具驚人性質、據稱中國境內一部分日軍、幾已毫無紀律、其種種暴行、較之中國從前之土匪有過之而無不及、此項電訊、已在美國輿論方面及華盛頓官塲方面引起深刻印象、關於日軍在南京種種暴行、據稱日軍入城之後、恣意奸淫擄掠、實乃日本國家之國恥、美國砲艦巴納號橫遭轟沉、與英國軍艦商船橫遭轟炸、實乃橋本上校直接命令所致、橋本其人、卽係去年二二六日本少壯派軍人在東京叛變時首領之一、該訪員幷謂現在應行研究之問題共有二項、卽㈠日軍在南京之暴行、是否該國軍部某一部份所發縱指使㈡如屬非是、則日本軍隊是否無法加以控制㈢日軍紀律敗壞之後、是否尚可恢復、英美兩國軍艦商船被轟案、及南京恐怖行爲之發縱者與默許者、是否將受懲罰、該訪員對於橋本上校身分、別加以敘述、指稱二二六事變後、橋本上校卽爲軍事當局予以黜革、幷削其兵權、迄至本年秋初日當局召集大軍五十餘萬、以對華作戰、橋本乃復編入、現彼目前日本較爲穩健之軍人及政府中人、均深致慮、以爲在此種局勢下、橋本如竟不處罰、至少倘不能如海軍航空處長三波少將之被撤回、則各國政府卽將效法美國總統羅斯福所爲、而直接向日本天皇提出抗議矣、此外橋本利用某種特殊政治勢力、以鞏固其地位、對于該國軍隊全體、業已發生極可恐懼之影響、卽在下級士兵、亦均蠢蠢思動、以爲上級軍官可以逍遙法外、則若輩又何樂而不奸淫擄掠乎、日軍侵入南京後、紀律蕩然、暴行迭出、直接原因、卽在于此、擁護松井將軍之穩健派軍官、現均深切了解、務當恢復軍紀、若輩承認日第三艦隊司令長谷川大將所部海軍、現正竭力謀巴納號事件得以圓滿解決、但陸軍方面、則事隔七日（此電係十二月十九

日所發）除逃避責任與抹煞事實外，仍一無表示云 同日該報訪員亞朋專電內復稱，此間凡與松井大將及長谷川司令相識者，對於彼等統率下之部隊，竟有此種行爲，幾令人不能置信，抑當松井大將正式進入南京城之前 是否完全明瞭城內日兵行動，亦甚可懷疑 凡在中國之外人，不論其爲日本之友，或日本之敵，至少有一點係屬同意，卽日本帝國之對華政策 倘欲求其成功 則必令中國人民感覺其生活較諸數年來在軍閥及國民黨統治下更佳而後可，玆近二年以來 蔣委員長之軍隊對於中國人民，一切待遇，遠較民國以來一切軍閥爲佳，反之，日軍佔領南京時，當地所發生之慘酷搶刧行爲 則日本實當認爲一種國恥 聞松井大將部下曾想盡種種方法，務求掩蓋日軍種種敗行，如屠殺解除武裝之俘虜及平民婦孺等 不使松井有所聞知 無如穢德彰聞日軍一部份下級軍官暗中行爲，松井雖未詳悉，然亦不能不加以懷疑，僅巴納號 案 已足使日軍正式進佔南京之光榮爲之掃地殆盡，彼日本者，無論個人或民族，向以豪俠武士道精神自誇於全世界者也 今日本在南京之所作爲 已使此種聲譽，完全掃地，杳日軍在南京之行動，雖往時中國盜匪佔領城鎮時之奸淫殺掠，亦無以過之 然日本當局 雖亦承認，欲取締此種暴行亦無從着手，凡此種種 在爲美德兩國留居南京人士所目覩，自十二月十四日外國記者離開南京之後 城內恐怖情形，當必有不堪設想者矣

而本月十四日夜間以至次日 城內日軍殘暴行爲，有非筆墨所能形容者 經兩日屠殺，至十六日日軍當局始乃開始加以注意 目前日本軍隊決不願任何國人士前往南京在長時期之內 必不許可外人赴京 然彼已在南京之外人則必將設法將此種恐怖事實向全世界宣佈 此種事實，一日獲得充分証明 則日本軍隊此次攻城克地迫令中國放棄首都，不僅不能獲得光榮，抑且在歷史中永留污點 日本人民其將悔之不及矣云，嗣述及長江英美砲艦被轟炸事件，該訪員則稱 轟炸各該砲艦之日本飛機，其根據地不在上海 亦不在日本航空母艦，而在極近之太湖水面 此種飛機，就一般而言 當與陸軍密切合作 當本月十二日清晨，日機自稱奉到命令，對於蕪湖與南京二城之間所有船隻，悉予以轟毀，此後來造成轟動全世界事件之來由也，該訪員之結論則謂，日本在遠東 原以法律秩序與正義之主持者自任其言雖不無過分之處，其在中國之種種行動，或亦可見諒于世，然自日軍進佔南京，出以種種暴行之後 聲譽遂乃一落千丈，卽向來贊成日本大陸政策者聞之，亦無不爲之變色矣，抑南京城內此種事變消息 傳至日本國之後，日本對于中國之預定計劃 亦不免受嚴重之影响 蓋任何國政府此後倘欲與日本言和 將益無可能矣 中國負有聲望之士 欲與日本合作者，此後亦將聞而却步矣 職是之故，中國人士此後倘欲與日本合作，則亦惟有寡廉鮮義之徒而已，且日本所佔領之多數城市中，中國人民紛紛撤退者無慮數百萬人，日本此種暴行 已使此等撤退之中國人民不敢重返其故土，因之日軍恐怖行動之結果，徒使其城市成爲不生產之丘墟云

（中央社南昌電）粘嶺外人方面消息，敵軍強佔南京後，姦淫擄掠，無所不爲，我國難民中四十歲以下男子被慘殺者達五萬人多

（中央社漢口電）上海所傳敵軍在南京大肆屠殺之報告，已由此間私人方面所得之南京消息 予以証實 可見巴納號之被炸，及英艦之被砲擊，均爲敵軍實行恐怖及屠殺之一幕 非僅中國軍民之所震驚，亦足使各列強爲之駭異也，我政界人士對於此事之感想畧如下述，由外人及私人方面所得南京報告，可見日本軍人中之少壯派現控制一切，不顧其長官之訓誡及命令，恣意橫行，造成恐怖，此等少壯派顯以爲外國記者及外交界均已離京，無人目擊其暴行 故對中國民衆益恣其荼毒，又聞南京難民區亦遭屠殺，難民區爲日方允諾保護之地，其中多爲貧苦無告 不能退走之非戰鬥員，竟亦不能免於刧運，尤堪痛憤，固有少數外交家及外僑重返南京，始將上項恐怖狀態之消息洩露于外，日軍入城後，殘暴行爲之經過係由中外可靠方面所得悉，據一般觀察此等暴行，將于日本對中華人民之侵畧史上永留暗焦 及血腥之一頁，又據日軍佔領下其他城市之官方報告，此等城市亦均遭同樣之屠殺，此等城市中之平民，或因惑於日軍領袖不傷害非戰鬥員之迭次聲明而未退走 此等平民遭日軍屠殺者不勝枚舉 據外人目擊者証實，上海松江間之各鄉村 遭日軍屠殺其狀尤慘 農民除先期逃出者外，幾於無一倖免，日政府對於此次戰役中 屢次聲明本非與中國人民爲敵，但爲推翻中國現政府以樹立東亞和平而戰云云，苟爲得中國之友誼及合作，必須藉助於殘殺中國萬千無辜之民衆 則全世界對于此一國家欲與中國人民携手，而先屠殺其同胞之倒行逆施將爲之駭異不置矣

——摘自《国华报》（广州），1937 年 12 月 26 日

京寇蹂躪市民

勒令臂刺「大日本」字樣

如有不從者則慘遭殘殺

【中央社新鄉廿五日電】中國紅十字會第八救護醫院救護隊隊長陳威伯等四人，日前由京逃出沿津浦路北上，廿四日過鄭赴漢，據談，敵自陷我首都後，唆使漢奸勒迫市民購買通行證，每份二元，並於市民臂上刺大日本三字，其有不從者，則遭殘殺云。

——摘自《扫荡报》（汉口），1937年12月26日

敵機昨日襲徐汴

并窺伺嵩縣欒城諸暨

廣九粵漢路昨亦被襲

（中央社）徐州廿六日電、敵機四架廿六日晨由日照海面起飛，經魯南蘇北竄擾，十時到徐，在東站投彈四枚，并散荒謬傳單、旋倉皇向東北逸去，計死傷平民四人，并將子房山之坟墓炸開，坟內屍裂成數段、

（中央社）開封二十五日電、二十五日下午敵機九架竄入汴市上空，經我射擊不逞竄去、

（中央社）洛陽廿五日電、廿五日下今經過嵩縣南竄之敵機九架，飛至欒城投彈二十餘枚，我方損失如[illegible]查中、

（中央社）洛陽二十五日電、敵機九架二十五日午由安陽南飛孟津新安宜陽竄嵩縣窺視，洛陽曾發警報，并未滋洛

（中央社）金華二十六日電、二十六日十時十分敵重轟炸機一架由熱山方面飛諸暨，在城內南通地方投彈六枚，燬民房三十餘連，無死傷，敵機旋向紹興方面逸北、

（中央社）廣州廿六日電、敵機共廿四架、今輪流轟炸廣九粵漢兩路，投彈數十枚，各站路軌略有損失、

（中央社）汕頭廿六日電、今日下午一時，敵機三架突至金門、飛襲南澳、旋在隆澳區投二彈、傷數人、被我空軍擊退、

——摘自《华西日报》，1937年12月27日

我移守桐廬新陣地

富春江昨日激戰

餘杭淪陷後百餘壯丁悉被敵屠殺

諸暨紹興又遭空襲

金華二十六日電：敵軍由餘杭正面進犯富陽、又以數千人偷越番龐嶺、旁襲在縣西十公里之青雲橋、展開激戰、歷六小時、我軍爲戰略計、破壞桐富間公路橋梁、於下午三時移入桐廬、某處新陣地、（中央社）

金華二十六日電：二十六日上午十二時敵數百人、由富陽繼續南犯、我軍誘敵深入二十里、始在富春江東及宜步村一帶羣山夾擊、斃敵二百餘人、毀敵汽艇二十餘艘、裝甲車數輛、獲機關槍三挺、敵受重創、又增援數百人至衛家塢、亦夾擊我宜步村陣地鏖戰六小時、下午四時我仍佔優勢、士氣盛旺、殘敵不難殲滅、

金華二十六日電：餘杭既陷、敵據縣城強逼該地壯丁扛運炮彈修築橋路、工成則加以屠殺、並囚草舍中焚斃、其殘暴行爲、世無倫比、事變時老弱多已他遷、一切足以資敵者、均破壞無遺、獨此再足資敵之壯丁百餘人、仍留四郊、多因生活所羈、蟄守田園、亦有用之軀、乃供敵驅策、既已慘遭殺戮、實令人痛心、（中央社）

金華二十六日電：二十六日上午十時敵重轟炸機二架、由蕭山方面飛諸暨、在城內南施道地方投彈六枚、燬民房三十餘間、無死傷、敵機旋向紹興方面逸去、（

——摘自《力报》（长沙），1937 年 12 月 27 日

敵機轟炸粵路續詳

新民埠落六彈傷斃七人

敵機連日迭犯廣九粵漢廣三各鐵路、投彈炸燬路基鋼軌多處、各情已誌前報、續查廿九日敵機兩次犯粵漢路南段、所投之彈多未命中、故無重大損傷、祇下午一時廿五分敵機四架、分作兩隊、二次發現於英德上空、盤旋移時遂向英德屬之連江口一帶投彈七枚多落於兩旁田野間僅炸崩路基十餘尺、震塌路旁電線杉、電話線折斷、又新民埠爲敵機二次投彈轟炸、是日適爲墟期、各鄉男女趁墟者甚衆、敵機六架沿鐵路北飛、至下午三時二十分有二架折回、盤旋兩匝、投下炸彈六枚、幸趁墟男女多已分散避匿、四彈落於墟內、兩彈落於田野、計得心茶樓之旁落一彈、該樓當被炸塌一部份、幷炸燬杉店一間、佃戶兩間、常堂炸斃平民三人、重傷四人、微傷者亦有數人、又近半月來敵機迭次投彈炸燬英德橫石銀盞坳各站商店、計英德站附近商店全部十七間均遭轟燬、車站未受重大損傷、至清遠橫石站則已傷燬甚巨、銀盞坳站除燬去外、尚存有電報室一座、又有商人搭運之桐油兩卡停於迎咀站、亦被敵機投彈炸燬、全數被焚、損失達二萬餘元(強)

——摘自《国华报》（广州），1937年12月27日

寇機昨襲徐州

前日一度飛至樊城投彈

【中央社徐州廿六日電】敵機四架，廿六日晨由照海面起飛經魯南蘇北窺察十一時到徐，在東站投彈四枚，北站投彈六枚，幷散荒謬傳單，旋倉皇向東北逸去，計死傷平民四人，並將子房山之坟墓炸開，坟內童屍裂成數段。

【中央社洛陽廿五日電】廿五日午經過嵩縣南竄之敵機九架，飛至樊城投彈二十餘枚，我損失在調查中。

【中央社開封廿五日電】廿五日下午三時，敵機九架，侵入汴市上空，經我射擊不達竄去。

【中央社金華廿六日電】廿六日晨十時十分敵重轟炸機二架，由蕭山方面飛諸暨，在城內南施道地方投彈六枚，燬民房三十餘間無死傷，敵機旋向紹興方面逸去。

【中央社廣州廿六日電】寇機共廿四架今日輪流轟炸廣九粵漢兩鐵路，投彈數十枚，各站路軌略受損失。

——摘自《扫荡报》（汉口），1937年12月27日

敵機分批

襲廣九路

（中央社）廣州廿七日電 敵機共四十二架、二十七日分四批轟炸粵漢路各站，投彈數十枚、各段路軌均受損壞，廣九路樟木頭塘頭廈兩站路軌亦被炸、但損失甚微、

——摘自《华西日报》，1937年12月27日

暴寇盤據下

安陽太原之現狀

男子被迫害婦女被奸淫

寇兵肆意搶掠羣醜獻媚

【鄭州通訊】盤踞安陽之寇軍，因被我平漢線左右翼遊擊部隊所包圍，現極度恐慌，寇軍下級幹部與士兵，鑒於當地民衆之武裝組織，加緊護土衛鄉工作，時常流淚感慨；並在地上，劃圈自立其中，表示困守死地，絕無生還之希望，倭寇時對士人表示，安陽正面有中國隊伍，左翼有義勇軍，右翼有高山，後面是大河，困守安陽之寇軍，士氣之消沉，由此可想而知矣。

寇將香月，日前在安陽召集所部，訓話，表示平漢綫兩翼勝利，自然有辦法，否則，祇有自逃生命，由俘擄寇軍之文件中，藉知與我軍在北戰場正面交綏之寇軍有北支軍，寺內部隊，松平部隊，遠山部隊，森田部隊，山下兵團，廣田部隊，鐵路第二聯隊，由此可見倭寇之精華部隊，均已調出，我軍若再支持相當時日，寇軍之崩潰乃無疑義，駐在安陽附近之寇軍，總計約二千人，多係爲虎作倀之僞蒙軍，既不能退卻，又未致南犯，處于進退維谷之寇軍，早晚，將爲我刀下鬼。

半月以來北戰場戰事沉寂，惟大部寇軍調度頻繁，企圖由大名以南進犯新鄉，內黃，道口，然後策

應安陽寇軍，包圍平漢線正面之我軍，此種陰謀，早被軍事當局，洞燭其奸，已有適當之軍事佈置，我××軍所轄各師防守平漢路正面陣地，第××師在湯陰一帶趕築工事，第×師第××師業經兼程南下，佈防道清線，嚴防堵截，寇軍雖想打通此線，不啻等於夢想。

寇軍在安陽西北强佔民田數百畝，闢空軍臨時根據地，近在北戰線上空施虐之寇機，均由此起飛，某夜我軍×部將該縣希金渠之水，灌引於寇飛機場，以一夜之功，淹毀寇機場，旋經寇軍强拉民夫搶堵，加以修理寇機現又可在該場起降

我軍事當局，頒發北戰線之破壞交通命令後，實蓮寺以南至汲縣之路軌，卽開始拆除，每日七里，每里築成戰壕十道，全由壯丁分段協同部隊動工，現已拆至淇縣以南，但拆去之鐵軌與枕木，多棄於路上，尚未妥善安置，而地方政府亦視若無睹，聽便軍除民衆搬去一空車站景象，更爲淒涼

安陽城自上月初失陷後，於五日下午寇軍大隊進城後，在小西門附近殺人約百餘人，斯時有老而不死之漢奸蕭瑞臣（係吳佩孚舊部），率王耀南等十餘人，持旗往迎，寇將高橋與翻譯龍某等廿餘人，進城後，卽住於旅館內，蕭瑞臣等卽奉高橋僞命，組織治安維持會，由蕭任會長，另選馬玉軒爲商會會長，僞維持會共分七班，（雜務，庶務，清道，衛生，賓傳，民生，收發）安陽居民均被迫按戶派人進城供差，違者卽處死刑

寇軍進城後，日夜姦淫搶掠，人民不堪其苦，城內十四歲以上，四十歲以下之婦女，均搜集於救濟院及大公學校內，前後送往者有三百餘人，門口由維持會派人看守，最初尚有日兵進出，現僅有寇軍官任意進人輪姦，婦女家屬概不准接見，聞年輕美貌之婦女，多被送至河北以供寇軍之獸行

寇將高橋於上月十八日上午十時，離安陽，寇將香月當日下午又從某地飛來，酒井亦曾來安陽一次，寇將到安陽後多往北關袁宅，寇軍迫令各商店開門，但大多開門，已被其破壞，開門者仍然甚少，雖有貨小吃者，每遇寇兵購買時，値價三元之貨，只給數角，或是一文不付，執之而去云。（十二，二十二•）

——摘自《扫荡报》（汉口），1937年12月28日

澳門西南昨晨砲聲

橫琴島敵兵登陸

搶刼糧食殘殺島民

港澳當局注意敵艦行動

【香港二十七日上午十一時發專電】二十七日晨金山輪由滬來港中途，至距澳十里處發現敵航空母艦一艘，巡洋艦一艘，運輸艦二艘，燈火全熄，企圖不明，港澳當局極注意。

【中央社廣州二十八日電】交通界息，敵艦四艘今日上午向距澳門約十里之橫琴島發砲十餘響，午後並派水兵百餘名登陸，刼掠糧食物品，慘殺島民甚衆。

【澳門二十八日路透電】日艦於今日侵晨砲轟橫琴島，（旋自巡洋艦一艘運輸艦一艘及驅逐艦兩艘上放下汽艇，牽引小船，）載運陸戰隊二百人，於橫琴島登陸。

【香港二十八日路透電】澳門居民今晨五時二十分被重砲聲驚醒，其地點約在澳門西南十英里，砲聲來自在橫琴島之南，前後共爲七發。

【中央社廣州二十八日電】敵機八架今日下午轟炸粵漢路河口站。廣九路樟木頭站，各投彈七八枚，路軌損壞甚微，並飛廣九路英段窺伺，但未投彈。

——摘自《大公报》（汉口），1937 年 12 月 29 日

▲敵機又向各地狂炸

廿八日共同通訊社上海電。日軍飛機是日又在華中華南各處狂炸。日本海軍代言人宣稱。日機曾向安徽省城安慶。廣東北部之南雄。及粵漢鐵路擲炸。廣東英德間之鐵路橋梁。聞已被炸毀。又浙江省城之金華。亦被轟炸。死傷三十人。毀壞屋宇一百三十間。。

——摘自《少年中国晨报》，1937 年 12 月 29 日

○倭機三十架炸攻廣州

卅日香港電云。是日有倭機三十架炸廣州。華方消息。謂其向各火車路及廣州市西北放炸。其中有甚多工廠。學校。及民宅。被毀樓宇約二十座。華美學校。商務學校。及女子學校。均被炸毀。當道謂斃人三十五名。內有五幼童。並有炸彈投于中山紀念堂。在石龍公路。有載客自由車兩架。被倭機開機關槍掃射。傷斃人。在廣州被炸毀之學校。有兩間爲美國人所辦。倭機似欲炸軍械局及政府所設之工廠。料死傷共約百人。三十日廣州電云。是日有倭機八架。炸廣州市外郊四十五分鐘。似欲炸毀軍械局云。。

——摘自《中西日报》，1937 年 12 月 30 日

○倭機炸泰安英德教堂

二十九日上海電云、在山東泰安之英傳教士。致電本處其教會之德機關報告。謂倭機於基督誕日炸攻該城、炸毀英國及德國之教堂、死傷數十人、倭機所投放之炸彈。約有一百顆。

——摘自《中西日报》，1937年12月30日

○倭寇聲言欲炸滅廣州市

三十日香港電云、倭機向華南多處放炸。傷斃平民以百計。廣東英德縣被炸死婦孺老幼百餘人。又於二十四點鐘內河南被炸三次。死傷衆多、橫琴島被倭海軍佔據、開始建築飛機場、預備爲轟炸廣州之根據地、澳門葡人當道已向倭寇抗議。謂該島爲中葡共管之地。有一倭軍發言人宣布、倘中國堅持其抵抗政策。則將廣州市炸滅。此爲日本之新年第一大目的云

——摘自《中西日报》，1937年12月30日

The Loot! Japanese soldier returning to Shanghai after the sacking of Soochow brings some bedding he has "found."

——摘自《工人日报》（Daily Worker），1937年12月31日

各地消息彙報

青浦

青浦張君、昨由青浦城中出發、徒步經莘莊渡浦江繞道浦東而來上海、談故鄉淪陷經過與近況、據謂青浦自十月七日起、連遭轟炸、受損房屋、幾佔全城二分之一、除炸毀者外、尚有被火焚燒者甚多、故現在城中、到處一片焦土、該處現已有維持會之組織、然尚不足以維持市面、蓋居民寥寥、全日無市、大多居於城外三四里遙之鄉村中、各家門戶、避難時均鎖閉而去、自失陷後、一般宵小、進城實行竊盜、各戶屋內存物、均被搬移一空、城內尚無日軍駐紮、惟有時派兵進城巡查、或在城堡守望、至城中受損及焚燒房屋、城中小學校舍、及公園內瞭望亭、東門汽車站大橋、均中彈炸毀、碼頭街源發醬園、及縣前街大東中央兩旅社、各中彈被燬、惟源發內進房屋尚完好、附近如張紹林房屋、及紀青橋董紀梅房屋、鐵店內邱姓房屋、及中央旅社隔壁陳姓房屋、或中彈炸毀、或波及損壞、又碼頭街從胡萬昌銅錫號起至千僧橋至、百數十間街市房屋、均被焚去、此處爲城中街市最熱鬧之處、亦即精華所在、損失當稱最大、惟胡萬昌房屋尚存在、又碼頭街河東沿岸房屋、自楊家橋起至楊滌凡房屋止、凡數十家、亦均焚去、惟薛仁甫房屋獨存、自太平橋晉豐和烟號起朝北至橋堍止、一帶市房亦焚去、又縣後街太和館附近市房、亦全焚去、公堂街許姓房屋被中數彈、炸毀極大、青中工場起至新橋止、一帶房屋完全焚去、廟前街沿河兩岸房屋、上岸自魚巷橋起至廟口止、下岸同上地段亦有焚去、亦有存在、其他如縣政府西周姓房屋、救火會外周姓房屋、均中彈被毀、聖人殿內外中彈最多、縣政府中數彈、兩旁班房被毀、縣黨部及土地局房屋均完好、縣立中學校舍及後面房屋中彈被毀、莊效饕房屋亦被毀、陸福生陸大峯房屋被燒、尚有其他各處房、均有炸彈中的、因不知姓氏、故不細述、

太倉

太倉失陷後、音訊久阻、旅滬同鄉莫不懷念若渴、近有該縣沈君及許君等六人由七丫口雇舟渡江至瑞豐沙搭輪抵滬、詳述該縣情形、據謂該縣城中慘遭焚劫、自縣警察局起至陸家橋至昔日繁華之區、今已全失成灰燼、損奇重、新塘岳王兩市、曾有日軍駐守、近已撤退、□民已有陸續遷回者、沙溪方面初時日軍時有過境、現因新築之汽車路已燬、故已改道運輸、目下並無日軍、至浮橋鎮上日軍絕未到過、其餘如毛市雙鳳直塘菑涇等處、亦皆安謐、上述各地、大半均有維持會之組織、商店均能照常營業、熱鬧不減當時、而尤以浮橋爲最、緣上述路線爲目下滬太交通唯一孔道、而該鎮尤爲必經之地也、並聞劉河方面近有楊某出組維持會、而城中顧某等亦將返鄉參加之說、尚待續報、各同鄉如欲得知本鄉詳細情形、可至南京路三二八號或撥電話九一一一九號與沈君接洽可也、

桐鄉

桐鄉人衞君、於本月廿四日由桐鄉動身、雇小舟行四日夜、歷盡艱辛、繞道經石門灣、濮院・海寗・紹興・而抵寗波、於昨日搭輪來滬、據述桐鄉縣城絲毫未受損害、城內外房屋均完好如初、人民當時雖有向四鄉暫避者、現已陸續遷回、市面一如從前、各種物品價格低賤、白米祗售三四元一石、城內外並無日軍駐紮、惟時有過境而已、維持會已產生、警察亦復崗、四鄉各鎮均安謐如昔、惟石門灣已成一片焦土、因當時該處曾有數日夜之激戰云、

海寧

（新聲社）海寧同鄉張君、廿五日自九里橋搭海船至餘姚、過乍浦洋面時、未見有日艦蹤跡、由餘姚附近倪家路登陸轉四門至馬渚乘火車至寧波、因事勾留二天、故至二十九日始乘德平輪來滬、據云海寧我軍二十二日撤退後、因城中居民、多避至鄉間未返、故商店多未復業、景象甚爲蕭條、硤石有少數日軍駐於天主堂、市上亦未設崗位、中小商店開門營業者、已達半、四鄉航船亦已開行、斜橋日軍在楮源盛百貨商店設司令部、各橋堍設有崗位、行人入市者、須經檢查後放行、絲廠已燒燬、附近亦有波及、至會龍橋・諸橋・丁橋・袁花・鄙鎮等處、均與平時無異、照常營業云、

無錫

昨有某君自無錫繞道來滬、據述無錫城外繁盛區域、均被炮火毀盡、城內一帶房屋、尚見完整、目下人心已定、並有紳士張揆伯等數人、出而組織維持會、貼出佈告、通知留在城廂之商民、開市營業、其他若沿錫澄路各鄉鎮、十之七八均遭兵燹、盜風亦極猖獗、稍有錢物而不及逃出者、皆被刦一空云、

平湖

浙江平湖旅滬同鄉會接到同鄉徐燧耕君之調查故鄉報告、伊於十二月十九日由滬動身、歷四日至乍浦、巡視城內、覺被炸最烈者、爲總管弄口毗連房屋數十間、次上新街係炮彈所毀、其餘會館橋堍毀一間、海產俱樂部一部份被毀、死難者祗有六人、平湖大小街被燒房屋、南廊下最烈、損失遠勝乍浦、查見屍體四十五具、共死一百餘人、尚在瓦礫堆中、無人料理、致爲野狗吞噬、日軍時來時去、由招待所派人招待、惟人數過多、未免時有糾紛情事、四鄉搶風甚熾、乍浦某公司曾盡力設法、曉以大義、使之就範、而弭此風、糧食現售每石六元、惟日用品甚見缺少、前有人到餘購辦、被當地軍隊誤會、被拘治罪、故日用品大感缺乏、經濟亦恐慌云云、

——摘自《新闻报》（上海），1938 年 1 月 1 日

倭寇在滬擅捕中外人士 並用暴力圖奪交通大學

中央社香港卅一日電：航訊：英僑莫干、卅一日晨在滬外灘公園被日領館巡警逮捕、尚有一華人一日人、同時解日軍司令部、聞係犯有偷竊日油船上貨物嫌疑巳軍當局對被捕人所犯罪名拒不宣佈但否認、與間諜有[illegible]又息此事經英總領向日領交涉後、莫干巳移英警察署

中央社香港卅日電：關係方面息、日軍曾至交通大學通知主持難民收容所之法人、謂將接收該校、以抵償同文書院被燬校舍、

——摘自《南宁民国日报》，1938 年 1 月 1 日

寇在杭滁姦淫擄掠殺 屐痕所至廬舍邱墟

民衆社桂林卅壹日電：本社隨軍記者桐廬電、廿八日雨雪霏霏、杭州難民紛紛過境、據謂倭寇到處奸淫掠殺、十三齡幼女至五十餘老婦均遭蹂躪慘死、并有婦女百餘名載運往[illegible]壹男子姦淫後郎用短刀刺死、屍骸遍地云

中央社徐州卅日電：江北各線、連日均沉寂、陸線無變動、

中央社徐州卅日電：路息、津浦南段、兩日戰況沉寂、敵盤據徐州者僅騎兵百餘名、因無車運輸、掏捕鄉民爲其拾運給養子彈違者槍決、敵跡所到、奸淫擄掠、無所不爲尤以知識青年截其捕獲者殺無赦、故滁州以南各大站村鎮被其鐵蹄蹂躪人煙稀少廬舍邱墟實爲有史以來未有之浩刦

中央社徐州卅日電：津浦北段戰事兩翼卅日無接觸鐵路正面聞我前線已移至黨參莊與崗山間之敵對峙、

——摘自《南宁民国日报》，1938 年 1 月 1 日

特別要聞

敵機四十六架昨乘元旦大施轟炸

十八架侵入市空發生陸空劇戰

廣九粵漢路同時被炸損傷頗重

我高射炮擊傷敵機兩架

昨日元旦、敵機四十一架、兇犴來犯、向廣九粵漢兩路大施轟炸、一隊十八架圖闖入廣州肆虐、我高射槍炮密集射擊、神勇異常、與敵機發生陸空大戰、相持半小時、卒將敵機兩架擊傷而遁、餘機倉皇向西北郊投彈後、即向西北潰竄、惟廣九粵漢兩路被投彈共達六十餘枚、損傷頗重、畧情已見昨日本報晚刊、茲將昨日敵機空襲詳情誌下、上午九時卅五分、本市防空指揮部接監視哨情報、敵機四架、發現中山上柵由南至北、向廣州方面進襲九時四十分、敵機四架又由唐家灣洋面飛出、乃於此時發出空襲警報、五分鐘後、敵機另一隊九架、到達

虎門、隨發緊急警報、同時敵機廿三架、亦發現深圳上空、由南向西北飛、九時五十五分、敵機九架由虎門飛到黃埔、六架向廣州疾飛、三架盤旋、十時敵機六架突從東南方侵入市區、三架爲一隊、俄有敵機十二架繼續而至、連前共十八架、圖在元旦當中闖入市區肆虐、斯時我防空部隊見敵機來襲、立嚴陣以待、俟敵機飛近炮火線後、即發高射炮瞄準向其先頭敵機轟擊、一連兩發、炮彈從敵機左右兩旁射過、敵機見我炮火準確、立分羣昇高、四架疾向東北飛、兩架則畧降低閃避、旣而四架、又飛到嶺南大學上空盤旋、企圖擲彈、而我高射砲又改變射程、連珠轟擊敵機在我炮火威脅下、無法投彈、乃分兩路衝出我炮火重圍、轉向西北飛、一時隆隆之聲、不絕于耳、未幾、後頭之敵機十二架、又圖侵入市區、但卒被我高射炮連發十數發轟擊後、迫得分作數隊、掠過東方繞飛西北、并用機關槍向下掃射、及放烟幕、藉爲掩護、由是發生劇烈之陸空大戰、十時五分

、敵機十數架、受我高射炮四面威迫下、退集西北郊、在七千公尺高空盤旋．時我高射炮仍不絕的射擊、炮彈頻頻在敵機兩旁爆炸、敵機左閃右避．急降疾昇．有如驚弓之鳥．飛航失其自如、相持半小時之久．卒將敵機兩架擊傷、當堂傾側．惜未着火墜落．兩敵機受創後、拚力掙扎、急離羣向東南駛遁、餘機驚惶未定．卽在西北郊胡亂投彈廿餘枚、漫無目標．悉落附近山地、敵機投彈後．意欲灣頭向東南飛、但被我高射砲射擊所阻、迫得再向北而襲粵漢路．十時十五分．敵機十六架飛到粵漢路新街投彈．隨再北飛、向源潭軍田投彈多枚後、始南飛、轉趨廣九路．同時敵機一隊五架．又由唐家灣飛出．聯同深圳發現之廿二架敵機、飛到廣九路南崗站

、盤旋一匝、卽連續投彈十數枚、幷向烏涌橫沙車坡東圃各站大施轟炸．計在該路肆虐之敵機．數達四十架之多、投彈共五十餘枚、路軌被毀不勝計數．尤以南崗烏涌兩站損傷最重、敵機投彈後．始相率出海、至下午十二時四十分、解除警報、又十一時四十分、有敵偵察機一架．由唐家灣飛出、到虎門及東莞盤旋、諒犯廣州之敵機被我擊傷遁逃失踪．未有飛回敵艦、亦未可料云（堅）敵機昨一日晨廿八架分爲數隊．向西北郊各鄉肆虐狂炸、死傷多人、查敵機第一次十時十分、十八架自虎門飛來、在北郊之三元里唐夏兩鄉投彈十四五枚、一時彈聲炮聲隆隆．兩鄉田基中彈十餘枚、三元里之客籍李宅洋樓、中彈兩枚、一落門前、一中中座、卽行倒塌．至東郊之横沙．新漢烏涌吉山大村岡等鄉田野、亦落四十餘彈．傷鄉民多人、至於吉山站則炸斃兩男子、一年約

卅餘許、身着黑士布衫褲被炸中腹部、站中之伙伕、年約廿餘許、身着士布衫褲、另一傷者陳潤（中）又（中央社）敵機共四十七架、昨（一）日分批大舉．轟炸廣九粵漢兩鐵路．及竄入市空北郊、幷往寶安縣投彈、詳情如下、上午九時四十分、九架在中山乾霧發現、至九時五十五分、廿二架在深圳發現、十時卅分、十六架又在深圳出現、均沿廣九路北飛、分數隊竄入本市．上空．及向粵漢路進犯、計入市空者共十三架．餘分向廣九粵漢兩路及寶安投彈、當侵入市空時．我防空部發砲密集轟擊、槍砲之聲．密如聯珠．該

批敵機不敢低飛、在北郊牛欄崗附近田野投彈十餘枚卽倉皇飛遁．其餘數隊在廣九路烏涌站投彈廿餘枚、該站房屋及路軌卅餘對、當被炸毀、傷斃數人、至進犯粵漢路之各敵機．在新街投彈四枚、及源潭以至英德各站廿餘枚．損失甚微．各隊敵機肆虐後、並飛往寶安縣城投彈數十枚．炸燬民房數十間．傷斃縣民甚衆、正午十二時四十八分全數向．南飛出海、

——摘自《国华报》（广州），1938年1月2日

廣州附近鄉區遭日機轟炸

（路透社二日廣州電）今晨廣州西北與東南之鄉區，爲日機襲擊，勢頗猛烈，廣州全城可聞砲聲與炸彈爆裂聲，惟廣州城內未有炸彈擲下。

——摘自《大晚报》（上海），1938年1月2日

特別要聞

敵機昨炸廣九粵路

虎門從化黃埔均有落彈
一隊經廣三路佛山窺伺

昨二日敵機廿一架，分三批起航來襲，繼續轟炸廣九粵漢兩鐵路，幷襲虎門黃埔，畧情已見昨日本報晚刊，茲誌詳情如下：

第一批 上午十二時廿分，敵轟炸機六架發現中山上柵天空，高度四千公尺，由南向北飛，本市防空指揮部得接情報後，以敵機有犯廣州模樣，十二時卅分即發出空襲警報，既而敵機分作兩隊，三架先行，三架隨後，十分鐘後，虎門上空發現敵機二架，疾向廣州飛，隨發緊急警報，

第二批 十二時四十四分 敵機八架由唐家灣飛出、經上柵到達虎門盤旋後、再向北飛、十二時五十七分、敵機六架飛到黃埔、經龍眼洞轉趨粵路進襲、一時五分第二批敵機八架亦到達黃埔盤旋一匝、六架經魚珠過龍眼洞繼往粵路 兩架則仕該處窺伺 未幾、乃向平崗墟附近投彈兩枚、當堂爆炸 損傷甚微 敵機投彈後、再飛到河南窺伺後 即折回而遁 俄而敵機六架發現軍田站、未有盤旋、沿鐵路經銀盞坳源潭各站 到黎洞上空 即向該處投彈十六枚、路軌頗有毀損、投彈後、即先後南飛、未幾、敵機六架又繼續而至、再向源潭投彈後 乃分隊而遁 一時卅分、敵機六架經本市 西方南飛、六架則循原路經魚珠飛遁

第三批 一時卅分 敵機七架發現中山上柵 由南至北、一時四十五分到虎門、盤旋窺伺 隨向附近某處投彈數枚、經我要塞炮轟後、即倉皇向東 飛 我要塞幷無損傷、旣而敵機七架由虎門經石龍到廣九路 石厦站上空、盤旋十分鐘、即相繼低飛向該站投彈廿餘枚、彈多落田間、路軌損失甚微、惟電線破炸斷 消息不通、虎門長途電話 亦同時停頓、迄晚尚未修復、四時十三分解除警報(堅)

(中央社)敵機共廿七架 昨(二)日分四批先後飛襲廣九 粵漢兩鐵路 從化黃埔各地投彈、正午十二時廿分 第一批敵機六架、第二批敵機八架、第一批敵機七架、第四批敵機六架、陸續在中山唐家灣上柵虎門深圳等 地上空發現、向北飛航、一隊在廣九路石厦站投彈十七枚、另一隊在虎門附近投彈數枚後、再飛黃埔某地投彈十餘枚、其餘一隊 則向西北進犯粵漢路、在橫石黎洞間投彈十餘枚、並在從化某地投彈數枚、我方畧有損失、其中敵機一隊逞兇後、飛經廣三路佛山一帶窺伺、未有投彈、至下午四時 十六分各隊敵機已向南飛出海 (又訊)昨二日下午二時許、廣九路石厦站上空突 發現敵機七架分成兩隊、一隊三架、一隊四架、在三千公尺天空盤旋、査昨日雲霧密佈天空、故敵機飛航甚低 在石厦站窺伺良久、即有五架再低飛二千公尺連續投彈廿五枚、一枚未發、餘均當堂爆炸、隆隆之聲、不絕于耳、但敵機師技術不佳、除兩枚落路軌外、餘均落兩旁田間、十石翻飛 陷成巨穴、毀鋼軌兩對、枕木六根、路基多處畧有崩陷 而電線則被摧毀甚多、敵機投彈後、曾低飛用機關槍掃射、但無傷人云、(年)

——摘自《国华报》（广州），1938 年 1 月 3 日

石龍上游

敵機炸沉電船 傷斃六十餘人

（惠州專員長途電話）行走省惠安寧電船、昨二日拖帶客貨渡兩艘、由省駛惠、下午三時、駛至石龍上游鐵江河面、突有敵機四架飛至、向之投彈轟炸、當堂將該電船炸斷兩段沉沒、隨用機槍向該兩客貨渡掃射、共傷斃六十餘人、下午七時惠州該電船公司據報、即派新廣源電船載同醫師開往施救、（知）

——摘自《国华报》（广州），1938年1月3日

○倭機兇炸廣州斃多人

一日廣州電（五）。是日有倭機四十架發現於廣州之西北。。炸天河飛機場及廣九鐵路。斃人民以百計。華人軍事當道謂損失重大。。有火車一架載有各國僑民三百零三名。內有美國人一百六十七。。到香港後。該鐵路始被炸。

廣州由朝九點至午。被炸多次。市西北之山間鐵路被炸毀。。乃被倭寇陸上飛機十九架及水面飛機三架所炸。。華軍高射砲繼續轟發。惟不中。

有美國教會所開々華美學校及協和女子學校。昨日幸免被毀。是日有炸彈四顆擲下其範圍內。惟損失尚微。。有十人受傷。斃者一人。。由美國近來所運到之醫藥亦被毀。

——摘自《中西日报》，1938年1月3日

大批寇機襲我贛粵肆虐

寶安縣城被炸平民死傷甚衆

南昌昨空戰擊落一寇機

中央社廣州一日電：敵機四十七架，今上午炸粵漢、廣九兩路，在廣九烏涌站投彈廿餘枚，路軌破壞甚重，粵漢新街、源潭、以上各站附近、亦落彈甚多，市區北郊牛欄、亦落彈十餘、無損、又寶安縣城亦被轟炸，毀民房卅餘間，傷斃平民數十人、

廣州一日電：昨除夕日、敵機仍復大行狂炸我粵漢兩路、一日、四次、計在各站共投彈數十枚、兩路軌被燬甚多、電話綫亦炸斷、

廣州一日電：今訊、粵省境有敵航空母艦兩艘停泊、一爲龍驤號、在唐家灣茶亭、海面十餘海里停泊、一在伶仃洋大萬山附近停泊、艦上、載有敵機、每日來轟炸各地者、均由該兩艦起航、至大鵰海面巡洋艦、亦有一二架飛入惠陽偵察、

廣州二日電：敵機十七架、今午分四隊進犯廣九路石廈站、粵漢[illegible]至黎洞各站、均投十彈餘枚、幷向虎門黃埔從化三地投彈十餘枚、

中央社廣州二日路透電：二日晨廣州西北與東面之鄉區、爲日機轟擊、勢頗猛烈、廣州全城可聞砲聲與炸彈聲、惟廣州城內未有炸彈擲下

南昌二日電：二日十二時、四十分、贛皖邊境發現敵驅逐機轟炸機、共十三架、向西南飛來、防空部據報、發出警報後、我空軍於白雲密佈中升空警戒、逾廿分鐘、敵機經鄱陽湖侵入市空、與我機遭遇、發生劇戰、敵方陣容完全被我擊散、其中一機負傷甚重、墜落、地點在調查中、所投彈六十餘枚、多落荒野、僅震壞民房九間、人無損傷

——摘自《南宁民国日报》，1938年1月3日

敵機昨襲粵

在東莞博羅轟炸

擊沉貨船死多人

敵水兵圖在閩海岸登陸未逞

【廣州三日下午六時發專電】橫琴島敵兵日增，係由三灶．上川．荷包各島移來。

【香港四日上午十一時發專電】敵犯唐家灣受創，三日敵機六架飛唐家灣猛炸報復，旋又飛石龍站附近投數彈，均落空。

【中央社廣州三日電】敵機六架今日分隊襲東莞，在縣道投彈六枚，另一隊向博羅縣屬百蓮湖附近溫源公司拖輪投六彈，幷開機槍掃射，除貨船一艘被擊沉外，另民船二艘船主及水手多人均失蹤，即時中彈斃命者三人。

【中央社廈門三日電】三十日下午十時許敵艦四艘向赤厝發砲四十餘響，圖掩護水兵登陸，經我軍擊退。

——摘自《大公报》（汉口），1938年1月4日

WAR DAMAGE IN CHINA

UNIVERSITIES AND SCHOOLS

WHOLESALE DESTRUCTION

TO THE EDITOR OF THE TIMES

Sir,—In my capacity as chairman of the Universities China Committee, certain information regarding the damage to universities and other educational establishments in China during recent military operations has come into my hands.

The information may be regarded as quite reliable and should be made known as widely as possible in Western countries. I therefore take the liberty of submitting to you a list, from which it will be seen that in the five cities of Tientsin, Shanghai, Nanking, Paotingfu, and Nanchang, three universities have been completely destroyed and 14 damaged. Fifty-three high schools have been destroyed or occupied; in addition, some 25 primary schools have suffered the same fate.

It is estimated that not fewer than 50,000 students are affected, and the material loss is believed to be in the neighbourhood of £2,000,000.

As the report from which I quote is dated November 15, it is inevitable that the damage is now far heavier, especially in Canton, which was hardly touched six weeks ago but has since been bombed on many occasions.

It is not to be expected that in time of war educational establishments will escape the attentions of airmen, or even of heavy artillery, but this wholesale destruction would appear to indicate that they have been regarded as especially desirable targets.

I am, Sir, yours truly,

NEILL MALCOLM,
Major-General.

——摘自《泰晤士报》（The Times），1938 年 1 月 4 日

○倭機炸隧道傷斃百餘人

四日香港電云。粵漢車路隧道被倭飛機放炸後遇火車經過而崩陷。乍少有難民四十二人斃命。六十八人受傷內有多數是婦孺云。

——摘自《中西日报》，
1938 年 1 月 4 日

武漢昨日遭空襲

敵機三十餘架由滬飛來
投八十餘彈我稍受損失

粵漢鐵路又被轟炸

【本市消息】中央社訊，昨日上午十一時五十九分，據報安徽廬江有敵機十九架向武漢飛行，經過桐城，於十二時四十分侵入湖北英山境界，到達羅田時，發現敵機計有三十二架之多，防空部當即先後發出空襲緊急警報，並令各防空部隊嚴密戒備，至一時二十分左右，敵機侵入武漢上空，我高射槍砲齊發，空軍亦升空迎擊，敵機投彈數十枚，倉皇遁去，我方無甚損失，防空部俟其去遠，至二時三十分始解除警報。

【中央社上海四日路透電】日海軍發言人今日下午宣稱，日海軍飛機由上海鄰近之機場飛往漢口，轟炸該處之機場云。

【中央社廣州四日電】敵機六架今日分兩次轟擊粵漢路黎洞橫石各站路軌。

【本市消息】敵機數架於四日上午十時間飛粵漢路舊橫石黎洞間轟炸，落四彈，均在二日晚二十二次車出軌地點附近，隨後又飛連江口擲彈多枚，路軌略有損壞。

——摘自《大公报》（汉口），1938 年 1 月 5 日

寇機三十二架
昨午襲擊武漢
投彈八十枚死六人傷廿三人
房屋炸倒三十九棟厥狀悽惻

昨（四）日上午十一時五十九分，據報安徽廬江有敵機十九架，向武漢飛行，經過桐城，于十二時四十分，侵入湖北英山境界，到達羅田時，發現敵機，計有三十二架之多，防空部當即先後發出空襲緊急警報，並令各防空部隊嚴密戒備，至一時二十分左右，敵機侵入武漢上空，我高射鎗砲齊發空軍亦升空迎擊，敵機投彈數十枚，我方無甚損失，防空部俟其去遠，至二時三十分始解除警報。（寅）

續據調查，四日下午敵機侵襲武漢時，曾先後投彈八十餘枚，漫無標準，但其彈落在裏河河邊及姑嫂樹張家墩等處藕地內甚多，受傷市民，已分送市立，中西，普愛等醫院醫治，又特三區轄內平民亦有三人被流彈擊傷，至下午三時解除警報，市面一切即恢復常態。

【中央社上海四日路透電】日海軍發言人，今日下午宣稱，日海軍飛機由上海鄰近之機場飛往漢口轟炸該處之機場云。

當寇機肆虐時，有寓積慶里五六號胡象賢者，身着白衣，登平台現望，警士認爲頗有嫌疑，當即拿獲，一般民衆，聞訊異常激憤，一時拳足加交，并送七分局訊辦，據記者調查以後，悉知此人爲中南銀行營業主任，現已由該行負責担保，據七分局局長張選登表示，此人或可釋放，惟胡象賢在寇機肆虐之前，竟身着顯明之衣出現平台，殊爲不宜，市民宜以此爲戒也。（子廿二）

——摘自《扫荡报》（汉口），1938 年 1 月 5 日

敵機炸東江船隻續聞

敵機二日轟炸省惠間來往船隻、各情經紀本報惠州專員長途電話 玆續接石龍方面訪員報告云、來往省城惠州之永同源公司輪拖渡、昨二日用安寧電輪拖客船一艘在前、貨船七艘分帮殿後 由省城開返惠州、一時四十五分、駛至東莞屬禮村附近白蕩湖河面、發現天空有敵機四架、啣尾飛來、該安寧電輪卽駛埋岸邊、以便搭客起岸躲避、未幾、敵機低飛窺伺、旋向安寧電輪大施屠殺、先用機關槍向下掃射、繼而投彈四枚、命中第二帮貨船兩艘、一艘被炸沉、一艘被炸爛、安寧電輪船頭亦被炸壞少許、當敵機轟炸時、船上男女搭客當堂被炸斃三人、炸傷數人、其餘鳧水逃走之搭客、被溺斃數人、査石龍方面搭客、被炸斃蛋婦一口名李氏、廿歲鐵塲人、重傷一口名黑女、十七歲石龍人、溺斃一口名譚氏、卅二歲石龍人、屍身未獲、昨三日炸斃李氏之屍體、運返石龍新街口、陳屍河邊、由死者屍親呈報石龍警察所備案殮葬云、（呈）

——摘自《国华报》（广州），1938 年 1 月 5 日

特別要聞

敵機六架

昨兩度炸粵路黎洞

昨四日敵機六架、分批兩次進襲粵漢路 向黎洞站附近投彈共廿餘枚、路軌畧有損傷、敵機投彈後、幷在廣武車出軌肇事之處窺察 有所企圖、惟各傾覆車卡早經工程人員分別絞起 拖帶別處、敵機以無所獲、始行飛遁、玆錄空襲情形如下、

第一次上午九時十五分、本市防空指揮部接監視哨報告、敵轟炸機三架發現中山上柵天空、高度五千公尺、由南至北、有襲廣州模樣、九時十八分發出空襲警報、九時五十五分敵機三架發現佛山上空、成品字形、未有盤旋、卽向東北飛、兩架先飛、一架隨後、九時五十九分、本市西方聞軋軋機聲、俄而瞥見敵機三架疾向北駛 幷藉雲霧掩護 遠避我高射砲威力之外、十一時廿分、敵機三架到達黎洞站上空盤旋一匝、卽向附近連續投彈十數枚 當堂爆炸、幸彈多落空、故路軌損傷甚微、敵機投彈後、在龍拱口窺察良久始南返、十一時四十分經軍田、循原路出海而遁、十二時十分解除警報

第二次下午一時卅分、敵轟炸機三 架又由唐家灣洋面起航、由南向廣州進襲、一時四十分發出警報、一時五十分敵機飛抵萬頃沙、乃發緊急警報、至二時十七分、敵機掠過西村向北飛、經軍田源譚到黎洞站 再向該處投彈七枚、三枚命中鐵路、毁路軌頗多、敵機投彈後、盤旋數匝、卽行飛遁 四時解除警報（堅）（中央社）

昨(四)日敵機六架、分上下午兩次轟炸粵漢路、第一次上午九時十分、敵機三架在中山上柵發現 向北飛、經萬頃沙順德 轉廣三路佛山、掠過本市西村、進犯粵漢路 飛到軍田滘江源潭黎洞橫石等地、隨在黎洞橫石間投彈數枚 路軌無損壞、至正午十二時 各敵機向南飛出海、第二次、下午一時廿五分、敵機三架、又在中山上柵上空出現高飛 向北飛經萬頃沙 轉往廣三佛山窺伺後、繼向北飛、隨在奇槎站盤旋 用機槍掃射、幸無傷人、旋卽向西北飛竄襲粵漢路、復在黎洞投彈數枚、路軌畧受損壞、至下午四時、敵機卽沿粵漢路南飛逃逸

——摘自《国华报》（广州），1938 年 1 月 5 日

昨敵機三架

槍擊廣三機車客車

（佛山專訊）四日上午九時半，佛山防空會接情報、有敵機三架，在唐家灣起航空襲，卽發第一次警報，四十分復發緊急警報，五十分卽聞機聲於南方，旋見黑色水面敵機三架，侵入佛山市郊，經新涌口飛向文塔脚而去，飛行甚低，約在五百尺左右，及飛至橫滘站下游，時適有廣三西上客車停於路軌，點頭站亦有東下客車停頓，被敵機所見，卽低飛盤旋兩週，用機關槍掃射數百响，約三分鐘，卽向北飛去，客卡及車頭彈傷多處，（殷）

——摘自《国华报》（广州），1938年1月5日

寇機兩隊

飛粵肆虐

百蓮湖民船遭殃

中央社廣州三日電：敵機六架、今日分隊襲東莞、在縣道投彈六枚、另一隊向傅、羅縣屬百蓮湖附近溫源公司、約共投六彈、并開機槍掃射、除貨船一艘被擊沉外、另民船二艘船主及水手多人、現失蹤、卽時中彈斃命者三人云

——摘自《南宁民国日报》，1938年1月5日

敵摧毀我教育

馬爾康爵士著文斥責

英學生募款協助我各大學

設法接濟我留英學生經濟

【中央社倫敦五日路透電】中國大學委員會主席馬爾康爵士函泰晤士報，題爲「中國教育機關之被摧毀」，該函于今日泰晤士報顯要地位刊出，筆者在該函中，對以下事實喚起各界之注意，卽天津・上海・南京・保定・南昌等地有三四處大學完全被日軍轟炸或焚燬，有十四所被破壞，中學校四十三所，小學校二十五所，完全被日軍摧殘佔據。失學之學生達五萬人，損失總數達二百萬鎊。馬氏謂此項消息，極爲可慮，西方各國均應迅速群知，在戰爭時期，教育機關自不能希望全逃免空軍人員之注意，或重砲彈之轟炸，但故意全部破壞之行爲顯示日軍之特殊視作有意識之目標也。路透社續悉全球學生會英國支會特別是英國大學區內，正發起一種運動，募集四千英鎊，贈作協助中國各大學之普通經費，現已募集二千九百八十一鎊，英支會又籌助在英之中國留學學生，蓋彼等因戰事關係，暫時已離接護家中之接濟也。

——摘自《大公报》（汉口），1938年1月6日

太原安陽

兩偽組織

韓謙蕭瑜臣等漢奸正活動中

寇在晉姦淫擄掠

【本報運城五日下午三時十五分電】寇在井積極籌備偽組織，强迫韓謙及曾某任正副主席，韓八十餘歲爲拔貢，並向附近每村莊强徵大中學業生三名，擬訓練利用，違則論罪，惟陽曲縣府仍在城北某鎮辦公，長城寇在崞縣指示維持會開村代表會，僅到三人，足見人心不死，寇在忻縣一帶，收集大批銅鐵軍用品裝汽車運往大同。

【本報鄭州四日下午六時電】（遲到）據報安陽漢奸首領蕭瑜臣受偽命組織河南偽政府，並兼安陽縣長，蕭某日前召該縣土豪李台，商收買當地土劣，擴大漢奸組織，並委李某爲偽剿匪司令，李某三日在該縣大寒鎮宣佈就任偽職，並由寇派員參加。

【本報鄭州四日下午六時電】（遲到）寇軍在安陽實行毒化政策，利用漢奸與毒犯送赴鄉間，以極低廉之價格，按戶兜賣毒品。

【中央社臨汾五日電】據運城電：（一）敵軍在大同一帶，擄獲青年婦女千餘人，運太原開化市等處迫令賣淫，以供日軍及偽蒙軍之獸慾，並將所得金錢，派員管理，以此項收入，作爲日軍及偽蒙軍發給雙餉之用，（二）敵在太原城外各要道之守兵對檢查行人，專以搜財爲目的，凡帶有財物者，無論多寡，均被盡數搜去。

——摘自《扫荡报》（汉口），1938 年 1 月 6 日

敵摧殘我文化機關

英名流發表宣言

呼籲遏止日侵畧扶持中國自衛

(五日英京電)中國運動會。現發表由著名科學家愛因斯坦氏。開人羅素氏。羅蘭氏及都威教授等署名之宣言一件。內中大致謂。茲因日人亂行破壞東方文化及維持人道和平與民政起見。同人等現建議由各國人民自動抵制日貨。拒絕沾軍實及運軍實於日本。幷停止助長日本之侵畧政策。惟同時則協助中國以自衛。直至日本軍隊退出中國及日本放棄其征服政策而後已云。(路透社)

(五日倫敦電)昨晚此間中國留英聯合會通電全國。懇求一致抵制日本。並將日人摧毀遠東文明之罪狀聲討云。(海通社)

——摘自《循环日报》，1938 年 1 月 6 日

粤漢路横石站
昨被敵機四架投彈轟炸
共投六彈僅傷路軌多丈
敵機沿途開槍掃射平民

〔廣州專訊〕昨五日上午氣候嚴寒、敵機未敢來擾、下午風勢稍停、陽光初放、照耀大地、敵機四架、即飛入境、來犯本市、下午十二時四十五分、發出空襲警報、接前哨電告、有敵機四架、在中山唐家灣發現、由南向北飛行、一時零五分、經過萬頃沙、續發緊急警報、一時二十分、抵虎門上空、仍向北飛沿廣九路至石牌、掠過白雲山、進襲粤漢鐵路新街軍田源潭、在琶江附近盤旋十餘分鐘後、依舊北上、至英德横石站、投彈六枚、再飛附近偵察、並開機關槍向各地鄉民掃射、幸無死傷、直至三時、敵機始行折飛向南經過廣三路順德出海回艦、本市於下午三時左右、解除警報、查粤漢路是日未有重大損失、僅傷路軌數對、即日可以修復通車云、

廣武車肇事地
復遭敵機轟炸

〔廣州專訊〕昨四日敵機又分上下午兩次空襲、除上午第一次在廣三路奇槎站截擊客車、及在粤路黎洞站投彈四枚、已紀昨報、詎下午又有敵機三輛在黎洞及横石兩站間之二晚北上廣武車出軌失事地點、投下炸彈一枚、幸無損傷、又在連江口與波羅坑兩站間、投彈三枚、並飛赴曲江環飛偵察一週畢、始收隊南返、

——摘自《循环日报》，1938年1月6日

敵機昨炸粵路橫石

經廣三橫滘掃射客車機車

昨五日上午大霧彌漫、天氣惡劣、敵機未有起航、至下午天氣轉佳、敵機遂再暴行、四架掠過白雲山進襲粵漢路、向橫石站附近投彈十數枚、畧情已誌昨日本報晚刊、茲誌詳情如下、下午十二時卅五分、敵轟炸機四架發現唐家灣洋面、自南至北、向廣州方面進襲、本市防空指揮部于十二時四十分發出警報、一時十五分、敵機四架掠過萬頃沙到達虎門、乃續發緊急警報、一時廿六分、敵機由虎門飛到河南盤旋、隨繞道白雲山而襲粵路、遠離我高射炮威力之外、二時許、敵機四架已經軍田銀盞坳到達源潭上空、盤旋數分鐘、乃北飛在橫石站附近投彈數十枚、路軌畧有損傷、敵機投彈後、南飛經西村轉過廣三路、到橫滘站適遇我西上客車經過、竟低飛用機關槍掃射、一連百數十發、幸未擊中車卡、幷無傷人、敵機肆虐後、窺察良久始出海飛遁、三時卅五分解除警報(堅)

(南海專訊 昨五日十二時四十五分、有敵機四架、由唐家灣起飛、經佛山、至三時二十分、循廣三路折回 到橫滘車站、見附近停有機車、即盤旋開機槍掃射 約共千發、廿一號車頭有四五十處中彈、汽喉機件被擊壞不能行駛、查該車係由三水駛省、當時搭客已落車四散、佛山站搭客聞槍聲、紛紛逃避、至三時四十分解除警報、又當時有由省駛往三水之客車、行至該處、亦被阻不能駛往云(幽)

——摘自《国华报》（广州），1938年1月6日

〇倭寇在杭州肆惡

五日上海電云。本處接得行人帶來之杭州消息。謂杭州曾經九日之搶劫，紛亂。及恐慌 至是日倭軍警始稍能恢復秩序。美國人所開設之學校及其住宅，並別國人之住宅 雖懸有其本國旗 及有倭軍官所標之字。禁止入內。亦被刧掠 。行刧者爲倭兵及華匪。所有店戶無不被倭寇刧掠一空。或用自由貨車，或驢馬，逼華人苦力爲之搬運，滿載贓物而去。在該處並無如倭寇佔據南京時之槍斃大批搶匪。

倭寇又在外僑所設之難民所擾犯華婦。消息傳出後，倭寇當道即派特別憲警駐於其間。始稍息。雖無外僑受傷害，惟有數次發生恐嚇事件。有一次倭兵掌擊法國天主教神甫之面，因有倭兵一羣入該教會所設之難民所，求取婦女，該神甫反對。倭兵即掌擊其面，幸有倭軍官二人到。將倭兵鞭打。並飭別倭兵拘之回營。有華女甚多逃往難民所以求安全。以泥滋塗面以掩其美，有百數華女藏匿於外人住宅及禮拜堂 所有政府之樓字學校。無不被倭寇刧刦。退出之華兵。先將電廠 飛機場 渡船之碼頭、電報及電話局毀拆 然後離去。食品均甚形短少云。

——摘自《中西日报》，1938 年 1 月 6 日

粵漢路又遭空襲

出軌列車竟被寇掃射

臨淮關被投彈

【中央社廣州六日電】敵機五架今日分兩路襲粵漢路，在黎洞橫石間共投彈十一枚，並用機槍向日前出軌列車掃射，路無損失。

【中央社徐州六日電】敵機三架，六日午飛襲津浦南段在臨淮關（在安徽鳳縣二十里）投彈十一枚，一架在蚌埠盤旋窺察。

【中央社徐州六日電】菏澤訊，敵機一隊，四日到菏澤大施轟炸平民死傷甚衆。

【中央社鄭州六日電】敵轟炸機一架，六日下午赴濬縣淇縣汲縣新鄉（均在豫北）等地窺察，旋即折回北去。

——摘自《扫荡报》（汉口），1938 年 1 月 7 日

寇軍獸行

【中央社臨汾五日電】軍息，據清源（在太原西八十里）穆家莊逃出人云，敵進佔清源時，又肆獸行，除所有民間財物被刦一空外，凡十二歲以上四十歲以下之婦女，均被蹂躪，幾無倖免，敵隊長松井，近復嗾使駐城內之偽軍，向地方偽維持會強索青年女子，供其獸慾，又敵在洪洞村郝同村郝家堡一帶村落，勒令每村出年少婦女二十名，限期送至祁縣，聞婦女之不甘受辱而自戕者，所在多有，情形至慘。

——摘自《扫荡报》（汉口），1938 年 1 月 7 日

圖洩我機炸蕪之忿

寇機昨日再襲武漢

死五十人傷六十二人

敵機於漫天陰霾之際，昨午又復結隊來襲武漢，以洩我空軍昨日轟炸蕪湖之忿，據負責方面宣稱，昨午來襲之敵機凡五十餘架，係經安徽桐城而入鄂境者，迨至英山上空乃分爲兩隊，一隊約二十架，逕向武漢進襲，一隊向西南方面飛去，進襲武漢之敵機，於下午一時左右侵入市空，此間先二十分鐘發出緊急警報，斯時三鎮已入靜止狀態，僅法租界內居民仍多由樓窗中探首外望，彼等目擊盤旋空際之大隊敵機以及各處發出密如聯珠之高射砲彈，迨後敵機乃分成數小隊，並自高空開放機槍，向市區掃射數分鐘後，武昌郊外之長虹橋以及漢口廣東醫院附近，均有小型炸彈爆發，離漢市約十五華里之姑嫂樹黃家灣及江灣等地，亦有炸彈落於污泥中，敵機旋即遁去，警報於下午一時五十分解除。（寅）

漢口方面

在第十二區團轄內單洞門附近投彈約三十枚，有一枚落在該地小湖內未曾爆發，二十四號左側空地落下一彈，亦未爆發，當派團員一名看守，并報告防空司令部設法挖出，震倒棚戶五棟，燒毀一棟，（估計損失約四千元，炸死者，單洞門十四號高文錫（四十歲）胡逢生（三十二歲）十六號高劉氏（四十三歲）孫孫氏（八十歲）三十四號後門無名男子，中山公園門首歐陽學庭（十三歲住觀音閣檢柴），一區團員陳國貞，寶豐路三號門戶紙路者無名男子二人，共計九名，受傷者單洞門十四號高戴氏（三十歲）高蘭香（五歲），十六號高仁山（十歲），此外輕傷三人，共計六人，協和醫院收到重傷楊先河，劉仲先，韓喜哲，張漢生，侯玉全，沈佑啓，馬清林，，萬石頭，無姓（死）葉光古，萬氏，周金山，戴氏，毛小明，欒友清，劉自和，高海濤，彭姓女孩，彭氏，高文啓，高胡氏，計二十一人，除戴氏，彭姓女孩爲當地居民，其餘十九人，住址均屬他處者，値寇機轟炸時，由區團長黨維率領全團員馳往投彈地點救護，當將重傷送往醫院 協和醫院診治，輕傷扶送返家（子，丑二）

又訊：諶家磯落五彈無損失。（子）

武昌方面

敵機二十七架，侵入武陽上空，在武昌南洲附近長虹橋連湖堤一帶投四彈，燬房數間，死四人，中正路機槍掃人，無損傷，中正橋附近落一彈水中未炸，望山門落一彈未炸，陸家街落一彈無損失。統計燒燬棚屋十餘間，震倒房屋三十餘重，被炸斃居民三十六名，內有警士一人，兵士一人，婦女十六人，男子十三人，小孩四人，和尚一人，被炸傷居民四十六人，其中有五人抬至醫院即因傷重斃命

所有受傷居民，當場均經武陽防護團長蔡孟堅氏，督率救護隊分別救護，送往重傷醫院及省立同仁等醫院醫治。已斃居民，有家屬者，已由家屬分別掩埋，其餘無主屍首均由七區掩埋隊備具棺木，收殮掩埋。被難居民已由紅卍字會在該處設立臨時難民收容所，予以收容，破壞電線，均經武陽防護團直屬電務隊動工修復，其未爆發炸彈除派警看守外，已報請警備司令 派工兵前往起出，聞被炸斃警士家庭景況極爲貧寒，省會警察局長蔡孟堅決予從優撫恤云。（子）

——摘自《扫荡报》（汉口），1938 年 1 月 7 日

敵炸惠廣輪

續獲屍骸廿餘具

前二日午敵機四架、在東莞屬白蓮湖河面轟炸安寧惠廣輪渡八艘、當場炸斃人命卅餘人、沉沒渡拖三艘、詳情已誌前訊、昨四日據逃生搭客者稱、查是日晚由省落渡上惠搭客、計有男婦孺子三百餘人之衆、於當日遇難時、搭客在驚駭倉惶之餘、各自躍水逃生者、不知幾許、且敵機低飛、乘搭客秩序零亂時、不斷放槍機掃射、均多命中、江水變赤 當千鈞一髮之際、其胆小搭客躲伏船艙、幸獲保存生命、安全抵惠者、人數祗約一百卅餘人、其餘白餘人失踪 料被敵機轟斃或溺斃無疑云云、記者再向輪渡永同源公司調査、據稱三日午派船在肇事地點 繼續打撈屍體、在白蓮湖河面附近撈獲屍體廿餘具、四日早潮退後、又在該處沙坦河中撈獲七具、皆有槍傷痕跡、現仍繼續打撈云、

——摘自《国华报》（广州），1938 年 1 月 7 日

瓊海敵艦

砲擊儋縣洋浦港

（瓊崖專訊）去月廿七日瓊海突駛來敵艦兩艘、一艘游弋於文昌抱虎角・一艘停泊於海口港門 廿八日廣州灣法國巡洋艦一艘 亦駛來海口、敵艦即夜他駛、情形已誌前訊、廿九日下午七時半 敵艦在儋縣白馬井沿岸、以探海燈射照岸上鄉村 八時復駛至洋浦港、 瘋狂發炮二十餘响聲附近鄉村及漁船、炮燬屋宇、傷斃人民 轟沉船艇甚多 臨高縣長吳景超儋縣縣長何承天會同派員調査、廿九晚兩縣長已有報告、

——摘自《国华报》（广州），1938 年 1 月 7 日

敵機昨兩度炸粵路

橫石黎洞連江口間均落彈

掠過佛山沿廣三鐵路窺伺

昨六日敵機 分上下午兩次轟炸粵漢鐵路 向橫石連江口兩處投彈十數枚 路軌頗有損傷 敵機并乘襲粵路之便 飛廣三路窺察，然後出海竄遁 畧情已誌昨日本報晚刊 玆將詳情分誌如次、

第一次 上午八時卅分、敵轟炸機三架 在中山上柵發現 高度五千公尺、由南向北飛 本市防空指揮部接監視哨情報，八時四十分即發出警報，九時零三分、敵機三架到達虎門、向東北飛、隨發緊急警報 敵機初有進襲廣"路模樣、惟後又向西北飛 經河南掠過本市西村 直撲粵漢路 十時卅分敵機三架到 源潭上空 盤旋廿分鐘、再北飛經滙江到橫石站 向該站附近投彈八枚 當堂爆炸、路軌畧有損傷、敵機投彈後、即南飛循原路飛逸、十二時解除警報

第二次 下午一時卅分、敵轟炸機兩架"出現唐家灣上空、由南至北、隨即發出警報、一時四十五分、敵機到達萬頃沙 乃續發緊急警報、俄而轉經順德大良 二時掠過佛山 沿廣三路窺察、并繞經本市西方北飛、三時廿五分、敵機兩架由軍田經滙江橫石黎洞 到達連江口 盤旋一匝、即向該處投彈六枚、路軌頗有損傷、路基亦有多處崩陷 敵機投彈後、仍在花縣盤旋始經白雲山出海飛遁 四時廿分解除警報 （堅）

（中央社）敵機五架、昨（六）日兩次侵犯粵漢路 第一次、上午八時五十五分、敵機三架在中山上柵發現、由南向北飛、經萬頃沙黃埔 藉雲高飛、橫過本市西濠口、到西村軍田連江口英德等處上空、在橫石黎洞間投彈七枚、并開機關槍向該處出軌之列車掃射、旋於正午十二時五分、即南飛經源潭新街虎門出海、第二次、下午一時四十分、敵機兩架在唐家灣出現、向北飛經虎門佛山軍田滙江、到連江口黎洞間投彈四枚後、飛從化上空盤旋窺伺、未幾飛花縣、到芳村後 兩敵機于下午四時二十五分 藉雲掩蔽逃竄、隨在虎門發現、向南飛出海、

——摘自《国华报》（广州），1938 年 1 月 7 日

日機又襲漢

目標仍爲飛機塲

▲路透社六日漢口電　本日漢口又遭空襲、日本轟炸機二十二架、驅逐機十六架、今日午後出現天空、以飛機塲爲目標、十二時二十分警號朗鳴、逾二十分鐘後、日機羣自西北飛來、共三十八架、成密集形、經武昌天空飛渡長江、向東北疾駛、高射炮齊發迎擊、天空滿佈彈烟、惟日機無被射中者、日機到後、即分爲數組、其中十五架飛向東南、餘者分爲兩組、向此間飛機塲進襲、時塲中有中國飛機數架、但除正在修理中之一架外、餘皆於警報初鳴時、相繼飛起、日機共投彈三十餘枚、僅毀在修理中之中國飛機一架、並在塲中炸成彈穴多處、此外無所損毀、炸彈有落於塲外八百碼至一哩之處者、致炸死人民十四、傷二十一、中正路之三洞門（譯音）即漢口貧民區所在、有炸彈墮下、事後路透訪員往視其地、則凄楚景象觸目皆是、死者五女•八男•一孩、此孩爲機關鎗彈洞穿其胸、以致斃命、武昌亦有炸彈擲下、此爲中日衝突後之第一次、武昌飛機塲附近之正虹橋（譯音）落彈數枚、蓋日機以武昌飛機塲爲攻擊之目標也、武昌有無死傷及損失幾何、現尚未悉、漢口警察局長陳希曾謂、今日午後日機所擲炸彈、大都各重二百磅云、鄉人數千於日機去後、擁至漢口飛機塲視察彈穴、並尋覓彈片、至暮始散、故通至飛機塲之大路、甚形擁擠、民衆咸呈興奮之象、談笑而行、炸彈一枚、似曾墜於湖中、湖魚多被轟至岸上、行人爭先取之、

▲國民海通社漢口六日電　日本空軍今日下午大規模轟炸漢口、當日機自西南方面高飛入漢時、中國高射炮全體發動、密集射放、但未能阻止日機越過漢市中心、到達飛機塲、在短時間內投彈約五十投、雖高射炮射擊極密、但並未擊落敵機一架、武漢市民秩序絕佳、當警報一響、人民均魚貫入防空壕掩避、下午二時四十五分解除警報、據官方發表申明、參與空襲之日機共二十四架、其中十八架着重轟炸飛機塲及城外無線電台、飛機塲雖損害甚大、但尚能應用、無線電台並未炸中、僅附近房屋被炸起火、無辜市民炸死十四人、傷者二十一人、其餘飛機六架、則轟炸武昌附近粵漢鐵路之鮎魚套車站及城外五哩南湖（譯音）之軍事障碍物云

——摘自《新闻报》（上海），1938 年 1 月 7 日

敵機卅架炸擊漢口武昌

漢口六日電。敵轟炸機卅架今日炸擊漢口。及武昌飛机場。國軍謂敵機此來。係因國機昨日飛蕪湖炸燬敵机六架。特飛漢口謀報復云云。今日空襲爲本週內第二次。敵機謀炸漢口無綫電台。但未命中。只傷斃附近之婦孺云。

據外方消息。漢口今日又遭空襲。倭轟炸機二十架。由戰鬥機掩護。謀炸漢口飛機場。及無綫電台云，

—聯合通訊社—

——摘自《三民晨报》，1938 年 1 月 7 日

○倭機炸漢口之死傷調查

六日漢口電云，本處是日被倭機放炸，爲自開仗以來被炸最慘者之一。於二十四點鐘內倭機來炸二次，倭軍遣大爆炸機二十二架，以戰鬥機十六架隨護。擲放炸彈以噸數計。。致多處起火。平民死傷頗衆。。據當道向商店及住宅之廢堆中調查後宣佈。被炸死者十四人。。傷者二十一。飛機場附近之醫院亦被炸。飛機場及無線電台被擲五十彈，高射砲密射不中云。

——摘自《中西日报》，1938 年 1 月 7 日

寇機昨飛武漢肆虐
投彈數十死傷平民百人

中央社漢口六日電：：六日此間約日陰霾 但敵因我空軍轟炸蕪湖，遂派大隊飛機飛武漢轟炸、以資報復 據負責方面稱 六日[illegible]、襲武漢之敵機、由皖楠城起飛時、真有五十餘架、至鄂境英山上空、乃分為兩隊 一隊約廿架、向武漢進襲 一隊則向西南飛去、進襲武漢之敵、機於下午一時左右、[illegible]兵在武昌郊外之長虹橋、及漢口廣東醫院附近并離漢市約廿五華里之姑嫂樹：黃家灣、江灣等處投彈、并用機槍自高空擺射、經我高射途連續轟擊 旋郎、飛去、事後調查、武昌方面計破毀岸屋廿餘間、死平民亦名、傷四十六、電燈電話纜亦被毀壞 但立郎派工修復 漢口方面、焚烤茅屋四間、死平民十人 重輕傷[illegible]二人、市郊姑嫂樹黃家灣方面、彈均落汚泥中、[illegible]爆炸、故無損失 共計敵機今日在武漢共投彈約四五十枚云

——摘自《南宁民国日报》，1938 年 1 月 7 日

寇在定縣
虐殺教士

【中央社鄭州七日電】據報敵在定縣虐殺法教士數人，平法領館當局頗爲震動，刻正謀應付辦法。

——摘自《扫荡报》（汉口），1938 年 1 月 8 日

敵機兩架

昨午再炸粵路橫石

昨七日下午二時卅五分、本市防空指揮部接監視哨情報敵轟炸機兩架、發現中山上柵、高度七千公尺、自南至北飛 有襲廣州模樣 二時四十五分發出空襲警報 二時五十五分、敵機兩架到達萬頃沙、隨發緊急警報、三時零七分、敵機由萬頃沙轉經陳村、掠過勒竹、溯江而上、未幾、河南乃發現敵機兩架、旋繞飛本市東部 疾趨粵漢鐵路、三時四十五分 敵機經軍田源潭各站達橫石上空 旋盤數匝、即向該處投彈六枚 路軌略有波及、敵機投彈後、仍在花縣一帶盤旋窺伺良久 始向南飛 循原路經江佛公路出海而遁 四時四十分解除警報(堅)又(中央社)昨(七日)下午二時四十五分、 敵機兩架、在中山上空出現、向北飛經萬頃沙、到陳村及飛西村源潭、 在粵漢路橫石站附近投彈數枚 路軌略受損壞 敵機逞兇後、經花縣佛山飛南、至下午四時四十分已飛遁出海、

——摘自《国华报》（广州），1938年1月8日

寇在橫琴島

大施屠殺

【本報香港八日上午四時四十五分電】魚(六日)寇兵百餘名由四寇艦向橫琴島登陸，島民預先移去可用物品，寇劫掠無所得，屠殺更烈，寇晚回艦、留偽軍三十餘在島。

——摘自《扫荡报》（汉口），1938年1月8日

武昌遭空襲 傷亡慘重

◎漢口七日國民海通社電、日機昨日下午大規模轟炸武漢之結果、無辜市民、死傷甚大、據最後所得消息、單武昌一地、被炸死婦孺五十六人、重傷者六十四人、建築完全摧毀者計達三十所、武昌南站、亦落一彈、死一崗警及市民數人、但車站及路軌、併皆無恙、武昌傷亡慘重之原因、據稱係武昌飛機場與稠密住宅區相毗連云、

◎漢口七日國民海通社電、昨午日本空襲武漢之損害、較一般人所想像者爲大、武昌飛機場距中國人居住區頗近、因之炸死者有五十六人之多、其中幼童十一人、完全被焚之房舍在三十家以上云。

◎漢口七日國民新聞社美聯電、據此間政府方面今日消息、昨日日機飛來此間轟炸之結果、被炸斃命者共十四人、傷者二十一人、來此轟炸之日機、共日本轟炸機十八架、及驅逐機五架、飛至此間上空時、高射砲聲雖不絕於耳、然該飛機等仍以作戰姿態、投下炸彈無數、擊中飛機場附近廣東醫院及武昌黃鶴樓無線電台、同時機場上之飛機庫亦有數處被毀、機場附近之店舖、亦有數家被轟中、昨日日機來炸時、天色雖甚陰霾、但以日機飛行僅有七千呎高、故望之極爲清晰、高射砲射擊雖較前準確、但結果並無日機被擊中者

◎廣州六日國民新聞社美聯電、此間今日空氣、曾數度緊張、因日機飛來多次、準備作大規模之活動、然城內秩序、尚稱安靜、粵漢路之黃河車站已被炸毀、日軍以九龍至漢口一線爲目標、投下多量炸彈、日空軍第一次轟炸時、約在晨八點三十分時、此間發見日軍飛機一隊、在三灶島及虎門砲台上空、及至警報解除後、下午尚有一度恐慌、計有日機十八架、於昨日下午飛至廣西、至於一切詳情、暫時尚未得悉云、

◎漢口七日路透社電、日機二十餘架、今晨十一時五十分轟炸南昌飛機場、惟據中國官場消息、毫無損毀、

——摘自《时报》（上海），1938 年 1 月 8 日

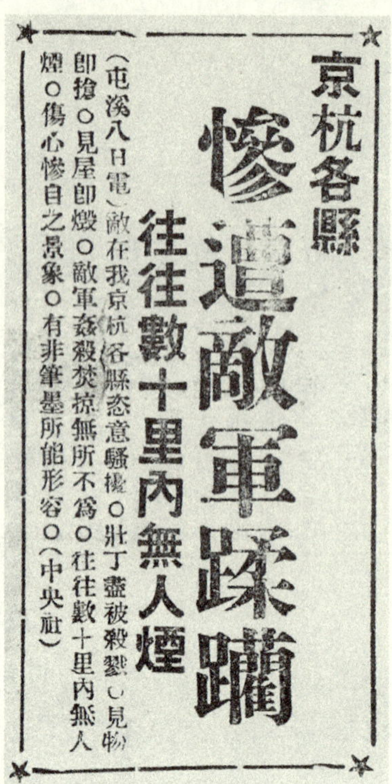

京杭各縣

慘遭敵軍蹂躪

往往數十里內無人煙

（屯溪八日電）敵在我京杭各縣恣意騷擾○壯丁盡被殺戮○見物即搶○見屋即燬○敵軍姦殺焚掠無所不為○往往數十里內無人煙○傷心慘目之景象○有非筆墨所能形容○（中央社）

——摘自《循环日报》，1938 年 1 月 9 日

敵機十四架

昨分批兩襲粵漢路

橫石黎洞投彈廿枚路軌被毀

二架飛莞樟公路大朗墟轟炸

昨八日敵機十四架、分批由唐家灣飛出、兩炸粵漢路及襲莞樟公路大朗墟 客情已誌昨日本報晚刊、茲誌詳情如次、

第一次 上午七時四十七分 本市防空指揮部接監視哨報告、敵轟炸機三架、由唐家灣洋面飛出、南向北飛、七時五十五分發出空襲警報、八時零五分、敵機三架到達虎門 隨經黃埔、繞道龍眼洞、進襲粵漢路、八時五十五分、敵機到達橫石站上空 盤旋窺伺數分鐘後、續北飛 在英德飛翔良久、九時五十分南返 經黎洞站投彈八枚、許軌頗有損傷、電線亦畧有波及、敵機投彈後 曾往從化窺伺、幷用機關槍低飛掃射 但無傷人、十時南返經軍田 隨掠過西村轉黃埔出海、十時四十五分解除警報、

第二次 下午一時五分敵轟炸機兩架 起自唐家灣洋面、由南向北、一時十分發出警報 一時廿分敵機飛達虎門、隨發緊急警報 俄而敵機由虎門到黃浦盤旋 又轉過魚珠窺察良久 始經白雲山折回飛遁、一時四十分、第二批敵機六架、繼由唐家灣飛出 一時五十分到虎門、盤旋一匝 即轉向東飛、經太平過東莞 沿樟莞公路窺伺 二時卅分向公路大朗墟（廣九路土塘站附近）連續投彈十數枚 民房毀塌數拾間 平民死傷極衆、敵機投彈後、意猶未足、仍低飛用機關槍掃射 肆虐良久、始經寶安出海、同時第三批敵機三架、亦由唐家灣起航、經萬頃沙到虎門 二時零二分飛抵魚珠盤旋、一架折回 兩架則掠過本市東郊、繞經白雲山 直撲粵漢路、二時廿分到軍田、再經源潭、潖江各站、向横石黎洞兩站間連續投彈八枚、路軌頗有損傷、敵機投彈後、即南飛逃逸、三時廿五分、經白雲山圖侵入市區 斯時我高射炮隊即發炮轟擊 兩敵機一聞炮聲、倉皇異常、即急向南而遁、四時十五分解除警報．

敵機一架窺伺博羅 又十二時卅分、本市接博羅特情報 謂有鼻聲兩引擎之敵機一架由在此處上空發現、飛航極低、距離地面僅一千五百公尺 盤旋窺伺良久 始向南飛去（堅）昨八日敵機兩度飛襲粵漢路 向黎洞横石兩站投彈多枚 毀路軌甚多、查上午八時五十分 敵機二架發現[illegible]上空、盤旋一匝、即向附近投彈八枚 四枚落田間、泥土翻飛、陷成巨穴、三枚中鐵路、毀路軌廿餘尺、枕木十根、另一枚則落鐵路旁、無甚損傷、至下午一時五分、敵機兩架又由唐家灣起航、飛到粵路潖江站、窺伺數匝、二時五十分向横石黎洞兩站間龍拱口之處投彈六枚、三枚中鐵路、三枚落水、除路軌枕木未有相當損毁外、適有南下某列車駛經附近爆炸時當堝將煤卡一輛炸毁 餘無波及、幷炸傷路工一二名云（年）又（中央社）敵機共十四架、昨（八）日分兩次進犯粵漢路 及東莞至樟木頭之莞樟公路、詳情如下、第一次、上午八時、敵機三架在唐家灣發現、向虎門飛赴粵漢路潖江口、進犯黎洞 在附近投彈多枚、復往連江口上空盤旋窺伺、旋于十時五十分飛返、歷、軍由江村黃浦出海、第二次、下午一時、敵機共十一架、分爲兩架六架三架三隊、先後在中山縣上柵唐 家灣等地發現、其中兩隊 敵機五架飛向粵漢路潖江口 至連江口間投彈十餘枚 路軌畧受損壞、即向南飛、敵機六架之一隊、則飛向東莞至樟木頭之莞樟公路投彈十二枚、路基畧受損壞 各敵機于下午四時卅五分已 全部南飛出海

——摘自《国华报》（广州），1938 年 1 月 9 日

日艦在瓊崖島
發炮轟擊我貨船

▲海口八日電 貨船五艘 在瓊崖島文昌屬之海面、突被日艦發炮轟擊、其中一艘被擊中、死童工二人、傷一人、其餘各船工下水逃生、日艦放出汽艇、盡將各船糧食取去、幷斬斷船纜、任其漂流、

——摘自《新闻报》（上海），1938 年 1 月 9 日

Japanese

NANKING INVADERS EXECUTED 20,000

Mass Killings by the Japanese Embraced Civilians—Total of Chinese Dead Was 33,000

THE CONQUERORS RAN WILD

Deep-Rooted Hatred Instilled by Barbarities—Burning by Chinese Caused Vast Loss

By F. TILLMAN DURDIN

By Air Mail to THE NEW YORK TIMES.

SHANGHAI, Dec. 22.—The battle of Nanking will undoubtedly go down in history as one of the most tragic episodes in modern military annals.

In defending the city as they did—against all the dictates of modern military strategy—the Chinese allowed themselves to be trapped, surrounded and wiped out to the number of at least 33,000, about two-thirds of their army there. Of this number, it is estimated, about 20,000 were executed.

The siege as a whole was feudal and medieval in many aspects. The Chinese defense within a city wall, the wholesale Chinese burning of villages, mansions and populous business districts for miles around the metropolis and the slaughter, rape and looting by the Japanese after their occupation of the city all seem to belong to a more barbaric, vanished period.

In losing Nanking the Chinese lost more than the capital of their country. Their army lost invaluable morale and thousands of men. Chinese forces who had fought a frontal battle against Japanese from Shanghai up through the lower Yangtze Valley were shattered, and it is doubtful if they can be rallied again for effective mass resistance against the Japanese military machine.

For the Japanese, the capture of Nanking was of paramount military and political importance. Their victory was marred, however, by barbaric cruelties, by the wholesale execution of prisoners, the looting of the city, rape, killing of civilians and by general vandalism, which will remain a blot on the reputation of the Japanese Army and nation.

City Vulnerable Geographically

To understand the indefensibility of Nanking it is necessary to note that the city lies in a bend in the Yangtze at a point where the river turns from a northward course and flows east. It can easily be seen that a defending force occupying only the area within the city walls and the immediate suburbs could be surrounded on three sides by an attacking force gaining possession of the right bank of the river both above and below the city.

Knowing the concentrated attacking power of the Japanese, the Chinese military leaders should have realized the ability of the invaders to do this, as, indeed, they did, by breaking through and capturing Wuhu and points between Wuhu and Nanking fully three days before they entered the walls of the former capital. Having advanced in the first place along the right bank of the Yangtze above Nanking, the Japanese, after having taken Wuhu, were able to press in upon Nanking along a semicircular front converging upon the city at all points except from the Yangtze river side.

It might be argued that the Chinese could have relied upon exit in case of need through the waterfront district and across the Yangtze. Into this waterfront, or Hsiakwan, section, the Hsiakwan gate gives access. Reliance upon the Yangtze outlet was unwise primarily because of the likelihood that the Japanese fleet—despite the booms intended to bar its passage below Nanking—would eventually in the course of the siege by the Japanese Army arrive off Hsiakwan and make escape by the Chinese over to the left bank of the river impossible.

No Retreat Was Contemplated

It is evident that the Chinese command never contemplated that any but a few thousand of the defending Nanking troops could evacuate across the river. The absence of all means of conveyance across the river except a few junks and steam launches throughout the siege period was proof of this.

Indeed, the conclusion is inescapable that statements of Defense Commander Tang Sheng-chi and division commanders subordinate to him—made before the siege—that no Chinese withdrawal was ever contemplated were sincerely meant and were expressions of the real intentions of the Chinese command.

In other words, the Chinese command, fully realizing the practical certainty that the Chinese Army would be completely surrounded in the walled city of Nanking—trapped like rats while Japanese land and naval artillery and airplanes would be in a position to pound them to pieces—chose voluntarily to place themselves in just such a situation, apparently with the intention of making the capture of the city as costly to the Japanese as possible in a final heroic gesture of the kind so dear to the Chinese heart.

The disgraceful part of the whole business is that the Chinese command proved lacking in the courage needed to carry through their oft-announced and apparent intentions. When Japanese troops had succeeded in breaking over the southwestern wall and while the Hsiakwan back door was still open, though threatened by a rapidly encircling Japanese Army and the approaching fleet, General Tang and a few close associates fled, leaving subordinate commanders and well-nigh leaderless troops to the mercy of a hopeless situation, which probably had never been explained to them in the first place.

Officers Were Uninformed

Tang Sheng-chi made his getaway at 8 o'clock Sunday evening, Dec. 12, doubtless by boat to the left bank of the Yangtze. Many officers of his own headquarters staff were uninformed of his intentions, and this writer knows of one captain who, learning near midnight that his chief had departed, himself tried to get away, only to discover the advance of the Japanese Army had by then swept around the city walls from the west and was taking over the Hsiakwan district.

The captain, utilizing ropes made from uniforms left by Chinese soldiers who had climbed the wall from the inside, made his way back into the city to seek safety in ultimate surrender.

But the hopelessness of the Chinese strategic position in trying to defend Nanking can best be shown by details of the siege itself and of the occupation of the city.

After having captured the Kiangyin forts and taken Changchow, the Japanese advanced their entire Yangtze Valley line from Wuhsing northward to the Yangtze River with dramatic rapidity and within a few days had taken Kwangteh on the south, skirted Chinkiang on the north and, after having occupied Tanyang, were attacking the so-called outer defenses of Nanking near Kuyung.

The Kuyung defense line as well as seven others radiating from Nanking, each a few miles from the other, in concentric circles symmetrical with the city wall had been for months declared to be heavily fortified and well-prepared. As a matter of fact, permanent defenses through Kuyung, which is about twenty-five miles from Nanking, were superficial, consisting only of occasional pillboxes, so far as could be ascertained by neutral foreign visitors who inspected the fortifications.

Other defenses were hastily erected in the form of barricades made of bed frames supporting piles of bags, debris of amazing variety and loose dirt. In addition, machine-gun emplacements were put up and the roads and bridges dynamited as the Chinese troops retreated.

Cantonese Troops Decimated

Opposed to the Japanese forces as they closed in on Nanking were a number of Cantonese divisions, a few Kwangsi troops, some Hunanese and—within the city itself—the Thirty-sixth and Eighty-eighth Divisions and a number of other so-called Nanking divisions. The Cantonese troops had been decimated by weeks of shelling as they retreated before the Japanese from around Shanghai.

The Thirty-sixth and Eighty-eighth Divisions, former crack troops of Generalissimo Chiang Kai-shek, had been badly shattered around Shanghai. Withdrawn to Nanking, they had been replenished with raw recruits. Szechwan troops who had been in the forefront of resistance to the Japanese advance between Soochow and Kuyung were mostly withdrawn toward Wuhu and from there across the Yangtze and they did not participate in the battle for the former capital.

It is difficult to say just what the strength of the Chinese Army in and around Nanking was. Some observers estimated that there were as many as sixteen divisions participating in the battle for the city. This could be true. Chinese divisions even in normal times have an average of only 5,000 men; the battered divisions that defended Nanking were, possibly, at least in some cases, composed of only 2,000 or 3,000 men each. It is fairly safe to say that some 50,000 troops took part—and were trapped—in the defense of Nanking.

Kuyung fell to the Japanese on the night of Monday, Dec. 6. The Japanese then launched drives toward the Nanking walls from three directions. From Kuyung a column deployed northward through Mentang and attacked Tangliuchen; from Lihsui another column attacked Molingkwan, and from Tienwangze a central column drove on Chenchuachen.

Orgy of Burning by Chinese

The advance of the Japanese beyond Kuyung was the signal for an orgy of burning by Chinese troops, apparently as a part of last-minute preparations for resistance around the city walls.

From Tangshan—China's "West Point," where are situated the artillery school, the infantry school and General Chiang's provisional Summer headquarters—on across fifteen miles of countryside into Nanking almost every building was set afire. Whole villages were burned. Barracks, mansions in Mausoleum Park, the modern chemical warfare school, the agricultural research experimental laboratories, the police training school and dozens of other institutions were reduced to ruins. The torch was applied to districts around the South Gate and in Hsiakwan, which were in reality small cities in themselves.

Calculated Chinese military incendiarism accounted for destruction of property easily worth $20,000,000 to $30,000,000, more destruction than had been wrought by Japanese air bombardment of Nanking for the months of warfare preceding the Nanking siege, but equaled, probably, by the damage caused by Japanese explosives during the actual siege and by Japanese troops after the occupation of the city.

Chinese military leaders usually explained the wholesale burning around the city as dictated by military necessity. It was said to be esential to destroy all obstructions, all shelters, all facilities that might be utilized by the Japanese in the final struggle around the city walls. To this end not only buildings but trees, bamboo groves and underbrush were cleared away.

Neutral observers believe the burning was to a great extent another Chinese "grand gesture," an outlet for rage and frustration, the result of a desire to destroy everything that the Chinese were to lose and that might be used by the Japanese, a manifestation of the extremist "scorched earth" policy, which calls for leaving the Chinese districts to be occupied by the Japanese only blackened wastes of no use to the conquerors.

At any rate, neutral military observers agree the Chinese burning served little military purpose. In many cases, charred walls were left standing that furnished almost as good shelter for Japanese machine-gunners as the unburned buildings would have provided.

Tuesday and Wednesday, Dec. 6 and 7, the Japanese spent in pressing forward their advance to Tungliuchen, Chenhuachen and Molingkwan and consolidating on their left flank by occupying Chinkiang, where the Chinese also indulged in an orgy of burning before evacuating. Meanwhile, the Japanese right flank had broken through Chinese resistance around Kwangteh and pushed rapidly on Wuhu, which was occupied on Thursday and Friday.

Wednesday at dawn Generalissimo Chiang, his wife and close associates left the city by two of the general's private planes for Hengshan, near Changsha in Hunan. The commander in chief's departure was a virtual admission that the siege of the city had begun. Coincident with his departure the few government civil officials and military leaders not directly connected with the defense army also left by motor car. From Wednesday onward General Tang Sheng-chi was the supreme authority in Nanking.

On Wednesday Japanese airplanes rained bombs on Chinese positions at the little village of Chenhauchen and that night Japanese troops occupied the place. Chenhauchen is only six miles from the Nanking wall.

Chinese troops no doubt bitterly contested the Japanese advance from Kuyung and Lishui. But defense works were inadequate and the Chinese equipment made a resolute stand impossible. Japanese planes were able to spot and bomb Chinese troops at will and report their positions to field batteries. Tanks and armored cars led the Japanese advance, and against these, Chinese machine-guns and Mauser pistols were of no avail.

Artillery of Little Value

What artillery the Chinese had was of little use because the gunners did not know the positions of the enemy. Chinese airplanes ceased to participate in the Nanking battle days before the Japanese laid siege to the city. Consequently, there were no observers for the Chinese Army, which fought its battle "blind" and which was ignorant of the positions of the invading forces until enemy troops were actually encountered.

With no position reports on the Japanese, most of the expensive fort guns placed by the Chinese on Lion Hill near Hsiakwan, on Purple Mountain, outside the South Gate and on hills near Taikoo Shan inside the walls were of little use to the defenders. Once they opened up they were soon shelled into silence by the Japanese.

Terror seized the city on Thursday as the Japanese started pushing toward the wall from Chenhauchen. Rimmed in smoke from the hundreds of fires raging around the walls at all points on the compass, the safety zone packed with refugees, the streets jammed with soldiers, the iron discipline of front-line martial law ruling all sectors outside the safety zone, Japanese planes carrying out day-long bombing operations in the outlying districts and streams of mangled wounded pouring into the city, Nanking indeed presented an appearance of awesome frightfulness.

Advised by the Chinese authorities that the situation had worsened, the rear guard of foreign diplomatic officials, including George Atcheson Jr., senior second secretary in charge of the United States Embassy; J. Hall Paxton, second secretary assisting him, and Captain Frank Roberts, assistant military attaché Thursday evening vacated quarters ashore and took refuge on boats off Hsiakwan. The Americans boarded the United States gunboat Panay.

Japanese Aided by Spies

Thursday night the Japanese forces at Chenhuachen suddenly pushed in to the very walls of the city. Learning through spies that the Chinese garrison at the Tachiaochang military airdrome was being changed, the Japanese rushed up and captured the airfield and the surrounding barracks before midnight. They were even able to threaten entry of Kwanghua Men (Gate), outside of which the airdrome is situated, but Chinese defenders rallied in time and beat off the attempt.

Later, Chinese plainclothes men set fire to the Tachiaochang barracks and the Japanese suffered a general repulse in the ensuing conflagration, but their advance was not to be denied and by mid-morning on Friday they were threatening not only Kwanghua Men but had also manoeuvred advance units to within striking distance of near-by Tungchi Men and the more distant South Gate, or Chunghua Men, which is the city's biggest gate.

On Friday artillery was brought up and it began pounding at the city gates while airplanes bombed these massive structures and unloaded explosives among Chinese troop concentrations all around the city walls.

Foreign diplomatic representatives came ashore for a short time on Friday, but after another warning from Chinese authorities returned to their ships at 3 o'clock in the afternoon. Shortly thereafter Japanese planes raiding Pukow, on the left bank of the Yangtze, dropped bombs in the river only 200 yards from the Panay. Lieut. Commander J. J. Hughes soon thereafter moved the ship a mile up-river to San Cha Ho.

At San Cha Ho, the Panay on Friday and until Saturday afternoon remained in touch with Americans staying inside the walls by means of a telephone ashore at the British Asiatic Petroleum Company installation, but on Saturday afternoon the position at San Cha Ho became untenable because of Japanese long-range shelling of Chinese positions near by. The Panay left Nanking, with her load of diplomatic and civilian refugees, never to return.

The ship was attacked the next day by the Japanese with results that have since resounded round the world.

Meanwhile, by Friday it could definitely be said that the Japanese had laid siege to the ancient battlements of Nanking.

Chinese Still Held Out

Many Chinese troops on Friday and the following day were still holding out for miles around the walls to the east and southeast of the city. Sometimes surrounded on hills, they sold their lives dearly as Japanese swarmed in to conduct mopping-up operations. The Mausoleum Park area was the scene of bitter machine-gun encounters. Most of the Chinese forces, however, by late Friday had been withdrawn into the walled city.

A week before the siege the Chinese had completed a thorough barricading of all the gates, completely closing some and leaving only a narrow passage way through the most important. The gates were backed up inside by layers of sandbags twenty feet thick, and concrete had been added.

The writer had no opportunity—after the siege—to inspect all the gates bombarded by the Japanese, but the Chungshan Gate and the South Gate showed no signs of having been breached by Japanese shelling, and the Chinese barricading gave every evidence of having proved its efficacy.

The Japanese first entered the walls of Nanking not through any of the gates but over the walls by means of scaling ladders.

After the Japanese had reached the walls Thursday night the intramural area took on all the appearance of a battlefield. The Chinese rushed building of street barricades through the city, and barbed wire bristled at almost every intersection. Meanwhile, the burning continued in the suburban areas still unoccupied by the Japanese, particularly in Hsiakwan.

The Japanese settled down to intensive attack on Saturday. Having brought up heavy artillery, they began shelling many areas within the walls.

Shells fell at many points within the safety zone. Many civilians were killed by missiles landing in front of and behind the Foochong Hotel on Chungshan Road. Others struck on Wu Tai Shan near the American mission Nanking Theological Seminary. The shelling in the safety zone, however, did not appear to be intentional nor consistent and possibly was done when newly placed guns were finding their range.

Bitter Machine-Gun Duels

Saturday was marked by intensive conflict. Rival forces engaged in savage machine-gun engagements all around the walls, the Chinese firing from the top of the battlements and in many cases still contesting the Japanese just outside the walls. The Japanese intensified their artillery attack, directing their fire in particular against heavy Chinese troop concentrations just inside the South Gate and against Chinese batteries on hills within the city.

The Japanese also began an extensive use of shrapnel, spraying districts held by Chinese troops with high bursts of shot. Planes continued their bombardment of Chinese positions.

Gradually, the Japanese troops pushed their way around the walls so that by Saturday night they were attacking the West Gate, or Han Hsi Men, and threatening Hoping Men, or the main North Gate.

A certain feeling of hysteria was becoming noticeable among the Chinese defenders. Apparently the realization was becoming general that the majority were trapped and must die. The writer noted one little squad, which had just completed erection of a street-corner barricade, solemnly gathered in a semicircle taking an oath to die in defense of their position.

Looting of the shops of the city by the Chinese troops also became general on Saturday. There was no molestation of homes, and the destruction was only such as was necessary to effect entry into buildings. Apparently the object of the looting was food and other supplies. The Nanking shops, deserted by the proprietors except in the safety zone, were still well stocked with food.

CHEERING JAPANESE AFTER NANKING'S FALL

Invading troops on 400-year-old wall shattered by their artillery

The Japanese continued intensive shelling on Sunday morning, and the district just inside the walls between the West Gate and the South Gate became the object of a barrage. A deterioration of the Chinese defense was noticeable. Officers with whom foreigners came into contact admitted a growing apprehension, and a falling off in discipline was apparent.

The Japanese broke over the walls for the first time shortly after noon on Sunday, after having built temporary bridges across the moat. They operated behind a heavy artillery barrage and scaled the walls not far from Han Hsi Men.

Chinese troops in the vicinity bolted and came streaming through the city and across the safety zone. Units of the Eighty-eighth Division tried to stop them but were unsuccessful.

Soon a general retreat toward the Hsiakwan Gate was in progress. For a time it was an orderly one. Certain contingents continued to give battle at the walls and succeeded in staving off Japanese occupation of any considerable area within the city until Monday morning.

By late afternoon terrific congestion had developed as thousands of Chinese soldiers attempted to crowd through a single narrow opening in Hsiakwan Gate. Panic seized the men as they fought to get through. Hundreds tied their clothing together and made ropes for scaling the wall. At 8 P. M., General Tang secretly fled the city; other high commanders likewise left.

By dusk the Chinese retreat had become a rout. The Chinese collapse was complete. Leaderless and ignorant of what was happening, the Chinese troops could only realize that the fight was over and try to save themselves.

Foreigners within the city had feared that the Chinese collapse would be accompanied by excesses of all kinds committed by trapped and defeated Chinese soldiers, but nothing but isolated incendiarism occurred. The Chinese troops were pathetically docile.

Shed Uniforms and Arms

Sunday evening they spread all over the safety zone and thousands began shedding their uniforms. Civilian clothes were stolen or begged from passing civilians, and when no "civvies" could be found the soldiers nevertheless discarded army garb and wore only their underclothing.

Arms were discarded along with uniforms, and the streets became covered with guns, grenades, swords, knapsacks, coats, shoes and helmets. The amount of military equipment abandoned near Hsiakwan Gate was appalling. In front of the Ministry of Communications and for two blocks further on, trucks, artillery, busses, staff cars, wagons, machine-guns and small arms became piled up as in a junk yard. At midnight the $2,000,000 building, the finest in the city, was set afire, and munitions stored inside exploded for hours in a spectacular display.

The dump outside also caught fire and burned far into the next day. Horses drawing artillery wagons were caught in the blaze, and their screaming added to the frightfulness of the scene. The holocaust blocked Chungshan Road, the main artery to the Hsiakwan Gate, and added to the congestion along side streets.

Doubtless some thousands of the Chinese troops were able to get into Hsiakwan and utilize the few junks and launches off the Bund to cross the Yangtze. Many were drowned in periods of panic at the river bank.

But some time Monday Japanese troops took over the Hsiakwan area and completed their encirclement of the city walls. The Chinese left inside were completely hemmed in. Troops caught in the Hsiakwan district were systematically wiped out.

Mass Surrenders by Chinese

Throughout Monday certain Chinese units continued to give battle to the Japanese in the eastern part of the city and in the northwestern districts. But the majority of the trapped Chinese soldiers had no fight left in them. Thousands presented themselves to the foreign Safety Zone Committee and turned in their arms; the committee had no alternative but to accept their surrender, believing, at the time, that the Japanese would treat the captives generously. Many bands of Chinese troops surrendered to individual foreigners and pleaded like children to be protected.

By late Monday the Japanese had taken over the southern, southeastern and western districts of the city after only isolated skirmishes. By Tuesday noon all Chinese soldiers still armed and resisting had been eliminated and the Japanese were in complete control of the city.

In taking over Nanking the Japanese indulged in slaughters, looting and rapine exceeding in barbarity any atrocities committed up to that time in the course of the Sino-Japanese hostilities. The unrestrained cruelties of the Japanese are to be compared only with the vandalism in the Dark Ages in Europe or the brutalities of medieval Asiatic conquerors.

The helpless Chinese troops, disarmed for the most part and ready to surrender, were systematically rounded up and executed. Thousands who had turned themselves over to the Safety Zone Committee and been placed in refugee centers were methodically weeded out and marched away, their hands tied behind them, to execution grounds outside the city gates.

Small bands who had sought refuge in dugouts were routed out and shot or stabbed at the entrances to the bomb shelters. Their bodies were then shoved into the dugouts and buried. Tank guns were sometimes turned on groups of bound soldiers. Most generally the executions were by shooting with pistols.

Every able-bodied male in Nanking was suspected by the Japanese of being a soldier. An attempt was made by inspecting shoulders for knapsack and rifle butt marks to single out the soldiers from the innocent males, but in many cases, of course, men innocent of any military connection were put in the executed squads. In other cases, too, former soldiers were passed over and escaped.

The Japanese themselves announced that during the first three days of cleaning up Nanking 15,000 Chinese soldiers were rounded up. At the time, it was contended that 25,000 more were still hiding out in the city.

These figures give an accurate indication of the number of Chinese troops trapped within the Nanking walls. Probably the Japanese figure of 25,000 is exaggerated, but it is likely that about 20,000 Chinese soldiers fell victim to Japanese executioners.

Civilians of both sexes and all ages were also shot by the Japanese. Firemen and policemen were frequent victims of the Japanese. Any person who, through excitement or fear, ran at the approach of the Japanese soldiers was in danger of being shot down. Tours of the city by foreigners during the period when the Japanese were consolidating their control of the city revealed daily fresh civilian dead. Often old men were to be seen face downward on the pavements, apparently shot in the back at the whim of some Japanese soldier.

Wholesale looting was one of the major crimes of the Japanese occupation. Once a district was in their full control, Japanese soldiers received free rein to loot all houses therein. Food seemed to be the first demand, but all articles of value were taken at will, particularly things easily carried. Occupants of homes were robbed and any who resisted were shot.

Foreign Properties Looted

Refugee camps were entered and in many cases the few dollars of unfortunate refugees were taken.

Houses that were barricaded were broken into. Foreign properties were not immune. Japanese soldiers entered faculty houses of the American mission Ginling College and took what they pleased.

The American mission University Hospital was searched and belongings of nurses taken from the dormitory. Foreign flags were torn from buildings and at least three motor cars were taken from foreigners. The home of the United States Ambassador, Nelson T. Johnson, was entered, but the five intruding Japanese soldiers were made to leave before they had obtained any loot except a flashlight.

Chinese women were freely molested by Japanese soldiers, and American missionaries personally know of cases where many were taken from refugee camps and violated.

It should be said that certain Japanese units exercised restraint and certain Japanese officers tempered power with generosity and compassion. But the conduct of the Japanese Army as a whole in Nanking was a blot on the reputation of their country. Responsible high Japanese officers and diplomats who visited Nanking some days after the occupation admit all the excesses reported by foreigners who saw them. These Japanese explain the Nanking barbarities by saying that a section of the Japanese Army got out of hand and that the atrocities were being committed unknown to the high command in Shanghai.

When the final collapse of the Chinese came in Nanking, so great was the feeling of relief among the populace and suoh was the bad impression created by the break-up of the Chinese municipal regime and the defense command that the people were ready to welcome the Japanese troops. Indeed, scattered bands of civilians actually cheered Japanese columns as they marched in from the South Gate and the West Gate.

But feelings of relief and of welcome soon gave up to terror when Japanese barbarities began. The Japanese might have gained a wide measure of support and confidence from the Nanking Chinese. Instead they drove deeper into the Chinese soul a hatred of Japan and set back to a distant future prospects for gaining the Chinese "cooperation" for which they profess to be fighting China.

An account of the siege of Nanking would not be complete without reference to the safety zone and the role of the foreigners who remained in the city.

Not an unqualified success, the Nanking safety zone was nevertheless instrumental in saving thousands of civilian lives. It was the aim of its foreign promoters to obtain its complete demilitarization and have its neutrality respected throughout the sieze. Full demilitarization was never attained and during the last days of the battle for Nanking Chinese soldiers streamed through the area. When the Japanese entered the city they also entered the zone freely.

However, the Japanese never subjected the zone to concentrated shelling or air bombardment, and as a result civilians who took refuge there were comparatively safe. It is estimated that 100,000 had sought sanctuary in the zone, which occupied an area of three or four square miles in the western district of the city.

The head of the safety zone committee was John H. D. Rabe, a white-haired German respected by every one who knew him in Nanking. The director was George Fitch of Soochow, a China-born American who did an admirably competent job in a time of great danger and stress, a job that involved all the responsibilities that would be demanded in directing a small American city during a period of flood or other catastrophe.

The secretary of the committee was Dr. Lewis S. C. Smythe, Professor of Sociology at the University of Nanking, a man of much force and initiative. Prominent particularly in the negotiations for establishing the zone was Dr. M. Searle Bates, Professor of History at the university. Dr. Bates was in the forefront, too, of efforts to obtain an armistice at Nanking, during which it was planned to have Chinese troops withdraw and Japanese occupy the city peacefully.

Fifteen Americans, besides two American newspaper correspondents and one American newsreel photographer, remained in Nanking during the siege. Six Germans, one Briton and two Russians comprised the remainder of the foreign contingent who stayed for the siege.

From the time of the departure of the Panay on Saturday, Dec. 11, until contact had been made with the Japanese Fleet on Tuesday, Dec. 14, this little foreign group was without connection with the outside world, trapped like the Chinese troops within the Nanking walls. The city water supply had failed, there was no electricity, no telephones and many food staples were unobtainable.

All the foreigners of the city except the publicity contingent actively associated themselves with safety zone or war relief work. Managing the safety zone involved more than attempting to keep it demilitarized. Thousands of penniless refugees had to be fed and housed. Policing had to be attended to. Medical facilities had to be provided; even a skeleton banking service had to be set up.

The Rev. John Magee, Episcopalian missionary, headed a foreign committee that made heroic efforts to provide some care for the thousands of Chinese soldiers wounded during the siege.

Chinese Army facilities for treating wounded were extremely sketchy. There were hospitals, but the number of doctors and nurses was hopelessly inadequate and many hospitals were restricted to men from certain divisions.

The Rev. Mr. Magee's committee during the actual siege concentrated efforts on marshaling the medical resources of the city for the existing hospitals and on transporting wounded men to these institutions. They were unable to cope with the tremendous number of casualties, and the Chinese wounded to be seen everywhere on the streets of Nanking during the siege were one of the more appalling sights of the whole tragic spectacle. Injured men hobbled about, dragged themselves through alleyways, died by the hundreds on the main streets.

The American mission University Hospital operated throughout the battle, and an effort was made to keep it reserved for civilian casualties. However, a few soldiers were admitted. Two American doctors, Frank Wilson and C. S. Trimmer, and two American nurses, Grace Bauer and Iva Hynds, labored day and night with only a few Chinese helpers to care for the nearly 200 patients in their charge.

When the Japanese had occupied the city, the war wounded relief committee within a few minutes organized themselves as a chapter of the International Red Cross and took over the main hospital of the Chinese Army in the Foreign Ministry building. What transport could be marshalled was sent throughout the city to bring in wounded soldiers, and Chinese doctors and nurses still in the city were rallied to work at the institution.

The Japanese at first permitted

free function of this hospital, but on Wednesday morning, Dec. 14, they barred foreign access to the place and would make no commitments as to the fate of the 500 Chinese soldiers within.

Nothing had come of the Safety Zone Committee's efforts to arrange an armistice. General Chiang Kai-shek replied in only the most perfunctory manner to the committee's truce proposal, the Japanese not at all. Representatives of General Tang made it clear that he was anxious for an armistice, and their attitude became one of almost frantic appeal for intervention as the outlook for the Chinese worsened. However, the collapse came before negotiations could progress to formulation of any program for Chinees withdrawal definite enough for submission to the Japanese.

In any case, after the Panay, with her radio facilities, had left, there were no means of communicating with the Japanese except by a visit to their lines, which would have been an exceedingly dangerous business.

Nanking knew practically nothing of the Japanese ultimatum to General Tang, and apparently the Chinese commander never replied.

Casualties Heavy on Both Sides

Casualties during the fighting for the city were no doubt heavy on both sides, with the Chinese taking the heaviest losses. Japanese casualties during the actual siege probably totaled 1,000, Chinese casualties 3,000 to 5,000, perhaps more.

Many Chinese civilians who failed to leave the southern and southwestern sections of the city were killed, the total probably running as high as the total of military dead. This writer, visiting the South City after the Japanese had occupied the area, found sections of it almost demolished by Japanese shelling, and Chinese civilian dead were lying everywhere.

Just where the blame is to be put for the sorry military débâcle that the defense of Nanking turned out to be for the Chinese is difficult to say.

The defense was carried out against the earnest exhortations of the German military advisers of the Chinese Army. Generalissimo Chiang's chief of staff, General Pai Chung-hsi, was strongly against the defense. General Chiang himself at first was said to favor a stand at Nanking, pointing out the hundreds of thousands of dollars spent on fortifying the city and the desirability of at least making a fight for the country's capital.

It was generally reported that General Chiang was won over from this point of view; many of the best informed Nanking observers say that the defense was finally made because of the attitude of General Tang Sheng-chi and a number of other army leaders who insisted on such a course and who themselves offered to make the stand with the army in the city.

Certainly, General Chiang should not have permitted the blunder that occurred. Certainly, General Tang, too, is to be strongly censured for starting on a course of sacrifice that he failed to carry through or at best managed badly.

It may be that Tang made some efforts to save the situation on Sunday by arranging for a general withdrawal under protection of small units left to hold up Japanese penetration far into the city. Appearances indicate otherwise, and in any case the situation was not saved and Tang's departure, unknown even to many members of his own staff, left the army leaderless and was the signal for complete collapse.

There was little glory for either side in the battle of Nanking.

——摘自《纽约时报》（The New York Times），1938 年 1 月 9 日

INVADERS MENACE SHANGHAI FRENCH

Japanese Beat a Policeman in Foreign Concession, Then Threaten to Shoot

FORMAL PROTEST IS LIKELY

American Chairman of Council of International Settlement Acts in Similar Attack

SHANGHAI, Sunday, Jan. 9 (AP).—French officials indicated today that they probably would protest to Japan against an assault by Japanese troops on policemen of the French Concession yesterday.

The incident, the second clash in two days between Japanese soldiers and foreign police, brought Japanese guns into line for more than an hour on the border between Nantao and the French Concession.

The French rushed two armored cars of reinforcements to the area but the menacing situation was hastily dissolved by an agreement between the French Consul, Pierre Auge, and Japanese officials. French authorities declared, nevertheless, they probably would make a formal protest.

French Version of Clash

According to the French version of the Nantao episode, a Chinese woman attempted to cross the Avenue of the Two Republics, the dividing line between Nantao and the concession, to obtain water, violating a Japanese rule closing Nantao's boundary to Chinese.

A French policeman, of Russian nationality, saw a Japanese sentry seize and beat the woman. He intervened and was struck in the face.

Other Japanese soldiers rushed to the scene and started to drag the policeman toward Nantao. When he struggled free about 100 of the Japanese troops leveled rifles and machine-guns acros the boundary from the armed French police.

An American, Cornell S. Franklin, chairman of the Shanghai Municipal Council, lodged a strenuous protest with Suemasa Okamoto, Japanese consul general, against attacks by Japanese armed forces on Settlement police.

It followed a similar warning by British Comdr. Gen. A. P. D. Telfer-Smollett. He advised the Japanese Friday that a recurrence of a beating of two British policemen under circumstances like the French incident might cause "gravest consequences."

[A French Foreign Office spokesman in Paris said the Japanese soldiers threatened the French Concession policeman with a revolver, but that the French Government was "not alarmed" over the incident.]

——摘自《纽约时报》（The New York Times），1938 年 1 月 9 日

敵機十五架

昨兩度飛南寧轟炸

昨九日敵機十五架分兩批由北海航空母艦起航 掠過粵境飛赴西南寧轟炸、投彈七十餘枚、損失頗重 茲將詳情訪誌如下、上午九時廿分、廣州防空部接防城縣情報、謂有敵機十二架由附近航空母艦飛出 經此間上空、向東北進襲廣西南寧 防空部據報後、以敵機無犯廣州企圖、故未發警報 仍着防空部隊嚴加戒備、 查此批敵機經防城盤旋一匝、四架折回、餘八架則經欽縣掠過那樓 而入桂境、九時五十五分侵入南寧上空、該處除於事前發警報外 防空部隊密集高射炮向敵機轟擊、敵機隨在南寧東郊投彈卅餘枚 即掉頭循原路飛遁、逃返母艦 迨至十一時卅分、又有敵機七架自母艦飛出、經北海過廉州作第二次進襲南寧、十二時十分敵機七架經上思縣到達南寧 該處高射炮再度轟射、敵機遭我炮轟後、不暇尋覓目標 仍向東郊胡亂投彈二十餘枚 急轉頭竄去、事後查悉敵機所投炸彈共達七十枚之多、除大半數落荒地外、餘則被命中民房、損失頗重云、（堅）（中央社梧州電）九日下午二時五十九分 梧警報、 警察保甲長出動指導市民避難 四時十五分解除 市外秩序旋即恢復 又電敵機八架、九日上午九時卅九分由北海飛襲南寧 我高射槍炮密集射擊 敵機不敢低飛、僅在市郊外高空投彈多枚、均落荒坵、倉惶逃竄 又上一時十四分、敵機多架復來襲、詳情未悉、

——摘自《国华报》（广州），1938年1月10日

敵機十三架

昨分批襲廣三粵路

寶安縣公路炸毀民房甚多 在小塘站用機槍掃射列車

昨九日敵機十三架 由唐家灣廣海兩處飛出、分批轟炸粵漢廣三兩路 及寶安縣暨寶太公路路軌 民房被毀甚多、平民死傷亦衆、敵機并用機槍在小塘站 向廣三列車掃射 略情經見昨日本報晚刊 茲將詳情誌卜、

第一批 上午十一時五十五分、敵轟炸機三架 由唐家灣飛出、經中山卜柵向廣州進襲、防空部接報後、十二時零二分發出警報 十二時十分發出緊急警報、十二時十五分、敵機三架到達虎門、向東北飛、十二時卅五分沿莞太公路飛到東莞、盤旋一匝、即轉向寶安疾飛 二時許、敵機三架在寶安縣投彈十二枚、毀民房甚多 平民死傷亦衆 敵機投彈後、意猶未足、仍低飛用機關槍掃射 肆虐良久、始飛出海而遁

第二批 一時四十四分、敵機四架 又發現中山卜柵天空 高度六千公尺、由南向北飛、一時五十分到石岐盤旋 隨轉經萬頃沙掠過虎門 二時零六分到黃埔、窺伺數分鐘、即掠過白雲山直趨粵漢路 二時卅分經軍田到源潭北飛 掠過潖江沿鐵路窺察、二時五十分向橫石黎洞兩站間連續投彈四枚、兩枚落水 兩枚命中鐵路、毀路軌兩對、枕木六根、餘無波及敵機投彈後、亦用機關槍向該處掃射 但無傷人 三時卅分南返經花縣盤旋、從事窺伺數分鐘、始相率掉頭南返

第三批 一時廿五分、敵機兩架由廣海方面飛出、經崖門北飛、一時五十分到江門、向東北飛、循江佛公路飛佛山 二時五十分到達佛山 盤旋一匝、即轉廣三路窺察、三時十五分在小塘站投彈四枚、一枚落田間、餘均中鐵路、毀路軌甚多 適有某次列車開到是處 搭客紛紛落車奔避 致炸毀貨卡一輛 餘無指傷 敵機投彈後、又用機槍向車卡掃射、良久始出海逸遁

第四批 二時廿分、敵機四架由唐家灣飛出、經中山卜柵掠過萬頃沙、三時到寶安平太平之公路盤旋、窺伺數分鐘後 即向該公路霄邊墟附近投彈六枚、路基略有崩陷 木橋亦頗有損傷、敵機投彈後 即出海遁去、四時十五分 解除警報(堅)又

(中央社)昨(九)日正午十二時、敵機共十二架 分四批先後在唐家灣廣海上空、發現 向北飛、第一批三由唐家灣經虎門東莞到廣九路中湖樟木頭 附近莞樟木公路投彈 多落田間、我無損失、第二批四架、又在唐家灣出現、經飛粵漢路、在橫石黎洞間投彈四枚、路軌略有損壞、第三批兩架、在廣海發現 經江門沿江佛公路到廣三路小塘站 投彈四枚、並以機槍向停于該處之列車掃射 幸無傷斃人命、惟機車微有損壞第四批三架、又唐家灣發現**飛寶安縣城投彈數枚炸毀民房數間傷斃數人** 該批敵機呈兇後復飛虎門附近投彈數枚、皆落田野 我無損失、各批敵機于四時十五分已分頭南飛出海逃逸

——摘自《国华报》（广州），1938 年 1 月 10 日

敵軍暴行有加無已

滬西人目擊事實一斑

蘇常鎮杭亦屠戮甚慘

【上海十日下午十時發專電】有被敵捕去在京蘇間當苦役月餘逃回者，言敵兵在蘇州常州鎮江一帶屠戮人民極慘，無論男女老少，所遇十不活一，彼親見彼所隨之一日兵，慘殺八十餘人，婦女被姦後，即當牆以刺刀戳斃。

【中央社香港通訊】記者頃晤新自上海來港之某西人稱，彼有一友係倫敦有權威之某報派駐上海之記者，于去年十一月五日曾將其目擊之日軍在閘北及梵王渡橋種種暴行，據實電達某報，當時因外交關係，聲明可勿發表，然日本之暴行，在世界歷史上必已無可洗刷，某西人曾間接探悉該電內容，大略謂日軍此種行動，不僅爲日軍本身之污點，抑且爲日本國家之恥辱，日軍于進佔閘北之日，即任意搜捕平民，甚至年老之婦人，亦難倖免，日軍每先用繩勒縛其頸，再以刺刀戮之，若干苦力，爲日軍鞭撻，跪地呼號求饒，彼等仍迫令苦力自掘墓穴，經兩小時始告完畢，日軍隨用刀刺其腿部，使之下跪，再舉槍射擊，此等苦力，均應聲墜入穴中，是項墳墓，今仍留閘北，可以覓見，英國防軍某士兵，曾見閘北有一華籍醫生，往來救助難民，旋爲日軍所執，遭受酷刑，日軍先將其眼珠挖出，然後將彼擊斃，死者之屍體，當爲日軍砍成粉碎，投入蘇州河內，閘北附近佈防之義美軍士亦皆目覩此事，即許多渡河逃難之平民，亦遭日軍慘殺，其中有王姓婦人，年五十一歲，蔡姓婦人，年五十七歲，均手攜包裹，爲日軍刺傷，跌倒路旁，其中一人曾由捕房轉送醫院療治，彼之口述情形，新閘捕房尚留有紀錄，上海萬國義勇隊某小隊長，曾親見日軍在難民背後用機槍掃射，環球公司及派拉蒙公司之攝影師，對此傷心慘目之事態，均攝有影片，計此時當已在美國公映矣，又某西報之攝影記者，曾攝取蘇州河畔一受傷小孩及死母之照片，爲狀慘絕人寰，梵王渡橋之英國防軍，曾在槍林彈雨中救援受傷華婦，數小時後，該處即爲砲火所掃蕩云，按日軍在上海之種種暴行及最近在南京之屠戮無辜，並肆意姦掠，各國外僑皆不少親見，且已傳播各國，日人固嘗自詡爲文明種族，且其侵華並不與平民爲仇，此等鐵的事實，適爲最好之反證也。

【中央社杭州十日電】據杭州來此之某西人談稱，敵軍佔領杭州後，聲言中國既圖破壞杭州，除水電廠外，一切民房，日軍加以澈底破壞，致三日大火，城內已延燒殆盡，中國婦女，不分老幼，悉被擄去，分爲等第，供日將官及士兵獸慾，縱火之前，曾大事刦掠，以軍用車載運一切，凡可使用之物品，甚至泥做之玩具烟袋及剪刀等，亦加以搜刦，軍紀之劣，無以復加，敵軍三十餘名曾登虎跑山搜索中國游擊隊之蹤跡，當時一無收獲，但此三十餘名敵軍下山時全失蹤，敵後又續派數百士兵大搜虎跑，在附近捕去青年良民四十餘人，縛于山麓，用機槍射斃，陳屍數日，無人拾埋，狀至慘慘，敵正規軍大部已撤退城外，不能偷渡錢江，又不能安居杭市，已感到奪取杭州無利于戰爭云。

——摘自《大公报》（汉口），1938 年 1 月 11 日

南橋八十三人被殺經過

另有二十餘人逃出亦均受傷

奉賢南橋鎮、最近發生一慘案、本報曾有記載、玆再誌經過詳情於後、浦東奉賢南橋鎮、爲該邑最繁榮之市鎮、縣政府亦設該鎮、自我軍退出後、日軍並未到境、所有治安、由商會自動組隊維持、自上年十二月念七日、有別動隊司令李百金率部約五百人到鎮、當就夜壺弄沈夢蓮花園組織司令部、並即放哨、旋委副司令劉某任縣長、洪道宏爲警察局長、並爲給養問題、照向章徵收各種雜稅、並懸靑天白日旗、故居民相安、店舖照常開市、不料本月三日、突有日軍十名、從姚家巷循公路到鎮、各商店驚慌閉市、經李邀入司令部接洽結果、悉換太陽旗、並搜繳步鎗十餘支、機鎗一挺、治安在表面仍由李司令督飭徒手維持、並勸各商店開市、闔鎮人民以爲從此得苟安、詎料午後、忽有日軍三十餘人至司令部、令李百全司率同部屬暨參謀秘書職員衛隊等同至姚家巷受訓、但部屬欲圖抵抗、李司令恐糜爛地方止住、遂隨日軍而去、孰料李司令及部屬八十三人盡被日人以刺刀戳死、逃出祇二十餘人、亦多受傷云、

——摘自《时报》（上海），1938 年 1 月 10 日

杭垣浩劫

公私財物被席捲一空
民衆鹽米亦搜括殆盡

【本報金華十日下午一時電】沿滬杭公路之寇運輸汽車，來往頻繁，似有運兵模樣，聞杭市公私財物，被寇席捲一空，民衆鹽米，亦搜括殆盡，民食大起恐慌。

【本報桐廬十日下午一時電】據報：在富陽方面之寇，雜有白俄多人，爲數六百名上下，附砲四門，連日屠殺民衆，已達四百餘，并擄去婦孺百餘。

【中央社杭州十日電】據杭州來此之某西人談，稱敵軍佔領杭州後，聲言中國既圖破壞杭州，除水電廠外一切民房日軍當盡義務加以澈底破壞，致三日大火，城內已延燒將盡，中國婦女不分老幼悉被擄去，分爲等第，供日將官及士兵獸慾，縱火之前，曾大事刦掠，以軍用車載運一切凡可使用之物品，甚至泥做之玩具，煙袋及剪刀等，亦加以搜刦，軍紀之劣，無以復加，敵軍三十餘名，曾登虎跑山，搜索中國游擊隊之蹤跡，當一無收獲，但此三十餘名，敵軍下山時全失蹤，敵後又繼派數百士兵大搜虎跑，在附近捕去青年良民四十餘人，縛於山麓，用機槍射斃，陳屍數日，無人抬埋，狀至悽慘，敵正規軍大部已撤退城外，不能偷渡錢江，又不能安居杭市，已感到奪取杭州無利於戰事云

——摘自《扫荡报》（汉口），1938年1月11日

滬敵竟認暴行爲正當

敵軍搗亂百老匯公寓

法租界某宅發現炸藥

（中央社廣州十日電）外人接到上海電、關於本月七日公共租界英國籍警員、在日利南路被敵國軍人兇毆一事、敵總領事館發言人向各報記者發表談話說、各報所載情形、均與事實不符、該英籍軍官、當時實在是故意侮辱敵軍、亦即等于侮辱敵軍大元帥，即日本天皇、敵軍官一員，因此加以懲罰，又敵軍發言人說、各國當局在上海所轄區域界綫、并無固定性質、敵當局以爲按照國際法，得追捕現行犯或行使正當防衛權利、不必拘泥出事地段、是那國管轄的。

（中央社上海十日路透電）法租界某外人住宅花園內、昨日發現炸藥兩罐、由兩美籍女孩發見、彼等當即向附近之兩法籍偵探報告、該法探即將炸藥罐拾起視察、一個突然在該探手中爆炸、兩探一傷手一傷腿、兩女童亦均受輕傷。

（中央社香港十日電）航業界消息、一月七日午後三時、有敵兵三名、到外灘白渡橋畔百老匯公寓、要求登十七層屋頂看看上海全景、被俄籍看門人阻止、說要經過各房客居室、很不方便、這些士兵竟置之不理、一擁而入電梯、撳樓上駛、此項電梯祇可容十人、因爲載重過重、突然掉下、敵兵數人因此受傷、按蘇州河以北、敵兵常有喝醉胡鬧情事、此次恐亦是敵醉漢所爲。

——摘自《新华日报》（汉口），1938 年 1 月 11 日

敵機昨襲廣九粵路

英德連江口土塘等站均遭轟炸
一隊三架飛廣三鐵路沿線窺伺

昨十日敵機十二架分四批起航、兩度轟炸粵漢路及襲廣九路．英德連江口軍田銀盞坳土塘常平各處均被投彈、一隊三架更飛廣三鐵路沿線窺伺、畧情經見昨日本報晚刋、茲將詳情分誌如次

第一次 上午九時四十分、廣州防空部接監視哨報告、敵轟炸機三架自唐家灣洋面起航、由南至北飛、卽於此時發出警報、九時五十分、敵機三架到達虎門上空、隨轉廣九路新塘站窺伺後轉飛粵漢路進襲．十時四十分敵機三架到粵路連江口、隨投炸彈四枚、三枚命中鐵路、路軌被毀兩對、餘一枚落田間無損失、敵機投彈後、仍北飛、到英德投彈五枚、路軌枕木被毀甚多、敵機隨再用機關槍向該車站掃射但無傷人、十一時四十分、敵機三架、逞兇後經源潭、隨掠過本市西村繞道經黃埔出海十二時四十五分解除警報

第二次：十二時五十分、敵機三架又由唐家灣起航、向北飛、一時到達虎門、隨再發出警報、一時十分、敵機三架由虎門到黃埔、乃發緊急警報、敵機在黃埔盤旋一匝、又轉廣九路南崗站一帶窺伺、良久、始繞道羅岡洞轉襲粵路、一時四十五分、敵機二架、再由唐家灣飛出．經萬頃沙掠過虎門到黃埔跟前頭敵機航線疾飛粵路進襲．二時十分、敵機三架．由廣海方面飛出、經崖門到江門盤旋、後轉向東飛．循江佛公路北上、同時敵機六架到源潭．三架先行、三架殿後、未有盤旋急經滃江飛到英德、再向該處投彈六枚、當堂爆炸．路基崩陷三處、毀路軌枕木甚多、投彈後、旋南飛經源潭、二時四十分、敵機六架分別在銀盞坳軍田兩處連續投彈

共八枚、漫無目標、路軌損傷甚微 敵機投彈後、分道經西村白雲山而遁、其後敵機三架仍轉到廣九路土塘常平兩站附近投彈三枚、毀路軌一對、枕木數根、餘無損傷．投彈後、即行出海、至飛江門之三敵機 于二時五十八分經九江飛到佛山、隨沿廣三鐵路沿線窺伺、往來廿分鐘、始南飛出海、三時廿分鐘解除警報、（堅）（又訊）昨十日下午二時十分．廣九路塘頭厦站 突發現敵機三架、盤旋于五千公尺天空 成品字形、未幾 即掠過林村樟木頭兩站 到土塘站窺察 旋有一架低飛向該站附近投下約一百五十磅之炸彈兩枚一中鐵路、一落田間 毀鋼軌十尺、枕木三根、餘無波及、敵機投彈後、隨飛到常平土塘兩 站間再投一枚、但欠準確 路軌無損、

敵機仍低飛用機關槍 掃射後始向西北飛遁（年）（中央社）敵機十六架、昨（十）日分三次 襲擊粵漢廣九兩鐵路、第一次、上午九時 敵機三架在唐家灣海面起航 向北飛經深圳虎門新塘、轉源潭進犯粵漢路、在連江口上空盤旋後、 投彈數枚．路軌微有損壞．至正午十二時卅二分即南飛出海、第二次、正午十二時五十分 敵機九架．分三批先後在唐家灣石岐上空發現、第一批三架、在唐家灣出現．飛經虎門黃埔至北郊第一師墳場、轉廣九路南崗樟木頭、旋飛橫瀝附近投彈四枚、鋼軌畧受損壞、敵機逞兇後、即飛出海、第二批敵機三架、于下午一時卅五分 又在唐家灣出現 飛虎門黃埔白雲、到粵路、在銀盞坳投彈數枚、多落路旁、無損失、敵機投彈後、即南飛出海逃逸、第三批敵機三架、在中山石岐上空發現 北飛經江門九江到佛山上空盤旋窺伺、未幾、轉回九江、三時廿五分即向東南方飛遁、第三次、下午六時廿五分、敵機兩架在唐家灣發現、向北飛經江門佛山、到白雲山源潭窺伺、未有投彈、即南飛、經九江江門出海、又七時三分敵機兩架、又在中山上柵出現、向北經萬頃沙 到深圳廣九路樟木頭石龍一帶窺伺、至八時四十分各敵機南飛出海、

——摘自《国华报》（广州），1938年1月11日

敵機暴行 炸斃法人

（港函）本港法國教會團體九日接到南寧羅馬天主教院電報 謂法管神父馬田於去週星期六日 被日機投彈炸斃．神父喬諾（亦法人）則受重傷．日機當時向該修道院投彈多枚云、

——摘自《国华报》（广州），1938年1月11日

吉安玉山慘被寇機肆虐 燒民房廿間死農民十餘 贛省擊落寇機一架

中央社南昌十日電：十日晨、敵機分兩隊襲贛、在吉安南城玉山、共投輕磅炸彈百餘枚、第一批敵機九架、經皖境越鄱陽湖圖襲南昌市、我機凌空迎擊、敵不敢侵犯、遂向西南急飛、經豐城、樟樹、新淦、於八時襲入吉安上空、該縣事前得報、嚴予警戒、敵機倉皇投彈九十餘枚、炸死農民一、傷二、及耕牛兩頭、旋向東北方飛行、於九時廿分竄至南城上空投彈十二枚、均落荒野、無甚損失、第二批敵機八架、十時由杭州侵襲玉山、投彈卅餘枚、炸燬民房廿餘、炸死農民十餘人、傷九人、贛省府已電令各縣對被難人民妥為保護、

中央社南昌九日電：九日午十二時許敵機三十六架空襲南昌、被我空軍及防空部隊奮勇截擊、當有敵重轟機一架被我擊傷、落于萬年地方、駕駛員七人均已斃命

——摘自《南宁民国日报》，1938 年 1 月 11 日

寇機飛粵鐵路公路肆虐 投彈雖多我方損失甚微

廣州十日電：今(十日)晨九時四十分、本市得情報、唐家灣方面發現敵轟炸機三架、南飛北飛、當即發出警報、九時五十分、敵機三架出虎門、再發出緊急警報、敵機出虎門後、即向西北飛、有圖粵漢路模樣、

廣州十日電：十日敵機兩次襲擊寶安太平公路、企圖破壞我交通、第一次敵機三架、在宵邊投彈六枚、第二次四架、亦向該處附近投彈數枚、圖炸橋樑、該處木橋僅受微傷

廣州十日電：昨九日敵機十三架、由唐家灣廣海兩處飛出、分批轟炸廣三粵漢兩路、及寶安縣寶太公路軌、民房被毀甚多、平民死傷亦衆、敵機并用機槍向小塘站廣三列車掃射、

中央社廣州九日電：敵機十二架、今飛寶安縣城、及虎門粵漢路橫石、黎洞等站投彈、復炸莞樟等路、損失甚微、

中央社徐州九日電：九日午敵機八架、分兩批飛來至石淮關等地、大肆轟炸、投彈達百餘、傷亡者達百五十餘名、倒塌民房數百間、高揭意旗幟之天主教堂、亦落彈兩枚

中央社梧州九日電：敵機六架今日下午二時五分飛抵梧、本市放出警報、敵機在西江一帶徘徊良久、復折東飛、

——摘自《南宁民国日报》，1938 年 1 月 11 日

敵機又襲漢市

在機場附近投彈無大損失

北海及粵漢路亦被炸

柳州擊落敵機兩架

▲中央社漢口十一日電　十一日晨十時許、敵機三十餘架、由東北向武漢飛行、防空部即先後發出空襲緊急警報、高射部隊同時出動、旋敵機飛臨上空、高射槍砲齊發、敵機倉皇在飛機場附近投彈百餘枚向原路逅去、於十一時十五分解除警報、計華商馬場附近震塌茅屋數間、未傷人、球場正街十五號、遭敵機槍掃射、傷二人、餘無損失。

▲中央社漢口十一日電　敵機三十二架十一日晨侵襲武漢、防空司令部上午十時十分發出空襲警報、至十時五十分敵機發現於漢市上空、計重轟炸機二十四架、分別八隊、戰鬥機八架、在兩旁作掩護、繞行、由東北直向西南方駛進、此時我高射槍砲同時齊發、敵機飛度頗高、至飛機場一帶、投彈百餘枚、落於單洞門附近空地、小型炸彈五枚、其中三枚未爆炸、至十一時十分、敵機飛越漢市上空、離市區約五里處、分南北兩路遁去、防空部發出解除警報時、爲十一時廿五分、據記者調查、八分局地段內有張相宮及王高氏二人爲敵機槍所傷、并有十一分局境內榮春同、呂金聲等九人、因好奇瞭望於美最時碼頭躉船上觀望、亦爲敵機槍射傷、共中之榮春同喉管被彈擊破、傷勢甚重、生命極危、已送平漢醫院醫治、法租界境內亦有一漢人受傷、我防護當局深望一般市民於敵機來襲時、勿外出瞭望、免再遭無謂犧牲、又訊、敵機侵入武漢上空時、記者於武昌城中某處高地、目擊敵機來襲情形、當上午十時四十六分、敵機即出現於蛇山東面高空、九架前導、十五架居中、另有三小隊隨後、陸續飛向漢市、其時我高射砲曾發砲射擊、

砲彈爆裂後之黑烟密佈空中中有數彈逼近目標、惜未能中的、迨後敵機即越長江上空、其侵入漢口、至十時五十八分、始經由武昌東郊雲際、向原路逸去、據武陽防護團宣稱、敵機係由徐家棚附近教育學院上空侵入武漢、計有重轟炸機廿四架、驅逐機八架、在武昌境內並未投彈云。

▲中央社廣州十一日電　敵機二十二架、今兩次犯北海市、投彈十餘枚、燬民房數間、死傷十餘人、又粵漢路源潭等站、亦被敵機投彈二十餘枚、路軌電話桿線均有損失。

南寧有空戰

▲中央社桂林十一日電　據息、敵機十一架於今晨十時經北海向南寧進襲、至十時三十分、敵機飛至、我空軍即奮勇迎擊、敵機倉皇在市區投彈數枚、死傷平民各一人、餘無大損失、敵機離邕後分兩隊、一經賓陽、一經武宣、俱向柳市進犯、我機十餘架起飛、將其包圍、敵機二架、一被我擊落墜地、機師一人斃命、一機負傷、至橫縣墮河中、機師一人被生擒、餘敵機逸去。

軍田站被炸

▲中央社漢口十一日電　十一日上午八時四十五分、敵機八架飛軍田站轟炸、適由武昌南下之廿一次車疏散在站北慢車號誌附近、被連擲十餘彈、幸未命中、惟路基略被拉塲、旋北往軍田與盞均間擲彈、并用機槍掃射、傷工程列車之六〇二號機車一輛、電線全壞、又十一日十二時四十四分敵機六架再飛襲新街、又用機槍射傷派往拉回被傷機車之四〇一號機車一輛、因電線已壞、其他情況未明。

夜襲廣九路

▲中央社廣州十一日電　今晚月色迷濛、寒風料峭、敵機三架飛粵作夜襲、歷虎門、東莞、沿廣九路樟木頭各站偵窺數匝、悄然遁去。

▲中央社鄭州十一日電　十一日晨九時二十二分、湯陰發現敵機一架、向西南飛輝縣偵察、十一時蘭封亦有敵機一架、盤旋上空。

▲中央社南昌十一日電　七日敵機侵入市空肆虐時、被我空軍擊落一架、殘骸由新建縣運省、該機係單座海軍戰鬥機第三八〇號、三菱重工業株式會社名古屋航空機製造所昭和十二年五月二十四日造、機體九六式、駕駛員爲佐伯海軍第十二航空隊第二分隊長潮暇良平上尉、已中彈殞命。

▲中央社東京十一日海通電　據日本海軍司令部公告、空軍中尉大林、於前日轟炸南昌時、遭受重傷、按大林爲日本著名勇敢之飛機師。

——摘自《中央日报》（长沙），1938 年 1 月 12 日

倭寇洗劫杭州

並縱火燒三日全城灰燼 婦女悉被擄去分班姦淫

中央社金華十日電：據杭州來此之某西人談稱、敵軍佔領杭州後、聲言中國既圖破壞杭州、除水電廠外、一切民房日軍當盡義務加以徹底破壞、致三日大火、城內已燃[illegible]將盡、中國婦女不分老幼、悉被擄去、分為等第、供日將官及士兵獸慾、縱火之前、曾大事刦掠、以軍用車載運一切凡可使用之物品、甚至泥做之玩具煙袋及剪刀等、加以搜刦、軍紀之劣、無以復加、敵軍卅餘名、曾登虎跑山搜索中國游擊隊之蹤跡、當一無所獲、而此卅餘名敵軍下山時全、縱敵後、又繼派數百士兵侵虎跑、在附近捕出青年良民四十餘人、縛至山麓、用機槍轟斃、陳屍數日、無人拾埋、狀至悽慘、敵軍正規軍、部婦撤退城外、已既不能偷渡錢江、又不能安居杭州、已感到奪取杭州無利于戰事云

安陽縣婦女亦慘遭寇姦污

中央社開封九日電：盤據安陽縣之敵人借口防範、在各家房上來往如梭、少有姿色婦人、大部被污、雙塔村民廿餘人、因敵佈告、如有不法士兵、可以告發、到城請求禁止奸淫、司令部人謂、你們都是亡國奴、沒被殺了就很好、找花姑娘的都是敢死隊、等他們不找了我們也不叫他找、其蹂躪荼毒可見一斑、

——摘自《南宁民国日报》，1938 年 1 月 12 日

南樂清豐等地 慘被寇軍蹂躪

民被屠殺地土成焦

【中央社新鄉通訊】十二月十三日敵軍自大名南犯，據我南樂縣城，城內居民，多遭屠殺，而婦女則悉被姦淫，又清豐縣城東南兩門，被敵軍大砲轟燬，最熱鬧之東大街，已成一片焦土，慘不忍睹，居民被其殺戮者，僅就縣及李莊等村而論，達一千二百餘人云。

【中央社臨汾十一日電】軍息：敵對我祁縣太谷一帶民衆，近恣意屠殺，昨又在祁縣南二十里餘之郝開村慘斃我村民四十餘名，此次慘案之經過，因八日午有敵百餘名，在該村强刦後得馱馬十數頭，正遣人運去，途中被我游擊隊將其擊斃，敵誤爲我村民謀害，遂派隊報復以洩憤，查暴敵此種違反人道之獸行，邇來已迭有發生，聞我當局爲防止其今後繼續慘殺起見，已分令各地迅行堅壁清野，務使其伎倆無從實施。

——摘自《扫荡报》（汉口），1938 年 1 月 13 日

敵軍暴行一斑

奸淫殺掠無所不爲 濟甯教堂亦遭炸毀

（中央社臨汾十一日電）軍息、敵對我祁縣太谷一帶民衆、大加屠殺、昨又在祁縣南廿餘里的郝開村、慘殺我村民四十餘名、此次慘案的經過、因八日午有敵百餘名、在該村强刦後、得馱馬十數頭、正遣人運去、途中被我游擊隊將其擊斃、敵認爲我村民謀害、遂派隊報復以洩憤、查暴敵此種違反人道的獸行、近來已屢次發生、聞我當局爲防止其今後繼續慘殺起見、已分令各地迅行堅壁清野。

（中央社義烏九日電）杭州敵連日擄掠婦女、横加奸殺、並勒迫民衆自備白地紅心膏藥佩帶、方准通行、路遇敵軍、須以兩手據地、如犬狀向其敬禮、否則即遭毒打、暴行多端、備極慘酷、實爲文明人類所不齒

（中央社青島十二日路透電）據濟甯浸禮會史密士女士報告、濟甯浸禮會所、十日遭敵機轟炸、看守會所之中國工友一人被炸斃、美人方面尚無損傷。

——摘自《新华日报》（汉口），1938 年 1 月 13 日

敵機四十餘架 昨襲南昌

廣州昨日竟日警報

粵漢路瓊島合肥均被炸

▲中央社南昌十二日電 敵機四十餘架、第十七次轟炸南昌、事先防空司令部據報、敵機多架由皖贛邊境經鄱陽湖向西南飛行、當發空襲警報、至十一時五十分、敵機十八架侵入市空、旋有廿四架相繼而來、我空軍凌空迎擊、高射砲亦同時齊發、敵機倉惶投彈百餘枚、向原路逸去、事後調查、落彈地點計第十四交通路五枚、順大空地三十二枚、坡頭街六枚、示範路二枚、二郎廟徐村三十枚、南嶽廟背六枚、桃竹一枚、徐村五枚、郊外空地四十餘枚、共燬民房四十八棟、震倒五十四棟、死三人、傷十五人、乳牛二頭。

▲中央社廣州十二日電 廣州今竟日警報、敵機三十二架輪迴轟炸粵漢路軍田・源潭・琶江・英德等站、廣九路南崗站、共投彈五十枚、東莞縣城外公路亦投彈六枚、斃鄉民四人、傷十餘人、兩路路軌均有損壞。

▲中央社廣州十二日電 海口十二日電、十二日上午八時許敵機七架、初次襲瓊、在府城海口兩地肆虐、計前後投彈二十餘枚、燬民房數十間、死傷無辜平民十餘名。

▲中央社安慶十二日電 敵機五架十二日晨十時轟炸合肥、損失未詳。

——摘自《中央日报》（长沙），1938 年 1 月 13 日

敵在杭暴行多端

魯南一帶慘遭蹂躪

祁縣鄉民四十餘名被殺

▲中央社義烏九日電 杭州敵連日擄掠婦女、橫加姦殺、並勒迫民衆自備白地紅心臂章佩帶、方准通行、路遇敵軍、須以兩手據地、如犬狀、向其對禮、否則即遭毒打、暴行多端、備極慘酷、實爲文明人類所不齒。

▲中央社徐州十二日電 東海電話、據報、費縣西之太平邑、十一日有敵百餘、太平邑四十五里之白馬莊、有敵裝甲汽車十餘輛、泗水境有敵汽車十餘輛、敵在太平邑焚燒房屋、婦女被姦淫後再慘殺、又敵軍二百餘人携砲數門、十日由兗州竄鄒縣時、曾在城內淫掠數小時、後聞我軍進擊、即向北退去。

▲中央社臨汾十一日電 軍息、敵對我祁縣太谷一帶民衆、近恣意屠殺、昨又在祁縣南二十餘里之郝開村、慘斃村民四十餘名、此次慘殺之經過、因八日午有敵百餘名、在該村強刦後、得馱馬十數頭、正遣一人向祁縣運去、途中被我遊擊隊將其擊斃、敵誤會爲我百姓謀害、遂派隊報復、以洩憤恨、查暴敵此種違反人道之獸行、邇來已迭有發生、聞我當局爲防止其今後繼續慘殺起見、已分令各地遍行堅壁淸野、務使其伎倆無從實施。

——摘自《中央日报》（长沙），1938 年 1 月 13 日

敵機連日襲桂經過

民衆社桂林電㈠婦女慰勞會努力救亡工作、前迭捐贈大批軍用藥品棉衣、與本省後方醫院、現該會更擬于兩廣邊境組織預備醫院、預貯藥品、俾戰線改變時、可改臨時醫院、並可供戰時收容殘廢軍人處所、特電徵本省同意、當局以此係屬善舉、徑復電贊同㈡據息、敵機六架、十一晨在北海欽縣空襲、始終未侵入本省領空、然均被我機驅逐、又中央派機若干架、担任保衛本省領空、已於十一晨飛桂目的地云、又訊敵機昨分襲柳邕詳情、據息敵機於虞佳二日襲邕、被我擊傷一架、並在北海擊落三架後、敵于十日復派機二批、首批七架、于上午九時、自北海外海面巡洋艦起飛襲邕 次批十一架于十時亦經北海向邕來襲、我空軍得報、先凌空以待、及至十時卅分、敵機飛至、我空軍卽奮勇迎擊、敵機不支、倉惶在市 區外投彈數枚逸去、敵機離邕後、分兩隊、一經遷江賓陽、 一經武宣象縣、俱向柳州進襲、我機隊聞報、卽飛起分頭截擊、敵機遂無法全數侵入市空、僅有二架冒險侵入、投彈一枚、我機卽起而包圍、此二機一被我擊落、當塲起火、墮柳州附近、機師斃命、一負傷逃至横州墮落河中、機師卽被我民團擒獲、敵機連日襲柳、皆被我空軍將士英勇奮發、倭燄已挫、全省振奮、各界紛電慰勉、同時我空軍蔣盛祜君 於敵機襲邕之際、因奮勇駕機擊敵、油箱起火、開保險傘 從空躍下墮河、致殉難、全省哀悼、紛電慰唁、茲將重要各電摘錄于下、 省黨部電邕柳兩局、轉全體空軍將士、敵機肆虐、普天同憤、 我空軍同志凌空抗戰、迭奏功勛、倭寇氣燄爲之摧挫、桂民精神、賴以發揚、捷報頻傳、感奮無已、仍希再接再勵、 百戰百克、務將犯境敵機完全粉碎、以堅人心、而伸公理、五路軍政訓處長韋永成、(又訊)敵機連日之襲桂詳情、第五路軍駐粤辦 事處主任闞宗驊十一日 已接桂林總部電告、其電云、 廣州驊密㈠八日敵機襲邕二次、我機先後迎擊、結果我被損一機、 陣亡飛行員蔣盛祜一名 、幷傷十餘人、經文街毁屋四間、及拉丁書院樓一座、死婦人二、男二、 內一爲法籍神父、傷二人、 金線巷落燒夷彈一、 未及成災、 敵機一架受傷、當逃至北海地角附近、卽自行墮沉海底㈡九日敵機襲 邕四次、 多在東郊軍校機塲及津頭埌 邊等村投彈、 市內亦落數彈、但損失甚微㈢拾日拾時十五分、敵機十二架襲邕、据報落彈數枚、損失未詳、十一時四十分敵機七架襲柳、我機應戰卽爲我機逐出、此役敵機一傷架當塲被我擊落、另一架負逃至 横縣屬之淸口鄉附近降落河中、餘機盤旋上空、當有敵水機兩架降落、將該飛行員二名救去、將機焚燬、機內機槍一枝被我獲得、特聞、 總參眞(十一)日部印、又查此次桂省空軍英勇殺敵、五路軍政訓處長韋永成及廣 西省黨部等均紛電慰勞云、

——摘自《国华报》（广州），1938年1月13日

敵機炸寧陽路續詳

(新會快訊)敵機三架、十日襲寧陽鐵路公益水步兩站、消息已誌前訊、茲續將詳情誌之于后、是日下午二時十五分、江門上空、卽發現敵水機三架、由東北方飛來、盤旋窺伺數分鐘、旋聯羣沿寧陽鐵路向南方飛去。二時廿三分、飛抵公益上空、先後低飛在車站上空盤旋窺伺、似有企圖、車站中人見敵來勢不佳、紛相奔避、未幾、三敵機竟先後投彈三枚、皆爆發、其爆發力甚雄、聲徹遐邇、江門會城方面淸晰可聞、測其重量、當在百磅以上、建築物多遭摧毀、敵機逞兇後、復沿鐵路向南面飛、沿途偵察、飛抵水步車站時、又投三彈、一彈中車站、全座被毀、查該站去月經遭敵機一度轟炸、被毀去一部、今敵竟將該站全部炸毀、至其餘兩彈、俱落在車站對開西南邊軌道爆炸、鐵軌枕木、被燬頗重、被炸之處、陷成一穴、敵機肆虐後、卽向南飛出海。(冬)又

(台山專訊)敵機三架、於昨十一日晨三時四十五分、飛至台山新寧鐵路水步車站上空盤旋一週後、卽投彈三枚、路軌被毀小許、旋飛至公益車站又投彈三枚、均落荒地、無損失(或)

——摘自《国华报》（广州），1938 年 1 月 13 日

日機炸粵廣兩路

一架被擊傷墮下

▲香港 十二日晨八日機襲粵路、在淸達城南門外投二彈、塌民房十數間、死傷數十、在軍田源潭琶江橫石英德投二十餘彈、毀軌頗多、一機被我擊傷、中途墮下、又兩機飛白雲山、圖入市被擊退、旋又有四機襲廣九路、投彈十餘、晚車誤點、東莞縣十二日晨亦有二機到襲、在河邊投七彈、死五傷數十人、沉民船數艘、

▲廣州十二日電 廣州今竟日警報、日機二十二架輪廻轟炸粵漢路軍田源潭琶江等站、廣九路南崗站共投彈五十枚、東莞縣城外公路亦投彈六枚、斃鄉民四人、傷十餘人、兩路路軌均有損壞、

▲國民新聞社美聯香港十二日電 美聯社訊、今日此間中國報告稱 日本飛機今日轟炸廣東省之淸源•北康•英德•原德及豐溪等五縣、(皆係譯音)損失甚重、死亡人數、現猶未悉、又悉日本飛機一架、在北康被擊落、

——摘自《新闻报》（上海），1938 年 1 月 13 日

敵機四十餘架 昨日又轟炸南昌

中央社。南昌十二日電。敵機四十餘架。第十七次。轟炸南昌。事先防空司令部據報。敵機多架。由皖贛邊境。經鄱陽湖，向西南飛行。當發空襲警報•至十一時五十分。敵機十八架。侵入市空。旋有二十四架。相繼而來。我空軍凌空迎擊•高射炮亦同時齊發。敵機倉惶投彈百餘枚。向原路逸去。事後調查。落彈地點。計第十四交通路五枚。順大空地三十二枚。坡頭街六枚。示範路二枚。三郎廟徐村三十二枚。南嶽廟背六枚。桃竹一枚•徐村五枚•郊外空地四十餘枚。

廣州方面昨日竟日警報

中央社•廣州十二日電。廣州今竟日警報•敵機三十二架•輪廻轟炸。粵漢路軍田源潭琶江英德等站。廣九路南崗站共投彈五十枚。東莞縣城外公路•亦投彈六枚。斃鄉民四人。傷十餘人。兩路路軌。均有損壞。

敵機昨襲琼投彈卅餘枚

焚燬民房四十八棟。震倒五十四棟。死[illegible]人。傷十五人。

中央社。廣州十二日電。海口十二日電十二日上午八時許。敵機七架•初次襲琼•在府城海口兩地肆虐。計前後投彈二十餘枚•燬民房數十間。死傷無辜平民十餘名。

——摘自《湖南国民日报》，1938 年 1 月 13 日

寇機前昨兩日襲粵情形
敵艦二艘潛竄海口港外

廣州十二日電：今晨八時卅二分、中山上柵發現敵機三架、未幾唐家灣又發現敵機五架、亦由南向北飛、本市即發出警報、八時五十分、另有第三批敵機一隊計六架、繼續由唐家灣起飛、于是三批敵機共十四架、分隊騷擾本省境內、計三架經市區向北進襲、六架經白雲山背、亦向北飛、均以粵漢路爲目標、其餘三架則轉東飛、有襲廣九模樣、

廣州十二日電：敵機十五架、昨十一日分三批起航兩度轟炸粵漢路、向源潭、軍田、深坑三處投彈共達四十餘枚、路軌被毀頗重、一隊三架并飛廣九路樟木頭一帶窺伺、未有投彈、

廣州十二日電：昨傍晚六時十分、敵機三架、自唐家灣起飛一架窺進虎門、兩架窺伺廣九路至七時許、沿鐵路盤旋一匝、即飛遁出海各處均有投彈、記者爲明敵機窺進虎門起見、特於昨日九時用長途電話向虎門要塞司令部詢承該部發言人答稱、本晚敵機三架、曾飛經要塞上空、惟僅聞機聲、不見機影、亦無投彈情事、至七時許、敵機又經過虎門上空出海、

中央社海口十二日電：今晨突來敵艦二艘、駛泊本埠港外西北方海面、上午八時許、有敵機七架、數度飛擾此地、計投十餘彈、損失尚在調查中、

中央社廣州十一日電：今晚月色迷濛、寒風襲襲敵機三架飛粵作夜襲、歷虎門東站沿廣九路樟木頭各站偷窺數匝、悄然遁去

廣州十一日電：敵機廿二架、今日兩次侵犯北海市投彈十餘枚、毀民房數間：死傷十餘人、又粵漢路源潭等站、亦被敵機投彈廿餘枚、路軌電話桿線均有損失、

——摘自《南宁民国日报》，1938 年 1 月 13 日

敵蓄意破壞粵省交通
粵漢路昨被狂炸
廣州四邑輪渡亦成目標
平民慘被掃射損害甚重

【廣州十三日下午七時發專電】敵機二十架今日分兩次襲粵，在粵漢軍田站炸燬車站房屋，損失頗大，未傷人，英德縣城東莞公路，廣州至四邑輪渡亦被轟炸，平民被掃射，生命財產損害甚重，寇機兇殘，較前更甚，橫琴島敵兵及敵艦昨又撤退大部，留島者與台灣及僞滿兵內鬨。

【廣州十二日下午九時發專電】敵機兩架今晚六時至八時於月明中由唐家灣飛來夜襲，先到黃浦，投重炸彈四枚，圖炸魚雷庫未中，次經廣州石牌．白雲山，被我砲擊，竄到花縣偵察後，轉往粵漢路軍田大坑橋投三彈，損失甚微，美留粵僑捐國幣三萬，購機抗敵。

【香港十三日下午十一時發專電】橫琴島敵三百餘多患病，十三日撤去百餘，現敵艦游弋瓊島附近者八艘，萬山羣島三艘，唐家灣二艘，力甚薄，連日進擾者，均爲武裝漁船。

【香港十三日下午七時發專電】十三日晨七時半敵機三架襲粵漢路，在軍田站遇由省開樂昌客貨車，開槍掃射，並投彈四枚，燬車站路軌，幸乘客先避，未被害，八時半又有敵機三架飛軍田．英德各站投彈十餘枚，路軌損多處，外訊，敵軍百餘十二日下午八時在中山縣屬距澳門四十五公里之大富登陸，掠取水與食糧後，逃返艦上。

【中央社訊】十三日上午有敵機多架飛粵漢路銀盞坳．軍田兩處圖炸，因電線已壞，詳情尚未悉，聞該路當局已派搶險車前往，日間即可修復通車。

——摘自《大公报》（汉口），1938 年 1 月 14 日

滬敵縱火焚燒申新紗廠

因青島日紗廠被焚故施報復

（漢口十三日電）外訊○滬申新紡織公司第六廠○在楊樹浦路○十二日午發生火警○經租界救火會灌救撲滅○損失甚微○日前其第五廠亦告焚如○兩廠均在敵軍警戒區內○其起火原因○殊費猜測○該事適發生於青島破壞日廠之後○衆料此係敵軍一種報復行動云○（中央社）

——摘自《循环日报》，1938年1月14日

松江滬濱 刼後慘狀

荒涼景象令人可怖

【本報上海十四日下午七時二十分電】租界當局，將界路開放後，記者特於今晨前往視察，北面界路之房屋，十分之九已遭焚燬，北站有火車數輛升火待發，北站候車處，售票處均被炸毀，鐵路管理局之大廈，依然巍立，惟最高數層及東面之牛壁彈痕纍纍，大廈對面之上海銀行，北站郵局，中國銀行等，因當初寇機轉炸管理局大廈之故，燬壞較其他處爲甚，北站大旅社之受重大損失，界路現雖開放，但尚乏人居住，僅一般憑吊遺跡者往返而已，北山西路鐵門，今晨已開放，由海寧路可通遊北四川路。

【中央社上海十四日路透電】某外人今日乘車前往松江視察據謂城中荒涼及破壞之情況，頗難以形容，飛機轟炸之結果，無數房屋，皆被炸毀，幾無一房屋未遭砲火擊毀者，已毀之建築，皆成廢墟，其荒涼之景像，令人可怖，城中存在之惟一動物，厥爲飽咬屍骸之野犬，昔日人烟稠密人口十萬之松江，今日該外人僅見藏匿于法國教會內之中國老者五人而已，彼等皆感食物之缺乏而痛哭，並向該外人要求，將彼等帶回上海，上海南京間昔日人口稠密之區域，今已悉成焦土，松江之悽涼，可爲全區之寫照，此區內人口，大量之遷移，在歷史上頗值得大書特書，至于此若干萬居住此帶之中國人民，還往何處，恐無人能答，由上海至松江間卅英里之路，途幾如一沙漠，所有穀物，皆無人過問，目光所及，田野中不能見一物，該外人所經過之地，盡屬廢墟，荒田，及野犬而已，途中見有大量日軍向上海開拔，彼等皆滿攜由鄉間獲得之刼掠品，並有洋車若干，裝載箱籠物品，跟隨于軍馬隊之後，其狀極爲奇特，騎于驢牛，甚至于水牛背之日兵，奔馳于田野間者，隨處可見，日軍之砲架上，則縛有小豬，多口，至于鄉間之鷄，及其他野禽，亦皆爲日軍搜羅攜去，在路中某處，曾見日軍之大宗軍用品，尤引起該外人之注意者爲見日軍飲罄之大量啤酒瓶云。

——摘自《扫荡报》（汉口），1938年1月15日

月明如晝

敵機夜襲粵路源潭

毀貨車兩輛機車亦微受波及

連晚敵機籍月色皎潔中施行夜襲、前晚暫停後、昨十四晚又派機兩架到粵漢路源潭站轟炸、玆誌情形如卜：六時廿分、中山上柵發現敵機兩架、南向北飛、本市防空部以敵機有夜襲企圖、遂卽發出警報、六時卅分、敵機兩架到萬頃沙、繼續北飛、隨發緊急警報、六時四十二分、敵機由虎門經黃埔飛抵石牌、盤旋一匝、卽向粵漢路疾進、七時廿五分經大朗、南向北飛、七時卅五分到源潭、適有廣武直通客貨車由省北開、於此時駛到源潭站、聞警報後、搭客紛紛落車逃避、敵機窺伺數匝、卽向該處連續投彈八枚、當堂爆炸、毀貨車卡兩輛、機車亦微受波及、幸搭客奔避遠離、故無甚傷人、敵機投彈後、仍低飛用機關槍向該列車掃射、一連二百餘發、逞兇後始循原路經白雲山出海遁去、七時五十二分解除警報、(堅)

——摘自《国华报》（广州），1938 年 1 月 15 日

敵機

到處施虐

敵機於日前飛往廣西南寧轟炸，結果把法國開設的天主教堂炸毀，損失甚大，法國已向敵提出抗議。當敵機來時，我空軍亦奮力抵戰，結果擊落敵機二架。

又桂林城亦被敵機轟炸，損失不詳。

廣州省城及粵漢路，每天均有敵機在該地一帶施虐，任意投彈屠殺我無辜羣衆。

敵機三十餘架，於十一日空襲武漢，在飛機場投彈約百餘枚，損失甚大。

——摘自《新中华报》（延安），1938 年 1 月 15 日

松江已成一死城

由上海至松江幾如沙漠

沿途所見惟有廢墟荒田

中央社。上海十四日路透電。某外人今日乘車前往松江視察。據謂城中荒涼及破壞之情況。頗難以形容。飛機轟炸之結果•無數房屋。皆被炸毀•幾無一房屋。未遭砲火擊毀者•已毀之建築。皆成廢墟。其淒慘之景像。令八可怖•城中存在之惟一動物•厥爲飽啖屍體之野犬。昔日人煙稠密•人口十萬之松江。今日該外人僅見藏匿於法國教會內之中國老者五人而二。彼等皆感食物之缺乏而痛哭。并向該外人•要求將彼等。帶回上海•上海南京間。昔日人口稠密之區域。今已悉成焦土。松江之淒涼。可爲全區之寫照•此區內人口大量之遷移。

在歷史上•頗値得大書特書•至於此若干萬居住此帶之中國人民。還往何處。恐無人能答•由上海至松江間三十英里之路途。幾如一沙漠。所有谷物•皆無人過問。目光所及。田野中不能見一物•該外人所經過之地。盡屬廢墟荒田及野犬而已。途中見有大量日軍。向上海開拔。彼等皆滿携由鄉間獲得之刼掠品。並有洋車若干。裝載箱筐物品•跟隨於軍馬隊後。其狀極爲奇特•騎於驢牛甚至於水牛背上之日兵•奔馳於田野間

者•隨處可見。日軍之砲架上。則縛有小猪多口。至於鄉間之鷄。及其他野禽。亦皆爲日軍搜羅携去。在路中某處。曾見日軍之大宗軍用品•尤引起該外人之注意者。爲已爲日軍飲醫之大量啤酒瓶云•

——摘自《湖南国民日报》，1938 年 1 月 15 日

敵機炸孝感

死傷十人毀民房數間

另一隊圖襲武漢未逞

粵漢廣九兩路又遭轟炸

▲中央社孝感十五日下午二時電 十五日上午十時許敵機五架飛襲孝感、在機場及車站共投彈十二枚、死傷平民十人、民房被炸毀數間。

▲中央社漢口十五日電 十五日晨七時敵機十餘架、出現桐城上空、向西飛行、經霍山後、似分兩路、一由潢川到平漢路之信陽後、折向南飛、至雞公山附近出沒、一路經武穴、田家鎮西向、出沒於洋港、龍港一帶、後敵機升至高空、蹤跡不明、防空部即發出警報、至八時四十五分解除警報、但仍隨時注意戒備、至九時五十分、有敵機五架突然至孝感附近投彈、同時陽新田家鎮上空、又發現敵機五架、出沒不定、似有進襲武漢之勢、防空部即發出緊急警報、我航空隊及高射部隊亦均嚴陣以待、嗣以孝感投彈之敵機循祁家灣、麻城向東方飛去、在陽新田家鎮出沒之敵機、循小池口亦向東逸去、遂於十一時解除警報。

▲中央社廣州十五日電 敵機三十八架今竟日輪迴犯粵漢廣九兩路、投彈百餘枚、幷在肇慶城投數彈、我方略有損失。

——摘自《中央日报》（长沙），1938 年 1 月 16 日

敵機昨竟日

轟炸粵兩路

徐州臨城亦被投彈

【廣州十五日中央社電】敵機卅八架今竟日輪迴犯粵漢廣九兩路，投彈百餘枚，並在肇慶城投數彈，我方略有損失。

【孝感十五日中央社電】十五日晨十時許敵機五架飛襲孝感，在機場及車站共投彈十二枚，死傷平民十人，民房被炸燬數間。

【徐州十五日中央社電】敵爲掩護其部隊南犯，十五晨派轟炸機三架，分襲徐州臨城，投彈多枚，兩地均無大損失，亦無若何傷亡。

——摘自《申报》（汉口），1938 年 1 月 16 日

特別要聞

昨分批炸廣九粵路

敵機廿五架

江村遭炸損傷慘重消息不通
車陂投彈七枚車卡均遭掃射
三架犯廣州遭我擊傷兩架

昨十五日、敵機廿五架分五批兩度來襲、向粵漢廣九兩路施行轟炸、江村新街滙江車陂等處均被投彈、除路軌受相當損失外、幷被敵機用機關槍向車卡掃射、一隊三架更圖侵入廣州肆虐、我高射炮猛烈轟擊、當將敵機兩架擊傷、始倉皇折回飛遁、畧情經見昨日本報晚刊、茲將詳情分誌如下、

第一次 上午七時零一分、敵機三架在中山上柵發現、高度五千公尺、由南向北飛、本市防空部接監視哨報告後、遂即發出空襲警報、七時十五分、敵機由上柵掠過萬頃沙到虎門、盤旋一匝、立向廣州方面進襲、本市乃于此時續發緊急警報、七時廿六分、敵機三架繼由虎門經魚珠、迫近廣州東郊、隨轉向北飛、經白雲山、七時卅五分、我發高射炮轟擊、敵機一聞炮聲、不敢迫近

、急繞道黃婆洞進犯粵路、八時廿分、第二批敵機三架、出現于中山上柵、盤旋約數分鐘、又經虎門轉向西北飛、過大良循公路到佛山、八時卅分、第一批敵機三架到達花縣盤旋、隨轉往粵路軍田大朗一帶窺伺、八時四十分、敵機三架在江村連續投彈十二枚、四枚落水、餘均當塲爆炸、毀路軌數對、枕木十數根、而兩旁電線多被摧毀、消息斷絕、敵機投彈後、即南飛而遁、同時敵機三架、到佛山盤旋後、轉過廣三路窺伺良久、然後北飛逕趨粵路、九時零二分、敵機三架由粵路南飛、經本市北方成品字形、隨經魚珠向東飛、沿廣九路一帶窺察、九時在南崗站上空盤旋、即低飛用機關槍向之掃射、一連數百發、車卡被擊中、百數十處、機車亦畧有損傷、敵機肆虐良久、始出海遁去、九時廿分、敵機十四架、先後分兩批由唐家灣飛出、自南至北、經上柵過萬頃沙虎門、九時卅五分、到達黃埔、盤旋一匝、即分三隊、一隊三架向西北飛、圖侵入廣州市區肆虐、一隊五架經魚珠掠過白雲山、再襲粵漢路、餘一隊則轉飛佛山、九時四十五分、本市河南南部、發現敵機三架、成品字形、向北疾進、我防空部隊以敵機有犯廣州企圖、立密集高射炮向之轟擊、一連十數發、敵機倉皇閃避、隨有兩彈距離敵機約五十米突爆炸、鐵碎四射、當將敵機兩架擊傷、立現

傾倒狀態、勢成墮落、然敵機仍極力掙扎、受創後一架先離羣向南飛、在魚珠會合、亟欲虎門圖遁回敵艦、但當逃至魚珠時、已呈不支之狀、或中途墮落河中亦未可料、餘敵機十一架、于十時集于粵路軍田上空、盤旋數匝後、九架繼續北飛、二架則南飛到江村盤旋折回、經本市西方繞道轉飛魚珠、十一時廿分敵機九架 到滘江投彈十數枚、毀路軌甚多、投彈後南飛經新街、又投彈十數枚、幷開機關槍掃射良久、始經佛山出海、十二時卅分、敵機兩架由魚珠飛到廣九路車陂上空盤旋、隨向該處投彈七枚、毀路軌亦多、附近停有車卡多輛、被敵機開機關槍掃射、然後經石龍飛遁、一時零一分解除警報・

第二次 二時五十六分、敵偵察機一架、在中山上柵盤旋數匝、即折回南飛、迨至三時四十五分、敵機五架由唐家灣洋面起航、南向北飛來襲本市、遂於此時發出警報、四時零五分、敵機五架經上柵到萬頃沙、隨發緊急警報、敵機到萬頃沙盤旋一匝、轉向西飛、四時十分經大良、沿公路直趨佛山、後又分作兩隊、一隊兩架沿西江而上、一隊三架則掠過本市西部、逕飛粵漢路・四時五十五分、敵機兩架循西江飛到肇慶盤旋、從事窺察、投彈與否未詳、同時敵機三架已到粵漢路江村上空、盤旋一匝、再向該處投彈數枚、毀路軌少許、投彈後、即經白雲山過黃埔出海、其在肇慶盤旋之敵機、亦循原路飛遁、六時卅九分解除警報、又當敵機 在新街投彈時、適有由武昌南開之 廣武車一列駛經附近、閘被波及、傷斃搭客數人、但因電線不通、情形未詳、

第三次 六時四十二分、本市防空部接監視哨報告、有敵機三架突 在江門上空發現、由南向北飛、有襲廣州模樣、遂于六時五十分發出警報、未幾、即施行燈火管制、惟敵機在江門盤旋後、即折回飛遁、七時四十五分解除報警(堅)(又訊)昨十五日上午十一時半、有敵轟炸機兩架、由魚珠飛到廣九路車陂上空・距離地面五千公尺、在上空盤旋一匝、見下面停有車卡七八輛、即相繼低飛一千公尺 向該處連續投彈七枚、幸均未中車卡、計五枚落鐵路、毀鋼軌四對、枕木廿餘根、兩枚則落附近黃村鄉、當堂爆炸、隆然兩響、該鄉一帶、均屬簡陋屋宇受猛烈爆炸所震盪、當堂倒塌四十餘間、鄉民死傷甚衆、敵機投彈後、以未命中車卡、乃再低飛開機關槍向各車卡掃射、一連共千餘發、各車卡均被擊中、但無大碍云(中)(中央社)敵機卅八架、昨(十五)日自上午六時五十五分・以迄夕八時、分八批進犯粵漢廣九兩路及肇慶城等地、茲將詳情誌下、第一批、三架、上午六時五十五分、經虎門黃埔在粵漢路軍田窺伺、即出海、第二批三架、上午八時廿七分、在石牌投彈數枚、企圖炸毀廣九路貨車一列、幸未命中、復以機槍掃射、我方均無損失、敵機逞兇後、即南飛出海、第三批九架、上午九時卅分 在江村投彈數枚、第四批五架、九時四十二分到西村 會合第三批敵機北飛、在源潭投彈卅餘枚、路軌畧受損壞、第五批、兩架、上午十一時二分向廣九路沿路各站窺伺、未有投彈、第六批、八架、上午十一時許、分兩隊、一在東圃附近投彈數枚、我無損失、即南飛出海、另一隊窺伺廣三路、第七批五架、下午四時在唐家灣出現、向西飛經江門三水直飛肇慶、其中兩架在肇慶城南門外曠地 草塲投彈六枚、我絕無損失、其中三架、則轉向新興方面伺窺後、至下午七時五十五分即分向南飛遁 第八批、敵機三架、下午六時五十分、又在唐家灣向北飛、在中山附近一帶盤旋後、于七時四十五分即向南飛出海、

——摘自《国华报》（广州），1938 年 1 月 16 日

敵機又掃射龍穴漁船

昨據虎門要塞返省某軍官談、十二日上午十時許、有敵機三架由北方飛經虎門、隨向南飛、距到龍穴島附近海面、瞥見下面有漁船十數艘停泊、竟低飛開機關槍掃射、一連數百發、聞擊斃漁民兩名、傷四名云（中）

敵機犯粵路炸燬列車續詳

十四日敵機三十餘架分隊輪廻數次襲擊粵漢鐵路、炸毀各站路軌情形已誌昨報、續查是日犯粵漢路敵機八架、於下午一時許飛至江村站上空盤旋移時、適有專車一列停於此處、敵機遂即低飛列成一字長蛇形輪流共投下二十一彈、而各彈多落於荒地田野、祇有一彈落於列車前五一號機車頭附近之路旁爆發、該機車頭因受震盪力、當堂跳出軌外臥倒、傷毀頗重、敵機仍繼續用機關槍猛烈掃射、達千响之多、該機車頭被擊穿之孔共有六十一個、十五晨黃沙總站派工程車前往絞起運囘廣州矣、各車卡均未傷毀、又十三日第一次犯粵路敵機三架、於九時許發現於軍田站上空、適有由武漢運載貨物列車來省者停於此處、敵餘機遂低飛盤旋數匝、投下十彈、各彈多落於荒野間、兩彈則落于列車路旁、炸毀貨卡兩個、但該兩卡盛儎桐油、即時着火焚燒、達兩日始告熄滅、採辦桐油之商人損失甚鉅、敵機同時用機槍掃射、擊斃穿軍服男子一人、又同日上午九時另有敵機一隊三架、飛至英德屬銀盞坳地方、有由省北開武漢混合列車停於此處、敵機盤旋移時、投下十餘彈、其中有數彈落於列車路旁、炸毀軍卡七個、損失奇重（強）

——摘自《国华报》（广州），1938 年 1 月 16 日

敵在臨漳肆行搶刼被我擊退

中央社。鄭州十五日電。安陽敵百餘人。近至臨漳。搶刼食糧。當被我軍張部。派隊堵擊。斃敵十餘人。餘敵狼狽。退入安陽城。

——摘自《湖南国民日报》，
1938 年 1 月 16 日

寇軍暴行

製造僞鈔强迫行使
房屋被燬婦孺被刼

【本報香港十六日下午七時電】寇軍方面，擬在滬製造僞鈔，强迫行使，又聞自三月一日起，將推行日幣，迫令公共租界居民通用之。

【中央社香港六日電】航業界息，敵前方調回開往山東之各部隊，經過上海時，官兵身上均有金戒指穿成褲帶，每條至少四五十只，多者二百餘只，均刼自各鄉民者，並有中交兩銀行之聯號新鈔票，每千元僅換日幣六百元，蘇錫等處運來之紅木上等傢具，在黃浦虬江匯山等碼頭，連日堆積如山，均待船運日本，又敵軍留守在上海附近之陸軍，前日曾發生搶刼虹口酒排間及商店（均日商）三家，現經敵憲兵嚴密巡查，防止後患。

【中央社香港十六日電】滬航訊，在南市難民收容所之小孩，除吃奶者外，盡被運回日本，共有六百餘名，準備長期侵戰，而年輕婦女，亦被刼去充軍妓，供士兵洩慾。

【中央社香港十六日電】滬訊，日方各保險公司日來派赴南市難民區，承保火險，凡房東不願投保者，其房屋即相繼失火，如此毒辣手段，誠爲罕見。

——摘自《扫荡报》（汉口），1938年1月17日

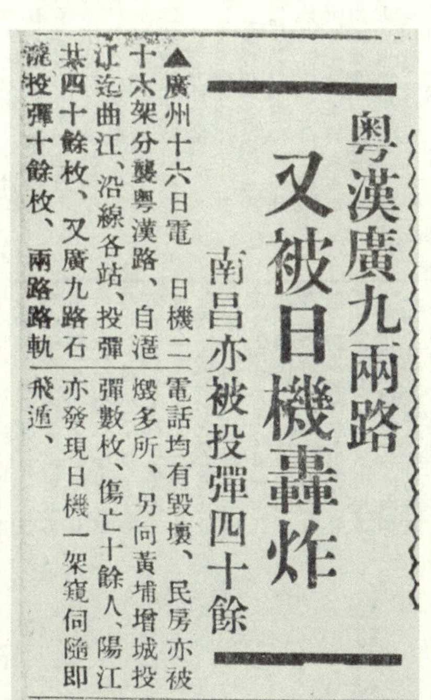

粤漢廣九兩路 又被日機轟炸

南昌亦被投彈四十餘

▲廣州十六日電 日機二十六架分襲粤漢路、自滘江迄曲江、沿線各站、投彈共四十餘枚、又廣九路石龍投彈十餘枚、兩路路軌電話均有毀壞、民房亦被燬多所、另向黃埔增城投彈數枚、傷亡十餘人、陽江亦發現日機一架窺伺隨即飛遁、

——摘自《新闻报》（上海），1938年1月17日

特別要聞

昨又猛襲廣九粵路

敵機廿五架

潖江軍田石龍等處投彈七十餘枚

一隊飛增城投四彈毀塌民房甚多

昨十六日下午、敵機大隊又襲廣九粵漢兩路、向潖江軍田石龍等處大施轟炸、投彈七十餘枚、一隊三架更飛增城投四彈、毀塌民房廿餘間、死傷平民數人、畧情已見昨日本報晚刋、玆將詳情誌下、十二時五十分、本市防空指揮部接監視哨情報、敵機廿六架、分三批連續由唐家灣洋面飛出、經上柵神涌向廣州方面疾進、遂於一時零三分、發出空襲警報、十分鐘後續發緊急警報、計第一批敵機六架、到達上柵時、忽有一架因機件不靈、迫得折回、故來襲敵機共廿五架、一時廿四分、敵機十架飛抵虎門、同時十五架到達萬頃沙、未有盤旋、即相率向北疾進、一時卅二分、魚珠上空發現敵機八架、成人字形、盤旋一匝、即掠過本市東郊繞道白雲山 直趨粵漢路、未幾、又有敵機三架繼續飛到魚珠、成品字形、窺伺數分鐘後、隨折回廣九路車陂盤旋、一時卅八分、敵機十三架、發現本市西南方、隨繞過西村逕飛粵漢路、二時五十分、敵機四架在廣九路南崗站盤旋、未幾、即向該處投重彈一枚、當堂爆炸、隆然之聲、本市亦清晰可聞、但該彈未命中路軌、故無甚損傷、敵機投彈後、仍低飛用機關槍向下掃射、一連二百餘發、良久始相率沿廣九路東飛、二時零五分、敵機廿一架集合粵漢路潖江上空、盤旋約五分鐘、即分作三隊、一隊九架飛橫石盤旋、一隊八架逕到連江口、餘三架則仍在潖江窺伺、二時廿五分 即在潖江橫石連江口等處大施轟炸、計投彈共五十餘枚、損毀鋼軌枕木甚多、而電線亦被摧毀，故消息不通、同時敵機四架到石龍上空、窺伺數匝、即低飛向該處 連續投彈十數枚、僅毀路軌少許、敵機投彈後 、經我防空隊猛烈射擊、即倉皇向西南遁去、 其在粵漢路投彈之敵機、逞兇後、亦相繼到軍田投彈後始行南竄、二時卅七分、 敵機兩隊共十七架、先後經本市東西兩方轉過黃埔出海、餘三架則繞道飛增城盤旋 隨投炸彈四枚、毀塌民房廿餘間、死傷平民數人、 至三時十分、各隊敵機逞兇後完全出海、遂即解除警報、

【上午敵機轟炸軍田】又是日上午大霧彌漫、敵機兩架藉此掩護、於八時四十分由唐家灣飛出、經佛山飛到粵漢路盤旋、九時廿分在軍田投彈三枚、毀路軌兩對、枕木十餘根、敵機投彈後、即行出海、本市因敵機無犯廣州企圖、故未發警報、又十時卅分、廣九路深圳上空亦發現敵偵察機一架、在該處窺伺數分鐘、即經寶安出海、

(堅)又(中央社)敵機廿六架昨(十六) 日分四批犯粵、第一批六架、于下午一時五十分在上柵出現、第二批十一架、于下午二時十分在唐家灣海面起飛、第三批八架、于同時在乾霧上空出現、均向北飛其中廿一架先後在粵漢路潖江以迄曲江各地投彈四十餘枚、路軌電話民房多被炸燬、傷斃十餘人、各敵機在粵漢路逞兇後、南飛增城投彈四枚、黃埔一枚、其餘五架飛廣九路進犯、內四架轟炸機在石龍投彈十餘枚、路軌電話線畧有損壞、至下午三時卅分、各批敵機已全數飛遁出海、至第四批敵機一架、于下午五時十六分在陽江上空出現、盤旋窺探後、隨飛出海

——摘自《国华报》（广州），1938年1月17日

Imperial and Foreign

OUTRAGES IN CHINA

INDISCIPLINE OF JAPANESE

From Our Own Correspondent

SHANGHAI, JAN. 16

A Japanese soldier demanding wine and women in a village near Shanghai on Friday got his wine, and then, going in search of his other requirement, shot dead three old women, bayoneted a young one, and shot and bayoneted three men. A man and a woman, the only survivors of those attacked, were brought wounded into the nearby Shanghai Gol. Club and then taken to hospital in Shanghai.

This affair, following other disturbing but less serious incidents has caused horror and much disquiet in Shanghai. The restoration of normal conditions is obviously impossible until it becomes evident that the Japanese authorities are able to control their own nationals. When questioned to-night the Japanese spokesman said that the case was being investigated.

A bomb was thrown to-night into the offices of the American-owned newspaper *Hwa Mei Wan Pao*, which is printed in Chinese, injuring three Chinese.

GENERAL ARRESTED

General Han Fu-chu, the Governor of Shantung, has been arrested and is awaiting trial at Hankow on a charge of failing to offer adequate resistance in his Province. It is reported that Rear-Admiral Shen Hung-lien, the former Mayor of Tsingtao, has committed suicide owing to his having been threatened with trial for evacuating the city without resisting. The Japanese claim that Chinese troops caught in the marshy south-west corner of Shantung are being subjected to intensive air bombing. They also claim to be converging on the Lunghai railway in two columns, one from the north and one from Lake Hungtze in the south. The Chinese are reinforcing their defences near Suchow. The situation in the Tsining region is obscure, both sides claiming local successes. The Japanese are being reinforced from Tientsin.

Severe Japanese air raids are continuing on Hankow, Changsha, Nanchang Siaokan, in Hupeh, and Canton. In a Chinese review of aerial activities since January 1 it is claimed that 24 Japanese aeroplanes and four warships have been destroyed in the Yangtze area.

LOOTING BY POLICE

The Peking Provisional Government have appointed new Mayors of Tsingtao and Chefoo in conformity with their assumption of control of the Province of Shantung. Wild scenes of shooting and looting have occurred at Chefoo, which the garrison evacuated when the Japanese operations commenced. Law and order was maintained by the local police under the watchful eyes of foreign warships, until, owing to the movements of these vessels, the port was without such guardianship for a short period pending the arrival of other warships. The police chose this moment to disturb the peace, firing their rifles, creating terror, and robbing the inhabitants. H.M.S. Sandwich has now arrived at Chefoo, and the U.S.S. Marblehead is on her way from Tsingtao. The looters had seized the Chairman of the Chinese Chamber of Commerce, but have released him on condition that he complies with their demands. All shops are closed, and the situation is still uncertain.

——摘自《泰晤士报》（The Times），1938 年 1 月 17 日

敵佔京滬後 屠殺卅萬人

英報記者電達本國被扣

滬英領向日領提出抗議

▲中央社香港十七日電 滬息、孟卻斯脫導報駐滬記者丁侯萊十六日晚發出一電、內稱、自日軍佔據京滬一帶以來、華人被屠殺者已達卅萬人、該電被日方所設檢查所扣留、十七日晨十時許、並邀丁至虹口司令部談話、丁嚴詞拒絕、並責問日檢查所有何權力可檢查英人所發之電訊一面並請英大使館交涉云

▲中央社上海十七日路透電 英國曼撤斯特導報駐滬記者田伯烈昨晚發出新聞電一則、內容叙述日軍在南京之恐怖行爲、及在上海附近暴行之眞相、但此電當時爲日方檢查機關所扣留、今日檢查機關並以電話令田氏至日軍司令部談話、但田氏拒絕前往、並于今日下午將經過情形報告英國大使館、現駐滬英總領事已向日總領岡本提出抗議、謂英總領對於日方檢查、妨碍英僑問題、不久將向日方提出討論云。

▲中央社香港十六日電 外訊、自日軍佔據滬西以來、殘殺平民、姦淫搶掠之事、屢見疊出、今日字林西報記載某國人所述其目覩耳聞之日軍暴行、尤令人髮指、據某英人稱、十三日有日兵一名、突至虹橋高而夫球場附近小鎮、勒索酒食、旣飽且醉、復至他村、遍尋婦女、以飽淫慾、村內某家老嫗三人、均年逾六旬、適當門閒坐、該日兵遂向其查問少婦何在、一語不合、即連發數槍、將其擊斃、事後竟闖入球場內、復無故開鎗、重傷場內侍役戚屬男女三人、聞當日球場附近尚有二人被其擊傷、該報又載某英籍花園主人談稱、十四日復有日兵二人、因勒索不遂、開鎗擊傷園丁工人一人、刻傷勢沉重、恐有生命之虞云

——摘自《中央日报》（长沙），1938 年 1 月 18 日

特別要聞

昨日細雨霏霏

敵機炸粵路郭塘站

經廣九路烏涌掃射機車

又飛英德窺察炸燬狀況

昨十七日天氣惡劣、大霧迷朦、至下午更落微雨、敵機因此不能大舉進犯、然仍派機三架飛到粵漢鐵路肆虐、在郭塘站投彈八枚、後經廣九路烏涌站並開機關槍向機車掃射、茲將情形誌下、下午三時四十五分、敵轟炸機三架在唐家灣洋面出現、盤旋一匝、卽向廣州方面疾進、斯時因天氣不佳、故航行甚低、本市防空部接監視哨報告、乃發出空襲警報、三時五十五分敵機三架到達萬頃沙、隨發緊急警報、四時十分、敵機由萬頃沙掠過虎門、轉向西北到達陳村、四時十五分經佛山、盤旋數匝、續向北飛、四時卅分、敵機三架發現粵漢路軍田站上空、成品字形、沿軍田銀盞坳源潭一帶窺伺、然後南飛到郭塘站、卽向該處連續投彈八枚、當堂爆炸、幸多落田間、僅毀路軌兩對、枕木十數根敵機投彈後、卽經白雲山轉過魚珠飛遁、五時十五分到達南崗站盤旋、適有機車停於烏涌站附近、敵機乃相繼低飛開機關槍向該機車掃射、一連數百發、該機車畧有損傷、敵機逞兇後、卽經石龍出海、五時四十分解除警報、又昨日下午二時零四分、敵偵察機一架、由唐家灣洋面飛出、隨掠過中山縣境到達江門、沿江北飛、二時卅五分經九江、二時四十二分掠廣三路小塘站、未有盤旋、卽轉入粵漢路沿線窺察、由軍田銀盞坳潖江以迄英德、其意欲窺伺該路被炸後狀況、直至四時十五分始經本市東部出海、(堅)

——摘自《国华报》（广州），1938 年 1 月 18 日

倭寇肆行搜刮太原民財
更在朔縣村莊強迫徵稅

中央社鄭州十六日電：圖犯林縣之敵、經我屢予打擊後、刻未輕進、東部前線白科泉鎮北面之兩岸口乾泉北王莊一帶則由我某隊嚴密佈防、武克雖淪敵手、但城外及鄉村仍被我重兵包圍、頃據南來之某軍官談、平漢左翼敵之企圖有三、（一）切斷漳河古城渡口、（二）經由磁縣、東西大城西攻涉縣、（三）勾台武安李品三部偽軍進擾晉東之遼縣、

中央社臨汾十六日電：據報、太原敵司令部設、綏署舊址、城內外交通、除新南門外之一路可通外僑皆破壞、城門檢查、較前益嚴敵在城內搜括商民財物、用汽車運往晉北幷市已成空城敵司令部雖佈告商民回城但歸來者僅少數苦工在城之敵、多係鮮人：槍械馬匹均不齊整、

中央社臨汾十六日電：前方訊、左雲縣近由大同增來敵步兵千餘名、幷迫令人民趕修飛機塲、

中央社臨汾十七日電：敵騎兵約五百炮八門、大車百餘輛、並偕朔縣偽維持會人員到王萬莊、卡子溝、及附近各村專徵酒稅及粮秣羊皮等物

——摘自《南宁民国日报》，1938 年 1 月 18 日

寇機連日向粵鐵路肆虐
仍使卑劣慣技胡亂投彈

廣州十七日電：昨（十六日）敵機乘濃霧彌漫、分隊襲廣九粵漢兩路向琶江、軍田、石龍等處大施轟炸投彈七十餘枚、一隊三架、更飛增城投彈、毀場民房廿餘間、死傷平民數人

廣州十七日電：數日來敵機轟炸粵漢鐵路、日夜不息每日投彈不下五十餘枚以上爭路軌枕木損傷之重爲敵機轟炸該路以來最慘者、目下敵機投彈目標、尤其不論橋樑車站、即無重要之處亦胡亂投彈、尤其是客貨車、更被敵機器爲最注意之目標、倘與遭遇必無幸免、敵機投彈後、仍使出卑劣貫技、開機關館射擊卡車查由本月初至今、沿粵路各要站、均被敵機炸毀多變成焦土、

中央社廣州十六日電：敵機廿六架今襲粵漢路自琶江至曲江附線各站、投彈共四十餘枚、及廣九路石龍投彈十餘枚、兩路路軌電話、均有損壞、民房亦被毀多所、另向黃埔增城投彈數枚、傷亡十餘人陽江亦發現敵機一架窺伺、隨即飛逝

中央社惠陽十六日電：十六日下午四時敵驅逐艦一艘、由三門關駛抵猪腰炮台、無何異動、

——摘自《南宁民国日报》，1938 年 1 月 18 日

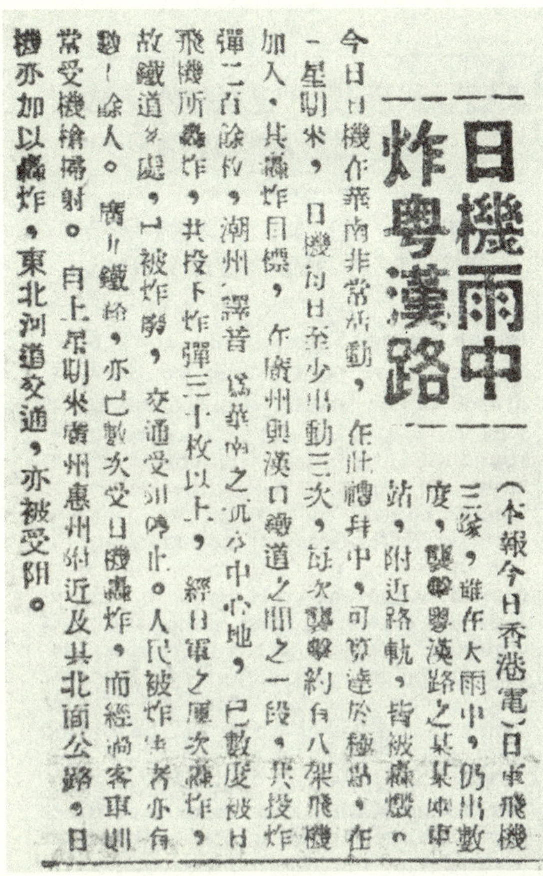

日機雨中炸粵漢路

（本報今日香港電）日軍飛機三隊，雖在大雨中，仍出數度，襲擊粵漢路之某某車站，附近路軌，皆被轟燬。在今日日機在華南非常活動，在此禮拜中，可算達於極點。在一星期來，日機每日至少出動三次，每次襲擊約有八架飛機加入，其轟炸目標，在廣州與漢口鐵道之間之一段，其投炸彈二百餘枚，潮州（譯音）為華南之抗戰中心地，已數度被日飛機所轟炸，共投下炸彈三十枚以上，經日軍之屢次轟炸，故鐵道多處，已被炸毀，交通受到停止。人民被炸傷者亦有數十餘人。廣九鐵路，亦已數次受日機轟炸，而經過客車則常受機槍掃射。自上星期來廣州惠州附近及其北面公路，日機亦加以轟炸，東北河道交通，亦被受阻。

——摘自《大晚报》（上海），1938 年 1 月 19 日

特別要聞

昨日濃霧蔽天

敵機仍兩襲粵漢路

新街投彈廿餘枚損失頗重

下午敵機數架盤旋唐家灣

日來天氣惡劣、濃霧蔽天、更落霧雨、故敵機更三數架來襲、昨十八日敵機十架分批兩度轟炸粵漢路、至下午未有來犯、但仍派機在唐家灣上柵一帶盤旋、故本市發警報三次、略情已見昨日本報晚刊、茲將詳情分誌如下

第一次上午六時廿分、本市防空部接監視哨報告、敵機三架、頃在廣九路深圳上空發現、由南向北飛、十分鐘後、續接報告、謂另有敵機三架、又由此處洋面飛出、盤旋一匝、即向廣州方面疾進、本市遂于六時卅五分發出警報、六時四十二分續發二次警報、查是日天色晴晦、大霧迷漫、據防空當局觀測、雲霧距地面僅二千公尺、故敵機得以藉為掩護、航行飄忽、至六時五十五分、敵機三架已由唐家灣飛到佛山、盤旋一匝、隨沿廣三路窺伺向東飛、七時四十五分、敵機三架經本市西村盤旋、乃有一架低飛一千公尺、在附近窺伺、我防空部隊立發高射炮向之轟擊、敵機突被轟擊、急開機關槍掃射、乘機升高、竄入霧端、向北飛遁、八時十五分、敵機三架到達粵漢路軍田站上空、未有盤旋、隨向北飛到潭源滘江各處窺伺、然後南飛、經新街投彈八枚、落附近鄉村及田間、塌民房多間、死傷平民數人、敵機投彈後、即經白雲山出海、其在深圳發現之三敵機、亦于八時十五分到黃埔盤旋、成品字形、隨轉魚珠沿廣九路飛寶安投數彈遁去、九時廿一分解除警報、

第二次九時廿三分、敵機四架、又由唐家灣洋面起航、經上柵神涌向北飛、本市于九時卅五分發出警報、九時卅七分、敵機四架到達虎門、隨發緊急警報、敵機再由虎門經長洲過黃埔到達魚珠、九時四十五分繞道白雲山後背、直趨粵漢路關作二次轟炸、九時五十五分飛經軍田、繼續向北飛、十時十分到滘江、盤旋一匝、投彈數枚、十時廿五分、敵機南飛經新街、再向該處投彈七枚、電線亦畧有波及、敵機投彈後、仍低飛用機關槍掃射、良久始經江村南飛、兩架先行、兩架繼後、十時四十五分、先後經白雲山上空、隨分道經黃埔魚珠出海、十一時十五分解除警報、

第三次十一時卅八分、敵機數架再由唐家灣飛出、經中山上柵盤旋數分鐘、于十二時廿二分發出警報、惟敵機到上柵盤旋後、即折回遁去、十二時卅二分解除警報、（堅）（中央社）敵機共十架、昨（十八）日分三次飛襲各地、計第一次敵機三架于上午六時廿三分、晨光曦微雲霧迷濛之際、在唐家灣海面起航、經虎門佛山廣三路一帶、飛至粵漢路新街源潭以北各站窺探、隨因為霧太濃、至九時五分即折返白雲山、黃埔、轉飛石龍東莞方面出海、第二次敵機四架、于上午九時十九分在唐家灣發現、經虎門黃埔向粵漢路進犯、飛抵江村、在新街投彈數枚、我無損失、敵機投彈後、仍北飛英德一帶窺伺即南飛、十一時廿四分已飛出海、第三次敵機三架、于正午十二時 在唐家灣起飛、到石岐一帶盤旋窺伺、未幾、至十二時廿七分、各敵機即南飛逃竄、

——摘自《国华报》（广州），1938 年 1 月 19 日

JAPANESE "EXCESSES" AT SHANGHAI

REPLY TO REQUEST FOR BRITISH WITHDRAWAL

SHANGHAI, Jan. 18.—It was learned to-day that the Japanese military authorities here have been asking for the withdrawal of the British troops manning the western section of the defence perimeter round the International settlement. They have expressed a wish themselves to assume control of this sector. Major-General Telfer-Smollett, commanding the British forces, has told them that withdrawal cannot be considered so long as Japanese excesses in the Hungjao district continue. He gave as examples recent incidents, including the actions of a Japanese soldier who shot dead three old Chinese women, and either shot or bayoneted four men.

The General stated that he was determined that similar conditions should not prevail in the residential area between the boundary of the International Settlement proper and the defence perimeter, which forms the main part of the British defence sector.

TSINGTAO INCIDENT

A belated dispatch from Tsingtao discloses that when Japanese marines occupied Tsingtao a week ago a party of marines approached the signal station on the water-front and drove out at the point of the bayonet two British signal ratings from the cruiser Dorsetshire, and one American signal rating from the cruiser Marblehead. The three men were unarmed. Strong protests were lodged with the Japanese commander, Vice-Admiral Toyoda, who immediately apologized, and the men returned to the station the following day. The incident was thereupon closed.—*Reuter*.

——摘自《泰晤士报》（The Times），1938 年 1 月 19 日

難民返冀 慘受虐待

【本報鄭州十八日下午十一時五十分電】（遲到）由豫返冀之男女難民入境時，須經寇軍嚴密搜查，錢財首飾一律擄去，並注射絕嗣針啞叭針，方准入境，如拒絕注射者，予以槍殺。

——摘自《扫荡报》（汉口），1938 年 1 月 20 日

晉北寇軍「屠殺我平民」

【本報汾陽十七日下午一時電】（遲到）絳厚平間寇，自齊（八）至眞（十一）日，屠殺附近百姓五百餘人，燒燬民房一千一百餘戶。

【中央社臨汾十八日電】晉北縣原平間之敵，自九日至十八日屠殺附近平民七百餘人，燒燬民房一千三百餘戶。

——摘自《扫荡报》（汉口），1938 年 1 月 20 日

不堪回首話姑蘇 婦女慘遭寇姦淫

財富亦被寇搜掠一空

中央社屯溪十八日電：記者於淳安至歙縣途中、邂逅一最近自蘇州逃出之某商人，晤談姑蘇陷落後之種種，令人悲憤至極，據稱，敵侵入蘇州後，對我婦女蹂躪備至，現在人新及大東旅社開設妓館兩處，將我無法逃出之老幼婦女五六十名，掃數集入其中，供其發洩獸慾。旅館門前，並置有日軍監視，每由敵司令部發入門劵六百張，輪流逞慾，其殘忍野蠻，有如此者。又敵對蘇州財富，搜括殆盡，在失陷後一兩星期內，敵每日以輜重車二百輛，城內滿載財富、白糧精以至緞疋、悉數載往上海，估計此項物資總值不下五六十萬元之鉅，敵在杭州奸淫擄掠，充分暴露其獸之舉動，以致人人怨恨，此不過略舉大概而已。

——摘自《南宁民国日报》，1938 年 1 月 20 日

日機又轟炸 粵漢廣九兩路

▲國民新聞社美聯廣州十九日電 據華方報告、今日下午日海軍飛機十六架、轟炸粵漢路上之牛城興（譯音）官亭（譯音）及腰凱（譯音）及廣九路上之平湖及樟木頭、據聞日機於轟炸之外、並以機鎗掃射寶安（譯音）以致死傷頗多、被擊斃命者有農夫多人、並有鐵軌多處損燬、據華報載稱、日海軍曾於十八日佔據海南島以南之海島多處（即西沙羣島）此等海島於一九三三年後曾由中法雙方互爭保有權、此乃頗值得注意者、

——摘自《新闻报》（上海），1938 年 1 月 21 日

特別要聞

敵機十三架 昨襲粵路寶安台山

軍田銀盞坳投彈多枚損傷甚微 霄邊公益被炸一架到虎門窺伺

敵圖破壞本省交通線、野心未息、雖屢襲無功、仍不惜消耗來犯、昨廿日敵機十三架、分四批起航、再到粵漢路及寶安台山各處施行轟炸、但以投彈不準、我損失甚微、敵實屬得不償失、畧情已見昨日本報晚刊、茲將詳情誌下、十二時四十五分、本市防空部接監視哨報告、謂有敵機四架、分兩隊先後由唐家灣經赤灣飛到深圳上空、盤旋一匝、即循廣九路向北疾進、有襲廣州模樣、本市遂于一時發出警報、敵機由深圳北飛經平湖樟木頭窺伺後、一時零六分轉到虎門、乃續發緊急警報、俄頃敵機及折過東莞、一時廿分在石龍盤旋良久、未有投彈、即擺頭飛到寶安霄邊附近連續投彈八枚、漫無目標、敵機投彈後、兩架先行出海、餘兩架則到黃埔窺察後始南飛逃遁、一時五十分敵機兩架由赤溪方面飛出、經崖門過江門、轉入寧陽鐵路窺伺、旋到台山公益埠盤旋、未幾、即低飛向該處投彈四枚、塌民房數間、死傷平民數人、敵機投彈後仍低飛開機關槍掃射、始經廣海竄去、二時廿分敵機一架由唐家灣洋面起航、自南至北、旋到虎門上空窺伺、藉雲霧掩護、高飛八千公尺盤旋、良久、始經太平出海、二時卅七分、第四批敵機六架又在中山上柵出現、盤旋數匝後、三架先行、三架繼後、相率向北疾進、二時五十五分經虎門、繼續北飛、掠過長洲到達黃浦、三時十三分經本市南部、繞向西北飛直趨粵漢路、三時卅分、新街上空遂發現敵機六架、成兩個品字形、盤旋數分鐘、三架北飛到源潭潖江一帶窺伺、餘三架則在軍田停留、三時五十五分、敵機三架在軍田投彈七八枚、多落田間、餘無損傷、四時十分、敵機三架由源潭南飛經銀盞坳、又向該處連續投彈十二枚、亦漫無目標、損失極微、敵機投彈後、向輪迴開機關槍掃射、但無傷人、至四時四十五分、敵機六架先後經白雲山南飛而遁、四時五十分本市遂解除警報（堅）（中央社）敵機十三架、昨（廿）日分批來犯、第一批敵機四架、于正午十二時五十五分在深圳發現、向虎門東莞飛、隨分為兩隊、一隊飛平湖、一隊到惠州以南、下午二時廿七分、兩隊敵機聯合在樟木頭平湖間附近投彈數枚、均落田野無損失、旋即南飛出海、第二批敵機兩架於下午一時半在台山公益上空發現、二時十分飛台山縣城盤旋窺探後、飛廣海、向東南逃竄、第三批敵機一架、于下午二時廿七分在虎門出現、向北飛窺伺、至二時四十五分南飛出海、第四批敵機六架于下午二時四十六分在中山上柵發現、向北飛、經虎門轉順德佛山西村花縣到粵漢路軍田以迄橫石一帶投彈十餘枚、即南飛軍田西村陳村、至下午四時五十分經萬頃沙飛竄出海、

——摘自《国华报》（广州），1938年1月21日

敵機連日犯粵路續詳

十八九兩日敵機分批侵犯粵漢鐵路各情、已誌昨報、續查十九日敵機六架、分作兩批、第一批兩架于上午九時許、第二批四架、在下午一時許、先後發現於新街及軍田一帶上空、低飛盤旋投彈、第一批敵機兩架、飛至新街時、遂投下四彈、多落於田野荒地、敵機仍繼續北飛、至軍田以上一帶投彈、第二次敵機四架、於下午一時許、亦飛至軍田一帶、沿途先後共投彈八枚、多落於荒野間無大損傷、又十八日上午八時許、敵機三架飛至新街上空投彈、多落於荒地山邊、又同日下午一時許、敵機四架飛至樂同附近上空、忽遭我防空隊猛烈機關槍射擊、敵機即慌忙高飛不敢前進、折回南飛、至郭塘上空低飛盤旋、投下四彈、落於荒野之地、敵機肆虐後、始南飛而遁、（強）

——摘自《国华报》（广州），1938 年 1 月 21 日

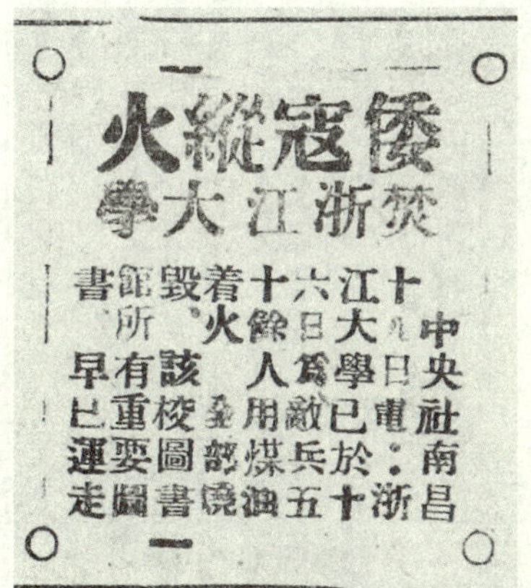

倭寇縱火

焚浙江大學

中央社南昌十九日電：浙江大學已於十六日為敵兵五十餘人用煤油着火、悉數燒毀該校圖書館、所有重要圖書早已運走

——摘自《南宁民国日报》，1938 年 1 月 21 日

寇機仍不斷犯粵路肆虐 在北江沿河掃射我船伕

廣州廿日電：昨十九日敵機十三架、分兩批度來襲、在軍田源潭等處投彈、至下午又有兩架飛到[illegible]陽鐵路窺伺、

中央社廣州廿日路透電：今晨日機一隊轟炸新近完成之廣九公路、在平湖鄉彈四枚、惟損失不大、又日機二隊今分襲粵漢廣九路毀電話線及路軌數段、時[illegible]十五分機飛至黃埔時廣州即發出警報、敵[illegible]往軍田與銀盞投彈、惟均落荒地、飛至樟木頭公路投彈數枚、日機目標顯係為公路上之橋梁、惟各彈均未命中、

廣州十九日電：敵機十三架、今在粵漢路軍田源潭間投彈十餘枚、并在寶安縣屬蕭邊附近投彈五枚、均落田間、

廣州廿日電：三水特訊、敵機連日循北江沿河低飛偵察船隻、覓目標轟炸、沿途均被敵人用機關槍掃射、岸上牽拉帆之船伕、時被擊傷、估計連日之被傷者約有十餘人、

——摘自《南宁民国日报》，1938 年 1 月 21 日

敵在定縣鄉村 肆意燒殺 共屠戮五百餘名

民衆奮起抗禦 斃敵廿餘

▲中央社鄭州二十日電 此間接報、定縣之敵二百餘人、乘汽車二十輛、於一月九日上午五時開至縣境沙河北岸、在大郎舜、小郎舜、董家莊、齊家莊一帶、大肆燒殺淫掠後、被我民衆自動武裝襲擊、於下午二時北竄、當擊毀敵汽車一輛、斃敵二十餘名、事後調查、該數村焚燬房屋無數、死人五百三十二名、多係婦孺、又清苑東石家橋、石莊村、於一月十一日突遭敵兵三百餘名之大屠殺、死民衆一百五十餘口、全村慘被燒燬

▲中央社臨汾二十日電 前方電訊、榆次城內現駐敵二千餘、王村六堡鎮各駐千餘、城內所駐之川岸司令部及天津宣撫班兩機關、不時强迫各村長前往開會、並在附近各村姦淫搶掠、無所不至。

——摘自《中央日报》（长沙），1938 年 1 月 22 日

特別要聞

敵機十八架 昨仍襲東北交通線

廣九粵漢兩鐵路同日均被炸 惠陽寶安白沙三處亦有投彈

昨廿一日北風凜冽、細雨霏霏、敵圖破壞本省東北交通線、仍不惜派機十八架分途轟炸廣九、粵漢兩路及惠陽寶安白沙等處、畧情已見昨日本報晚刊、玆將詳情誌下、十二時四十五分、本市防空部接監視哨報告、敵機十架、先後由唐家灣洋面起航、盤旋一匝、向廣州方面疾進、乃即時發出警報、十二時五十五分、敵機十架到達虎門遂續發緊急警報、敵機經虎門後、隨分兩隊、一隊四架向北飛、一隊六架轉過東江向石龍前進、一時廿分、廣九路南崗站上空發現敵機四架、以兩爲一隊、在該處盤旋數匝、即經龍眼洞繞道直趨粵漢路、一時卅分、敵機六架在石龍窺察後、擺頭折向南飛、沿廣九路經橫瀝塘頭厦 飛到樟木頭上空、盤旋約五分鐘、乃有三架低飛、輪廻向該處連續投彈八枚、均落田間爆炸、幷無損傷、另三架則折回到林村投彈六七枚、亦漫無目標、兩隊敵機投彈後、即相繼經寶安出海、一時五十分、敵機四架到粵路軍田盤旋、同時敵機一架在上棚出現、經萬頃沙到虎門窺伺數匝、即轉到東莞白沙投彈一枚、落平野爆炸、我無損失、敵機投彈後、仍低飛開機關槍掃射、良久始遁去、一時五十分五、敵機四架在軍田江村兩處各投彈六枚、二時、第三批 敵機三架、自唐家灣飛出、經萬頃沙轉到寶太投彈八枚、二時四 十分、敵機四架炸粵路後南返、藉濃霧掩護掠過本市東部、未幾、黃埔上空遂發現敵機兩架、盤旋窺伺甚久、然後經過長洲飛遁、三時、廿分、第四批敵機五架、又由唐家灣起航自南向東飛、經赤灣過深圳、沿廣九路樟木頭轉到惠陽窺伺、有頃、即向附近某處投擲數枚、始分頭經樟木頭石龍出海、直至五時零三分、敵機完全竄去、本市遂即解除警報、（堅）（中央社）敵機十八架、昨（廿一）日正午十二時 四十五分在唐家灣各地分五批 先後進犯、第一批敵機十架、分四架六架爲兩隊、六架之一隊飛平湖樟木頭 間投彈七八枚南飛出海、四架之一隊沿廣九路到南崗 飛博羅一帶窺伺後、飛往石龍出海、第二批敵機一架、飛增城等地窺探後、南飛逃竄、第三批敵機三架、飛粵漢路軍田投彈數枚、再飛惠州返樟木頭南飛逃逸、第四批敵機一架、又飛軍田窺探、隨向南飛出海、第五批敵機三架飛虎門、因天氣惡劣、至下午五時十五分折返向南出海、

——摘自《国华报》（广州），1938 年 1 月 22 日

寇在冀晉各縣獸行

燒殺姦淫擄掠無惡不作

[illegible]

——摘自《南宁民国日报》，1938 年 1 月 22 日

浩刧中之首都

一月來大火延燒未息 繁盛商業區盡成廢墟

慈善家組南京國際救濟會

▲中央社香港二十二日電 南京訊、自本年一月一日起、南京日軍侮辱美旗事、共有十五次之多、每次皆係侵入美國教會、以武力擄去中國少女、美德僑民之財產損失最大、日軍除搶刦外且將房屋焚燬、美商賴安仁公司被搶、公司內所有存酒皆被飲盡、南京被日軍佔領迄今已達卅九日、但仍有許多地方大火、尚在焚燒中、恐怖之時期仍未渡過、所有商業區均成廢墟、野犬紛出覓食外、已無人跡、現除難民區外、全城已成空城云。

▲中央社漢口二十二日電 航訊、滬市及留居南京之中外慈善家、鑒於南京難民十餘萬人、食粮問題嚴重、乃於廿一日下午在滬成立南京國際救濟會、推顏惠慶、施肇基、福開森、羅拉德爲名譽會長、屈文六、畢牧師爲會長、聞顏氏已商准滬國際救濟會、撥款十萬元、並向各界募得五萬元、匯京應用。

——摘自《中央日报》（长沙），1938 年 1 月 23 日

恐怖中之南京
暴敵焚掠未已
拒絕外記者往視察

【香港二十二日下午九時發專電】滬訊，日官方發言人昨在招待外記者席上斥字林西報評日軍在京暴行，認爲惡意的誇大內容，無從證實，並且汚蔑日軍名譽，英國孟却斯德衛報記者當與日發言人發生辯論，謂南京暴行消息均可證明，該發言人語塞，外記者請求對南京形勢繼續作詳明報告，發言人不允，外記者又請招待外記者赴京視察，亦被拒絕，又駐滬紐約時報記者信件有被折痕跡，當詢問日發言人對郵件是否施行檢查，日方亦承認。

【中央社香港二十二日電】南京訊，自本年一月一日起，南京日軍侮辱美旗事，共有十五次之多，每次皆係侵入美國教會，以武力擄去中國少女，美德僑民之財產損失最大，日軍除搶刼外，且將房屋燒燬，英人財產損失尚小，僅英商順安仁公司被搶，公司內所有存酒皆被飲盡，南京被日軍佔領，迄今已達三十九日，但仍有許多地方大火尚在燃燒中，恐怖之時期仍未渡過，所有商業區均成廢墟，除野犬紛出覓食外，絕無人跡，現除難民區外，全城已成空城云。

【中央社香港二十二日電】航訊，滬市及留居南京之中外慈善家鑒于南京難民十餘萬人食糧問題嚴重，乃于二十一日下午在滬成立南京國際救濟會，推顏惠慶·施肇基·顏閒森·羅培德爲名譽會長，屈文六·畢牧師爲會長，顏氏已商准滬國際救濟會，撥欵十萬元，並向各界募得五萬元，匯京應用。

——摘自《大公报》（汉口），1938 年 1 月 23 日

日機圖襲蘭不逞
粵廣兩路續被轟炸
徐州衢州亦遭蹂躪

▲蘭州 日機五架廿一日午一時四十分過平凉西飛、企圖襲蘭、此間當發警報、同時我機即起飛迎擊、日機知我有備、飛至靜寗、即行折回、至二時半解除警報、

▲路透社二十二日廣州電 今晨八時三十分 廣州全城空襲警號大作、但未見日飛機出現、據華方消息、曾見日機四架飛過唐家灣、向粵漢鐵路進發、同時粵省因屢受空襲、戰爭觀念已深入人心、據大鵬灣消息、該處漁民現由防軍軍官一員訓練遊擊戰術、憲兵則操練巷戰、以備萬一、據華字報載稱、從戎者不僅限於男子、日者有女童百人請受軍訓、已由軍訓總部許可、故現正編練女子軍云、

▲香港　二十二日日機廿一架分批來襲、晨四架襲粵路、在軍田黎洞投十餘彈、經市東北郊、在牛欄崗投六彈、另三架在廣九公路投數彈、午三架飛中山南朗、四架飛三水偵察、七架炸廣九公路、

▲徐州二十二日電　徐州廿一廿二兩日、均被日機猛烈轟炸、企圖破壞我之津浦隴海兩路交通、我未受任何損失、僅來賓巷民房全被炸毀、死傷無辜平民多人、

▲鄭州二十二日電　日機一架、於二十二日晨十一時許自東飛經開封中牟、向隴海路客車投彈二枚未中、旋飛入鄭州上空盤旋窺察、我防空部隊、當即以高射鎗炮射擊、日機遂沿平漢路向北飛去、在黃河南岸賓和寨投彈二枚、均未炸、同時淇汲延津等地、均有日機窺察、

▲金華二十二日電　今日七時五十分、日重轟炸機九架、發現於桐廬之東北、飛經建德、在該縣西鄉投彈一枚、落田野間、再經蘭谿飛衢州、我高射炮猛烈射擊、日機投八十餘彈逸去、十三時五十五分、日機六架由杭州方面經桐廬再飛衢州、向郊外彈六枚、毫無損失、

——摘自《新闻报》（上海），1938 年 1 月 23 日

恐怖的南京城

大火卅九日未熄

（中央社香港廿二日電）南京訊、自本年一月一日起、南京敵軍侮辱美旗事、共有十五次之多、每次皆係侵入美國教會、以武力擄去中國少女、美德僑民之財產損失最大、敵軍除搶刦外、且將房屋燒燬、英人財產損失尚小、僅英商賴安仁公司被搶、公司內所有存酒皆被飲盡、南京被敵軍佔領、迄今已達卅九日、但仍有許多地方大火尚在燃燒中、恐怖之時期仍未渡過、所有商業區均成廢墟、除野犬紛出覓食外、絕無人跡、現除難民區外、全城已成空城。

——摘自《新华日报》（汉口），1938 年 1 月 23 日

特别要聞

敵機廿一架
昨分襲粵漢廣三二路
橫石黎洞小塘等站均有投彈
兩次掠過市郊遭我高砲轟擊

昨廿二日天氣仍然晴晦、北風凜冽、習爲常例來犯之敵機共廿一架、分批轟炸粵漢廣三兩路肆虐、時間達八小時有餘、故可謂鏖日在警報中、畧情已見昨日本報晚刊玆將詳情誌下、八時廿五分敵機四架在中山上柵發現、自南向北飛、本市即發出警報 八時四十五分發緊急警報・八時五十分、敵機四架到達魚珠上空、兩架先行、兩架繼後、盤旋數匝 隨掠過本市東部、經白雲山逕趨粵漢路、九時廿五分經軍田北飛 經銀盞坳源潭各站、到橫石盤旋、有兩架低飛、向該處連續投彈八枚、另兩架則到黎洞投彈六枚 多不準確、投彈後即相繼南飛、第二批敵機三架 於十時十分由唐家灣洋面起航 成品字形、十時廿六分到虎門、十時卅分敵機四架 由粵漢路南飛 經白雲山上空盤旋、我高射炮隊即發炮向之轟擊、敵機突聞炮聲、倉皇經魚珠飛遁、十時四十三分、敵機三架在魚珠上空出現、盤旋數匝、又經本市東部北飛、繞犯粵漢路、十一時卅分到連江口投彈七八枚、幷開機關槍掃射 無甚損傷、至十一時五十五分、敵機三架在粵漢路投彈後、經本市東部南飛出海、十二時零三分、敵機十四架又在中山南沙上空發現、盤旋約廿分鐘之久、即分隊向東北南方急進、十二時五十七分、敵機三架到虎門、隨經本市東部向北飛、一時零六分、敵機十架到佛山 盤旋一匝 即轉入廣三路沿線窺伺、一時卅分 敵機在西南鐵路某處投彈三枚均不命中 祗傷路人二名、餘無損失、當敵機投彈時 隆隆之聲本市亦淸晰可聞、敵機幷開機關槍掃射、然後循鐵路向東飛、 時廿五分、敵機三架經本市西部、我高射炮一連八發向之轟擊 敵機倉皇閃過、藉雲霧掩護直飛粵漢路、二時卅分、敵機六架在軍田銀盞坳兩處投彈十數枚 、同時廣九路南崗站又發 現敵機三架盤旋窺伺 良久、始向南飛遁、四時廿分、 敵機六架在粵路投彈後、經魚珠出海、餘在佛山盤旋之 敵機到本市南部窺伺後亦遁去、四時四十分解除警報(堅)又(中央社)敵機卅四架、昨(廿二)日進犯凡八時餘、分七批轟炸粵漢廣三兩路 第一批敵機四架、于上午八時卅分在唐家灣起飛、經萬頃沙黃埔到小坪滘江連江口、在橫石黎洞間投彈數枚 即南飛軍田大朗白雲山黃埔十一時八分出海第二批敵機三架、于十時七分在唐家灣發現、經虎門新塘大朗軍田在粵漢路橫石投彈數枚後、于正午十二時經黃埔逃遁、第三批敵機八架于十一時五七十分又在唐家灣方面起飛、分赴虎門黃埔粵漢路各地窺探後南飛出海、第四批敵機十架于下午十二時五十五分在唐家灣出現、經順德容奇桂洲到廣三路佛山小塘、其中三架在該處投彈六枚、五架飛粵漢路英德盤旋後投彈數枚、復在黎洞投彈數枚、又在河頭投彈數枚、各敵機逞兇後、下午三時南飛、經廣三路小塘九江一帶出海、第五批敵機三架、於正午十二時五十五分在寶安深圳出發向西北飛到虎門三水在西南盤旋窺探後飛遁、第六批敵機三架、又于十二時五十七分又在三水上空發現、復在西南盤旋企圖肆虐、未幾、即飛出海、第七批敵機三架于下午二時十二分在唐家灣發現、經虎門南崗向北犯粵漢路到郭塘在橫石投彈數枚後、四時四十八分南飛向白雲山虎門出海、

——摘自《国华报》（广州），1938 年 1 月 23 日

敵機犯粵路炸毀民房續詳

二十廿一兩日來敵機犯粵漢鐵路向各站投彈轟炸情形巳誌前報、續查廿一日敵機四架於下午二時許、飛至清遠屬源潭站上空盤旋分作兩隊、以兩架爲一隊、低飛投彈共十枚、敵機所投之彈漫無目標、各彈俱落於該墟及附近荒地爆發、炸毀商店住戶民房八間、祇炸斃大豬十餘頭敵[illegible]肆虐後、即折回迎咀站投下四彈、二枚落於荒地、無大損傷又二十日敵機六架、飛至軍田上空、遂分作兩隊、以三架爲一隊、一隊飛往源潭投彈五枚、再飛至滙江投彈四枚、多落於荒野之地及山邊爆發、祇有一彈落於源潭附近路旁、無大損傷敵機投彈後、即南飛會合另一隊敵機三架、在軍田低飛投彈八枚多落于荒野之地、祇有一彈落於鐵路附近民房、炸毀民居兩間、敵機肆虐後、始會同六機南飛而遁、(強)

——摘自《国华报》（广州），1938 年 1 月 23 日

南京已成黑暗地獄

難民區外其他各處已無人跡
寇軍騷擾美僑住宅達十五次
美當局極憤恨德亦將提抗議

【本報上海二十三日電】美聯社華盛頓電，據此間國務院今日透出消息，駐東京美國大使棚魯氏對於南京方面之日軍行動越軌，業已向日政府提出嚴重抗議，國務院稱，從本月十五日至十八日數日內，日人侵入美人在京之財產，已達十五起之多。

【中央社香港二十三日電】滬訊：日軍在南京私人美僑住宅及侮辱美國國旗等事件，美國務院與美駐日大使，已同時向日駐美大使及日外務省提出抗議，聞德政府亦將因日軍在南京焚毀德僑財產事，將向日政府提出抗議，南京美僑住宅曾被日軍侵入多次，幷以武力擄去中國難民少女多人，現南京城內，除難民尚有二十萬人外，其他區域皆無人跡，在難民區中之人民，以日軍殘暴，故不得回居故里，難民區中之主持者為美國傳教士及德國僑商若干人，彼等共同組織一國際救濟會維持區內事務。

難民前途殊可憂慮

昨日當日軍當局招待外國記者時，有人詢問是否日軍已拒絕國際救濟會運送糧食藥品赴南京救濟難民，日發言人稱，自南京地方維持會成立後，日方已認國際救濟會不復存在云云，日方公然為此表示後，各方均感不安，各慈善家對於難民區中難民之前途，極為焦慮，各方咸認日軍部之不承認國際救濟會，實為不顧慈善事業之表示云云。

【中央社華盛頓二十三日合衆電】國務院發言人頃宣稱，美國駐日大使格魯，對於日本行政官員，無法控制在南京日軍行動一層，業已向日外務省提出抗議，關於此事，美駐華大使館秘書亞立遜，前曾向在南京日軍當局提出抗議，但未獲效果，此間據美國駐華大使館報告，自本年一月十五日至十八日四日內，先後有不法之徒，擅自闖入美人所有之房屋內，共計有十五次之多，自美駐日大使格魯向日外務省抗議後，日本在南京大使館曾派本莊少校及其他館員一人，至美國大使館說明一切，幷保證將採取適當步驟，避免類似事件之發生，國務院對於日方行動，仍抱焦慮，因此等行動俱在「巴納」號事件日本提出積極保證後所發生者也。

東京無法控制軍人

傳日軍在各地橫肆刼掠，消息傳來，業使此間對於日本政府能否控制戰場上軍隊之行動，發生懷疑，據亞立遜報告，日軍近曾在避居五人住宅內，擄去華籍婦女美人。

【中央社香港二十三日電】滬訊：日發言人昨日答覆各記者之質問頗多，而對於檢查新聞事件頗難自圓其說，孟却斯特導報記者田伯烈，又提出彼之新聞被扣問題，日發言人稱，不論新聞之來源如何，凡不能證實之消息，及有辱日軍榮譽之新聞，一律不能放行云云。

英報記者報告眞相

按田伯烈第一次被扣之新聞電內容如次：「自余[illegible]上海後，余曾設法調查外僑日軍在南京及其他各地發暴行爲之眞相，據目覩者之口述，及極可靠方面之函述，日軍行動之暴虐，較中世紀時匈奴之殘暴猶有過之，某可靠之觀察者稱，在長江下流一帶，被日軍殘殺之中國人民達三十萬人，至于日軍其他之姦淫搶奪之行爲，更不勝枚舉，卽年輕幼女亦不免被姦，此種殘暴行爲，在日軍佔領已數星期之地方，仍極盛行，被殺之華人，亦與日俱增，此種行爲，皆爲日軍之羞，高尙之日人聞之，皆無以自容，乃日軍不知自檢，在上海又發生若干事件，今日（一月十七日）字林西報載稱，有四日兵一人，因無法覓取婦女及酒，竟開槍擊斃中國老嫗三人，及其他之無辜者數人云云」

各記者向倭方質問

【中央社香港二十三日電】上海二十二日電，日方發言人馬（二十一日）午後招待外國記者，英國曼哲斯德保衛報訪員田伯烈稱，日前余曾發出電報，用以敍述日本軍人在南京之屠殺，姦淫刼掠情事，日本檢查所業予以扣留，茲字林西報馬（二十一）日亦發表社評，指責此種暴行，實乃不約而同，日方發言人當答稱，此種情事并無左證，外國記者所發電報之與事實不符，而以妨礙日軍名譽爲能事者，日本檢查所均當予以扣留。田伯烈乃云，爲明事實眞相計，日方可否許少數外國記者前往南京視察，日方發言人則答以非戰鬥員，不問日本人或外國人，因軍事關係之故，均未使准其前往南京，至軍事關係爲何，則拒不加以說明。

倭竟干涉慈善事業

田伯烈又云：南京國際救濟委員會所需食物藥品，聞日軍當局不許其運往該處，確否，日方發言人乃答稱，南京城自成立治安維持會之後，卽已着手處理難民救濟事宜，國際救濟委員會無復合法存在之理由，此項救濟委員會名義上雖屬慈善團體，其成立乃由于中國政府之要求，中國政府并曾撥款津貼，事實上等于中國半官機云，（按南京國際救濟委員會受成于國際紅十字會國聯會所派出之醫藥救護隊，正在來華途中，卽當與之合作）此外，外國記者并云，英國寄來信件，係由日本轉遞，時有拆閱情事，其中紐約泰晤士報來信五件，卽有四件已拆，另一件同樣所有。

——摘自《扫荡报》（汉口），1938年1月24日

日機昨分七批炸粵鐵路公路

共投六七十彈損失甚重

（本報今日香港電）漾（二十三日）竟日警報，三十次日機分七批炸廣三路及公路粵路，共投六七十彈，損失甚重。新街之新民埠最慘，燬屋百餘，死傷無算。廣九燬軌數十丈，晚車徹（二十四日）晨始到，傷三死一。

——摘自《大晚报》（上海），1938年1月24日

日機又炸粵廣西路

▲香港 二十三日晨、日機分三批由唐家灣起飛、二十六架經黃埔佛山掠過市面、飛襲粵漢路、在江村至韶關投數十彈、燬路軌站屋、電線甚多、五架退經市區在北郊投數彈、黃埔投六彈、另三架炸廣九路及廣九公路、各投數彈、午後四架又來襲粵路、

▲路透社二十三日廣州電 星期六日、粵漢鐵路自英德起數十哩、受日飛機轟炸、死傷村民若干人、今日又有日飛機出現石歧中山天空、後乃向北飛去、在韶關擲卜炸彈、損及車站房屋與火車數輛、

——摘自《新闻报》（上海），1938年1月24日

敵機轟炸

（中央社廣州廿三日電）敵機卅五架、昨日在粵漢路投彈五十餘枚、廣九路投彈九枚、燬路軌四對。

（中央社蚌埠廿二日電）廿二日雪後晴朗、下午敵機三架襲蚌、在淮河南北岸投彈十餘枚、平民死傷數十人、一巡長被炸死。

（中央社徐州廿三日電）徐州昨晨十時起、至午後二時止、遭敵機三次空襲、共投彈十數次、多落東關一帶、傷平民三人、毀民房數十間、我高射砲射擊後、敵機有一架負傷。

（中央社金華廿三日電）敵機一架、昨日上午飛蘭溪投二彈、燬民房數間、旋竄入金華上空、在天一門一帶、用機槍掃射後、向義烏方面[illegible]去。

——摘自《新华日报》（汉口），1938 年 1 月 24 日

滬英報指責獸行
敵阻礙救濟南京同胞
扣留電信遮掩殘暴殺戮

（中央社香港廿三日電）上海廿二日電、日方發言人於廿一日午後招待外國記者、英國曼哲斯德保衛報訪員丁伯萊宣稱、日前余曾發出電報、敍述日軍在南京的屠殺、姦淫刦掠情事、但被日本檢查所扣留、同日字林西報亦發表社評、指責此種暴行、實乃不約而同、日方發言人當答稱、此種情事、并無證據、外國記者所發的電報、凡是和事實不符、而妨礙日軍名譽的、日本檢查所都要扣留、丁伯萊就說、爲明瞭事實眞相、日方可否准許少數外國記者到南京去視察、日方發言人則答以非戰鬥員、不問是日本人或外國人、因軍事關係、都未便准其前往南京、至於什麼叫軍事關係、則不加說明、丁伯萊又說、南京國際救濟委員會所需食物藥品、聞日軍當局不許運到該處、確否、日方發言人乃答稱、南京城自成立「治安維持會」之後、即已着手處理難民救濟事宜、國際救濟委員會沒有再合法存在的理由、此項救濟委員會、名義上雖屬慈善團體、其成立乃由于中國政府的要求、中國政府并曾撥款津貼、事實上等于中國半官機關、（按南京國際救濟委員會、受成于國際紅十字會、國聯會所派出之醫藥救護隊正在來華途中、即當與之合作。）此外外國記者并云、美國寄來信件、係由日本轉遞、時有拆閱情事、其中紐約泰晤士報來信五件、即有四件被拆、第五件則空無所有。

被扣電報原文披露

丁伯萊被敵方扣留的電報、原文如下、「自余返海後、余曾設法調查外傳日軍在南京及其他各地殘暴行爲之眞相、據目覩者之口述、及確可靠方面之函述、日軍行動之暴虐、比中世紀時匈奴的蹂躪還厲害、某可靠的觀察者說、在長江下流一帶、被日軍殘殺的中國人民、達三十萬人、至于日軍其他之姦淫搶奪的行爲、更不勝枚舉、即年輕幼女亦不免被姦、此種殘暴行爲、在日軍佔領已數星期之地方、仍極盛行、被殺的華人亦與日俱增、此種行爲、皆爲日軍之羞、高尚的日人聽了、也無以自容、乃日軍不知自檢、在上海又發生若干事件、今日（一月十七日）字林西報載稱、有日兵四人、因抓不到婦女及酒、竟開槍擊斃中國老嫗三人、及其他之無辜者數人。

——摘自《新华日报》（汉口），1938 年 1 月 24 日

特別要聞

敵機卅三架

昨狂炸粵漢路南段

廣九廣三及東莞樟木頭間均投彈

下午敵機四架循西江到肇慶窺伺

肆虐無度之敵機、昨廿三日乘天氣轉晴之際、大舉來襲、上午廿五架聯到粵漢路新街以迄英德大施轟炸、投彈共達六十餘枚、下午四架到肇慶窺伺後、旋飛廣三路投彈、另兩架則分在廣九路及莞樟各處投彈、畧情已見昨日本報晚刊、茲將詳情分誌如次、

第一次 七時廿五分、敵機三架在中山吉帶發現、由南向北飛、本市防空部于七時卅分發出警報、七時四十分發二次警報、同時第二批敵機三架由唐家灣起航、七時四十五分、敵機三架到三水、沿廣三路向東飛、經佛山轉入粵漢路、七時五十五分、敵機三架到魚珠盤旋、隨經白雲山繞飛粵漢路、八時廿分第三批敵機一架自上柵向北飛、到虎門盤旋後折回、八時四十分、第四批敵機三架在唐家灣出現、成品字形、經萬頃沙過虎門北飛、八時五十分、敵機三架到達軍田上空、盤旋一匝、即投彈六枚、投彈後仍繼續北飛、到源潭與敵機三架會合、九時廿分、第四批敵機三架經本市西方北飛、到江村盤旋一匝、復擺頭還飛軍田、九時卅分、第五批敵機十三架相繼由唐家灣洋面起航、分作數隊、尋經虎門掠過黃埔、九時五十二分、本市西南方面發現敵機十三架、隨經本市西方向北急進、當時我高射炮隊發炮向之轟擊、敵機急躲入雲霧、分散飛航、十時十分、敵機三架在新街投數彈、十時十七分、第六批敵機四架自唐家灣到黃埔、隨有一架折回、餘三架經白雲山北飛、綜計是晨犯粵漢路敵機共廿五架、由九時起輪迴在軍田銀盞坳滙江橫石以迄英德各站大施轟炸、如中瘋狂、約共投彈六十餘枚、敵機輪迴投彈後、仍開機關槍掃射、迄至十一時、始分批南飛、經魚珠佛山各處出海遁去、十二時十五分解除警報

第二次 十二時四十分、敵機四架在中山上柵出現、由南至北、本市即時發出警報、一時續發二次警報、敵機在上柵盤旋數匝、到石岐循石佛公路還飛佛山、轉過三水、一時廿分在三水盤旋一匝、再沿西江而上、二時五十分到達肇慶上空、窺伺良久、始折回東飛、經三水入廣三路盤旋 同時第二批敵機兩架由唐家灣到虎門 轉到東莞、在莞樟等處投彈四枚、旋循廣九路沿石龍向廣

州飛三時十分、敵機兩架到沙浦附近投彈一枚、即相率向南逃遁、同時敵機四架亦在廣三路小塘站 附近連續投彈七八枚、隆隆之聲 本市亦清晰可聞、迄至三時四十四分經江門飛遁、本市亦于三時五十分解除警報(堅)(又訊)昨廿三日下午三時廿分、敵轟炸機兩架在廣九路上空發現、盤旋有頃、有一架隨飛到沙浦站 附近連續投彈四枚敵機投彈 經石龍出海遁去、(年)(又訊)廿三日晨首次敵機廿八架、分批侵犯粵漢鐵路、八時許、新街站上空發現敵機、先後三批、源源飛至、計第一批三架、品字形、未幾、第二批十三架、繼續飛來、分作兩層、上層六千尺以上高空五架、下層三千尺左右八架、第三批再到十二架、在新街一帶盤旋低飛、前後共投彈三十餘枚、然後繼續北飛、新民埠、係由徐姓人創辦、全墟共有舖戶二百間左右、敵機所投各彈、多落於墟中及附近荒野之地、該墟商店因敵機迭次[illegible]彈除相距窖遠之小數舖戶暫能保存外、其餘各店舖被炸 毀及受震盪力搖動倒塌者 全墟市佔大部份 已變成瓦礫場(強)

(佛山專訊)敵機大隊自昨廿二日至廿三日向廣三路肆虐、訪誌於下、昨廿二日上午十二時半、敵機三架從唐家灣起航、經佛山上空、旋向廣三路迤西作偵察模樣 幷向西南低飛輪迴投下三彈 分落田間 三人被彈屑中傷、查一死二生、移時分別安置醫理 直至四時半解除、廿三日下午一時半敵機四架、從粵路折囘、經小唐、旋即低飛亂發機槍達千發、走馬營投下炸彈九枚、分落田間荒野、小塘彈屑傷及農民約七八人、昨廿二日據大河鄉公所報告、謂敵機三架在石門方面投彈多枚事情未悉、又廿三日上午九時半佛山方面敵 機十二架

低飛過境、良久折回、直至四時半解除(幽)

——摘自《国华报》(广州),1938年1月24日

Nippon Planes Bomb Ichang For 1st Time

Casualties Said Heavy; Canton, Hsuchow Also Raided

HANKOW, Jan. 24.—(Reuters).—Staging their first attack on Yangtse ports beyond Hankow, eight heavy Japanese bombers dropped from 50 to 60 bombs on Ichang shortly after 10 o'clock this morning.

The objective appeared to be the air field, but it was later learned that a few missiles had fallen on the water front.

Because of the smallness of the town and the fact that it is now probably greatly over-crowded, it is feared that the casualties are heavy.

Ichang is west of Hankow, on the Hupeh-Szechwan border, and the entrance to the famed Yangtse Gorges.

False Alarm In Hankow

HANKOW, Jan. 24.—(Reuters).—Business in Hankow was at a standstill for two hours this morning when the air-raid alarm was sounded shortly after 8.30 o'clock, followed by the emergency alarm half an hour later.

No raiders appeared, however, and it was generally thought that a fine fall of sleet kept the Japanese 'planes away.

The "all clear" was sounded at 10.30 o'clock.

Another Canton Air-Raid

CANTON, Jan. 24.—(Reuters).—A foreigner telephoned Reuter this morning from Siachuen an industrial district northwest of Canton, stating that five bombs had been dropped a few miles north of Saichuen.

No details of the damage done

(Continued on Page 8, Col. 1.)

Nippon Planes Bomb Ichang For 1st Time

(Continued from Page 1, Col. 4)

were available. No planes were seen owing to the dull, overcast skies, but the roar of engines, he said, was distinctly heard.

Meanwhile despite continual bombing, trains on the Canton-Hankow Railway continue to leave for Hankow crowded to capacity with passengers.

Canton was in a mild ferment at 12.30 p.m. when Japanese planes dropped a number of bombs in the Tungshan district. Chinese anti-aircraft guns kept up an intensive, though ineffectual fire.

Hsuchow Thrice Raided

HSUCHOW, Jan. 24.—(Kuomin).—Taking off from a Japanese aircraft carrier moored off Lienyunkiang, the eastern terminus of the Lung-Hai Railway in north-eastern Kiangsu, Japanese seaplanes made three raids on Hsuchow, the junction of the Tientsin-Pukow and Lung-Hai Railways in northern Kiangsu, between 10 a.m. and 2 p.m. yesterday. The first raid was made by three seaplanes, the second by two and the third by three.

Altogether more than 10 bombs were dropped on the eastern outskirts of the city. Besides wounding several civilians, scores of residential houses were destroyed. One of the raiders was damaged by anti-aircraft fire but managed to escape.

——摘自《大陆报》（The China Press），1938年1月25日

漢口上游首次空襲

△本報二十四日宜昌電 日機十二架、二十四日晨十時廿分、首次侵襲宜昌、江中落彈數枚、泊於江面，隻、僅受波動、其他無恙、日機於都外監獄附近、投彈十餘枚、死傷平民四十餘人、震倒房屋數棟、餘無損失、

△路透社二十四日漢口電 今晨八時半、空襲警報忽作、半小時後復有警報、漢口商業爲之停頓兩小時、但日方飛機並未出現、殆雨雪方作、日機致未果來也、十時半解除警報、

——摘自《文汇报》（上海），1938年1月25日

日機雖每日轟炸 粵漢路客車仍通

粵省各地昨遭空襲

▲路透社二十四日廣州電 據廣州西北工業區[illegible]、聞云、粵漢鐵路近雖時遭轟炸、但火車駛離漢口者、仍滿載乘客、今日下午十一時二十分、廣州亦稍起恐慌、日飛機在東山區擲下炸彈若干枚、全城高射炮聲一時大作、但無中的者、

▲廣州二十四日電 日機二十六架、在英德花縣縣屬投彈各十餘枚、旋飛至粵市北郊投彈十餘枚、東莞縣郊投彈兩枚、均無損失、又至增城投彈數枚、傷八人、

▲香港 二十四日晨、兩日機飛廣九路天堂圍塘頭廈投數彈、另四架飛粵路新街投彈、午十二架經市區襲粵路、在新街軍田銀盞坳投彈、旋又九架侵入市空、七架飛粵路炸小坪站、餘兩架往來盤旋、用機鎗向民衆掃射、并在白雲機場投四彈、隨又六架飛江門炸寗陽路、

——摘自《新闻报》（上海），1938 年 1 月 25 日

空襲宜昌

◎宜昌二十四日電日機十二架、二十四日晨十時二十分首次侵襲宜昌、江中落彈數枚、泊於江面船隻、僅受波動、其他無恙、日[illegible]於郊外監獄附近投彈十餘枚、死傷平民十餘人、震倒房屋數棟、別無損失

◎漢口廿四日路透社電、今晨十時後、日本重轟機八架、在宜昌投彈五六十枚、

——摘自《时报》（上海），1938 年 1 月 25 日

南京紫金山 殺人競賽

寇軍暴行慘絕人寰

（全民社訊）日寇暴行、已為世界一致公認、然彼不知自羞、反以此自鳴得意、密勒氏評論報頃載、最近東京日日新聞載有一篇、題爲「南京紫金山下」、述二日寇在我國、竟至以殺人多寡爲競賽、此兩日寇、一名向井、一名野田、相約以誰先殺死一百人爲優勝、佔南京後、兩寇各執血迹般然刀口已缺之刃、相見於紫金山下中山陵前、原文並載兩寇之對話、名向井者說、「我已殺死了一百零五人、足下成績怎樣呢」、野田答、「我殺了一百零六個」、兩寇相顧大笑、野田以多殺一人而獲勝、然究竟誰先殺滿一百人、無從決定、乃再約定、以殺滿一百五十人爲競賽、該記者並揚揚得意加以按語云、此兩「皇軍」又將繼續努力殺人矣、該報並將此兩寇照片刊出、密勒氏報並稱、日寇暴行、外國教士皆可證明、當日寇進佔南京時、未及逃出之我國難民、手無寸鐵、皆爲驅集一處、以機槍掃射而死、在日寇佔據區域、除被迫搬運物件者外、殆無所謂俘虜、皆一律殺死、即中國軍繳去武器後亦被殺死、難民區內之着壯丁衣服者、亦皆指爲兵士、而被整批相殺、如此暴行、可謂慘絕人寰。

——摘自《新华日报》（汉口），1938 年 1 月 25 日

特别要闻

敵機廿二架
昨分襲廣九粵漢路
一隊三架侵入廣州西北郊投彈
增城外茶平亦遭炸斃平民六人

昨廿四日敵機廿二架、分六批起航來襲、輪迴在廣九粵漢兩路、一隊三架更闖入市空、經我高射炮猛烈轟擊後、始倉皇向西北郊投彈十二枚遁去、另兩隊分到增城轟炸、死傷平民多人、畧情已見昨日本報晚刊、茲將詳情分誌如下、上午六時廿六分、敵機兩架發現深圳上空、高度六千公尺、藉白雲掩護、沿廣九路北飛、六時五十分、第二批敵機兩架由唐家灣飛出、自南至北、本市防空部于此時發出警報、七時十分、敵機兩架到虎門、盤旋後向北疾進、八時卅七分、第三批敵機四架、在中山上柵天空出現、隨經神涌掠過萬頃沙向廣州方面北飛、本市乃續發二次警報、同時敵機兩架在廣九路樟木頭窺伺後、即轉到塘頭厦林村間連續投彈六枚、均落田野、投彈後、即經寶安出海八時五十分、敵機兩架經本市東部繞過粵漢路北飛、八時五十九分、敵機四架亦在黃埔上空發現、兩架先行、兩架隨後、窺伺數分鐘、又前循批敵機向粵漢路肆虐、九時廿分、敵機兩架在郭塘附近投彈七八枚隆隆之聲、本市清晰可聞、同時敵機四架亦在軍田投彈六枚、敵機投彈後、并低飛、開機關槍掃射、十時卅五分、敵機六架在粵漢路逞兇後、南飛經本市西北角、我高射炮隊當即發炮轟擊、敵機不敢停留盤旋、閃過炮彈後、急向南飛遁、十二時零五分、第四批敵機九架由唐家灣起航、未幾、第五批兩架亦繼續凌空、旋即飛到石歧窺伺、十二時廿五分、敵機六架經本市西北角向粵路急進、另三架到白雲山上空、藉雲霧掩護、闖入本市在天河村一帶盤旋窺伺、良久、復轉到西北郊、我高射砲隊瞄準連發數炮轟擊、炮彈沖過雲霧、敵機不敢低飛、在高空盤旋有頃、至十二時四十五分、胡亂投彈十二枚、漫無目標、均落草地爆炸、我高射炮隨跟踪再發炮轟擊、敵機在我猛烈炮火監視下、卒無法飛低、遂倉皇繞道白雲山向東飛遁、同時敵機兩架亦在廣九路南崗附近投彈八枚、我損失甚微、一時十分、敵機六架到達粵漢路源潭投彈十數枚、並再飛橫石投數彈、兩處均有相當損失、至二時四十二分、敵機兩架復在軍田投數彈、然後分途飛遁、第六批敵機兩架由唐家灣起航後、經虎門轉過石龍、到增城外白水山 茶平附近投彈六枚、毀塲民房卅餘間、炸斃平民六人、并傷男女各一人、敵機仍開機關槍掃射後始循原路飛遁、三時十二分解除警報、(堅)(中央社)敵機共廿六架、昨廿四)日自晨至暮分七批進犯、第一批敵機兩架、于上午在唐家灣海面至東莞縣屬投彈兩枚即南飛出海、未幾第二批敵機四架、又在唐家灣方面出現、飛至花縣近郊投彈三枚後、即行遁去、第三批敵機一架、旋由廣海北飛各地畧行窺伺即逃出海、而第四批敵機六架、亦由唐家灣北飛、在英德縣郊投彈十餘枚、向南飛逃竄、正午第五批敵機九架、在中山縣上空北飛、隨至本市北郊投彈十餘枚、均落曠塲、我無損失、各敵機盤旋後、南飛掠過市區、即爲我軍高射炮轟擊、即倉惶高飛出海、第六批敵機兩架、繼續由石岐上空北飛、抵清遠附近投彈數枚、南飛出海、第七批敵機兩架、于下午飛至增城附近投彈數枚、炸斃鄉民六名、傷害男子一人、女子一人、情形甚慘、各敵機于下午三時十分始行逃去、

——摘自《国华报》（广州），1938 年 1 月 25 日

敵機轟炸金溪蓮塘石井

敵機由大良經江佛路北飛、必經官窰金溪、廿四日下午一時許有敵機三架、經金溪時適值墟日、鄉民數百人聚於墟內、爲敵機瞥見、竟低飛向金溪投彈二枚、兩枚落河中爆發、幸無傷人毀物、炸死河中之魚數百斤、內有鯉魚數尾、俱重一二十斤、鄉民相爭尭水攫取、另一彈落於墟塲對面大沙地、亦無傷人、敵機投彈時、並放機關槍掃射、鄉民受傷十餘人、又敵機肆虐時、官窰三江渡適由鄉駛省、敵機乃在天空盤旋、並開槍掃射、搭客中人驚惶欲絕、全渡擾攘、幾致沉沒、船員一面制止搭客驚擾、一面開足馬力駛往安全地點以避、卒免於難、又廿三日敵機炸廣三路獅山時、有一彈落於該地對面之蓮塘鄉震塲屋宇甚多云、(堅)(南海專訊)番禺石井墟、昨廿四日正午十二時許、有敵機數架、高飛而來、放烟幕掩護、低飛向某地投彈數枚、我某地高射炮隊即發炮向之轟擊、敵機畏我炮火密集、旋即高飛逃去、查敵機所投之彈、多落荒野、我無若何損失、(害)

——摘自《国华报》（广州），1938 年 1 月 25 日

JAPAN'S BOMBERS HIT DEEP IN CHINA

40 Civilians Reported Killed or Wounded at Ichang, Far in the Interior

CHINESE GIRD IN SHANTUNG

Attackers Admit Withdrawal From Hohsien, but Report Successes in Shansi

Wireless to THE NEW YORK TIMES.

HANKOW, China, Tuesday, Jan. 25.—Japanese bombers made their first attack this morning on Ichang, 185 miles west of Hankow—far in the interior of China. The Chinese airfield and the waterfront areas were reported to have been attacked.

A number of suburban houses were wrecked and forty non-combatants were killed or injured, said the report, adding that some bombs fell into the Yangtze River not far from the United States Gunboat Tutuila.

Large-Scale Moves Rumored

Wireless to THE NEW YORK TIMES

PEIPING, Jan. 24.—Large-scale operations, involving both the Peiping-Hankow and Tientsin-Pukow sectors, were believed imminent today following reports of Chinese troop concentrations in Southern Shantung Province and Japanese reports of subjugation of Chinese forces in Shansi Province.

Chinese concentrations in Shantung, Japanese reports said, were in the area north of Suchow. Chinese divisions were said to be deployed on a wide front to oppose the Japanese advance southward. The reports also said the Chinese contemplated a counter-attack, possibly with the idea of anticipating any Japanese move in the sector.

Although the Peiping-Hankow sector remained quiet except for Japanese troop movements southward, extensive operations against Shansi Communists seem to have been carried out in the last month. Shansi has been virtually non-existent so far as news gathering at this point is concerned, and the suspicion has been growing here that Japanese troops have met serious guerrilla warfare there.

The latest Japanese reports declared that operations against Shansi's Reds had resulted in the capture of several important divisional headquarters. A Japanese spokesman said the mountainous terrain in Eastern Shansi was at present the only stronghold of the Chinese Reds.

It was generally believed that the next Japanese objective would be Wutaishan, where it was understood the Communists have already established a military and civilian government similar to that in Kiangsi before Generalissimo Chiang Kai-shek's drive forcing their evacuation.

Japanese Quit Hohsien

Wireless to THE NEW YORK TIMES.

SHANGHAI, Tuesday, Jan. 25.—A Japanese Army spokesman surprisingly announced last night that Japanese forces had withdrawn from Hohsien, on the north bank of the Yangtze River, about thirty-two miles westward of Nanking, and had moved eastward. He said this evacuation was carried out merely because the Japanese Army had completed mopping up the Hohsien area and that he did not believe Chinese forces would return there, but that if they did return they would again be driven out.

Both Sides Make Air Raids

SHANGHAI, Tuesday, Jan. 25 (AP).—Both Chinese and Japanese reported a series of damaging air attacks in widely separated areas today. The Japanese reported raids in Northern, Central and Southern sectors, while the Chinese said their planes were active principally along the Yangtze River above Nanking.

Japanese advices said Japanese planes, operating from an aircraft carrier off the north coast of Kiangsu Province, had repeatedly bombed Suchow, strategic rail junction north of Nanking, but Chinese said the damage was slight.

Japanese also reported they had destroyed Chinese aircraft and hangars at the Central China cities of Changsha and Ichang and were continuing their bombardment of railroads in the Canton area in South China.

Chinese said their air force, which "is becoming stronger," had destroyed the Japanese airdrome at Wuhu, sixty miles up the Yangtze from Nanking, and had bombed Japanese positions south of Wuhu "with damaging effect."

Fighting in Shantung Province continued, but apparently there was little change in the situation. The Chinese reported their infantry was besieging Tsining, 120 miles south of Tsinan, Shantung capital, but the Japanese were silent about developments in that sector.

——摘自《纽约时报》（The New York Times），1938 年 1 月 25 日

敵在豫北原有毒窟
武裝造毒

中央社西安二十四日電・豫北林縣鳳凰山被敵佔據後。即將該處原有之毒窟。加以擴充。每日出毒品頗多。至召集匪徒二千餘。附手槍千餘枝。大炮二門。機槍數十挺。保衛製毒機關。同時又派商方技士數人。監督製造。其毒化我國之野心。可想而知。

——摘自《湖南国民日报》，1938年1月25日

敵機肆虐彙誌

中央社。廣州二十五日路透電。二十五日上午十一時一刻。日機八架。在山東北之石牌村附近。投十餘彈。東山房屋俱被炸毀。義領事館在東山郊外。亦被震壞。并有多處被炸起火。燃燒至下午・尚未停熄。

中央社・金華二十五日電。敵轟炸機一架。二十五日十二時四十五分・飛臨浦向火車站投彈枚・無損失・又下午一時半。敵轟炸機一架。飛桐盧。投彈二枚・毀民房三間・旋向東北逸去。

中央社。蚌埠二十四日電・敵機三架。飛往小溪河。襲臨准洛阿街重量

炸彈五枚。損害未詳。

中央社。金華二十五日電。敵轟炸機三架。二十四日午十二時半・發現於桐盧之東北。經建德蘭谿龍游。竄至衢州。投彈六枚。並用機槍掃射。無損失。同時龍山方面。亦發現敵機三架。飛寧波荒向櫟杜投彈六枚・均落。他。後向東北方面逸去・

——摘自《湖南国民日报》，1938年1月25日

倭獸形畢露……
殺同胞卅萬
我年輕幼女亦不免被姦
無處尋酒即殺老嫗數人
南京已變為死城

中央社香港廿三日電：滬訊・日發言人昨日答覆各記者之質問頗多、而對於檢查新聞事許頗難自圓其說、孟却斯特導報記者田伯烈又提出彼之新聞被扣問題、日發言人答稱　不論新聞之來源如何、凡不經證實之消息、及有辱日軍榮譽之新聞　一律不能放行云云　按田伯烈第一次被扣之新聞電內容如次：

自余返上海後　余曾設法調查外傳日軍在南京及其他各處殘暴行為之眞相　據目視者之口述、及極可靠方面之函述　日軍行動之暴虐　較中世紀匈奴之殘暴、猶有過之、某可靠之觀察者稱、在長江下流一帶、被日軍殘殺之中國人民達十萬人　至於日軍其胞之姦淫搶奪之行為、更不勝枚舉、即年輕幼女亦不免被姦、此種殘暴行為、在日軍佔領已數星期之地、力仍極谿有　被殺之華人、亦與日俱增、此種行為　皆為日軍之羞、高尚之日人聞之、皆無地自容　乃日軍不知自檢、在上海又發生若干事件、如天（十七）字林西報載稱有日兵一人因無法覓取婦女及酒人遂開槍擊斃中國老嫗二人、及其他之無辜齊數辱云云、又訊：日軍在南京亂入美僑住宅　及侮辱美國國旗等事件　美國務院與美駐日大使已同時向日駐美大使及日外務省提出抗議、聞德國政府亦將因日軍在南京焚毀德僑財產　將向日政府提出抗議、南京美僑住宅曾被日軍侵入數次　並民強廹擄去中國難民婦女數人　現南京城內除難民區向有二十萬人、其他區域皆無人跡、在難民區中之人民　以日軍殘暴　均不敢回居故里、難　區中之主持者為美國傳教士及德國僑民若干人　彼等其同組織一國際救濟會　維持區內事務、昨日當日軍事當局招待外國記者時、有人詢問是否日軍已拒絕國際救濟會運送糧食藥品赴京救濟難民　日發言人稱、自南京地方維持會成立後　日方已認國際救濟會不復存在云云　日方為此表示後、各方均感不安、慈善家對於難民區中難民之前途極焦慮、各方咸認日軍部之不承認國際救濟會、實為不願慈善事業之表示云云

——摘自《南宁民国日报》，1938年1月25日

寇機昨襲廈

寇艦亦發砲轟擊

粵漢路連日被轟炸

【本報廈門二十五日下午九時電】廈今由晨八時起至下午一時半止，共發警報七次，除第一次寇機三架，在海軍無綫報台投五彈外，餘均過境赴漳石碼頭轟炸，聞漳州方面，我無損失，石碼則被投彈十餘死傷無辜頗多，又十一時寇機過境時，寇艦曾向大登開砲七響，一月來沉寂之廈局，又被寇機艦打破矣。

【本報廈門二十四日下午十二時電】（遲到）去年九三以還，廈市民衆，慑於寇機大砲，紛紛他遷，但近因寇機寇艦均未來擾，兼又我軍防務異常鞏固，故恐懼心理逐漸消除，避難民衆，陸續遷還，現廈市人口驟已激增，市面情況，亦甚活躍。

【中央社漢市訊】路息：敵機最近數日間，每日數十架接連七八小時狂轟粵漢路，現查悉二十四日自上午七時至下午三時五十五分，敵機二十二架分六批接連轟炸該路，廣三支線獅山，幹線新街與郭塘間，舊橫石，總洞，樂同各站，共擲五十餘彈，計毀軌十五條，枕木一百餘根，機車一輛，被射毀壞，一輛被炸分爲兩截，二十五日敵機自上午七時二十分至下午二時餘，共二十餘架，又接連狂轟該路，在廣三支線西南三水間掃射五十一次，西上客車，旅客列車路軌均無恙，惟在軍田波羅坑英德間炸毀貨車二輛，機車一輛，及炸死路人十餘名，敵機連日狂轟企圖阻礙該路通車，但經該路員工努力修復，雖在敵機狂轟威脅下，仍繼續工作，該路仍維持通車云。

【中央社南昌二十四日電】二十四日晨九時敵機八架，侵入九江瑞昌上空盤旋窺伺，並未投彈，旋向皖境逸去。

【本報臨汾二十五日下午十一時電】敵機一架二十四日晨十一時至介休靈石霍縣偵察，並在汾陽投彈五枚，下午一點半，又有敵機一架沿同浦路至河津一帶偵察後，旋折至浮山翼城一帶偵察，旋轉甚久，臨汾一日警報三次。

——摘自《扫荡报》（汉口），1938 年 1 月 26 日

敵機昨炸厦門

敵艦亦發砲轟擊

粵漢路連日遭狂炸

【厦門二十五日本報專電】敵機四架，二十五日來襲厦市，投七彈，無損失。又三架襲石碼鎮，投十三彈，沉海關巡艇一艘，汽船一艘，帆船四艘，倒燬民房四間，死傷貧民二十餘人，厦市二十五日全日警報共七次，又二十五日午敵艦砲擊厦市共九發，我無損失。

【本市消息】路息，敵機最近數日間，每日數十架接連七八小時狂轟粵漢路，現查悉廿四日自上午七時至下午三時五十五分，敵機二十二架分六批接連轟炸該路，廣三支綫獅山幹綫新街與郭塘間，舊橫石，黎洞，東同各站，共擲五十餘彈，毀路軌十五條，枕木一百餘根，機車一輛，被射毀壞，一輛被炸分爲兩截，二十五日敵機自上午七時廿分至下午二時餘共廿餘架，又接連狂轟該路，在廣三支綫西南三水間掃射五十一次西上客車，旅客列車路軌均無恙，惟在軍田波羅坑英德間炸毀貨車二輛，機車一輛，及炸死路人十餘名，敵機連日狂轟，企圖阻礙該路通車，但經該路員工努力修復，雖在敵機狂轟威脅下，仍繼續工作，該路仍維持通車。

【南昌廿四日中央社電】廿四日晨九時敵機八架，侵入九江瑞昌上空盤旋窺伺，並未投彈，旋向皖境逸去。

【臨汾廿五日本報專電】敵機一架廿四日晨十一時至介休靈石霍縣偵察，並在汾陽投彈五枚，下午一點半又有敵機一架，沿同浦路至河津縣一帶偵察後，折至浮山翼城一帶偵察，飛翔甚久，臨汾一日警報三次。

【金華廿五日中央社電】敵轟炸機一架，廿五日午十二時四十五分，飛臨浦市（在蕭山縣屬）向火車站投彈二枚，無損失，又下午一時半，敵轟炸機一架，飛桐廬，投彈二枚，毀民房三間，旋向東北逸去。

【廣州廿五日中央社電】敵機卅五架，今日分三次來犯，在英德西郊及琶江各投彈十餘枚，傷斃鄉人十四名，並在本市東郊投彈十餘枚，均落曠地下，又在黃埔附近山崗曠場投彈數枚，燬民房三間，傷斃鄉民三人。

——摘自《申报》（汉口），1938年1月26日

日機襲宜昌 死傷百餘人

△路透社二十五日漢口電　據可特外人消息、日機昨襲擊宜昌、死傷約百人、宜昌初次遭遇空襲、當警報發出時、居民不甚注意、照常往來、迨日機發現於天空時、始各逃避、然已不及、致多死傷、英砲艦燕鷗號一艘（二六二噸）、現駐宜昌、

——摘自《上海报》，1938年1月26日

日機空襲各地

東海 △本報二十四日徐州電

二十四日下午一時〇四分、日機三架、飛襲東海、在新浦投彈六枚、貨倉鐵棚震塌、機車一輛被毀、路軌亦微有損壞、

寧波 △本報二十四日寧波電

鎮海口封鎖於二十四日九時實行開放、新北京德平商輪先後抵甬、滬甬航線恢復、二十四日十二時半、日機六架、分二隊在觀海衛上空發現、十二時五十分、侵入寧波、盤旋偵察多時、旋南飛至櫟社附近投彈六枚、均落田中、十三時仍分二隊、一隊向鎮海、一向慈谿竄逃、

桐廬 △本報廿五日寧波電

二十五日下午一時半、日轟炸機一架、飛桐廬投彈二枚、毀民房二間、旋向東北逸去、

漢口 △路透社廿五日漢口電

昨日初降冰雹、後乃轉成濛雨、是時忽空襲警報之聲大作、數千人民急趨臨時公共避彈所、大半皆設於水泥鋼骨所建、現因商業停頓空閑之堆貨棧內、諸人在極冷之氣候中聚待兩小時、半未見日機出現、迨警報解除、乃各散歸、蓋晨間有日機八架向漢口進發、但環繞之後、即西向上游飛去、而抵宜昌、在飛行場擲落中等炸彈五六十枚、死傷人數、現尚未悉、惟其地集有待運入川之難民甚衆、恐死傷者必不在少也、宜昌怡和洋行之玻窻、全被炸彈震碎、因該屋距飛行場僅約二百碼、故有數彈落於附近也、此外尚有外僑房屋三四所、位於飛行場四周、該場築於離江岸稍遠之低山中、亞細亞火油公司之新置建築、現已廢置不用、距飛行場最近、目下該公司人員之未離去者、僅有裝置部經理一人、居於江岸下游二哩許、宜昌其餘外僑多服務於航業公司或海關、此外尚有教士多人、宜昌英國領事館、已於一月前停閉、一切事宜、現由駐漢總領事館兼管、

——摘自《文汇报》（上海），1938 年 1 月 26 日

日機狂炸粵漢路

接連七八小時之久

▲漢口二十五日電　日機最近數日間、每日數十架接連七八小時、狂轟粵漢路、現查悉二十四日自上午七時至下午三時五十五分、日機二十二架

塘間舊横石黎洞樂同各站共擲五十餘彈、計毀軌十五條、枕木一百餘根、機車一輛被射毀壞、一輛被炸分爲兩截、二十五日日機自上午七時二十分至一二時餘共二十餘架、又接連狂轟該路、在廣九支線西南三水間掃射五十一次、在軍田波羅坑英法間、炸毁貨車二輛、機車一輛、炸死路人十餘名、日機連日狂轟、企圖阻碍該路通車、但經該路員工加力修復、雖在日機狂轟威脅下、仍繼續工作、維持通車云、

▲快訊社香港二十五日電　據今日此間華人方面消息、日機多架、今晨飛往廣九路轟炸、在深圳站與粉嶺站間擲彈多枚、據另一消息、日本武裝漁船數艘、今晨企圖在寶安附近地方登陸、經華軍迎頭痛擊後、不支遁逃、

▲路透社二十五日廣州電　今日下午一時十五分、日飛機八架在東山北之石壁飛行塲附近擲下炸彈十餘枚、炸聲甚巨、東山房屋之門窗皆爲震搖、東山郊中之義領事署牆壁亦經震裂、且有數處起火、中國高射炮雖發炮甚厲、但炮彈悉在日飛機四周爆炸、無一命中、現信地面損失甚微、大約且未有死傷、

▲香港　二十五日晨十一時、日機抵虎門黃埔、天氣不佳折返、隨有一機飛廣三路走馬營開鎗射擊、無死傷、午二十架日機分襲廣九粵漢路、另八機侵入市空、在天河機塲投十餘彈、無損、毁數民房、

——摘自《新闻报》（上海），1938 年 1 月 26 日

宜昌被炸死傷百人

漢口漢陽居民銳減

◎漢口二十五日路透社電、據可恃外人消息、日機昨襲擊宜昌、死傷約百人、宜昌初次遭遇空襲、當警報發出時、居民不甚注意、照常往來、迨日機發現於天空時、始各逃避、然已不及、致多死傷、英砲艦燕鷗號一艘（二六二噸）、現駐宜昌、

◎漢口二十五日路透社電、昨日初降冰雹、後乃轉成濛雨、是時忽空襲警報之聲大作、數千人民急趨臨時公共避彈所、大半皆設於水泥鋼骨所建現因商業停頓空閑之堆貨棧內、諸人在極冷之氣候中聚待兩小時半、未見日機出現、迨警報解除、乃各散歸、蓋晨間有日機八架向漢口進發、但環繞之後、卽西向上游飛去、而抵宜昌、在飛行場擲落中等炸彈五六十枚、死傷人數、現尚未悉、宜昌怡和洋行之玻窗、全被炸彈震碎、因該屋距飛行場僅約二百碼、故有數彈落於附近也、此外尚有外僑房屋三四所、位於飛行場四周、該場築於離江岸稍遠之低山中、亞細亞火油公司之壯麗建築、現已廢置不用、距飛行場最近、目下該公司人員之未離去者、僅有裝置部經理一人、居於江岸下游二哩許、宜昌其餘外僑、多服務於航業公司或海關、此外尚有數十多人、宜昌英國領事館、已於一月前停閉、一切事宜、現由駐漢總領事館兼管、

◎漢口二十五日快訊社電、據此間報紙載稱、漢口漢陽居民、在最近數星期來、忽見減少、以前居民達四十四萬人、目下則僅四十萬人、其中廿九萬人居於漢口、較前減去三萬人、漢陽居民爲十一萬人、較前減去一萬人、聞減少原因、由於最近數星期來、日機不斷來漢空襲、致居民紛紛還往內地、

——摘自《时报》（上海），1938 年 1 月 26 日

日艦昨日砲轟南頭

日機昨亦鎮日空襲粵垣

△路透社二十五日香港電 今晨距英領海外不遠砲台山區域內之南頭(譯音)地方、被日艦一艘大約係巡洋艦之砲轟擊、該地位於香港東北約二十五哩之中國領土、香港與南頭間之屏山警察署、當時曾覺被砲聲震動、據稱華方早已料及日人必在南頭附近登陸、故已築有堅強工事、以資防衛、今日日方並無登陸企圖、象料其砲轟目的、不過欲驚嚇守軍而已、日艦砲擊十五分鐘後、即駛往他處、

△路透社念五日廣州電 今日下午一時十五分、日飛機八架、在東山北之石壁飛行場附近擲下炸彈十餘枚、炸聲甚巨、東山房屋之門窗皆爲震搖、東山郊中之義領事署牆壁亦經震裂、且有數處起火、中國高射砲雖發砲甚厲、現信地面損失甚微、大約且未有死傷、

△國民新聞社美聯二十四日廣州電、今日自晨間六時半至下午三時十分、日機輪流來襲、前後共三十五架、爲日機侵襲華南時間最長之空襲、日機猛炸沿廣九路及粵漢路之各站、包括廣州以北五哩之江村、午後有日機多架、在廣州西北郊投彈十四枚、被高射砲猛烈還擊、據報曾有路人二十餘、被彈片擊斃、日機亦曾轟炸源潭、官亭(譯音)及南岡各站、

△本報二十四日惠陽電 二十四日十四時許、日機二架來襲、飛行甚低、在顏宗渡投一彈、落河中、僅木排上炸傷一人、

△國民新聞社美聯念五日香港電 今日在英屬九龍之北約一英哩深圳灣之南方、聞砲聲甚密、

△國民新聞社美聯念五日香港電 據今日此間收得之報告稱、一月二十二日日本汽艇之水手在伶仃島左近、距英領海不遠之處、發現一中國沙船、日水兵將該船中之舊式大砲及火藥充公、並將該船之食物攜去、

——摘自《文汇报》（上海），1938 年 1 月 26 日

寇機前日分批襲粵肆虐

在金溪射殺我鄉民十餘

廣州廿五日電：敵機共廿六架、昨廿四日自晨至暮、作五批進犯第一批敵機兩架、于上午在唐家灣海面飛至東莞縣屬投彈兩枚卽南飛出海、未幾第二批敵機四架又在唐家灣方面出現、飛至花縣近郊投彈三枚後、待第三批敵機一架，旋由廣海北飛略行窺伺卽行飛去、而第四批敵機六架、亦由唐家灣北飛在正德郊投彈十餘枚、向南飛竄、正午第五批敵機九架、在中山縣上空北飛隨至本市北郊投彈，餘枚均落空地、我無損失、各敵機逞兇後南飛掠過市空、卽爲我高射炮轟擊卽倉皇高飛出海第六批敵機兩架、于下午飛至增城附近投彈數枚、炸斃鄉民六名、又傷害男子一名、女子一人、情形甚慘、各敵機于下午三時十分始行逃去、

襲惠

惠陽廿四日電：廿四日下午二時許、敵機二架、飛行甚低在顏屋渡投一彈落河中木排炸傷一人、又粵廿五日電：廿四日下午一時許、有敵機三架、經過金溪時適值圩日、鄉民數百人聚于圩內、爲敵機警見、覺僅向金溪投彈三枚二枚落河中爆發、幸無傷人、另一彈落于圩塌對岸大沙地、亦無傷人敵機投彈時幷放機關槍射、鄉民受傷十餘人、又廿三日敵機炸廣三路時、有壹彈落於某鄉場宇甚多、

中央社南昌廿四日電：廿四日晨九時敵機八架侵入九江、在市區上空盤旋窺伺幷承投彈、旋向皖境逸去、

中央社宜昌廿四日電：敵機十二架、廿四日晨十時廿分首次侵襲宜昌、江中落彈數枚泊於江面船隻、僅受波及、其他無恙、敵機於郊外監獄附近投彈十餘枚死傷平民四十餘人、震倒房屋數間、別無損失、

——摘自《南宁民国日报》，1938 年 1 月 26 日

滬餓殍逾萬

滬兩婦女不受寇汚

投擲炸彈與寇同盡

【中央社上海二十六日海通電】據可靠方面報告，上海街頭，自本月一日至二十三日止，共發現餓斃華人屍首一萬以上，俱由慈善機關發費掩埋，其中七千五百具係小孩或青年屍首，在同時期內，法租界計共發現屍首四千具，多係餓斃者。

【中央社金華二十六日電】據滬來西人談：十八日上午八時，敵三百餘經浦東高橋，遇我年輕鄉女二人，意圖加以汚辱，該兩女突以炸彈投擲，當場與敵同歸于盡，敵傷亡甚多，確數未詳，其壯烈情懷，可歌可泣。

——摘自《扫荡报》（汉口），1938 年 1 月 27 日

日機轟炸廣州

義領館亦遭波及

昨日廣州受日機之轟炸、義大利領事館亦被炸及、聞罹難亡身者在百人以上、河中船隻、兩艘完全被毀、廣州之南中國空軍之要塞、亦有損失、

▲國民新聞社美聯廣州二十五日電　日本空軍企圖毀壞華方最近從英國運來之飛機、今日飛至此間天河飛機塲、投下炸彈約二十枚、但損失甚微、且無人受傷、又有日本飛機三十架、飛往廣三・粵漢・廣九各路之重要地點、作大規模之轟炸、飛至天河飛機塲之日機八架、所投卜之炸彈二十枚、其中數彈落於某教會醫院附近、旋即爆炸、因該醫院距天河飛機塲甚近故也、當日本飛機來襲時、華方之高射炮、一時俱發、不絕於耳、據華方消息、今晨在日機一架、曾以機關鎗向廣三路上之客車掃射、結果擊斃旅客四人、數人受傷、又據另一消息、謂有日本驅逐艦一艘、已駛入珠江口、該艦曾向保安(譯音)地方開炮約廿發、死村民數人、

——摘自《新闻报》（上海），1938 年 1 月 27 日

日機炸廣州

義領館亦被炸及

◎香港廿六日海通社電、前日廣州受日機之轟炸、義大利領事館亦被炸及、聞罹難亡身者在百人以上、河中船隻、兩艘完全被毀、廣州之南、中國空軍之要塞、亦有損失、

◎廣州廿五日國民新聞社美聯電、日本空軍、企圖毀壞華方最近從英國運來之飛機、今日飛至此間天河飛機場、投下炸彈約二十枚、但損失甚微、且無人受傷、又有日本飛機三十架、飛往廣三粵漢廣九各路之重要地點作大規模之轟炸、飛至天河飛機場之日機八架、所投下之炸彈二十枚、其中數彈落於某教會醫院附近、旋卽爆炸、因該醫院距天河飛機場甚近致也、當日本飛機來襲時、華方之高射炮、一時俱發、不絕於耳、據華方消息、今晨有日機一架、曾以機關鎗向廣三路上之客車掃射、結果擊斃旅客四人、數人受傷、

——摘自《时报》（上海），1938 年 1 月 27 日

餘彈、計毀軌十五條、枕木一百餘根、機車一輛被射毀壞、一輛被炸分爲兩截、廿五日敵機自上午七時廿分至下午二時餘、共廿餘架、又接連狂轟該路、在廣三支線西南三水間掃射五十一次、西上客車旅客、列車路軌均無恙、僅在軍田波羅坑英德間、炸毀貨車二輛、機車一輛被炸、死路人十餘名、但經該路員工努力修復、雖在敵機狂轟威脅下、仍繼續工作、該路仍維持通車云、

（中央社廣州廿五日電：敵機卅五架、今分三次來犯、在英德附郊及琶江各投彈十餘枚、傷斃鄉人十四名、并在本市東郊投彈十餘枚、均落曠地、下午又在黃浦附近山岡曠塲投彈數枚、燬民房數間、傷斃鄉民三人

（中央社廣州廿六日電：敵機廿一架、今分五批飛粵、石井、英德、橫石各地共投彈廿餘枚、燬民房七間、傷斃數人、本市北郊牛欄崗附近亦落彈兩枚、無損失

寇機襲粵愈見猖狂
意國領事館被炸倒

（中央社廣州廿五日路透電：廿五日上午十一時一刻、敵機八架在白雲山北之石牌村附□十餘彈、東山房屋俱被炸毀、意領事館在東□□亦被震倒、並有七處被炸起火、焚燒至下午□□燼云

（中央社漢口廿五日電：敵機最近數日間、每日數十架接連七八小時襲轟粵漢路、現查悉廿四日自上午七時至下午三時五十分、敵機廿二架分八批接連轟炸該路、廣三線獅嶺幹線新街與郭塘間舊橫石黎洞樂同各站□□共鄉五十

——摘自《南宁民国日报》，1938 年 1 月 27 日

倭寇在晉施用三種毒謀
實行籠絡漢奸欺騙民衆

中央社臨汾廿六日電：敵在晉省侵佔地帶、積極施展其政治陰謀、現在分三方面進行（一）對過去者、敵在太原組織一「敵方財產管理委員會」、設委員長一人、（日人）各廳復派一人參加、財產存萬元以上者列爲上等、五千元以上者爲中等、千元以上者爲下等、敵對我將士後方家屬、正擬會同處理辦法、似將採播草尋甄之毒辣手段以威爲我前方各人、（二）對于現在者、敵播弄若干傀儡、魂欺騙民衆與掩飾國際耳白、現幷市受鐵唆使傀儡有爲步青、郭伊、郭老二、白文惠、韓義曹相國等、（三）對未來者、井市現已組織一僞新民會、該會大綱內有發揮所謂僞新政權、以脅重其強奸下之民意、藉口開發實業以削劇人民

——摘自《南宁民国日报》，1938 年 1 月 27 日

倭寇暴行發圖欺騙世界
焚燒無錫城屠殺我同胞

中央社香港廿五日電：據外方人面□息、（一）敵軍上年十一月廿五日、進無錫城後、即行燒殺、從北塘吳橋至北城門口、由火車站至光復門、城內由北門、直至縣前街、完全燒燬、（二）敵軍於到達之數日、即令民衆至各廠店搬取貨物、同時敵人將當時情形、用快鏡攝影、繼用機關槍掃射、聲稱共匪搶劫、十二月□二日在麗新布廠擊斃鄉民一百卅餘名、事後即將該廠焚燬、敵該攝照片、作爲將來應付國際之誣蔑證據

——摘自《南宁民国日报》，1938 年 1 月 27 日

敵機轟炸大崗鄉各街道塲燬民房之慘狀

各田野間、一時全鄉老幼婦孺、倉惶奔逃、

敵機炸大岡鄉實地調查記

敵機月來循例轟炸各大鐵路、破壞本省交通、更逞橫暴、轟炸我絕無抵抗之鄉村平民、昨廿六日敵機五架在市北之番禺屬大岡鄉投彈轟炸、死傷數十人、塌屋廿餘間、記者聆訊、特赴該處作實地調查、分誌如下、

敵機屠殺鄉民 番禺縣屬大岡鄉原爲六區所轄、自本市新區域展廣、遂即爲第三區管轄、該大岡鄉鄉長李蔭兆爲該鄉父老、全鄉鄉民約千餘、俱以耕種爲活、昨廿六日上午十一時、各鄉民自田間工作返家早膳、未幾、機聲軋軋、各鄉民仍在家用膳、不以爲意、敵機五架、自南至北、飛至大岡鄉上空、連續投下炸彈七枚、隆隆之聲、響如巨雷、各彈俱命中鄉內各戶、當時各鄉民紛紛逃避、敵機更爲肆虐、開機槍掃射我鄉民、各鄉民爲避其兇計、乃逃出鄉外各田野間、一時全鄉老幼婦孺、倉惶奔逃、異常狼狽、敵機更爲兇殘、竟在崗後鄉民避難之所、投下炸彈四枚、另一燒夷彈、當堂將葵棚一座焚燒、所有四彈均落田間

七彈俱落民房 查敵機投下炸彈七枚、俱中鄉民戶舍、當堂倒塌、炸斃鄉民六名、傷五十餘人、內一燒夷彈落於曠地、各戶被炸後、所在磚瓦木料、堆如土坵、所有死傷鄉民、均被壓於瓦礫之中、呼救之聲、頻灌耳中、

各方救護情形 敵機轟炸後、即向北飛去、警報尚未解除、該鄉長李蔭兆即率同鄉民到場救護、並電方便醫院紅十字會金萬字救護隊到場救傷、於是疑新里第一號救出男子李芹、四十三歲、傷頭部、……

號屋救出李世、十歲、傷頭部、各救傷隊紛頭在各投彈地點掘救出各傷者、均焦頭爛額、斷手折足、鮮血淋漓、昏迷不醒者、約五十餘人、則分別送往市立方便仁濟醫院留醫、

災區慘狀一瞥 記者抵步後、即往鄉公所訪晤鄉長李蔭兆、李氏談述敵機屠殺及各鄉民逃難與救護經過頗詳、李氏並派出鄉民梁才引導往各災區視察、見各災區坍塌屋宇約數十間、分爲數坵、難民言時、滿面悲容、且帶恨色、旋據梁才謂……

爲之流淚、其中有人勸謂、欲雪此仇、非協助政府抗戰不可、另一人謂如果欲驅逐敵機入境良策、非捐欵購債及購機不爲功、團聽者無不然其說、記者於四時則謝梁氏而告辭、

死傷塌屋數量 查該鄉塌屋共廿四間、傷斃者則卅餘間、計興和里第五號侯宅、第四號李江、第七號侯容、第九號侯基、十一號李清、維新里第二號李幹、第四號李炎、第六號李荷、第十一號李宅、凝新里第一號李連凝新里第一號、李芹第二號李芹、三號李祥、五號李堯、第六號李廣、另未列門牌何田、細巷第二第四兩號俱李宅、聚龍里四號李宅、六號吳宅、七號李元、八號李宅、基巷七號八號兩間、民新巷六號李妹、另未列門牌空屋數間、斃命之妻李黃氏、四十二歲、南海人(列第四號屍)其子集舉、十五歲(列第一號屍)其女李及、九歲(列第二號屍)幼女岦細兩歲(列第三號屍)彼金家僅得李芹倖免、第五號屍則爲凝新里第三號李楊氏、四十歲(第六號屍)維新里第十一號、李黎氏、四十八歲、以上六具屍由殮埋隊備棺殮葬、至受傷者方便救治李、劉氏、五十四歲、傷頭、李梁氏、四十七歲、傷手斷臂李氏、七十九歲、傷頭、其媳李梁蔡氏、卅歲、傷腰腿、李忠、卅六歲、傷腰及左足、侯張氏、四十二歲、傷兩脚、鍾沈氏、五十歲、傷膊及足、張侯氏、卅歲、傷腰、李乃植、廿四歲、傷足、該院救護中隊長曹均鑾護送返院留醫、由金萬字救傷隊送市立醫院者、則有李錦賢傷腰部、李良、廿六歲、傷手、李細、十三歲、傷頭、李源、四十七歲、傷手、侯啓明傷足、又各分救護者、李柄泉九歲、傷頭、李黎氏、四十歲、傷頭、李劉氏、五十四歲、傷頭、陳茂廿四歲、傷面、其餘微傷者約卅人、均自行返家醫理(合)

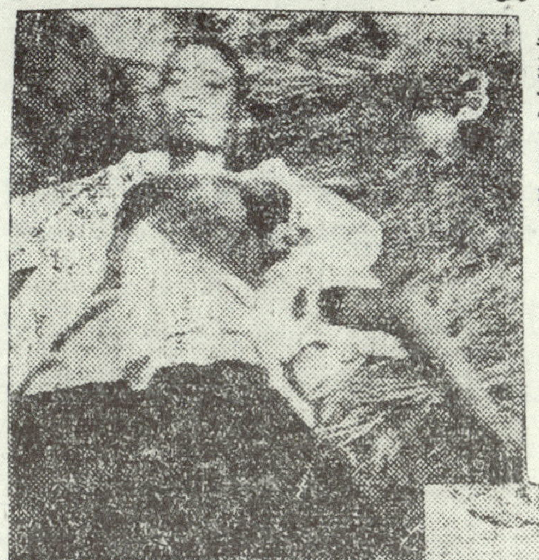

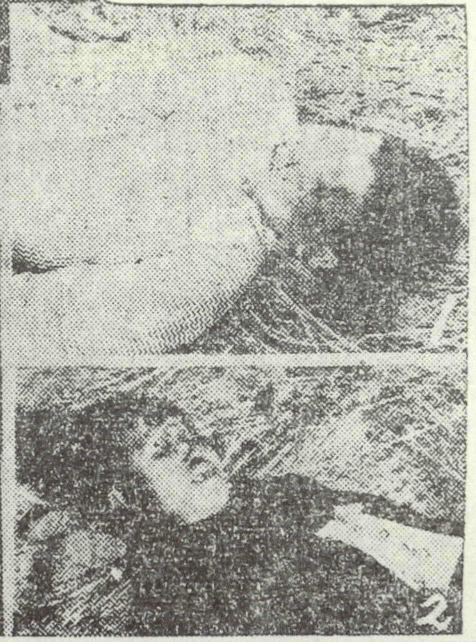

敵機轟炸大崗鄉各街被炸後各鄉民之一部

1.李蘇女 2.李楊氏 3.陳澤舉 4.陳氏

(本報專員攝)

敵機轟炸大崗鄉各街道塌燬民房之慘狀

1,杭園巷 2,從新里 3,維新里 4,興和里

(本報專員攝)

金卍字救護隊出發情形

——摘自《国华报》(广州)，1938年1月27日

日機廿餘架 昨晨襲武漢

在機場投彈百餘枚 裕華紗廠略有損失

【漢口廿七日電】廿七日上午七時許，據報日機二十餘架，經皖無爲，桐城，向武漢飛行，八時卅分到達英山境界，即分兩路進襲，一部經羅田向林山河，一部經團陂向團風。防空部於九時發出緊急警報，至九時許，日機分爲數小隊，侵入武漢天空，第一批六架，第二批十一架，我高射槍炮即猛烈射擊，日機先後在漢口王家墩飛機場附近，投下小炸彈百餘枚，旋即飛去。嗣經調查，無甚損失，九時四十六分解除警報。

【漢口廿七日電】武昌訊：廿七日晨九時許，日機廿餘架，侵入武漢上空，六架在前，十一架隨後，我高射槍砲部隊當即密集射擊，日機四架，飛往武昌上空，向東返，一架則經由漢陽上空飛去。九時四十六分，解除警報。事後武陽防務團據報：日和會在裕華紗廠附近投彈二枚，均落河中，並無重大損失。【漢口廿七日電】

路透社訊；今晨九時，日機約十架，襲擊武漢，在漢口飛行場擲彈約六十枚，又在漢陽兵工廠附近擲彈若干。據中國當局聲稱；漢口飛行場僅停有前已受損之福特式飛一架，完全被毀，此外未有所損，飛日機飛行甚高，中國高射砲轟擊甚猛，日飛機爲保安全起見，曾將隊伍散開。今晨第一次來者，共機六架，轟炸飛行場，分成兩組，每組三架，一組北趨平漢路，一組南趨漢河上游八哩之閘口，其地設有頤中烟草公司捲烟巨廠，未幾，兩組折回旋分數組，赴漢陽擲彈，遠觀之，炸彈似落於山邊空地，日機未至武昌城。

——摘自《晶报》（上海），1938年1月28日

日機空襲廈門

△路透社念七日香港電 頃據廈門消息、昨晨日機四架在廈擲彈九枚、某中國旅館落一彈、死旅客多名、今日下午又有日機四架飛經廈門、前往黄城（譯音）投彈十二枚、死傷中國平民多人云、

——摘自《文汇报》（上海），1938年1月28日

敵機十七架昨分四批兩襲粵路

橫石以迄大坑口等處投彈五十餘枚　一隊四架圖闖入市區遭我高炮轟擊

每日循例轟炸粵漢路敵機、昨廿七日共十七架分四批兩度飛往肆虐、在橫石黎洞連江口坡羅坑英德及大坑口一帶投彈五十餘枚、有四架返經白雲山時、更圖闖入市區、嗣被我高射炮猛烈轟擊始倉皇遁去、畧情已誌昨日本報晚刊、茲誌詳情如下

第一次七時五十分、敵機兩架由唐家灣飛出、經上柵掠過萬頃沙北飛、本市即時發出警報、八時零七分發緊急警報、敵機經虎門直趨魚珠、繞道白雲山入粵漢路、由江村經新街過源潭潖江低飛窺伺、隨到波羅坑投彈三枚、復在英德再投三彈、損失甚微、內有燒夷彈一枚、中附近田間茅寮、當堂着火、全座被燬始熄、敵機投彈後、循原路過魚珠出海、十時卅分解除警報、

第二次十二時廿分、第一批敵機五架由唐家灣起航、在上柵盤旋後、經神涌北飛、本市十二時廿五分發出警報、十一時卅五分發二次警報、敵機經虎門過黃埔、即繞龍眼洞逕飛粵路、未幾、第二批敵機四架由唐家灣隨後到黃埔盤旋匝、亦經本市東部北飛、時廿分、第三批敵機六架在唐家灣出現後、亦循前頭敵機進犯粵路、一時四十分、第一批敵機五架在黎洞橫石兩處連續投彈十五枚、旋南飛經魚珠先遁、俄頃、第二批敵機四架、在英德波羅坑連江口三處各投四彈、濃烟起處、十石翻飛、尋亦經花縣南飛、二時四十分經白雲山、兩架先行、兩架繼後、向西南疾飛、我護市高射炮隊以敵機有圖闖入市區模樣、立即密集轟擊、一連廿餘發、敵機倉皇改變航線、擺頭向東經魚珠竄遁、第三批敵機六架、逕飛英德盤旋後、即北飛在大坑口投彈九枚、敵機投彈後、再北飛經馬壩到曲江盤旋、窺伺有頃、然後南飛而遁、三時卅五分解除警報(堅)

又(中央社)十七架昨(廿七)日分批來襲、計上午第一批、兩架飛粵北英德縣屬投彈五枚、即南飛出海、下午第二批五架、又飛英德縣屬黎洞橫石間投彈六枚、第三批四架飛黃埔軍田花縣一帶窺探後、未投彈即去、第四批六架飛英德縣附郊投彈九枚、我方無大損失、

——摘自《国华报》（广州），1938 年 1 月 28 日

富陽老人慘遭倭寇屠殺

婦女與兒童亦被擄一空

餘杭獸兵極懼我軍襲擊

中央社金華廿七日電：富陽師姑坪敵軍、令構築工事及佈置炮位、週圍警戒甚嚴、對我游擊隊極爲恐懼、一連以下之部隊、不敢行動、遇便衣民衆即以機槍掃射、風聲鶴、皆以爲我游擊隊、青年、婦女與十齡、左右之兒童、多被擄去、年邁無能者、加以慘殺、其怯懦卑劣行爲與軍紀之惡劣、已失盡武士道之精神、

中央社桐廬廿五日電：敵連日、被我部隊進擊、受創殊重、現就錢塘江沿岸一帶、準備警戒部隊云、

中央社淳安廿六日電：餘杭之敵、於今日突行後撤、去向及企圖不明、

中央社金華廿六日電：今晨有敵艇兩艘渡錢塘江、被我南岸駐軍以機槍掃射、敵艇至江心、即折回、同時小艦二艘、駛定海茅山、用汽艇兩艘載水兵卅餘、企圖登陸、經我軍發砲數響、即竄回逃艦他駛、杭高間敵軍車往來、虛張聲勢、實則佯攻爲守、試探我軍容、蓋兩艘汽艇、絕無登陸之可能也、現杭州敵軍大部在拱宸橋、南屏山、及虎跑、靈隱一帶、少數部隊不敢行動、恐爲我游擊隊所襲擊、藤野憲兵隊司令部設於湖濱大上海飯店、勸令市民報領居留證、逾期不報者、即以殘殺[illegible]強令每五十戶推三代表、負責偵查住戶、及維持治安、又紬集壯丁加以訓練、準備施行以華人殺華人之毒計、

中央社徽州廿六日電：我最左翼部隊、自于廿五日起、退守石硤鎮原陣地後、蕪湖之敵、在積極增援中、于廿六晨復沿清弋河向我進犯、當被我前哨發覺、即予猛烈痛擊、立斃敵數十名、敵見我勢猛、即退去、

中央社徐州廿六日電：青訊、安邱城北五里焦莊附近、廿二日有敵汽車十餘輛、運輸敵兵及給養、被我游擊隊廖部攔擊、當發生激戰、是役計毀敵汽車四輛、斃敵六十餘人、廖部亦傷亡二人、

中央社清江浦廿五日電：蘇北水陸交通、概因戰事影響、無形停頓、省政府爲便利商旅計、特令省公路管理處積極籌備恢復、茲悉、淮陰至寶應暨至宿遷班輪、及淮至宿銅蕭等縣之長途汽車、已廿五日起、均可復原、並由憲兵担任維持秩序、

——摘自《南宁民国日报》，1938 年 1 月 28 日

滬鄉女炸倭寇壯烈可欽
敵刦掠焚殺外人難倖免
昔日繁華之揚州今已變成焦土

中央社香港廿六日電：滬字林西報頃登載某西人致編者函稱、渠自遷回虹口區後、幾無日不目睹日軍刦掠事件發生、即外人財產亦不倖免、此搶掠行爲不特日方當局不加以拘束、即公共租界日印藉警員見之亦袖手旁觀、無力制止云、

中央社漢口廿六日電：確息、據由揚州化裝逃出者談該地失陷情形、謂日軍于十二日十四日入城後、首將轅門橋國貨公司焚燬嗣又在郵局着火、蔓延所及、多受損失、各繁華市區悉成焦土、城中多數民房皆爲日軍佔據並迫人民負担一切食粮而姦淫搶掠、尤爲普遍之事云

中央社南京廿六日路電、關於南京日軍侵及該處美人產業案聞現正由日當局與美領進行談話

中央社金華廿六日電：據滬來西人談十八日八時敵三百餘經滬東高橋、遇我年輕婦女二人意圖猥辱、該兩女突以炸彈投擲、當場與敵同歸于盡、敵傷亡甚多確數未詳、其壯烈情懷、可歌可泣、

中央社香港廿六日電：滬訊（一）日內閣派書記官滕沼莊平等五人到滬調查敵官兵對戰事意見及各地情形、（二）敵委租界著名流張王文堂爲江浙兩省情報處長、王現寓萬歲館內、前被法租界當局因案逐出法租界

——摘自《南宁民国日报》，1938 年 1 月 28 日

敵軍野獸化！
江南一帶仍狂肆淫掠

【香港二十八日下午九時發專電】滬訊，數日前由無錫逃滬者談，駐錫敵約千人，多數在小南湖濱沿公路一帶，除交通要點之外，鄉間無敵蹤，因懼遭我便衣隊之襲擊，都不敢至駐地十里以外，其駐地附近每日至村莊檢查，被檢查者必須全身脫光，其所以每日檢查目的，仍在搜查婦女，供其姦淫，村莊婦女初聞遠處皮鞋聲，即避匿柴堆中，嗣以敵來村易軟底鞋，且以槍刺刀向柴堆亂戳，祇得遠走，敵後乃以刀逼男子腦頸，威逼代覓婦女，男子逃避亦益多，敵兵每日晨間至市鎮，向商店取魚肉菜蔬，或任意

醉飽，餐畢，碎碗叫笑，均不給分文，且仍隨時殺人，城中秩序較好，每晚五時即斷交通，貨物食糧准運入，不准運出，聞敵向維持會月索米三萬石，已照辦，續索營妓二千人，僞允設法。又要求徵壯丁四千，聞敵本擬於本月起即預備組練所謂後防軍，但以壯丁未能拉至，未能實行云，又頃據松江來人所述敵兵滋擾鄉村情形，與上述無錫情形相同，而搶掠尤甚，幾至無物不取，而民間大小鐵器，則蒐集後，以車船載去，近日上海楊樹浦各碼頭堆有大宗廢鐵，亦即由佔領地帶搜刮而來，西報謂，搜得之鐵其額量雖不足以抵償各國產地停止運日之鐵，但得來不費分文云。

——摘自《大公报》（汉口），1938 年 1 月 29 日

敵軍侵略罪惡

滬各地死屍多

死者大都難民及幼童
租界發現遺屍近萬具

（中央社上海廿八日路透電）經此次之戰事後、上海各地發現葬人之屍體甚多、在上月間、公共租界共尋獲遺屍七千二百具、其發現之地點爲馬路邊、巷內空地、空房及花園內、經租界內衛生當局所發現者達四，六八一具、在以前數日中、每日皆有數百具、幸天氣嚴寒、衛生上尚不成爲重大問題、至於死者之大多數、皆爲難民、乞丐及貧民、其中多數爲幼童、致死之原因多數爲瘋疹及痢疾、若干屍身發現時、皆屬露而未葬、僅幼童之屍體、則多數盛以薄木匣、埋入地中。

——摘自《新华日报》（汉口），1938 年 1 月 29 日

特別要聞

敵機十架

昨轟炸東北交通綫

廣九南崗粵路新街樂同遭炸
清遠龍塘投彈一枚傷三鄉人

昨廿八晨、敵機十架分三批進襲本省東北兩交通線、在廣九路南崗 及粵漢路新街樂同銀盞坳等處 投彈三十餘枚、幷在清遠龍塘投彈一枚、炸傷鄉民三人、署情已誌昨日本報晚刊、茲誌情如下、

第一批七時十三分敵轟炸機兩架在中山上欄出現、高度六千公尺、南向北飛、本市卽時發出警報、七時十八分發二次警報、敵機經虎門轉向西飛、掠過陳村繞道本市西南角北飛、八時十五分敵機兩架 在樂同投彈六枚、多落田間、尋乂向深坑投兩彈、

第二批八時一分敵機四架由唐家灣到上柵盤旋、隨經大良過佛山 轉入粵路肆虐、其第一批敵機兩架投彈後、經從化增城出海、

第三批八時四十分、敵機四架 亦由唐家灣洋面飛出、經萬頃沙掠過虎門、八時五十分到廣九路 南崗上空盤旋、有頃、即投彈六枚、內有兩枚 爲五百磅重彈、敵機投彈後、幷開機關槍掃射、然後再經龍眼洞進犯粵漢路、未幾、敵機八架即在銀盞坳上空出現、盤旋數分鐘、乃分隊施行轟炸、計新街投彈十一枚、深坑再投兩彈、濃烟起處、一隊三架在銀盞坳窺伺良久、隨向附近投彈四枚、敵機幷開機關槍胡亂掃射、另兩架到龍塘盤旋、見下面有數鄉民經過、竟先用機關槍 向彼等鄉民掃射、繼即投下一彈、當堂爆炸、鄉民三人奔避不及被炸傷、又兩架北飛經源潭過滙江、到橫石黎洞間投彈兩枚、至十時五十分解除警報(堅)

(又訊)昨廿八晨敵機十架分批轟炸粵漢路、在深坑樂同新街 銀盞坳等處投彈、查銀盞坳共投落彈、內有一枚爲燒夷彈、均約重二百磅、敵機投彈後、意猶未足、復開機關槍向車卡掃射、一連千餘發、車卡被擊中密如蜂巢、幸附近無人、僅一路工被炸屑擊傷(年)

——摘自《国华报》（广州），1938年1月29日

寇機每日循例飛粵肆虐
在廈門炸斃我民衆多人
敵艦在粵海出沒常窺探虛實

廣州廿七日電：敵機十七架，廿七日分批來襲、計上午第一批敵機兩架、飛粵北英德縣屬投彈五枚、即南飛出海、下午第二批敵機五架、又飛英德縣屬龍潭、橫石間投彈六架、第三批敵機四架、飛黃埔軍田、花縣一帶窺探後、未投彈即去、第四批敵機六架、飛英德縣屬附郊投彈九枚、我方無大損失。

廣州廿八日電：每日循例轟炸粵漢路敵機，昨「廿七」日共十七架、分四批、兩度飛臨肆虐、在橫石黎洞、連江口、坡羅坑、英德及大坑口一帶投彈五十餘枚、有四架飛經白雲山時、更圖闖入市區、嗣被我高射炮猛烈轟擊、始倉皇逃去。又粵[illegible]八日橫琴島方面、有前登陸之敵陸[illegible]兵二三百名、于昨廿七日晨八時許、敵撤下兩敵艦、但該兩敵艦去向不明、

廣州廿八日電：昨據軍息、游弋唐家灣之敵巡洋艦三艘、廿四日駛去一艘後、兩艘亦已於廿五日晚悄然潛遁、諒係向荷峻方面駛去、現唐家灣較近岸邊海面、已不發見敵艦、惠陽、海豐兩縣沿海日來敵艦出沒靡常、往來游弋、窺伺、夜間並頻用探照燈向沿岸照射、以圖聽我虛實、目下大鵬灣有敵艦大小三艘、門敵艦經于廿五日完全駛去、惟汕尾向有敵艦兩艘、其中一艘附儀水機三架、廿六晚曾凌空在海面及沿岸盤旋、未有投彈、現兩縣均安謐云。

香港廿七日路透電：廈門息、日機四架、昨晨飛往廈門轟炸、其投九彈、一彈落於某中國旅館、旅客多人被炸死、當日下午、日機四架、又經廈門、飛往海澄、在該處共投二彈、嗣查死傷華人多名云、

——摘自《南宁民国日报》，1938 年 1 月 29 日

宣城赤手村民計殺強寇
全村因此慘遭獸兵焚殺

中央社甯國廿七日電：據前方來人談、敵軍於渠佔領區嬶、擄姦淫殺、無所不至、我民衆看之、憤恨實深・其亥有敵四人、復在宣城附近之某村莊、施其故伎、由三人入內、一人在莊外担任警戒、覺被我居民某發見、即趁三敵軍入村後、躡足至担任警戒之敵軍身後、趁其不備、以雙手攬敵腰及手、緊圍之、敵思呼援、復將敵頸緊束之、擲之於地、即以敵身佩刺刀、手刺敵胸、敵立斃、該居民遂將敵屍移置附近田間、還之以七、揚号而去、後入村之三敵軍出、遍覓不見失伴、即將該村房屋蹤火焚燒、將該村居民盡殺戮云、敵軍之殘暴、由此可見、而我手無寸鐵之某民衆、尚能赤手空拳、斃敵一人、殊足見其同仇敵愾之一斑也。

——摘自《南宁民国日报》，1938 年 1 月 29 日

京難民區被寇斷絕糧食
獸兵又兇毆美使館秘書

上海廿七日路透電：南京城內安全區管理處、頃向外界呼籲、謂安全區內之人民無以為生、而糧食亦為之缺乏、因日本軍阻止區內當局購買糧食、因南京僅有外籍醫生二人、因之城中極感恐慌、區內之民衆、每有歸返其原居之住宅者、惟因不堪日軍虐待、復逃往區內云、

上海廿七日路透電：現在南京主持美大使館館務之三等秘書阿畢遜、昨日曾被日崗兵兇毆、日當局對此事件、已表歉意、阿氏即已將事件經過報告美國務院、關於此事、日方所發表之消息稱、阿氏擅入一華人住宅、為崗兵所阻、但阿氏仍堅欲入內、該日崗兵遂掌摑、門兵加以拒絕云、

——摘自《南宁民国日报》，1938 年 1 月 29 日

慘絕人寰

寇在包頭之獸行

【中央社臨汾廿九日電】據報駐包頭之敵，擾害地方，不堪言狀，每團向地方强索年青婦女四十名，七日一換，以供其獸行，並於夜間肆行姦掠，青年男女，稍涉嫌疑，即施酷刑，或用鍋燒紅，將人煎死，名曰坐火車，或燒一鍋開水，將人煮死，名曰坐汽車，實慘絕人寰。

——摘自《扫荡报》（汉口），1938 年 1 月 30 日

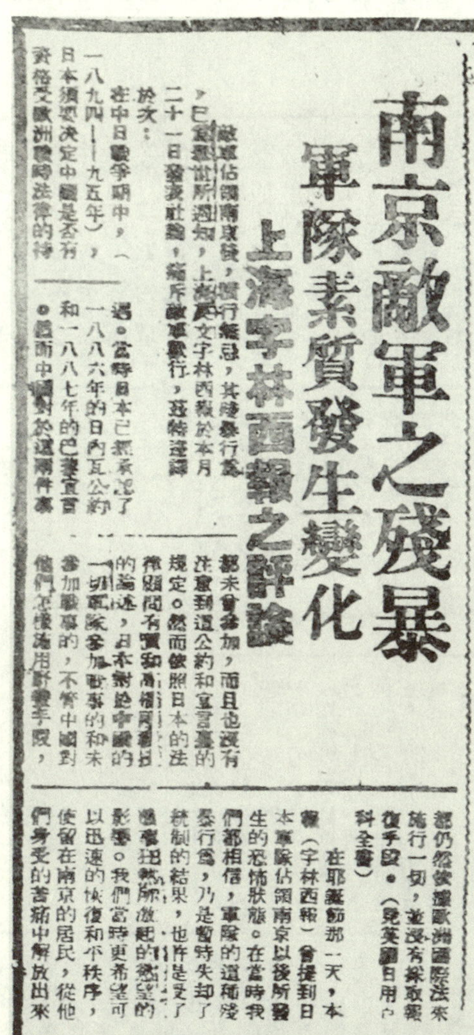

南京敵軍之殘暴

軍隊素質發生變化

上海字林西報之評論

敵軍佔領南京後，暴行無忌，其殘暴行爲，已爲舉世所週知，上海英文字林西報於本月二十一日發表社論，痛斥敵軍獸行，茲特迻譯於次：

在中日戰爭期中，（一八九四——一八九五年），日本須要決定中國是否有資格受歐洲戰時法律的待遇。當時日本已經承認了一八八六年的日內瓦公約和一八八七年的巴黎宣言。然而中國對於這兩件事都未曾參加，而且也沒有注意到這公約和宣言裏的規定。然而依照日本的法律顧問有賀和高橋兩博士的論述，日本對於中國的一切軍隊參加戰事的和未參加戰事的，不管中國對他們怎樣施用野蠻手段，都仍然依據歐洲國際法來施行一切，並沒有採取報復手段。（見英國日用百科全書）

在耶誕節那一天，本報（字林西報）曾提到日本軍隊佔領南京以後所發生的恐怖狀態。在當時我們都相信，軍隊的這種殘暴行爲，乃是暫時失却了統制的結果，也許是受了過度狂熱所激起的慾望的影響。我們當時更希望可以迅速的恢復和平秩序，使留在南京的居民，從他們身受的苦痛中解放出來

軍隊所爲對一九二七年的殘暴行爲，施行報復，然而如果他們真有施行報復的必要，那麽他們所找的對象卻錯誤了。因爲一九二七年的事件，南京的居民並不能負絲毫責任，應當負責的乃是軍隊。我們現在已經曉得了，南京的殘暴行爲還在繼續，甚至自南京陷落直到最近幾天，仍然有强姦婦女，姦淫擄掠的事情，而且他們對於姦淫擄掠，竟會那樣的勤快，不過這種精神，原來應當從事於更高尚的工作，無怪乎大多數人士都要對這件事情驚異了。好多中國民衆都被刺刀刺傷了，更有些人毫無憐惜的被射殺了。據估計，已經有一萬人遇難，在這些人之中，有的簡直一點罪過也沒有，他們簡直並沒有爲國家打仗的力量，所有被沾污的婦女，其數目我們還不能知道，但是各方面的估計，總要自八千人到二萬人之多。從十一歲的幼女一直到五十三歲的老

婦，都成了日軍暴力下的犧牲品。難民呢，他們所僅有的一點錢也被搶去了，他們的衣服，被褥，飯食也都難免被掠一光，這一切的一切，在不到一星期以前還都在繼續着。在最初，因爲武裝警察能力不够，不能管理這些毫無秩序的軍卒。到後來，武裝警察的實力增加了，可是直到一星期以前，日本的兵士還是日以繼夜的闖入民房，無法無天的過着姦淫的生活。

日本軍隊佔領南京以後的幾個星期裏，他們的情形既然如此，若是拿這種情形和中日戰爭時期他們那種正確的態度來對比一下，自然要發生一種疑問，就是他們爲什麼有這樣的改變？在南京，中國人民並沒有可以引起日本軍人施行報復的野蠻行動。如果日本軍隊有施行報復手段的地方，那麼他們在作戰時若出之以合理的

大[illegible]

國民衆保證，[illegible]國民衆毫無仇視之意，其一切行動，不過因國民政府對東亞和平毫無誠意，而且有危險，故予以懲罰，可是留在南京的二十五萬不幸民衆忍受了若干星期的恐怖，而且應當認作單獨事件的，到現在已經發展成了一種習慣。在全世界的前面，攪着這樣殘酷的行爲，我們還能夠游疑嗎？日本軍隊既然有那種良善的傳統思想，而犯了這種罪過，還不夠使人驚奇的嗎？然而這是事實，已經証明了的事實，而且是很普遍的事實，並且無辜的，毫無妨害的中國民衆，遭遇着最恨毒的待遇，這些事實，全世界是一天比一天更明白了。南京雖然已經和世外隔絕，然而這個慘悽的故事，至終也會爲舉世所週知的。其中一大部份全世界已經知道了；其餘的慘痛史實，也要成爲以後若干世紀的讀物，在這裏，我們誠懇的建議，現在時限已然到了，負責當局應當即下決心，趕快終止這一切破壞的行動。

本報（字林西報）並不相信，而且從來也未嘗相信過這一切的遭際，是因爲日本高級當局的故意而發生的。我們認爲那些對於他們的職業具有高尚傳統思想的人們，對於這些遭遇也一定和那頭腦正直的人們一樣，感覺深切的悲痛。但是日本當局誠有趕快終止其部下無秩序的軍人，不要再污辱他們所穿着的軍裝了，日本當局雖然感覺沉痛，但是不能擺脫他們的責任。因爲這種行動所喪失的生命，已然沒有起死回生的方法，對於那些僅僅因爲是婦女而毫無抵抗的能力的緣故所遭受的殘酷的行動，也已經無法補償了，但是他們自己的榮譽，他們自己的人道主義，他們自己的理想，要求他們採用他們一切的力量，將本報（字林西報）直至最近所描寫的一切，以及一切正在進行中的罪行，完全予以停止。一個軍人對於毫無抵抗的人士，應當存有自尊

[illegible]，直到他明瞭了[illegible]的責任。關於此事，本報（字林西報）對於日本軍隊的軍規，並不知悉，但是我們有把握可以猜想，這樣一個有組織的軍隊，既然極重視自己的榮譽，對於以上所提及的嚴重的犯法罪行，當然有制裁的法律。這一點必須注意——全世界遇到這樣不幸的消息，實在有成立一種印象的必要。世界輿論不應當繼續受人嘲弄。各國對於日本及其政策雖有不能同意之處，但是如果對於日本仍稍存尊敬之意，此種敬重心理也一定不可避免的日趨淡薄了，而日本的友人——日本還沒有完全失掉了她的友人——也只能希望南京的秩序能以趕快恢復，日本的軍人也能恢復四十年前中日戰爭時日本武士道的精神。

——摘自《大公报》（汉口），1938年1月31日

敵機九架昨在黃埔投彈

圖犯廣州遭擊退

黃埔前魚雷局現已成爲廢址、敗宇頹垣、不堪應用、乃亦被敵機光顧、昨卅日下午二時五十分、敵機三架在中山夾大出現、三時到虎門北飛、本市遂即發出警報、俄而第二批敵機六架、又由唐家灣洋面起航、向廣州疾進、三時十分發二次警報、未幾、敵機三架由虎門過太平、逕到黃埔上空盤旋、成品字形、窺伺數分鐘、即相繼低飛連續投彈八枚、隆然炸聲、本市亦淸晰可聞、頹垣倒塌、頓變瓦礫、敵機投彈後、即經長洲出海、三時卅八分、敵機六架繼到黃埔盤旋、再向該處投彈十數枚、民房十數間波及毀塌、傷鄉民數人、敵機意猶未足、復開機關槍掃射、逞兇良久、隨分兩隊、一隊三架南飛先遁、一隊三架東北飛過魚珠、轉頭圖犯廣州、我護市高射炮隊密集轟擊、敵機知難進犯、倉皇擺頭轉入廣九路窺伺、由南崗過石龍、再經樟木頭到深圳、來往窺伺甚久、經寶安縣某處投彈後出海、三時五十六分解除警報(堅)(又訊)敵機在黃埔投彈炸傷六人、重傷二八、其中一人爲國民大學學生、傷者均送河南紅十字分會留醫、是日到黃埔救護者有強華、紅十字會、防護隊云、

(下)爲新洲中正公園被落彈處

(本報專攝員)

(上)新洲平岡街民房被敵機炸燬慘狀

——摘自《国华报》（广州），1938 年 1 月 31 日

日機炸海口

△路透社廿九日海口電 今日有日機一架、兩度飛臨、第一次爲下午四時、在貧平區內投一彈、燬房二十所、現已尋見屍體四具、大約尚有多具埋於瓦礫中、兩小時後、又有一機出現、或卽係前機、又投兩彈、然因落於空地、故損害甚微、並無死傷

——摘自《上海报》，1938 年 1 月 31 日

敵向大同運去死屍數百
包頭倭寇姦殺慘絕人寰

中央社臨汾廿九日電：敵近日由南向大同方面運去傷兵二百餘名、死屍四百餘具，又敵在朔縣附近各村搜集碎銅甚多、右玉敵情無變化、

中央社臨汾廿九日電：據報駐包頭之敵、擾害地方不堪言狀，每團向地方強索年青婦女四十名，日間一方以供其獸行，幷於夜間肆行姦掠、青年男女，稍總嫌疑、即施酷刑，或用鍋火紅將人煎死、名曰坐火車、或燒一鍋開水將人煎死，名曰坐汽車、實慘絕人寰、

中央社臨汾廿九日電：日前擾東冶鎮（昔陽縣屬）之敵約五百餘人、在天神廟燒毀民房二處，縵村民房全被焚燬幷殺害村民數十人擄去十餘名、當日午後仍向城內退去、附近村民對敵人殘暴行動，甚為痛恨、

中央社鄭州卅日電：某軍官頃自彭城前方抵鄭、據談：敵自攻陷彭城後，平漢線磁邯一帶之敵、業已減少，最近敵在磁縣觀台、水冷等地、征集民間馱騾、每村二頭、約得千餘頭、似有犯我涉林二縣之意，安陽至水冷之輕便鐵路，以我游擊隊不斷擾襲，現僅完成一小段云、

中央社鄭州廿九日電：敵機一架、廿九日晨九時由黃河北岸經開封尉氏轉平漢路、許昌鄭州等地偵察、旋即向北遁去、

鄭州廿九日電：交通界息、廿九日午十二時十分敵機六架，飛東海投彈卅餘枚、損失不詳、

——摘自《南宁民国日报》，1938 年 1 月 31 日

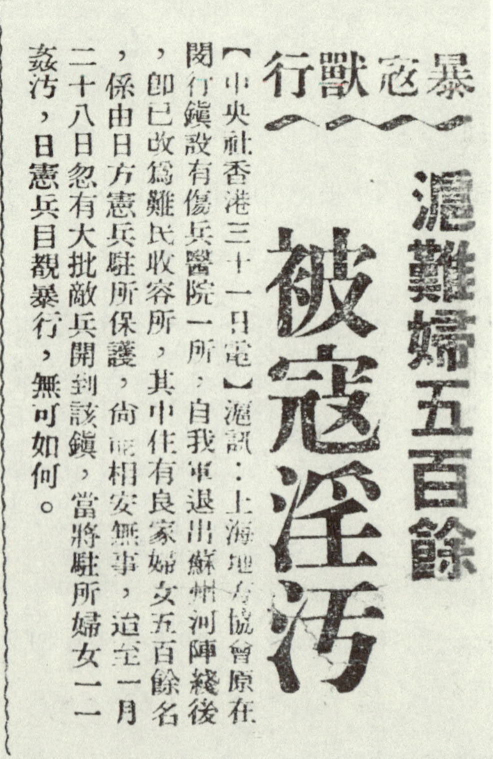

暴寇獸行

滬難婦五百餘 被寇淫污

【中央社香港三十一日電】滬訊：上海地方協會原在閔行鎮設有傷兵醫院一所，自我軍退出蘇州河陣綫後，即已改爲難民收容所，其中住有良家婦女五百餘名，係由日方憲兵駐所保護，尚能相安無事，迨至一月二十八日忽有大批敵兵開到該鎮，當將駐所婦女一一姦污，日憲兵目覩暴行，無可如何。

——摘自《扫荡报》（汉口），1938 年 2 月 1 日

社論

論倭寇暴行

倭寇自去年蘆溝橋事變爲導火線，爆發侵華戰爭以來，種種殘暴行爲，幾乎述不勝述，而其最令人切齒痛恨者，卽爲寇軍每佔領一地區，於燒殺搶掠之餘，必繼之以奸淫，被奸淫者，不僅爲年輕貌美之婦女，卽髮斑齒落之嫗媪，聞亦在所不免，蓋寇軍人數過多，而當地富有貲金之婦女，率多事先逃避，其因時間關係或其他種種原因而留在戰區或淪陷地區者，自然不足供寇軍之獸行，於是寇軍便不得不異想天開，而以老嫗充數。客有自河北歸來者，據稱寇佔領保定後，卽在保定附郊遍覓婦女輪奸，其後至者，因中年以上婦女，均被捷足先得之寇兵佔盡，遂相率以老嫗爲發洩其獸慾之工具，離保定城十里許之李莊，有一老嫗，年已五十餘矣，且曾經過寇兵五人矣 其子二人，幼孫二人，哀跪求免，均相繼被殺戮 最後老嫗以其子孫既死于非命，本身又橫被奸污，遂亦不得不于喘息未定之際，以頭觸壁而死，此一慘證也。又如寇佔領橫琴金門二島後，將該二地之幼童，悉擄往台灣，被擄者之父母，若稍稍表示反抗或悲痛，卽橫遭毒打或殺戮，其他各地之情況，亦大抵若是，此又一慘證也。寇佔領杭垣後，往往於狂飲之餘，獸性暴發，强令我國人以兩手支地作狗行狀，并强其行禮以取樂，不從者，卽殺之，此又一慘證也。寇佔領南京後數日，南京附郊有一鄉人率其子進城，守門寇兵，謂須持太陽旗始得入城，其子答無，寇卽以刺刀將其父亂刺，當時血花四射，寇乃謂其子曰：爾可將爾之白衫撕成方狀，再以爾父之血，畫一太陽旗，卽可入城矣，其子哭不可止，亦卒遭殺戮，此又一慘證也。又據英文泰晤士報稱：寇於我八百孤軍退出上海四行倉庫之際，有我最後退却之士兵十數人，被其俘擄，寇之中隊長，卽揮其如狠如虎之士卒，强我已失戰鬥能力之士兵，自掘墓穴，然後再就其土將彼等一一活埋之，此又一慘證也。諸如此類慘絕人寰之事實，卽罄南山之竹，恐亦不能書盡。而最近美使館祕書愛理遜之在南京橫被毆打，以及三十一日中央社香港電訊稱一月二十八日寇兵將閔行難民收容所之良家婦女五百餘人一一姦淫一事，尤足證明寇兵之殘暴行爲，實已無所不用其極，蓋愛理遜爲美國使館之堂堂祕書，寇兵尚敢施以毆打，閔行難民收容所之婦女，寇兵尚忍加以姦污，則對其他毫無抵抗能力之中國男女民衆，其所加之殘暴手段，更可不言而喻矣！

雖然，『多行不義，必自斃』，寇此種殘暴行爲，實際上等於自掘墓穴，其理由於下：（一）寇兵紀律，因其長官放任之故，既腐敗到如此地步，則將來結果所居，勢必影響其戰鬥力，蓋寇兵每到一地，既以姦淫擄掠爲能事，姦淫之餘，勢必影響寇兵之身體，而使其在生理上不能作戰，擄掠之餘，則士兵身上所攜帶之彈藥軍械等物，又將盡爲金銀財寶所代替，於是寇兵在心理上又不願作戰矣；（二）寇軍隊在中國如此放縱，成爲習慣後，勢必盡成爲驕兵悍將，將來非僅其軍部不能控制，卽倭皇恐亦無法控制，試觀一二八戰役倭軍在中國橫行直闖後，不久卽在其國內爆發「二二六」事變，卽其例證，「二二六」事變，倭寇國內雖元老重臣，亦不免身首異處，此亦可爲「自作孽，不可活」之殷鑒；（三）倭軍既在中國到處焚燒擄掠，不稍留餘地，則我全國人民，爲圖生存計，爲使其父母子女妻室避免殺戮或奸淫計，將來勢必本『鹿死不擇蔭』之旨，與倭寇作殊死門，此卽直接促倭軍之滅亡，間接助我軍之勝利；（四）倭寇如此慘無人道，使宇宙間尚有正義，尚有人道，尚有公理，則凡屬圓顱方趾之人類，尚不致任其如此放縱到底，遲早必有出頭干涉之一日。在此四因，故吾人認爲倭寇之暴行，終無異於自掘墓穴也。

——摘自《扫荡报》（汉口），1938年2月1日

敵淫汚

閔行婦女五百名

（中央社香港三十一日電）滬訊、上海四方協會原有在閔行鎮設有傷兵醫院一所、自我軍退出蘇州河陣線後、即已改為難民收容所、其中住良家婦女五百餘名、係由敵憲兵駐所保護，迨至一月廿八日、忽有大批敵兵開到該鎮、當將附所婦女一一姦汚、敵憲兵目睹暴行、無可如何。

——摘自《新华日报》（汉口），1938 年 2 月 1 日

敵屠殺滁州

實行恐怖政策任意殘殺

津浦南段敵軍實力調查

（中央社據西安卅一日電）茲據滁州來人談、敵自佔領滁州後、即實行恐怖政策、任意殘殺農民、並於殘殺前強令甲掘地埋丙、輪流埋葬、慘不忍言、

（中央社徐州卅一日電）自半月以還、敵利用鐵道向滁卅菅店明光等處進攻、運輸軍隊彈藥、每日一二列車、往返二三次、迄目下止、各地到敵兵數目如下、永甯集藕塘仁和集三處敵步炮騎兵合約二千餘人、池河鎮到敵步兵、約四千餘人、騎兵三四百八、炮二十餘門、坦克車十餘輛、三和集馬家崗對岸、各有敵步兵千餘人、炮七八門、明光有敵三千餘人、騎兵五六百人、炮卅門、坦克車七八輛、

——摘自《武汉日报》（宜昌），1938 年 2 月 1 日

『八一三』以來第一次

甯波昨遭日機轟炸

在滬杭甬車站投重量炸彈多枚

玉山車站亦被炸浙贛路軌損壞

【甯波一日本報專電】廢歷新歲，景象蕭條，滬甬間航運雖未阻斷，但富戶均已遷往異地。一日下午一時許，忽聞空襲警報，市民急奔回家，街市頓成紛亂狀態。一時四十分，日機多架，共分兩隊，發現於領空，先在江北岸一帶，盤旋良久，旋飛至滬杭甬車站，投重量炸彈多枚，燬車站房屋數間，路軌被炸壞長約二百公尺，車站附近死傷十餘人。十分鐘後，日機沿浙贛鐵路飛去，至玉山車站，投彈轟炸，路軌略有損壞，其餘無甚損失。至下午三時半，此間始解除警報。各航運機關，一週內所有船票，均被避難者定購一空。按甬市遭日機空襲，尚係「八一三」以來第一次。

——摘自《晶报》（上海），1938年2月2日

舊曆新年

日機襲廣州

投重量彈死卅餘人

黃埔被炸損失尚微

【廣州一日電】路透社訊：日轟炸機四十一架，分七隊，今日攻襲轟廣九與粵漢兩路線，擲落炸彈數十枚，炸毀軌道與電報電話線若干。

【廣州一日電】日機十一架一日晨飛東站，寶安，中山，新會，台山等縣偵察，未投彈。

【香港一日本報專電】日機卅一日轟炸廣州，事後調查，市民被炸死卅餘人，燬房屋數十間，黃埔雖亦曾被擲彈，損失尚微。

——摘自《晶报》（上海），1938年2月2日

日機猛炸廣州

▲廣州卅一日電　今日日機十三架、猛炸廣州西面之佛山、炸斃市民數十人、此次空襲前後計十五分鐘、據聞所用者多爲五百磅炸彈、炸聲震撼沙面之窗戶、昨晚及今晨、日機襲擊廣州附近之鐵軌、炸彈在黃埔爆炸、此間可聞其聲、地面亦爲之震動、今日之空襲、表示廣東海外之日方航空母艦、於最近駛回台灣之時、曾載來重磅炸彈、

▲路透社廣州一日電　舊歷元旦廣州遭數星期來之劇烈空襲、日機尤注意黃埔附近、據外人消息、日機在該處接續擲彈至十分鐘之久、損失情形、今尚未悉、其炸聲雖遠如沙面、亦能聞之、且覺房屋震動、在襲擊時、沙面未覩飛機、惟後見有兩機在廣州西面向北進發、據美國炮艦明達諾號報稱、該艦由香港返廣州、駛至虎島附近時、曾見日機約十五架飛過該艦、似向黃埔進發、其高度約距地二千呎、當諸機出現天空時、艦中人員均奉命各司所職、以事戒防、

——摘自《上海报》，1938年2月2日

寇軍野獸化！

廣德陷落期內慘狀目不忍覩
蠻夷殘暴實亘古以來所未聞

（屯溪一日電）記者馳馬越黃山。出叢山關長虹嶺。視察東戰場之左翼陣線。於三十一日抵我游擊隊克復之廣德。首在廣德城外之柏墊村。召集我最近返鄉之父老。舉行座談會。縣長劉錚達及首先入城之游擊副司令某同志均列席。並各區保甲長共二十餘人。諸父老於悲喜交集中。痛述倭寇侵入廣德後之獸行。及桑梓田園被敵蹂躪之慘狀。無不淚涔涔下。按廣德係十一月三十日陷落。至一月十三日始克復。敵在我游擊部隊四面包圍之下。交通阻斷。無法增援。陷於彈盡糧絕之境。如不退出。必被我全部殲滅無疑。於此可見我游擊戰爭之威力。廣德在此四十四日之淪陷期內。不但城內無一完棟。及四郊十公里內之廬舍樹木。亦皆化為灰燼。記者一日晨入城。除我游擊隊外。絕無人烟。頹垣破瓦。斷脛殘肢。觸目皆是。古代邦貝城之破滅。不過如是。尤不忍卒睹者為尚未掩埋之我受害女同胞。模糊中兩股間尚插有尺許之木樁。一度淪為敵軍司令部之孫正和北號門板上。有一被敵釘斃之裸婦。兩乳頭被挖去。頸部下部。血跡斑然。瓦礫堆中。亦不乏男子屍體。肝門塞以玻璃瓶。或白菜蘿蔔之類。如是慘忍暴虐之跡。實為亘古所未聞。人類所未見。即野獸蠻夷。亦所不為也。當我游擊隊初入城時。此種屍骸。共約一百三十具。嗣經掩埋。始漸減少。惟全城腥臭。仍不堪入鼻。聞某游擊隊員語。如在天晴體弱之人嗅此惡味。往往暈倒云。（中央社）

——摘自《长沙市民日报》，1938 年 2 月 2 日

寇軍禽獸行為

奸淫婦女激動民衆反抗

蒿城高邑燒殺黑無天日

（本報一日新鄉專電）倭寇在蒿城縣屬之梅花鎮、肆行淫掠、被民衆擊斃數十人、嗣後派大隊來掃射、死千餘人、全家男女老幼被殺盡者三十餘戶、村莊燼餘無存

（中央社新鄉一日電）據報、十日前盤據高邑之敵約廿餘名、到東大營（邢台東）强姦婦女、激憤民衆、當被殺死二名、後爲敵發覺、即開始大屠殺、民衆被敵用機槍掃射死者百餘人、婦女投井自殺者百餘人、該村房屋千餘間全被燒燬、爲狀至慘、民衆痛恨入骨、抗敵情緒愈益高漲。

——摘自《新华日报》（汉口），1938 年 2 月 3 日

敵機昨襲粵汕

甯波安慶亦遭轟炸

【廣州二日中央社電】敵機兩架，二日上午飛東莞各地窺察，旋在東城近郊投四彈後飛去。

【汕頭二日中央社電】一日下午二時，敵機五架出高嶼口敵艦起飛襲汕，在高空盤旋窺察，旋即向海外逸去。

【甯波一日中央社電】二日午零時四十五分，鄞縣防空監視哨發出空襲警報，至零時五十分又發緊急警報，旋由西南方面發現敵機三架，有侵襲模樣，盤旋數週，在江北岸火車站上空投彈八枚，第二次復又投彈九枚，車站附近一帶，商店民房均遭震坍，達七十餘家之多，傷平民八人。

【安慶一日中央社電】敵機六架，於一日下午三時半飛此，在東郊投三十餘彈。

——摘自《申报》（汉口），1938 年 2 月 3 日

東大本營一帶民衆遭敵慘殺

中央社新鄉一日電　據報、十日前駐高邑之敵、約一千餘到東大本營、(邢台東)强姦婦女、被民衆擊死二名、後爲敵發覺、即開始大隊大肆殘殺、民衆被敵用機彈掃射死者百餘人、婦女投井自殺者百餘人、該村房屋全被燒燬、爲狀極慘云、

——摘自《甘肃民国日报》，1938 年 2 月 3 日

敵機橫飛

東莞（中央社廣州二日電）敵機兩架。今日上午飛東莞各地窺伺。旋在東城近郊。投四彈竄去。

汕頭（中央社汕頭二日電）今日下午二時。五敵機由馬嶼口敵艦起飛襲汕。在高空盤旋窺伺。嗣知我有備。即向海外逸去。

安慶（中央社安慶一日電）敵機六架。一日下午三時半飛此。在東郊投三十餘彈。我無損失。

寧波（中央社甯波一日電）今午零時四十五分。鄞縣防空監視哨發出空襲警報。至零時五十分。又發緊急警報。旋由西南方面發現敵機三架。有侵襲模樣。盤旋數週。在江北岸火車站上空投彈八枚。第二次復又投彈九枚。車站及附近一帶商店民所。均遭震塌。達七十餘家之多。傷八人。其餘由各救護隊在搜尋中。

——摘自《湖南国民日报》，1938 年 2 月 3 日

增城被炸慘狀

炸斃九人輕重傷廿餘人 血肉模糊見者人人[illegible]淚

（中央社增城通訊）一月廿四日下午一時半左右、有敵機二架向增城西北角飛來、本城于一時五十分發出緊急警報、市民紛紛走避、至二時一架折入市區、於城内投彈一枚、旋即他去、二時廿分解除警報、事後調査、除毁附近房屋數間外、當塲被炸斃九人、腦血交流、肢體齊飛、其狀甚慘、重傷八人輕傷十餘人、血肉模糊、面目莫辨、傷者之呻吟、呼救聲、令人悽惻、親屬之號叫聲、痛哭聲、使人下淚、其狀之慘、誠有令人不忍覩、悲憤塡胸者、事後即由门師政訓處長鄒[illegible]偕同縣長黃炳坤及门師衛生隊長、率領救護人員、將受傷者分別送入门師衛生隊、及增城救濟院醫治、炸斃者、則分別招領掩埋、至下午五時、在救濟院醫治之重傷者康劉煥、劉桂清等數人、因傷重斃命、其餘除劉煜楓鄭觀黃故生劉麗英廖仁武黎寶照康流富等外、如何亭黃新鄭曾祥李守貞廖應英等、均未脫危險時期、恐有性命之虞、査彈痕入地約尺餘、闊五六尺、彈重量約五十磅、其碎片有「……十二年八月……」等字樣、衆料其必爲昭和十二年八月所製之炸彈、又查死傷者以婦孺爲最多、學生[illegible]丁次之。

——摘自《新华日报》（汉口），1938年2月4日

暴敵洗刦宣城

六十村同胞被焚死 奸淫擄掠無所不爲

（中央社孫家埠二日電）宣城失陷、迄今已五十七日、敵入城後、異常兇蠻跋扈、四郊卅公里內、悉遭蹂躪、各村有抵抗者、拒絕供應、輒遭洗刦、東北鄉之[illegible]狮[illegible]村及東[illegible]之雙僑鎭汪家山敵到後、當將五六十村村民、無分男女老幼、聚于一茅屋內、外部噴以汽油、縱火焚燒、哭駡之聲、聞于數里、記者此刻下榻之客棧、亦曾經敵焚燬一半、四鄉被敵擄入城內之婦女、有二百餘名、敵自廣德退出時、沿途經過[illegible][illegible]渡[illegible][illegible]鋪洪橋等地、擄刦百餘婦女、亦陷城內、現聞分別拘于城內西門與天主教堂及[illegible]沿頭地法院兩處、供敵姦淫、每日有裸體女屍數具自水關冲出城外、見者無不髮指、現在宣城縣境民衆、均[illegible][illegible]自衛、并協同我軍將城東西南三門團團包圍、十餘日來敵騎不敢越出城關一步、每日僅城內錦屏山上放砲百餘發、凡城外山坡竹林屋舍均爲敵砲射擊之目標、其愚蠢銷耗可見一斑。

——摘自《新华日报》（汉口），1938年2月4日

日機卅九架昨炸廣州

華南突趨嚴重

潮陽饒平等處均慘遭日機投彈

我軍事當局勸令外輪限時離粵

【廣州三日電】粵垣今日自晨迄夕，在警報聲中，日機卅九架，分十批輪流來犯，飛赴中山，台山，東莞，花縣，英德各屬窺探，曾至增城樂同兩地投彈多枚。並在從化，淸遠，寶安等縣，散發傳單。迄下午八時廿五分，仍有日機二架過市而去。

【廣州三日電】路透社訊：此間謠諑紛至，傳日本將進攻華南，全市自午夜至翌晨宣布戒嚴，以資防範。居住東山等地之外僑，皆於今晚移居沙面。聞軍事總部曾通知某方，謂有事故，而未說明何事，外人方面對此最近發展，頗爲不解。

【廣州三日電】路透社訊：中國當局今日午後發出通告，勸令外人各船，今晚駛出港外，居民咸極驚異，此舉殆因當地環境緊張之故。廣州各航業公司，立卽向當道呈報，時間過於偪促，請從緩。杳現泊廣州者，有外籍商輪三，英砲艦二，美砲艦一。

【汕頭三日電】日機三架，今晨由閩海飛襲饒平，澄海，掠過汕市，進犯潮陽惠來等地，十時半逸去。下午二時日機再飛潮屬各地窺察。

【漢口三日電】法國駐遠東海軍司令，因日機狂炸瓊崖，已派巡洋艦一艘來瓊，保護該國僑民，在本港外渡泊五天，昨已駛赴崖縣。

——摘自《晶报》（上海），1938 年 2 月 4 日

宣城民衆遭焚殺

男女老幼幽禁于一茅屋 噴油縱火後但聞哭罵聲

▲中央社孫家埠二日電 宣城失陷迄今已五十七日敵入城後、異常兇蠻跋扈、四郊一二十公里內、悉遭蹂躪、各村有抵抗或拒絕供應者、輒遭洗刼。東北鄉之刺鞘村、及東鄉之雙橋鎮、汪家山、敵到時曾將五六十村民無分男女老幼、聚於一茅屋內、外部噴以汽油、縱火焚燒、哭罵之聲、聞於數里、記者此刻下榻之客棧、亦曾經敵焚燬一半、四鄉被敵擄入城內之婦女有二百餘名、敵自廣德退出時、沿途經過誓節渡、十字鋪、洪林橋等地、擄刼百餘婦女、亦陷城內、現聞分別拘於城內西門裏天主教堂、及溝沿頭地方法院兩處、供敵姦淫、每日有裸體女屍數具、自水關冲出城外、見者無不髮指、現在宣城縣境民衆均起武裝自衛、並協同我軍將城東西南三門團團包圍、十餘日來敵騎不敢越出城關一步、每日僅自城內錦屏山上放砲百餘發、凡城外山坡竹林屋舍、均爲敵砲射擊之目標、其愚蠢銷耗可見一斑。

宣城敵陣鳥瞰

▲中央社宣城孫家埠三日電 中央社記者三日晨與宣城地方游擊隊大隊長某君、偕赴宣城城外視察進抵城南三里之夏家渡、該地原有民房三十餘棟、經敵三度侵擾、縱火焚燒、已成一片瓦礫、當地民衆僅餘一五十餘之老嫗、與其四歲小孫而已、據稱、如在三日前到此、尚可見烟火未熄之殘燼。因一週前尚有少數之敵來此竄擾云、記者旋登夏家渡前方高地、藉石墩掩蔽、以望遠鏡探視城內敵軍陣地、如在咫尺、但見寒林漠漠、烟雨如織之處、聳起一座高丘、蓋即太白所稱一兩望不相應知是錦屏山一是也、城頭山上有敵兵往來梭巡、堞下四五公尺處、均挖有無數小洞、以爲機關槍掩護體、防我軍爬城攻入、而城門則緊緊封閉、錦屏山上有敵砲兵陣地、蔽於山林中、無法辯識、瞰視全城、直如爲萬丈妖氣所籠罩、同時想像城中同胞所罹浩刼、激忿不可自抑 某君爲記者遙指附近我游擊隊活躍戰鬥之範圍、並稱敵正死守此城、蓋宣城如歸我有、蕪湖之敵必爲動搖、蕪湖一失、敵則勢必退出南京、目前宣城爲敵右翼之突出點、同時亦即南京蕪湖之屏障、惟我方除對此嚴密包圍牽制外、對粉碎宣城蕪湖南京全線之敵、亦已有整個計劃矣。

——摘自《中央日报》（长沙），1938 年 2 月 4 日

敵機昨竟日擾粵

廈門亦有敵機轟炸

平民死亡二十餘人

▲中央社廣州三日電　粵垣今日自晨迄夕在警報聲中、敵機三十九架、分十批輪流來犯、　飛赴中山·台山·東莞·花縣·英德各屬窺探、曾至增城樂同兩地、投彈多枚、並在從化·清遠·保安等縣、散發荒謬傳單、迄下午八時二十五分、仍有敵機二架過市空出海。

▲中央社汕頭三日電　敵機三架、今上午九時五十分、自閩飛襲饒平·澄海、掠過汕市、進犯潮陽·惠來等地、至十時半逸去、下午二時、敵機再飛潮屬各地窺察。

▲中央社廈門三日電　敵機今竟日肆擾、午後三次侵入市區、炸燬民房多間、平民死亡二十餘。

▲中央社廈門二日電　今午四時敵水上機四架、由港外飛五通擲彈十一枚。

——摘自《中央日报》（长沙），1938 年 2 月 4 日

慘！

濟甯之敵 荒淫無度

中央社徐州二日電：濟寧城城內某某頃帶出一手書致某徐州友人某、據稱敵在濟甯城內大肆姦淫、婦女自八歲起至七十二歲止、無一倖免、

——摘自《甘肃民国日报》，1938年2月4日

通城附近敵軍

大肆毒殺

民衆羣起抗戰

【中央社沙市三日電】通城敵近將通城屬之麥市北港等處劃區匪區、燒殺姦淫、無所不用其極、當地人民、紛紛游擊隊、羣起抗敵、

——摘自《甘肃民国日报》，1938年2月4日

寇機八十五架

昨飛粵狂炸

唐家灣跌落兩寇機

【中央社廣州四日電】敵機共八十五架，今日輪流狂炸，來勢洶洶，前所未有，計在南海屬小塘大瀝投彈十餘枚，肇慶彈數枚，增城南門救濟院投彈八枚，全院被毀，番隅屬石井人和墟各地投彈六七枚，廣九路烏涌投彈四枚，東莞白沙投彈數枚，各地共傷斃平民五十名，毀民房三十餘間，又在粵漢路新街以北各站投彈幾百枚，路軌頗有損壞，惟敵機兩架，在江村唐家灣，被擊落，機毀人亡，又敵機十一架，今分批在西江一帶盤旋窺伺，上午八時，敵機四架在九江（墟名在南海縣西南西江左岸）附近途遇鹽船，拖輪，竟以機槍向該輪掃射，當郎有船員兩人被擊傷腿部。

【中央社廣州四日電】中山縣四日長途電話，唐家灣海面，今共跌落敵機二架，一架天明時因機件損壞，自動降落，一架上午襲廣州，被擊傷重，飛至香州沉落，漁民紛紛向前闔捕，敵艦多艘馳近營救，迄發電時，猶在相持中，又敵兵數十人，曾在唐家灣企圖登陸，被我守軍擊退。

【本報汕頭四日下午九時十五分電】晨八時迄晚七時，汕警報共六次，發現寇機三架五架不等，係由海外起飛，偵察潮安各處，轟炸安揭公路楓溪橋，省道流沙橋，破壞交通線顯屬有計劃舉動，澄海南港砲台，爲倭艦砲擊數彈，損失輕微，現南澳至碣石海面，結集倭艦十餘艘，我已嚴防。

【中央社鄭州四日電】敵機一架，四日上午十一時由安陽起飛經湯陰，汲縣，新鄉，抵達鄭市上空，盤旋數匝後，向北折去，據報，該敵機在衛河投彈三枚，均落荒野。

——摘自《扫荡报》（汉口），1938年2月5日

各地昨遭恣意轟炸

（廣州四日電）日機共八十五架今日輪流狂炸，來勢洶洶，前所未有。計在南海屬大塘大瀝投彈十餘枚，肇慶投彈數枚，增城南門救濟院投彈八枚，全院被毀。番禺屬石井人和墟各地投彈六七枚，廣九路投彈四枚，東站白沙投彈數枚，各地共斃平民五十名，毀民房三十餘間。又在粵漢新街北各站投彈數枚，路軌頗有損壞。日機一架在江村唐家灣被我高射砲擊中，機毀人亡。又日標券一架，今分批在西江一帶盤旋窺伺，上午八時日機四架在九江附近遇讌船，竟以機槍向該輪掃射，當即有船員兩人被擊傷腿部。

——摘自《大晚报》（上海），1938年2月5日

日機猛襲廈門

一日之間進襲七次　日艦亦曾開炮轟擊

▲路透社四日馬尼剌電　據本日此間接可恃方面消息、昨有日機三架、空襲廈門、共投三十彈、死九人、傷十餘人、據稱日機自侵晨起至下午三時止、共進襲七次、燬屋五十所、同時又聞今晨九時、有日艦一艘開炮轟擊廈門、但其詳情、今尚未悉、

——摘自《新闻报》（上海），1938年2月5日

寧波被炸詳查

甬段路基早已自動拆毀

空車站被投巨彈十餘枚

車站路一帶毀屋數十間

市民男女死傷二十餘人

寧波通訊、一日下午一時許、甬城上空忽發現日機三架、作品字式、由鎮海口外飛至、市民初以爲過境、不以爲意、嗣[illegible]防空監視哨發出警報、仍處之泰然、不料日機在市空忽作盤旋、一再窺探、市民始咸起戒心、紛紛躲避、日機空襲目標、乃在江北岸

火車站（即滬杭甬路寧波站、該站站屋雖存在、內部什物早已搬空、因該路於一月底已宣告解散、慈谿以上路軌路基自動徹底摧毀、幾不留痕跡、惟寧波站附近尚有疏落之軌道及路基存在）先投爆炸彈八枚、均落火車站內外、後又續投爆[illegible]九枚、聲震全城、日機投彈後、仍向原路飛去、至一時五十分解除警報、記者即馳至火車站一帶調查、見該站門外車站路一帶調查、見該站門外車站路上炸成大窟窿一個、深丈餘、廣約二丈餘、站中第一號月台邊亦炸成一洞、深丈許、廣二丈許、站中各處炸痕纍纍、如月台屋頂或被彈片炸去、或遭震毀、站長室炸去一角、行李房·售票房·待車室均全部炸毀、站外沿餘姚江之貨棧、亦遭炸及、屋頂殘破不堪、

車站路 甬安旅社、利捷人力車公司、甬裕大糖食店、鄞紹酒飯店、同豐泰雜貨店、宇宙染坊、申春陽糖食店、瑞豐煙紙店、同德生藥號、萬昌祥廣貨店、源記轉運公司、蕙芳茶樓、公益轉運公司、及空屋市樓房十餘間、均被炸坍、間有柱脚未動、但亦僅存外壳而已、鄞縣郵局新屋厚玻窗全部震碎、房屋係鋼骨水泥新建、未遭震毀、火車站附近第一號貨棧炸毀、棧係空屋、其比鄰張朗齋住宅炸毀一半、（大洋房）至於火車站外如張家弄等處民房、被震坍或遭彈片炸壞者、約有四五十間、至於僅毀門窗者、不計其數、沿途碎瓦玻片、觸目皆是、所幸該地市民多已遷避、故

死傷 不多、據記者調查所得、板橋街之瑞里口、有南通人車夫王阿才、陳六興、被彈片擦傷、又飯司本地人莊友根被壓傷、蕙芳茶樓壓死一男一女、男名何生福、年卅九、本地人、係堂倌、女林張氏、年約四十許、係鄉婦、又在各處發現送入各醫院醫治者、有紹興人祝金才、船夫、本地人賀六圃、小工、鎮海婦人李王氏、年五十許、均傷重斃命、又本地婦人錢珠如、華安旅社茶房陳華林、小工本地人周錦榮等十餘人、均受輕傷、不久可愈、

——摘自《时报》（上海），1938 年 2 月 5 日

厦門空襲

日艦一艘開砲轟擊厦門、但其詳情、今尚未悉、

◎馬尼剌四日路透社電、據本日此間接可特方面消息、昨有日機三架空襲厦門、共投三十彈、死九人、傷十餘人、據稱、日機自侵晨起至下午三時止、共進襲七次、燬屋五十所、同時又聞今晨九時、有

——摘自《时报》（上海），1938 年 2 月 5 日

四十餘敵機擾粵

廣九沿線炸斃平民廿餘人

中央社廣州五日電）敵機共四十三架、今日由上午七時卅五分至下午一時十分止、共分十三批、由唐家灣等處起航、飛襲廣九路沿線各站、及惠州寶安東崙順德各縣屬窺伺、並在惠州虎門石龍樟木頭塘頭廈等處投彈多枚、共斃平民廿餘人、民房被毀十餘間、至下午四時廿五分、各敵機始先後南飛出海。

（中央社惠陽四日電）四日上午七時半至下午四時十五分、敵機廿四架分六次狂炸惠城、共投彈十三枚、並用機槍掃射、計塌房六間、斃男女孩童各一、重傷老嫗一、輕傷婦人二、餘無損失、河源博羅亦有敵機盤旋、並散發荒謬傳單

（中央社開封四日電）敵機一架四日十一時到汴偵察

——摘自《新华日报》（汉口），1938 年 2 月 6 日

因海港封鎖後敵感不安

寇機再襲粵垣

并分擾虎門要塞及惠陽城

……廣州……

中央央廣州四日路透電：四日晨日機若干架、大舉侵襲廣州、日機在城內往返飛行、以機槍向各處亂射、各機飛行甚低、惟並未投彈、一般認爲日機活躍原因係因此間封鎖港口及其他防禦工事之故、此間仍照常戒嚴、所有駛入市內之車輛、皆須加以搜查、中國官方謂海港封鎖、係因日軍砲轟虎門後之預防、控置西江內之英兩軍鑑、亦被封鎖門內云

……虎門……

中央社廣州四日電・虎門長途電話、敵機一架、四日上午八時三十分、向虎門飛去轟炸、投擲數彈、一時零七分、一架復飛向要塞投彈、二時四十六分、六架又飛要塞及白沙投彈、九時二十五分、一架又向要塞投彈、我要塞無損失、僅死流岷三人、

……惠陽……

中央社惠陽四日電：四日下四時十五分、敵機二十四架、分六次轟炸惠城、共投彈十三枚、並用機槍掃射、計毀屋六間、斃男女孩童各一、重傷者十一、輕傷多人、餘無損失、下午六時三十分、敵機一架、盤旋並散發傳單、

中央社開封四日電：敵機一架、四日十一時到汴偵察。

——摘自《甘肃民国日报》，1938 年 2 月 6 日

寇機

昨擾粵南各地 并襲浙南麗水

中央社廣州六日電：六日七時二十五分、敵機一架、在中山上柵發現北飛、又十時十分、敵機一架、在唐家灣上空發現、亦向北飛、該敵機僅飛往寶安虎門等沿海各地窺察、旋即向南飛去、

中央社金華六日電：六日十一時敵機三架、經桐廬建德蘭谿龍游衢州、圖襲麗水、投彈二十一枚、毀民房二十餘間、死一人、損甚微、旋敵機西飛、亂投彈數枚、

——摘自《甘肃民国日报》，1938 年 2 月 7 日

蚌埠臨淮淪陷後

敵兵大姦殺

徐州七日電：敵軍當進佔蚌埠鳳陽·臨淮關，懷遠各地時，其先頭部隊多係朝鮮及偽滿軍·紀律敗壞，尤以鮮兵為甚，大搜婦女，並縱火焚掠，迨日軍到達，又作二次之淫掠，未及逃出之青年婦女·盡遭汚辱，並大肆屠殺，慘極人寰，七日在淮河北岸仍可睹蚌埠市之火光，據悉淮河南岸之敵，已達兩師團，現仍源源增加。

——摘自《观察日报》，1938 年 2 月 8 日

敵機卅餘架襲漢

死二人傷八人 場空屋數間

昨（八）日下午二時餘、據報有敵機卅餘架、分兩路向武漢飛行、防空部先後發出空襲緊急警報、防空部隊嚴陣以待、當第一批敵機十四架竄入上空時、我高射火器齊集射擊、敵機不敢低飛、於高空投彈數十枚而去、第二批四架、竟於此時飛襲漢市水廠二路職業學校上空、投下五十公斤炸彈一枚、落於該校操場內、當即爆發、事後調查、將該校操場籃球架炸燬、并炸斃一人、重傷三人、輕傷四人、餘無損失、漢陽方面落彈數枚、龜山附近震塌空屋數間、泗灣街附近有平民一人、頭部為破片擊中身死、又歸元寺附近落二十磅小炸彈一枚、傷香客一人。

——摘自《新华日报》（汉口），1938 年 2 月 9 日

敵機昨襲粵

炸毀高要痲瘋院死病人多名

並飛寧波中牟窺察

【廣州八日中央社電】敵機十三架，今日在太平寶安間投彈十餘枚，又在石龍樂同各地，投彈十餘枚，損失甚微。

【廣州八日中央社路透電】今晨天氣雖仍不佳，但日機又恢復活動，同時本市亦發出警報，除唐家灣方面曾見日機數架飛過前往轟炸粵漢鐵路外，此間並未接到其他關於此次空襲之詳細報告。

【廣州八日中央社電】高要來人談，三日敵機三架兩次飛襲縣城，又向離城五里之痲瘋院，投彈廿餘枚，並用機關槍掃射，當將該院全部炸毀，瘋人走避不及，死傷多名。

【鄞縣八日中央社電】八日午十二時半敵機一架，沿海飛入寧波市空，在高空盤旋窺察，並散發荒謬傳單後即飛去。

【鄭州八日中央社電】據報，中牟縣屬白沙站，八日發現敵機一架，盤旋向西飛去，又新鄉發現敵機二架，向西南飛去。

——摘自《申报》（汉口），1938年2月9日

敵機昨分襲漢宜

在漢兩次投彈死傷平民數人

水廠二路職校被炸

【本市消息】昨日下午二時餘，據報有敵機三十餘架，分兩路向武漢飛行，防空部先後發出空襲，緊急警報，防空部隊嚴陣以待，當第一批敵機十四架竄入上空時，我高射火器密集射擊，敵機不敢低飛，於高空投彈數十枚而去，第二批四架，亦只倉皇投彈十數枚逸去，過漢市水廠二路職業學校上空，竟投下五十公斤炸彈一枚，落於該校操場內，當即爆發，事後調查，將該校操場籃球架炸燬，並炸斃一人，重傷三人輕傷四人，餘無損失。總計兩次投彈，漢市各處僅震塌民房數間，傷亡平民數人。漢陽方面落彈數枚，龜山附近震塌空屋數間，泗瀨街附近，有平民一人，頭部爲破片擊中身死，又歸元寺附近，落二十磅小炸彈一枚，傷香客一人。

【宜昌八日中央社電】敵機九架，八日下午二時十分來襲宜昌，在近郊投彈多枚，均落荒地，無何損失，二時十五分向東北方面飛去。

——摘自《申报》（汉口），1938年2月9日

寇機襲武漢

投彈數十枚死平民數人
職業學校竟亦被投一彈
宜昌亦遭空襲

【中央社漢市訊】昨（八）日下午二時餘，據報有敵機三十餘架，分兩路向武漢飛行，防空部先後發出空襲緊報，防空部隊嚴陣以待，當第一批敵機十四架竄入上空時，我高射火器密集射擊，敵機不敢低飛，於高空投彈數十枚而去，第二批四架，亦只倉皇逸去，兩次投彈僅震塌民房數間，傷亡市民數人，餘無損失，漢陽方面落彈數枚，龜山附近震塌空屋數間，泗灣街附近有平民一人，頭部爲破片擊中身死，又歸元寺附近落二十磅小炸彈一枚，傷香客一人。

又訊：昨第二批敵機進襲時，竟飛向漢市水廠二路職業學校上空，投下五十公斤炸彈一枚，落於該校操場內，當即爆發，事後調查，將該校操場籃球架炸燬，并炸斃一人，重傷三人，輕傷四人，餘無損失。

【中央社宜昌八日電】敵機九架，八日下午二時十分，來襲宜昌，在近郊投彈多枚，均落荒地，無何損失，二時十五分始向東北方面飛去。

——摘自《扫荡报》（汉口），1938年2月9日

寇機三十餘架

昨分兩路空襲武漢
經猛烈堵擊投彈卽逃
同日又犯合六甯等地

武漢

【中央社漢口八日電】八日下午二時餘，據報有敵機三十餘架，分兩路向武漢飛行，防空部先後發出空襲快報，防空隊亦嚴陣以待，當第一批敵機十四架竄入上空，經我高射火器密集射擊，敵機不敢低飛，於高空投彈數十枚卽去，第二批四架，亦倉皇投彈十數枚逸去，兩次投彈，僅傷民房多間，傷亡市民數人，餘無損失，

【中央社漢口八日電】八日敵機襲武漢時，漢陽落彈數枚，泗口橋附近有平民一人，頭部爲破片擊中身死，又歸元附近，落二十鎊小炸彈一枚，傷旅客一人

合肥

【中央社六安八日電】此間今日警報五次，僅下午二時許，發現敵機四架，由西向南飛去，另息敵機六架，於今日上午十時十六分，下午一時五十分，三時二十九分，三次在合肥轟炸，首次投彈四枚，二次三枚，我損失甚微，

甯波

【中央社鄞縣八日電】八日十二時半，敵機一架，由餘姚沿海飛入寧波市空，在高空盤旋偵察，並散發荒謬傳單後，卽向餘姚西去，

——摘自《甘肃民国日报》，1938年2月9日

敵機襲長沙

長沙被炸死傷平民五十餘
粵境各鐵道沿線亦遭轟炸

（本市訊）昨（九）日上午十時許、據報有敵機兩隊、每隊九架、一隊發現於黃梅上空、一隊發現於麻城、均向武漢飛行、防空部即按時發佈空襲及緊急警報、我空軍與高射部隊均嚴加戒備、等候迎擊、敵見我有備乃分向襄樊及長沙兩方面投彈後竄去。

長沙

（中央社長沙九日電）長沙防空機關據報、九日上午十時十五分敵機九架、經湖北孝感襲湘、十時五分、敵機抵達湘陰長樂、緊急警報即於此時放出、五分鐘後、敵機侵入長沙市空、我高射砲隊愼重瞄準射擊、一時砲聲隆隆、震徹全市、計敵機在南郊北郊投彈卅餘枚後、逕向瀏陽平江方面逸去、至十二時廿五分警報始解除、事後調查、毀屋六七棟、死傷平民共計五十餘。

廣州

敵機九架、分炸粵漢路小坡廣九路石灘[illegible]站、廣三路西南各段、并在肇慶峽及鼎頂崗、共投彈廿餘枚。

寧波

據觀海衛電、八日有敵機一架、由甯波飛抵觀海衛時、投四百五十磅炸彈一枚、毀教堂一所死二平民。

南陽

敵機九架、九日上午十一時、由安徽經豫南侵入南陽上空、在鄉郊投彈十餘枚、我無損失。

合肥

合肥方面、今日上午十一時五十二分、有敵機多架投彈三十餘枚、死五人、下午一時四十分、又有敵機六架、投彈十一枚、惟均落荒野。

——摘自《新华日报》（汉口），1938 年 2 月 10 日

敵機九架昨襲長沙

在城郊投彈多枚死傷平民五十餘人

本市息，長沙防空機關據報，九日上午十時敵機九架發現於江西瑞昌上空，十時十五分飛經湖北孝感，十時五十五分進至岳陽縣屬之黄岸市，湘垣當即放出空襲警報，十一時九分敵機抵達湘陰長樂，緊急警報即於此時放出，五分鐘後，敵機侵入長沙市空，飛翔在三千公尺以上之高空，我高射砲隊乃愼重描準射擊，一時砲聲隆隆，震徹全市，敵機見我有備，未多逗留，在近郊投彈多枚，後逕向瀏陽平江方面逸去，十二時二十五分警報解除，事後調查，敵機在北郊彈二十餘枚，毀屋三棟，死七人，傷數人，落刀嘴落數彈，死十人，傷十人，長清後街落一彈，毀屋二棟，傷數人，鍵橋落一彈，未爆發，新河中民船一艘被擊沉，死二人，傷數人，南郊落一彈，無損失，河西橘子園落一彈，毀茅房一，死三人，傷一人。（中央社）

——摘自《观察日报》，1938 年 2 月 10 日

寇機九架襲長沙

投彈卅一枚死平民十餘人

襄樊昨亦遭空襲

粵贛浙皖境均有寇機蹤跡

【本報長沙九日下午十一時三十分電】九日午十一時五十分，敵機九架自岳陽分三小隊向長沙市空進襲，防空司令部當放出警報，城廂各處高射砲齊發，敵機倉皇投彈三十一枚死平民四人，傷十餘人，燬停泊河邊之運穀民船一艘，死三人，又在新河車站附近投彈三枚，死傷四人，餘無其他損失，敵機一架負傷，下落不明，餘均慌忙逸去，十二時許解除警報。

【中央社漢市訊】昨（九日）上午十時許，據報有敵機兩隊，每隊九架，一隊發現於黃梅上空，一隊發現於麻城，均向武漢飛行，防空部即發空襲及緊急警報，我空軍與高射部隊，均嚴加戒備、等候迎擊，惟敵機分向襄樊及長沙兩方面飛去。

【中央社香港八日路透電】德士古火油公司八日接電，該公司租用之民船一批，在江門附近北碁（譯音）為日機以機關槍掃射，死民船夫一人，但未受何損失，諸民船皆載有汽油。

【中央社甯海八日電】據觀海衛電，八日有敵機一架，由甯波飛抵觀海衛時，投四百五十磅炸彈一枚，毀教堂一所，死二平民。

【中央社廣州九日電】敵機九架，分炸粵漢路小坡，廣九路石灘車站，廣三路西南各段，并在肇慶峽及龜頂崗共投彈廿餘枚。

【中央社鄭州九日電】敵機九架，九日上午十一時，由安徽經豫南侵入南陽上空，在鄉郊投彈十餘枚，我無損失。

——摘自《扫荡报》（汉口），1938年2月10日

寇屠殺保定居民

冀南我游擊隊威力極大

偽組織圖收買不為所動

【中央社鄭州九日電】據由保定逃出者談，保定被陷後，困于城內之壯丁及知識份子，多遭敵屠殺，估計約有二千餘人，近由外回籍之難民，均須經敵嚴厲檢查，如係有識青年，或曾經受訓之壯丁，一律被敵拘捕，下落不明，我游擊隊進在鐵道綫兩旁後，出沒無定，威力極大，現盤據保定之敵軍，係冀東偽保安隊，約數百人，平漢綫北段之交通，雖已恢復通車，但因我遊擊 之活躍，路軌橋梁時被破壞，故通車時被阻斷，安陽以北之漳河橋，迄今尚未修復，敵軍兵車，到達北岸 均徒步南下。

【中央社徐州九日電】津訊：偽組織鑒于冀境各縣遊擊隊及反正部隊之活躍，特由偽治安部派員攜款赴某地希圖收買最初在保定附近與一部游擊隊接洽，曾出五萬元，而我游擊隊，并不為其所動，而且加緊進行擾敵後方之工作。

——摘自《华西日报》，1938年2月10日

敵機濫炸渡船

新會江門來往澳門之利明拖渡、六日由澳啓行返江、上午十時十五分駛至新會第五區周郡鄉河面時、有敵機兩架銜尾追來、該渡見勢不佳、卽停駛泊岸、令搭客分頭躲避、詎敵竟向該渡連投兩彈、均在附近爆炸、幸各搭客奔避迅速、未遭毒手、僅炸燬木棉樹數枝、查彈陷處深四尺、濶約一丈、又同日上午九時五十分、有敵機三架飛抵新順交界江尾鄉上空、見該鄉河面合一碼頭泊長船五艘、卽低飛向各船連續投彈四枚、當堂炸沉三艘、重傷船戶二名、

——摘自《循环日报》，1938 年 2 月 10 日

博羅——敵機槍殺鄉民

東江各縣政府以舊曆新年鄉民習慣、舉行舞蹈麒麟獅鳳、以資娛樂、在此非常時期、恐爲敵機目標、易生危險、業於事前佈告禁止在案、現在新年各鄉民仍有舞蹈麒麟之舉、雖屬少數、在於鄉間、不敢巡出城市、查博羅縣上埔鄉陳屋、於新年有舞麒麟一檯、於新年初五日、前往鄰鄉拜舞、隨行約共四十餘人、各持鎗刀武器、沿途鑼鼓喧天、錦標招展、是日下午二時、行至附近石麟市、忽遇敵機六架、由南飛至、盤旋天空、追向注察、各人惶急逃入蔗林匿避、拋棄各物、詎被敵機向蔗林中射擊機關槍數十發、始行向北飛去、移時各人從蔗林中走出、查悉已被敵鎗彈轟傷三人、仆臥蔗林內、不能言動、至是收拾路上各物、掩旗息鼓、將受傷三人抬返家中、急延醫生救治、其中有一人傷勢甚重、生死未卜云、

——摘自《循环日报》，1938 年 2 月 10 日

日機九架轟炸廣州

△九日廣州電、今晨日機九架、轟炸廣州四郊、其目標顯爲廣九路、日機在石壁地方擲下多彈、並在深洲西北各區最少擲彈七枚、損害程度、現尚未悉、

▲路透社九日廣州電　今晨八時甫過、空襲警報突作、一小時後、沙面聞爆炸聲數響、晨間天陰雲密、故未瞭見飛機、

——摘自《上海报》，1938 年 2 月 10 日

敵機昨襲安慶

先後三次我無重大損失

南陽及粵漢等處均遭擾

中央社安慶九日電：九日午敵機三次飛此、第一二次兩架、均盤旋一週即去、第三次來七架、在場纆投彈十數枚、我無損失、

中央社廣州九日電：敵機九架、今分炸粵漢路小坪、廣九路石灘等車站及三路西南各段、并在鑿慶峽及鴉頂崗、共投彈二十餘枚、

中央社鄭州九十電：敵機九架、本日由北往南、侵入南陽上空在鄰郊投彈十餘枚、我無損失、敵機在南陽肆虐後經即東去

——摘自《甘肃民国日报》，1938年2月10日

寇在諸城 屠殺奸淫

【本電曹縣十日下午一時電】寇在諸城，大事屠殺姦掠，十一歲幼女，亦不能免其姦污，該地壯丁紛紛起而自衛，我游擊隊克在龍散頭枳溝一帶活動。又寇在魯北及膠濟綫之兵力甚爲單薄，僅有坂垣殘部駐守。

——摘自《扫荡报》（汉口），1938年2月11日

日機炸未設防區 廣州市長電國聯

◎敦促國聯會加以注意◎

（哈瓦斯社十日日內瓦電）中國廣州市市長曾養甫，頃以日本飛機陸續轟炸該市附近各不設防城鎮情事，電達中國駐國聯會代表辦事處，俾其轉告國聯會各會員國政府，並報告國聯會大會。內稱「在過去四十八小時以內，日本飛機一百架左右，曾不斷轟炸本市附近各不設防城鎮，各該地方絕非軍事區域，此層務請轉促國聯會加以注意。

——摘自《大晚报》（上海），1938年2月11日

寇在蕪湖 強拉民夫 已捕去千餘人

中央社銅陵十日電：敵在蕪湖拉民夫千餘名、蕪湖同胞中未逃出男子、幾盡被拉去、迫以各種車輛、載運米糧及箱櫃等、

——摘自《甘肃民国日报》，1938年2月11日

世界空前暴舉

日本是澈底野蠻國家

非法虐待僑胞手段殘酷
無辜被捕學生黨員極衆
强迫僑胞附逆陰謀惡辣

我領館人員努力掙扎之經過

【中央社訊】自蘆溝橋事變發生以來，敵人憲兵警察壓迫我旅日各地僑胞之慘狀，爲空前所無，去臘自北平偽組織產生後，敵人非法行爲竟及于我駐日各地領館，以致領館人員被迫離日，各地領館亦不得不暫行閉鎖，個中實情，因日方封鎖消息，故國人知者甚少，中聞有旅日各地歸國華僑數人，均已循粵漢路到達漢口，對于上項情形，不特知之甚詳，且亦身臨其境，記者于日昨分別往訪，茲將各僑胞所談日本各地情形向國人報告于左：

以中國錢殺中國人

日本壓迫我旅日僑胞，非自今日起，惟自去夏日方向我開釁後。各地憲兵警察對我華僑之壓迫，遂圖露其獰惡之爪牙，變本加厲，貧苦僑胞，無故被捕拘禁者日必數起，而秘密被日警押解出境者更不知其數。至境況較佳之僑商；則由日憲警挨戶勒索，强迫捐款，作爲日本國防經費，此即敵人之「拿中國人的錢殺中國人」之常套手段也。華僑因反抗捐款，被日警私刑拷打，沒收財產，驅逐出境者甚衆，其中尤以羣馬縣華僑曾所材之慘死爲最甚。

敵警殘害曾君慘死

曾君爲羣馬縣華僑聯合會會長，平日團結僑胞，熱心公益事業，爲僑胞所景仰，亦爲日警所疑忌。事變後，日警勒令曾君以會長資格，向華僑捐款，作爲陸軍省之「國防獻金」，曾君深明大義，拒不受命，並報告領館，領館一方向日當局提出嚴重抗議，一方命曾君暫離該地，藉避兇焰，而免意外。不料日警得悉此情後，竟發露其獸性，于曾君準備歸國之前夕，秘密將其逮捕，並用種種方法，不使領館及其他華僑知悉。曾君被拘期中，私刑拷打，慘不忍睹，而曾君仍抱殺身成仁主義，堅不屈服，數日後曾君家族接日警通知，謂曾君因病身故，個中內幕，自可不言而喻。及至曾君家族會同領館人員前往驗屍時，日警託詞衛生關係，屍體不便久擱，是以將曾君火葬，化爲灰燼矣。曾君之慘死，祇係其中一例而已。

學生黨員常被逮捕

其他留日青年學子及各地華僑被捕受虐者不下二三百人。去秋以來，日方對華僑中有國民黨籍者，虐待最甚，九月間，神戶被捕黨員十餘人，十二月間，竟由日內務省下令逮捕旅日各地華僑黨員，東京橫濱神戶長崎以至朝鮮台灣被捕者達百數十人，一方并嚴禁華僑與領館採取聯絡，我駐日各領館門前均有日警把守，日方雖美其名爲保護，而實則藉之監視領館人員及阻止華僑與領館之往來也。自大量華僑被捕後，雖經我駐日使館及各地領館分別向外務省及各地官廳嚴重交涉者數十次，而日方則一面表面敷衍，一面暗中施其野蠻手段，被捕華僑所受之痛苦，爲古今所未聞。

非刑拷打 文明何在

全部均受敵憲警之拷打，或以自來水灌入鼻孔，或以火柴燃燒手指，或以蠟燭倒吊兩足，同時並以鐵木短棍及皮鞭抽打遍身。其中如黨部執行委員譚溪德者，因被日警拷打致暈死至五次之多，另有神戶華僑鉅子楊壽彭君，平日熱心僑務，被任爲僑務委員會委員，前次國民代表大會當選爲全日本華僑出席代表，亦於去秋被捕。楊君身體素弱，受此刺戟，舊病復發，經我神戶領館之交涉，始允暫住醫院療養，但仍不能自由行動，即其家族亦不能謀一面。聞於本年元日晨該醫院院長將一碗日本之年糕湯送與楊君爲早餐，不料食後，五孔流血，一命嗚呼，屍體由日警送至火葬場焚燬，死之可疑，已不待言。

——摘自《大公报》（汉口），1938 年 2 月 12 日

日機多架
昨轟炸武昌
兩次侵襲投彈多枚
漢口可聞震耳炸聲

【漢口十一日電】路透社訊：今日下午，日機首次空襲武昌，在江邊及城郊一帶投彈多枚。日機係分兩批侵襲，第一批飛來時，因空中滿佈濃厚低雲，機身不見，故高射砲未曾轟擊，機聲由遠而近，繼以震耳之爆炸聲，漢口方面清晰可聞。十分鐘後，第二批日機又來，時濃雲漸散，高射砲聲疏落可聞，但從漢口遙望，未見日機蹤影。按武昌爲中國舊式城市，除主要大路外，街道狹窄，多用碎石鋪地。著名武漢大學，即在該地，校舍築於山巔，俯視武昌諸湖，湖中風景甚佳，每屆夏令，漢口人士，多往游焉。武昌對於防空設備，尚稱完善，城中各處，皆掘有防空壕，及其他避彈所。

——摘自《晶报》（上海），1938 年 2 月 12 日

厦門市區一日七襲

被投擲重彈三十六枚

厦門通信、日軍佔金門後、對厦門及閩省沿海、上年十二月及本年一月兩個月中頗沉寂、一月二十五日日機四架、炸漳屬之石碼頭、死十八人、傷九人、沉關艇三艘、二月三日又炸厦門市區、倒屋六十三間、死十七人、傷十五人、泊金門日艦、一月二十七日一部駛去、存兩艘、至一月三十一日又增至六艘、二月二日又來巨型運輸艦一艘、載輕重轟炸機十餘架、是日有四架飛厦、在南郊要塞區胡星山及厦島北部禾山區洪洛山投十三彈、無損失、三日爲廢歷正月初四日、自上午八時五十分起、迄下午四時四十三分止、凡七襲厦門、共投三十六彈、第一次八時五十分、日機七架、先入市空、旋向胡里山投六彈、均落曠野、歷四十分鐘始去、第二次九時五十六分、三機在禾山區偵察一周、歷廿分鐘去、第三次十二時十五分、日機向胡里山再投十彈、第四次一重轟炸機、一時十二分來、向禾山投九彈、二枚未炸、以上四次、我方俱無損失、二時五十分三架五次來襲、在厦市最中心區中華路尾、厦門要港司令部、公園南路、出米岩街、投下六彈、歷半小時去、第六次三時半、三架且來向中華路第一市場投七彈、兩次投彈時、均以機關槍同時向下掃射、第七次一架、四時三十六分入市空偵察、至四時四十三分去、始止、警報全日發七次之多、第五第六次轟炸市區、計要港司令部落五彈、司令部後出米岩街落六彈、門牌二號至三十二號均燬倒、南壽巷一・三・五等號三家被毀、第一菜市緊鄰、兩層洋樓炸倒一大角、北碼仔庭街落一彈、一・二・三・四等四家全倒、中華路一二五・七・九號三層樓全倒、公園南路四十・四十四・四十六三號炸燬、共炸倒房屋六十三間、死傷當日查出、計死者李林氏秀麗、五十歲、林碧霞、十歲、均女性、爲房屋壓死、胡火、十六歲、當飛機來時、走避門外樹下、爲機關槍彈傷身死、三路人、不知姓名、均男性、被機關槍射死、一不知名男子被炸頭斷足折、林中康、男性、左身被機關槍射傷八處、舁至中山醫院卽氣絕、又一女孩、十三歲、因驚駭過度、膽裂而死、共死九人、四日在出米岩倒塌房屋中掘出屍體四具、均男性、無人知姓名、五日再在中華路一二五號楊盛和醬院塲屋內掘出屍體兩具、一男、名張振瀰、女卽其妻、向在此排攤賣破銅爛鐵者、同日在厦禾路新世界附近、發現路人男子一名、被機關鎗射死、同時傷重死於醫院者、女子劉秀瑾二十一歲、先後共死十七人、傷者計李寶順、男、二十四歲、福勝人、楊仙、男、五十二歲、南安人、高連、男、三十九歲、晉江人、顏木、五十五歲、同安人、林華、男、二十四歲、閩侯人、劉翠香、女、二十二歲、本地人、胡氏、女、六十八歲、本地人、呂旭、男、五十四歲、本地人、王蘇氏、女、五十歲、永春人、林鄭氏、女四十三歲、同安人、卽死者林中庸之妻、林原住上海虹口、滬戰起、移法租界、居三月回厦、其子林秉水尙留滬、其女秀珍、往中山醫院省視、則父死已多時、母昏迷人事不知、又杜鈴、男、三十二歲、本地人、林德生、男、二十六歲、晉江人、李文輝、男、二十七歲、本地人、死者李林氏秀麗卽其母、林碧霞卽其表妹、李傷勢頗重、又一傷者、胡桃女、十九歲、共傷十四人、除李寶順・劉翠香・楊仙・胡桃五人輕傷已出院外、餘九人重傷、尙留院救濟、四日、日艦二艘自金門駛廈港口、向胡里山要塞轟擊、共發十八砲、我三砲台還擊六砲、最後一砲、落日巡洋艦右側、相距咫尺、兩艦始退回金門古寧頭海面、九時五十分、又向禾山區何厝砲擊十發、我禾山炮台亦還擊四炮、下午二時三十分又向香山發三炮、前後共發四十餘炮、何厝毀鄉間房屋三間、餘無損失、廈門自九三・九六兩次被轟炸要港部及公園死一婦人後、日機久未入市區、此次突然猛炸、所投炸彈、均一百磅二百磅者、、廈門人口去年九三後、由十八萬減存七萬餘人、此後日趨平靜、陸續歸廈、廢歷年底、人口增至十三萬、經本月三日之轟炸、迄五日避去者又三萬餘人云、

——摘自《时报》（上海），1938 年 2 月 12 日

敵機轟炸北郊
損失詳情補誌
炸毀房屋共計六棟 死傷平民二十餘人

本月九日上午十一時。敵機在本市近郊西南北三號地方。轟炸情形。已誌前報。玆悉是日被炸地方。惟北郊地方。損失極巨，爰將警察四分局調查北郊死傷人數。及損失詳情探誌如下。（一）北郊落刀嘴落彈十三枚。炸燬房屋三棟。炸傷平民李威武，劉愧吾，吳昌元。磊澤凱。羅才綸。楊國斌。趙玉林等七名。炸死廖磊石。廖汝壽。林文章等三名。無名男子四名。女子一名。（二）炸燬該處附近河中穀划一隻。炸死划夫劉石泉。黃少愧二名：溺斃小划夫王桂生一名，其尸體尚未撈獲。（三）炸毀長慶街二十三號茅屋三間。炸傷張文斌謝徃生二名。（四）炸傷鳳嘴三十五號。劉蔣氏一名。（五）新河車站後、落彈約十二枚。炸斃張謝氏一名。炸傷劉揚滿。鄭海玉。萬陳氏等三名。又炸毀平民木架住屋三棟。惟海玉傷勢甚重、已死於湘雅醫院。（六）鍵橋河灘落彈一枚。陷入泥沙中。幸未爆發。（峙）

——摘自《长沙市民日报》，1938 年 2 月 12 日

敵不顧國際信義
絕京難民區糧食
馬市長函國際救濟會交涉
敵機在汴轟炸難民

【中央社漢口十一日電】京市長馬超俊。函南京難民區國際委員會主席艾拉培。總幹事賀爾略謂。京設難民區。曾經貴會商得日方同意。日軍入據南京後。竟在難民區內屠殺非武裝民衆二萬餘人。姦淫擄掠無所不爲。違背諾言。蔑視國際信義。近更拒絕接濟區內糧食。直欲將我二十萬難民陷於絕境 請向日軍嚴重交涉。以重民命。完成貴會神聖使命云。

【中央社鄭州十一日電】汲縣來人談。日前有難民六十餘人。結隊而行。敵機發覺後。即投彈轟炸。幷以機槍掃射。結果死傷難民二十餘人。敵人殘暴情形。由此可見一般。

——摘自《长沙市民日报》，1938 年 2 月 12 日

武裝日漁船
在香港海面
轟擊中國民船

▲路透社十二日香港電 今日此間接香港警輪第三號發出之無線電、謂昨日下午一時有武裝漁船一艘在東姑島（譯音）與龍姑塘（譯音）間英國海面 開機關鎗掃射中國民船六艘、內有四艘中彈起火、警輪駛抵時、四船正在焚燒中、乃將火撲滅、而救起船中諸人、其餘未焚之兩船、則無一人、想已被俘矣、得救諸人中有一受彈傷、餘均無傷云、

▲國民新聞社美聯香港十二日電 據此間今日英國警務輪船之無線電報告、昨日有日本武裝漁船一艘、轟擊在香港水面之中國汽船、致有四汽船中彈起火、此事件發生之地適在東姑島（譯音）與龍姑塘（譯音）之間、該處純係英國之境界、

——摘自《新闻报》（上海），1938 年 2 月 13 日

被壓迫華僑痛史

僑民動輙被捕遭受非人待遇
寇警脅迫華僑參加非法組織

（中央社漢口通訊）自盧溝橋事變發生以來。敵人憲兵警察。壓迫我旅日各地僑胞之慘狀。爲空前所無。去臘自北平僞組織產生後。敵人非法行爲。竟及於我駐日各地領館。以致領館人員被迫離日。而各地領館亦不得不暫行閉鎖。個中實情。因日方封鎖消息。故國人知者甚少。頃聞有旅日各地歸國華僑數人。均已循粵漢路到達漢口。對於上項情形。不特知之甚詳。且亦身臨其境。記者於昨分別往訪。茲將各僑胞所談日本各地情形。向國人報告於左。

日本壓迫

我旅日僑胞。非自今日起。推自去夏日方向我開釁後。各地憲兵警察。對我華僑之壓迫。遂顯露其獰惡之爪牙。變本加厲。貧苦僑胞無故被捕拘獲者。日必數起。而祕密被日警押解出境者。更不知其數。至境況較佳之僑商。則由日憲警挾戶勒索。强迫捐款。作爲日本國防經費。此敵人之「拿中國人的錢殺中國人」之常套手段也。華僑因反抗捐款。被日警私刑拷打沒收財產。驅逐出境者甚衆。其中尤以羣馬縣華僑曾柏材之慘死爲最甚。曾君爲華僑聯合會長。平日團結僑胞。熱心公益事業。爲僑胞所景仰。亦爲日警所疑忌。事變後。日警勒令曾君以會長資格。向華僑捐款。作爲陸軍省之「國防獻金」。曾君深明大義。拒不受命。并報告領館。領館一方向當局提出嚴重抗議。一方命曾君暫離該地。藉避兇焰。而免意外。不料日警得悉此情後、竟發露其獸性。於曾君準備歸國之前夕。祕密將其逮捕。并用種種方法。不使領館及其他華僑知悉、曾君被拘期中。私刑拷打。慘不忍睹。而曾君仍抱殺身成仁主義。堅不屈服。數日後。曾君家族接日警通知謂。曾君因病身故。個中內幕。自可不言而喻。及至曾君家族會同領館人員。前往驗屍時。日警托詞衛生關係。屍體不便久擱。是以將曾君火葬。化爲灰燼矣。

曾君之慘死。祇係其中一例而已。其他留日青年學子。及各地華僑

被捕受虐

者。不下二三百人。去秋以來。日方對華僑中有國民黨籍者。虐待最甚，九月間。神戶被捕黨員十餘人。十二月間。竟由，內務省下令逮捕旅日各地華僑黨員東京。橫濱。神戶，長崎。以至朝鮮。台灣被捕者達百數十人。一方并嚴禁華僑與領館採取聯絡。我駐日各領館門前。均有日警把守。日方雖美其名爲保護。而實則藉以監視領館人員。及阻止華僑與領館之往來也。自大量華僑被捕後。雖經我駐日使館及各地領館分別向外務省及各地官廳嚴重交涉者數十次。而日方則一面表面敷衍。一面暗中施其野蠻手段。被捕華僑所受之痛苦。爲古今所未聞。全部均受敵憲兵之拷打或以自來水灌入鼻孔。或以火柴燃燒手指。或以蔴繩倒吊兩足。同時并以鐵木段棍及皮鞭抽打遍身。其中如黨部執行委員譚泰德者。因被日警拷打。致暈死至五次之多。另有神戶華僑鉅子楊壽彭君、平日熱心僑務。被任爲僑務委員會委員、前次國民代表大會當選爲全日本華僑出席代表。亦於去秋被捕楊君身體素弱。受此刺戟舊病復發。經我神戶領館之交涉。始允暫住醫院療養。但仍不能自由行動、即其家族亦不能謀一面、聞於本年元旦日晨。該醫院院長將一碗日本之年糕湯。送與楊君爲早餐。不料食後五孔流血。一命嗚呼。屍體由日警送至火葬場焚燬。死因之可疑已不待言。

——摘自《长沙市民日报》，1938 年 2 月 14 日

敵機昨狂炸鄭州

燬屋數百間死傷五百餘
粵漢廣九路軌被炸受損

（本報鄭州十四日專電）敵機十餘架、於今日飛至鄭州投彈三十餘枚、結果 被炸燬民房 數百間、各大旅館及大同路各商店、均被炸場、計死傷約五百餘人、當時我高射炮齊發、但因敵機高飛至三千公尺以上、致目標不準、未能防止其飛入市空。

（中央社鄭州十四日電）敵機十五架、十四日晨十時零五分、由安陽起飛、迄十一時許、有重轟炸機九架，分三批侵入鄭州上空、濫施轟炸、投彈達六十餘枚、平漢隴海兩路鐵軌及站台附近、炸燬多處、至鄭埠商業區域之大同路、落彈尤多、華安飯店五洲旅館等處、悉成灰燼、無辜居民、傷亡者達二百餘人、美人開辦之華美醫院、亦落三炸、幸而未炸、查鄭埠自抗戰以來、雖不時有敵機擾襲、但均未投彈、此次係敵機首次轟炸、漫無標的、除鐵路附近外、竟施於商業住民區域而毫無抗戰能力之平民、亦慘遭轟炸、敵人此種殘酷行爲、益增吾人之抗敵決心也。

（本報廣州十四日專電）敵機數十架、於今晨八時分批在黃埔虎門陳村石龍樟木頭等處轟炸、粵漢路廣九路均有數段被燬、惟廣九路較輕、刻已無法通車、正趕修中、另有敵機數架、飛入廣州市空盤旋數週、隨飛白雲山投彈、無甚損失、敵艦於今晨八時以炮轟虎門、我[illegible]砲還擊、旋即竄去。

——摘自《新华日报》（汉口），1938 年 2 月 15 日

敵機前襲平涼時

·以·平·民·爲·對·象·

極盡發洩獸性能事

【中央社西安十三日電】敵機連日在陝甘各地竄察轟炸、極盡發洩獸性之能事、今據平涼來人談、日前敵機肆擾平涼時、以商民及騾馬爲對象、濤肆轟炸、並以機槍掃射、計殺我無辜平民百餘人、騾馬七八十匹、

——摘自《甘肃民国日报》，1938 年 2 月 15 日

敵在正太綫
強徵我壯丁

【中央社西安十三日電】十四日敵三百餘、乘汽車十餘輛、由陽泉開盂縣、同日石家莊敵四百餘、闕壽陽平定、總連日向昔陽增援、又訓太沿綫敵向附近各村正徵壯丁、迫赴河底村訓練、

——摘自《甘肃民国日报》，1938年2月15日

鄭州被炸慘狀

【鄭州十四日下午十二時電】敵機十二架十四日午由安陽過新鄉飛鄭州狂炸，十一時許先到一架，繼到三架，旋又來四架，再四架，共十二架，皆爲重轟炸機，軋軋之聲，震動城垣，當向車站附近繁華街市，及平民住所濫行投彈，並用機槍掃射，連響不斷，達二小時之久，計投彈一百餘枚，（一說六十八枚）我防空部隊密集射擊，炸彈聲，以槍聲高射砲聲極爲猛烈，全城房屋皆大震動，至一時許敵機始去，二時許又來四架，未入市區，即行飛去，事後調查，計平漢車站被投大小炸彈五十枚，損失頗巨，車站站台外南北兩端落十六枚，毀機車兩輛，膠濟三等車一節，路軌共九股，除第一股外，餘均略被炸毀，機廠庫房之防空壕亦被炸，隴海站包件房三間被炸全毀，第一二兩股道被炸，以第二股爲重，兩路均未傷人，路軌趕修，晚七時已照常通車，隴海路落數彈，未傷人，車站下鄭局被炸毀，有多人在防空室內，傷亡人數未詳，車站外各旅社，除中央飯店、中國旅行社招待所、河南飯店等損失稍輕外，其餘旅社二十餘家均被炸毀，尤以華安飯店爲最慘，（即華陽春澡塘）該店兼營旅社澡塘飯館三種營業，共四層樓房，直炸到底，火光冲天，至夜未熄，在該店內住居飲食沐浴之客人數十人，多數遇難，車站中旅客由站內至該店避難，亦多遇難，掘出死屍血肉狼藉，路旁均滿，其餘迎賓旅館、五洲旅社、中國旅社等均蕩然無存，大同路爲鄭州繁華之中心，商號被炸者亦多，中國銀行亦落兩彈，長途電話局落一彈，但未傷人，警備司令部附近落數彈，公安局後對河街落二五彈，全街十餘家頗有傷亡，三多里、鳳鳴街、丁家巷亦落數彈，傷亡多人，小西門內附近及弓背街亦落數彈，中央社鄭州分社四週均落彈，社中人均安全無恙，其餘炸倒之處，一時尚難查明，據已查明死傷者，約一百五六十人，房屋倒塌五六百間，現仍在繼續調查中，抬死屍及送受傷入醫院者，不絕於途，電話電燈線多被炸壞，入晚成黑暗世界，長途電話線亦被炸壞，當即時趕工修復，各商家均閉市，人逃一空，滿街碎磚亂瓦灰土玻璃片，到處皆是，人民四出逃難者，迄夜尚不絕於途，淒涼狀態，慘絕人寰。

——摘自《大公报》（汉口），1938年2月15日

Nippon Planes Raid Chengchow; Heavy Casualties Reported

Estimates Of Dead And Wounded Range Between 500 And 1,200; Three Bombs Fall In Compound Of American Baptist Mission

ANXIETY FELT OVER FEW FRENCHMEN AND HOLLANDERS CONNECTED WITH RAILWAY

HANKOW, Feb. 15.—(Reuters).—Casualties estimated in foreign reports to have ranged between 500 and 1,200 are believed to have been caused yesterday at Chengchow, at the junction of the Peiping-Hankow and the Lunghai railways, when Japanese 'planes raided the city in relays for two hours.

In the course of the attack three bombs fell in the compound of the American Baptist Mission.

The buildings of the mission suffered slight damage, but there were no casualties.

The main objectives of the raiders appeared to have been the stations of the two railways, but misdirected bombs falling in the densely populated area surrounding them caused widespread havoc.

A bomb fell on an overcrowded Chinese hotel, while another made a direct hit on the dugout at the Lunghai Railway station, burying the occupants in a mass of debris.

Anxiety is felt over the fate of a few Frenchmen and Hollanders connected with the Lunghai Railway who, it is believed, may have taken refuge in the dugout, together with Chinese employees of the railway, when the air-raid signal was sounded.

Britons Evacuated

Shortly before the raid started, British nationals in Chengchow were advised by Mr. G. S. Moss, the British Consul-General in Hankow, to evacuate. There are about 10 British subjects in Chengchow, most of them Canadians attached to the Canadian Church Mission.

Among the British residents is Dr. Donald Hankey, a 30-year-old surgeon from Guy's, London, who flew out to China in December to engage in medical relief work. Dr. Hankey is working at the American Baptist Mission Hospital, where three Americans are believed to have been at the time of the bombing, namely, Dr. Sanford Emmett Ayers, Miss Katie Murray and Miss Grace Augusta Stribling.

The Arnhold Trading Co. maintains a representative at Chengchow, Mr. Jack Macay, who is there with his wife.

During the bombing several missiles landed in Chengchow's main street, damaging as many as 600 houses.

Post Office Wrecked

The post office in the Lunghai Railway station was wrecked, as were sections of the track, two locomotives and a coach.

The Bank of China building was damaged, but the premises of the Yee Tsoong Tobacco Co. and the Arnhold Trading Co. are believed to have escaped, both being situated well away from the station area.

All reports confirm the havoc wrought during the raid, especially on the main street, which is described as a shambles.

Apparently many jerry-built Chinese dwellings crumbled under the repercussions, while others were demolished by direct hits and their helpless occupants buried under the debris.

The telephone, telegraph and electric power services were all interrupted, and the work of succoring the wounded and burying the dead, many of whom had been blown to pieces, was hampered.

Many fires raged all day long, the partial interruption of the water supply preventing the fire brigade from trying to fight the flames.

A foreigner who arrived here from Chengchow a few days ago told Reuter that it would be hard to avoid a large number of casualties unless bombs intended for the railway stations fell directly on their objectives.

Vicinity Crowded

In the vicinity of the Lunghai station, he pointed out, there were many hotels, restaurants, bath-houses and places of amusement which were normally very crowded. One misdirected bomb, he said, would inevitably cause many casualties.

The main street of Chengchow, he declared, was only 200 yards from the station. It was a typical Chinese street, with hundreds of small shops and dwellings.

With the memory of yesterday's raid and dread of further visitations, Chengchow spent a night of terror marked by a frenzied scramble of half-mad human beings along all roads leading from the city.

Apart from the foreigners connected with the Lunghai Railway, it is believed on good authority that there were no foreign casualties as the result of yesterday's raid on Chengchow.

Officials of the United States Consulate here stated that Miss Murray and Miss Stribling were last reported as leaving Chengchow for the interior, but Dr. Ayers probably remained there.

——摘自《大陆报》（The China Press），1938 年 2 月 16 日

寇極端虐待留台僑胞

八人被任意拘捕 產業悉數沒收

中央社廈門十四日電：台灣我駐領館被敵劫待、留台華僑二萬餘人、已失保障、備受壓迫、任意拘捕、沒收產業、封閉中華會館二八處、現僑胞處水深火熱中、十四日晨十一時，敵向大登射炮四發、我無損失、

——摘自《甘肃民国日报》，1938 年 2 月 16 日

入皖敵人獸行

愛國四女子化裝殺敵

（中央社徐州十五日電）頃有詩人杭席洋由定遠脫險來徐、據談敵入皖獸行如下、一、明光陷時、有紳商十數人歡迎敵軍、需索煩苛、並要婦女、旋由我游擊隊入境、敵將歡迎羣衆、悉數槍斃、二、有兩敵兵强姦一六十歲老嫗、嫗子憤極、取敵槍射擊兩敵兵、及其母同斃彈下、三、敵入盱眙時、擄婦女十餘名、以鐵絲貫穿手掌、魚貫押運到蚌勞軍、四、敵晚間逼令擄來婦女裸體相陪、烘火互姦、違者以刺刀剖腹、死者纍纍、敵每于寢所自書肉屏風、五、敵入皖約法四章、逃亡者死、違令者死、抗「皇」軍者死、共產黨者死、六、鳳陽兒童被殺百餘名、並被迫作孌童數十人、七、張八嶺有嫻國術之女子四人、及附近壯丁隊三人、共化裝村女、被敵擄去、晚以酒肉將鎮上五十餘敵灌醉、奪得敵槍、殺敵四十餘名、餘負傷逃竄

——摘自《新华日报》（汉口），1938 年 2 月 16 日

敵軍蹂躪滬市難民

（中央社香港十五日電）航訊、滬南市難民區、收容難民三萬餘、及貧苦居民十萬餘、自敵軍開入南市後、百般破壞、辦事人員、橫遭毆辱拘捕、並押去壯丁五千餘、爲敵軍服苦役、敵軍近又在難民區外設警戒區、將難民區三面包圍、致區內難民、益爲惶恐、前途殊爲可慮、又敵警戒區內、現尚有死屍五百餘具、未經收殮。

——摘自《新华日报》（汉口），1938 年 2 月 16 日

南京難民糧食恐慌

(中央社香港十四日電)滬訊、南京國際救濟委員會、因該處難民營養不足、多有患脚氣病者、乃在上海購買黃豆一百噸、由水道運往南京、事前幷由敵第三艦隊司令長谷川發給護照、迨運抵下關之後、敵軍當局、即要求交由日軍所控制之「自治委員會」散放、此在國際救濟委員會、則欲自行散放、因而發生爭執、爲時已數日之久、雙方尙在僵持中、敵大使館發言人、本日晨接見外報記者時、該記者業已多所質問、迄至午後、各記者又與爭辯甚烈、但該發言人宣稱、困難所在、端因國際救濟委員會態度固執、此後幷望其不再堅持、該發言人幷謂、各國捐款用以救濟戰區難民者、尤其是美國、紅十會應羅斯福總統之請所募集之一百萬美元、均須由慈善機關與日本當局合作妥爲分配。

敵圖刦救濟難民捐款

敵軍在南京屠殺平民萬餘人

白晝奸淫婦女搶案二萬餘起

(中央社訊)南京食粮缺乏問題、刻已日益嚴重、蓋敵方仍不准食物運入南京、南京難民區國際救濟委員會所儲食粮、僅敷數日之用、現難民區內難民至少尙有十五萬人、每日需米一千包、國際委員會雖百般設法向南京上海及其他各處採辦食物、皆因敵方阻撓、未能成功、不寧唯是、敵方幷禁止在難民區內出售或運送大米、敵方此舉、顯欲使國際委員會之工作失去効用、然後在京成立傀儡組織、一月二十八日、敵方曾佈告勒令二十五個收容所內之六萬難民、於二月四日前遷出難民區、否則即用武力驅逐、國際委員會雖與敵方交涉、展緩限期、俾無家無告之難民、有所安置、但此項企圖、顯無成功希望、惟國際委員會仍進行勸告敵方改變態度、盼以人道立場、與該會合作、現國際委員會已開始其第二步工作、即不僅對難民區內之十五萬難民、加以救濟、對所有遺留南京貧困乏助之平民、亦將予以協助、目前除去食糧問題外、一俟氣候轉暖、傳染病之預防、將成爲重要工作、凡此皆需要大量醫藥品、該會正盼全世界人士對此皆能熱烈捐助云、此外、據目擊人士所敘、南京敵軍種種可怖行動、更屬駭人聽聞、據稱被敵軍慘殺之平民、不下萬人、此尙爲最低之估計、搶刼案件約二萬起、至於婦女及幼童所遭痛苦及蹂躪、更使人難以想像、某婦曾在青天白日之下遭敵兵十七人輪姦、敵軍當局雖禁止敵兵軌外行動、惟敵軍軍官亦同樣從事姦淫擄掠之舉動、自屬無法御下、敵軍當局約束官兵之効力如何、殆爲一極可注意之問題。

——摘自《新华日报》(汉口),1938年2月16日

日機炸鄭州

死傷衆多受害慘重

△美聯社十五日鄭州電　昨日日機在平漢隴海路交點之鄭州作極大空襲、日機分四批來此投彈、爲時約在一小時以上、在車站方面共投彈一百餘枚、郵政局房屋全被毀壞、華和飯店中彈着火、於記者發電時火猶未熄、主要街衢之房屋、亦被炸傾倒、死傷人數至少在百名以上、多數屍體至今猶掩埋於瓦礫堆中、記者於日機轟炸車站時、急急離開中國旅行社、避往鐵路線以外之茅屋中、始免於難、因記者甫離中國旅行社時、該社即告中彈也、又鄭州美國浸禮會所設之醫院被炸三次、中國病人四名爲彈片所傷、唯西籍醫生護士無有受傷者、美國浸禮會醫院屋頂曾漆有四十英呎長之美國國旗一面、日機當不致於誤認、故其轟炸、當爲有意的無疑、

△路透社十五日漢口電　鄭州昨遭日機輪番轟炸、歷兩小時之久、據外人估計死傷在五百與一千二百之間、當空襲時、日機炸彈三枚、落於美國浸禮會教堂之空院中、教會房屋稍受損毀、幸未傷人、日機攻擊之目標、顯爲平漢與隴海兩路車站、惟投彈不準、墜於車站四周之人烟稠密處、致死傷甚衆、有一炸彈擊中住客擁擠之某中國旅館、又有一彈炸毀隴海車站之避彈窖、而將窖中人葬於瓦礫堆中、隴海路所僱之法國與荷蘭國人若干、當空襲警報大作時、始與該路華籍僱員同避於窖中、其命運殊可焦慮、漢口英總領事麟斯、在空襲開始以前、曾勸鄭州英人出境、鄭州約共有英人十五、大略爲加拿大人之服務於加拿大教會者、而倫敦外科醫士韓基即其一也、韓基年三十、去歲十二月飛抵中國、供職於美國浸禮會醫院、該醫院於日機轟炸時、當尚有美籍醫士等三人、英商安利洋行代表馬凱與其夫人、亦駐鄭州、鄭州大街中、落炸彈數枚、毀屋多至六百所、隴海路車站之郵局及路軌一部份與機車二、客車一、皆被炸毀、中國銀行房屋亦受損毀、惟頤中烟草公司與安利洋行幸而倖免、因距車站區域稍遠也、證諸各方面消息、鄭州受害確甚嚴重、尤以大街爲甚、蓋已成墟矣、許多舊式房屋一經震動即已塌倒、餘著爲炸彈擊中、一般無辜居民悉葬身其中、電話電報與電力事業、皆已停頓、療治傷者與掩埋死者之救濟工作、未能迅速進行、許多屍身皆被炸成齏粉、多處起火、終日不熄、水之供給亦遂斷絕、致救火會未能與狂燄奮鬥、有一外人甫於數日前由鄭州抵此、頃告路透訪員、向車站擲下之炸彈、不直接命中則欲避免多數死傷、殆屬難事、蓋隴海車站附近、有許多旅館餐室浴室與娛樂場、平時游人甚衆、炸彈擲落不準、勢必多數死傷也、鄭州大街距車站僅二百碼、純爲中國式之街道云、鄭州居民恐日機再來襲擊、昨夜倉皇他避、沿路未斷、其狀若狂、

——摘自《文汇报》（上海），1938年2月16日

敵在永修東北大肆焚燒

【中央社萬家埠十六日電】十六日午後一時許、敵在永修東北一帶村莊、大肆焚燒、烈煙騰天、迄六時許、敵又由燕湖頭向我南岸陣地發、射擊二三十發

——摘自《甘肃民国日报》，1938 年 2 月 17 日

杭州敵寇盜西湖古物

南屏晚鐘被運走

【中央社金華十六日電】西湖勝蹟馳名世界、寺院內所保存之古物尤多、自敵軍侵佔杭市後、首先搶刼市區、近則搜盜古物、茲悉西湖十景之一南屏晚鐘、及其祠內所有佛具等亦爲日軍悉數搜走、該鐘建於明洪武年間、純銅鑄成、重達二萬斤、上有宋濂題銘、頗爲名貴、

——摘自《甘肃民国日报》，1938 年 2 月 17 日

鄭州的慘炸

甘介侯

到東戰場前綫的徐州看了十天，十三日乘隴海車經鄭州折返漢口。十四早上四點鐘到了鄭州，中國旅行社招待所離車站很近，就搬了進去。在車上睡不着，太疲倦了，和衣滾在床上，睜開眼睛已經是上午十點。剛剛洗了面吃了一碗麵，警報來了。我問茶房：「以前日本飛機來炸過嗎？」他說：「警報是常常有的，炸倒沒有炸過。」我又問：「連車站都沒有炸過嗎？」他帶了很有把握的神氣說「是的，連車站都沒有炸過。」我就不去理會，我走到窗口，看路上的行人並不驚慌，女人小孩子還聚集在門口、向天觀望，我忽然發現對面隔一條小馬路，就是鐵路的機廠，覺得不大妥當，戴了帽子想向與車站成爲垂直的大同街走。正要下樓，津浦路局的兩個處長沈熙瑞，宗植心來了，我折回房間請他們坐。我說：「此地離開車站太近，我們還是出去走走。」宗說：「鄭州從來沒有炸過，沒有事，就是這裏談好了。」我不好逐客，就坐了下來。沈想了一想，立起來說：「我們還是走，到我們住的隴海院去，要走就走，等一等路上要斷絕交通。」我們即刻出門，叫了三輛人力車沿鐵路東行，走到半路，被警察阻止，問明了目的地然後放行。到了隴海院不夠十分鐘，敵機已在頭頂，炸彈接續不斷地投了下來爆炸了。我在南京聽了三個月的轟炸，但沒有一次炸聲是這樣近的。敵機來了十三架，投了五六十個炸彈。我對沈宗說：「這次鄭州的人民一定遭了大難，大家以爲從來沒有炸過，一定不去躲避。」

炸了一點多鐘，警報解除，我即刻跑出去看。還沒有走半里路，前面馬路上一大羣人對我跑過來，越跑越多了，頓時像錢塘江的潮水一樣，奔騰地衝來。跑近了看見有的拉了老人，有的抱了孩子，有的背了包裹，還有警察拿了上刺刀的槍，也夾在裏面跑。我大聲的問：「什麽事！」誰也不來理我。我還是這樣問，有一人大概是比較不慌，他連跑連答，說：「又來了！又來了！」我想難道敵機又來了嗎，但是沒有聽見第二次警報，難道有意外的事變嗎，我懷疑地還是靠近路邊向前走。一個炸死的中年男子躺在路邊，一個年約六十歲的老婦坐在他頭傍哭。我對他說：「大家跑，你也跑罷！」她不理我，她是沒有聽見，我在她的傍邊立定了，她也沒見看見我，我又說：「起來，我同你走。」她還是沒有聽見。我想她是悲痛極了，死的一定是她的兒子，她是不肯離開她心愛的兒子跟大家逃命的，她也不去理會大家跑的爲什麽。路上跑的人越擠越緊了，走不過去了，我也回過頭來往後跑。後來知道，這是誤會，大家聽了火車的喇叭，以爲警報，就這樣跑。我料想這次大家沒有提防，一定死得很慘，所以大家都變成驚弓之鳥，聽了喇叭以爲警報。

等了半點鐘，我又他出去看，旅行社招待所對面的機廠炸毀了，招待所左右的房子都炸成一堆破磚碎瓦，招待所後面的郵政局，中國旅行社，華安飯店都炸壞了，花園飯店是四層樓的房子，從屋頂拼到地上，烈炎的火還在燒着，裏面的人一定都死了。祇有招待所單獨的存在，但窗門都震得粉碎，牆也裂了，一個十五六歲的小茶房看見了我，話也說不出來，一個年大的茶房走出來，面孔已如土色，他說：「我們同一個客人，躲在你房裏，房子搖得利害，我們覺得一定要倒下來了。」一羣人在華安飯店那裏救火，一羣人在招待所左邊挖死屍，人行道上躺着一個四五歲炸死的孩子，我想他的父母或許也已炸死了，所以沒有人理會他，或許他的父母正在那亂磚堆裏挖尋其他的孩子。我折向大同街去，馬路上堆滿了磚瓦電線，這條商店集中的最繁盛馬路也被炸了。這充分地表現敵人的殘忍好殺。與炸上海大馬路的先施公司，南市車站的難民以及廣州人烟稠密的東華路是一樣的慘無人道。敵人的暴行，只能表現出牠的獸性，只有使全世界愛好和平的人，更清楚地看出敵人的無恥，更同情和援助中國與這野獸戰鬥。敵人殘暴的轟炸屠殺，結果不知要激起多少人來與敵人拚命同牠清算這筆血賬。

我囘到隴海院吃了晚飯，就到平漢車站，沈熙瑞，宗植心送我上車，車站裏人已擠滿了，都是要從隴海路往西平漢路往南避難的人。擠出了車站，走過天橋，月台上已經有一二千人在那裏候車。回頭看天橋上，人是像工廠放工似的還在過來，不到半點鐘，月台上擠得不能動了；天橋上的人還是那麼的來，許多人跳下月台，到路軌的那面大站着；路軌的那面，人也漸漸立滿了，天橋上的人，還在接續不斷地來，在我們前面有一個老人，一個中年女子，帶了幾個孩子坐在地上，一個孩子祗有二三個月抱在手裏。老人說：「我們坐二等車罷，有房間。」一個女子說：「聽說房間都被人家包去了。」老人說：「上了車想法子，終有法子想。」我暗想下午聽路局裏的人說，一個闊人包了好幾個房間，上了車還有什麼法子可想？這些女子小孩子怎麼擠得上車？

等到九點多鐘，開漢口的特別快車來了，大家爭先恐後的蜂擁而上，頃刻之間，車裏坐滿了，後來的爬到車頂上坐。我想我的床位在徐州的時候打電報來定的，而且臥鋪票已經買好，不會發生問題，到了車裏，我的鋪位上堆滿了行李，我對佔據我鋪位的人說：「這是我的鋪位」，他說：「這是某總長定的。」我要他拿出臥鋪票來看，他沒有臥鋪票，他說：「我們不知道，你去問茶房，我們向茶房定的。」我感覺在紛亂的時候，預定的沒有鋪位，無票的可以臨時佔據鋪位，樣種情形，恐怕是免不了。後來，茶房就另外開一個房間讓我進去。我聽見許多人在車外喧嚷呼喚奔走，他們都是擠不上車爬不上車頂的，他們在怕明天敵機再來轟炸起來怎麼辦。我安安易易地躺在床上，明天可以到漢口，苦樂真是有天淵之別了。剛脫了衣睡下去，我的窗外有小孩子的哭聲，哭得很急，一個女子在安慰他，我即披衣起來開窗去看，想叫他們從窗裏爬進來，門是擠不進的了。窗還沒有開，車已動了，他們是往後面走，看不見了。我再躺下去，我想明天若是敵機再來轟炸，這個女子與小孩子跑到什麼地方去呢？我又想起我自己的孩子，現在正在他母親的懷裏睡着，我又連想起在漢口有人還在那裏打牌叫堂差跳舞，在香港有人還在那裏擁女招待追舞女，在石塘咀品花，在俱樂部裏竹戰，剛才哭得眼睛看不見人的老婦，馬路上狂奔逃命的許多人，天橋上背箱負包蹣跚而行的難民，也一齊到了我的眼前。

——摘自《新华日报》（汉口），1938 年 2 月 17 日

敵掠京難民糧食

滬外報記者向敵責詢

敵發言人諉稱不知情

(中央社香港十七日電)滬訊、日大使館發言人、今午後接見外報記者時、有詢以南京日當局、在下關所扣留之黃豆一百噸、究係何方所有、該發言人答不知、又問、此項黃豆係南京國際救濟委員會所購、茲竟予以扣留、與掠奪何異、該發言人等、仍以不知作答、厥後該發言人等談及日軍轟炸鄭州事、謂北平日當局、業經通告各國使館人員云、中國當局遇有日機轟炸時、即將列車開至外國教堂工廠附近、以資掩護、應請轉知中國當局、勿得如此、以免涉及外僑、某記者乃詢以北平日當局、係於何時通告各使館人員、發言人等初稱不知、繼謂係屬昨日事、各記者當即表示驚訝、蓋因日機轟炸鄭州、乃係前日之事也。

——摘自《新华日报》(汉口),1938 年 2 月 18 日

日機四十架

分隊襲擊廣州

▲十七日廣州電 粵漢鐵路與近廣州之公路、今日皆遭日飛機猛轟、廣州西北未用之兵工廠、亦遭轟炸、三彈落於該廠天井、四彈落於附近、死五人、傷三人、第一次空襲警報、發於晨八時、日機數隊當時在本省各處活動、警報發後、未幾即見日機七架飛於廣州西北西鄉天空、沙面之西、炸聲遙作、當兩機飛於廣州城天空、一機在沙面南越江之際、高射炮聲、隆隆大作、炮彈皆在日機四周爆炸、濃烟佈空、至午後三時五十分、始第二次發出解警之號、據華方消息、今晨襲擊、日機共有四十架、分數隊活動、午後有十八架飛過本省、擲下八彈、內有數彈、落於東山西北天河飛行場、另有數彈、

□ □ □

——摘自《上海报》,1938 年 2 月 18 日

寇機昨襲洛陽 被我擄獲一架

再炸廣粵兩路擾金華蕭山

中央社洛陽十九日電：十八日十六時、敵機五架、飛洛轟炸、在城內投彈兩枚、在黃河岸口投十餘彈、據息該寇機一架、被迫落武陟縣、已被我軍截獲、

中央社廣州十九日電：敵機廿二架、今兩次炸廣九路、在樟木林村投彈十二枚、塘頭廈投彈兩枚、烏涌投彈二枚、

中央社臨安十九日電：路訊、十八日上九時至十二時、有敵機多架、在蕭山附近各村地更番投彈、並不時低飛、以機槍向下掃射除焚我民房多間、斃平民十餘人外、餘無損失、

中央社金華十九日電：敵重轟炸機兩架、十九日十時許、由桐廬方面竄金華、在車站附近投重磅炸彈六枚、在三炊山背均重落在田內、一落水塘、震塌房屋三間、傷人、敵機旋向義烏方面飛去、

——摘自《甘肃民国日报》，1938 年 2 月 20 日

日機又襲粵漢路

▲廣州　昨日有日機二十三架來襲粵漢路附近諸村落、火車站與兵工廠多次遭受轟炸、人民亦有多人死傷、

▲美聯社廣州十九日電　日機二十三架、於今晨轟炸此間車站•西村•兵工廠、並擊斃七人以後、今日下午再度飛襲粵漢路、關於今午之空襲、無一定之報告、

——摘自《新闻报》（上海），1938 年 2 月 21 日

浦東廣場上七華人被慘殺

一婦人昨晚又被擊傷

【本報特訊】最近駐滬日軍、對於稍涉抗日嫌疑之中國民衆、仍不斷實行捕殺、以致上海全市陷於極度恐怖狀態中、前日上午十時許、日軍又在某處捕獲中國青年七名、逐一發綁、押赴浦東南碼頭浦濱一廣場上、先將其中六人執行槍決、另一青年則遭斬決、日軍在廣場四周戒備甚嚴、七華人被殺後、當即掘一深坑、將七屍體併予掩埋、

【又訊】昨晚六時許、住居浦東其昌棧碼頭附近之本地婦人殷汪氏、(現年四十四歲)因事外出、途經其昌棧碼頭畔、突被派駐該處之日本哨兵瞥見、不問來由即開槍向氏狙擊、砰然一聲、一彈射入氏之胸部、頃刻血如泉湧、痛極踣地、旋爲該氏家屬聞悉、趕來將氏扶起、雇一小舟、載至浦西後、立即車送醫院救治、因傷在要害、流血過多、性命危殆、

——摘自《文汇报》（上海），1938 年 2 月 21 日

敵在皖南獸行

劉□棋

（一）到了寧國前線

我們沿□公路走近寧國縣城時，已經是夜晚十時左右了。在黑茫茫的羣山中，這座古城現出一種□莊嚴的神色，尤其□城頭上站立□兩個提燈的哨兵，我們雖一點看不出他們的形影，但從他們遙遙的喊要「口令」的那種粗壯的聲音中，我們禁不住對他們肅然起敬。在我們不知所答的半分鐘內，城頭上問着「你們是軍人還是老百姓」？非軍非民的我們，祇能回答「是我×師長的」。

我們被引至七八里外的一個村莊，同×師長見到面，互相道着「辛苦」，×師長是自八一三以來從未回到後方一次的，所以他首先問了許多關于後方的情形，國際的現勢，他更知道與記者同行的B君是最近才從西班牙轉來的，因此特別探詢了關于西班牙戰場的近況，很感覺興味。接着當然是回答我們的許多問題，解說前方的形勢。在地圖上他指出我們所在的地點，和最近游擊隊克復了的廣德．泗安．孝豐．安吉．出乎意料的溧陽，宜興也劃在藍圈裏頭，我不免興奮地問他：「這是幾時克復的」？他笑着說：「一月十四．十五。而且不僅這兩處，你看，郎溪．十字舖．高淳．這些地方完全在我們手中。敵人除了守着宣城．灣沚．蕪湖和這邊的在長興，吳興幾個孤零零的據點外，所有各點中間的線路，各線中間的面積，在近一個月來已次第被我奪回。而且不僅是地方，所有的民衆，也都組織成了武裝游擊隊，敵人毫無辦法」。

我幾乎懷疑他過于誇張了，然而他從文牘中抽出了五六件游擊隊從我們以為還是敵人佔領的地方拍來的無線電報，使我不能不驚奇信任。同時使我感覺慚愧的是，一般人認為已經□在前方的我們，對于眞正前方的變化，尚且如此之隔膜，何況完全在後方的人們！

話，談到夜深，我和B君決定到廣德轉宣城方面一視，我們要親眼看看敵人遺多下的慘酷的醜跡和我們江南新興游擊戰士的英姿。

（二）偉大，黎明

天色將將發白，村裏村外，起床號聲，我因為經過一天的征途，加以昨夜睡時過遲，還不想起來，但是神經興奮得不能再入寐了，便在床上靜聽號音的起伏，領略這火線上的戰鬥生命的激盪，一會兒集合號也響了，村外稻場上高喊着「一．二．三．四．」的操聲，四圍山谷中蕩起沉重的回響。「哦！偉大的黎明！民族解放的巨吼啊」，我禁不住從心坎上喊出來了。

過了一刻，忽然有幾個尖細的聲音，似乎訓話的樣子，從稻場上傳來，我正傾聽中緊接着一陣合唱的歌聲打入我的窗口：

「起來，不願作奴隸的人們！拿我們的血肉，築成我們新的長城！中華民族到了最危險的時候！」

這分明是幾位女戰士領導士兵唱「義勇軍進行曲。」

我曾在許多不同的場合聽到這個歌，但從沒有像今天這樣感動過。我相信即使最麻木的人，置身於這樣環境中，也會熱血沸騰起來罷。

本來我們預備這天吃過早飯就出發的，但是七點左右，×軍長自××來了，他要我們先將寧國附近的形勢看一看，再往廣德去。他並願意陪我們到寧國城外的河瀝溪和縣城視察一下，河瀝溪是一個很大的鎮子，十二月底曾被敵機轟炸過一次，塌壞了幾間房子，死了十幾個老百姓，一時全鎮居民頗為恐慌，紛紛逃到山裏去，可是近月以來，在駐軍的勸導之下，加上春節之故，老百姓也已漸漸回來，鎮子裏外已經熙熙攘攘，看不出恐慌的樣子了。大的店舖雖還有幾家關閉着門板，然而門前却被攤販所擠滿，大小爆炮．花生．蜜棗，乃至洋襪．圍巾．大前門香烟．賣的很熱鬧。記者兩個多月前從長沙南昌過來時，看那裏的市面已經蕭條的不堪，哪裏想到這孤懸在最前方的市鎮還有這樣繁盛的景色。

×師長一邊走，一邊用手杖指示出附近的地形，敵人的距離，和到宣城與到廣德的路徑，我們環視左右叢疊的山嶺，不覺對敵人蔑視起來，V君笑着說：「這都是專給日本的飛機坦克車預備的。

(三)在團部裏晚餐

中午我們接到報告說：××團團部的房主人準備了晚飯，約我們過去。三點多鐘我們就穿過了寧國縣城去赴約，在團部裏看見了幾位穿灰棉背心的高級軍官，那些背心都已經破舊不堪，有的棉絮都綻裂出來，但是因爲是在上海作戰時民衆作爲慰勞品送給他們的，所以他們至今還非常珍視，不忍換去。

飯開在團部裏，同桌上還有×師的政訓處長范君和兩位着軍服的女士，經介紹後，知道就是早晨領導士兵唱歌的女戰士，一位叫貝祿英，一位是章若霧，他們原是在上海作女工的，八一三後，「女兵」謝冰瑩等隨第×軍到上海時，她們便毅然加入了她們的服務團，現在這個團體自冰瑩以下都出嫁的出嫁了，讀書的讀書去了，早就回到後方去，只剩他們兩位繼續在軍中奮鬥着。

席間范處長告訴我們幾椿四方民衆英勇殺敵的故事，異常生動可愛，使我最難忘記的，是那王家莊的四個農夫，宣城的敵人有一次派三個到王家莊去搶掠村民的猪玀，把兩個站在莊子前作監視，一個進到莊子裏發現了一隻很肥大的猪，他就強迫四個年青的農夫抬到營房去，這四位農夫在彎下腰捆猪的當兒，互相扭一扭嘴，使個眼色，便同時翻轉身子，將那敵兵勒死，緊一塊石頭丟到水塘裏去」。過了半個多鐘頭，莊外站着的兩個兵，知事不妙，就進到村裏去查看，沒有任何一個村民承認有日兵進來過，但兩個人一定要村民交出他們的同伴，那四位農民早已有了計較，便出頭騙他們說，曾看見一位日兵去到某姓家裏去，一面領他倆進去，誰知他們預先埋伏了另外五六個人，將這兩名兵從後面攔腰抱住，用大鐵錘從腦頂上一一捶死，這個農夫，害怕敵兵去焚洗他們的村莊，接着便找到我們駐在當局，陳明了原委，領下十幾枝槍，把全村壯丁組織起來自衛，敵兵知道後，也沒有再敢去王家莊騷擾了。

(四)一個克復地方的羣衆大會

第二天的清晨，×師長吩咐好了三匹馬，送我們到廣德，范君因爲對前方的保甲長預備有所訓示，和我們同時出發，另外有三連弟兄正是要開到前方去的，也一道去了，從寧國到德，並沒有公路，到宣城去本來有公路的，但已破壞得不能通車，因此沿途除騎馬外，只可以步行，路本來不長，不過一百一二十里，但是連日雨水把山道灘得濘泥不堪，行軍頗爲吃力，然後第一有着一百多士兵和我們談笑前進，朝向着我們克復的地帶走去，再加上長虹嶺燕子窩一帶的泉聲山色，竹影波光，實在感不到絲毫的疲倦。

傍晚才達廣德城外××鎮，因爲事先曾通知過，所以代理廣德縣長劉壽達君派好了人在鎮外歡迎引路，在這裏我們知道廣德城內已經被敵人焚燒得無一完棟，而且城中沒有一點飲食，更因爲死屍太多之故，氣味不能入鼻，所以不得不在鎮裏宿營。

首先同劉縣長談了一席話，知道於廣德城陷落第三天，將縣政府移到這裏來的，現在縣城雖已經我游擊隊克復，但因城裏的民衆都逃得精光，沒有逃出的也被搶數屠殺了，所以縣政府依然不能搬回去。

范區長要趁天色未黑，召集當地老百姓發表演說，縣長把聯保主任找來後，立即就將羣衆大會召集起來了。所謂『羣衆』，當然不過是驚弓之鳥一樣的兩三百人，然而在這大刼之餘，有這三百人肯來聽演說，不能不算是一件意外事。范君用很生動的詞句告訴聽衆，日本鬼子如何想滅我全國，政府以及其他各地的民衆如何堅決抗戰到底，最要緊的是他告訴了民衆許多幫助軍隊，偵查敵人，以及必要時堅壁清野的具體方法。曾經親身遭受敵人蹂躪的這些民衆，當然很受感動，可惜這類的演說在[illegible]方還是太少，而且每次演說後，似乎還應當利用大衆的熱[illegible]反響，加以適當的組織與動員，否則只留下一個淡漠的印象，是沒有多大益處的吧。

演說終了後，縣長和保甲長要記者報告一番國內和國際的形勢。這當然是記者的職務，然而因爲時間過晚，只好將各戰線的大勢，和國際間援助我們抗戰的事實，粗略地報告一下，殊不知[illegible]裏的民衆非常關切的傾聽，報告完了以後，各保甲長還集合[illegible]臨時縣政府，來追問許多問題。記者也就藉這個難逢的機會，用座談會的方式，詳詳細細地詢問到[illegible]人對於廣德城郊姦淫擄掠，焚燒蹂躪的情形。這些[illegible]愛的[illegible]民父老，無不爭先恐後向記者縷述，說到慘痛的地方，真是聲淚俱下，不能自抑。（未完）

——摘自《大公报》（汉口），1938年2月22日

暴敵盤據下 杭垣慘象

強迫良家婦女供敵淫樂

漢奸公然活動不知羞恥

【中央社金華二十日電】昨日難民自杭州脫險來金華，對記者談敵軍盤據下之慘狀，據云：杭垣多商店，經敵刦掠後，內部空無所有，即門窗板壁亦被拆毁，升火取暖，未熄之火，則任其延燒，故隔鄰店屋咸遭焚燬。偽維持會諸漢奸為取媚敵人，乃組織新市場商業復興委員會，由張鏡如任偽常委，朱孔陽・鍾韻玉・闞立仁・邵力更・陳鑑文・高爾和等逆亦參加。大世界已被迫開放，供敵娛樂，並在大亞・大陸・東方・清泰第二旅館原址多設妓寮，強迫良家婦女供敵淫樂。每次售票一張，納資兩元，門首駐有敵憲兵，各銀行多被佔領。梅園小吃館，改為料理店，協興改為東方料理店，各米店俱勒令閉業，由敵憲兵統制設一米店，在龍翔橋設小菜場，售價甚昂，猪肉每斤四角半，敵在滬因嫖妓染花柳病甚衆，抵杭後即搗毁藥房，刦去六〇六，九一四等藥品。獸慾依然，每以強姦良家婦女為快。豐禾巷有某姓女郎為敵瞥見，欲行非禮，女見狀急向蕙蘭中學收容所逃避，卒被追獲，女堅持不從，敵竟以刺刀猛劈，立時慘斃。敵為麻醉信仰佛教之徒，已組織日華佛教會，杭州支會，至於各機關多已遭燬損，教育廳房屋拆毁更甚，僅省黨部省政府尚無變動。東南日報大廈亦尚未毁，敵憲兵司令部駐紮於此，漢奸報紙新浙江日報，仍繼續出版，已停版說不確。

——摘自《大公报》（汉口），1938 年 2 月 22 日

寇在京暴行

——南京逃出難民談

（續）

姦淫獸行

難民區成立後，婦女移往避難者極多，國際救濟委員會幷關金陵女子大學爲婦女收容所，當時已住滿七千餘人，內部生活情形，較難民區安全，敵軍進城後，即按戶搜查婦女挾去姦淫，嗣後擴大暴行，每日至女收容所用大卡車將大批婦女載走，哭號震天，慘不忍聞，有時至深夜將一部份送回，但已遍體鱗傷矣，如是者數日，被其姦淫之婦女，約佔其半，嗣經國際救濟委員會竭力交涉結果，敵兵明目張胆之獸行，略見減少，但其毀絕人性之殘暴程度，幷未降低，於是不分晝夜，紛紛攀牆而入收容所，每見婦女，不論何地，即强行姦淫，因之求救與嬉笑之聲，常達院外，蓋收容所無敢抗拒，只有聽諸禽獸摧殘也，同時尙有一部敵兵，至收容所外，遍覓婦女姦淫，其卑劣手段，與萬惡行爲，更不能想像，國際委員會鑒此又開關金陵大學爲婦女收容所，前往爭避之婦女，極爲擁擠，然而暴敵醜行，愈加兇猛，按其姦淫對象，爲十二歲少女至七十歲老婦，如抗拒者，即予槍斃，某次在山西路一院內，當一婦女被敵姦淫時，其丈夫前往哀釋，敵兵見而震怒，以刺刀將其刺死，此外敵兵虐待屍體之惡舉，亦迭出層見，某日一被姦淫之裸婦屍體，僵臥雪地中，突爲一日兵覩見，乃强迫我市民與之性交，該市民竟在抗拒之下死于非命，而該屍體亦遭刺數刀，若是慘絕人寰之奇辱事件，日多一日，迄至本人離京日止，已有一萬婦女，遭敵兵玷污。

擄掠一空

暴敵非第屠殺縱火姦淫，且復縱兵爲盜，任意搶刼，當難民移避難民區時，曾將家門閉鎖，嗣據目擊者談，各街巷門戶業已開啓，而室內物件已空，此顯然爲敵軍搶掠，按自敵軍進城後一個月內，每日有大批卡車滿載器物向下關馳去，自係以輪船運走，幷聞所有紅木傢俱，亦均搬運殆盡，較珍貴物品，更早被席捲去矣，難民區外財物既全搶盡，敵兵又假借檢查名義，闖入難民區內，翻查衣箱，當時區內難民，恐慌異常，然一般赤手空拳之難民對此暴舉，又無法制止，敵兵檢查時，每遇珍貴物品，即强行取走，旋更進一步檢查衣裝，因此每人所有鈔票及財物，亦皆被奪無存，無抵抗的難民遭此浩刼，既已不幸，同時外人財產，亦竟不免，當時曾有金陵大學外籍教授，聖公會牧師等聯合向敵軍交涉，結果允先派兵士調查，但在檢查時敵兵對一切財物，饞涎欲滴，徒格於情面，未能公然搶刼，聞某次在一外僑房內檢查時，突有一敵兵睹一小鈕扣於懷內，某外人舉而贈之，幷諷之曰，此權作辛苦之報酬可耳，敵亦覥然受之，迨至最近，難民區內難民之香烟，烟咀，手錶，皮夾，電筒，日記，鋼筆等等小形物品亦盡被敵兵擄去，至於在街上遇著有稍好之衣裝者，更不免遭殺身之禍，所以南京日前盜刼之風，如荼如火，所謂「皇軍」軍紀，無異於國際强盜也。（未完）

——摘自《扫荡报》（汉口），1938年2月22日

日機昨四次襲擊廣州

▲二十一日廣州電　今日日機出現廣州四次、每至輒受高射炮之猛轟、晨間大部份、廣州時聞大炸彈爆炸聲、日機顯注意轟炸城北白雲山附近與更東之飛行場、據華人方面消息、第三次襲擊、共有飛機三十八架、飛行極高、僅不時瞭見小隊飛於雲端、死傷人數、尚未得確報、據中國當局稱、日機今日用規模廣大之襲擊法、每次擲彈、輒有五六枚之多、飛行場與粵漢廣九二鐵路爲彼等轟炸之目的、華方聲稱、曾在廣九路水關（譯音）附近擊落日機一架、機中二人皆斃、惟此說尚未徵實、今日雖炸彈聲與高射炮聲隆隆不絕、而沙面與全城大部分仍照常治事、

▲二十一日廣州電　今晨六時二十分昧旦時、日大轟炸機四架來此、在白雲山附近與城東數哩之石墈擲彈數枚、聲震全城、居民皆由夢中驚醒、二機旋轟炸虎門炮臺、另二機則轟炸長木頭（譯音）郊野、一時高射炮與機關鎗聲大作、關於廣九鐵路情形既尚未得有消息、九時十分、復有日機十一架飛過此間、四架向北前進、大約乃往粵漢鐵路、於是高射砲聲又作、旋北面發生巨大之炸聲、城中房屋均覺震動、惟損失詳情、今尚未悉、上星期中此間天空多雲、今日則天朗氣清、故衆覺日機擬乘機活動、

——摘自《上海报》，1938 年 2 月 22 日

敵機昨又

狂炸宜昌

潼關昨亦被投彈

【中央社宜昌二十一日電】敵機九架、二十一日晨九時兩窺宜昌肆擾、當經我高射砲猛轟、敵機不敢停留、倉皇在市內投彈、即行逃去、據事後調查、計炸毀民房數十間、平民被炸死傷者、亦達二百餘人、

【中央社西安二十一日電】敵機十五架、廿一日上十一時卅分由晉至潼關城內投彈多枚、死貧民一人、毀房屋數十間、即向風陵渡逸去、

——摘自《甘肃民国日报》，1938 年 2 月 22 日

日軍焚燒村鎮

懼我游擊隊隱伏

▲路透社二十一日北平電 日軍爲消滅華軍之游擊戰術計、已採用一種新策略、因此中國小村鎮之被焚者、已不計數百處、而人民無家可歸者、更不知有數千人、今日據由平漢線各地抵此之旅客談、日軍曾用火把焚燬各村鎮、以免游擊隊伍據之作襲擊日軍交通線之根據地、據日本官方消息、豫北晉南、現有小接觸、一般局勢甚少變化、聞豫北日軍、現正沿道清路西進云、

——摘自《新闻报》（上海），1938 年 2 月 22 日

浦東續有多人被殺

日商管理老公茂造船廠

浦東塘橋鎮「自治會」辦理之清鄉工作、曾將盛家弄之王阿木、趙阿六、沈王生三名、交由師岡部隊執行槍決、前三日又在衛巷捕獲張全慶等五名、因抄出軍器、亦當即處死、昨日據南碼頭鄉民來滬云、前日又捕獲七名、在南碼頭荒地上處決、已詳誌昨日本報、現在該「自治會」主持人朱和生、朱錦文 姚立成等、召集委員余青田、王友鄉、趙元魁、周餘發、張玉山、朱掌生、書記長張晒白、高翻譯等、議決每晚輪派兩人引導駐軍搜索外、日間則由該會事務員與會役等幫同站崗、良以「自治會」中皆當地人民、如有外來之人及當地之善惡易於發覺、逆料將有大批之清鄉、該委員等甚受駐軍方面之嘉獎、因其大得臂助也、

【又訊】上海被日軍佔領區域華人之大規模財產、均在日軍軍事管理狀態中、浦東白蓮涇老公茂造船廠、現由日商三井洋行派員四名管理、並招致工人在彼修理機器等部分、一俟工竣、再行正式開工營業、連日派有工匠及小工等甚多、均由三井主持人佐木發給臂章、以資路上之安全、

——摘自《文汇报》（上海），1938 年 2 月 22 日

敵獸行迭出

五百解除武裝軍士 在京慘遭蹂躪殺害

活埋・淹溺・跌斃・火焚

【中央社訊】暴日在南京之獸行，除報載者外，昨復聞屠殺已解除武裝之我國軍士約五百餘人之慘案，緣去年十二月十三日，敵軍入南京城後，即將未退出之我軍解除武裝，除役使苦工，復予槍殺外，尚有五百餘人，未予殺害，異想天開，掃射砍殺，活埋淹溺之不足，竟將此五百餘人驅至司法院，以機關槍對準，強令各攀司法院四層屋頂，違則以機槍掃射，各士在槍口之下，被迫攀登，而高牆竪立平滑，多半途跌斃，敵引以爲樂，餘雖攀登屋頂，敵乃縱火將院全部房屋付之一炬，此五百餘士均以身殉，敵之殘暴無人性，在京各國使領館人員中有經目睹者，均斥爲野蠻獸行，聞有數十軍士因知難苟免死，等是一死，多掙扎挺身搶奪武器，或咬住敵耳部或腿部，以致被踢斃或刺死，然敵寇中亦因之有數人中流彈或耳際流血致死云。

——摘自《大公报》（汉口），1938年2月23日

寇在京暴行

——南京逃出難民談

（續）

糧食恐慌

各難民最初移進難民區時，大多數均能自帶米糧前往，故於最初數週內，食糧毫不成問題，至較貧困者，每日則前往粥廠領粥充飢，旋又有八千担米運到，定價每斗九角，每担九元，規定每人先買一斗，已存米者，暫停購置，故食糧供給情形甚見充裕，乃近日因米糧來源困難，供給發生問題，輒經與敵週旋，敵竟不准食物運入南京，南京難民國際救濟委員會所儲食糧，僅敷數日之用，因難民區內難民，至少尚有十五萬人，每日需米一千包也，該委會曾百般設法向南京上海及其他各處採辦食物，皆因敵方阻撓未能成功，不寧唯是，敵方并禁止在難民區

內出售或運送大米，敵方此舉顯欲使該委會工作失去效用，現敵雖允許難民赴區外購米，但距售米地點甚遠，往返極爲困難，即一般略有能力以錢前往購米，然多半於途中被敵兵刦奪，，敵人如此强暴拒絕接濟糧食，我京中難民勢必坐以待斃。

僞會醜態

敵兵入據首都後，即進行僞組織，用種種卑劣手段，將自治委員會組成，任陶錫三爲該會會長，陶係南京人，爲湯山陶廬浴池經理，并擁有相當地產，陶逆與齊燮元爲知交，故此次極得爲敵人信賴，出而任僞組織會長，副會長爲孫淑榮，亦係南京人，以略通日語，被敵人重用，該會現分總務，交際，交通，財政，調查，人事六科，會址設於首都警廳內，該僞組織唯一工作，在爲敵人奴隸服務，如征工，運輸，購辦，以及代覓婦女等醜惡工作，偶有不利，即遭敵兵嚴厲指責。陶孫二逆乃罔知恥辱，甘之如飴，且更以卑劣行爲諂媚固寵，可謂毫無心肝。此外僞組織雖欲進行關於維持秩序及安定社會工作，但其所管轄區域，焦土一片，渺無人煙，實無何工作可談。至秩序問題，敵兵之兇暴，亦決非其能力所可制止，故該僞組織實等於虛設，近爲欲博敵人之歡，曾於本年一月一日懸掛五色旗，然除增我恥辱與憤慨外，別無何絲毫影響。（未完）

——摘自《扫荡报》（汉口），1938 年 2 月 23 日

寇在京又一獸行

我五百餘軍士與司法院同殉

【中央社漢市訊】暴日在南京之獸行，除報載者外，昨復聞屠殺已解除武裝之我國軍士約五百餘人之慘案，緣去年十二月十三日，敵軍侵入南京城後，即將未退出之我軍，解除武裝，除役使苦工，復予槍殺外，尚有五百餘人，未予殺害，敵異想天開，以掃射，砍殺，活埋，掩溺之不足，竟將此五百餘人驅至司法院，以機關槍對準，强令各攀司法院四層樓圓屋頂，違則以機槍掃射，各軍士在槍口之下，被迫攀登，而高牆豎立平滑，多半途躃斃，敵引以爲樂，餘雖攀登屋頂，敵乃縱火將該院全部房屋付之一炬，此五百餘軍士，均以身殉，敵之殘暴無人性，在京各國使領館人員中有經目睹者，均斥爲野蠻獸行，聞有數十軍士，因知難苟免，等是一死，多掙扎挺身，搶奪武器，或咬住敵耳部或腿部，以致被踢斃或刺死，然敵寇中亦因之有數人中流彈或耳墜流血致死云。

——摘自《扫荡报》（汉口），1938 年 2 月 23 日

敵在皖南獸行

劉尊棋

(五)揮淚話廣德

廣德所遭逢的浩刼，是敵人在江南淪陷地區蹂躪踐踏各種獸行的最忠實的自供狀，同記者在這個座談會上所能得到的資料，自信是我們第一次對于克復的縣城所得到的最真切的資料。因此之故，記者不憚多占篇幅，把些身罹其禍父老自己的口述，一一紀錄下來，使我們可以知道若干人類所不能想像的殘酷行爲，都被日本帝國主義者橫施在我淪陷地區的同胞身上。以下就是將當時的談話擇要紀錄的：

(地點)廣德郊外××鎮臨時縣政府內。

(時間)民國二十七年一月二十九日晚。

(參加者)廣德代理縣長劉鐏達，廣德縣肅反專員龔第×游擊司令部參謀朱學易，廣德縣戰地服務團副團長劉鑾遠，第一區區長何元塘，風保長，黃保長，甲長等及記者共十五人。

記者：承蒙劉縣長招待，並邀請諸位父老來和兄弟談話，非常感謝。諸位父老有的是親身，有的是親族，深切遭受了暴敵的摧殘，還能不逃避，不畏縮，和縣長共同維護桑梓，抵禦敵人，兄弟願表無限的敬佩，現在要請諸位將我們縣城失陷前後，敵人燒殺屠戮的眞實情形，一一告訴兄弟，發表于國內外報紙，使各地同胞，和全人類都來加倍努力，掃蕩這個萬惡公敵，先請縣長開始。

劉縣長：先就大概說，廣德城內原有二千六七百戶人家，人口共八千左右。自八月十四日起，城內和飛機場被敵人飛機轟炸過二十幾次，最初只是飛機場，但十月六日起，城內也遭轟炸，當日死傷四十多人。這時居民已逃去大半，十一月二十六日到二十九日敵機大隊飛來，連炸了四天，居民死傷有三百多人。這時老百姓中除赤貧的以外，都已逃跑，而縣政府也就在二十七日搬到這裏來。大概敵人入城時城裏還有窮戶五六百人吧，這些人中現在十之八九都被敵軍殺死了。

記者：敵人入城時有多少？從那邊過來？

(甲)敵人姦淫的罪狀

劉縣長：是十八師團的一個聯隊，共約二千多人，都是從長興泗安過來的。據後來逃出城外的人講，敵兵入城以後，立刻挨門換戶搜查，凡是四五十歲以下的男子，都用繩子捆在一起，強迫搬運東西，掩埋屍首，打掃房屋。對于婦女，就不老少，加以輪姦。稍微加以抵抗的，就立刻被刺刀戳死。此外敵司令部開到北門內系止和北號時，還從中興土興帶來幾十個年青而且比較好看些的女子，分在各營房中取樂。

敵人佔領城內的四十四天之中，每天都分頭到城郊各村莊搜索壯丁和婦女。壯丁抓去是替他們做工夫，女子當然是爲着姦淫了。最殘酷的，是對於不能如他們意思的婦女，除强姦外，還用木椿或青菜蘿蔔插到陰門裏，裸體暴露在街頭。對于許多壯丁也用玻璃瓶插入肛門中處死。我們的游擊隊于本月十三日入城時，看見這樣慘死的屍體不下兩百具。

何區長：不定是城裏，前天我從上泗安過來時，公路兩旁還看見幾十具這樣的屍體，讓烏鴉和野狗搶來搶去，眞是悽慘極了。馬王廟有七個，文昌宮有四個，還有的姦死以後赤條條弔在樹枝上的，有一個眞可憐，看來不過二十左右的女子，兩手兩脚倒捆起來，仰天倒在路旁，下身已經被刺刀劃開到肚臍上面。

顧保長：十八里店子的李三兒母親，五十多歲了，還遭這樣慘死，還有我的一位親戚，范家外甥的童養媳，可憐剛剛十四歲，十二月三十那天，連她母親和姐姐一齊被五六個鬼子拖去，沒有進城，在一個稻場邊上把她們的衣服扒下，迫令她們下水塘先洗個澡，三個女人家當然害羞不肯，鬼子們就一一提起來向水塘裏泡了幾分鐘，然後提到塲上，迫令在地上爬，一邊用竹杆在後頭調戲取樂，後來覺得心滿意足了，才放她們裸體回來，那個童養媳的姐姐氣憤羞怒之下，立刻將頭撞在一塊房基下自盡死了。童養媳和她母親現在還病在床上，不能起來見人。

劉縣長：敵軍本月十三日向宣城、湖退去時，還在四郊搜索了四十幾個婦女帶走的。

（未完）

——摘自《大公报》（汉口），1938年2月23日

寇機昨兩襲金華

中央社金華二十二日電：敵重轟炸機一架、於二十二日十一時許飛襲金華上空、在車站附近投彈三枚、又上廟一帶，二十二日又來重轟炸機一架、盤旋一週後仍在車站附近投彈、

中央社臨安二十二日電：二十一日晨八時、有敵機三架、飛錢塘江南蘭山附近一帶投彈、除毀我民房十餘間外、餘無損失、

——摘自《甘肃民国日报》，1938 年 2 月 23 日

日機兩度在金華投彈

▲金華二十二日電　日重轟炸機一架、於二十二日上午十一時許、飛襲金華上空、在車站附近投彈三枚、燬屋多間、及土地廟一所、下午一時、又來日重轟炸機一架、盤旋一週後、在車站附近投彈而去、

——摘自《新闻报》（上海），1938 年 2 月 23 日

敵軍殘殺我平漢路村民

廿二日國際通訊社上海電。從香港轉來電訊。倭軍在平漢路焚燬鄉村一百五十餘處。藉以報復游擊隊所與倭軍損失。蓋我游擊隊在華北極爲活動。佔保定以南七十五里。復殲殺倭軍甚衆。故倭軍殘殺我平民以洩憤。

——摘自《三民晨报》，1938 年 2 月 23 日

敵軍獸行之下

南京已成人間地獄

兩月內市民前後被殺約八萬

婦女被寇兵姦污達一萬之衆

（續）

前往爭避之婦女。頗爲擁擠。然而暴敵醜行。愈加兇猛。按其姦淫對象。爲十二歲少女至七十歲老婦。如抗拒者。即槍斃。某次在山西路一院內。當一婦女被敵姦淫時。其丈夫哀懇釋放。敵軍見而震怒。以刺刀將其刺死。此外敵兵虐待屍體之惡舉。亦迭出層見。某日一被姦淫之裸婦屍體。僵臥雨地中。實爲一日兵睹見。乃强迫我市民與之性交。該市民竟在抗拒之下。死於非命。而該屍體亦遭刺數刀。若是慘絕人寰之奇辱事件。日多一日。迄至本人離京日止。已有一萬婦女遭敵兵玷污。暴敵非第屠殺縱火姦淫。且復縱兵爲盜。任意搶劫。當難民移避難民區時。曾將家門閉鎖。嗣據目擊者談。各街巷門戶業已開啓。而室內物件已空。按此顯然爲　軍搶掠。自敵軍進城後一個月內。每日有大批卡車。滿載器物。向下關駛去。自係以車船運走。并聞所有紅木傢俱。亦均搬運殆盡。較珍貴物品。更早被席捲去矣。難民區外財物既全搶盡。敵兵又假借檢查名義，闖入難民區內翻查衣箱。

當時區內難民。恐慌異常。然一般亦手空拳之難民。對此暴舉。又無法制止。敵兵檢查時。每遇珍貴物品。即强行取走。旋更進一步檢查衣裝。因此每人所有鈔票及財物亦皆被奪無存。無抵抗的難民。遭此浩劫　既已不幸。同時外　財產。亦竟不免。當時曾有金陵大學外籍敎授聖公會牧師等聯合向敵軍交涉。結果允先派兵士調查。但在檢查時。敵兵對一切財物、饞涎欲滴。徒格於情面、未能公然搶劫。聞某次在一外僑房內檢查時。突有一敵兵匿一小鈕扣於懷內。某外人舉而贈之。并諷之曰。此權作辛苦之報酬可耳。敵亦覥然受之。追至最近。難民區內難民之香烟煙嘴手表皮夾電筒日記鋼筆等等小形物品。亦盡被敵兵擄去。至於在街上遇着有稍好之衣裝者。更不免遭剝奪之禍。所以南京目前盜劫之風。如茶如火。所謂「皇軍」軍紀。無異於國際强盜也。各難民最初移進難民區時。大多數均能自帶米糧前往。故於最初數週內。食糧毫不成問題。至較貧困者。每日則前往粥廠領粥充飢。旋又有八十担米運到。定價每斗九角。每担九元。規定每人先買一斗。巳存米者。暫停購置。故食糧供給情形。甚見充裕。乃近日因米糧來源困難。供給發生問題。輒經與敵交涉。敵軍不准食物運入南京。南京難民國際救濟委會所儲食糧。僅敷數日之用。因難民區內難民。至少有十五萬、每日需米　千包也。該委會曾百般設法。而南京上海及其他各處採辦食物。皆因敵方阻撓。未能成功。不寧唯是。敵方并禁止在難民區內出售或運送大米。敵方此舉顯欲使該項委員會工作失去效用。現敵雖允許難民赴區外購米。但距售米地點甚遠。往返極爲困難。（未完）

——摘自《长沙市民日报》，1938年2月24日

敵在皖南獸行

（續二十三日第三版）

劉尊棋

（乙）燒殺搶掠的鐵證

記者：這樣的深仇奇恨，真讓[illegible]們子子孫孫不能忘記，大概關于敵軍姦淫的獸行，已經知道了不少。關于燒殺搶掠的情形，一定更殘酷吧？

何區長：那還用提嗎？明天早晨你到了城裏就可看出所有的房子都燒完了，沒有一間有頂有樑的房子。

記者：敵人燒的方法如何？

何區長：燒的最厲害是敵人退去前的幾天，這裏都可以看見熊熊的火光。他們先是將所有人家裏的木器堆在一起，揀頂好的房子先燒，燒時用一種噴水東西將汽油把房屋的外部[illegible]噴好，然後點起火來的。

顧保長：北鄉邱家村沒有逃出去的老百姓三四十人，有一次因爲[illegible]一個小鬼子在那一帶失蹤了，後來一百多敵兵趕來，把大家關在一所大房子裏，外邊用木棍石頭頂好，也[illegible]噴了汽油，一古腦兒燒死的。祇有一個七十九歲的老太婆走不動，挨了鬼子一刺刀，裝死算沒有關進去。

劉縣長：我們的游擊隊進城的那一天，什麼可吃的東西都找不到，米不是被敵人帶走了，就是丟到水塘水溝裏去了。許多油酒店的醬缸，本來存了不少的醬，日本兵一時也吃不完，可是剩下來的，他們不是把一個人頭[illegible]進去，就是埋下一個死小孩子，或一條女人的腿，甚至醬油桶和酒缸都屙進大小便，水井裏面放有死屍，使我們的人進去後，飲食居住全無着落。

劉團長：我們的戰地服務團有八個團員，前幾天組織掩埋隊，進城埋屍時，還看見幾樁最驚心動魄的現象。東門裏有一個燒倒的房子，我們打掃灰堆，忽然間發現一個女人的殘屍，肚子已然劃開，還有一個小胎兒，同腸肚一齊流在灰土上，細細一看，那女人的破裂的肚皮中塡了許多鹽，看那屍體的樣子，還像是殺死不久的，十字街頭上我們也是掃磚堆時抓出三四個人頭，屍體已不知去向，可是後來在隔壁的王福記米莊看見，好幾條焦枯的人腿。

朱專員：不必到城裏，就是東鄉南鄉的村子裏，就可以看見這樣燒殺的慘跡，現在各[illegible]離城一二十里以內，除了這個鎭子是仗着在山後面敵人沒有怎麼來過以外，其他所有的房子都燒平了，所有的老百姓，沒有逃開的，也都殺得精光，李家村不是九個屍首，到昨天纔我齊埋下去的嗎？有好些地方，你看着沒有屍體了，可是一扒開磚堆，或到井口一撈，總會找出幾具來，李家的王二瘸子，因爲不能走路，小鬼子抓住他後，要他用手在地上爬進城去，背上還要背一隻小豬，後來還是在城門口一刺刀刺死的。

劉縣長：現在找老百姓組織掩埋隊掃除隊或還步哨，都困難極了，因爲城廂一二十里沒有一個老百姓，縱使叫旁處的老百姓去，還要自己帶幾天的乾糧和水，因爲飲食都沒有了。

記者：我們正應[illegible]學習敵人這樣堅壁清野的工夫，然而在敵人的騷擾焚殺的期間內，我們的老百姓沒有絲毫抵抗嗎？

（丙）民衆殺敵自衛

朱專員：當然有的呵。而且縣城的克復還要算老百姓的力量居多。爲什麼呢？克復縣城時，我們的軍隊還都沒有到，是老百姓首先把廣德到宣城間的公路給它破壞了，所有橋樑已燒燬了，廣德到泗安長興去的公路也經我們挖斷了，敵人失掉了左右的接濟，非常恐慌，後來我們四鄉的游擊隊三百多人分頭在城邊挖[illegible]陷阱，埋下炸藥，堵住敵軍，使他們不能出城一步，他們龜城裏給養當然不能支持，所以逼得非退出不可。

顧保長：提起老百姓的抵抗來，我倒有幾樁故事奉告，當初敵人乍進城時，不認識郊外的道路，有一個兵不知怎麼迷了路，中途遇到一個剛從外地回的學生，這就是李保長的兒子，在蕪湖上中學回來的，這個孩子個頭便腦，走在路上碰[illegible]這兵，還以爲是中國的軍隊，打了一個招呼。那個鬼子兵立刻舉起槍要向他射擊，後來一看孩子並沒有武器，就沒有開槍，反招手把他叫過去，要他引路，這孩子不懂話，那兵無法，便把槍夾起，一面用鉛筆日記本上寫他要去的地方，這學生冷不防用全身力量一下子把那兵的槍奪下來，反轉向他瞄要放的樣子，那敵兵已來不及搶回，撤腿便跑，其實這孩子雖有些力氣，但一點也不會開槍，所以看着那兵跑遠後，自己就拿槍回家去了。這槍還很好，是三八式的，前天已經交給游擊大隊的吳隊長了。還有一次，也許是外間不知道的事，就是在敵人攻陷[illegible]德的十幾天後，我們地方的壯丁隊有五六十個人曾趁黑夜衝至飛機場，當時有一百多敵人正那裏睡覺，還停得有十幾輛汽車，我們[illegible]人同時丟了一百多手溜彈，把敵人的七八個哨兵打死，打死不算外，還把油庫炸了，打死好幾十個鬼子，燒了四五輛汽車，但敵人很快的起來還擊，我們壯丁也被打死二十多人。此外，縣城西門外的十八里店。花鼓塘。小官塘。等沿公路村莊的壯丁，撿了不少散兵傷兵的槍枝，組成義勇隊，同敵人接觸過不少次，後來敵人小隊伍簡直不敢[illegible]公路上行走了。十八里店子有一次敵兵五名去村中搶掠，搜索小雞和豬羅，老百姓們看他人少，打死了二個，跑走了兩個，第二天敵人一百多人跑來要洗莊子，那莊子本來有七個人是在民國二十年參加過共產黨的游擊隊，他們[illegible]先預料敵人會來報復，就把全村二十幾枝槍集合起來，要大家分在五六個地方埋伏，敵兵進了村莊後，他們各據一方，紛紛開槍，敵兵不知道我們埋伏有多少武力，一齊嚇走了。【未完】

——摘自《大公报》（汉口），1938年2月25日

餘杭得而復失 日機狂炸桐廬

▲桐廬廿三日電　一週以來戰況如次、十五日、我軍至餘杭、又從新登攻富陽、並於青雲橋炮轟富陽、十六日、日方以機械部隊及密集炮火、圍攻餘杭、我軍遂於上午八時退出、轉攻虎嘯村、至虎嘯車站、下午五時、日軍由新橋增援、以坦克車八十輛、猛犯我軍陣地、我軍復退出虎嘯、十七日沉寂、十八日日機七架、襲桐廬、投燒夷彈如雨、全城起火、我消防救護隊出動時、日機復至、又投爆炸彈廿、斃百餘人、毀民房二百間、全城大火三日、舊縣城亦遭日機投彈十投、死市民六人、傷十四人、十九日在前哨僅有小接觸、廿一日、日機九架、窺察浙東各地、在新登投彈十餘、死五人、傷八人、我游擊隊在新橋活躍、富陽城西二公里處我與日軍激戰、

▲金華廿三日電　富陽日軍、已增至三千、連日徵竹筏、似有渡江南犯準備、

▲金華　昨晨十一時、日機多架空襲浙省臨時省會金華、於火車站傍投彈三投、午後又有日機來襲、投彈多枚、昨晨有日機一隊轟炸蕭山、毀民屋十餘間、

——摘自《新闻报》（上海），1938年2月25日

日機沿廣九粵漢轟炸

▲國民新聞社美聯廣州廿三日電 今午約有日機四十餘架、轟炸沿廣九路粵漢路及公路等附近、該路之村莊亦遭受重大之蹂躪、據華方之意見、日軍此次所以作此大規模之轟炸、或爲報復華方在華南擊沉日艦五艘事件而出、今晨又有日機六架轟炸西村及北部各地、致華方之高射炮一時俱發、據華方之報告、日機最近雖轟炸甚烈、但各路火車仍通行 阴云、

——摘自《新闻报》（上海），1938年2月25日

日機炸吉安吉水

▲南昌 二十三日晨十一時許、日機六架、侵入吉安上空、在城區及郊外投彈二十餘枚、該日機旋折竄吉水投彈一枚而逸、下午二時半、日機十五架、再襲吉安、在市內外投彈五十餘枚、震動房屋多棟、並傷數人、

——摘自《新闻报》（上海），1938年2月25日

敵機襲蘭記

……下……

——摘自《甘肃民国日报》，1938 年 2 月 25 日

敵軍獸行之下

南京已成人間地獄

兩月內市民前後被殺約八萬

婦女被寇兵姦污達一萬之衆

（續）

即一般略有能力。以鐵前往購米。然多半於途中被敵劫奪。敵人如此強暴。拒絕接濟粮食。我京中難民。勢必坐以待斃。敵兵入據南京後。即進行組織偽組織。用種種卑劣手段。將自治委會組成。任陶錫三為會長。陶係南京人。為湯山陶廬浴池經理。并擁有相當地位。陶逆與齊逆燮元為知交。故此次極得敵人信賴。出而任為偽組織會長副會長為孫淑榮。亦係南京人。以略通日語。被敵人重用。該會現分總務交際交通財政調查人事六科。會址設於首都警察廳內。該偽組織唯一工作。在為敵人奴隸服務。如征工運輸購辦、以及代覓婦女等醜惡工作。偶有不利。即遭敵兵嚴厲指責。陶孫二逆。毫不知恥辱。甘之如飴。且更以卑劣行為。諂媚固寵　可謂毫無心肝。此外偽組織雖欲進行關於維持秩序及安定社會工作。但其所管轄區域焦土一片。渺無人煙。實無何工作可談。至秩序問題。敵兵之兇暴。亦決非其能力所可制止。故該偽組織實等於虛設。近為欲博敵人之歡。會於本年一月一日。懸掛五色旗。然除增我恥辱與憤慨外。別無絲毫影響。敵兵在京一切暴行。大致已如上述。但至一月二十六日。大部敵軍曾開離南京。所餘者均在京市佈置各種工事。同時在政治方面。則強令難民遷回原住所。一月二十八日。會張貼布告。勸令二十五保收容所六萬難民。一律遷出難民區。否則即用武力驅逐。雖經國際委員會交涉。仍無結果。於是難民羣議先請老年人試行遷出。以觀後情、然敵兵仍嚴厲令壯年同時遷出。歸有多數被迫遷出。但於晚間。竟有大批婦女哭啼而返。因之益使一般人惶恐萬分。不敢輕動。迄至近數日。情形略見好轉。然亦不敢謂決有安全也。又敵因嚮於我軍近日猛烈進攻。特於最近強迫大批壯丁。在城內外建築工事、同時在國府海軍部外交部鐵道部軍委會及各大建築。均駐有敵軍把守。該各地帶。均不准一般人近前。自敵軍進城後之一月、全部南京。淪入黑暗時代。難民區外火焰蔓延。焦土一片。搶劫橫行。渺無人煙、難民區內。屠殺姦淫。任意摧殘。內外殺氣重重。了無半分市景。洎一月中旬。水電方面。經國際委員會努力。略有恢復。但電話電報及郵政則毫無辦法。至各種商店。業已根本摧毀。現在敵於難民區上海路一帶。新設小攤甚多。所售物品。大部由難民區外搶掠而來。前往購買者甚少。前上海新申報—敵宣傳機關報—傳南京市面轉趨繁榮。實不值識者一笑。此外在難民區內。挑担剃髮者甚多。略有生意。但此決非所謂商業也。再關於京滬通車。事宜極屬滑稽。表面上敵當局布告安民。通知京滬於一月十二日通車。實際上中外人士前往乘車者。均不獲達到目的。則所謂通車僅為敵軍陵略之工具耳。在京數十萬難民。精神肉體。雖慘遭奇辱　但對前方戰爭。均極關切。初則不得已由新申報得悉一鱗半爪。然多荒謬無稽。現在多設法於外人家中靜聽中央廣播。遇有抗戰捷音電。在水深火熱之中亦無不歡欣鼓舞也。

——摘自《长沙市民日报》，1938 年 2 月 25 日

屍山血海的南京

敵在南京之空前暴行

據由南京逃出之某人談及敵軍在京暴行及南京現狀，與敵軍屠殺焚燒，奸淫掠擄，禁絕糧食，偽組織醜狀，敵軍政治軍事布置以及市面各情形如下：上年十二月十三日深夜中火光沖天，殺聲振地，我軍於砲聲隆隆之下，悲憤撤退，全城即陷入極端恐怖緊張之中。留城市民，幸早已安全移入難民區內，惟未能及時撤退之一部兵士，前進既難，後退亦無路，軍人愛國殺敵心切，於是在十三日晨，城內各處槍聲大作，敵我巷戰遂開始，衝鋒肉搏，我孤軍作壯烈衛國犧牲。當日下午槍聲漸稀，敵軍大隊入城，佔據各機關，佈置守衛。同時分派大批軍隊，至各處挨戶嚴密搜索我武裝軍隊，無論抵抗與否，一律遭受屠殺。自是日起，殺戮恐怖蔓延全城，敵方聲稱難民區內藏有軍隊七人，不顧國際信仰，悉然違反國際救濟委員會行政，衝入難民區內，按戶搜查，凡貌似軍人者、輒綑縛而去。十餘日內，每日均有十餘卡車滿載武裝人民，向城外駛去，總計不下萬人，慘遭屠殺。以後偶有市民在街中行走，或在房屋內發現，敵兵認為形跡可疑者，立即捕送新街口廣場上，一律以機槍掃射。倘被拘市民地近池河，則敵兵必推溺河內。曾憶一次有數人在河內起伏掙扎，敵認彼狀游水圖逃，乃一一以槍擊斃，事後，並槍挑人頭嬉笑衒心，遇有野犬，則戲弄誘食，倘該犬勇猛追逐，即以刺刀刺死，敵兵如此兇殘無道，實令人髮指。將近一月中旬，敵兵屠殺暴行益見猖獗，用種種陰險之詭計，謀害一般無辜百姓。分別布告市民，舉行良民登記，倘有違反，即不得生存。每日均有萬餘市民分別集合於金陵大學操場及新街口廣場與山西路廣場爭求登記，擁擠不堪，日人於此時偽作善意，向民衆演說稱：凡前充兵工者請即退到兩旁，以便分配職務，免與市民雜處，如有違犯，決予槍決。因之每四五千人中至少有四五百人自認超出民衆之羣。本人等亦一度前往參加登記，目覩當時敵人之自然神情，似非詭計。故一般民衆亦并不恐慌。乃離開登記地點，約廿餘分鐘後，忽聞槍響聲連作，可憐此成千成萬無辜市民，竟慘遭毒手，敵人滅絕理性之殘暴、於此可以想見。敵兵此種變態狂妄，國際救濟委員會曾一再提出交涉，但敵仍故意殺戮，每在一家搜索不出少年婦女時，遂惱羞成怒，痛屠全家。哀號哭泣之聲，不絕於深巷。是以兩個月間，我市民前後被屠殺者約有八萬之多。迄至今日，其摧殘毀滅暴行，尚無休止。留居南京市民之前途，實不堪設想。首都淪陷，敵軍於十三日進城，乘砲火未燼之火焰，又大施縱火，到處狂燒，猛烈之巨火濃烟，日夜籠罩於全城。此空前大火，使城內居民，無時不在驚駭恐怖中。其延燒區域，計有中華路，夫子廟，朱雀路橋，太平路，中正路，國府路，珠江路及陵園新村等地帶，所有高大建築及商店房屋盡付一炬，斷垣頹壁，焦土無限，悽慘之狀，不忍目睹！回憶政府十數年來辛苦經營，艱難築造，今不幸遭此浩劫，其損失誠不可勝計。尤以陵園新村之焚燬，眞令人苦心疾首，及至近日敵人縱火情形較緩，惟因彼等聯合房內焚燒取暖，漫不注意，致失愼波及，範圍極大。總之此次南京大火，實為洪楊之後最大之火災，其損失慘重，亦為我國史上空前之痛心記錄！敵人對吾如此摧殘蹂躪吾中華民族對此血債深仇，誓死必報。難民區成立後，婦女移往避難者極多，國際救濟委員會，并闢金陵女子大學為婦女收容所，當時已滿七千餘人，內部生活情形較難民區安全。敵軍進城後，即按戶搜查婦女，掠去姦淫，嗣復擴大暴行，每在收容所用大卡車將大批婦女載走，哭號震天，慘不忍聞。有時至深夜將一部份送回，但已遍體鱗傷，如是者數日，被其姦淫之婦女幾佔半。（未完）

——摘自《新中华报》（延安），1938 年 2 月 25 日

盤踞湖州敵嚴密設防

焚燬四郊居民 人民紛紛逃難

中央社香港十六電：自湖州城脫險來港之某君談、自我軍在襲湖杭州綫積極反攻後、各處游擊隊均活躍異常、湖州爲太湖與杭州間之要點、日軍已預爲[?]、將城外房屋全付焚燬、架設機槍、縣城僅開一門、准人民出入、故居民紛紛遷避、惟以交通困難、留居者尚有數萬人、入夜每聞槍砲聲、日前我空軍曾往偵察、後我機皆至該處窺察（

——摘自《甘肃民国日报》，1938 年 2 月 27 日

寇在陽泉車站慘殺美教士

屍具被居民發覺

中央社香港廿六日電：美國大使館翻譯學習員卡爾遜上尉、接晉省我某師部轉來電・謂據孟縣縣長報告、美國教士三人、一男二女、於上月十九日晚八時、在陽泉車站、被日兵殺、釁緣當時美國教士等因在該站見有某法僑與其日籍妻口角、當即善息、出面調解、該處之日守兵竟强出干涉、將男教士及該法僑槍殺、幷將兩女教士毆死、企滅口供及證據、事後幷將屍身四具投諸廁所糞地、但終被當地居民發覺、該電業已轉送此間美大使館云、

——摘自《甘肃民国日报》，1938 年 2 月 27 日

日機分擾各地 平民略有死傷

▲金華廿七日電 ㈠廿七日日機共九架、自七時零九分至十六時二十一分、分五次襲衢縣、投彈五十餘枚、無甚損失、㈡廿七日十時十五分、日機二架在永康投彈一枚、死平民二人、傷三人、毀屋二間、㈢臨浦方面發現日機二架、十時四十分竄麗水、投彈廿餘枚、

▲壽縣廿七日電 日機三架、廿六日飛田家庵、投彈五枚、傷平民十餘、

▲路透社廿七日漢口電 今晨華字報載日飛機在數省活動情形、謂閩北之建甌、昨爲日機十六架襲擊、又閩東之霞浦爲日機八架襲擊、建甌中彈後即起火、自晨間八時起、至下午猶未熄、霞浦損失詳情未悉、溫州昨日正午甫過、爲日機六架襲擊、共擲炸彈四十七枚、死兩人、傷三人、毀屋數所、浙江被轟炸者、尚有開家堰（譯音）處州諸暨三地、又洛陽東面之過馬鎮（譯音）昨日正午亦遭轟炸、粵省數處與粵漢鐵路一帶日機亦大爲活動云、

▲路透社二十七日廈門電 昨有日機十六架飛過廈門、轟炸漳州城與該城飛行場兩次、郵政局與房屋多所被毀、死傷人數未悉、聞外僑均無恙、

——摘自《新闻报》（上海），1938 年 2 月 28 日

屍山血海的南京（續）

敵在南京之空前暴行

嗣經國際救濟委員會竭力交涉結果，敵兵明目張胆之獸行略見減少。但其毀絕人性之殘暴程度，并未降低，於是不分晝夜，紛紛爬牆而入收容所，每見婦女，不暇估地，即强行姦淫，因之求救呼喊之聲，常達院外，蓋在收容所無法抗拒，只有聽諸野獸慘行也。同時另有一部敵人在收容所外溜覓婦女，彼之殘酷手段與萬惡行爲，更不能想像，國際委員會鑒此，又開金陵大學爲婦女收容所，前往爭避之婦女，極爲擁擠，然而暴敵醜行愈加兇猛，按其姦淫對象爲十二歲少女至七十歲老婦，如果有誰抗拒，即行槍斃，其次在西路一院內當一婦女被其姦淫時，其丈夫前往哀求釋放，敵軍見而震怒，以刺刀將其刺死。此外敵兵虐待難民之惡舉，迭出層見，某日一被姦淫之裸婦屍體，僵臥血中突爲一日兵覩見，乃强迫我難民與之性交，該市民竟在抗拒之下，死於非命。而該屍體亦遭刺數刀，如是慘絕人世之奇辱，日多一日，迄至本人離京日止，已有一萬婦女被日兵姦污。

敵在南京暴行非但屠殺縱火姦淫，且復縱兵爲盜，任意搶劫，當難民移避難民區時曾將家門閉鎖，嗣據目擊者稱各街巷門戶業已開啓，而室內物件已空，此顯然爲敵軍搶掠，按自敵軍進城後一個月內每日有大批卡車滿載器物，向下關駛去自係以車船運走。幷聞所有紅木家俱亦均，搬運磬盡，較珍貴物品，則更早爲敵席捲一空。

敵兵入据南京後。即進行組織僞組織，用種種卑劣手段，將自治維持會組成，任陶錫三爲會長陶係南京人係一浴池經理，幷置有相當地產，陶逆與齊逆燮元爲知交，故此次得敵人之信任，爲僞組織會長，付會長爲孫某，亦係南京人，以略通日語，被敵任命。該會現分總務，交際交通，財政調查，人事，公科，會計等設於首都警廳內，該僞組織唯一工作在爲敵人作奴隸的服務：如征工運輸購辦以及代覓婦女，等醜惡工作，偶有不利，及遭敵兵嚴厲指責，陶孫等逆乃不知恥辱，甘之如飴，且更以卑鄙行爲諂敵，固可謂毫無人心，僞組織雖欲進行關於維持秩序與安定社會工作，但所統治區域焦土一片，渺無人烟，實無何工作可談，至秩序問題，敵兵之猛暴，亦决非彼所可制止，該逆爲博敵之歡。於本年元旦掛五色旗，敵兵在京一切暴行，大致已如上述，但自天羽所部敵軍開入南京後，即在京市佈置各種工事，同時在政治方面亦強命難民趕回原駐所天羽張貼布告，難民區念五六萬難民一律遷出難民區，否則即用武力驅逐，難經國際委會交涉，仍無結果，於是難民羣衆先請以老年遷出，以待後情，然敵兵仍嚴勵令壯年同時遷出，有多數被迫遷回，但於晚間竟有大批婦女哭啼而返，因之僅使一般人惶恐萬分，不敢。至近數情形略見好轉，然亦毫無恢復秩序之可能，又敵內鑒於我軍進迫南京，於最近强迫大批壯丁在城內外趕築工事，同時在國府舊軍部外交部鉄道部軍委會及各大建築，均駐有敵軍把守，各該地帶均不准一般人近前。自敵軍進城後之一月，全部南京淪入黑暗時代，難民區外火燄蔓延，焦土一片，搶劫横行，渺無人烟，難民區內屠殺姦淫，任意摧殘，內外殺氣重重，了無半分市景，近雖略有恢復，但電話電報及郵政則仍毫無辦法。至各種商業皆被摧毀，現在敵於難民區內新設立商店多處，物品大部咸由難民外區，搶掠而來，往購買者甚少。前上海新申報爲敵宣傳機關報，傳南京市業已恢復舊觀，實不値一笑。此外在難民區內挑扭理髮者甚多，略有生意，然此决非所謂商業也，再關於京滬通車事，亦極屬滑稽，表面上敵當局佈安告民，通知京滬於某日通車，實際上前往乘車者，均不獲達到目的，則所謂通車實爲敵軍侵略之工具耳，在京數十萬難民急欲聞抗戰消息，不得已由新申報探悉。大半消息又多荒謬無稽，現在多設法於外人家中，領聽中央社廣播，遇有抗戰捷報，雖在水深火熱之中，亦無不欣歡鼓舞云。（完）

——摘自《新中华报》（延安），1938年3月1日

敵機襲廣州虎門

中山大學竟被投彈

敵逞暴三灶島居民多逃避

【廣州一日下午七時發專電】今晨五時半至下午二時許，敵機三十一架分次來襲，八架入廣州，在機場附近石牌投彈十餘枚，并擲六枚，謀炸中山大學，幸落農場及文學院空地，從化機場附近三次被投二十餘彈，張惠民談，唐家灣無敵艦蹤跡，恐我轟炸或避往九州洋云，虎門外來敵艦三艘，無異動，晚六時敵機十架又由唐家灣夜襲虎門，因要塞猛擊，只在白沙機場附近投彈而退。

【香港二日上午一時發專電】三灶島敵增加後，對島民益兇暴，迫少壯築機場，否則刺殺，婦女多被奸淫，島民多乘黑夜逃澳門對海之灣仔，唐家灣敵艦已退，虎門有敵艦二艘航空母艦仍泊九洲。

【中央社海口一日電】二十八日下午四時，瓊山子尾港發現大小艦各一艘，大艦駛抵海口外停泊，一般人推測即係昨侵擾陵水榆林港者。

——摘自《大公报》（汉口），1938 年 3 月 2 日

日機炸臨汾車站

粵從化等地又被空襲

【本報特訊】華方稷山消息：日機一日又往臨汾車站轟炸，投彈數十枚，彈落空地，未有損失。廿六日有日機六架，飛侯馬轟炸，廿七日有日機多架，飛往臨汾轟炸，此時車站停有難民車一列，日機乘難民退避之時，追逐掃射，死傷平民數十名。

【本報特訊】華方廣州消息：日機四十一架一日分三批進犯，在市東郊從化，琶江等地，投彈五十餘枚，毀民房三間，幸未傷人。

【東京一日電】同盟社訊：大本營海軍報道部公佈如下：（一）昭和十三年二月中國空軍之被日海軍擊毀者，計擊落八十七架，炸毀六十九架，共一百五十六架。（二）昭和十三年二月，日方損害十三架。（三）自事變發生以來至二月底止，日海軍所擊毀之中國空軍，計擊落三百七十八架，炸毀四百七十架，共計八百四十八架。（四）事變以來日方損害七十八架。

——摘自《大美晚报晨刊》，1938 年 3 月 2 日

懷遠城內 一片焦土

▲壽縣一日電 懷遠城內之日軍、爲橫尾松川橫川三部、對地方異常騷擾、現由文昌閣北至北門、西至欄杆、東至木廠、均成一片焦土、

——摘自《新闻报》（上海），1938年3月2日

封邱逃出難民談 敵軍殘暴情形

仇視知識份子慘殺五百餘人 青年婦女多被強姦

（開封一日電）據封邱逃出難民談、侵入該縣敵二千餘、殘暴異常，對知識份子、仇視更深、被殺者五百餘，青年婦女，多被強姦，至死者三百餘人。

——摘自《泸县民报》，1938年3月2日

日機昨空襲廣州

西安兩次空襲警報

▲廣州一日電 日機四十一架分三批進犯、在市東郊德化琶江等地投彈五十餘枚、毀民房三間、幸無傷人、餘無損失、

▲香港 一日晨日機兩度襲市、五時三架在天河白雲兩機場擲數彈、七時六架亦在兩機場投彈、中大落三枚於農場及文學院後、午二十二架分飛粵廣兩路窺伺、

▲路透社一日廣州電 日機兩架昨日下午飛過廣州、在沙面能見之、觀於高射炮彈在天空之爆炸、可知其飛行甚高、該兩機曾在石壩飛行場附近擲彈數枚、

▲國民新聞社美聯二十八日廣州電 在黎明之空襲警報發出之後、即有日機飛至白雲山附近及天河飛機場、投擲多數炸彈、所受損害、目下尚無法確定、據華方傳來之消息、謂在虎門炮台方面、從東南方傳來之空襲聲 及自北而來之高射炮還擊聲、在今日上午十時三十分至十一時、均甚清悉可聞云、

▲西安一日電 西安一日發出兩次警報、首次下午二時十分、日機六架經豫境入商縣雒南藍田、二次四時五十分、日機兩架由晉竄陝境、均稍事窺察即飛去、

——摘自《新闻报》（上海），1938年3月2日

揚州被敵佔據後擄去婦女六七百

（徐州二日電）交通界息：南通魯口泰興沿江各地，均甚安定，江陰對岸有敵三四百人，揚州被敵佔後，敵擄去該地四鄉青年婦女六七百人，上月二十六日，敵一度到泰興江岸天心橋上岸窺探旋卽退去。

——摘自《泸县民报》，1938年3月4日

綏敵兵力單薄

強拉我民衆

僞裝敵兵故示炫惑

【中央社河曲二十八日電】歸綏來人談、敵以兵力不敷分佈、遂由歸綏開出大批汽車、滿載破爛軍裝、沿途捉拉民衆上車、着其軍裝、故示炫惑、至夜晚始將被拉拉民衆釋放、翌晨復如法裝置、以爲常、

——摘自《甘肃民国日报》，1938年3月2日

京蕪敵軍暴行

敵掠南京青年婦女運滬
蕪湖一帶村莊盡成焦土

（中央社徐州三日電）南京淪陷後，敵屠殺我民衆極慘、遺屍滿城、經紅十字會收殮、半月未畢、新街口一少婦、被迫不從、竟遭殺戮、盡剝衣帶、屍體殘缺、厥狀極慘、在京所有青年婦女、悉被搜掠載船運滬。

（中央社繁昌二日電）蕪湖一帶敵陣地附近、及其前方各村莊、均被縱火焚燒、盡成瓦礫、對我民衆、割耳挖眼、盡情蹂躪。

——摘自《新华日报》（汉口），1938年3月4日

南京氣象悽慘

同胞被敵慘殺者日以百計

京杭敵監視美法牧師行動

（中央社九江四日電）據由京逃難來潯者談稱：京中氣象、悽慘不堪言狀、敵日來雖允許四鄉難民回城、但搜查甚嚴、不問皂白、卽行拘捕、被慘殺者、仍日在百人以上、太平街新街口一帶商店仍多閉門、敵方商人乘機來京營業者、宛如潮水、近在太平街一帶商業區域所開設、敵方商店、達一百四十家之多、大抵爲旅館、飯店、咖啡館、酒館、及妓寮、至日用商品店及化粧店、亦復不少、但顧客皆爲敵方軍人、聞此項商人從前皆在漢口、長沙、宜昌各處經商者。

（中央社香港四日電）滬息、敵在京杭各地、有禁止攜帶照片文件出境說、對美法教會牧師來往、尤爲注意。

——摘自《新华日报》（汉口），1938年3月5日

據逃出難民談

南京民衆慘遭殺戮

每日死者在百人以上

（九江四日電）據由京逃難至潯者談，京中民衆慘不堪言，敵日來雖允四鄉難民回城，但仍搜索極嚴，不問皂白卽行拘捕，被慘殺者，每日在百人以上，太平路新界口一帶商店，仍多未開門，敵方商人紛乘機來此營業者，如潮湧，近來在太平路商業區內之日商店，已增有一四〇家之多，大概爲旅館飯店咖啡店，及妓院、至日用商品貨物亦復不少。

——摘自《泸县民报》，1938年3月5日

從南京逃到上海

一個難民的口述

日軍用票換去了我們許多的東西
有了良民證方准在難民區裏逗留
京滬各站都被砲火轟得不成樣子

埔·蕩·

【本報特寫】昨天據一個從南京逃到上海來的難民對我這樣說：

『誰都想不到，南京會這樣快的淪入日軍手中，因爲我們老是這樣想：在上海的日軍，經過了兩個多月的時期，耗費了不知多少的軍火，犧牲了不知多少的軍隊，但是所得的代價，僅僅是閘北的一塊焦土。倘使他們需要長驅直入，進攻南京，那不知要費去多少時日和財力，但是事實上並不這樣，南京竟在莫明其妙的狀態之下，很快的宣告淪亡了，我們一大夥人，也開始逃到中山路難民區裏充當難民。

躲在難民區的第三天，日軍就假搜査殘餘軍隊爲由，衝入難民區，他們好像發瘋一樣，亂抓難民，嚴格檢査、或許他們認爲我們身上、及行李內所藏的物件，好像是違禁物品，就一律加以沒收。

倘使他們在你身上，發現一件破舊的灰色襯褲，或者一些「抗日」文字，他們立刻就會將你拖往街頭，費上一顆子彈，送你回歸「老家」去。所以在我們中間，一時慘遭這種命運的很多。

後來，我們認爲你是一個安分良民的時候，那末就開始發給你一張「良民證」，准你在難民區裏逗留，但是接着，我們十多萬難民的食糧，就發生了一個嚴重的問題，因爲在那裏，雖然有很多的吃食攤販，但是定價的昂貴，實在駭人聽聞，譬如一碗陽春麵，也得買上一毛大洋，饅頭一個，銅元六枚，大英牌香烟，每包一元，前門牌每包一元二角，蔬菜一元多一斤，猪肉每斤一元二角，牛肉和馬肉驢肉，每斤八角，比較便宜的還是鮮魚，因爲來源很多，所處以每斤祇售兩角，但以到找不到一只跳躍鮮蝦，和一只橫行的螃蟹，白米，每石九元半，像我們這一夥囊空如洗的難民怎樣可以在這裏生存呢！我們爲着要活命，所以祇得聯合向國際救濟會請求救濟；在救濟會裏，雖然藏着很多的食米，但是他們不肯無條件的救濟我們，他們通知我們，在每天上午九時，下午四時，到金陵大學去，化上一分國幣的代價，方始可以買到一根竹籌後，再到「施粥廠」去領取薄薄一碗稀飯，而且每天只發這兩次。

【以下接第五版】

▼以上接第二版▲

當然囉！倘使你沒有一分國幣，就得睜睜的餓上半天，所以在路上，每天終得有幾十個餓殍，躺在那裏，幾隻餓得肚皮像褲帶一樣狹扁的野狗，垂着尾巴，搖搖的拖着沉重的脚步，走到那屍首的旁畔，嚙着屍身上幾根靑筋和包在外面的一張枯黃的皮膚，牠們感到失望懷擬，爲什麽在一個人的身上，找不到一些厚肥的肌肉。

但是這些，好像救濟會裏不應該注意的一件事。

日軍軍用票正面

日軍他們發行軍用票，向我們購買任何所需要的東西，但是我們接到他們的軍用票後，我們可沒有一個地方能够去掉換我們所需要的一切，但是話也得說回來，他們究竟沒有白拿我們的東西、他們也得化上幾個錢，即行這種軍用票，並且我們可以把它珍密的藏起來，傳給我們的子孫，使他們牢牢的記着，在若干年之前，我們的芳鄰，曾經用這種紙張，換去了我們許多血汗做成的東西！

夜間沒有電燈，整個的難民區，充滿着黑暗，冷酷，恐怖，沉寂的氛圍，好像死城一般，四週不時的傳來緊密的槍聲，和尖銳悽慘的婦女呼救聲，日軍威嚇聲，把我們一個個的從夢裏拖回來，懷着一顆跳動的心靈，不知道自己是否還在夢裏；翌晨，照例的在街上可以看見幾個赤裸裸的女屍，橫在那裏！

「我們需要活，我們不願意生存在這種暗無天日的地獄裏、我們現在寧可死到我們的上海去！」一千二百多個上海籍難民因爲被迫過甚思鄉心切提起乾枯的嗓子一致的這樣呼着。同時救濟會接受了我們的要求，開始向「南京市維持會」去交涉。

所謂「南京市維持會委員會」，是誰都知道的一個傀儡組織，所謂「會長」，名陶雪生——一個當地的土豪一他的一切，完全聽憑日軍的支配，並且好像很聰敏的樣子，把我們的古董——五色旗——重復的翻出來懸着，表示一番「革新」的氣象。

我們交涉的結果，總算獲到了勝利，我們眞不知怎樣的快樂，興奮，因爲已經收獲一個希望，不久的將來，我們就可以回到我們的故鄉上海去了！

在上月二十六日的晚上十二時，日軍忽然通知「維持會」說：我們回到上海去的火車，已經準備好了，「維持會」立刻將這個消息帶給我們，我們欣歡得像發狂一樣，一個個從床上跳起來，忘却我們的身上僅穿着一件薄薄的單衣，更好像已經忘却什麽叫做睡眠，所以沒有多少時候，我們已經全體集合在一塊空地上。

經過一陣紊亂，我們四個人一排，不分男女老幼，列着長長的一隊，開始出發，我們好像黑夜行軍一樣，靜穆地銜枚疾走，幾顆明亮的小星，照着我們一千二百多個瘦削的憧憧的黑影，地上，發出一陣輕微的脚步聲和咳嗽聲，調破了這沉寂的空氣，四週，看不到一所完整的房屋，所有的，祇是一堆堆的破瓦碎磚，斷垣殘壁，濃厚的琉璜氣和火焦味，薰得我們頭腦發昏，我們自己都不相信自己在美麗莊嚴的南京城里行路。

日軍軍用票反面

我們似乎應當感謝「維持會」，他們特地爲着我們派了一個職員，持着一面白旗，在我們前面領導前進經過了多次的日軍的盤詰，我們穿過了軍政部等大厦，

南京難民區之良民證

安居證

第019712號 姓名 性別（男）年齡（四十七）

右者ハ帝國軍隊ニ對シ害意ナキモノト認ム

昭和十三年一月三日 中島部隊本部

一、體格 中

二、容貌 長

三、特徵

大約在二十七日的上午四時許，我們方纔抵達下關車站，站上的房屋，並沒有多大的損壞，路軌上，躺着三十多節的鐵蓬車，我們在月臺上，就地的坐着。

時間大約在六點多鐘，火輪般的太陽，從東面透出它的面目，昏黑的天幕，漸漸的收藏起來，光明又重復照到我們可憐的一羣身上，我們由日軍支配，次第的鑽入車肚裏，在一節車裏，祇准坐四十五人，並且我們感覺這是畢生的榮幸，在我們的身邊，還有六十多個武裝日軍，隨車維護，最不舒適的；在車裏找不到一只可以坐的櫈子，而且只有一線的光明，從車門的隙處射進來，因此我們被悶得幾乎透不過氣來。

沒有多少時候，車輪即軋軋的發出響聲，接着車身也開始震盪起來，我們知道車子已經開動，從南京直向上海前進。

京滬鐵路線上，不論無錫，鎮江，常州，蘇州的車站，都被砲火轟得不成樣子，沿線的房屋，均被縱火焚夫，鎮江的山洞，一部份已經坍毁，日軍正指揮不用代價拉來的數百個中國化子，趕着修理，路軌上，還染着不少忠勇華軍戰鬥員下們遺來的斑斑血跡，一陣陣的春風，送來了悲傷的血腥氣。

經過了十三小時，我們的車子，方始投入大上海的懷抱裏，我們從車裏望見北火車站，好像孩子們望見他母親的乳頭一樣，興奮得直跳起來，但是日軍們不准我們亂動，仍舊命令我們次第的下車，在月台上重行列成隊伍。

當時我們都是這樣想：今夜我們可直入租界了，但是希望決不是很容易的成爲事實我們這一群由日軍押着，在黑暗中摸索前進，到達東興路第三電話局裏，那時各人的肚裏，都餓得在那裏直叫，但是誰也不會注意到我們，所以我們祇得挨着餓睡到天亮。

在二十八早晨七時許，我們又列隊起行，由「大道市政府」的警察，引領我們至梵王渡附近，我們纔得一一的走進租界，在這裏，我們又看見許多遊藝場所，都高高的懸着客滿牌子，跳舞場裏，還是擠滿着許多青年的男女，一陣陣的爵士音樂，從窗縫裏透出來，一切，都呈露着熱鬧，狂歡的氣象，我們在路上徬徨，我們不知那裏是我們的老家，我們更引起一種疑竇，這裏是不是我們的故鄉，所謂「人間天堂」的上海，又謂戰後造成的孤島！

——摘自《文汇报》（上海），1938年3月5日

濟寧日軍
侮辱回教徒
激起衆怒發生大衝突
結果日人被殺者千人

【美聯社漢口十一日電】據中國官方今日報告、日軍令中國回教徒殺豬以佐軍糧、無奈此事有違其宗教信仰、回教徒等不從、致與日軍在濟寧方面大起衝突、結果殺死日人千名、回教徒中亦有三千人因而慘遭犧牲、緣日軍於最近進入山東南部之濟寧後、彼等因缺乏軍糧、遂令回教徒殺豬數百頭、致觸犯回教徒之宗教信仰、該教徒等怒極而叛、雙方死亡衆多、截至最近、雙方情勢仍甚緊張云、

——摘自《文汇报》（上海），1938年3月5日

JAPANESE SOLDIER SLAPS U. S. WOMAN

School Teacher Hit on Face by Sentry in the Shanghai Tokyo-Controlled Area

CONSUL MAKES PROTEST

Admiral Le Breton Takes Over Command of Yangtze Patrol in Ceremony at Hankow

SHANGHAI, March 5 (AP).—United States Consul General Clarence E. Gauss protested to Japanese Army authorities today against the action of a Japanese sentry in striking Miss Grace Brady, teacher at St. Mary's Hall Episcopal School.

Miss Brady was returning from the school, a short distance inside Japanese-occupied territory, when the sentry stopped her last Wednesday and asked to see what she was carrying in her book bag.

According to information the Consul General tendered to Japanese authorities, the sentry struck Miss Brady on the face while she was opening the book bag.

Miss Brady, who formerly lived in San Diego, Calif., has been a resident of China since 1925.

Officials of St. Mary's said she was accompanied by a Chinese woman who is dean of the school. This Chinese was searched thoroughly by the sentry.

The sentry then grabbed Miss Brady's bag. At first she clung to it, but finally started to open it. While she was doing so, the sentry allegedly struck her.

A Japanese spokesman tonight confirmed receipt of the Consul General's protest, but the only explanation offered for the striking was that "the Chinese woman accompanying Miss Brady talked back to the sentry."

School officials said there had been similar incidents in past months involving Chinese teachers and employes of the school.

Mr. Gauss and British Consul General Herbert Phillips also made separate written representations to Japanese authorities against Japanese censorship, either real or projected, of American and British mail.

They emphasized that the United States and British Governments did not admit the Japanese right to such censorship. While censorship of foreign mail has not been announced, Japanese previously had reserved the right to do so commencing today.

Admiral Le Breton Takes Command

HANKOW, March 5 (AP).—Rear Admiral David M. Le Breton of San Francisco today took over command of the United States Yangtze river patrol, succeeding Rear Admiral John Marquardt.

Admiral Le Breton read his orders from the deck of the patrol flagship Luzon at Hankow, present seat of the Chinese Nationalist Government.

Since the sinking of the Panay and decommissioning of one obsolete vessel, the Yangtze patrol consists of only five gunboats. Two of them are at Hankow and one each at Ichang, Nanking and Kiukiang.

——摘自《纽约时报》（The New York Times），1938年3月6日

寇軍在鳳陽

焚燒民房

（壽縣五日電）敵連日在鳳陽南周家瓦房古山溝，西山口，老虎洞燒焚民房，並在劉府桃山集，東西各山口架設機槍。

——摘自《泸县民报》，1938年3月7日

西安昨日空襲
鄭州又遭狂炸
鬧市落彈頗多死傷
鐵爐車站難民遇難

【鄭州八日下午十一時電】八日早六時四十分，敵機九架由東北兩方進襲鄭州，至六時三刻，敵機一架侵入市空，繼又來一架，旋轉數週，向西南飛去，七時許，由南歸來，我高射槍砲密集射擊，敵機投彈五枚，即向北飛去，旋於鄭郊東北會合重轟炸機三架驅逐機三架，渡黃河北岸，又由西北飛入市空，我炮火密集射擊，敵機飛度甚高，漫無目的，投二十餘彈後飛去，計東門內塔灣落三彈，傷一人，塘子巷落一彈，傷一人，中山東街•中山南街•大同路傷五人，死一人，平漢路票房被炸倒，路軌毀三節，南關口及隴海地下室落二彈，傷士兵一人，南唐七里•錢塘路•地平街菜市•晴川里•明宮橋•正興街•浙江興業銀行倉庫•石花樓外福壽街及天主堂均落數彈，無大損失，搗悉，內有兩外人受傷，再明宮橋•錢塘路附近電話線均毀，經電政局趕修，於晚十時即行恢復。

【鄭州八日下午十一時電】敵機八架於八日下午二時飛鐵爐車站，該站停難民車一列，敵機低飛，投彈十餘枚，並用機槍掃射，難民死傷甚衆。

【中央社鄭州八日電】八日晨敵機襲鄭時，在西郊天主教堂投彈一枚，聞炸斃義大利籍傳教士二人。

【中央社西安八日電】敵機十九架，八日下午二時一刻，由晉竄入陝境，至朝邑後，分西南兩批，向省垣飛行，西安防空部據報，除發出警報，嚴爲戒備外，我空軍亦架機升空迎擊，敵機僅在西安西南郊外投彈十餘枚，炸燬民房十間，平民死三人，傷八人，餘無損失，至三時十分敵機分東北兩路逸去，東行敵機十餘架，與我空軍在渭南華縣間遭遇，發生激烈空戰，達十餘分鐘，敵不支，分途遁去。

【中央社洛陽七日電】敵機七日兩次窺洛，首次一架在上午十一時半，二次二架，係下午三時，均由孝義經孟津抵洛西飛，旋復折向東逸去，洛市已發警報，並以高射機炮射擊。

——摘自《大公报》（汉口），1938年3月9日

南京陷落後暴敵獸行聞見錄

燒殺搶掠窮兇極惡 全城婦女幾全被污

敵士氣大衰已失鬥志

【中央社訊】頃有某難民出京秘密於二月十九日發函寄滬轉港，寄致其在漢友人，詳述我首都陷落後日寇在京肆行燒殺姦掠之獸行，窮兇極惡，慘絕人寰。留京國際人士均憤慨切齒，並望我政府抗戰到底，日寇色厲內荏，已成强弩之末，勢必疲憊崩潰云。茲將原函全文誌次：

（上略）弟自十二月十三日南京失陷時，無法離去，遂陷入敵圍，淪爲難民。二月以來，所見所聞，驚心駭目，茲特擇要奉告，亦以見敵寇之兇惡，與其內部之矛盾，勢難久肆兇暴也。

敵軍獸行

十三日晨，敵大部入城，全市悲慘黯淡，頓陷恐怖狀態，初則任性燒殺，繼則判思姦掠。茲分項述之如下：

屠殺

在下關方面不及退却之吾軍，當場被殺者約有萬計，道路變赤，屍阻江流。被俘于儀鳳門一帶四千餘人，無飲無食，每日餓斃者恆四五百人。現在三汊河一帶被沉之忠魂屍體，尚不計其數。在城內有大批保安隊，約四千餘，以及每日搜捉之壯年民衆，被認爲戰士者，每月必有數千，均押赴下關，使其互爲寃鬼，再以機槍掃射，不死者益擲以手溜彈，或以刀刺迫入地窖，或積叠成山，聚而焚之。被難者蹤跳悲號，慘不能狀，而獸性敵人，猶在旁拍手，引以爲快。城內之各池塘及各空宅，無一不有反縛被殺之屍體，每處數十百計不等，綜計旬日之間，死者六七萬衆。雖方諸明末揚州十日，嘉定屠城，不是過也。

◇焚燒◇

自敵軍入城之日起，縱火亂燒，日必七八處，初將所有高大建築，除佔用外，殆已燒盡。不能焚燬者，亦破壞之。繼則普通民房，亦難倖免。弟曾親赴城南視察，自新街口迄中華門之房屋，百不留一。據聞其他各處，以建築簡陋延燒尤甚。故現受德美人士保護麕集難民區之二十萬民衆，多半已無家可歸，殊可憫也。

◇姦淫◇

吾民族認爲最恥辱最痛心疾首者，厥爲姦淫。而敵竟不顧一切，除燒殺掠奪外，復大肆姦淫。稍具姿首者，幾無一幸免。甚至赤身裸體，公然白晝宣淫，迭經外國人士目覩，當場斥爲禽獸，悄然遁去，恬不知恥。因是一般難女，俱避入金大金女大收容所，以求保護。此後日間雖稍安，然一至天黑，鑽穴踰垣，仍所不免，或姦淫後架去，或一去不返，或雖返而已病不能興，故懸梁跳井者日有所聞。最近有一五十餘歲之老嫗，遇敵欲強行非禮，有子二人，起而抵抗，竟全家被殺，此類事實，不知凡幾，可歌可泣，筆難罄述。據國際委員會友邦人士云：有案可稽者，已千餘起。

◇搶掠◇

敵人入城後，三五成羣，挨戶搜查，難民區內更甚，即各使館及外僑住宅，亦一視同仇。應門稍遲者，即槍殺射刀刺。先則專掠錢財，搜索身體，繼則翻箱倒櫃，雖便桶地穴，亦必察看，不論日夜，每戶必搜查七八次，如是狂掠，計達兩旬之久，現雖稍戢，仍時有所聞。各官署各私宅之大件器物，則早已被運一空矣。綜計敵軍入城後之殺燒姦掠，書不盡記，而吾難民在水深火熱之中可以求保護而稍得慰藉者，惟國際委員會是賴，在京之德美友邦人士，咸抱大無畏精神，不避艱危，盡悴從事。在金大金女大收容所內服務之外僑，無分晝夜，輪流守護，金女大內美人華大姐，每對於敵人之來封姦難女者，常跑哭求救，負責糾察組之德人師佩林先生，調巡察護，遇敵姦行，力竭聲嘶，輒與周旋。此外，在京各外僑，無一不努力救護吾民。與敵人爭執，因之受辱被創者，時有所聞，而吾二十萬難民，得以救護，否則恐無孑遺矣。即最近自傀儡式之自治會成立後，被難民衆，仍時向國際委員會哭訴敵人暴行者，日必四五十起，據聞，均詳爲紀錄，轉播全球。而敵方亦自感應付棘手，視國際委員會爲眼中釘，乃多方爲難，刻意阻撓，務使難民區解散而後快，但外僑絕不爲動，且更努力，此等精神，天人共欽，不僅吾難民奉爲萬家 佛已也。

——摘自《大公报》（汉口），1938年3月9日

日寇在南京獸行

屠殺軍民已達六七萬餘人
敵士氣消沉懼我空軍轟炸

（中央社訊）頃有某難民由京輾轉于二月十九日發函寄滬轉港、寄致其在漢友人、詳述我首都陷落後日寇在京行燒殺姦掠之獸行、窮兇極惡、慘絕人寰、留京國際人士、均憤慨切齒、並望我政府抗戰到底、日寇外強中乾已成強弩之末、勢必疲憊崩潰、茲將原函大意錄左：

一、敵軍入城後之獸行情狀

十三日晨、敵大部入城、全市悲慘黯淡、籠罩恐怖狀態、初則任性燒殺、繼則到處姦掠、茲分項述之如次：

（一）殺　在下關方面不及退卻之我軍、當場被殺者約有萬計、道路變赤、屍阻江流、被俘于麒麟門一帶四千餘人、無飲無食、每日倒斃者恆四五百人、現在三汊河一帶被沈江之忠魂屍體尚不計其數、在城內有大批保安隊、約四千餘、以及每日搜捉之壯年民衆、被認爲戰士者、每日必有數千、均押赴下關、使其互爲束縛、再以機槍掃射、不死者益擲以手榴彈、或以刀刺迫入地窖、或積疊成山、聚而焚之、城內之各池塘及各空宅、無一不有反縛被殺之屍體、每處數十百計不等、綜計旬日之間、死者六七萬衆、雖方諸明末揚州十日、嘉定屠城、不是過也。

（二）燒　自敵軍入城之日起、縱火亂燒、日必七八處、初將所有高大建築、除被其佔用外、殊已燒［illegible］、不能焚燬者、亦破壞之、繼即普通民居、亦難倖免、弟曾親赴城南視察、自新街口迄中華門之房屋、十百不留一、據聞其他各處、以建築簡陋、延燒尤甚、故現受德美人士保護區集難民區之二十萬民衆、多半已無家可歸、殊可憫也。

（三）姦　吾民族認爲最恥辱最痛心疾首者、厥爲姦淫、而敵竟不顧一切、除燒殺掠奪外、復大肆姦淫、稍具姿色者、幾無一幸免、甚至赤身裸體、公然白晝宣淫、迄經外國人士目睹［illegible］不爲禽獸、悄然遁去、話不知恥、以是一般難女、［illegible］入金大、金女大收容、以求保護、此後日間雖稍安、但一至天黑、鑽穴踰牆、仍所不免、或姦後擄去、或一去不返、或雖返而已病不能起、故懸梁跳井者、日有所聞、最近有一五十餘歲之老媼、遇敵欲強行非禮、有子二人、起而抵抗、竟全家被殺、此類事實、不［illegible］凡［illegible］、可歌可泣、罄難盡述、據國際委員會友邦人士云、有案可稽者、已千餘起。（未完）

——摘自《新华日报》（汉口），1938年3月9日

粵漢路五月來 落彈千餘 死傷卅餘人

漢口外訊、過去五個月中、日機轟炸粵漢鐵路總計一百五十次、投彈共一千四百三十三枚、鐵路職工共死十七人、傷十五人、統計以炸彈八十五枚炸死一人、五十八枚炸傷一人、道路・橋樑・鐵軌・車站及臥車雖炸毀多次、唯旋即修復、而目前火車之往來、則仍甚通暢也、修路職工之工作效率已較以前增加、蓋彼等於應付非常情形方面已較有經驗也、上月間有一看守鐵路橋樑之工人、因前面橋樑已被炸斷、遂揮紅旗囑火車停止前進、雖有日機在附近翺翔、渠亦不之顧也、當日本空軍見其揮揚紅旗之時、遂低飛以機鎗射擊之、據聞鐵路當局對於此英勇鐵路工人之家屬、已從優加以撫恤矣、

◎廣州八日國民新聞社美聯電、據此間中國官員今日相信、因過去一週間日機並未轟炸華南、衆料日機或集中於台灣、使華機第二次往空襲時、出其不意、予以迎擊、俾達到消滅華空軍之目的、據云、日軍積極於完成在澳門東南三灶島地方之空軍根據地、此間官員因華南安靜、均甚樂觀、預料日機於三・四・五・三個月內不致時常來襲、因此三月爲雨水最多之季也、

——摘自《时报》（上海），1938 年 3 月 10 日

日機襲鄭州 西安遭遇戰

◎漢口九日路透社電、昨日日機襲擊鄭州時、有鄉間義教會之職員數人受傷、今日此間義大使館接鄭州義教士來電報告此事、據未徵實之消息、義教士兩人因中彈殞命云、昨日雖有風雪、中日飛機皆甚活動、中國飛機曾轟炸晉南日軍砲隊陣地、日機除鄭州外、且襲擊西安、鄭州爲日機十七架襲擊兩次、第一次在晨間、日機共九架、第二次在下午、日機共八架、日機至西安時、中國飛機曾升空迎戰、聞日機分兩隊逃去、內有一隊、適與自晉南飛回根據地之中國飛機相値、乃發生遭遇戰、

◎香港九日國民新聞社美聯電、據中央社報告、星期二日清晨日機十二架轟炸鄭州、炸斃義大利牧師二人

◎香港九日國民新聞社美聯電、關於八日晨日機十二架空襲鄭州、炸死義大利牧師二人一節、據漢口義大利領館所得消息、鄭州被炸之教會、並非義大利所有、據信乃中國教會、蓋義教會因鄰近火車站、爲避免意外起見、每日日間、所有義籍教士、均避至他處、祇留看守二人、保護教會財產、

——摘自《时报》（上海），1938 年 3 月 10 日

日寇在南京獸行

屠殺軍民已達六七萬餘人
敵士氣消沉懼我空軍轟炸

（四）掠 敵人入城後、三五成羣、挨戶搜查、難民區內更甚、即各使館及外僑住宅、亦一視同仇、應門稍遲者、即槍射刀刺、先則專搶錢財、搜索身體、繼則翻箱倒籠、雖便桶地穴、亦必察看、不論日夜、每戶必搜查七八次、如是狂掠、計達兩旬之久、現雖稍戢、仍時有所聞、各官署如私宅之大件器物、則早已被運一空矣、總計敵軍入城後之殺燒姦掠、書不盡記、而吾民在水深火熱之中、可以求得保護而稍得慰藉者、惟國際委員會是賴、在京吾外僑、無一不努力救護吾民、與敵人爭執、因之受辱被傷者、時有所聞、而吾廿萬難民、得以救護、否則恐無孑遺矣、即最近自傀儡式之自治會成立後、被難民衆仍時向國際委員會哭訴敵人暴行者、日必四五十起、據聞均詳爲紀錄、轉播全球、而敵方才自感應付棘手、視國際委員會爲眼中釘、乃多方爲難、刻意阻撓、務使難民區解散而後快、但外僑絕不爲動、且更努力、此等精神、天人共欽、不僅吾難民奉爲萬家生佛也。

二、最近所得之敵情

（一）士氣 聞敵攻南京時士兵以爲城下後即可休戰返國、無如事與願違、氣爲之衰、迨一月來吾空軍非常活躍、敵人大爲震驚、其士兵每對人作手語、深懼吾機轟炸、又聞敵兵飽掠後、每多換穿吾服、向滬逃亡、被捉處死者甚多、此外因荒淫過度而病花柳者、亦屬不鮮、總之、士無鬥志、爲敵軍當前之一弱點。

（二）軍容 聞此次敵人動員一百萬、服裝不足勢所必然、所見敵人常有軍裝不全、大衣俱無者、所穿衣褲亦破爛不堪、初入城時、因之除搜索法幣外、專掠被褥、奪人內衣及到處烤火、多數房屋之被拆被焚、此亦其大原因、現在京有一百六十二個部隊單位之營底、滿布城內、而尤於城北三牌樓城南國府路爲聚集之區。

（三）紀律 自稱文明而又係徵兵制度之國家、其士兵紀律之廢弛、一至於斯、令人夢想不到、其姦淫擄掠種種暴行、每有官長爲之首導、而士兵更無忌憚、且聞內部派別紛歧、常各不相容、如大使館方面之文治派與海陸軍人、固各行其是、即軍人方面、海軍與陸軍、老宿與少壯亦各樹門戶、時起齟齬。

（四）外僑輿論 在京外僑、德美兩國約二十餘員、無不目敵方爲國際盜寇、世界公敵、是以將其暴行由軍艦電達本國、傳播世界、咸云敵人經濟已起恐慌、求助各國、亦無與應、增賦加稅、捉襟見時、決不能持久侵略、若吾國抵抗到底、使其欲罷不能、必毀而復已。（續九日）

——摘自《新华日报》（汉口），1938年3月11日

鄭州義領署遭轟炸 傷教徒五六人

◎漢口九日國民新聞社美聯電、據今日義使館接到之通知、當昨日日本飛機轟炸鄭州時、義領署亦遭受轟炸、中國天主教徒約五六人受傷、義僑則無有受創者、義領館方面對於華方報告有義牧師二人遭擊斃之消息、尙無所聞、至於受傷之華天主教徒五六人、或係屬於義教會者、因該教會鄰近火車站、至教士等日間時常移動、僅留二人照管財產、據華方報告、轟炸該城之日機共十二架、日機於二月十四日大施轟炸鄭州、當炸彈射及美國教會時、致住於該教會醫院內之華人受傷、在二月底時、日機曾在鄭州方面散發傳單、警告外人遠離華軍集中之地、謂日機將於三月一日飛鄭、實施空襲等、但是日並無日機轟炸之事實、據此間華方消息、中國飛機曾飛往山西南部轟炸、與日本飛機在隴海路上空徐州附近一帶一度戰鬬、有日本轟炸機三架被擊落云、

——摘自《时报》（上海），1938年3月11日

寇軍到處姦淫 燒殺無所不爲

（漢口十一日電）據本市可靠方面息，廣德泗安鎮、及附近周圍二十餘里之村莊，全被敵兵焚燒，成爲一片焦土，郎溪尚有少數未燒盡，宜興溧陽亦幾燒完，除房屋被燒外，敵在各地姦淫强掠，無所不爲。

（廣州十一日電）敵水兵自二月二十八日，在此侵佔中山縣屬高瀾島後，該地漁民備受蹂躪，前日敵以該島被掠殆盡，該地敵兵四十餘，已離該島他去。

——摘自《泸县民报》，1938年3月12日

寇殺回民 教胞奮起

茲據×戰區十一日電稱、日寇此次攻入澧甯一帶時、强姦擄掠、無所不爲，尤其對我回民姦殺並施其殘忍、誠令人髮指、因此引起回教長老下令抵抗、經斃寇千餘、敵爲報復計、遇我回民、卽行殺害、總計被殺害之回民、已達三千餘人、現魯西一帶回民、均已聯合組織游擊隊，爲保衛祖國、發揚教義而抗敵、凡我內地回胞及回教長老，應卽一致奮起、枕戈待旦、慷慨赴義、滅此朝食。

——摘自《新华日报》（汉口），1938年3月12日

敵軍暴行

朱總司令來電揭露

漢口新華日報館鑒：據晉北×司令員儉電稱、最近日寇在平漢線屢經挫折、恐慌之餘、繼以燒殺、完縣唐縣曲陽三縣城、及沿平漢線東西五萬餘民房商店、悉成焦土、卅萬以上人口、痛遭荼毒、割耳穿心、奸淫擄掠、少壯被殺、骨肉成灰、哀聲遍野、慘不忍睹、邊區政府抗日武裝救亡團體、及全邊區羣衆、除積極救濟難民外、誓以最堅決的精神、與日寇作殊死鬥爭、謹請將日寇此暴行、爲公諸全國同胞、及全世界主持正義人士、并請給以有力援助、朱德彭德懷冬。

——摘自《新华日报》（汉口），1938 年 3 月 14 日

敵機襲武漢西安

漢罐子潮附近落彈我無損失

西安西郊炸燬民房二十餘間

（本市訊）十四日下午六時許、據報有敵機六架、由皖境侵入鄂東、我空軍及防空部隊、俱嚴陣以待、該批敵機到達武穴附近後、見我有備、故竟盤旋片時、仍循原路逸去、嗣復由中途折轉、高空飛行、企圖偷襲武漢、結果僅於暮色蒼茫中、在罐子湖附近、投彈十餘枚、我毫無損傷

（中央社西安十四日電）敵機卅三架、十四日上午十一時、由晉竄入陝境、於十一時五十飛抵西安高空、在西郊外投彈數十枚、燬民房廿餘間、經我高射槍砲瞄準射擊、敵機向東遁去、迄十二時四十分、解除警報。

（中央社南昌十四日電）此間旬日雨雪、今日方霽、敵機竟乘黃昏時偷襲、下午六時一刻、贛浙邊境、發現敵機六架、六時四十分侵入市空、我機當時凌空截擊、高射炮部隊亦描準射擊、敵機在市區東南方郊外投彈十數枚、均落荒地、我無損失、旋向原路逸去、七時一刻解除警報。

（本報廣州十四日專電）敵機卅餘架、於今日下午二時卅分起、分批飛至廣九路塘頭廈投彈數枚、寶太公路投彈數枚、損失不詳、又唐家灣海面發現敵艦四艘、大鏟附近泊敵艦一艘。

（本報金華十四日專電）今日下午二時、敵機一架至衢州投彈六枚、無損失、又至平陽及樂清海面均發現敵艦一艘或二艘、往來遊弋。

——摘自《新华日报》（汉口），1938 年 3 月 15 日

敵軍屠殺難民 激起武裝反抗

（中央社壽縣十四日電）鳳陽定遠失守後、兩縣難民多避居山中、敵軍爲欲殘殺此輩難民起見、故在山麓張貼誘民下山佈告、其中難民一千餘人受其蠱惑、於日前相率下山、敵遂以機槍將此千餘無辜難民射斃、血屍陳野、厥狀甚慘、現留山難民數萬人、均紛紛組織遊擊隊、隨時襲擊敵軍後方、兩三日內被擊斃者三百餘人、敵受此打擊、惱羞成怒、昨今兩日竟一面在山下架設機槍、一面以大隊飛機向山中轟炸、惟我民衆仍以堅强之態度、予以抵抗、同時我軍在外亦側擊敵軍、使敵處於進退兩難中。

——摘自《新华日报》（汉口），1938 年 3 月 15 日

敵軍在滬 奸淫獸行

（香港十四日專電）頃有自上海來人稱、敵自侵佔上海後、將京滬路局新建之五層大廈內部、加以修葺、改爲千餘小房間、每一房間內只有草蓆墊地、將市外途中及夜間截搶之婦女千人、置於其內、强令剝去中國衣服裸體、只准着日本女和服一件、每日規定四小時爲蹂躪時間、至時並用抽籤式任敵軍洩慾、婦女臂上、均刺有號碼、另有一大房間、預備婦女甚多、以作蹂躪之遞補、敵雖多方防止此等婦女自殺、然伊等痛苦與恥辱多不能忍受、故撞壁而死者、日必數人、敵之此種集中祕密蹂躪我國婦女、外間鮮有知者。

——摘自《新华日报》（汉口），1938 年 3 月 15 日

寇機昨犯鄂贛粵浙各地

鄂陽新縣災情更爲慘重

寇機低飛用機槍掃射平民

死傷三百以上誠空前浩刦

陽新十三日電：陽新十三日晨十時，遭敵機之瘋狂轟炸，縣城西起山屏壞，東自島川門，以及大尉巷，擊燬街內之商店，肆虐後，不被炸毀，即遭焚燒，無辜平民死傷尚重，是晨九時四十分，監視哨發現有敵機十二架，向陽新方面前進，市民相機避難，敵機分兩隊掠空而過，並未在城空盤旋，人咸認又必往武漢一帶肆虐，不十分鐘，敵機去而復返，先在中學投彈三枚，有一彈落美人所設之天主堂附近，又在鄂南日報、傷兵醫院及縣城熱鬧處所，濫投炸彈與燒夷彈，中彈之處，頓處一片焦土，大火迄晚未熄，陽新街道，位於江畔，每屆夏季之變，江水倒灌街心，街中多架路板，以利行人，當時在街中屋內尚未避難平民，聞警爭相擠塞，竄跳板上，以趨街外，敵機追於此時低飛，用機槍掃射，以記者目擊所及，七日陽新城內平民死傷之衆，至少當在三百人以上，誠空前浩刦，十三日下午二時，敵水上轟炸機三架，又飛來肆虐，竟欲使喘息方定之幸存陽新平民，同歸於盡，殘酷行爲，歷古未聞，我中國民歸世世子孫，當永思有以誌之。

廣州十三日電：敵機四十五架，今上午九時五十分起，至下午六時卅分止，數次冒雨來犯，首次三架，飛中山虎門竄擾，二次三架，飛粵漢路在銀盞坳附近投十餘彈，並在廣九路常平附近投兩彈，三次六架，飛粵漢路在郭□軍田間投彈十餘枚，均落田間，四次三架，又飛粵漢路在銀盞坳附近投十餘彈，無大損失。

金華十三日電：敵轟炸機二架，今晨八時十分，由觀海衛方面飛麗水，投彈十餘枚，無損失，旋侵入鄞縣，投彈八枚，仍循原路逸去。

漢口十三日電：十三日晨四時餘，有敵機六架，由鄂東遷犯武漢，經我高射部隊猛烈轟射，空軍奮勇迎擊，敵機倉惶投彈六十餘枚，俱落鑵子湖附近荒地，我毫無損傷。

南昌十三日電：敵機十[illegible]架，十三日晨五時半，兩小隊侵入南昌市空，盤旋偵察廿餘分鐘，在浙贛路南昌南站附近投彈十餘枚，震倒車站平民房屋一所，餘無損失。

南昌十三日電：敵機十三日空襲吉安、德安、玉山各情如下：十三日晨二時四十分，敵機九架，由浙江桐廬侵入贛東，四時二十分至吉安上空盤旋偵察，五時十分向吉安郊野投彈廿餘枚，旋向贛西飛往上高、高安，復竄至南昌縣屬之向塘一帶投彈十餘枚，又敵機四架，侵晨五時半向德安投彈十餘枚，死平民四人，傷十餘人，下午二時，敵機三架，在德安城北荒地投彈廿餘枚，又十三日上午三時四十五分，敵機三架，侵入贛東玉山上空，投彈廿餘枚。

玉山十三日急電：今上午九時，敵機二隊，飛經本邑六區上空時，其中一架投彈一枚，落大金頁北田圃中，我無損失。

——摘自《南宁民国日报》，1938年3月15日

日機有大事活動

廣州被投彈三十餘枚

飛行港一帶爲轟炸目標

華方高射砲會密集射擊

【廣州十五日電】美聯社訊：廣州於不聞空襲警報數星期後，今日又遭日機大事轟炸。日機有數架飛翔頗高，隱藏於雲霧之內，天河飛行場，西村近郊工業區，東山住宅區，共落下炸彈三十餘枚，但投彈目的，多集中飛行場飛行港地段，因該處新近由香港運到運貨新卡車多輛也。當日機飛過市空時，華軍之高射炮齊發，以粵漢路交車處發炮最密，被炸中之軍事要點中，有白雲山脚之廣州軍分校，共被擊中八九次。聞平民死傷數相當鉅大，會有數彈落於距安息會百碼外。

【廣州十五日電】路透社訊：日飛機已有若干日未至此間，今晨復出轟炸燕塘陸軍學校，及白雲山附近之高射砲砲位，據官方宣稱日機共二十二架，十一架飛過廣州，餘十一架赴九廣鐵路之樟木頭，惟迄今尚未接損失報告。今日高射炮所發之彈，視前爲準，多在日機四周爆炸，但無命中者，聞附近各村死傷平民若干人。

漢口機場昨晚再遭日機空襲

【漢口十五日電】美聯社訊：據報今日黃昏有日本飛機十五架，由兩個方面進襲漢口，在飛機場投彈甚多，旋發生大火，爆炸聲城內歷歷可聞，紅光燭天，但中國飛機，不致受重大損失，蓋在警報發生後，尚有充裕時間，將所有飛機，飛往他處也。漢口新裝設之探照燈，今日應用，頗具効力，萬丈光芒，向天空搜索日機，惜高射砲動作較緩，未能與探照燈相配合。

【漢口十五日電】路透社訊：今晨十時三十分此間復發出空襲警報，蓋據報告，日機向漢口前進故也，漢口西南九十公里之嘉魚會發見日機四架，因飛行甚高，故不能辨明其屬於何式，此間中國飛機即全升高，至少者驅逐機十二架，在距地一萬五千呎之高空環飛，以備迎戰，轟炸機則飛往遠處，以避日方之驅逐機，但日機終未飛臨此間。中國飛機之待一小時半之久，於是咸飛回，降落飛行場。

【本報特訊】華方金華消息：日機三架，十五日上午十一時許，發現於桐廬方面，旋經建德蘭谿龍游，竄入福壟，婺城，再折回飛麗水，投彈廿四枚，無甚損失。（二）日軍轟炸機一架十五日下午一時，由桐廬方面竄金華，投彈十二枚，落西大門後街，毀民房二間，無死傷，日機旋向原路逸去。

【本報特訊】華方西安消息：本月十一日日機兩架，竄入陝省華陰縣境之華嶽廟時，一架因機件發生障礙墜落，日機師三名，二人斃命，一人被俘，十四日已解抵西安。

——摘自《大美晚报晨刊》，1938 年 3 月 16 日

廣州自晨至午

七批空警

廣九粵漢兩路投四十餘彈

◎香港十五日電、十五日晨至午日機三十七架分七批來襲、六架在廣九路樟木頭平湖南崗投十餘彈、十五架在粵漢路源潭銀盞坳投三十餘彈、六架襲市區、在白雲機場投三彈、天河機場投四彈、均不中、轉入市中心、我高聲炮猛擊、戰十餘分鐘、日機始退、

◎廣州十五日路透社電、日飛機已有若干日未至此間、今晨復出轟炸銀潭（譯音）陸軍學校、及白雲山附近之高射砲位、據官方宣稱、日機共二十二架、十一架飛過廣州、餘十一架赴廣九鐵路之中偶頭（譯音）惟迄今尚未接損失報告、今日高射砲所發之彈、視前爲準、多在日機四周爆炸、但無命中者、聞附近各村死傷平民若干人、

◎廣州十五日美聯社電、昨日日機多架又來此大事轟炸、以天河機場及西村工人區域、東山住宅區域、爲目標、投彈達三十枚之多、天河機場之軍官學校校舍中彈八九枚、

鄭州 十五日電、日機一架、十五

汕頭 十五日電、日機十六架今日下午大舉來犯潮梅各屬、一時二十分掠過汕市、即分批肆擾、一批十二架襲潮安梅縣、另一批四架襲揭陽饒平澄海、未投彈、迄三時七分折回汕市出海、向厦門方面飛去、

繁昌 十五日電、本日有日機多架、在繁昌南陵銅陵一帶窺察、並投彈十餘枚、

西安 十五日電、本月十一日日機兩架入陝省華陰縣境之華嶽廟時、一架因機件發生障礙墮落、飛機號數爲八九七一、日機師三人、二人斃命、已解抵西安、

——摘自《时报》（上海），1938年3月16日

廣州市郊遭敵飛機襲擊

十五共同社廣州電。今日廣州市郊遭敵機襲炸。無辜人民死者頗衆。產業損有損失。

敵機因我高射砲密射。不敢低飛，地上不能見。敵機在天河飛机場，西村。及東山等處投彈三十餘枚。天河飛機場附近之農校。略有損失云。

——摘自《三民晨报》，1938 年 3 月 16 日

寇在溫縣 大肆屠殺

該地殘餘老弱逃走一空 青年男子加入民軍殺敵

（洛陽十五日電）（一）竄溫縣之敵，計有大小炮十餘門，坦克車九輛，裝甲車十五輛，騎兵四百，步兵二千餘，該敵於前皿被我當地民團及游擊隊會合開鬬，斃敵騎二十餘匹，獲馬十二匹，步槍二十餘枝，我×部已派兵前往，以一部向東灘增援，另一部會合民軍，向溫縣截擊敵後路，其中業已與敵小部遭遇數次，斃敵甚多，（二）近作柳灘佈防之敵，因受我游擊隊側擊，曾於九日下午三時，向我岸東灘防守射擊，我路有傷亡，當還擊，斃敵步砲兵五十餘，敵惱羞成怒，在平橋赴鎮東西灘大屠殺，現該地殘餘老弱，已逃走一空，青年男子，全均加入當地民軍殺敵。

——摘自《泸县民报》，1938 年 3 月 17 日

日機到處肆擾

▲路透社十六日廣州電 日本飛機乘連日天氣之晴朗、今晨又空襲廣州附近、沉重之炸彈聲浪、沙面清晰可聞、察其方向、顯係在廣州東北郊之兵工廠、至於空襲之結果、目下尚不可知、

廣州

▲廣州十六日電 日機四十八架、今日分批進犯在粵漢路軍田波羅坑等處、投彈卅餘枚、並在黃埔及廣九路南崗各處投彈廿餘枚、

南昌

▲南昌十六日電 日機十二架、十五晚分四批襲贛、自晚七時十分起至十二時五十分止輪流侵入南昌市上空、第一次三架、七時卅五分侵入市區、未投彈、第二次三架、八時五十二分在市區郊外投彈卅餘枚、第三次三架、十時許亦在市區投彈多枚、第四次三架、十二時十五分、侵入市區投彈十餘枚、順化門三省巷等處震倒民房數十棟、死傷人數、現正調查中、

▲南昌十六日電 日機六架、十六日晚分批偷襲南昌、第一批於九時零七分侵入市空、因我高射炮部隊隨照空燈猛烈射擊、日機見勢不佳、倉皇在市區東南方郊外投彈十數枚逸去、第二批於十一時零五分侵入未得、亦因我炮火猛烈、未敢低飛、復在郊外投下十數彈而逸去、十一時半解除警報、

福州

▲福州十五日電 十五日晨十一時、日機三架、由閩東海面飛來、在南門外王莊鄉投彈三十枚、僅炸倒民房數間、死傷數人、

西安

▲西安十六日電 日機四架、十六日上午十時二十分、由晉竄陝、侵入西安上空、在西郊窺視一週、並低飛掃射、旋即向原道逸去、十一時十五分解除警報、

漢口

▲路透社十六日漢口電 今夜復有日本轟炸機六架來漢空襲、並在飛行場投彈三十餘枚、在日機未抵漢口時、陸地上之強烈探照燈、即已照耀天空、直至日機遠去後始止、但高射炮未見施用、蓋使中國驅逐機飛起迎擊也、日機離去前、曾向探照燈方面用機關鎗掃射、

▲漢口十六日電 十六日晚八時餘、據報有日機多架、乘月色光明、由皖境侵入武漢上空、但我早有防備、於日機來時、照空燈猛烈照射、空軍奮勇截擊、日機不敢久留、倉皇投彈十餘枚、

——摘自《新闻报》（上海），1938年3月17日

大批敵機擾粵

竟炸難民車

罹難死傷者數十人

南昌吉安均遭空襲

【廣州十七日中央社電】敵機四十八架，今分九批輪迴轟炸田江，從化，番禺各地，共投彈五十餘枚。

【廣州十七日中央社電】粵難民救濟會十四日遣送難民李子清等三百五十人乘粵漢車赴漢，詎料車經英德縣屬河頭站，適敵機四架來襲，竟向既非武裝又無防禦設備之難民所乘車廂投彈多枚，罹難死傷者達數十人。現該會除電縣府將死者殮葬傷者醫治失踪者設法查尋并妥爲安置外，今特電省當局報告處理經過。

【南昌十七日中央社電】十七日午南昌吉安兩地，均遭空襲。第一批敵機五十六架，於十一時四十分由贛皖邊境侵入南昌市空，來勢頗兇，我高射砲隊當予以猛烈射擊，敵機在高空向市區東南方投彈百餘枚。而其所得代價，僅炸死市民三人，傷五人，震倒民房九棟。第二批八架，由贛西北向東南飛行，至十一時卅五分，侵入吉安。據吉安電話，敵機投彈廿餘枚，均落郊野，毫無損失。

【廈門十七日中央社電】十七日晨七時敵機十五架襲漳，投廿餘彈。

【福州十六日中央社電】十六日午敵機十一架，由閩東海面侵入市空，盤旋數匝，在南郊王莊鄉投重量炸彈十三枚，均落空地，我無損失。

【安慶十七日中央社電】敵機十七架，十七日午分兩批來襲，在城東郊投數彈，我無損失。對江楊家套亦投二彈，燬民房數間。

——摘自《申报》（汉口），1938年3月18日

粵漢路河頭車站

彈中客車

乘客二十五人立斃

◎香港十七日美聯社電、據今日中國報告稱、昨日自廣州北駛之火車一輛、在河頭車站遭三日機襲擊、一彈恰中車箱一節、立斃乘客二十五人、又當乘客紛自車中越下奔至麥田中躲避時、日機在上開機鎗掃射、亦擊斃華人多名、

◎香港十七日電、十七日晨三十八架日機、分六批襲粵漢・廣九・廣三路、在韶關投彈五十餘枚、死傷不少、從化投彈二十餘、琶江黎洞等站路軌略損、午後續來襲、

◎香港十七日電、日航空母艦「龍驤號」夜間泊萬山群島蒲台島等處、晨駛回唐家灣或荷包島、

——摘自《时报》（上海），1938年3月18日

漢口新市場

落一小彈

◎漢口十七日路透社電、昨夜日機來襲時、有炸彈一枚落於中山路商會與新市場間、其式頗小、顯由偶爾墜下所致、傷數人、即經送入醫院、漢口商區之中炸彈、此爲第一次、

——摘自《时报》（上海），1938年3月18日

平陸附近房舍

敵縱火焚燒

由陝縣北望有多處火光冲天

鄰寶閿鄉對岸之敵向後撤退

(鄭州十七日電)潼關電，(一)潼關陝縣黃河北岸敵礮兵十七日無動作，惟陝縣對岸敵礮兵有增加，(二)平陸縣敵十七日在城郊附近，縱火焚燒，由陝縣過河北望有多處火光衝天(三)鄰寶閿鄉對岸之敵後撤。

(潼關十七日電)我游擊隊連合又部，連日在垣曲西北王山衛，洞瀏沿鎮，王嶺山活動平津陸茅金渡敵大受威脅，十六日向東北退去平陸縣我游擊隊乘機反攻，敵首尾受襲形極狽狠(二)敵在永濟平陸共二千餘，芮城十六日到敵千餘，旋即退鮮縣，風陵渡敵仍有千餘，(四)在趙山沿河築工，我軍之渡河破壞，敵通訊網並相機進[illegible]反攻。

——摘自《泸县民报》，1938 年 3 月 19 日

廣州日機

沿路投彈

◎香港十九日電、十九日晨四日機襲廣三路、在佛山投五彈、燬數間民房、橫瀝站投四彈、轉飛廣九路樟木頭投數彈、又三架飛石灘投六彈、寶太公路投數彈、再到從化投四彈、下午十架復來襲粵廣兩路、

——摘自《时报》（上海），1938 年 3 月 20 日

日機十七架 昨又犯粵

佛山從化投彈數十枚

粵商輪一律夜間納稅

（廣州十九日電）日機十七架，今日分三次進犯，在廣九路樟木頭石滝站，佛山站，及從化，石岐寧安等地，投彈卅餘枚，按石岐被炸，此屬首次。（廣州十九日電）

今日上午九時，日機一隊，飛襲佛山，在車站旁投一彈，旋以機槍掃射客車，炸毀路軌少許。（廣州十九日電）

粵市因日機空襲頻仍，各江輪渡於辦公時間，多不開關檢查，經航商向當局請求，綏署今特分函海關，轉飭沿河防軍，一概准予夜間納稅檢放，以利交通。聞海關對此舉，亦表贊同，即可實現。

——摘自《晶报》（上海），1938 年 3 月 20 日

臨沂德教堂 被日機炸燬

▲曹縣十八日電 十六日日機三架 侵入臨沂縣上空、投彈四十枚，城內德天主堂被炸，中彈十餘枚、當即起火、燬屋廿餘間 傷教士數人 避難民衆死四人 重傷十二人

日機轟炸徐州東站

▲徐州十九日電 十九日午 日軍重轟炸機五架、在驅逐機三架掩護之下、飛徐轟炸、十二時三刻 侵入市空、當在東站投彈十六枚、我高射鎗炮密集射擊、日機一架尾冒白烟、乃紛向北而去、我被炸燬民屋廿餘間、

江西星子亦遭空襲

▲南昌十九日電 十九日晨日機十二架、由皖侵入贛境、在贛東北各縣盤旋一週後竄入星子、投彈六七十枚逸去、據星子來電報告、炸燬及震倒民房數十棟、死傷二十餘人、

——摘自《新闻报》（上海），1938 年 3 月 21 日

火毀學校多所

城中居民避散四鄉　維持會傳已出現

崇明

東門外激戰四小時

據昨由崇明避難來滬者談、十八日晨日軍在飛機大砲掩護之下、分由南門港及新開河登陸、新開河鎮上、當時即起大火、旋沿公路進迫縣城、我保安隊及民團暨警察等、即在東門外佈陣苦戰、歷四小時許、卒以傷亡過重、且無後援、不得已而後退、十八日上午十時四十五分、日軍侵入縣城、縣長顧鴻熙下落不明、生死莫卜、崇明中學・海濱中學及猛將廟之三樂中學、均起大火、悉付一炬、朝陽門外王家花園中砲擊毀一角、日軍進城後、立即把守四門、嚴禁人民通行、因此城中秩序大亂、日軍嗣即强迫各商店開門復業、平民住宅亦禁止關閉大門、西門外徒手平民、傷亡者甚衆、日機共投擲炸彈七枚、五彈落縣城中心、二彈落北門外、聞穿心街北門之北、亦落彈一枚、一說崇明縣屬堡鎮之大通富安二紗廠、並未被燬、目下全城民衆、均已散避四鄉、城中僅存十分之一、聞維持會出現

——摘自《时报》（上海），1938 年 3 月 21 日

日機轟炸臨沂德教會

死傷達二百餘人之多

雖漆有德國徽號仍不免
傳有德人一名被炸身死

【香港二十日電】美聯社訊：據今日此間中國半官報告稱：上星期三，在山東省南臨沂縣之某德國天主教堂爲日機所炸，傷德人一名。又據其他之中國報告稱：該教堂當被炸時，適有教友滿堂，結果計有四人殞命，及二百餘人受傷。但該報告並未指出殞命者或受傷者中是否有德人在內。又據該半官報告，該德國教堂漆有一極大之德國納粹黨徽號。

——摘自《大美晚报晨刊》，1938 年 3 月 22 日

華北的奴化教育

接收編審局刪改教科書 設新民學院教偏傀人才

【北平通訊】華北自「臨時政府」登場後，在日軍指揮下，第一步就是着手實施共同麻醉教育。現在爲使華人明瞭起見，記者想把華北的奴化教育眞相，全部暴露於讀者之前：

首先，從教育行政說起，平市「臨時政府」的教育部組織大綱，是於二月四日以僞令公布，僞部總長以及科職員亦均由是日起，開始辦公。總長爲湯爾和，次長爲黎世衡，部內組織，分總務文化教育等三局，各局人員名單如下：總務局局長劉士元兼代會計科長，文書科長陳寅生，事務科長徐澍，教育局局長張沁沛，高級教育科長陳佶，普通教育科長趙祖欣，社會教育科長陳楚涵，文化局局長由張沁沛兼任，第一科科長史靄

僞部成立後，即着手從下列三方面推進工作：（一）恢復國立各大學并整理私立各大學；（二）接收編審局，從事各級教科書之刪改；（三）成立新民學校，養成能奉行日方命令的中堅傀儡官吏。

關於恢復國立各大學，聞經僞部積極籌劃後，日內即將實現。據傳各大學校長人選亦已內定，北大校長由湯爾和兼任，師大校長由前師大教授柯政和充任，清華校長則由教育次長黎世衡兼任，教務長由教部教育局長張沁沛兼充。藝專校長已定鄭穎蓀，平大農院則併入北大，院長由龐敦敏充任。對於私立各大學，則聲稱將加以歸併以縮少校額，現正着手調查各校之組織及一切情形，俟調查竣事，即將着手整理。雖云整理，而實際則是強化其奴化教育的統治。

編審局本局前京津地方維持聯合會所設，自維持會解散後，即由居仁堂遷至中南海八所辦公，並實行獨立，但「臨時政府」業已成立，故決定由僞教育部接收，此事預計三月間可實現，該局長現爲飯田道雄，組織暫分審查修訂及發行三科，目前之工作正努力於大學各級學校教科書之修訂，聞中小學教科書，業已修訂完畢，正付印中，本年下學期所有各中小學校教科書，均將採用此新編纂者。

至於新民學院，在系統上，並不直屬僞教育部，而隸於臨時政府行政委員會，僅由僞教部參與籌備。院長一職，由王克敏兼任，教務長則爲日人佐藤三郎。教職員多數爲日籍，漢奸教授亦有四五人，如日語權威錢稻蓀，即爲其中之一，該學院爲造成奴隸官吏之惟一機關，根據該學院簡章，畢業生得有優先被任用爲僞政府官吏，學生之費用，全由官方供給，且學生倘爲現任僞官吏，更可不失其原有職分。現已於一月十日開學，學生共爲六十人，據悉其中之五十五人爲大學畢業生，中學校教員天津公安局員，什誌社之社長及北京天津等地之知識份子，而由日本大學出身者亦不少。

以上種種，爲現時日人在華北實施奴化教育之舉大者，且僅屬開始，嗣後當更有進一步之痲醉毒策，見諸事實，而華北一塊土地，亦將更陷於鬼域了。

——摘自《大美晚报晨刊》，1938 年 3 月 22 日

誘騙婦女赴杭

供日軍姦淫

奸徒張寶被捕

自來火街白相人張寶、意圖營利、於上月中以介紹工作爲由、誘騙青年婦女十數名、送至杭州、供日軍姦淫、內有一名王秀娟、年華二十六、寧波人、姿態可人、住自來火街執中里六號、伊在杭每日至少供日軍八名輪姦、精神肉體痛苦不堪、本月十二日設計逃回上海、延醫診治、自昨具狀第二特院刑庭、控告張寶妨害自由等罪、昨日上午十一時許、由繆臉邦推事訊悉前情、、遂諭令王秀娟領法警於昨日午後二時、將張寶拘獲、繆推事於午後四時許提審張寶、因案關風化、禁止旁聽、審訊良久、諭知張寶押看守所、改期三月三十一日再訊、

——摘自《文汇报》（上海），1938 年 3 月 23 日

暴敵鐵蹄下

蘇州慘況

人民不能安居四出逃亡

蘇滬航運須三晝夜始達

【中央社香港二十四日電】滬訊，蘇州四鄉盜匪蠭起，避難鄉間之人民，均逃往城內，詎料城內已由敵人控制，並強徵青年男子充當兵役，青年女子被迫慰勞獸軍，因之因羞恥自殺者日有所聞，居民夜間閉戶，不許上鎖，須任敵軍隨時侵入搜查，騷擾不堪。蘇人懾于暴敵鉄蹄之下，不能安居，咸相率逃滬避難，登輪時又須受敵軍嚴格檢查，物品禁止出境，且多被沒收，蘇滬輪船本月一日已通行，但一隻輪船拖帶客船十餘艘，乘客極爲擁擠，行程爲九十五公里，須三晝夜始可到滬，其苦況極不堪言云。

——摘自《大公报》（汉口），1938 年 3 月 25 日

一華人胸前
刺抗日字樣
被日方槍斃

南市捕捉刺花人、現已告一段落、凡查無抗日思想及犯罪者、已均准保釋、目下對於檢查以女性爲嚴、聞此次捕捉刺花由來、係曾捕得一男子、在胸前刺有打倒日本帝國主義字樣、於是捕去訊問、此人非但不屈服、並云凡刺花者乃伊同黨、此人業被槍斃、

——摘自《文汇报》（上海），1938年3月25日

蘇州慘狀
暴敵鐵蹄下的人民
不能安居四出逃亡

（中央社香港廿四日電）滬訊、蘇州四鄉、盜匪叢起、避難鄉間之人民、均逃往城內、詎料城內已由敵人控制、並強徵青年男子充當兵役、青年女子、被迫慰勞獸軍、因之因羞恥自殺者、日有所聞、居民夜間閉戶、不許上鎖、須任敵軍隨時侵入搜查、騷擾不堪、蘇人懾于暴敵鐵蹄之下、不能安居、咸相率逃滬避難、登輪時又須受敵軍嚴格檢查、物品禁止出境、且多被沒收。

——摘自《新华日报》（汉口），1938年3月25日

日機三襲徐州
毀民房二十餘間

【徐州二十六日電】徐州二十六日遭三次空襲、自晨至午、均在警報聲中、一二兩次僅日機一架、到徐盤旋偵察、第三次日機增至七架、於下午一時半在車站附近及中正街一帶投彈數十枚、毀民房二十餘間、無辜人民被炸死者六人、

——摘自《文汇报》（上海），1938年3月27日

日機炸臨沂城 德國教堂被毀

▲路透社二十六日漢口電 此間德天主教神甫某接訊、本月十六日日飛機襲擊臨沂、擲彈四十餘枚、德天主教堂大門與修道院講堂皆中彈、

▲美聯社漢口二十五日電 據此間今日接到德籍牧師之報告稱、三月十六日、日機轟炸臨沂之德國天主教會、此爲該處被襲所得到之第一次詳細報告、該教會之教堂及女庵堂之大門、首當其衝、致遭受直接之襲擊、

——摘自《新闻报》（上海），1938年3月27日

大批敵機襲武漢 徐家棚新村遭慘炸 平民死傷二百餘人

【本市消息】昨日下午二時許，防空部據報，敵機七十餘架，由皖向鄂飛行，我防空部隊，立即嚴加戒備，嗣該批敵機，到達本省境界後，分爲數批，輪流侵入武漢上空，我高射砲火密集痛擊，彈如貫珠，敵機感受威脅，不敢低飛，於四千米上空，投彈一百四十餘枚，落於漢口飛機塲附近及武昌南湖，徐家棚一帶，盤旋約二十分鐘逸去，漢口方面，敵機所投之彈，均落空地，震倒鐵路附近茅房三棟，人無死傷，武昌方面，南湖死二人，傷數人，尤以徐家棚附近新村（即四十八棟）余家頭被炸，最爲慘酷。記者聞訊，前往視察，時已入暮，武昌市政處救濟委員會，武昌紅十字會救護隊，武昌民衆後援會救護隊，粵漢路醫院救護隊，及各醫院，防護團，尚在紛紛救人。將受傷者，分別抬至各醫院救治。徐家棚車站以東二里許，即「四十八棟」，現改名新村，民房八十一棟，悉被敵機投燒夷彈燒燬，經粵漢路消防隊，武昌各救火隊，省會救火隊，分別灌救，尚未全熄。附近余家頭，民房十餘棟，亦被焚燬。被炸斃人民之屍骸，狼藉滿地，斷頭，折足，洞胸者不一而足，慘不忍覩，死者約計一百一十二人，傷者一百五十六人，尚有某姓一[illegible]九人，桂姓一家六人，完全[illegible]斃，一婦人死附近塘中，其葬身火窟者，尚不知凡幾，至少死百餘人，傷者稱是。當敵機肆虐時，約共投三百磅以上炸彈七八十枚，且以機槍掃射，故居民無從逃避，非死即傷，此等居民，半爲粵漢路工人眷屬，半爲種菜者，皆屬貧民，其所居亦多爲茅房，故易起火。敵機慘無人道，一至如此，此又一筆血賬也。（寫眞爲平民被敵機炸斃之慘狀）

——摘自《申报》（汉口），1938年3月28日

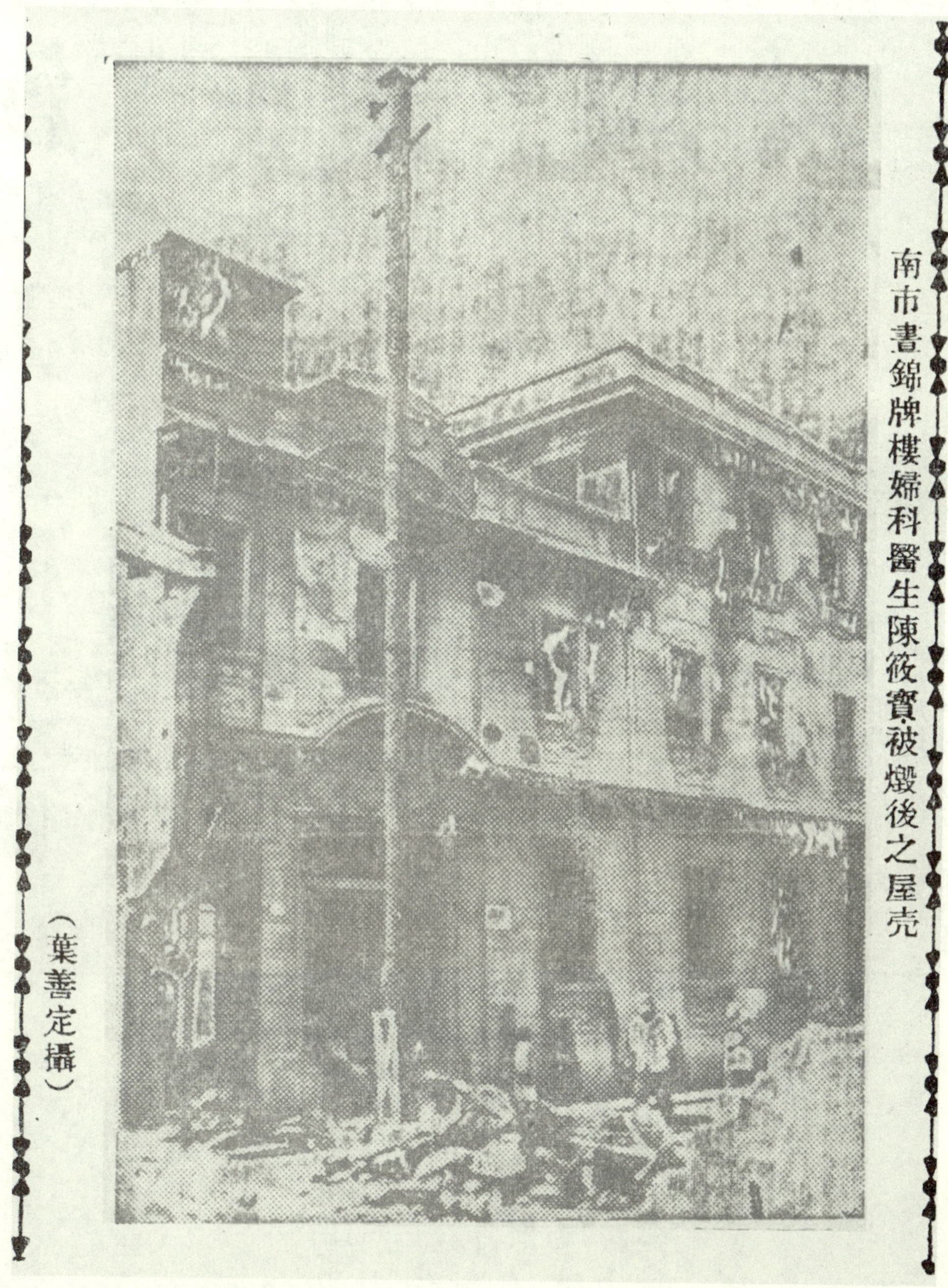
南市晝錦牌樓婦科醫生陳筱寶被燬後之屋壳
（葉善定攝）

——摘自《新闻报》（上海），1938年3月28日

大批「鐵鳥」又飛來

漢口天空砲火密

武昌南湖投彈死傷二百餘人

◎漢口二十七日電、二十七日下午二時許、據報有日機七十餘架、由皖向鄂飛、我防空部隊立即嚴加戒備、詎該批日機到達本省境界後、分爲數批、輪流侵入武昌及漢口上空、我高射砲火密集掃擊、彈如貫珠、日機感受威脅、不敢低飛、僅於四千米以上高空投彈數百枚、落於漢口飛機場附近、及武昌南湖牛皮廠・徐家棚・余家頭一帶・在徐家棚余家頭四十八棟新村等處、

◎漢口二十七日路透社電、此間天空不見日機者已有若干星期、今日下午日機復來襲擊武漢、參加者共五十餘架、或傳有八十架之多、皆注重轟炸武漢兩處之飛行場、日機並分數隊至粵漢鐵路武昌附近徐家棚（譯音）車站擲彈、午後二時十五分、警報突作、是時瞭見日機由皖省向漢口飛來、漢口飛行場所停之中國飛機立即升空、二十分鐘後、日轟炸機以驅逐機爲衛、出現天空、同時轟炸漢口飛行場武昌飛行場徐家棚車站三處、高射砲紛向射擊、但無中者、武漢飛行場皆未受損、惟徐家棚車站曾起大火、車站附近苦力所住之屋皆火焰騰起、日機在漢口飛行場一帶擲下之炸彈、共約百枚、維時路透訪員距場僅二百碼之遙、彈落處、飛塵如雲、場中受損甚微、並未起火、僅走道微受損、

——摘自《时报》（上海），1938年3月28日

敵機昨襲武漢

徐家棚一帶慘遭狂炸

平民死傷二百餘

（中央社訊）昨（廿七）日下午二時許、敵機四十餘架、分批輪流侵入武漢上空、當有兩批飛抵武昌時、我高射部隊齊集合力發射、敵機漫無目標、在徐家棚余家頭及南湖附近一帶共投彈一百四十餘枚、內有重量彈多枚、炸死平民一百十餘人、炸傷平民一百十四人、內以婦孺爲多、燬民房五六十間、余家頭并有民房多棟起火、當敵機肆虐時、省會警察消防隊、帶隊飛往救火、武陽防護團長蔡氏並親往各地察看、督同該團及第四六七八各區團救護掩埋、各隊分別將受傷平民送往各醫院診治、死者設法掩埋、記者事後前往各被炸地點調查時、但見死傷平民斷頭折臂、血肉橫飛、被燬房屋、皆一片瓦礫、情形至爲慘酷。

（本報廣州廿七日專電）今日上午九時、有敵機十二架、飛往虎門盤旋、未投彈而去、下午十二時五十分、有敵機十架、飛廣州市盤旋、在白雲東山投彈數枚、今日粵省沿海敵艦無異動。

（中央社金華廿七日電）敵機一架、廿七日上午九時卅三分、在蘭谿灘投彈六枚、死男三女一、重傷四人輕傷十四人、旋向桐廬方面原路逸去。

——摘自《新华日报》（汉口），1938 年 3 月 28 日

日機襲武漢

炸死平民百餘人

【漢口二十七日電】二十七日下午二時許、據報有日機三十餘架由皖向鄂飛行、華方防空部隊、立即嚴加戒備、嗣該批日機于達本省境界後、分爲數批、輪流侵入武昌及漢口上空、華方高射砲火密集痛擊、彈如貫珠、日機感受威脅、不敢低飛、僅于四千尺以上高空投彈數百枚、落于漢口飛機場附近、及武昌南湖牛皮廠、徐家棚、余家頭一帶、在徐家棚余家頭四十八棟新村等處、炸毀平民及工人住宅多處、死工人及平民百餘人、傷一百五六十人、情形頗慘、

——摘自《文汇报》（上海），1938 年 3 月 28 日

五十三架日機
八批襲粵
漢口英海軍官險遭不測

◎香港二十八日電、二十八日日機五十三架、分八批襲粵、首六架到粵漢路河頭站、投八彈、次十二架有五架至白雲山盤旋十餘分鐘、續北飛、七架經佛山北飛、會合於粵路小坪站、到英德龍市尾投三十餘彈、毀民房數十間、傷斃三十餘人、三批四架到粵路沙口投四彈、四五批各一架、到源潭英德投彈、午六批十四架、七批六架、均往粵路轟炸、八批九架、犯廣九路、

◎漢口二十八日路透社電、昨日日飛機大舉襲擊武漢時、有英國海軍官兩員險遭不測、一爲麥克里中尉、一爲殷柯萊姆中尉、駐紮揚子江若干時後、今皆請假返國、乘粵漢鐵路客車前赴廣州、彼等甫離武昌東車站、日機即飛至、猛烈轟炸該車站、若遲行一小時、則生命可危矣、昨日之空襲、爲中日開戰以來最烈之一次、漢口前英租界居民皆見日機自下游飛來、未抵江濱、即聞炸聲大作、全鎮玻璃窗、皆爲格格作聲、群衆初以爲乃轟炸漢口外人寓區、後見對江濃煙騰起、始知其目的乃在武昌東車站與飛行場、諸機因高射砲火極形猛厲、故皆不敢低飛、而隱於雲中、旋至漢口飛行場、擲彈約百枚而去、

——摘自《时报》（上海），1938年3月29日

敵機六十架 昨狂襲粵北

汴鄭等處亦往窺察

【廣州廿八日中央社電】敵機六十架，今分九批狂襲粵北各地，在粵漢路英德，琶江，連江口，沙口，河頭，橫石各站，共投六十餘彈，並在曲江投彈八十枚，毀民房三間，傷害平民十餘人，又飛南雄投彈十餘枚。

【開封廿八日中央社電】廿八日晨九時許，敵機一架，飛蘭封開封一帶窺察。封邱於廿七日由新鄉增加敵人二三千人，分駐城關，沿黃河北岸各村鎮，仍爲我游擊部固守，並不時予敵人襲擊。

【鄭州廿八日中央社電】敵機一架，廿八日晨九時十分由開封飛入市空，盤旋一週，向北飛去。

——摘自《申报》（汉口），1938 年 3 月 29 日

敵機大批犯粵

和縣含山衢縣亦遭轟炸

【廣州廿九日中央社電】敵機四十四架，今日分九批進犯，在粵漢路軍田以北至琶江各地，投彈五十枚。廣九路新塘烏涌等地，投彈十餘枚，民房被毀多間，傷平民十餘人。又下午三時半，敵機兩架，在北海盤旋窺探，隨投彈數枚後飛遁。

【徐州二十九日中央社電】敵機卅架，廿七日在和縣六次轟炸，共投彈卅餘枚，毀民房數十間，平民傷亡極多。又同日敵機七架，轟炸含山，在城內投彈四枚，城外七枚，毀民房數間。

【金華廿九日中央社電】敵機二架，至麗水上空，盤旋十七分，向原路飛至金華上空窺察，上午九時四十三分，在衢縣機場投彈十枚，落空地，無損失。旋經龍游宣平十時十分竄至麗水，向機場投彈廿二枚，落空地，均無損失。十時四十分，向永康紹興百官鎮經臨山衛十一時四十五分向北逸去。十二時廿五分，平陽東南發現敵機二架，經瑞安在永嘉投彈一枚，落鄉間，損失待查，旋經龍山鎮向北逸去。

——摘自《申报》（汉口），1938 年 3 月 30 日

敵機分批襲粵

在惠陽並以機槍射美牧師

‖合肥亦遭投彈‖

【廣州三十日中央社電】敵機卅六架，今日分五批襲粵北英德湹江橫石各站，投彈廿餘枚，並在順德容奇對岸沙頭投彈十餘枚，均無損失，惟傷斃鄉民數名。

【惠陽三十日中央社電】廿九日上午十一時許，有敵機五架襲惠州，在五江橋附近投彈十二枚，時值有美國牧師安迪生氏，駕駛汽車途經該橋，敵機師瞥見，當即低飛以機槍向安氏汽車掃射，該車當中五彈。

【正陽關三十日中央社電】敵機五架，於廿九日十時飛至合肥投彈五六枚，炸毀民房二百餘間，死平民四十餘人，傷三十餘人。

【西安三十日中央社電】敵機一架，三十日上午九時三十分由豫竄入陝境，經潼關渭南臨潼侵入西安高空，窺察一週，向東逸去。

——摘自《申报》（汉口），1938 年 3 月 31 日

敵機又轟炸海口

死傷平民十餘人

粵漢路亦被投彈

▲中央社海口三十一日電　灣泊本埠白沙門之敵艦、三十一日晨迄午、派敵機四架、飛炸海口、先後共投彈八枚、四枚落永樂街、斃平民六人、傷十餘人、燬民房數間、四枚落鹽灶舊德領署、截至發電時、空襲警報尚未解除。

▲中央社廣州三十一日電　敵機二十八架、今分七批來犯、在粵漢路英德湹江沙口波羅坑各站、投彈二十餘枚、又在黃埔市頭兩地、投彈十餘枚。

▲中央社正陽關三十一日電　敵機一架三十日上午十時、在合肥散發荒謬傳單、並投彈二枚、我無損害。

▲中央社鄞縣三十日電　三十日午有敵偵察機一架、自西北方入甬、至市空投下輕磅炸彈數枚、僅稍毀民房及電線、傷平民三人、當經我高射砲還擊、敵機逃向龍山方面逸去。

——摘自《中央日报》（长沙），1938 年 4 月 1 日

敵陷南京後之暴行

——劉柔遠脫險抵湘談話——

本文是新近從南京脫險歸來的劉柔遠先生所口述的、劉君是黃埔第六期學生、也是陸大畢業的優秀分子、他曾在軍事委員會充任高級參謀、蘆溝橋事變發生、他在第一和第三區參加過好幾次戰役、他具有很敏銳的觀察力、很豐富的戰鬥經驗、很充足的高等軍事學識、南京失陷以後、他在犬羊窟穴中過了兩個多月的難民生活、記者日昨驅車往訪、當承接見、對於狂寇的殘暴行爲以及十餘萬難民棘地荆天、朝不保夕的情況、叙述甚詳、特爲誌之、以見敵軍暴行之一般。

一、城陷以前的情况

南京衛戍部隊和敵軍正面的激戰是從去年十二月四日發生的、原來敵軍高級指揮官松井石根認定南京是中國的首都、是一切抗戰力量的源泉、所以在進攻的時候、一面使用全力猛攻各要隘地方、一面對於部下發佈非正式的命令、准他們於城陷之後、自由搜捕「抗日份子」「中國兵」「中央軍」、自由搶劫財物、姦淫婦女、

戰事初發生的時候、情勢就異常緊急、九日以後、更是百道環攻、昕夕不輟、我們防守的軍隊雖然都在上海參加過幾個月的縱橫苦戰、不免損失了些精銳、但是他們對於防衛首都的任務、却都是奮勇担負、未敢絲毫放鬆、光華門前後一共攻陷五次、第一次敵人用雲梯攻入、我們隨即將沙包填補缺口、將衝入缺口的敵人全數消滅、第二次敵人用坦克車攻入我軍於城外橫切敵軍、後而坦克車被我軍截斷、已衝入的戰車、即失其作戰力量，第三次敵人開掘隧道，我們用棉絮浸油、將侵入城基的敵人悉數燒死、第四次敵人用飛機炸毀城牆、第五次飛機大砲同時並用、摧毀的地面更寬、但都經我們從城外抄擊敵人的後路，從城內迎擊敵人的前鋒、使他們首尾衝散，以至於全部失敗，大概此項堵塞缺口、轉危爲安的工作、都是由司令長官於攻陷缺口時、迅速派遣得力軍隊、隨機處置的、十二日拂曉、戰事更形危急、最先是雨花台的主陣地、因爲敵人用飛機大砲、將我們的工事毀滅無遺、不得已而放棄了、隨後紫金山的第二峯也在同等情況之中失陷了、中華門和中山門也被敵軍砲火相繼摧毀了、午後五時秩序紊亂、司令長官偕同副司令長官參謀長等改赴百子亭私邸、召集各部隊長官舉行會議、密示撤退電令、而授一切突圍機宜、我便於此時奉派爲本部特務隊的臨時指揮官、在鐵道部到海軍部一帶地方維持秩序、這是一個很不容易達到任務的工作、因爲衛戍南京的部隊、由長官以至士兵、在未奉最高統帥退却命令以前、誰也沒有存過要突圍出險的思想、所以對於退却的準備、是絲毫沒有佈置的、因爲沒有準備、所以撤退時的秩序、也是很難得維持完好的、幸而我軍退却時、在槍林彈雨死傷枕藉之下、對於地方居民、仍沒有騷擾的動作、留居南京的外人、實所目覩、這也是不幸中一件幸事（參閱本年三月廿五日湖南大公報所登一個外國人的南京失陷以後的報告）、十二日八時以後情勢更形惡劣、司令部對面的交通部忽然起火、喊聲大震、流兵密集、我知道任務不能完成了、因率部退出和平門、在煤炭港至海軍碼頭一帶冒險往返了十餘次。我的衣服、被流彈洞穿五個窟窿、我的士兵、有的衝散了、有的傷亡了、僅後只剩了十餘人、因爲沒有船隻、無法渡江、正在進退維谷的時候、忽然有人傳說、我軍在城內開始反攻了、於是鼓起勇氣、仍向城內衝去、眼看着已到了十三日拂曉的時候了、進城不到一二里路、遇見了素來相識的左先生、他很驚訝的問我、「你怎麽還在這裏、敵軍已滿佈在前面了、還不快些改了裝、同我到難民區去避難」、左君雖然是一個印刷商人、他與文化界往來甚密、有相當的知識、富於民族思想、他以爲在全面抗戰的時候、能夠救出幾個青年有志氣的戰鬥員、就算是他自己報國的一種方法、所以他千方百計的勸慰我遮護我、他又是南京人、地方上的情形非常熟悉、自此以後、我就在他的維持指導之下過了兩個月的難民生活、最後還是靠着他的援助、取得菜販通行證。冒充菜傭逃出城垣、徒步走到上海、再由上海轉香港而回抵長沙的。（未完）

——摘自《中央日报》（长沙），1938年4月1日

富陽日兵偽裝為農民

防華方游擊隊襲擊

【金華卅一日電】華方消息：富陽有日軍約千名，原在猴亭子山邊之炮位，現已移下，在山邊建草蓬一所，日夜構築工事。日軍為防華方游擊隊攻擊，近派兵偽裝為農民，在田間工作，充前哨。華方士八兵名在新橋高橋附近被偽農民擄去六名，用火油燒死。

——摘自《大美晚报晨刊》，1938 年 4 月 1 日

日機昨襲粵漢路

英德各地投彈廿餘枚

海口昨午亦被轟炸

【廣州卅一日電】路透社訊：今晨日機在粵全省從事襲擊，廣州北面東鄉間曾落下軍炸彈。上星期日機注意轟炸粵漢路，圖阻軍需北運，並迫近廣州活動，但廣州本城已數月無炸彈落下矣。今日日機之襲擊，其主要目的顯在鐵路，廣九鐵路陳古塘地方落下炸彈五枚，路軌微受損，粵漢鐵路與廣三鐵路受損之詳情，今尚未悉。今日得悉星期二日之空襲，有美教士安德森險遭不測，該教士偕五華人同乘汽車，由省前往惠州，中途忽有日機五架出現天空，以機關鎗注擊汽車，車中諸人忽躍下，避入道旁，稻田中，見日機猶射擊不已，迨日機飛去，回車驗視，見車身為六彈擊穿，亦云險已。

【廣州卅一日電】華方消息：日機廿八架今日分七批來犯，在粵漢路英德·潖江口·源潭各站投彈廿餘枚。

【海口卅一日電】華方消息：泊本埠白沙門之日艦卅一日午派日機四架，飛炸海口，先後共投彈八枚，四枚落乞樂，炸斃平民六人，傷十餘人，燬民房數間。四枚落鹽灶舊德領署，截至發電時，警報尚未解除。

——摘自《大美晚报晨刊》，1938 年 4 月 1 日

市中心區

被燬建築物

日軍又悉數炸平

上海市中心區內、價值二千餘萬元之前上海市政府大廈及博物館、體育場等房屋、當「八一三」滬戰時、曾有多處爲砲火轟毀、嗣後華軍西移、各該大廈等均被日軍侵佔、詎至前日上午十時許、駐滬日軍忽派大批工程隊前往市中心區、將該區內所有轟燬之房屋、用巨量炸藥悉數炸平、當時連續發生巨大炸聲三十餘響、聲震遐邇、

——摘自《文汇报》（上海），1938 年 4 月 1 日

廣粵路空襲

汽車洞穿

美教士等六人險遭不測

◎廣州三十一日路透社電、今晨日機在粵全省從事襲擊、廣州北而東而鄉間曾落下重炸彈、上星期日機注

意轟炸粵漢路、圖阻軍需北運、並迫近廣州活動、但廣州本城已數月無炸彈落下矣、今日日機之襲擊、其主要目的顯在鐵路、九廣鐵路陳古塘地方落下炸彈五枚、路軌微受損、粵漢鐵路與廣三路受損之詳情、今尚未悉、今日得悉星期二日之空襲、有美教士安德森險遭不測、該教士偕五華人同乘汽車、由省前往惠州、中途忽有日機五架出現天空、以機關槍注擊汽車、車中諸人忽躍下、避入道旁稻田中、見日機猶射擊不已、迨日機飛去、回車驗視、見車身爲六彈擊穿、亦云險、

◎香港三十一日電、三十一日晨日機二十七架、分六批、首次批飛炸英德、三批飛唐家灣偵察、四批炸市頭糖廠及黃埔投十餘彈、五批飛粵北源潭一帶投彈、六批偵察廣九路、

——摘自《时报》（上海），1938 年 4 月 1 日

合肥毀屋

三百餘幢

◎徐州三十一日美聯社電 據報告、日機轟炸合肥、

——摘自《时报》（上海），1938 年 4 月 1 日

敵陷南京後之暴行（續）

——劉柔遠脫險抵湘談話——

二、寇軍屠殺的情況

從十二月十三到十八日，是寇軍大規模的屠殺期間，從十八日到一月初旬，是很細密很普遍的自由屠殺期間，一月初旬以後，是零星屠殺期間。在第一期間以內、寇軍常引着成千成百的民衆、到寬廣的地方去執行槍決，是一種觸目皆是的慘劇，自朝一暮、也不知要發見多少次數，在第二期以內、街頭巷尾到處是難民的死屍、、無論是壯丁也好，老弱也好、寇軍看見了、只當他們認爲有充當戰鬥員的可能，或是有財物可掠，或更有他項情況觸發了他們的殺心，提取刺刀、就完結了這人的性命，到了第三個期間、寇軍的殘暴行爲略爲減少了、但是遭毒手的民衆，還是時有所聞、綜計南京被屠戮的難民，至少也在五萬左右、這樣毫無人道的慘殺，引起了全世界的憤怒、激動了倭寇同盟國的非難，敵人的屠殺行爲，却早在我們意料之中、因爲我們早就知道敵人是殘暴的。是最富於破壞、最無人類同情的、我們不期望他們以寬大態度待遇解除了武裝的戰士、我們也不期望他們能保全避難的普通民衆、我們所最痛恨所最不可解的，不是敵人屠殺的行爲，而是敵人屠殺的方式、換一句話，以憤恨的心理施行屠殺、是殘忍民族所同有的、以快樂的心理施行屠殺，將他人宛轉呼號求死不得的情態、爲自己賞心悅目之事，是卑怯民族所獨有的、我在十二月十三日避往難民區的時候，中途見了一批被綑縛的民衆、大約有一千餘人、有的穿西裝、有的穿長衫、科頭赤脚、有的是尚未成年的童子，敵人將他們散開，用機關槍四面掃射、我當時忘却了自己的危險，停了脚往前一看、槍子落到被屠殺者的身上，大概都是着了火、燒得手足亂動，呼號震天，我當時以爲這必是一種特殊的槍彈，後來打聽淸楚了，才知道這些被屠戮的人們，都是先用石油淋透遍身的、槍彈觸着石油，自然發火，敵人又故意瞄準了部位，使槍彈不從要害地方打入，以致於慢慢的着火、慢慢的燒死，這是何等的慘毒的殺人方法、又有一次、敵人將一羣的民衆縛了脚手、投入一個很寬廣的塘內，然後、向着他們拋擲一個小炸彈、登時血肉橫飛，支體衝入霄漢、寇兵見了無不拍掌大笑、引爲至樂、又有一次敵兵將四個壯丁、趕到防空壕裏、用手榴彈擲去、三個人立即炸成齏紛、第四個因爲敏捷些、走向壕內的另一端、沒有炸死、候敵兵去了、方從他端的壕口逃出、這件事也就是他事後說出來的、又有一次敵兵將一人浸入汚穢的塘水中約半分鐘、又將他提出後、又復浸入、如此循環動作、使這人受盡無量的痛苦、然後氣絕身亡、類似此種的殺人方法、形形色色、尚不知有若干變幻、這是稍有人性的人所忍爲的嗎、尋遍一部中國歷史、只有王敦好以殺人爲下酒之方、尋遍一部西洋史、只有印第安人種、當白人初到美洲的時候、好用一切殘酷方法殺害白人、故白人異常震怒、誓以滅絕印第安人爲職志、不料自命爲「皇軍」爲有知識的倭寇、其殘忍的天性、竟超出印第安人之外、這眞是人類之敵、也是全世界文化之羞。（未完）

——摘自《中央日报》（长沙），1938年4月2日

JAPANESE AIR RAIDS ROUND CANTON

FROM OUR CORRESPONDENT

HONG-KONG, APRIL 1

Japanese aeroplanes continue to raid Kwangtung daily in large numbers, smashing railways and paying special attention to Government buildings and industrial plants around Canton. Several sugar refineries have been destroyed, with the result that farmers, being unable to get their cane crops crushed, are suffering hardship.

Sir Archibald Clark Kerr, the British Ambassador to China, arrived here to-day and conferred with Admiral Noble before the latter's departure for Shanghai. The Ambassador left in the gunboat Tarantula for Canton, where he will hold a reception to-morrow and entrain for Hankow in the evening. Elaborate precautions are being taken for his safety.

——摘自《泰晤士报》（The Times），1938 年 4 月 2 日

敵機昨濫炸鹽城

死傷平民廿餘人

陝粵昨亦遭投彈

▲中央社徐州二日電　敵機三架，上月卅一日飛鹽城轟炸，投五十磅炸彈十二枚、燬民房四十餘間、死傷平民廿餘人。

▲中央社西安二日電　敵機五架，二日下午二時〇五分由晉竄陝，一架經朝邑・大荔・高陵咸陽侵入西安上空，餘在渭南故市交口一帶窺察後、卽向東逸去。

▲中央社廣州二日電　敵機十五架今分兩次來犯、在市北郊瑤台附近，共投彈廿一枚，傷斃鄉民廿餘人。

——摘自《中央日报》（长沙），1938 年 4 月 3 日

敵陷南京後之暴行（續）

——劉柔遠脫險抵湘談話——

三、焚燒奸淫的情況

除公共機關可爲寇軍屯駐地場所以外、繁盛的地方、大都是焚燬一空、而尤以中華路太平路爲甚、敵人表面所持的理由、「肅清「抗日份子」」但實際上他們第一是藉着焚燒房屋爲他們搶劫財物之資、他們知道太平路中華路、是南京的精華所在、他們也知道一切貨品、多半是沒有遷徙罄盡的、所以特別光顧這兩處地方、第二個焚燒房屋的原因、是他們缺乏煤炭、風雪嚴寒的時候、往往毀燒門片窗格板壁、爲他們禦寒之具、有時他們闖入民宅燃火取暖、事後他們忘記了一切、揚長而去、留下火種、以致於發生火災、延燒甚廣、這也是起火的一個大原因、敵軍的貪鄙淫亂、尤其是一般人所料想不到的、初陷城時、他們都垂涎於難民區、以搜查「抗日份子」爲名、三五成羣入難民區、任意蹂躪、每到一戶人家、除將壯丁抽去外、其餘老弱男丁、都勒令他們聚於一室、不許亂走、見了婦女、無論其年齡之大小、面貌之媸妍、只要在十歲以外、無有不遭他們奸污的、對於財貨、最初是搶掠金錢、漸次搶掠衣服、漸次搶掠器皿、最後甚麼都要、極破爛的桌椅、年久朽壞的車輛機件、以及廢銅廢鐵、都是搶掠的對象、自己不能搬運的、就要難民替他們搬運、搬運得不合意的、也許以一槍了結之、最奇怪的是他們進了門、首先檢查人家的便桶、也許是因爲他們得了報告、貴重物品多半是藏在污穢地方的、他們在街上遇得了難民、首先要他們脫鞋襪、檢查「抗日」證據、也許是因爲他們發明了鞋底襪內是一般人藏匿鈔票之所、總之他們的貪鄙是破天荒的、他們滿足本身慾望的方法是、想入非非的、至於他們的奸淫行動、報紙上已有不少的披露、用不着我再來敘述、這裏只有一兩件事情、值得我們的迴憶、有一次敵兵三名挾着三個婦女、在某條街上行走、有兩個婦女狂呼救命、第三個較有智慧的婦人、欣然色喜的跟着倭兵一面走、一面說道、慰勞你們是我們應盡的職責、可笑這兩個不知趣的婦人、竟這樣的亂哭亂喊到不如把他們放走、讓我一個人來慰勞你、豈不格外省事、格外有味麼、倭兵頗以爲然、比時就將那兩個婦人放走了、及至走到難民救濟會的門前、這個婦人、突然奪過倭兵刺刀、向自己頸上一刺、立時流血倒地、救濟會的人們出來援救、倭兵就飛也似的跑了、又有一個婦人、因爲種種關係、未投入難民區、倭兵到了他家、多方壓迫、前幾次他應用自己的聰明、把他們都打退了、後來她知道情形緊迫、終久是不能免禍的、她就穿帶得齊齊整整、倭兵進門以後、異常高興、她却不慌不忙、拿起一枝筆、在紙上大書「日本兵」三個字、倭兵見了、更加懽喜、越發湊進一步來看、那知她又繼續寫了『是禽獸』三個字、面不失色的將筆放下了、如是倭兵大怒、將她亂槍打死了、可惜我沒有將她的姓名打聽明白、這也是值得宣傳的。

結論

綜計此次倭寇陷了南京、表面上是他們躊躇滿志的時候、其實我看他們是得不償失的、他們失去了國際間一切的同情、還是小事、他們暴露了自己許多劣點、却是一件至有關係的事情、我們從前覺得他們不足畏、這種判斷不錯、現在更明顯的證實了他們的無紀律、無秩序、固然是將來致命傷、但他們做事之不精細、動作之欠沉着、也是他們不可救藥的毛病、即如他們天天屠殺戰鬥員、我經過他們無數次的檢查、却都沒有發見我的破綻、他們以爲手上有繭子的是軍人、我是手上有厚繭、但頭幾次被檢查的時候、我乘他們不提防、悄悄走到已檢查過的人羣中、就躲過了、最後一次檢查、剛要輪到我身時、忽然看見一個婦人他就一切不顧的去追逐她、這不是異常疏忽嗎、某天我空軍前往南京轟炸、其時南京城內忽有中央軍反攻入城的消息、難民區內家家都撕毀日本旗、喜形於色的等候、而一班倭兵有趕緊剃鬍子的、有忙着換便衣的、倉皇之象、令人發笑、這不是舉動不沉着嗎、再談到倭軍的戰略、亦頗拙劣、如果圍攻南京時、他們由溧陽進攻的部隊稍緩前進、而先將兵艦開入南京江邊、再令屯駐蕪湖一帶的倭兵向前推進、俟其達到一定地點、再推進溧陽方面之軍、如此四面合圍、則陷城的時日、雖然稍遲、而我方衛戍部隊必難突圍退出、而從前曾文正攻取南京、其戰略大致如此、而倭軍不能見到、亦可謂淺陋之至、總而言之、倭軍除却器械優越外、其他一切的一切都在我軍之下、所以抗戰前途、是異常光明、異常有希望的。（完）

——摘自《中央日报》（长沙），1938年4月3日

敵機昨襲粵
轟炸北郊鄉民

【廣州二日中央社路透電】英國新任駐華大使卡爾今晨自港抵此，時適有日機一隊空襲廣州，一時機聲隆隆，全城各處高射砲則俱瞄準敵機射擊。據深圳訊，今晨有日機六架，飛經該處後，隊伍卽行分散，紛紛向北飛去。

【廣州二日中央社電】敵機十五架，二日分兩次來犯，在市北郊投彈廿一枚，傷斃鄉民廿餘人。

——摘自《申报》（汉口），1938 年 4 月 3 日

日機襲粵

◎香港二日電、[illegible]晨、日機九架、首批三架、飛清遠投彈、次六架衝入市區、被我高擊砲射擊、轉飛北郊在黃埔支線投七彈、西村附近瑤台[illegible]六彈、支線無損失、瑤台被燬一部、日機一架、被我擊傷尾部、

——摘自《时报》（上海），1938 年 4 月 3 日

敵機襲鄭州

轟毀民房炸死平民

沂河發現擊落敵機

▲中央社鄭州三日電 敵機三架於三日晨九時五十八分、侵入鄭空、我高射砲隊當即猛烈射擊、敵機於倉惶中投彈十一枚而去、計材料處西牆外落一枚、毀牆十餘公尺、空地上落重彈二枚、炸一大穽深一丈六尺、寬約三丈、臨海站貨倉附近落彈二枚、均未爆炸、文華里劉家大院落一枚、慕霖路落一枚、傷老婦一名、毀房數間、鄭市西北郊沙土崗落二枚、無損傷、餘落空地、當敵機飛經河北沿小市場時、以機槍向下掃射、死老翁一人、又敵機曾擲下大石頭一枚、落於劉家大院。

▲中央社潼關三日電 敵機三架、三日下午一時半由晉竄入朝邑上空、在西郊外投彈五枚、死傷平民四人、毀民房數間。

▲中央社徐州三日電 我追擊部隊龐部、頃在沂河東岸之後河灣、發現被我擊落之敵機一架、及敵遺棄之汽車多部、惟均已焚燬。

▲中央社廣州三日電 敵機二十一架、今分兩次來犯、在南雄曲江投彈三十餘枚、我無損失。

▲中央社福州三日電 二日晨十一時半敵機十八架、侵入市空、盤旋數匝後、在南郊王莊蓮宅投彈三十餘枚、震倒房屋十餘間、人民已預先他避、並無死傷、至十二時許始去。

——摘自《中央日报》（长沙），1938 年 4 月 4 日

北京大學

敵佔作軍營

▲中央社北平二日路透電 北京大學各院及宿舍、現均被佔作日本軍營。

——摘自《中央日报》（长沙），1938 年 4 月 4 日

我同胞在敵軍暴行下的慘劇

中央社戰地特派員范世勤

（中央社正陽關通訊）沒有到過正陽關的人，總以爲正陽關的地勢是如何險要，是如何雄偉，可是一到正陽關，便會大失所望。原來正陽關是一個四面皆水的孤島，在這孤島上又是堆滿了歪七斜八的破屋舊房，一羣一羣的各色各樣的人們，在這又狹隘又崎嶇的街道上熙來攘往，更顯得這個地方的窒塞與卑狹，我們住在這個地方，往往自喻是被關在水牢裏一樣。

在這樣一個窒塞與卑狹的地方，新近又逃來了無數爲國受苦的難民，無論在街頭上，或在小巷裏，甚至是在毛廁豬柵裏，到處可以看到一堆一堆襟佩白條的男女老少的難民，他們有的牽着一隻牛，有的負着一條被，大概這就是他們田園被奪家舍被毀後的唯一財產吧！

一天早晨，我走過一家門外，看見牆上滿貼着大大小小的字條，正像看見一個人害着滿身的瘡貼了膏藥的一樣的不舒服。在這些字條上，有的寫着「家母在鳳失散，迄今尚無音訊」，有的寫着「吾鳳被陷，舉家逃難至此，小兒××，因在軍隊工作，調還無定，刻尚不知家中情形……」，有的寫着「內人××，在定爲備，該縣失守之日，尚未出險……」等字樣，我讀了幾張的字條，正像看了幾幕悲劇一樣，心裏萬分辛酸。

我嘆了一口酸氣，踏進了這個場所，原來這便是紅卍字會舉辦的一個難民收容所。一堆一堆的難民，有的坐在屋外的石階上，像在等候着什麼似的，有的躺在屋外的草堆裏，像在回憶着什麼似的，他們見我進去，都以驚異與求援的目光投射着我，這時我的內心突然燃起了慚愧的火焰，要不是爲着職務的關係，我一定退回出來，不敢再注視他們一眼。終於我大着膽去接近他們，問起了他們關於敵人的暴行，他們竟有的流着淚，有的怒着目，有的嘆着氣，有的揑着拳，向我作種種悲憤萬狀的訴說，這些訴說是人類中最悲慘的血淚故事，那是敵人永遠洗不了的恥辱，那是我們永遠忘不了的仇恨。

（一）索錢不得開槍殺人

「先生，我的哥哥就是被敵人槍殺的。」一位三十幾歲的青年很悲痛似的對我說。

我就問他「怎麼一回事？」

「我的哥哥是住在鳳陽城外三里的蔣山。」他回答着說，「他是當地一個聯保主任，在鳳陽失守的一天，他帶着一個妻子二個兒子二個女兒和六個聯保辦事處的人員向着壽縣逃難，不料走上十六里路的火石崗，就遠見一羣敵人追來，那時我的哥哥連忙把幾個家人藏在一處僻靜的地方，同時又叫同行的人員四散遠避。」

「他自己呢？」旁邊一位難民插着問。

「他自己嗎？」那位青年繼續着說：「知道如果也躲避，反而不好，就挺着身等候着敵人到來。」

「不到一刻鐘，十來個的敵人已經圍着我的哥哥四周了，其中一個敵人，伸出一隻左手，把大指與食指曲成一個圓圈。」他裝着這個姿勢說：「當時我的哥哥是意會了敵人要洋錢的意思，就搖着頭拒絕他們，其中另一個敵人，又用二手在空中切成一個三五寸大的長方形，我的哥哥是知道敵人索取鈔票，又搖着頭拒絕他了。還有一個敵人，伸出了一隻張開五指的手來，朝着我的哥哥面前，也是作索錢的樣子，我的哥哥也不明瞭他是要五十元，還是五百元，就伸出一個食指，搖搖頭，表示一個錢都沒有。那時敵人已經有些怒意了，其中一個敵人把我的哥哥穿在身上的一件皮袍子從下面拉了起來，其他的敵人看着皮袍子的皮毛，就在鼻中發出一陣的冷笑，敵人是不相信穿着皮袍的人是沒有錢的，於是就七手八腳的向我哥哥的衣袋裏亂搜，但結果都是空手出來。」那位青年說到這裏停了一口氣。

「砰砰的兩聲，」他突然緊張着臉說，「一個敵人用槍打在我的哥哥的身上。」

「就被打死了嗎？」我發着急問。

「沒有，」他回答着說，「但已經是受了重傷，我的哥哥的妻子，和同行的幾個人，見着敵人一走，就連忙出來把倒在血泊中的我的哥哥抬着向後走。眞是不幸，走不到一里路，又遇着另外的兩個敵人，又是裝着姿勢向着我的哥哥要錢，那時我的哥哥那裏還能說話，祇是微微地搖着頭答覆敵人，那兩個敵人就各開一槍，又打在我的哥哥的身上，他因此就犧牲在敵人的手裏。」那位青年顯出不勝悲痛的樣子。

「當時，」他還勉强繼續着說，「我的哥哥的妻子兒女和同行的人，都受驚亂竄了，至今一家的人和其中三個的同行者，還沒有下落呢？」

（二）刼後的鳳陽城

「在鳳陽失守以後，先生，我去過兩次。」一位穿着短衣的四十幾歲的難民對着我說，那話引起了在旁的難民和我十分驚異，大家都紛紛地追問：「怎樣去的呢？」「爲什麼去的呢？」「什麼時候去的呢？」「城裏的情形怎樣

?」「……。」

「鳳陽是正月初一失守，我是在正月初三初五去的。」

那個難民在一陣問話之後，緩緩地回答說：「我是鳳陽城內的一個更夫，城內街上有幾個灣，有幾塊石板我可以閉着眼數得清楚，因為我的一位七十六歲的老父，在鳳陽失守的那一天失散在城內，我不得不冒險去找尋我的老父，我趁着敵人夜睡的時候，由涵洞裏偷偷地從城外轉了進去啊！這是一個死城啊！黑簇簇一座一座的房子，連半絲的燈光都沒有，好在我的脚認識了路，暗地裏領着我向大街走去，種種的慘狀，我從來連在夢中都沒有見過，沒有一條街上，不是有斷肢殘臂的屍身。我恐怕我的老父也是遭受了敵人的毒手，所以在每一個屍身上我總是俯下身去摸了一摸，那些屍身我多半是叫得出他是姓什麼名什麼，而且有的都是和我天天見面的老友近鄰，那時我不知道向着那一個屍身流淚才好。大街上店家住戶的門壁，都被打開得七零八落，我摸進了幾個熟識的店家住戶，總是見到在樑上吊着一條一條的屍身，每每把我嚇跳了出來，最後我到了一位七十五歲的前清秀才先生家裏，那位老先生見着我，驚跳了起來，好像以為我是在死屍堆中活了轉來一樣，好久好久以後，他才躺着淚向我低聲說：『為什麼我們要遭遇這樣大的刼難，我的一家八口，只剩了我一個人還活着，二個兒子是被指為「抗日分子」殺了，面前的一條河，是有我三個女兒的屍身，二條的繩子把我妻嫂二條命了結，我活到這個年紀，其實可以自盡了，可是我還要和敵人拚一拚老命呢！』我和那位老先生相對痛哭了一場，勸他和我一同出城，可是那位老先生抵死不肯，我知道他的用意，就也不勉強他了。

「在第二次的晚上，我是帶着手電筒進去」那位更夫透了一口氣繼續着說，「可是那晚上城內的涵洞，已經被屍身塞住了，沒有方法可以爬過去，我頹喪着氣退回出來，在涵洞的半途中，我發現頭上有一條裂縫大小是可以容身，而且是大牙似的灣曲着，我就用着兩手兩足撑在兩壁上爬了上去。原來那處的涵洞，正對着城牆中間潰裂的部份，用了一身的力，爬上了城頭。我舉目向城內一望，黑簇簇的房屋，多半是像屍身一樣的躺在街上。這次我多走了幾條小路，不要說在路上常常見到斷肢殘臂焦頭爛額的屍身，就是在每一池塘水井裏，也都露出一個一個血肉模糊的屍身，在天獄宮裏壁上繪着的血水池中的死鬼也不見得是如此凄慘。我尋不到老父，最後我又去看那位秀才先生，可是一到他家的門前，只見一堆焦土殘瓦，我癡立了一刻，聽見後面有隱隱呻吟的聲音，當我繞到後面的一個園地裏，一陣使人作嘔的焦烟，刺進我的鼻管裏。我看到有一堆烟火正在燃燒着，就在那堆烟火的旁邊，我發現了秀才先生鄰居的一位張嫂，她的凄慘的情形，眞是無法形容的，在她的上身，是已經染滿了鮮血，在她的下身，是已經燒成了焦骨，她那時見着我，還能勉強用着斷斷續續的話告訴我說，那位秀才先生不知怎的觸怒了敵人，此前面的房屋被燒了，所有的人，槍打了還不算，而且又堆在一起用火來燒，她是被堆在最後的一層，雖然是用力爬了出來，可是兩腳已經燒爛了，她好像專是為着要告訴我這件悲慘的故事一樣，在她剛說完話的時候，就斷了氣。」

聽了這話之後，在場的人，個個用手去拭拭自己的眼睛，沒有一個人的手是不潤溼的。

「我還想再到鳳陽城裏去一次，究竟我的老父是怎樣了，我甘願死在老父的身邊。」那位更夫又堅決又悲憤地說。（未完待續）

——摘自《新华日报》（汉口），1938 年 4 月 5 日

敵機昨襲粵

駐馬店西安均被炸

【廣州四日中央社電】敵機十八架，今分兩次逞兇，在粵漢路滘江黎洞橫石投彈廿餘枚，廣九路投彈四枚，在本市西村方面粵漢路瑤台兩鄉附近投彈十二枚，炸斃男女鄉民十餘名，傷害四十餘人，震塌民房三間。

【鄭州四日中央社電】敵機九架，四日在駐馬店投彈廿餘枚，我無損失。

【西安四日中央社電】四日上午十一時四十分，朝邑發現敵機廿七架，分批向西安來襲，經大荔渭南臨潼，十二時十五分先後侵入西安上空，在西郊投彈數十枚，十二時五十分向東逸去，事後調查，我無損失。

【金華四日中央社電】敵機十八架，四日下午二時發現於玉環方面，旋經青田永嘉樂清竄麗水，投彈卅六枚，毀民房十二間，死二人，傷三人。

——摘自《申报》（汉口），1938年4月5日

日機廿七架昨襲西安

在西郊投彈數十枚無損失

粵漢廣九兩路被轟炸

【西安三日電】華方消息：三日上午十一時四十分朝邑發現日機廿七架，向西安來襲，經大荔，渭南，臨潼，十二時十五分先後侵入西安上空，在西郊投彈數十枚，十二時五十分向東逸去，事後調查，華方無損失。

【廣州四日電】華方消息：日機十八架今日分兩次襲粵，在粵漢路琶江，黎洞，橫石投彈廿餘枚；廣九路塘頭又投彈四枚，在本市西村方面粵漢路瑤台兩鄉附近投彈十三枚，炸斃婦女鄉民十餘名，傷四十餘人，震塌民房三間。

☆ ☆ ☆

——摘自《大美晚报晨刊》，1938年4月5日

敵機濫炸

西安粵路又遭襲

▲中央社西安四日電：四日上午十一時四十分・朝邑發現敵機二十七架，分向西安來襲，經大荔渭南臨潼，十二時十五分先後侵入西安上空，在西郊投彈數十枚十二時五十分向東逸去，事後調查我無損失。

▲中央社廣州四日電：敵機十八架・今日分兩次逞兇在粵漢路琶汀黎洞橫石投彈二十餘枚，廣九路塘頭復投彈四枚，在本市西村方面，粵漢路瑤台兩鄉附近投彈十三枚炸斃男女鄉民十餘名，傷害四十餘人，震塌民房三間。

▲中央社金華四日電：敵機十八架，四日下午二時發現於玉環方面旋經青田永嘉樂清竄麗水投彈三十六枚，毀民房十二間，死二人傷三人。

——摘自《云南日报》（昆明），1938年4月5日

敵機轟殺粵溪鄉民慘況

八架敵機衝入投彈鄉民死傷四十餘

九架分襲廣九粵漢兩路我無大損失

（廣州專訊）昨四日敵機來襲、兩度侵入廣州市西郊投彈、死傷平民四十餘人、演成敵機襲廣州最近兩月來最慘血賬一頁、茲將詳情誌之如下、是日上午八時廿分廣州市接前方監視哨報告、有敵機六架、在中山縣唐家灣海面發現北飛、八時卅分、敵機六架、到達虎門上空、時唐家灣續發現第二批三架、抵萬頃沙、本市續發緊急警報、查敵機六架、經廣九路黃埔繞過白雲山花縣、至粵漢路樂同飛淸遠琶江英德黎洞橫石三地、投彈十餘枚、損失路軌五六丈後、五架飛廣三路順德出海、一架經花縣南飛、第二批三架、經順德佛山五眼橋、於九時十分左右、抵達廣州市西村上空、盤旋窺伺、圖炸我西村工業區士敏土廠、在萬尺高空盤旋、約五分鐘下降、至六千尺、至七千尺間、欲向下投彈、本市防空機炮早已奉令集中監視、見敵機踪跡、即集中全市高射炮數十門、齊向迎擊、連珠迸發、聲震全市、敵機雖左右往來閃避、欲達其破壞目的、然卒被我猛烈炮火包圍、始終不能得逞、陸空交戰激烈情形、爲數月來所未有、至九時二十分、敵機卒無法侵入砲火保護下範圍、乃轉向附近牛欄崗粵溪村投彈一連十餘枚、落於士敏土廠後之粵溪鄉中、敵機不敢久戀、向海遁去、本市接得報告、各地敵機出海、九時卅五分惠陽縣澳頭稔山發現敵機．架、亦僅在沿岸偵察後離去、遂於十一時十五分解除警報、

事後調查、**本市西郊粵溪鄉（聞即王聖塘鄉）被炸地點．在士敏土廠後涌對面、先後七彈皆落平民區、當堂毀民房五六間、有一彈中大榕樹上爆炸、適有在該處附近耕種農民、因遇敵機來襲暫避、致遭傷死者、不下四十餘名、當堂因傷斃命者七人、重傷者三十餘人、情形極慘、除輕傷二十餘人敷藥後返家療治外、重傷者本市[illegible]醫院如市立醫院方便醫院救護隊均派車前往施救舁返市立醫院方便醫院留醫**、計受傷姓名如下、周李氏女三十六歲、周水男七十四歲、周有女十二歲、傷右臂、林馬氏女卅歲、傷手足、（以上在方便醫院留治）吳樹金男傷頭額、陳煥好女傷額皮、裂深至二三分、周輝男卅五歲傷右肩、周輝祥男卅歲傷肋骨、陳林氏女卅一歲傷左手、及肩、周樹鈞男卅歲、傷背部左肩皮骨、裂深入肺、陳劉氏四十四歲女傷大腿、周郭氏女十九歲傷頭部、陳金滿二歲男傷左肩、（以上市立醫院留醫）又正午十二時二十五分、唐家灣發現敵機五架、起航北飛、本市發出第二次空襲警報、十二時卅五分、敵機抵虎門再發緊急警報、查敵機經黃埔侵入市空、在西村上空盤旋約十分鐘、再向西村士敏土廠後附近投一彈、瑤台鄉投三彈、均落空曠地、僅傷平民三四人、敵機投彈後、飛廣三路佛山窺伺後、出海、下午一時許、中山唐家灣再發現敵機兩架、至深圳盤旋、飛塘頭廈投四彈後出海、我無損失、本市於下午十分解除警報云、

（廣州專訊）昨四日午前、敵機分三批來襲、防空處于八時十八分發出警報後、未幾續發出緊急警報、查第一批六輛、于八時正從唐家灣方面起航、於越過廣九路後、即經黃埔轉向粵漢路進襲、在琶江上空、稍事偵察盤旋、隨北飛、在黎洞投彈數枚、又在波羅坑投彈數枚、即南返、經西村越過廣三路、在西南上空盤旋、隨於九時三十分、經江門出海、第二批敵機三輛、於八時二十分、在唐家灣發現、向北飛、沿黃埔支綫、闖入市空空襲、在白雲機塲投彈三枚、經我軍發炮向之掃射後、即高飛、隨又在黃埔支線廣州北站之王聖塘鄉地方、投彈三枚、一枚落正站塲路旁、斃路工一名、重傷二名、一枚則落在曠野、無甚損失、而其另一枚、則落在該鄉之阜崗崗麓、環崗四週、俱爲田畦、時值春耕、農事既忙、農工亦衆、迨敵機蒞臨後、農工等即紛起赴該崗伏避、致被當堂炸斃農工一名、重傷三十餘名、即經分別扛赴市立方便等醫院調治、其在崗之上一層躲避之農民、于炸彈爆發後、即因震動力過大、紛紛滾跌而下、甚至有拋離一尺數尺以外者、以致幸免炸傷、而被跌傷者、亦有數人、敵機隨于十時許經佛山江門出海、當是晨九時十五分時、復有第三批敵機一輛、在稔山澳頭間發現、環飛偵察、未幾即行出海、十一時十五分、解除警報、又查敵機二輛、于三日下午二時、在唐家灣南朗間空襲窺伺、當時據報、未有投彈、茲查敵機是日實在唐家灣之灣均地方投彈四枚、落在拱北關分卡、斃水兵一名、重傷四名、至午後十二時二十五分、防空處據報敵機五輛、從唐家灣起航北飛、當即發出警報、未幾續又發出緊急警報、敵機于飛赴虎門偵察後、即向廣九路北進、在塘頭廈站、投彈四枚、路基鋼軌枕木累受損毀、隨又轉赴順德向容奇桂州兩處空襲、有無投彈、未詳、旋即出海、二時十五分、解除警報、

又（廣州專訊）暴敵殘忍暴戾極點、近更變本加厲、專炸無軍事設備之鄉落、三日下午竟恣其兇暴向唐家灣海關投擲炸彈四枚、隆隆之聲、石岐方面亦聞之清晰、但目標不準、皆落附近田禾、有農民十餘人、一見敵機、即匿於樹下、以圖避免、詎一彈正落樹旁、當堂將巨幹炸斷、農民死者五人、傷者八人、又海關水手一名、亦中彈慘死、本省軍政機關、四日分別接中山縣防軍及縣長報告、忖敵圖炸海關用意、係因敵近日誘惑小部無識漁民走私、恨我海關及緝私機關踊緝嚴密、故圖炸洩憤云、

——摘自《循环日报》，1938 年 4 月 5 日

敵艦砲轟寶安

鎗射香洲漁民

敵艦兩艘向西鄉沿岸轟十餘响

敵艇十二艘擄刼香洲漁船一艘

（廣州專訊）侵入粵海敵艦、因北移援津浦綫、先後撤離、現僅留十餘艘左右游弋、昨四日本市得接報告、（一）上午九時十五分、孖洲大劉海面、停泊敵雙烟筒艦兩艘、向寶安移動、駛抵固戍海面、向西鄉沿岸發炮、一連十餘响、我早已據報嚴防、敵未登陸、我亦無還擊、敵艦炮擊不能中的、（二）三日下午五時三十分許、中山第五區香洲海面、發現橡皮艇十二艘、滿載敵水兵四五十名、向岸駛來、以機關槍向海面掃射漁民、結果死傷數人、有一漁船被擄去、沿岸因我軍民已有防範、不敢來犯、至下午七時許逃去、（三）東江馬嶼口潮陽燈塔間、有敵巡洋艦一艘、驅逐艦一艘、澄海北港有驅逐艦一艘、球江口萬山羣島有敵艦三四艘游弋、尙無異動云、

——摘自《循环日报》，1938 年 4 月 5 日

高要一祿步被炸慘狀

祿步墟於去月廿九日被敵機轟炸、投下四彈、一枚落留鑿路口、燬陳光照黎娣陳貴能等房屋三間、炸斃船員徐梅娣林開成二人、一枚落桂華路舊區公所前門、毀民居七間、兩彈落河中、炸沉民船二艘、

——摘自《循环日报》，1938 年 4 月 5 日

港澳沿岸漁船

被敵搗毀者在五百以上

漁民失業者達數十萬

敵自封鎖我沿海岸後、對我國之大小船舶、無不加以肆虐、尤以沿海漁民遭遇極慘、頃據漁民協會中人言、幾個月來、香港澳門沿海漁船、被敵艦搗毀者、數達五百以上、失業之漁民、有數十萬、即以本港而言、亦有數萬之衆、惟本港漁人、尙可在港內採捕、不致完全喪失其所業、港外漁人、則更感痛苦矣云、

——摘自《循环日报》，1938 年 4 月 5 日

餘姚難民 被日機轟炸 死傷七十餘

【鄞縣五日電】華方消息：餘姚臨宿白塔山附近，三日晨十時由海鹽駛來難民船一艘，遇日巡洋艦開炮轟擊，難民避入山中，四日晨九時該山上空發現日機二架，向難民投彈，死傷難民七十餘人。

——摘自《大美晚报晨刊》，1938年4月6日

敵罔顧國際公法 竟使用毒瓦斯

△中央社徐州五日電：津浦北段台兒莊一帶，自上月二十八日展開真面目戰事以來，迄五日已近兩週，戰事之慘烈，為上海大戰以來所僅見。深入台兒莊一帶之敵，曾將其善於運用之中央突破迂迴側擊各個戰略，一一在台兒莊附近表演，並發揮其材料戰之本能，但均未收效，現雖窮極無聊，罔顧國際公法，施用催淚性毒瓦斯，復為我軍設法抵制，亦徒勞無益，截至五日上午，敵受我內外夾擊，陷於包圍，已陷於深泥，欲罷不能，其所恃而無恐者，原[illegible]援[illegible]之能及時趕到補充之兵，源源接濟，孰料津浦北段路軌橋樑，被我節節破壞，台兒莊公路固迄未獲得接濟，運用在鐵路公路以外，另覓之輕便部隊增援路線，亦被我截成數段，無法貫通，彈藥告盡，藉飛機輸送，給養斷絕，依刧掠為生，此種疲憊，不待戰死，亦必困死餓死，故依目前情形，判斷兩週來之混戰局面，數日內當有新發展。

▲中央社徐州五日電：自津浦北段泰安口南路軌橋樑被我破壞，在臨棗台支線作戰之敵，即感運輸困難，給養無法接濟，數日來敵雖設法利用公路輸送，又遭我軍在公路兩旁襲擊，無由補充，自台兒莊接觸之初，敵為誇示其材料戰本色，大砲每日轟達數千以上，今則砲聲稀落，無復當日豪氣，尤為敵補充不易之明證。[illegible]敵[illegible]天開，曾用飛機輸送接濟，無奈台兒莊附近已陷於混戰狀態，敵飛行員之技術不[illegible]，投擲欠確，有敵機三架，誤將子彈給養投入我軍陣地，某部拾之，視為無上光榮戰利品，特解送後方陳列。

▲中央社徐州四日合眾電：李司令長官宗仁昨對合眾社記者稱：日軍戰略，在取得徐州，威脅隴海線，然後進佔武漢，但軍屢圖突破華方陣線，而其結果，台兒莊附近有日軍一師團被圍，已似甕中之鱉，由日軍後方時為我軍所截斷，故援軍及軍需，俱未能源源運至日前線，故如敵軍繼續深入，意圖切斷隴海線，渡過黃河，則其前進部隊，隨時有遭殲滅之虞，故日方此種企圖，亦不足慮云。

▲中央社徐州五日電：沂河兩岸我軍，五日由相公莊、獨樹頭、角沂莊、硯台嶺、葛家莊之線，再向前線極力索援，向有進展，敵由陽明西南對岸船流，經喬家集、義臺集、廠家埠覓取向台兒莊增援，路線被我派隊分段破壞，已無法運用，現敵又欲自邳州經泗水費縣覓取另一增援台兒莊路線，亦被我派隊截擊，似難成功。

——摘自《云南日报》（昆明），1938年4月6日

浙境曹娥臨浦 遭敵機肆虐 死傷平民百餘人

陝粵等地亦遭空襲

▲中央社鄞縣六日電　軍息、六日上午九時敵機四架、由杭州灣飛抵曹娥橫街、投彈十餘枚、死傷平民八十餘人、燬民房多間、旋飛臨浦鎮投彈三十餘枚、死傷平民二十餘人、燬屋多間。

▲中央社金華六日電　六日上午九時敵機四架、飛臨浦投彈三十餘枚、均落車站附近、死十五人、傷三十餘人、毀民房五棟。

▲中央社鄭州五日電　敵機五架、五日晨在平漢路明港（信陽北）車站、用機槍掃射、我損傷甚微。

▲中央社潼關六日電　（一）敵機三架、六日上午十一時竄潼、稍事窺察、即向北逸去。

▲中央社西安六日電　敵機六日上午十時四十五分由晉竄陝、在朝邑・平民・潼關沿河一帶窺察後、即向東逸去。

▲中央社廣州六日電　敵機三十四架、今分四批犯本市、在北郊西村附近投彈三十餘枚、無大損失、屢被我高射砲轟擊、敵機多受傷逸去、並在寶安太平間南校場等處、投彈八枚、炸斃鄉民數人。

——摘自《中央日报》（长沙），1938 年 4 月 7 日

敵機犯臨浦

投彈卅餘枚死傷五十餘人

並襲明港車站用機槍掃射

【金華六日中央社電】六日晨九時，敵機四架，飛臨浦（在蕭山南）投彈卅餘枚，均落車站附近，死十五人，傷三十餘人，毀民房五。

【鄭州五日中央社電】敵機五架，五日晨在平漢路明港車站，用機槍掃射。

【潼關六日中央社電】敵機三架，六日上午十一時飛潼，稍事窺察，即向北逸去。

【西安六日中央社電】敵機三架，六日上午十時四十五分，由晉飛陝，在朝邑平民潼關一帶窺察後，即向東逸去。

——摘自《申报》（汉口），1938 年 4 月 7 日

敵機四批襲粵

並在甯波投彈轟炸

【廣州六日中央社電】敵機三十四架今分四批襲本市，在北郊西村附近投彈卅餘枚，無大損失，屢被我高射砲轟擊，敵機多受傷逸去，並在寶安太平間南校場等處投彈八枚，炸斃鄉民數名。

【鄞縣六日中央社電】六日晨九時，敵機四架，由杭州灣飛抵曹娥橫街，投彈十餘枚，死傷平民八十餘人，燬民房多間，旋飛臨浦鎮，投彈三十餘枚，死傷平民二十餘人，燬屋多間。

——摘自《申报》（汉口），1938 年 4 月 7 日

我同胞在敵軍暴行下的慘劇（續五日第二版）

（三）搜山

我看見一個六十幾歲的老婦，在我的旁邊嗚咽起來，我就向她發問：『你有什麽痛心的事情，可以告訴我？』

『日本鬼子眞是狗彘都不如，』她用衣袖揩了揩眼淚發怒似的說：『我們一村三百多人，原住在鳳陽城外三里的地方，在鬼子到了的一天，我們都避到十里外大塘底下的蘆草叢中，我們中間的一個鞋匠，因爲要找尋他的失妻，曾經前後偷偷的回家三次，可是在最後一次被鬼子發覺了我們避居的地方。我們爲了避免危險起見，當夜就跑到離紅心鎭十里的白雲山中，在這山中只住了兩天，有一架兒子的飛機就在我們的頭上亂散着紙條，有幾位識字的人，看了這些紙條告訴我們，說鬼子是要我們回鄉，住在山裏不回鄉就當我們是土匪，并且限我們三天以內下山，不下山鬼子就要來搜山。』

『你們就下山嗎？』旁邊一個難民問着。

『沒有！』她以極堅强的態度回答着：『我們接這種紙條之後，大家商議了一下，結果決定與其自動下山給鬼子搞死，不如留在山上讓鬼子來搜索。三天限期過了，我們也沒有見到鬼子什麽動靜，但在第五天，突然由城裏來了一個人，說是『維持會』差來送信給我們的，那信裏的話，和那鬼子飛機所散的紙條差不多。當時，我們又商議了一番，結果是寫了一封信給『維持會』問它如何回鄉，第二天早上就來了覆信，信裏說是要我們排着隊下山，隊前要有一面鬼子的旗，到了城外六里就應站着不動，并且要喊着「大日本萬歲」，然後等鬼子派兵來搜查了，始准我們回家。

『先生這種樣子，我們可做得到嗎？』那老婦向我問着。

『自然不可能。』我回答她。

『對的！』她繼續着說：『我們就決定不理它，在兩三天之後，聽說鬼子已經在山下東西兩面架着大砲，在南北兩面，已經架着機關槍，這樣子是要把我們當着靶子射擊，我們有幾枝土槍，和十幾條長矛，也都磨擦得雪亮，在山中幾條要道中，我們已經派了人把守，第二天三架鬼子的飛機，飛到我們的山頂，我們知道情形不好了，都往山隩裏躱着，像山崩一樣的轟轟的聲音，發聲的響了一個上午，到了下午，來了鬼子的一隊騎兵，砰砰的向着我們放槍，那時，我們的土槍，也就發怒的還擊，雙方放了七八十槍，鬼子已經在我們的面前，我們一面與鬼子抵抗，一面向山奔逃，鬼子到了這個隩裏，我們就逃到那個隩裏，這樣兜了六七個圈子，鬼子就退下去，第二天鬼子的三架飛機，又來了，那天鬼子擲了炸彈以後，還放了一陣大砲，鬼子簡直是要把這個白雲山毁滅似的，五六隊的鬼子騎兵，在飛機大砲轟射以後，分幾路向山中進來，這下子我們知道沒法躱避了，就揀了一條路，由拿土槍長矛的人領前衝了出來，衝到山脚下，鬼子的機關槍霹霹拍拍響了，那幾位拿土槍長矛的人，像發狂似的喊着，衝殺過去。那時，我看見前面一排一排的人，都倒了下去，我是完全昏亂了，只是向着地上亂爬亂滾，三百多個日夜見面的人，只剩了三十多個了，這僅存的卅多個人，有的打瞎了眼，有的打斷了臂，多是成了殘廢的人，我呢，在手臂上也擦過了子彈。』他伸出手臂來，露出一個一寸寬的傷痕給大家看。

『我的一個兒子，是在前面拿着長矛奮勇衝殺的一個，他也倒在山下死了。』她又嗚咽了起來。

（四）三條命

在我的周圍，難民愈聚愈多了，我聽着他們血淚的故事，疑心我已回到家裏，在鄰友家人擁閙之中，聽着家鄉刼後的經過一樣。

『我從來沒有見過這樣的慘事，』一位六十多歲的老頭子又提起一件慘事來，『這是應該告訴先生的。』

『是的，』我說了話。看見大家又都鎖起了眉頭。

『在我從定遠城逃出來的一天，沿途的難民，三百一羣五百一隊，總有廿多里長。多半的難民，是一手提着箱，一手攜着籃，背上又負着一袋米或是一包被，而且還帶着一羣的老少，在敵人的大砲追着足跟亂放，敵人的飛機向着頭頂亂炸的時候，那些可憐的難民，怎不慌亂奔跑呢！多多少少的難民，是在這樣殘暴情形之下，犧牲了生命，就是倖存的，不是子失其父，就是妻失其夫，沒有一家不是骨肉分離，演成了人間最慘的悲劇，在路上，狼籍着的衣服糧食，沒有人敢拾，一堆一堆血肉糢糊的屍體，更不忍卒睹，這樣慘狀，我不能多說，我現在只告訴先生，在我們遇到敵人的時候，所發生的一件慘事。』（未完）

——摘自《新华日报》（汉口），1938 年 4 月 8 日

日軍實施文化政策

各地設日語學校

新聲社云、日本在其軍事佔領區域內、已開始其文化政策、據日文報紙載稱、在江浙兩省內、由日軍宣撫班創辦之日語學校已有三十所、入校學員自六七歲以至五十歲之男女共四十餘人、其設立之地點、以蘇州爲最多、計有十所、揚州次之、計四所、松江杭州湖州各二所、嘉興常州等處均有一所、以上各處均係沿鐵路之處、蓋在交通處外、秩序未復、尙不容其進行也•並據稱所有教員、均係宣撫班人員兼充、因人數缺乏、故由軍隊中選聘十餘人擔任云、

——摘自《新闻报》（上海），1938年4月8日

盜刦行爲

搬運紅木傢具
强拖運客卡車

據七日大美晚報載稱、七日午後十二時一刻、接得報告、有日兵二十人、衝入虹口元芳路一三五弄、槍逼守門印捕、洗刦弄內各家、以一卡車、裝運大批紅木傢具、該弄地點、接近利斯德學院、係廣東路英商祥茂公司之產業、所刦紅木傢具有係居戶之物、有係祥茂公司之物、守門印捕、係祥茂公司所雇、彼見日兵乘卡車而至、其中一兵、立出手槍威脅、旋且禁彼于一屋內、由一日兵監視、餘兵即衝入各家搜刦、日兵去後、該印捕始設法逃出、前往報告巡捕、日兵臨去時、且告印捕、謂尙有紅木傢具不能攜去、當于下午再來云、

【本報特訊】昨日清晨八時許、靜安寺路金城別墅弄內、突有我裝日本兵士六名偕工人模樣之華人兩名、駕乘卡車一輛、闖入該別墅、將停放弄底之新亞大酒店小型運客車一輛、强行曳去、初由工人撥動引擎、試行開駛未成、乃用繩將該車縛於其乘來卡車尾間、即疾駛向西而去、該里司閽捕未敢攔阻、私自電話報告該管靜安寺捕房、迨捕房派中西探捕到來、日兵已遠去無蹤、事後新亞酒店方面已具呈報告公共租界工部局、請求救濟、按新亞酒店位於北四川路郵政總局對面、向稱上海唯一大酒店、自滬戰起後、該店人員即全部撤離、由日本軍隊駐紮在內、自華軍撤退後、後由一日本商人出面、將該店佔去、照常營業、傀儡組織中之溫宗堯等、即居於是處云、

——摘自《文汇报》（上海），1938 年 4 月 8 日

敵機擾粵境

平民多人又遭荼毒

敵艦砲擊我帆船

▲中央社廣州八日電　敵機二十二架、今分兩次來犯、在粵漢路黎洞、横石、潛江投彈十餘枚、並在從化城外曠地投彈十餘枚、又在本市東郊天河投彈七枚。

▲中央社汕頭八日電　今上午八時二十分又有敵機五架、由南澳海面敵艦起飛、沿澄汕安豐梅窺察。

【本報八日汕頭專電】梅縣擊落敵機二架、係落長沙圩河中、當時有敵機三架掩護、致墜機機師四名逃走，匿入山內、現搜捕中。

▲中央社汕頭七日電　六日晚南澳海面、突來三烟囪之敵巡洋艦二艘、每艘載水上飛機六架、今日上午八時卅分、分兩隊襲潮梅各縣、一隊三架在南澳島四週窺察歷一時餘始逸去、另一隊五架、經汕飛潮安縣城、稍事盤旋、續向北飛、過豐順入梅縣、在城郊古塹平及長沙圩擲彈十餘枚、燬民房數處、死傷平民數名、我防空部隊迎頭痛擊、十一時許始向南逸去、下午一時廿分又有兩架來襲、在古塹平再投三彈、我損失甚微、三時餘汕市潮安、豐順、梅縣又先後發現敵機二架，未投彈即逃、據梅縣防空監視哨報告、謂第一次來襲敵機、被我高射槍砲密集痛擊、兩架負傷，降落何處、尚在查明。

▲中央社香港八日合衆電　澳門商輪泉州號昨駛經香港領海附近、遙見日本巡洋艦一艘、砲擊一中國帆船、旋即放出汽艇一艘、上載水手數人、駛近該帆船、並于登船後、將船上水手六名、擲入海內、然後將該船付諸一炬後從容離去、泉州號當即駛往營救、撈獲水手五名。

▲中央社廣州七日電　軍息、沿海各方敵艦行踪，據報如下：（一）大澳山泊有敵驅逐艦兩艘、（二）惠屬稔山下涌來敵巡洋艦一艘、午下午五時三十五分又有敵巡洋艦一艘駛進虎頭門下涌停泊、隨用小汽船兩艘、滿載水兵、駛近岸邊、旋又退返敵艦、至五時五十八分該兩敵艦已他駛。

——摘自《中央日报》（长沙），1938 年 4 月 9 日

我同胞在敵軍暴行下的慘劇 （續昨）

「當我們一羣三百多人逃到西三十里店的時候，突然在我們的前面山澗跳出了三十幾個兇惡的敵人，將我們一羣難民圍了起來。當時我在一羣難民的中間，只看見前面十幾個的敵人，向着一個個難民的身上搜索，就連一個銅子也不忍他們留着，而且還把幾個年青的婦女扣留在一邊，不讓她們過去。在我的旁邊，有姑媳二人，帶着一個不滿二歲的小孩子。她們見了這個情形．互相私語着，姑姑說：「把我的錢搜了，把你的身扣了，我們怎麼辦呢？」媳婦回答說：「不就是餓死了你，逼死了我嗎？」姑姑又說：「我們兩人死了，小孩子不是活不成嗎？」媳婦說：「我們不是說過，死也要死在一起的？」姑姑說：「我們一死容易，小孩怎麼辦呢？」媳婦又說：「還是讓小孩子先死吧！」那時姑媳兩人滿面是淚，媳婦抱着小孩子發抖，姑姑對着小孩子呆望，那個小孩子也縐了縐眉頭，好像也知道遇着什麼危難似的。這種淒慘情形，在旁的難民沒有一個不陪着流淚。這時那個媳婦突然高聲的說：「橫豎活不了，就索性這樣吧！」話還未說完，那個不滿二歲的孩子已經被摔在石角上，在旁的難民，看着小孩子全身碰着石角上發出吱的一聲，都驚跳了起來。那時被摔的孩子在地上只是亂攣着亂痺着，那個媳婦又忙拾起孩子，擎舉在頭上，然後用着一身的力又向石角上摔去，在旁的難民看着孩子的血肉四濺又驚跳了起來。當時姑媳兩人已經奔到山澗深上，我們只聽到「撲通」「撲通」兩聲，就不見這兩個人了。」我聽着這件又淒慘又悲壯的故事，心裏也是「撲通」「撲通」的響着。

「那無恥的敵人，見了這回事，笑了一陣之後，仍幹着他們殺人不眨眼的勾當。」那位老頭子嘆了一口氣結束了這個傷心的慘事。

（五）馬家園子

「把在馬家園子發生的一件慘事告訴那位先生吧？」一位四十幾歲的壯年對着一位青年說。

「馬家園子在什麼地方？」我就問那位青年。

「馬家園子離定遠城西北三五十里的遠近。」那位青年回答說，馬家園子是紅槍會出沒的場所，敵人對於這個地方，早已懷恨在心，所以一佔領定遠，就馬上派了二百多個騎兵來搜索。這時我們的紅槍會，早已遠去，那裏還會留在園子裏讓敵人來宰割呢？敵人一到這個園子，因爲搜不着一枝紅槍，就惱怒了起來，竟把園子裏二百幾十個的男女老少的鄉民用繩縛在一起，硬要他們指出紅槍會的人來。其中一個敵人兇狠狠對着一個有七歲女孩的青年說：「你可知道這裏有紅槍會嗎？」那青年回答說：「沒有。」那個敵人對於這個回答早存不滿的心理，所以一聽到這個答語，就把他的女孩拉了出來，擲到一羣的敵人的手裏。可憐這個活潑潑的女孩子，一落在殘暴成性的敵人魔手之下，不到幾分鐘，就撕成了兩片。這兩片血淋淋連肉帶骨的分裂的屍體，是被敵人掛在一顆樹中的兩條椏枝上。當時那些馬家園子中的人，見了敵人如此滅絕人道的行爲，却發出正義的怒吼痛斥這些狗彘不如的東西。可是那些無恥的敵人更是暴露出猙獰的面目來了。竟在被縛的二百幾十個的馬家園子的人中，挑出六個青年來，這六個青年被分爲兩組，一組是被縛在樹身上，一組是被迫站在被縛的人面前，然後敵人在後面架起機關槍來，敵人的殺人的把戲預備好了以後，又拿出三把短刀來，分給那站在被縛的人的面前的三個人，強令他們用刀刮取被縛的人的心臟。誰能刮取自己同胞的心臟呢？」那位青年向着在旁的人反問着。

那時爾聽着的人的心頭，早已被悲憤情緒壓住了，那裏還會透出一句話來呢。

「那三個青年拿着三把短刀，」他繼續着說，「不約而同的向着後面的敵人飛擲了過去，立刻砍中了三個敵人。當時敵人的機槍聲也響了，那站着的三個青年抱着樹上縛着的三個青年高呼着「中華民國萬歲」而死了。那一羣無恥的敵人，經了這個刺激又轉回頭來把所有馬家園子的人驅逐到一間小屋裏，然後架上柴火，把他們活活地葬身火窟裏。這二百幾十個馬家園子裏的人，只有三個人是從這火的火堆逃生出來。聽說敵人還偷了一頭牛兩隻羊在這人肉爲火堆中爛食着，作爲「勝利的紀念。」」

自我聽了這些難民的傷心史以後，在我的腦海中天天重演着那些慘事，這是永遠忘不了的仇恨呵。（完）

三、二八、於正陽關

——摘自《新华日报》（汉口），1938 年 4 月 9 日

日兵續刼傢具 守門印捕無如之何

據八日英文大美晚報載稱、八日晨又有日兵二十人、衝入匯山路元芳路一三五弄各住宅內、以卡車搬運紅木器具、經過情形、完全與七日相同、彼等以一人監視守門印捕、餘人搬運紅木器物上卡車、七日八日、彼等之行動、全有外人目擊、弄內各宅、均係祥茂洋行產業、紅木器具則爲住戶之所有物、至八日行刦之日兵、是否即爲七日之日兵、尚不得而知、但七日到場之日兵、確曾告印捕、謂將續來移運器具、

——摘自《文汇报》（上海），1938 年 4 月 9 日

馬牧集一帶空戰
我擊落敵機七架

【本報十日漢口專電】敵機六架、今午十二時半襲商邱、我機起飛應戰、當擊落敵機一架、餘均逃遁、我機十八架今由某地起飛、追擊敵機、在台兒莊・蕭縣・馬牧集一帶上空、擊落敵機七架。

▲中央社漢口十日電 十日午十二時二十分、敵九三式輕轟炸機六架、侵入我隴海路馬牧集上空、我機□□架起飛、前往應戰、猛奮攻擊、當即擊落敵機五架、墜落於歸德附近、我機於擊落敵機後、均安返防地。

▲中央社廣州十日電 敵機四架、今上午十一時五十分闖入市空、自東南而西北、經我防空部隊密集槍砲射擊、敵機不敢低飛、竟在萬餘尺高空散放荒謬傳單後、飛至西關住宅區投燒夷彈一枚、當將成衣場一座燒燬、場內女工五十餘人、正當工作之際、走避不及、均罹浩劫、一時火焰飛騰、爆聲震天、防護機關聞報、急派消防救護人員百餘名、馳赴災區施救、記者目睹彼等爬磚疏礫、發掘屍首、援救傷者、至爲努力、殘屍多粉碎肢體、血肉模糊、令人不忍卒睹、災場中正有死者家屬老孺多人、披涕哀號、尋認屍首、尤足以刻劃敵人之殘暴絕倫、令人髮指也。

▲中央社廣州十日路透電

敵轟炸廣州繁盛市區
平民死傷甚重

日機一隊、今午一時十五分飛至廣州上空、轟炸市內繁盛區域、自去秋以來、日機屢次轟炸本市郊外各處、但擲彈於人烟稠密地帶、此次尚係第一次、據調查今日轟炸結果、死傷者約五六十人、惟若干方面稱、如救護工作完畢後、恐死傷人數將超過一倍以上、今日有一彈落在距沙面北一哩之某縫紉工廠上時、女工若干、正在廠內工作、路透社記

者於事後前往調查時、見有焚焦之屍體十五具、事後、救急隊即馳往救護、惟因被炸之房屋六處、多已起火、致救護工作、倍增困難、景象尤極悽慘云

【本報十日廣州專電】十日敵機上下午兩度來襲、下午一時有敵機四架、飛入市空、散發荒謬傳單、對寶華戲院投炸彈一枚、燃燒彈一枚、均被命中、院內觀客四百四十餘人、逃走不及、死傷二百餘人、民房被塌多間、一時呼號哀叫、震動遠近、事後全市救護隊均出動救護、挖掘屍首廿二具、傷四十七人、仍有在瓦礫中未挖出者、慘狀令人目不忍睹

▲中央社廣州十日電 余漢謀今以粵市西關民居慘被敵機炸燬、死傷數百人、特延見中央社記者、發表談話、謂西關爲人口密度最高、而又屬非武裝地帶、敵竟濫施轟炸、至足令人痛恨、然倭寇對我愈凶殘、吾人仇恨之心理亦愈大、抗戰之決心亦愈堅強云、余氏于此深覺空防更有迅即加強之必要、謂望全省同胞、加緊自衛工作、踴躍購債、誓與暴敵作最後之週旋云。

▲中央社廈門十日路透電 日機三架、今晨轟炸廈門近郊、擲彈數枚、並用機槍掃射、華方高射砲當即還擊、日機旋飛去。

▲中央社潼關九日電 敵機五架九日午十二時五十分、由晉竄入潼關上空、投彈二十四枚、旋向陝州窺察、在郊外亂投數彈、飛向北逸去。

▲中央社南昌十日電 敵機廿七架、於十日上午十一時許侵入贛境、在鄱陽、樂安、吉安、吉水等縣、進窺察良久、並未投彈。

——摘自《中央日报》（长沙），1938 年 4 月 11 日

大批敵機襲長沙

破壞我文化機關

湖大清大校舍被炸毀

死傷男女百餘人

▲中央社本市息、敵重轟炸機二十七架、於昨（十）日上午十一時許經安徽祁門、江西樂平、向西南飛行，於下午零時三十分到達樟樹鎮、向西飛來、長沙防空機關爲愼重計、乃於一時十五分發出空襲警報，一時四十三分敵機過萍鄉、向攸縣飛去、有進襲衡陽模樣、旋敵機忽折向西北、於二時二十六分抵朱亭站、沿粵漢路北飛、此間登時鳴放緊急警報、敵機全數分三隊、於二時三十五分侵入市空、我高射砲密集射擊、敵機逕飛對河、在湖南大學、清華大學兩度肆行轟炸後、向東北方面取道麻林橋永安市逸去、據調查敵機在湖南大學投燒夷彈卅餘枚、圖書館全部焚燬　幸值星期日例假、僅炸斃館內工友一名，同時又擲重磅炸彈四十餘枚、四彈落池中、未爆炸、第五宿舍炸燬、工廠科學館及第一第二兩宿舍悉被震毀、附近民房震坍者共十二家、湖大學生黎奎、之江大學借讀生曾有松、另一女生某均

中彈斃命、工友陳玉泉炸成數段、慘不忍睹、又南京難胞姊妹二人、當敵機來襲時、相偕避伏田間、姊中彈片受傷、其十一齡之幼妹、則已喪命於敵彈下、自卑亭側炸死農夫二人、崑濤亭前游客六人、悉數中彈斃命、清華大學後山炸死十八人、傷二十餘人、附近一田舍全家七人炸斃其六、此僅存之鄉民、已神經錯亂不堪、又遊山士女因敵機低飛用機槍掃射、受傷者亦有四十餘人、此外山間與宿舍中不無尚未發覺之死傷遊客與學生、刻正在調查中、綜計已查明者死三十八人、傷七十餘人、又霞凝港停雲精舍袁姓宅傍、亦落一彈、幸未傷人、本市消防隊防護團於敵機擲彈後、即紛紛出動撲火、並將傷者昇往湘雅、仁術等醫院救治、按敵機此次襲長、顯係破壞我文化機關與轟炸平民、其無恥暴行、實爲全世界人類所唾棄、記者調查被炸各情形後、即訪湖大校長皮宗石、據稱、敵機今日襲長、轟炸湖大清華、確顯係有意燬滅我文化機關、使我後方僅存之少數國立大學、均不能存在、此項毒計、久爲世人洞見、本校全部重要建築物及圖書館工廠宿舍、全部被燬、損失在二百萬元以上、余（皮氏自稱）除電呈中央請示善後外、并擬電告全世界、請制裁暴日無理燬滅我文化機關之暴舉、對遇難學生工人遊山士女、當設法善後料理、最後皮氏并謂敝校雖不幸被敵機摧殘、仍當再接再厲、努力維持、使抗戰期中、本省高等教育、不致中斷云。

——摘自《中央日报》（长沙），1938 年 4 月 11 日

敵機殘暴絕倫!!

昨狂炸長沙廣州

湖大清華損失慘重

粵垣平民死傷數百

〔長沙十日中央社電〕敵重轟機廿七架，於十日上午，經皖贛襲湘，全數分三隊，於下午二時三十五分侵入市空，我高射砲密集射擊，敵機遝至對河嶽麓山，在湖南大學清華大學兩處，肆行轟炸後，向東北方面逸去。據調查，敵機在湖大投燒夷彈卅餘枚，圖書館全部焚燬，同時又擲重磅炸彈四十餘枚，第五宿舍炸燬，工廠科學館及第一第二兩宿舍悉被震毀，附近民房震坍十二家。湖大學生黎奎之，江大學借讀生曾有松，另一女生某，均中彈斃命，工友陳玉泉，炸成數段，慘不忍睹。又南京難胞姊妹二人，當敵機來襲時，相偕避伏田間，姊中彈片受傷，其十一齡之幼妹，則已喪命於敵彈下。藏碑亭側，炸斃農夫二人，崇濤亭前遊客六人：悉數中彈斃命，清大後山炸死十八人，傷廿餘人，附近一田舍，全家七人，炸斃其六。此僅存之鄉民，已神經錯亂不堪，遊山士女，因敵機低飛，用機槍掃射，受傷者亦有四十餘人，綜計已查明者死卅餘人傷七十餘人，受傷者昇往湘雅仁術等醫院救治。按敵機此次襲長，顯係破壞我文化機關，與轟炸平民，其無恥暴行，實爲全世界人類所唾棄，記者訪湖大校長皮宗石，據稱：敵機今日襲長，轟炸湖大清華，確顯係有意燬滅我文化機關，使我後方僅存之少數國立大學，均不能存在，此項毒計，久爲世人洞見，本校全部重要建築物及圖書館工廠宿舍，全部被燬，損失在二百萬以上，余（皮氏自稱）除電呈中央請示善後外，並以電告全世界請制裁暴日無理燬滅我文化機關之暴舉，對遇難學生工人遊山士女當設法善後料理。最後皮氏並謂敝校雖不幸被敵機摧殘，仍當再接再厲，努力維持，使抗戰期中，本省高等教育不致中斷。

〔廣州十日中央社路透電〕日機一隊，今午一時十五分，飛至廣州上空，轟炸市內繁盛區域。自去秋以來，日機屢次轟炸本市郊外各處，但擲彈於人烟稠密地帶，此次尚係第一次。據調查今日轟炸結果，死傷者約五六十人。惟若干方面稱，如救護工作完畢後，恐死傷人數，將超過一倍以上。今日有一彈落在距沙面北一哩之某縫紉工廠上，時女工若干，正在廠內工作。路透社記者於事後前往調查時，見有焚焦之屍體十五具，事後救急隊即馳往救護，惟因被炸之房屋六處多已起火，致救護工作倍增困難，景象尤極悽慘。

〔廣州十日中央社電〕敵機四架，今日上午十一時五十分，闖入市空，自東南而西北，經我防空部隊密集槍砲射擊，敵機不敢低飛，竟在萬餘尺高空，散放荒謬傳單後，飛至西關住宅區，投燒夷一枚，當將成衣場一座炸燬，廠內女工五百餘人，正當工作之際，走避不及，均罹浩劫，一時火焰飛騰，爆聲震天，防護機關聞報，急派消防救護車多輛，及救護人員千餘名，馳赴災區施救。記者目睹彼等抓磚疏礫發掘屍首，援拯傷者，至爲努力，殘屍多粉首碎體，血肉模糊，令人不忍卒睹，災區中有死者家屬老幼多人，披涕哀號，尋認屍首，尤足以刻畫敵人之殘暴絕倫，令人髮指也。

〔廣州十日中央社電〕敵機今襲粵市繁盛區，共炸斃縫衣工廠男女工約八十餘人，傷二百餘人，入夜挖掘屍體，猶未蕆事，斷骨殘肢，慘不忍覩，傷害之重，爲粵市遭空襲以來所未有。

〔廈門十日中央社路透電〕日機三架，今晨轟炸廈門近郊，擲彈數枚，並用機槍掃射，華方高射炮當即還擊，日機旋飛去。

〔正陽關十日中央社電〕敵機兩架，八日上午九時飛田家庵轟炸，計投彈六枚，兩枚落河中，四枚落空地，我無損失。

〔南昌十日中央社電〕敵機廿七架，於十日上午十一時許侵入贛境，在鄱陽進賢樂安吉安吉水等縣窺察良久，並未投彈。

——摘自《申报》（汉口），1938年4月11日

日機侵入廣州

在西關住宅區投彈

▲路透社十日廣州電　今日雖有日機所擲炸彈一枚落於城中、但民衆慶祝津浦前線勝利之熱度不爲稍減、晚間並舉行盛大之提燈會、游行各大街、民衆舉行大集會後、即發電致蔣委員長與李宗仁將軍祝賀、

▲廣州十日電　日機四架今日上午十一時五十分闖入市空、自東南而西北、經我防空部隊密集鎗炮射擊、日機不敢低飛、竟在萬餘尺高空散放荒謬傳單後、飛至西關住宅區投燒夷彈、當將我衣塲炸燬、走避不及、均罹浩刦、一時火燄飛騰、爆聲震大、防護機關聞報、急派消防救護車多輛及救護人員百餘馳赴施救、記者目睹殘屍多粉首碎體、血肉糢糊、令人不忍卒睹、瓦礫中尋覓屍首、尤足以刻劃慘狀、

▲路透社十日廣州電　今日午後一時一刻、日機四架空襲廣州市內中心區域、落炸彈一枚、死者恐逾百人、傷者亦衆、當時日機飛行甚高、後在郊外鄰近軍事目標之地點、擲彈數枚、此彈落下時、適値廣州民衆慶祝華軍在津浦線獲勝、各街道國旗飛揚、行人擁擠、故死傷頗多、炸彈幾正落於沙面北約一哩許之某縫級工廠中　、有青年女工多人、在內工作、房屋六所完全炸毁、並有數處起火、炸彈落下時、有美軍艦敏達那沃號之無線電員巴羅氏、適在近處、目擊中國婦女四人、被坍倒之牆垣所壓斃、後又見縫級廠中未及逃出之女工多名、被火焚斃、據巴氏語人、彼所見由瓦礫塲中移出之屍身、約計八十具、路透社訪員到達出事處時、警察尙未完全禁止行人通過、故尙能於人叢中、目覩殘缺屍體十五具、由瓦礫堆中掘出、其中一部份爲青年女子、救護人員急於鄰近街道、設立緊急救護處、紅十字會之護士、救護車及消防員等、均趕到出事地點、救護人員、竟日從事施救、入夜未巳、

▲美聯社香港十日電　廣州長途電話、今日有日機二架、飛至市內轟炸、投彈於西關寶華戲院、西關爲熱鬧之區、估計炸死約三百人、寶華戲院巳停業、改作軍用、

▲香港　十日晨八時、日機七架由唐家灣起飛、經順德九江入粵漢路、在英德琶江投廿餘彈、燬貨車二、無傷人、一時半日機九架分隊衝入市區、向白雲天河機塲西村等投多彈、並擲傳單、旋飛西關寶華、投燃燒彈、焚寶華戲院銀龍酒樓商店民房等多間、火頭數處、經我高射炮密射始退、救護消防隊全體動員赴救、起出屍體多具、廣州警備部息、寶華區被炸死傷約百餘人、

▲路透社十日厦門電　日機三架今晨襲擊厦門炮台、日機由雲端下降、向炮台擲炸彈多枚、並以機關鎗射擊、華軍雖開高射炮擊之、而未能命中、

▲潼關九日電　日機五架九日午十二時五十分、由晉竄入潼關上空、投彈廿四枚、旋飛陝州窺察、在郊外投數彈、向北逸去、

▲鄭州九日電　日機多架、今日企圖侵襲、我空軍起飛迎擊、日機見我有備、分向東西逃去、又日機五架、九日在潼關東七里村投彈十餘枚、我無損失、

——摘自《新闻报》（上海），1938 年 4 月 11 日

虹口魔窟

毁壞了少女貞操

據十日大陸報載稱、三個月來、關于拐誘婦女、移入虹口區、充當臨時娼妓、供人姦淫之事實、滬上兩租界警務當局、搜查偵探、甚為嚴切、因所獲人犯、對于捕房詢問、率多表示內心恐懼、不肯吐實、此中必有大組織大首領無疑、前在山東路破獲之男女二十五人、當可作為一重要之線索、一般人推知此種拐誘婦女、係入虹口之臨時妓院、而此種妓院之主顧則為日本軍人、關于此一推想、因虹口方面租界警　、不能活動、致無從得到確切證據、大批婦女一入虹口、便永久失蹤、其中只有一人、得僥倖逃出、就彼對法庭所述、乃得稍明其真相、此逃出之女子、係一中國廚夫、見其可憐、由彼設法放出、據該女子稱、婦女一入臨時妓院即嚴遭監視、每日受姦達三十次之多、該女子遭此蹂躪、八日以後、至無人樣、廚夫覩之、深為感動、乃縱之使出、女子在法庭所述、俾此而止、而被判十年監禁、引該女赴虹口之男子、則堅不肯詳細吐實、昨日捕房方面某高級人員、述此種誘拐團體之方法及情況如下、此種誘拐團體之大組織之經紀人、一向與妓院有關係、我等知之甚悉、彼等與各種惡勢力有接觸、由此以達於貧苦女子、某妓院謀開門、則此輩送到一女子、即付欵若干、同時此輩即充妓院之保衛人、此輩一得到需要女子之消息、即散放謠言、謂虹口某餐館某工廠、需要女工、工資甚大、同時則搜羅自願前往之妓女、一俟人數足够、即集合於一個機關、大率為旅館房間、由組織中之主要分子預行租定者、其中良家女子、則須經過一番哄誘、人數齊全以後、便被送往虹口、永不得生還云、

——摘自《文汇报》（上海），1938年4月11日

敵機前午慘炸廣州的詳情

某縫紉廠女工百數十人罹難

（中央社廣州十一日路透電）昨午一時十五分鐘、敵機襲擊廣州、一彈投於人烟最密之市區內、炸斃之市民、當在一百人以上、傷者爲數亦甚衆、當時適值廣州市民熱烈慶祝津浦線大捷、另一彈則投中離沙面北一哩之某縫紉廠、房屋六間、當卽倒塌、並立卽起火、廠內工作之女工若干、盡罹浩刼、美艦「密達諾」號、無綫電報務員約翰巴羅、爲目睹昨日慘劇之唯一外人、彈落時、渠親見女工四人、活埋牆下、後廠內起火、卽繼有女工若干人、被焚斃命、事後從灰燼內掘出之屍首、達八十具之多、路透社記者事後前往視察、目睹焚焦之屍體十五具、其中有若干具、係少女屍體、景象慘不忍睹、工廠附近、救護隊醫生護士及救火隊、俱甚爲忙碌、自午至晚、努力從事救護工作、入晚廣州市民、舉行大規模提燈會、慶祝我軍津浦線大捷、參加之羣衆、遊行各重要街道、遊行羣衆、旋舉行一民衆大會、由省政府主席吳鐵城主席、余漢謀發表演說、大會當通過决議案、祝賀蔣總裁、汪副總裁、並慰勞李宗仁、及前線將士、當參加遊行之羣衆、行經市中心區被炸之工廠時、工廠兩旁、置有棺材五十具、棺內皆爲焚焦之屍體、載重汽車亦絡繹於道、將棺木運到他處、此次慘劇、死傷確數、官方雖尚未宣佈、但衆信死者、當在一百五十人以上、傷者亦在一百人以上、據悉女工被害者、年齡未有在廿歲以外者、至擲下之炸彈、爆炸聲不大、而被炸之建築物、均于中彈後起火。

——摘自《新华日报》（汉口），1938 年 4 月 12 日

社評

湖南大學被燬

嶽麓山是湘垣的古蹟，北宋初始建嶽麓書院，宋明兩代大儒，在此地讀書講學的很多，人才輩出，傳爲美談。清末改高等學堂，今爲湖南大學，爲湘省的最高學府。自平津京滬失陷，所有文化教育機關，多在敵人暴力之下轟炸焚燬，天津的南開，上海的同濟，受禍最爲慘烈，其他能保殘喘的，爲策安全，多向後方比較安全的省份，覓地遷校，致使全國青年學子飽受流離轉徙的痛苦。湘省離戰區較遠，秩序又比較安定，除戰區各校遷湘不計外，本省原有學校雖在非常時期，仍然是絃誦不廢，尤以湖南大學埋頭教學的精神值得我們稱許，所以戰區各大學在湖大借讀的學生，人數也比較的多，這正是救國不忘讀書的好現象。

卑劣無恥的敵人連日在魯南及各線被我殲滅，爲報復起見，又派飛機向我後方各省市濫施轟炸。前日大批敵機侵入長沙市空，在我防空部隊監視之下，飛越省河，竟向湖大密集轟炸，歷半小時，投彈四五十枚，圖書館，科學館，學生宿舍，及全校精華盡付一炬，據該校估計，物質損失約二百萬元，員生工役的死傷經查明下落者，已有五六十人。嶽麓是湘垣的風景區，既無軍事上的建設，又絕對沒有空防，敵人竟施這樣殘酷的轟炸，明明是有計劃的摧毀我國文化和智識青年。學術文化引人類進於文明，是超感情超國界的，人類能在競爭中得着和平的保障，也就是受了文明的賜予。敵人忘却了所居的是什麽世界，更忘却了自己對文明應負的責任，才不惜逞他們的獸性，重重演出可恥的暴行，雖然全世界的輿論痛加抨擊，他們一點也不羞慚，不反省，這不僅是我們的敵人，實在是全世界文明的公敵。

近來國際學生服務會及世界各大學國聯同志會等團體同情我國戰區學生的遭遇，發起捐款救濟，各國紛紛響應，本報前日社評曾代表我國學生深致感謝。不過像敵人這類的暴行，如果世界文明的擁護者大家都熟視無覩，不聯合起來設法遏止，使得這種惡例，人人可以效尤，世界文明就有全般毀滅的危險，我們希望各國的智識分子和青年，要認識這件事情的嚴重性。

同時我們對於湖大的損失及該校師生的傷亡和驚恐，祗有用救國的精神相慰勉，對於該校宣言迅速恢復教學一點，我們更佩服諸君的熱誠和毅力。

——摘自《中央日报》（长沙），1938 年 4 月 12 日

廣州前日被炸

死難達百人以上

受傷者亦達數百人

▲中央社廣州十一日路透電 昨午一時十五分鐘、日機襲擊廣州、一彈投於人烟最稠密之市區內炸斃之市民當在一百人以上、傷者爲數亦甚衆、當時適值廣州市民熱烈慶祝津浦線大捷、另一彈則投中離沙面北一哩之某縫紉工廠、房屋六間、當即倒塌、並立即起火、廠內工作之女工若干、盡罹浩劫美艦「密達諾」號無線電報務員約翰巴羅、爲目睹慘劇之唯一外人、彈落時渠親見女工四人、活埋牆下、後廠起火、即繼有女工若干人、被焚斃命、事後從灰燼內掘出之屍首、達八十具之多、路透社記者事後前往視察、目睹焚焦之屍體十五具、其中有若干具係少女屍體、景象慘不忍睹、工廠附近救護隊醫士護士及救火隊、俱甚爲忙碌、自午至晚、努力從事救護工作、入晚廣州市民舉行大規模提燈會、慶祝華軍津浦線勝利、參加之羣衆遊行各重要街道、遊行羣衆旋舉行一民衆大會、由省政府主席吳鐵城主席、余漢謀發表演說、大會當通過決議案、祝賀蔣總裁汪副總裁、并慰勞李宗仁及前線將士、當參加遊行之羣衆行經市中心區被炸之工廠時、工廠兩旁置有棺材五十具、棺內皆爲焚焦之屍體、載重汽車亦絡繹於途、將棺材運至他處、此次慘劇死傷確數、官方雖尚未宣佈、但衆信死者當在一百五十人以上、傷者亦在數百人以上、據悉女工被害者年齡未有在廿歲以外者、至擲下之炸彈、外籍觀察者多信爲燒夷彈、爆炸聲不大、而被炸之建築物、均於中彈後起火。

▲中央社廣州十一日路透電 昨日被日機炸毀之縫紉廠、今日繼續掘出焚斃之屍體、按該廠共有工人四百五十人、其中三分之二爲婦女、且有若干女工、當值班時携其子女同往云。

——摘自《中央日报》（长沙），1938年4月12日

張主席通電暴露敵人罪行

轟炸湖南大學殘殺平民 實爲文化惡魔人類公敵

敵機廿七架、前日襲擊長沙、摧毀我文化機關湖南大學、幾全部被毀、并死傷學生及麓山遊人平民百餘人、省府張主席特於昨（十一）日電呈上級機關、並通電全國、暴露敵寇罪行、原電云、（銜略）均鑒、據長沙防空司令徐權灰電稱、今日（十日）十四時半敵機廿七架侵襲長沙上空、於嶽麓山湖南大學一帶、投彈卅餘枚（內燃燒彈十餘枚）湖大圖書館全部被焚、第一二學院科學館警察紀念堂雲麓宮均被炸、死傷遊人及學生巡警等約百餘人、等情、查湖大爲本省最高學府、設備較善、敵本其破壞文化機關及轟殺平民之一貫政策、加以重大毀滅、此種暴行、爲文化惡魔、人類公敵、本府除以最大努力、迅謀恢復、以維文化、並撫慰死傷者及拍攝照片、另行寄奉外、特電奉聞、湖南省政府主席張治中叩眞印。

——摘自《中央日报》（长沙），1938 年 4 月 12 日

日蓄意摧毀中國文化機關

長沙城外兩大學遭轟炸

湘大清華被投彈達七十餘枚

死三十傷七十重要建築損毀

【漢口十一日電】路透社訊：昨有日飛機轟炸長沙城外湖南大學清華大學，此間各華字報與教育界對此甚形憤懣，謂此乃日本蓄謀摧毀中國文化機關之企圖之一部分。日軍既毀平津滬諸大學後，現又圖摧毀內地所餘數大學云。據華方消息：昨日有日機二十七架向上述兩大學擲彈七十餘枚，按清華大學近始由平移至長沙，是役死三十人，傷七十人，並毀圖書館實驗室科學館各一宿舍三，內有女生宿舍一。

【廈門十一日電】路透社訊：今晨與下午日飛機復襲擊廈門砲台，炮台報以高射炮，廈門通漳州之公路，已爲華軍截斷，故目下兩地不能直接交通。

——摘自《大美晚报晨刊》，1938 年 4 月 12 日

日機五十八架 昨日分批襲粵

【廣州十一日電】華方消息：日機五十八架今日分數批來犯，在中山源潭各地投彈卅餘枚。日證實昨日西關寶華戲院之焚燒，確係日機投擲燒夷彈起火，緣是時正有兩日機飛臨廣州市上空也。寶華戲院已改作軍服廠，工作人數甚衆，故焚斃二百人以上。

【汕頭十一日電】華方消息：今日上午八時十分日機二架窺襲潮梅兩縣，沿途低飛以機槍掃射村居，并在潮安西湖擲一彈未炸，十時十分過汕出海。又午後一時，另澳角突來日運輸艦一艘，另有驅逐艦三艘，徘徊汕海外。

【梅縣十日電】日機六架日前在梅縣近郊投彈時，被華方保安隊八團一營守軍開槍襲擊，一日機受傷墜落，查係神州丸一六等，另一日機意欲營救，亦受傷墜落，查係神州丸一九號，日方機師西人及日人各二名已負槍逃匿，吳鐵城據報後已飭屬搜索，並電中樞各當局報告。

【廣州十一日電】美聯社訊：此間外國軍事觀察者今

——摘自《大美晚报晨刊》，1938 年 4 月 12 日

空襲下之粵漢路

平均日機投八十五彈死一人

漢口通訊、一〇九六公里之中國生命線粵漢鐵道、自去歲九月至今年二月底爲止、遭受日機轟炸、不下一百七十一次之多、中國鐵道、實從未遭受如此頻繁之襲擊者、粵漢鐵道在廣東由一環線與廣九鐵道及廣港公路相聯接、經湖北湖南而達武漢、其軍事上及經濟上之意義頗爲重大、實爲目前中國最重要之出路、其爲日人所特別注意、非無因也、日機轟炸粵漢路、有時每日多至四五次、爲時則多至七小時、據約略估計、自去歲九月至今年二月、日機在粵漢路所投之彈、計共一九九四枚、至粵漢路所受損害、則除路軌時時損壞外、其他甚少損失、現該路每日行駛之火車、至少有一列、均能安全到達目的地、據路局方面統計、自去年九月至今年二月之六個月中、路局職員因日機轟炸而死亡者、爲十七人、受傷者則爲二十五人、平均日機每投彈八十五枚、死亡一人、每投彈五十八枚、負傷一人、又自去年八月至十二月、路軌方面所受損害、平均每日九次、但至今年一二月、則減爲三次、該項被損路軌、常立經修復、其中斷之最高紀錄、則爲三日云、

——摘自《上海报》，1938 年 4 月 12 日

日車橫行

一華人受重傷

據十一日字林西報載稱、十日有華人一人、身受重傷、被送入九江路同仁醫院、彼在楊樹浦路、爲日人所用卡車所撞倒、撞倒後、此卡車仍向西開走、此華人係步行者、一腿自膝上折斷、一腕亦骨斷、嗣由救火車救送醫院云、

——摘自《文汇报》（上海），1938年4月12日

日機昨分批犯粵

▲廣州十一日電　日機五十八架、今分數批來犯在中山源潭各地投彈三十餘枚、

▲中山石岐十一日下午三時急電　據乾電報、由三灶逃出之壯丁前夜聯合大赤坎壯丁多人、星夜撲入三灶營、割首級六具、並奪獲機鎗兩枝、携返乾霧郭示衆、民衆集觀、無不稱快、日方爲圖報復、即於今日上午派機十三架、飛抵乾霧上空、在該鄉附近投彈十餘枚、多落水中、一鄉人走避不及、被炸斃命、

▲汕頭十一日電　今日上午八時十分、日機二架竄襲潮梅各縣、沿途低飛、以機鎗掃射村居拼在潮安西湖擲一彈、未炸、十時十分過汕出海、又惠來澳角突來運輸艦一艘、另有驅逐艦三艘、徘徊汕海外、

——摘自《新闻报》（上海），1938年4月12日

長沙城外兩大學

擲彈七十餘

◎漢口十一日路透社電、昨有日飛機轟炸長沙城外湖南大學清華大學、據華方消息、昨日有日機二十七架向上述兩大學擲彈七十餘枚、按清華大學近始由平移至長沙、是役死三十人、傷七十人、並毀圖書館實驗室科學館各一、宿舍三、內有女生宿舍一

——摘自《时报》（上海），1938年4月12日

滬戰上海中外損失

八億四千四百五十萬元

文化機關損失一千餘萬

華商航業損失約七千萬

上海中外商人受戰事影響之損失、因戰局前途結束無期、業已進行估計、據經濟專家李權時根據各方之約計、此次我方總損失較「一二八」一役、增多兩倍、查「一二八」之役總損失估計爲一・四八三・四六一・八五四元、「八一三」之役我方總損失當爲四・四五〇・三八四・五六二元、又據僑滬有年之美商估計「八一三」之役、對於滬上中外商人之損失約計如下、

工業廠屋及設備損失	三五〇・〇〇〇・〇〇〇元
其他不動產損失	二〇〇・〇〇〇・〇〇〇元
一九三七年後五月輸入減少利益損失	一二・五〇〇・〇〇〇元
一九三七年後五月輸入減少利益損失	五・〇〇〇・〇〇〇元
一九三七年後五月國內貿易減少損失	一四〇・〇〇〇・〇〇〇元
鋼要等五金被竊損失	一三・四〇〇・〇〇〇元
十五萬噸輸入品繞道他埠損失	一二・五〇〇・〇〇〇元
滬東區倉庫內貨品被竊損失	五〇・〇〇〇・〇〇〇元
滬戰區內商品及傢伙等損失	五〇・〇〇〇・〇〇〇元
一九三七年後五月各輪船公司運費損失	一〇・〇〇〇・〇〇〇元
滬埠市民難民捐損失	一・〇〇〇・〇〇〇元
合　計	八四四・五〇〇・〇〇〇元

滬上文化機關所受之損失據各方調查如下

㈠大學及學院損失（共十五家）	六・〇〇〇・〇〇〇元
㈡中學損失（共二十七家）	二・一〇〇・〇〇〇元
㈢小學損失（共四十二家）	二六〇・〇〇〇元
㈣其他社教機關損失	二・〇〇〇・〇〇〇元
合　計	一〇・三六〇・〇〇〇元

滬上航業機關之船隻損失據航業界估計其總數約爲七〇・〇〇〇・〇〇〇元、自「八一三」戰事起後華方各航業公司之船隻、在上海附近被擊沉沒收或作爲封鎖線者、不下四百七十五隻、皆在一百噸以上、其總噸數爲五七〇・〇〇〇噸、

——摘自《时报》（上海），1938 年 4 月 12 日

倭飛機空襲長沙各大學

十一日聯合社上海電，倭機襲炸湖南長沙。清華大學及湖南大學略有損失云。

——摘自《三民晨报》，1938 年 4 月 12 日

敵機襲炸廣州斃百餘人

十日聯合社香港電。倭機襲炸廣州。一彈落廣州市內某織造廠。斃工人百餘名。傷多人。內多女工。

倭轟炸機四架於今日下午飛抵廣州。謀炸我軍事機關。一彈落城內某織造廠。該織造廠係由戲院改造者。附近民房多間亦被燬。美國炮艦民丹奴號電報員巴維氏報稱。彼計有屍骸九十具。幷親見四女工被困在牆焚燬。

今晨敵機十餘架飛廣州。炸市郊飛機場。鐵路車站及市外防禦工事等。敵用硫磺彈燒燬黃沙車站附近民房多間。倭機又散發傳單。稱揚法西斯蒂主義。

我方以高射炮迎擊。我描射術極佳。且佈置甚密。聞倭機又飛往厦門。謀炸我炮台云。

——摘自《三民晨报》，1938 年 4 月 12 日

日機昨晚襲漢
月下發生空戰
華方空軍應戰擊退日機

【漢口十二日電】路透社訊：今晚八時空襲警報忽作，日機六架從東飛來，中國驅逐機一隊，當即升空以待，閱十五分鐘後，日機果至，探照燈即射照察視日機所在，日機在漢口賽馬場附近擲落炸彈二三十枚後，未及有機會同漢口軍用飛機場投彈，中國驅逐機已以機槍猛烈射擊，月下空戰約十五分鐘，日機四散逃脫，華機咸安然飛返防地。

【香港十二日電】美聯社訊：中央社消息：在鄭州被擊落之日機五架已焚燬，陝西郿縣（在咸陽武功西渭河南岸）昨日復擊下日機二架。

【桐廬十二日電】華方消息：日機十八架，侵晨九時，自滬經乍浦飛至甯波上空，投彈數十枚，民房被毀廿餘間，死傷民衆十三人。

——摘自《大美晚报晨刊》，1938 年 4 月 13 日

南通聞密砲聲

日方嚴防游擊隊潛伏
連日焚燬民房千餘間

（本埠訊）昨有自南通逃避來滬之人談、南通日軍、爲防我游擊隊潛伏起見、連日來將民房大肆焚燬、被燬者不下千餘間、人民死者亦甚衆、該人又謂、當其離南通時（十一日夜）聞有密集之砲聲、自西南傳來、大約係日軍與我游擊隊開戰云、

——摘自《上海报》，1938 年 4 月 13 日

日散播無稽謠言

圖掩蔽轟炸文化機關之罪

▲路透社十二日漢口電　日方散播謠言、謂星期日日機襲擊長沙、蔣委員與宋子文皆罹難、今晨國民政府發言人已予以否認、斥爲絕對無稽、並謂蔣宋二人、現皆安好、且已多時未赴長沙矣、星期日蔣委員長確在漢口處理政務、宋子文上星期四日已赴香港、現信仍在該處、蔣宋二人罹難之謠言、與星期日長沙曾開重要政治會議之說、顯由日人揑造、以圖掩蔽其轟炸教育機關之罪惡、日飛機每次轟炸非軍事地點後、輒造可笑之謠言、以自文過、蓋彼亦自知摧毀文明之罪惡、爲世人所不能恕也云、

▲海通社漢口十二日電　關於日本報紙所傳、蔣委員長已於日前日機轟炸長沙時被炸逝世之消息、現經此間探悉、完全無稽、蔣氏昨今兩日、均曾出席此間所舉行之會議、海通社記者并曾訪謁參與蔣氏會議之政府要人、證實該種謠言、絕對揑造、華人對於日報造謠、極表震憤、政界人士皆稱、日本現因戰事失利、竟出此下策、以圖淆惑觀聽、動搖人心云、

▲美聯社漢口十一日電　據華方軍事發言人宣稱、日空軍昨日轟炸長沙、將國立清華大學及湖南省立大學均已毀壞、按清華大學、於去秋始移至長沙者、該發言人云、『在該兩大學以內及其附近、並無軍事關係之組織、但日人仍須轟炸、且在漢口方面、昨日亦有無軍事上之目的地被襲、』該發言人繼謂、日本軍人此舉、實愚笨之極矣、彼等屢次轟炸非軍事機關或組織、及無辜之民衆、甚足以摧燬中國民心、彼等愈使中國民衆苦痛、中國民衆憤恨日本人之侵略當更烈矣、據湖南大學當局報告漢口方面稱、該校之圖書館、約值二·〇〇〇·〇〇〇元、已完全爲炸彈所破壞云、

▲美聯社漢口十二日電　政府發言人今日發表談話稱、日人所發蔣委員長宋委員子文張主席治中被炸身亡之消息、全出揑造、絕無根據、星期日長沙並無政治性質之會議、蔣委員長星期日之夕、尚在漢口宴客、宋委員已於星期四日往香港云云、

▲漢口十二日電　中國國際聯盟同志會、因日前日機又在湘粵等地轟炸我無軍事意義之文化機關及商業區域、特於日昨將各情電達日內瓦國聯同志會世界總會、請轉告全球各分會、此項暴行、無非由於最近我軍方獲勝利後、日軍不惜充分發揮野性、意在陷中國平民於恐怖云、

——摘自《新闻报》（上海），1938 年 4 月 13 日

楊樹浦區內

日軍又肆獸行

輪姦紗廠女工

十六歲幼女慘遭摧殘

昨已向捕房報告一切

（大陸報訊）楊樹浦某日本紗廠女工殷明貴（譯音）年十六歲，海門人，家居於公館馬路福昌里七號，於星期二晚六時至八時間，爲日本兵士二人，在臨青路杭州路轉角之空房內强姦，該女於星期二五時半工作完畢後，與其他女工，同至臨青路紗廠工人宿舍睡覺，迨抵宿舍門口，被拒入內，殷女不得已，祇得單獨回至紗廠，迨行抵臨青路杭州路轉角時，突遇武裝日軍二人，將其强拉至附近空房，輪流强姦，事畢後囑其臥於門口之街沿上，然後揚長而去。殷女因年齡過幼，不堪受此摧殘，痛苦萬分，至昨晨約三時，一日軍復返，予彼一戒子及丸藥一瓶，該丸藥大致係止痛劑，殷女仍留原處，至昨晨八時卅分，蹣跚行至楊樹浦巡捕房，報告一切，捕房當即將彼送至廣仁醫院檢驗，驗得確係實情，證實該女確曾遭人强姦，即出一證明書，於是捕房將詳情報告平涼路二五號日軍憲兵司令部，並將戒子及丸藥一瓶，交與該司令部主任。據該主任稱：日當局將竭力查訪此事，如捕得正犯，並查得確係犯罪，當處以軍法。

——摘自《大美晚报晨刊》，1938 年 4 月 14 日

湖南大學被炸損失甚鉅

—斃二十人傷七十人

十二日紐約時報漢口電。中央通訊社報告。星期日敵機猛炸長沙湖南大學。斃二十人。傷七十人。損失約二百萬元。

倭轟炸機卅七架共投七十彈。湖南大學之圖書館完全被毀。科學館 小工廠。宿舍三座及房屋十二間被燒。

中日戰事發生後。湖南大學照常上課。共有學生五百餘人。清華大學前擬在湖南大學附近設校，後與華北兩大合併。遷往雲南省。

聞斃命者多學生。圖書館書片。紛紛飛落長沙城內各地云。

——摘自《三民晨报》，1938 年 4 月 14 日

湖南大學被炸詳情

【漢口十三日電】教部據湖南大學及湘教廳電陳、湖大被日機轟炸詳情、計當時日機投彈四五十枚、該校圖書館及第五學生宿舍全毀、科學儀器損毀殆盡、第一第二兩學生宿舍、各損壞一部份、死亡人數、已査明者學生二人、工友一人、受傷員生約四十人、教部據報、已電知該校、對于死亡學生及工友、應從優撫卹、受傷員生、應即爲診治、至于損失部份、應再詳細列表呈報、學校仍應照常上課、

——摘自《文汇报》（上海），1938 年 4 月 14 日

湘大陳報被炸詳情

死學生二人工友一人
受傷員生約四十餘人

▲漢口十三日電　教部據湖南大學及湘教廳電、湖大被日機轟炸詳情、計當時日機投彈四五十枚、該校圖書館及第五學生宿舍全燬、科學儀器損毀殆盡、第一第二兩學生宿舍、各損壞一部份、死亡人數、已查明者、學生二人、工友一人、受傷員生約四十人、教部據報、已電知該校、對於死亡學生及工友、應從優撫卹、受傷員生應爲診治、至於損失部份、應再詳細列表呈報、學校仍應照常上課、又另電湘教廳朱廳長、派員前往該校查明損失實況、並對員生予以撫慰云、

▲路透社十三日漢口電　今晨中國軍界發言人斥日本海軍省所稱、星期日日機所轟炸之長沙各大學、爲中央軍政部所據用一語、純爲謊言、並謂近有中國各處大學生數千人、移往昆明、惟長沙各大學之學生則並未赴滇、仍在長沙肄業、但値星期日、學生放假云、

——摘自《新闻报》（上海），1938 年 4 月 14 日

日酷烈應付

大舉焚毀各村莊

【本市消息】據昨日英文大美晚報載、日軍當局、現對長江下游中國游擊隊之困擾、已取一種酷烈之政策、凡沿公路鐵道水道之農村、均已爲日軍焚毀、以期使游擊隊無藏躲之處、

——摘自《文汇报》（上海），1938 年 4 月 15 日

敵軍殘酷

活燒其重傷兵
哀號聲不忍聞

【台兒莊十四日中央社電】此次魯南戰死之敵兵，其屍體均遺棄陣地，無法運回焚化，敵在棗莊及向城以西某地，將其受重傷士兵未能運走者，就地活活燒死，哀號之聲，慘不忍聞。

——摘自《申报》（汉口），1938 年 4 月 15 日

日軍在平漢沿線

焚燬大批村鎮

勝木少將已公然承認

八路軍俘獲日軍甚衆

【美聯社特派記者斐斯北平十四日電】美聯社記者斐斯，近在華北日軍佔領區內，作詳細調查，以下爲斐氏第二次報告：在平漢線上之日軍司令勝木少將，頃對記者承認日軍已焚燬受華方遊擊隊狙擊之村鎮。彼云：「此種運動甚爲不幸，但事實上是必需的。依照國際公法，兵士必須着制服，但華方之遊擊隊，均喬裝農民，當日軍進駐村鎮時，彼等必殷勤招待，但事後此輩遊擊隊，必將日軍殺盡。因此，日軍遂憤而焚燬各村鎮。日軍被第八路軍俘擄者頗多，聞若輩待遇甚佳，且事後均由八路軍釋放歸返日軍陣地，但日俘歸防後，多被槍決，因彼等之降敵，罪無可赦也。至于受傷俘擄，則不在此列，惟彼等必不再受日人歡迎。華方士兵被俘擄者甚衆，大部份均移至北平及滿洲，參加築路工程。」

◆◆◆

——摘自《大美晚报晨刊》，1938 年 4 月 16 日

華北日軍受遊擊困擾

如此應付

焚燬受遊擊隊狙擊之村鎮

勝木表示對我遊擊感頭痛

◎北平十四日美聯社特派記者斐斯電、記者近在華北日軍佔領區內作詳細調查、左爲斐氏第二次報告、在平漢線上之日軍司令勝木少將、頃對記者承認、日軍已焚燬受華方遊擊隊狙擊之村鎮、彼云、「此種舉動甚爲不幸、但事實上是必需的、依照國際公法、兵士必須着制服、但華方之遊擊隊、均喬裝農民、當日軍進駐村鎮時、彼等必殷勤招待、但事後此輩遊擊隊、必將日軍殺盡、因此、日軍遂憤而焚燬各村鎮、「目前戰事、尚未結束、日軍準備渡黃河繼續前進、蓋中國蔣介石將軍已決定長期抵抗也、在未繼續前進前、決在各地從事善後工作、爲華人謀「福利」、截至目前止、華軍仍佔有山西東南境全部及五台一事、此輩華軍、均係第八路軍隊伍、日軍現正從事、「圍剿」工作、同時在鐵路線外、亦滿佈反日之華方保安隊及警士、日軍對付平常遊擊隊之手段、並不激烈、日軍事先必遣代表與游擊隊接洽妥協、此種政治工作、頗見成效、但有時日軍亦不得不採取積極行動、

◇◇◇◇◇◇◇
◇◇◇◇◇◇◇

——摘自《时报》（上海），1938 年 4 月 16 日

刧後之台兒莊

難民四萬嗷嗷待哺
亟盼國人設法救助

【徐州十五日電】此次台兒莊戰役、我軍與敵肉搏、半月之久、敵傾其飛機大砲毒施轟炸、致全鎮房屋俱成焦土、商民財物、悉付灰燼、被敵慘殺男女五百五十餘名、統計損失一千七百餘萬、現難民四萬餘嗷嗷待哺、若不急施救濟、殊不足以安災民而固後方、聞李總司令連仲、已電請中央撥款施賑、深願全國同胞輸財救濟、使台莊難民、得維生計、於抗戰前途、裨非淺鮮也、

——摘自《新蜀报》，1938 年 4 月 17 日

廣州昨日大空襲

鬧市被敵機濫炸
死傷平民數百之衆
全城充滿硝烟血腥氣味
江門中山間渡船亦被炸

【廣州十七日下午八時發專電】今晨一時，敵機數架乘月明由乾霧來襲，到廣九路・粵漢路・順德・從化偵察，未投彈而退，似爲阻我修復鐵路工程，一時至六時間，敵機五架分到中山・大小[illegible]・乾霧・南北水島等處投彈二十餘枚，燬民居並死傷島民甚多，尚包島敵艦昨夜發砲，並以探照燈向岸上照射，今晨九時許迄晚六時，敵機四十七架大舉來襲，午前十一架炸粵漢路，正午十二時半至下午二時，十七架衝入廣州市中心區，在人烟稠密之大北直街投彈六枚，倒坍房屋四十餘間，死五十餘人，傷達百人以上，此處均係貧戶，觀音山廣東中學落一彈，附近之流花橋落三彈，燬屋數間，死傷十餘人，豐賢路及同仁里落七彈，燬[illegible]鋪三間，屋十餘間，死二十餘人，傷三十餘人，小北一帶被投十七彈，燬民居木屋小商店五十餘間，死傷總在百五十人以上，其中有庵堂三間，死傷尼姑二十餘口，各中彈處焚燒甚烈，全市充滿硝烟血腥氣味，記者到災區視察時，外僑亦到數人，目睹我消防救護隊之[illegible]掘屍，及死傷之慘狀，嘆爲人類歷史中所少見，災區遺留之男女老幼環集痛哭，由政府收容救濟，三時半正，當我尋屍救傷之際，敵機十三架又衝入廣州，被我砲隊截擊，未投彈則退，經虎門白沙投數彈，今日實爲廣州被空襲來最慘痛之一天。

【廣州十七日下午十一時發專電】廣州被炸災區，迄今夜十一時仍在燃大光燈發掘中，已掘出殘屍六十餘具，重傷入醫院者百十餘人，輕傷自治者七十餘人，由江門往中山乾霧拖渡，今晚五時餘到大涌口時，被敵機炸沉，死傷搭客無數，粵漢路因芑江橋被炸壞停車。

——摘自《大公报》（汉口），1938 年 4 月 18 日

廣州昨空襲 死傷百餘人

日機圖襲擊新軍

（廣州十七日電）路透社訊：今日日機兩次襲擊廣州，死五十人，傷百人。第一次在下午一時十五分發出警報，未幾，即有日機出現天空，飛行甚高，在北郊及市區馬路擲彈十五枚。聞日機共有九十架之多，其目的顯在正在北郊附近聚集操練之新軍。警報解除未久，既而又作，時爲三時四十九分，旋有日機出現，擲彈數枚後，即向南疾飛而去。

——摘自《晶报》（上海），1938 年 4 月 18 日

日機分批襲粵

△香港電 日機三十四架、十七晨大舉襲粵、十七架轟炸粵漢路、十七架在廣州市區、密集投彈死傷頗重、迄下午二時、尚在轟炸中、

——摘自《上海报》，1938 年 4 月 18 日

江陰日軍恐慌 大舉焚燒民房

【本市消息】昨日大陸報云、有基督教傳教士華爾斯者、上週回滬、彼曾在江陰留住一月、據彼所言、實可證實、以上海爲中心百哩半徑內游擊隊大爲活躍、華爾斯之父老華爾斯、四十年前、在江陰建立南部長老會、建設不少屋宇、近均爲日軍轟毀、計值美金一〇〇、〇〇〇元、其中有一醫院、係於一八九七年建立、江陰鄉間很少見到日軍、據華爾斯說、游擊隊之活動、謂游擊隊設備甚全、因無重軍器、故不甚襲擊日兵所駐之大城鎮、而日軍亦不敢出隊下鄉活動、故江陰城內舊有六萬人、現則只有五千人、城內日兵人數、多少不定、因須調往前線也、

——摘自《文汇报》（上海），1938 年 4 月 18 日

日機昨兩襲粤垣

平民死傷約百五十人

【廣州十七日電】路透社訊：今日日機兩次襲擊廣州，據華方消息，共死五十人，傷百人。第一次爲下午一時十五分，日機在北郊中山陵附近擲彈十五枚，有數彈中平民住屋，日機共有三十架之多，其目的顯爲時在北郊附近聚集操練之新軍。警報解除未久，既而又作，時爲三時四十五分，日機擲彈數枚後即向南疾飛而去

——摘自《大美晚报晨刊》，1938 年 4 月 18 日

寇機昨三次飛廣州

狂逞獸行

學校區及鬧市均被轟炸

永嘉昨首次被襲

【中央廣州十七日電】敵機五十一架、今分三批來襲、首批十一架於上午十一時十五分掠過市空、三北飛粤漢路烏石站投彈數枚、即折返本市、會同次批、敵機十一架、分作五隊、散東南西北中五面、恣意逞兇、除低非以機槍向各繁盛馬路屋宇掃射、河南同福東路、惠愛路一帶、重傷十二人、并向北門大北外直街學校區中投彈六枚、倉邊路越秀路投彈十二枚、計共炸燬廣中中學、市二十八小學課室各兩座、民房五十三間、現掘出死屍三十六具、重傷一百二十二人、輕傷無算、多由防護人員就地救護分送各醫院醫治、此次敵機蓄意摧殘我文化機關、企圖殺害我求學青年、其獸性已發揮無遺、而當全市防護人員總動員在各災區施救之際、第三批敵機十三架、復由東南竄入市空、向各被炸地點盤繞轟匝、但我當場救護人員、屹不爲動、繼續工作、其忠勇奮發之偉大精神、至足欽佩、敵機旋飛東苑白沙投十餘彈遁去。

【中央社桐廬十六日電】十六日午前九時許、敵機十三架、自台灣方面飛來、首次襲擊浙東永嘉縣城、在南門外投彈十餘枚、別無損失、午後二時至三時許、又有敵機十餘架、連續自西北飛來、但未投彈、旋即自行逸去、

——摘自《新蜀报》，1938 年 4 月 18 日

漢口明月夜四次空警
廣州市中心死傷百餘

◎漢口十七日路透社、昨夜日機來此襲擊四次、致警報疊作、天空飛機之聲與炸彈爆發聲、不絕於耳、居民一夜未能安枕、第一次在午夜時、第四次在今晨四時、下午十時三十分甫過、警報突作、蓋見日轟炸機六架由贛省向漢口進發、六機在崇陽附近入鄂者後、卽南趨萍鄉、若赴長沙者然、但後又北折、沿揚子江來漢、到達時已午夜矣、中國驅逐機候之天空、日機卽爲探照燈照現所在、狀若銀色玩具、飛於皓月之下、殊爲耀目、日機未在飛機場擲彈、或因未能覓見其地、或因其擲彈準力爲中國驅逐機所擾、、日機越江飛往武昌時、爲中國驅逐機所迫、分散而退、第二次襲擊在上午一時三十分、日轟炸機三架來自皖省方面、在漢口飛機場附近擲彈若干枚、一小時後、又有三機前來襲擊、大約卽爲上一次之三機、至晨四時、日轟炸機九架來自皖西祁門方面、仍在飛行場附近擲彈、爲中國驅逐機擊散、向西疾飛而去、

◎漢口十七日電、十六日晚十時餘、據報有日機六架、由贛向鄂進犯、我空軍及高射部隊、當卽準備迎擊、詎該批日機竄入大通附近後盤旋不定、偏由西南、飛抵平江、故示進襲長沙模樣、終又中途折轉、循長江航徑、於十二時許侵入武漢上空、當由照測部隊予以猛烈照射、我空軍早已凌空截擊、日機不敢久留、倉惶投彈十餘枚、均落荒郊、僅炸傷平民數人、未幾又有日機三架、由皖來犯、於十七日晨一時三十分左右侵入市區上空、我空軍奮勇迎擊、日機且戰且退、投炸彈十餘枚、亦落荒郊、嗣後該批日機迷失方向、復一度進入市空、綜計昨晚今晨[illegible]批日機輪襲武漢、不過徒勞往返耳、又十七日晨二時三十五分日機九架、由祁門經九江向武漢飛進、四時到達、我照測部隊猛烈照射、空軍奮勇迎擊、日機倉惶在郊外投彈後、向[illegible]逸去、

——摘自《时报》（上海），1938 年 4 月 18 日

日機月夜進犯

漢口又遭空襲

中國驅逐機英勇迎戰 日機投彈僅傷數平民

【漢口十八日電】路透社訊：今日侵晨日機又於月光下襲擊漢口三次，每次皆爲重轟炸機三架，計三十小時內襲擊八次之多，今晨第一次，乃在午夜甫過，由皖省方面飛來，在漢口飛行場附近擲彈三四十枚。第二次在二時甫過，亦來自皖方，爲中國驅逐機所逐，未飛近飛行場，當越江退回時，在南湖商業飛行場附近擲彈十枚。第三次在三時甫過，來自長江下游，遇中國驅逐機即折回，而未擲彈。

【漢口十七日電】華方消息，十七日夜日機四批輪流夜襲，第一批六架於七時餘由皖侵孝感，投彈後即復循原路逸去。第二批三架亦由皖境侵入鄂東北，後折向武漢飛行，于十二時餘進入市區上空，因華方照測部隊集中照射，空軍奮勇堵擊，日機不敢戀戰，倉皇投彈三四十枚，均落郊外，旋第三批日機三架由皖經鄂南來，十八日晨一時許侵入市空，華方空軍升空繳戰，日機未及投彈而逃。未幾於二時餘後再度偷襲，但華軍早已嚴密戒備，僅在南湖附近投彈十餘枚，被華軍擊退。至三時許又有第四批三架由皖沿長江下游進犯，華方空軍及高射部隊聯合堵擊，日機雖兩度侵入市空，均未及投彈，被華軍將其隊形擊散，倉皇逸去。綜計十七日晚十八日晨日機四次偷襲，結果僅炸死平民數人，其他毫無損失。

【廣州十八日電】華方消息：十三日日機襲粵。爲華方英勇空軍擊落七架，但華方飛行員吳伯鈞李煜榮兩員因傷重殉國，余漢謀以兩烈士爲國捐軀，甚爲痛惜，特由總部撥款萬元，撫卹烈士家屬及安葬費。

——摘自《大美晚报晨刊》，1938 年 4 月 19 日

英報重視日機暴行

【倫敦十八日電】海通社訊：倫敦報章對於最近日本空襲廣州之暴行，認爲非常重要，最近一次之空襲。乃係中日開釁以來，轟炸廣州之最爲劇烈的一幕，據英報載稱：日機施行轟炸者達五十餘架，且有多架飛機低飛，以機槍橫掃無辜之良民，以致平民斃者達一百五十人，而傷者復在百人以上，學校被炸成灰燼者亦有五處

——摘自《大美晚报晨刊》，1938 年 4 月 19 日

三度飛來遭我迎擊

漢口第二夜空警

倫敦方面重視廣州事件

◎漢口十八日路透社電、今日侵晨日機又於月光下襲擊漢口三次、每次皆爲重轟炸機三架、計三十小時內襲擊八次之多、今晨第一次、乃在午夜甫過、由皖省方面飛來、在漢口飛行場附近擲彈三四十枚第二次在二時甫過、亦來自皖方、爲中國驅逐機所逐、未飛近飛行場、當越江退回時、在南湖商業飛行場附近擲彈十枚、第三次在三時甫過、來自長江下游、遇中國驅逐機、即折回、而未擲彈、

◎漢口十七日電、十七日晚、日機四批乘月夜向我輪襲、第一批六架、於七時餘由皖侵入、第二批三架、亦由皖境迂廻鄂東北、後折向武漢飛行、於十二時餘進入市區上空、因我照測部隊集中照射、空軍奮勇堵擊、日機不敢戀戰、倉皇投彈三四十枚逸去、第三批日機三架、由皖經鄂南來犯、於十八日晨一時許侵入市空、我空軍凌空、日機未及投彈、膽怯而逃、未幾於二時許復來、亦爲我空軍逐去、

廣州 十八日電、日機二十三架今日上午三批襲粵漢路、在琶江英德連江品橋石河頭河口各地共投彈二十餘枚、我略有損失、

◎廣州十七日電、交通界息、日機二架、今上午飛三灶島南北水投彈十餘枚

、內三枚係照明彈、似圖窺伺我島內壯丁隊駐所、旋並用機鎗向下猛射、死傷島民十餘名、日機逞凶後、四散休息、復於一時零五分、又飛過大小淋島騷擾、投輕量炸彈及照明彈十餘枚、毀農舍六七所、至一時四十分始逃去、又今日下午一時四十分、荷包島附近之角咀洋面、忽駛到日驅逐艦一艘、開探照燈向岸上照射、旋即駛近荷包島南部、發砲向岸上轟擊、一連十餘發、至二時許始停、日艦今晨仍寄泊角咀約八百米突洋面、但現未見有若何行動

香港

十八日美聯社電、據今日此間中國報紙載稱、昨日日機輪流轟炸廣州、向學校五所及居民擁擠之區域投彈、並低飛以機鎗掃射街市、死傷確數未詳、唯據華報載稱、此次空襲之犧牲者數百人、其中多係學生、據聞此爲中日戰事發生後、廣州所受最慘之空襲、星期六深夜日機六架尋覓漢口機場四小時、卒被華軍驅逐機驅退、厦門及福州亦曾遭受空襲、唯損失極微、死傷亦少、據香港電訊報之澳門通訊記者報稱、日機飛襲廣東南部沿岸一帶多次、死傷頗重、據聞中國海關汽艇「唐家灣」號、被日機炸沉、

漢口西郊 爆炸三次

◎漢口十八日路透社電、漢口西郊中山公園附近某工廠今日午後發生爆炸三次、原因未詳、漢口先聞爆炸、聲繼見火光、濃煙上沖、該廠附近之工人草屋、亦多被焚、約經兩小時後、火勢始熄、

——摘自《时报》（上海），1938 年 4 月 19 日

日兵濫殺鄉民 上海中學附近屢次發生慘劇

西南鄉滬閔路省立上海中學校內、駐有日軍千數名、故該校週圍、築有防禦工事、出入道口、均派哨兵駐守、近因各地游擊隊出動、該處防範更嚴、戒嚴時間亦已縮早、有時且斷絕交通、惟住居該處附近之鄉民、大都不明底蘊、甘冒危險、日前曾有二鄉民誤入警戒線、當被槍殺、詎昨日下午五時許、又有一鄉民出外回家、行經上海中學後面蔡家墳山時、見鉛絲網關閉、稍事徘徊、竟被哨兵瞥見、即機射擊、適中要害斃命、該男子年約四十許、身穿長衣、形似本地人、遺屍尚在路畔停放、

——摘自《文汇报》（上海），1938 年 4 月 19 日

上海附近已成爲荒墟

日軍舉行大規模焚燒、浦東有五百村莊被燬

【本市消息】四月十九日大陸報云、上週末，由各處逃滬之難民言、日軍近在上海浦東一帶、舉行大規模之焚燒破壞行動，此種難民、有一部分已由救濟團體遣難租界、多數則入南市難民收容所、難民皆言，有大片土地、已爲日軍毀爲荒墟、沿滬杭路村莊、被毀尤甚、幾乎數日間、火光不熄、自松江來滬之難民言、浦南各處大火、已有五日五夜、至少有五百個村莊被毀、但因農民早有準備、須行逃避、故平民死傷或可較少、龍華方面、因夜間屢有游擊戰、故該地已無人居、據上海救濟社團所得消息、滬上就近一帶之游擊隊、每隊只有七八人、故能不受損失、立刻退却、又近上海之游擊隊各隊、獨立行動、而與松江之總部、無甚聯絡、近上海一帶日軍之損失、一時不能估計、但知此于日軍之士氣、不無影響、據週末所得消息、上星期五常州爲游擊隊猛攻、日本駐軍、雖有增援、而處境甚苦、自無錫至上海一線中、游擊隊加緊活動、游擊隊日間潛伏于湖澤地、晚間出而敏速襲擊日軍想在各地恢復商業之計劃、因游擊隊之活動、已見困難、日本之江浙內地小輪行駛、已爲游擊隊阻斷、日本之江浙航運公司、已被迫停業、

——摘自《文汇报》（上海），1938 年 4 月 20 日

如此暴行

兩老婦人受重創

住居滬西虹橋路凱旋路附近之本地婦人吳蕙心（年四十二歲）、陳鍾氏（年五十歲）二人、昨晨六時半經公共租界巡邏隊巡查至該處時、發現彼等仆伏路傍、身上皆受有槍傷、詢以受傷原因、據云被日兵開槍所致、旋經車送林肯路日軍醫院醫治、旋復驗得二婦除槍傷外、下體受傷尤甚、似經在槍傷前另受過强暴之摧殘云、

【又訊】據二十二日英文大美晚報載稱、二十二日晨六時一刻、西區虹橋路凱旋路間、有中國女子二人、爲日本哨兵槍擊、一人受傷甚重、哨兵謂該兩女子、係竊賊之流、因不聽喝問、故行開槍、兩女子謂、彼等當移取竹籬碎片時、爲日本哨兵所見、彼等不懂日語、且恐落日兵之手、而遭遇一般所傳之情事、乃即逃入租界區內、當彼等在虹橋路上、爬過鐵絲網時、彼等乃爲數日兵槍擊、此事確爲英駐兵清晰見到、有一英兵或一租界巡捕、見此情形、即向救火會召一救護車到場、依日兵之要求、送往林肯路之日本醫院、而受傷女子情形如何、此後即不得而知、在過去三四日內西區日兵槍擊中國女子、此爲第二次之發見、另一件爲一年約二十五歲之中國女子、因拒日兵强辱、在虹橋路上受傷、計頭部二處、手部一處、彼臥在路上、由一西人發見、

【又訊】據二十二日字林西報載稱、虹橋區某外人、因往西區查視自己之產業、在路上發見一受傷之中國女子、年二十五歲、頭上受傷兩處、手上受傷一處、據女子言、有兵士數人、欲强行侮辱、彼堅決抗拒、乃遭毒手、該外人攜其花木駕車回滬時、途中被哨兵喝止行車、謂不准移去花木、該外人只得折回、

——摘自《文汇报》（上海），1938 年 4 月 23 日

日兵殺人

船戶腹部中彈

船戶顧金生、年三十四歲、上海人、家住泗涇鄉間、前晚七時顧家突來日軍數名、向顧强索酒食財物、顧因家無長物、無法應付，以致觸怒日兵、向顧開槍射擊、一彈射入顧之腹中、頃刻血如泉湧、痛得踣地、不省人事、日兵認已斃斃、揚長而去、旋由顧之家屬設法於昨日清晨將顧送入上海某醫院救治、因彈中要害、流血過多、性命危殆、

——摘自《文汇报》（上海），1938 年 4 月 23 日

台莊以北 敵大燒殺

蔡家莊之浩刦

【中央社徐州二十三日電】台兒莊北之尙莊經暴敵燒一空，四天莊・蔡家莊一帶農民四百餘人盡被殘殺，青年婦女悉爲擄去。

——摘自《大公报》（汉口），1938 年 4 月 24 日

敵機昨襲粵

飛黃埔中正小學投彈 並用機槍向鄉民掃射

【廣州廿三日中央社電】敵機十八架，今日分批進犯，向黃埔中正小學投彈四枚，一彈落校中心，炸燬課室及圖書館一座，一落校內兩傍，餘落學校附近。該校原有小學生一百餘人，幸均避處安全地帶，無一死傷，該校侯教育長已將詳情去電該校董事長何應欽報告。敵機逞兇後，並用機槍向鄉民掃射，幸無死傷，並於上下午連向粵漢路英德以南各站，投彈廿餘枚。

——摘自《申报》（汉口），1938 年 4 月 24 日

日機分批襲粵 鄉民被轟炸

▲香港　二十三日晨、日機十四架、分三批進襲、一飛粵路、向英德連江滙江樂昌從化等投彈、路軌略損、二飛黃浦、投十餘彈、我高射炮猛烈擊退、三飛市橋、炸某工廠、旋飛廣九路、向仙村站投彈、午南飛出海、三時半日機四架、飛三灶大小淋島、向各鄉村投燃彈、

▲廣州二十三日電　軍息、日機連日在中山屬三灶及大小淋島轟炸、死傷達數百人、該兩島被炸、民房廬舍爲墟、糧食盡燬、漁船小艇亦被放鎗掃射、

——摘自《新闻报》（上海），1938 年 4 月 24 日

小輪駛澳途中

遭日機轟炸

死傷百餘人

【本報香港廿四日專電】由江門開澳門拖渡明利號廿三日晨被日機轟沉死傷百餘人

【澳門二十四電】路透社訊：華商小汽船兩艘由江門載客來澳，昨晚在距澳西北約十五哩處爲日機擲炸彈轟沉，餘生之華人四，已抵此間，據稱：日機兩架，飛行甚低，共擲六彈，兩船艙面血肉狼藉，旋即下沉，華人乘客百餘，或遭炸斃，或溺死海中，現信除此四人抵此外，尚有三十人左右遇救，在他處登陸。

——摘自《大美晚报晨刊》，1938 年 4 月 25 日

日機轟炸下的粵漢路

·振·

現在你如果想從上海到漢口、那末你必須繞道香港廣州、從廣州趁粵漢路的火車跨過湖南，到達武漢、得兜那麼大的一個大圈子、雖然廣州與香港之間有飛機好趁、迅速而且舒服、但是代價的高昂既不是普通人所能嘗試、就是你有充足的金錢、也不一定買得着飛機票、據說、港漢之間的飛機座位遠下一個月都早已被人預定一空、你不是要人名流之類的人、休想買得着飛機票、這樣、普通人到漢口祇好冒着日機轟炸的危險乘坐粵漢路的火車、受兩日兩夜的辛勞與擠軋、

朋友徐君、他受不了上海空氣的窒息、最近繞道香港到漢口去追求光明、一別匝月、到昨天才接他從漢口來信、在他的來信中、對於粵漢路上的風光有如下一番敘述、

日機轟炸

我在上月廿七日就到了廣州、恰巧、那天粵漢路給日機大施轟炸、炸壞了一次列車、路軌和路基、也毀壞了很長很長的一大段、於是粵漢交通陷於停頓、到本月二日、才恢復通車、

「三日清晨、我離開廣州北行、一路上綠油油的茂草、綠油油的甘蔗和麥苗、把大地點綴得無比的美麗、雖然車箱裏是那麼擁擠、擠得我坐立不安，但是對着窗外那一副活動的美麗的風景畫、早不知道

什麼叫做困憊了、

履險如夷

「當成千成百的乘客在廣州車站上車時、大家都不免有點驚悸．深怕日機出其不意地飛到頭上來下蛋、車廂裏的空氣就顯得陰沉而嚴肅、但是幾小時之後、人們浸沉在莫名的恐怖中漸漸覺得習慣了、大家就把日機的轟炸完全忘記、照常的高談闊論、有說有笑、這時候、我想到未趁上這粵漢路的火車時聽着別人談及一路上可怕的危險、現在身歷其境、倒也並不感到異樣不安、不免有點好笑、

經過好幾個大小不一的車站、正午時候、列車在源潭站上停着了、小販們蠭集攏來叫賣各種水果和點心、像一羣螞蟻偶然發見了一條已死的毛虫、源潭過去、火車漸近湘境、車窗外面的景色就變幻莫定、還望着起伏環拖的山巒、再沒有平坦筆直的前途了、

列車焚燬

「車過波羅坑、全車的乘客不禁大驚失色、各自慶幸着各自的命運、有一些中年人（看樣子是做生意的、）竟在驚惶之餘脫口唸起佛號來、原來有一列貨車早我們三小時從廣州開到這裏、給四架日機追着了、投下一枚琉璜彈、立刻有兩節車皮着火焚燒、我們的列車進站、還看見這兩節車皮在熒熒燃燒呢、在正被火燒的貨車兩側、有二三十名路工在滿頭大汗地工作！！修補路軌、但是他們的臉上都掛着疲倦的微笑、彷彿在對人說、轟炸由它轟炸、我們到底又把鐵路修復了、

「過了樂昌、火車正式踏入湖南省境、綿延環繞的山峯攔着了我們的去路、看來世界有

點縮小了、但是火車依然很努力地沿着山坡前進、衝過一座座的高山、奔向無窮的前途、

警報突作

「還是粵漢路上風景最好的那一段、高聳入雲的山尖、傾斜挺立的山坡、曲折奔瀉的流水、濃綠蔭的叢林、組織成一幅雄偉而奇麗的畫面、我在靠着車窗出神地欣賞那或遠或近的活動的風景、靈魂彷彿脫離了軀殼、融化在深遠無邊的大自然中、不料車頭上發出一陣令人戰慄的空襲警報、驚破全車乘客的平靜的好夢、很快地車輪停了、大家爭先恐後跳下車去、向鐵道的兩邊奔逃、恐怖和混亂、毀壞了宇宙的寧靜、

我同一位朋友無目的地奔逃到離鐵路較遠的一個山谷裏、在兩座山峯的中間、堆積着無數怪石、怪石縫裏流着一條濤泉、曲折地、迴旋地、發出一股細碎幽雅的聲音、這時候、碧空上飄着兩三塊白雲、野花的芬芳、沁入我們的心肺、雖然好幾架日機在不遠的空際軋軋飛鳴、但是並不能衝破這美麗的山谷的一片靜寂、我們依着小徑、沿着溪水、慢步欣賞着眼前的風景、再不記起在不遠的眼前、正有一隊日機在掃射轟炸、

「約模經過一小時光景、驚報嗚嗚嗚嗚地解除了、我們便回到車裏、再給那一條巨蛇拖着前進、

「傍晚時分、火車到了衡陽、車站上預備着冷熱水給過路的旅客盥洗、我向郵筒投了一封給一個離衡陽不遠的朋友的信、

憑弔汨羅

「在黑黯黯的車廂裏過了一夜、第二天早晨、我們的列車跨過當年屈大夫投江自殺的汨羅江、江身是那樣遼闊、江水是那樣清澈、但是一片黃沙漲滿了五分之四的江面、中間一條流水、寬闊不過一兩丈

「天下聞名的洞庭湖、展開在遠遠的面前、白茫茫的水影襯託着模糊不清的扁山和君山、使我有一種天上人間的微妙的感覺、一片大草原靠着湖岸、綠油油的茂草、表示着大地的肥沃和穀產的豐盛、

「車過長沙、我們在車站附近一家小飯店裏吃飯、在這裏、我們可以體味出湖南平民生活的滿足、富庶、一毛錢一客白飯、有兩三樣菜餚供你儘吃、吃完了站在旁邊的夥計、還很客氣地問你要不要添菜、這樣低廉的生活、困居在孤島上的朋友那裏設想得到它的分毫、

「時在深晚、火車到了武昌、我跟着潮水般的乘客擁出車站、渡江到達漢口、東方的天上漸漸露出灰白、已是四月五日的上午五時了、一千零九十五公里的遙遠艱險的行程終於給我安然走完、我那新的生命、已在這長途跋涉的終點很高興地等待我的到來」、

——摘自《上海报》，1938 年 4 月 25 日

日機連日犯廣州

並在粵漢路投彈十餘枚

【廣州二十四日電】日機五架、今日上午犯粵漢路、在銀盞坳投彈十餘枚、華方無損失、又據報、中山附近海面、泊有日艦兩艘、運輸艦一艘、虎門外州仔及竹洋泊日艦並小汽艇各一艘、汕頭馬嶼口暨潮陽附近、亦泊有日驅逐艦一艘、均無異動、

【廣州二十三日電】日機十八架、今日分批進犯、向黃埔中正小學投彈四枚、一彈落校中心、炸燬課室及圖書館一座、一落校內井傍、餘落學校附近、該校原有小學生一百餘人、幸均避處安全地帶、無一死傷、

——摘自《文汇报》（上海），1938 年 4 月 25 日

無・錫・雜・訊

玉

友人某君、新自無錫來滬、告我錫鄉近況頗多、茲逐一筆錄于下、以供諸旅外同鄉之前、

（一）「自治會」趕製便服

近日錫郊華軍游擊隊、活躍異常、日軍之駐于四鄉者、恐慮其兵力之薄弱、已大部遷入城內守備、而市上于一月之前、已盛傳一新聞、謂日軍當局、已密令「自治會」、代爲籌備大批華人便服、以供不測時化裝出逃之用、其胆怯之狀、由此亦可見其一般矣、

（二）馬山遭受大屠殺

馬山又名馬蹟山、位于太湖之中、錫地人民、目之爲安樂窩、前往避難者頗衆、但前月中旬、曾爲附近盜匪覬覦、全鎮遭劫、損失奇重、詎知不數日、日軍得報、謂該地素係游擊隊之重要根據地、乃于派機轟炸之餘、復開到日軍千餘、傾於馬山、四面包圍、實行其有計劃之焚燒與屠殺政策、結果闔鎮驟成一片平地、而居民之被殺戮者、亦有千人以上、以致市況繁榮之馬山倏忽之間、頓成一死鎮、悽慘之狀、無有逾于此者、

（三）錢橋日駐軍已撤

錢橋乃山北重鎮、背山面水、地位扼要、農民銀行、設倉庫於此、以儲藏稻麥柴油之屬、去年亂離之際、附近村民、乃羣往劫取、無奈分配不勻、終至于發生爭論、爲人告發于日軍當局、日軍乃發兵一隊、駐屯該倉庫內、聲言保護庫物、禁止移取、而彼等反將所餘大批柴油、以船將運殆盡、月前市民當其調防他往之際、即將該倉庫、設法燬壞、日軍始不復前往駐紮、然附近數里內之村鎮、如藕塘橋、毛村、蠡巷上、苘巷上……等處、已鬧得雞犬不寧、飽受其驚擾者兩月矣、

（四）免燒錢名稱奇特

日軍爲防止游擊隊到處活動起見、四出縱火、百姓叫苦連天、然行使縱火之日兵、未必存心一意孤行、蓋如以金銀錢帛與之、彼等亦可原諒、豁免焚燒、于是近公路一帶村鎮、近都選派代表來滬、向旅滬富戶捐款、以資供給日軍作「免燒」之酬答費、嗚呼、日兵之好財、由此亦可窺見一二矣、

——摘自《文汇报》（上海），1938 年 4 月 26 日

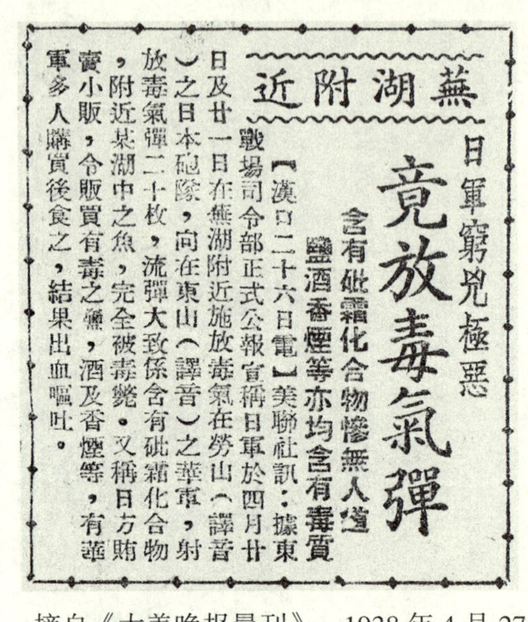

蕪湖附近

日軍窮兇極惡

竟放毒氣彈

含有砒霜化合物慘無人道

鹽酒香煙等亦均含有毒質

【漢口二十六日電】美聯社訊：據東戰場司令部正式公報宣稱日軍於四月廿日及廿一日在蕪湖附近施放毒氣在勞山（譯音）之日本砲隊，向在東山（譯音）之華軍，射放毒氣彈二十枚，流彈大致係含有砒霜化合物，附近某湖中之魚，完全被毒斃。又稱日方賄賣小販，令販買有毒之鹽，酒及香煙等，有華軍多人購買後食之，結果出血嘔吐。

——摘自《大美晚报晨刊》，1938 年 4 月 27 日

敵在海寧一帶

大肆屠殺

橫尸江邊

為狀極慘

（屯溪廿六日電）（一）敵機二架在繁昌西郊獅子山附近，投下毒物數包，悉落湖沼中，魚類全被毒死，（二）敵在海寧東鄉昌舊昌一帶，殺死民眾千餘，橫尸江邊，為狀極慘。

——摘自《泸县民报》，1938 年 4 月 27 日

大西路鉄路橋

一米販被日軍擊斃

曹家渡民船船主亦遭毒打

滬西大西路鐵路橋自日憲兵隊駐防後，戒備嚴密非到戒嚴時過後，不准來往客商通行。昨晨五時許有米販八名，設法將米袋先行越網拋出，爲憲兵看見，即行開槍，擊斃一名，餘七名均被捉住，解往開納路極司非而路口憲兵分隊訊辦。又昨晨七點四十分，駐防曹家渡浜北吳家花園內之日兵，因見民船二艘，由東急駛向西，即喝令靠船。該船主不諳言語，稍爲遲延，致觸日兵之怒，向天鳴槍三響，該船乃停行靠岸，日兵上前將該船主肆行拷打，一面由另一日兵實施檢查，結果一無所獲。

——摘自《大美晚报晨刊》，1938年4月28日

南京十日記 ㊀

李紹堂述
黃烈記

十二月九日

我帶了妻兒，住進難民區收容所，這是第四天。我被會中派了一個排水的職務，每天早上我要到半里路以外的水井裏，挑十五担水回來。這時南京的近郊，已被敵人密密地圍住了，中華門外的牛首山東善橋鐵心橋已經失陷了，中山門外的戰爭，已過了馬群鎮，直逼陵園。城裏聽得的隆隆的砲聲，好像就發生在巷口一樣。

難民區裏，今天又增加了一萬多人。這都是預備死守在自已家裏而被軍警強制搬入難民區的最後的一批。我看了那景象，眞够悽慘。一個老婆子走過我身邊，哭着說：「飛機不炸死我，我也要餓死了！殺人的炒米店，炒一斗糯米，要我半塊錢！」

這時的難民區，百物騰貴，平時值得兩個銅板的蘿卜乾苣蒿之類，現時非十個銅板不賣，洋蠟燭要賣兩毛錢一枝。

聽說昨晚十二時，敵軍衝到大校場，有漢奸在光華門裏面放火箭，被敵軍開砲，把光華城牆擊穿一個大窟窿，可容四五個人併着走進來，我們的軍隊拚命打了兩個鐘頭，纔將敵軍驅走，今天早上，敵機狂炸光華門一帶。

十二月十日

早上起身，知道湯山丟了，紫金山上也發現敵兵，我軍已在中山門外作戰。南門外的戰事，也逼到雨花台來，城南大夫第落了一顆砲彈，忽然延燒起來，難民區裏人人着急，不知道燒了自己的房子沒有。今天的砲聲與機關槍聲分外激烈。

下午有敵機來炸，只聽到炸聲不絕，也不知道是些什麼地方遭殃，後來看見下關方面火光燭天，有人爬到屋頂上去看，據說有飛機在那裏盤旋，最初我們以爲是敵機擲彈的結果，不久便證實是我們自已燒去的。爲了廓淸射擊的視界，好應付從下關江面來攻的敵艦，是不得不如此做的。但敵艦尚未能侵入下關，謠傳燕子磯方面，已到了敵人的幾艘兵艦，而且有陸戰隊上岸了。

我的老婆哭着叫我逃走，我雖是江西人，住在南京十幾年了，如何能回去，而且在圍城之下，我又能往那裏走？老婆說：「洋牧師說過不能保險了」，我把這話悄悄去問會中的職員某先生，他說：「沒有這個話」。

憲兵在難民區中捉去十幾個逃兵。

晚上聽到中山路上一片槍聲，而且有重量的鐵甲車，轟轟地開過去。後來知是光華門第二次被突破，有一百多個敵軍竟衝到明故宮黃埔路來，結果被我們派兵包圍，全數殲滅了。光華門便又奪了回來。

！

中國人是有前途的忍耐過一段艱難的山嶺，必然會達到一個光明的大路；而你們日本走的是一條下坡路、你們不去保持已得的幸福，反而盲目的向一個黑暗的深淵前進。「忍耐」—忍耐—，你們忍耐的成果已經看到了吧！壯丁傷亡了三千萬了，物價大大的上漲了，公債是增加六十七億了，軍火商人早發財了，軍閥們的勳章是大起來了，然而他們還嫌不够，還叫你們忍耐！這樣的慘酷，這樣的不公平，你們果眞非忍耐不可嗎？

——摘自《时事新报》（重庆），1938 年 4 月 28 日

日機卅二架
昨襲徐州
投燒夷彈百餘枚
焚燒死傷極慘酷

（徐州廿八日電）日機三十二架，二十八日晨襲徐，六時半先來一架偵探，八時日機沿鐵路線分三路來襲，同時發現於宿縣，蕭縣，銅山。徐埠得緊急警報後，移時三路日機相繼侵入市空，我防空部隊立即戒備，日機茫無目標濫施轟炸，盤旋達半小時，乃向南竄去。在徐共投彈百餘枚，多係燒夷彈，計東站，及二馬路，南子橋，北關門，投六十餘枚，死傷四十餘人，燒燬房屋九十餘間。北關外西高堤車站一帶，投彈五十餘枚，死傷四十餘人，燒燬民房五六十間，地下室塌陷一座，窒死多人。各處被炸後，房倒屋塌，烟火蔓延，被炸平民斷臂殘脛，橫臥血泊，數歲小兒，屍裂於麥田者多具，殘酷狀况不忍卒睹。

——摘自《晶报》（上海），1938 年 4 月 29 日

日機襲潮梅
毀屋二間傷二人

【汕頭廿八日電】華方消息：日重轟炸機三架，今犯潮梅，晨十時廿分經澄海窺汕，盤旋一匝而去，旋越豐順進襲梅縣，投二彈，毀民房二間，傷二人，餘無損失

【本市消息】同盟社訊：日艦隊報道部發表，馬野少佐指揮之海軍航空隊，本日上午九時飛達徐州，對於車站一帶，施行澈底的轟炸，又對於機關庫，車站倉庫，路軌等，亦予以轟炸。

——摘自《大美晚报晨刊》，1938 年 4 月 29 日

敵在杭州
刧去大批幼童

杭州　中央金華廿八日電　敵軍近按戶搜索、將市內五歲以上、十五歲以下之小孩中壯健活潑者、均行刧去、迄廿五日止、共約五百餘名、於廿五日晨裝運赴滬、此輪小孩之家屬、對敵之殘暴獸行、敢怒而不敢言、惟吞聲飲泣而已、彼等為敵刧持、與其父母骨肉分離、莫不悲嚎痛哭、慘絕人寰、獸軍似未之聞、

——摘自《时事新报》（重庆），1938 年 4 月 29 日

漫無目標亂投彈

敵機大隊襲徐州

燒毁房屋無算死傷平民數百

中央徐州廿八日電　廿八日敵機三十六架襲徐、六時半先來一架偵察、八時敵機沿鐵路線分三路來襲、同時發現於宿、蕭、銅三縣、徐埠遂發出緊急警報、移時三路敵機、相繼侵入市空、我防空部隊立即戒備、敵機漫無目標、濫施轟炸、盤旋達半小時、乃向南竄去、在徐州共投彈百餘枚、多係燒夷彈、計東站、及二馬路南子橋北關門、投彈六十餘枚、死傷平民四十餘人、燒燬房屋五十餘間、北關外西高粱草站一帶、投彈五十餘枚、死傷平民四十餘人、燒燬民房五六十間、並死傷難民多人、少華街落一彈、死傷四人、各處被炸後、房倒屋塌、烟火蔓延、被炸平民，斷肢殘脛橫臥血泊、數歲小兒屍裂於麥田者多具、殘酷狀況、不堪目睹、

中央汕頭二十八日電　敵重轟炸機三架、今犯潮梅、晨十時二十分、經南澳澄海窺汕、盤旋一匝、即飛潮安越豐，順進襲梅縣、投二十二彈、毁民房二間，傷二人、餘無損失、于敵機過蕉嶺向閩邊遁去。

——摘自《时事新报》（重庆），1938 年 4 月 29 日

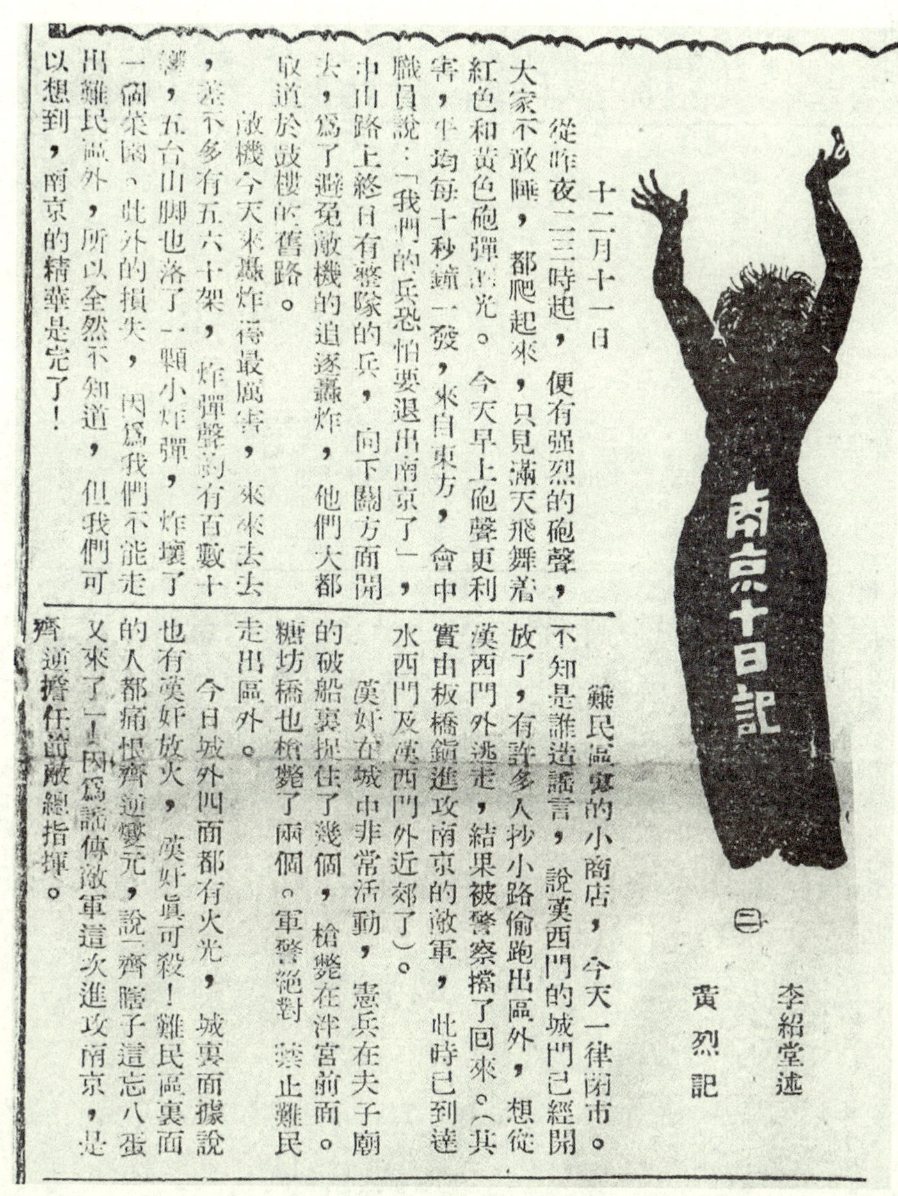

南京十日記

（三）

李紹堂述

黃烈記

十二月十一日

從昨夜二三時起，便有強烈的砲聲，大家不敢睡，都爬起來，只見滿天飛舞着紅色和黃色砲彈的光。今天早上砲聲更利害，平均每十秒鐘一發，來自東方，會中職員說：「我們的兵恐怕要退出南京了」，中山路上終日有整隊的兵，向下關方面開去，爲了避免敵機的追逐轟炸，他們大都取道於鼓樓的舊路。

敵機今天來轟炸得最厲害，來來去去，差不多有五六十架，炸彈聲約有百數十響，五台山脚也落了一顆小炸彈，炸壞了一個菜園，此外的損失，因爲我們不能走出難民區外，所以全然不知道，但我們可以想到，南京的精華是完了！

難民區裏的小商店，今天一律閉市。不知是誰造謠言，說漢西門的城門已經開放了，有許多人抄小路偷跑出區外，想從漢西門外逃走，結果被警察擋了回來。（其實由板橋鎮進攻南京的敵軍，此時已到達水西門及漢西門外近郊了）。

漢奸在城中非常活動，憲兵在夫子廟的破船裏捉住了幾個，槍斃在泮宮前面。糖坊橋也槍斃了兩個。軍警絕對禁止難民走出區外。

今日城外四面都有火光，城裏面據說也有漢奸放火，漢奸眞可殺！難民區裏面的人都痛恨齊逆燮元，說「齊瞎子這忘八蛋又來了」！因爲謠傳敵軍這次進攻南京，是齊逆擔任前敵總指揮。

——摘自《时事新报》（重庆），1938 年 4 月 29 日

公共租界內

滬戰工廠損失估計

全燬於火者九百零六家 千餘家工廠受重大損毀

滬市之工業前數年頗不景氣，及至昨年七月中旬止大有復原之趨勢，因各省農作豐收，農村購買力增加，尤以各紗廠首受其惠，已停閉之工廠均重行開工，籌議設立新工廠者踴起，擬將其時所設工廠擴充者頗多，迨華北戰事發生初尚未即感波及之虞，至「八一三」滬戰爆發後，虹口及楊樹浦兩區之各工廠，均受戰事影響宣告停閉，而西區北區中區各處之工廠亦相繼停工，至九日中間西區及越界築路區域內之華商及英商所設工廠始一部份開工，初僅開日工旋進而開夜工，公共租界工部局管理工廠事務股，會協助界內各工廠設法重行開工、如便利運輸介紹工人等，至十二月底時各工廠及各工場所重行僱用之工人數約五萬名，同時對於界內之工業，因東北兩區發生戰事所受之影響何若，至去年底方能約略估計，界內大規模工廠有百分之六十本係設在東區，與工業關係最大之中等及小規模工廠有百分之七十本設在北東兩區，工廠之全燬於火者總共九百零六家，大都規模甚小，所用工人共三萬零八百六十八名，此外尚有華商工廠及工場約一千家，包括大規模及小規模者在內，其廠屋及場屋多少均受重大之損毀，雖其內部情形無從得悉，但知在若干規模較大之廠內，機器業被毀壞，非換置新機難以復工，至被擾亂與遭搶掠之遺跡，則又在各廠之內隨地可以見及，茲錄完全被燬之工廠分析列表如左，

木工業二三家，家具製造業二家，五金業七二家，機器及五金製造業四一〇家，車輛業三家，磚瓦玻璃業八家，化學品業四九家，紡織業一三六家，衣服業四四家，皮革橡皮業一九家，食物飲料及煙草業四〇家，印刷及紙料等業七五家，科學及音樂用具業三家，其他廿家二一家，

——摘自《时报》（上海），1938 年 4 月 29 日

日機轟炸集中漢陽

，該公報又稱：華方預料日機在天長節日，必來空襲，故華方驅逐機早已集中漢口區域。按此次日機來襲警報。係在今日午後二時一刻發出，時有日機十六架，正向漢口飛來，於是華方驅逐機乃立即升空以待，二十分鐘後，日機果出現於漢口上空，日機轟炸均集中漢陽，中國驅逐機之參加空戰者共計五十架，華方之高射炮位、亦從事轟擊，而華機則在郊外天空截擊。據華方消息：漢陽人民之傷亡，頗爲慘重，有一彈落於漢河沿岸之漢口區內死傷多人。據觀察家稱：日機轟炸之目標，顯爲漢陽兵工廠，但因中國驅逐機之攻擊，故所投炸彈，泰半均遠離鵠的。

——摘自《大美晚报晨刊》，1938 年 4 月 30 日

大隊日機昨襲廣州

【廣州廿九日電】華方消息：日機廿架，今晨進犯本市，投彈十二枚，並繞道黃婆洞，飛抵番禺屬佛嶺墟，投十餘彈，將佛嶺社學兩座炸燬，死男女各一，重傷女一，輕傷數名，均經救治。

——摘自《大美晚报晨刊》，1938 年 4 月 30 日

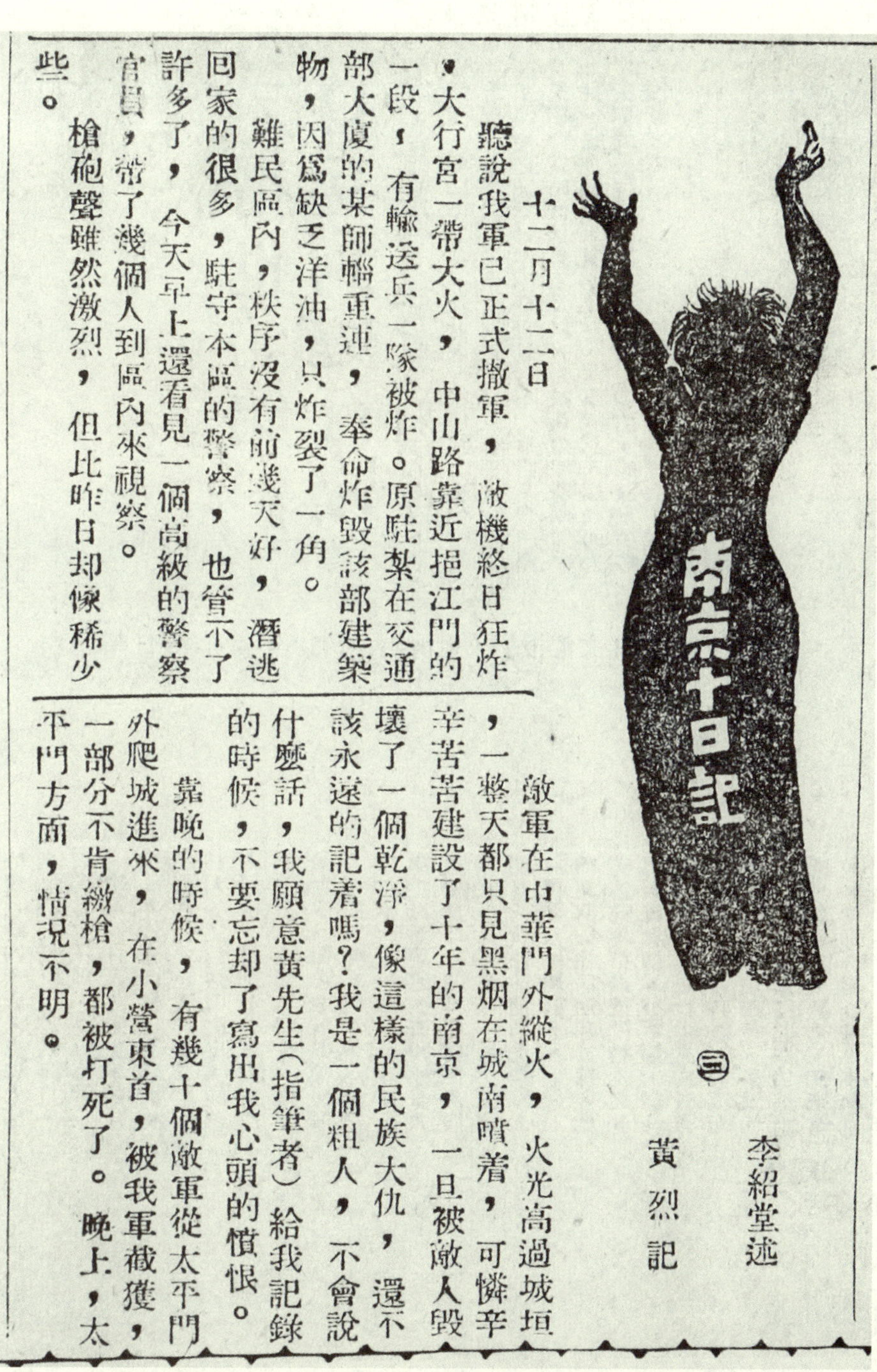

（三）

李紹堂述

黃烈記

敵軍在中華門外縱火，火光高過城垣，一整天都只見黑烟在城南噴着，可憐辛辛苦苦建設了十年的南京，一旦被敵人毀壞了一個乾淨，像這樣的民族大仇，還不該永遠的記着嗎？我是一個粗人，不會說什麼話，我願意黃先生(指筆者)給我記錄的時候，不要忘却了寫出我心頭的憤恨。

薄晚的時候，有幾十個敵軍從太平門外爬城進來，在小營東首，被我軍截獲，一部分不肯繳槍，都被打死了。晚上，太平門方面，情況不明。

十二月十二日

聽說我軍已正式撤軍，敵機終日狂炸，大行宮一帶大火，中山路靠近挹江門的一段，有輸送兵一隊被炸。原駐紮在交通部大廈的某師輜重連，奉命炸毀該部建築物，因爲缺乏洋油，只炸裂了一角。

難民區內，秩序沒有前幾天好，潛逃回家的很多，駐守本區的警察，也管不了許多了，今天早上還看見一個高級的警察官員，帶了幾個人到區內來視察。

槍砲聲雖然激烈，但比昨日却像稀少些。

——摘自《时事新报》（重庆），1938年4月30日

行不得也弟弟 日兵到處行兇

拾荒童子身受刺刀傷

拾荒童子李道生、年纔十二歲、江北人、家居閘北香州橋天寶九如里第七號門牌內、昨日下午四時許、該童子手提竹筐、外出拾荒、不料中途忽爲日本哨兵瞥見、不分皂白、突用刺刀向該童身亂戳、當時該孩猝不及防、致被戳中手背兩刀、頃刻血流如注、痛極踣地、日兵見狀、認爲滿意、揚長而去、旋由該童家屬聞悉趕來、將其送入醫院醫治、聞該童傷勢甚劇、頗有性命之虞云、

——摘自《文汇报》（上海），1938 年 4 月 30 日

天空飛下鐵皮

日人竟肆意毆辱華人

昨晚八時四十分、有日人兩名、行經南京路江西路口、忽有鐵皮一塊、從天空飛下、墮落一日人之頭上、其時有一年約三十餘歲身穿藏青嗶嘰西裝之華人經過該處、日人等認爲該項鐵皮係該華人所擲、當即不分皂白、將該無辜華人猛力扭住、拳足交加、大肆毆打、該華人孤掌難鳴、致被毆受傷、痛極倒地、大聲呼救、旋由附近崗捕聞悉趕來、查得兩日人動蠻情形、立即報告捕房發派大批探捕到來、將行兇之兩日人拘住、連同受傷華人一併帶入捕房訊究、

【又訊】住居法租界辣斐德路德懿里第六號門牌內之蘇州人鄭惠初、（年四十歲）、前在中農銀行中充當職員、昨日下午六時許、鄭因事前往外灘中農銀行、事畢回行、途經南京路北四川路附近、忽見日人數名、圍毆華人、當即駐足而觀、不料日人等竟不分皂白、因鄭亦係華人、故即上前聚拳亂擊、致鄭不及走避、身負重創、後由崗捕到來、召同救護車將其飛送醫院醫治、

——摘自《文汇报》（上海），1938 年 4 月 30 日

日機十八架
昨轟炸商邱
粵漢路昨又被炸

（鄭州三十日電）日機十八架，三十日在商邱投彈百餘枚，死傷百餘人。日機在商邱逞兇後，向東逸去。鄭空三十日亦有日機架，在空窺察一週，即向東飛去。

（廣州卅日電）日機三十架，今晨至午分批來犯粵漢路，先後在黎洞源潭深坑各站，投彈共五十餘枚。並在廣九路投彈數枚，兩路鋼軌，略有損壞，其中一架飛順德桂洲投兩彈。

——摘自《晶报》（上海），1938 年 5 月 1 日

大批敵機襲粵
商邱昨日亦被轟炸

中央廣州三十日電　敵機三十五架、今晨正午、分批往犯粵漢路、先後在英德黎洞源潭深坑各站投彈、共六十餘枚、並在廣九路樟木頭站投彈數枚、兩路鋼軌、略有損壞、其中一架飛順德桂洲投兩彈、毀民房數間、傷斃鄉民數名、

中央鄭州三十日電　敵機十八架、三十日在商邱投彈百餘枚、死傷百餘人、敵機在商邱逞兇後、向東逸去、鄭空三十日亦有敵機一架、在高空窺察一週、即向東飛去、

——摘自《时事新报》（重庆），1938 年 5 月 1 日

南京十日記（四）

李紹堂述
黃烈記

十二月十三日

多數敵軍，湧入城內，一部是從光華門衝入的，一部是從中山門衝入的，馬路上的機關槍聲，終日不斷，敵機大都在城北薩家灣三牌樓及下關一帶投彈，新街口以東地帶，投彈較少，因爲已有敵軍侵入了。

上午十點鐘的時候，我和其他十幾個人，逃出了難民區，從螺絲轉灣的小路，越過陝中路，遙見新街口附近，還有鋼盔的我軍在活動，我們拚命地向南跑，因爲都是繞小路，不大看見我們的兵，偶然看見，也不復干涉我們了。

記得走過中新橋的時候，看見東邊有大火，大概是白下路方面被燃燒了。在三道高井這一段路上看見幾具屍體，發着奇臭，不知是怎麼死的。曾都巷裏炸壞了許多房子。

我此時渾渾噩噩，也不知道自己這樣亂跑，是什麼主意。我是打算一個人逃到城南東花園一帶空地裏去，在那裏我可以裝做一個最窮的人。但在許事街的草橋口，却碰到了一個沙袋堆，裏面有一個哨兵（我們的），舉着槍禁止我通過。想不到在這個時候，還看見我們的哨兵在英勇地執行着職務。

我在草橋河邊的一個草房子裏躲了一夜，這裏聽到的槍砲聲，似乎要低些。同行三個人，一個是十五六歲的大孩子，用面巾包了些冷飯，帶在身邊，此時便自動地拿出來，給大家分吃了。我沒跟他說一句話，這孩子大概是不久以前，還和他的母親在一處，爲了形勢險惡，他的母親看見我偷跑，便叫他跟着走，大概母子訣別時連說一句話的時間也沒有。

——摘自《时事新报》（重庆），1938年5月1日

敵機襲正陽關
炸死平民百餘人

【正陽關一日中央社電】正陽關一日上午九時半，被敵機三架狂炸，致犧牲平民幾達百餘人之多，民房被燬者亦有五六十間。今晨六時至八時間，卽有敵機一架，先在正陽關一帶反復窺察，一小時半後，果來敵機三架，自西北向正南飛行，及至正陽關上空，坪然巨響突然而起。北門外有草房數間，已爲火燄所吞滅，旋發現被燬之草屋旁有血肉模糊之平民五人，並有一血淋淋之人腸懸於柱間。北大街，有房屋十餘間，被炸燬，死平民十五人，其他南大街西門內等處亦有七八處被炸，死傷亦極慘重。

【廣州一日中央社電】敵機十五架，今日自上午七時廿分至十一時卅分，分兩批來犯，在粵漢路黎洞橫石兩站，投彈廿餘枚，並以機槍掃射平民，又在廣花公路人和坊附近投彈三枚，傷斃鄉民各一名。

——摘自《申报》（汉口），1938 年 5 月 2 日

國聯在華事業

首次被日人攻擊
防疫會所設武漢醫院被轟
羅伯森電日內瓦報告經過

【漢口一日電】路透社訊：國聯防疫委員會華中組主任羅伯森博士，今日電告日內瓦，內稱四月廿九日日機轟炸漢陽地方之武漢隔離醫院，國聯所設之衛生處頗受損害，並炸斃國聯所派之中國職員二人傷三人。該醫院係由國聯所設立，並由華中國際紅十字會及英國賑濟基金予以協助，原定本日開幕辦理武漢區域之防疫事宜。羅伯森本在長沙，聞訊後已趕回漢口，調查情形。羅氏之報告書內云：此次實爲國聯在華事業之第一次被日人攻擊，日方此舉，顯然毫無理由，因院中並無華兵蹤跡亦無軍事上之設備也日機在醫院附近，投彈不下十五枚，其一適落院中，致國聯所派中國工作人員二人，被炸殞命，另有三人受傷，該院主任羅斯醫生，因轟炸時適不在院，故倖免於難，所幸者該院被炸之日，距開幕期尙有兩日，否則死傷人數，必將較多云。按羅伯森所領導之華中組，係國聯出資組織之衛生機關之一，其目的在協助中國衛生當局防止戰後瘟疫之發生。羅伯森又云：吾人在此，係從事於人道主義之使命，日本飛行員何以故意攻擊吾人在漢陽所設之隔離醫院，殊令人不解。

——摘自《大美报》，1938 年 5 月 2 日

各地鄉訊

揚州寫實

小戈

揚州，這個江北的重鎮，我想大家總不致忘記他吧，明末史可法力抗清兵以身殉國，就是在這兒的。

這個城市失陷於日人之手，已有四個多月了。在日軍的飛機，大肆轟炸京滬線附近各城市時，他並未遭受轟炸慘禍。當日軍攻陷該城時，也並不像在江南各地亂放火，城裏的房屋，總是完整的，只有城中心多子街當中的一段，被燒了幾家店舖。

洗刧原因

當日軍剛進城時，有著名商界鉅子常某，用代表全城商民的名義去見日軍司令官，「要求勿任兵士騷擾商家，如需物品，可向他接洽。」但是司令官給他的答覆是：立刻要交出煤若干噸，炭若干噸，猪若干頭，雞若干隻，米若干石……，許多龐大的數目，他只好蹙着眉頭而退走了。

第二天，司令官因為這需要的東西未見送去，就下令士兵，洗刧城池，這時大街小巷，住家店舖，無一倖免，凡是稍値錢的東西，都被搶空。地痞流氓，大為活躍，乘火打刧。

最奇怪的，就是有許多年紀稍輕的人，因為被拉去替他們服務而失蹤的頗多。還有當這班日軍酒醉之時，如果有人被他碰到，總是刺刀上前，無辜被屠殺的，不知其數。

遭刧最深的，以靠近駐兵的地帶。如：縣立生活學校，省立揚州中學，私立揚州中學，美漢中學附近的住家。幾乎連地板板壁都不能保存。後來因為鎮江發見有中國飛機偵察過，駐兵的地方，更加飄忽不定，三個五個，都住在老百姓家裏，變成臨時的營房，人家的墻板，都被拆掉，以便來往。

傀儡登場

在失陷後約有一週光景，方才有所謂「江北省自治委員會」出現。委員長是一個被開除資格的律師方曉亭，委員七八人，還有「縣自治委員會」，後因經費開支不够，就合而為一了。

當筆者有一次進城時，看見十字街口，都貼滿了大幅的圖畫。贊頌日軍的文明，叫人民回家安居樂業，因此，被愚而上當的頗多，從此大家進城都萬分的謹慎了。

四鄉八鎮都住滿了人，鄉間的生活程度，也就提高了一倍。靠城不遠的鄉村，及靠公路近的村莊，常常有這些日軍的足跡，受刧的情形也同城裏一樣。

抗戰熱情

在離城約有四十餘里的地方靠近邵伯湖邊的鎮市叫公道橋的，這裏還在中國遊擊隊的控制下，共有二百幾十個弟兄，步槍機關槍配備齊全，訓練極佳，名稱是叫「抗敵義勇團」的，團長是曾在私立揚州中學任過教官的陳文先生。裏邊有許多是學生同一些退伍的士兵，都是受過極嚴格軍事訓練的。他們對於組織民衆武裝民衆的工作做得很多，各大鄉鎮都有他們貼的寫的抗敵標語，曾召集過保甲長會議，訓練壯丁等工作。

月前，這些遊擊隊，曾迫進城郊，同日軍發生過激戰，因衆寡不敵，仍退守原根據地，再等時機。一般避難在鄉間的青年同許多壯年的農民，已了解抗戰的意義，都紛紛的參加。在城外日軍已不敢再放肆了。

日軍漸少

現在因江南方面的各大城市，都受着遊擊隊的威脅，揚州城內的日軍，都忙去救援，數目是逐漸稀少了。因此，進城居住的人，也日多一日，小店鋪也都開市，妓院的生意，也不如先前熱烈。城市裏的治安責任，已交給偽警去負責，還有一般鮮廉寡恥的保甲長，對於檢査戶口認眞得異常，常常同你找麻煩敲竹槓。

市容一斑

從前的旅館街——新勝街，現在是變成小吃店的聚集所，價目都寫着「幾錢」的數目字，有許多店鋪的廣告在旁邊都加寫了日文。

茶館裏的生意特別好，顧客大都是「自治委員會」的職員及許多想謀偽職的人。

一般不願屈辱做奴隸的人，仍然伏居在鄉間，有的到孤島上來投靠親友。

——摘自《文汇报》（上海），1938年5月2日

WAR-MADE FAMINE FACES NORTH CHINA

Peiping Regime's Premier Is in Tokyo to Get Help for Destitute Farmers

JAPANESE ADMIT CHECK

Only 'Meager Gains' Are Made in Shantung—Mysterious Bombings in Shanghai

By HUGH BYAS

Special Cable to THE NEW YORK TIMES.

TOKYO, Monday, May 2.—Wang Keh-min, Premier of the Provisional Government in Peiping arrived in Tokyo yesterday by military airplane from Shanghai to speed relief plans for the farmers and workers in war-ravaged North China.

Premier Wang completed in Shanghai negotiations with the officials of the Provisional Government at Nanking for amalgamation of the two governments.

The cities of North China were swarming with unemployed coolies and with farmers who did not have enough seed to resume agriculture in the Japanese-occupied areas. There is not only a state of acute destitution but also the peril of a terrible panic in the Fall.

In the light of these facts the ostensible motive of the visit, which the press says is to discuss the merger of the North China and Central China regimes, deceives nobody. Pending Japan's long-awaited capture of the Lung-Hai Railway these regimes are not even in physical contact and their union is a political question that will not become urgent till peace prevails over the region where armies are still grappling. The most urgent task before the provisional government is to create economic conditions that will cause the people to accept an administration under Japanese protection.

Japan Expected Welcome

Japan's case for intervention in China is based on the belief that the Chinese will accept a good government, irrespective of its national color. Meantime, the Chinese people are in the depths of misery and unless immediate action is taken to secure a resumption of farm work the suffering will be worse next winter.

If Premier Wang's mission had been the political merger he would have been accompanied by political associates. Instead he is accompanied by General Seiichi Kita, the army's expert on China, who recently became a member of the committee that is organizing Japan's development companies in North and Central China, and Michio Yusawa, Japanese adviser of the provisional government. The only important Chinese official in the group is Li Chuan-wei, chief of the communications bureau in Peiping.

Talking to the Japanese press Mr. Wang said:

"I have come here after discussing the question of merging the provisional government. The task of our provisional government at the present moment is to provide for the jobless and to enable the farmers to resume work in peace. Operations for the restoration of peace have already improved prospects considerably. That is why I have come to thank the people of Japan."

Japanese Admits Check

SHANGHAI, May 1 (AP).—A Japanese military spokesman admitted tonight that Tokyo's war machine had made "but meager gains" in the past twenty-four hours of struggle with a vast Chinese army on the Southern Shantung front.

He said heavy attacks continued

against Tancheng, about twenty miles north of the Lung-Hai Railway. The town changed hands twice Friday. The Japanese captured Tancheng in their formidable southward push to wipe out the shame of the early April defeat at Taierhchwang. The Chinese took it back but held on only for a few hours.

To aid a land offensive which recent reports indicated was developing into a stalemate, Japanese naval airmen made large-scale raids. They bombed strategic points of the Lung-Hai Railway corridor and the Yangtze River valley to the south and the railway linking Hankow, the provisional Chinese capital, with Canton, the South China gateway for Chinese war supplies. Naval authorities said the airmen inflicted heavy damage on rail lines, supply trains, airfields and troop concentrations.

Neutrals' reports indicated that, despite the Japanese aerial operations, a virtually uninterrupted stream of munitions continued to flow into Chinese areas.

Chinese reported that Northwest China's Mohammedans, inhabitants of Kansu and Ningsia Provinces, had joined forces with Generalissimo Chiang Kai-shek and were pouring troops into the central front.

Japan has completed arrangements for amalgamation of the two puppet governments she has established in conquered Chinese territory. Japanese military authorities disclosed that a merger of the Peiping Provisional Government and the Nanking Reformed Government, as these regimes are called, is imminent. The purpose of the merger is to consolidate the Japanese-dominated administrations in occupied areas of China.

Shanghai Bombs Injure 21

By HALLETT ABEND

Special Cable to THE NEW YORK TIMES.

SHANGHAI, May 1.—A third bomb thrown in Shanghai's downtown streets within thirty-three hours wounded ten Chinese pedestrians tonight, bringing the list of victims since yesterday morning to a total of twenty-one Chinese injured. The Japanese, who ostensibly were targets for the terrorists, escaped.

Tonight's bomb was thrown in Nanking Road just above the Wing On department store. The missile fell from the darkness atop an undetermined building. It was apparently aimed at a Japanese military truck, which was not damaged.

Although the bomb fell in the British defense sector, the Japanese Army immediately rushed two truckloads of soldiers there and stationed about forty-five pickets. The guards mounted machine guns but did not prohibit traffic. No arrests were made and the British apparently did not protest.

The recent bombings offer a mystery because the bombs are of a new type brought to Shanghai by the Japanese Army but not yet distributed to the forces here. It is conjectured that warehouses are being robbed or that some one is selling bombs to Chinese terrorists.

Despite the bombings in the heart of the International Settlement, the Japanese guards at Soochow Creek bridges have relaxed their annoying searches since Wang Keh-min, titular head of the Peiping regime, flew today from Shanghai for Tokyo after conferences with leaders of the Nanking government, at which merger details were settled. It is understood that temporary customs revenues will be equally divided between Nanking and Peiping.

Following Friday's air raid on Hankow, the results of which continue the subject of a bitter dispute, each side claiming an important victory, Japanese naval planes yesterday and today dumped bombs on the Lung-Hai, Canton-Hankow and Hangchow-Nanchang Railways, destroyed junks carrying soldiers and raided a Chinese plane base fifty miles south of Wuhu.

The Japanese naval spokesman said that no Chinese fliers were encountered. He said the Japanese bombers were not molested while destroying enormous quantities of war supplies, particularly at Kweiteh, an important Lung-Hai Railway city, where he claimed that most of 200 railway cars there were destroyed.

——摘自《纽约时报》（The New York Times），1938年5月2日

敵機猛襲歸德
狂炸正陽關
死平民百餘毀屋五六十間

（中央一日正陽關電）正陽關爲一不設防之彈丸小鎮、一日上午九時半、竟被敵機三架、施以無情狂炸、致犧牲平民幾達百餘人之多、民房被燬者、亦有五六十間、今晨六時至八時之間、即有敵機一架、在正陽關一帶反復窺察、此種現象、爲過去所未有、衆料此間或將發生不測之事端、一小時半後、果來敵機三架、自西北向正南飛行、及至正陽關上空、轟然巨響、突然而起、當時記者適在河邊、目睹敵彈下處、硝烟四起、全鎮遂爲緊張空氣所控制、記者於敵機轟炸之後、趕赴各被炸地點視察、首至北門外、見有草房數間、已爲火燄所燬滅、其時附近居民、夫尋其妻、母尋其子、呼號痛哭之聲、不忍卒聞、旋於被燬之草屋旁、突有血肉模糊之平民五人、呈於記者眼前、其中一斷肢殘臂之鄉民於記者照相之際猶發其最後之囈語與呻吟、記者對此慘狀、不忍卒睹，即回顧他處、不意有一血淋淋之人腸、懸於柱間、又入於記者之視綫中、及至北大街、見房屋十餘間、已被炸燬、聞有平民十五人、已葬身於瓦礫堆中、記者旋回辦公處、即見屋簷已被震倒、室內玻片四散、破瓦狼籍滿地、屋後之牆壁已倒傾、左面隔牆數屋、均已炸燬、死傷無辜平民，亦有十餘人、其南大街西門內等處、亦有七八處被炸、其慘狀筆難盡述、總之、在此毫無軍事設備之一隅小鎮、敵竟不[illegible][illegible]彈十餘枚、慘炸我無辜之平民、實爲最可鄙最可恥之殘暴行爲、

犯歸德

◇◇◇（中央三十日開封電）三十日上午十時四十五分、敵機十八架、由皖經永城襲入商邱上空、在車站等處、投輕重量炸彈及燒夷彈約五十餘枚、車站附近民房、被燬多處、

炸粵路

◇◇◇（中央一日廣州電）敵機十五架、一日由上午七時廿分至十一時三十分、分兩批來犯、在粵漢路黎洞橫石兩站、投彈廿餘枚、並以機槍掃射平民、及在廣汕公路人和坊附近、投彈三枚、傷斃鄉民各一名、

——摘自《东南日报》（金华），1938 年 5 月 2 日

寇機肆虐
轟炸廈門大學
粵漢路昨又被炸

【中央社福州卅一日電】長汀電、三十日午十二時、敵機六架、由金門侵入長汀、盤旋空際、最後在廈門大學附近、投彈十餘枚始竄去、所炸均屬無重要地點、校舍員生、均無損傷、按敵機襲汀、此爲第一次、即謀轟炸廈門大學、敵人蓄意毀滅我文化機關、殘暴可見、

【中央社廣州二日電】敵機五批共十八架、二日由上午十一時四十分至下午五時五分、輪迴轟粵漢路及寶太公路、附近民房多受損失、

——摘自《新蜀报》，1938 年 5 月 3 日

寇在富陽殘酷已極

難民被擄去用機槍掃射

（金華廿九日電）杭富一帶敵軍近燒殺更甚，二十八日富陽，胡浦陽村等地有我難民六七千爲敵擄去，敵以機槍射死，敵之殘酷獸行，實無所不用其極。

——摘自《泸县民报》，1938年5月3日

南京十日記 ㊄

李紹堂述　黃烈記

十二月十四日

昨夜蜷臥在這草房子裏，一夜未睡，清晨，聽見南頭槍聲甚烈，像在發生巷戰，只剩了一個中年的短衣人和我在一處，那賭飯的孩子同另外一個人不知半夜偷跑到何處去了。

早農樂極，咳嗆不止，掩着口不敢出聲，更覺難受。探首門外，只覺靜悄悄地無人，我和那個同伴，順着小河，走到紅土橋那一邊去，大路上依然不見人影，槍聲好像就發生在近處一樣。在千章巷的路上見有一人正在撬門，不知是趁火打刧者，還是主人歸來。

許事街一帶無恙，只有江西會館附近，還在冒烟大概是餘火未熄。遠處却有好幾處噴着極濃的黑烟，在這裏，遇到幾個換了便衣的士兵，向我打聽漢西門向那一邊走，我指了方向給他，心想跟他們走，不會得到允許。

有一家人家的八字門口，倒了一具屍體，臂上還纒着一個日章旗的臂章，不是漢奸便衣隊，便是搶先想做順民的「識時俊傑」，彈丸代表了國法制裁，好讓他先到地府去，籌備歡迎敵軍的大典。（本節未完）

——摘自《时事新报》（重庆），1938年5月3日

滬郊形勢仍緊

浦東南市交通未復

日軍在界溝灣濫捕平民

滬郊緊張形勢、並未稍減、南市水程交通、自封鎖以後、至昨日已爲第三天、仍無開放消息、原有行駛公共租界北京路碼頭及南市大碼頭間之輪渡公司、共爲鼎大、惠通、上海等三家、昨日仍僅維持浦東董家渡南碼頭間之班次、由浦東赴南市之董家渡南碼頭兩處渡船、亦未准復航、故浦東南市間之交通、仍然中斷、聞日軍封鎖南市原因、純爲滬杭線上莘莊附近游擊戰事迫近上海之故、

【又訊】滬郊緊張聲中、浦東區內因係所謂「市政公署」及各「局」所在地、關係尤大、日軍除將南碼頭董家渡通行南市之兩處渡船勒令停航外、並在兩渡口及周家渡以南各渡口、堆置沙袋等防禦物、在浦東大道張家浜橋以北、因「機關」甚多、劃爲警備區域、除攜帶物件者外、空身人不得在該橋朝北行走、以杜危險份子混入、前日上午十時許、日軍在交界處將一農民逮捕、認爲彼有便衣隊嫌疑、當場打得頭破血流、將彼帶至爛泥渡時、並將東昌路渡口封閉半小時、以防同黨搗亂、該男子被刑後、信口雌黃、日軍乃根據其供詞、赴南匯邊界之界溝灣一帶、又逮捕四五人、其中有一西醫趙伯良、在界溝灣行醫有年、昔年曾充過保衛團隊長、亦被指爲便衣隊而捕去、日軍方面認被捕諸人、關係重大、昨日本擬將東昌路渡口封鎖、以便搜査、嗣因該渡口大多爲菜販平民出入之處、故臨時作罷、但昨晨該渡口直至七時半始行開渡、較平日已停頓一小時有半、午後日軍又派隊二十餘人、率同「肅檢處」偵緝員十餘名、押同前日所獲者一名、再行下鄉搜捕、結果並無所獲、直至三時許、彼等共坐三十餘輛人力車、返隊復命、

——摘自《文汇报》（上海），1938 年 5 月 3 日